kritik & *utopie* ist die politische Edition im mandelbaum *verlag*.
Darin finden sich theoretische Entwürfe ebenso wie Reflexionen aktueller sozialer Bewegungen, Originalausgaben und auch Übersetzungen fremdsprachiger Texte, populäre Sachbücher sowie akademische und außeruniversitäre wissenschaftliche Arbeiten.

Nähere Informationen zu Beirat, Neuerscheinungen und Terminen unter www.kritikundutopie.net

Wolfgang Hien

DIE ARBEIT DES KÖRPERS

Eine kritische Arbeitsgeschichte von der Hochindustrialisierung in Deutschland und Österreich bis zur neoliberalen Gegenwart

Mit einem Nachwort von Karl Heinz Roth

mandelbaum *kritik & utopie*

Die Drucklegung dieses Buches wurde von folgenden Einrichtungen gefördert:
Stiftung für Sozialgeschichte des 20. Jahrhunderts, Bremen
Stiftung Menschenwürde und Arbeitswelt, Berlin
Verein für kritische Arbeits-, Gesundheits- und Lebenswissenschaft, Bremen

Satz: Kevin Mitrega
Umschlaggestaltung: Michael Baiculescu
Umschlagbild: Constantin Meunier, *Der Bergmann* (1905)
Druck: Primerate, Budapest

Inhalt

Vorbemerkung

»Die Arbeit des Körpers« wurde 2008 auf Anregung von Karl Heinz Roth, Stiftung für Sozialgeschichte des 20. Jahrhunderts, Bremen, als Research Fellow der Stiftung in den Räumen der Bibliothek für Sozialgeschichte in der Universität Bremen begonnen – unter dem Arbeitstitel: Geschichte des Arbeiter- und Arbeiterinnenschutzes in Deutschland und Österreich von der Hochindustrialisierung bis zur neoliberalen Gegenwart. Zwischen 2008 und 2014 konnte das reichhaltige Material zur Industrie- und Arbeitsgeschichte, das in Bibliothek wie Archiv der Stiftung vorhanden war, gesichtet und ausgewertet werden. Genutzt wurde ferner die Staats- und Universitätsbibliothek Bremen, deren Fernleiheabteilung mich bereitwillig darin unterstützte, auch seltene historische Werke der Gewerbehygiene, des Bergbaus und der Bergbausicherheit zu beschaffen. Forschungen zur Geschichte des Asbestproblems waren Teil zweier vom Verfasser federführend durchgeführter Studien zum Schicksal der ehemaligen Werftarbeiter des Bremer Vulkan. Die Werftstudien – die erste lief 1999–2002, die zweite 2006/7 – wurden vom Verein Arbeit und Zukunft e. V., Bremen, unterstützt. In die vorliegende Studie flossen auch Ergebnisse aus 2008/9 abgeschlossenen Eigenprojekten zur Dienstleistungsarbeit ein – thematische Schwerpunkte: Arbeitsverhältnisse und arbeitsbedingte Erkrankungen in IT-Berufen und in der Pflegearbeit. Die Forschungen zur Tätigkeit des Wiener Sozialmediziners Ludwig Teleky wurden 2010/11 von der Österreichischen Gesellschaft für Arbeitsmedizin unterstützt. Zur Nachkriegsgeschichte wurden, zusätzlich zum vorhandenen Material, 2013/14 jeweils mehrstündige Interviews mit ehemaligen und älteren Metall- und Chemiearbeitern in Mannheim und Ludwigshafen geführt. Die Interviewpartner wurden von Fritz Hofmann, Betriebsrat i. R. der BASF Ludwigshafen, vermittelt. Interviews zur Arbeit im Hotel- und Gaststättengewerbe wurden 2013, vermittelt von Gerhard Elsigan, ppm Forschung und Beratung, in Innsbruck geführt. Als 2014/15 die Bibliothek für Sozialgeschichte die Räume an der Universität aufgeben musste, wurden die Arbeiten an der vorliegenden Studie in den Räumen und mit Unterstützung des Vereins für kritische Arbeits-, Gesundheits- und Lebenswissenschaft e. V., Bremen, weitergeführt. Genutzt wurde das dort vorhandene Archiv, das Dokumente zu den letzten fünfzig Jahren des basisgewerkschaftlichen Kampfes um mehr Gesundheit am Arbeitsplatz enthält. Unterstützung bekam ich von vielen Freunden und Freundinnen in Deutschland und Österreich, besonders aber von Gudrun Funk, mit der ich große Teile meiner Arbeit diskutieren konnte. Ihr und allen Menschen, die mir geholfen haben, gebührt großer

Dank. Ich danke ferner der Stiftung für Sozialgeschichte, der Stiftung Menschenwürde und Arbeitswelt und dem Verein für kritische Arbeits-, Gesundheit- und Lebenswissenschaft für die unkomplizierte Hilfe.

Wolfgang Hien, im Januar 2018

»Wo sind die Körper, zunächst? Die Körper sind zunächst bei der Arbeit. Die Körper sind zunächst bei der Mühsal der Arbeit. Die Körper sind zunächst auf dem Weg zur Arbeit, bei der Rückkehr von der Arbeit, auf Erholung wartend, dabei, sich diese zu gönnen und rasch wieder loszureißen, und beim Arbeiten, beim Verschmelzen mit der Ware, selbst eine Ware, Arbeitskraft, nicht akkumulierbares Kapital, verkäuflich, nutzbar auf dem Markt des akkumulierbaren, akkumulierten Kapitals. (…) Versuchen Sie bloß nicht zu behaupten, dieser Diskurs sei archaisch. Kapital meint: gehandelter Körper, verschobener, versetzter, neubesetzter, ersetzter Körper, in Stellung und in Haltung gebracht, bis zum Verschleiß, bis zur Arbeitslosigkeit, bis zum Hunger, bengalischer Körper in Tokio über einen Motor gebeugt, türkischer Körper über einem Graben in Berlin, schwarzer Körper in Suresnes oder San Francisco mit weißen Paketen beladen. (…) Betrachten Sie die Hände, die Schwielen, den Schmutz, betrachten Sie die Lungen, die Wirbelsäule.«*

* Jean-Luc Nancy: Corpus. Diaphanes, Berlin 2003, S. 94 f.

Einleitung

Die vorliegende Studie untersucht – beginnend ab etwa Mitte der 1870er Jahre – einen Zeitraum von etwa 140 Jahren. Die Studie versteht sich als geschichtswissenschaftliche Untersuchung mit starken Anleihen bei den Arbeitswissenschaften, namentlich Arbeitsphysiologie, Arbeitsmedizin, Arbeitssoziologie, Arbeitspsychologie und Arbeitsphilosophie, hier wiederum mit Bezügen zur Theologie der Arbeit. Genauso gut aber ließe sich die Studie als phänomenologisch inspirierte sozialphilosophische Untersuchung der modernen Arbeitswelt lesen, die ihr empirisches Material im historischen Kontext verortet und interpretiert.[1] Auch eine dritte Perspektive wäre möglich: Die Geschichte der industriellen Arbeit, erweitert um relevante Bereiche der Dienstleistungsarbeit, kann auch – wiederum mit Anleihen aus den Arbeitswissenschaften – als philosophisch geleitete Körpergeschichte von der Moderne bis zur Postmoderne gesehen werden.[2] Weder in der klassischen noch in der neueren Sozialgeschichte der industriellen Arbeit werden Körper und Leib thematisch problematisiert.[3] Der konzeptionelle Ansatz eines derart mehrdimensionalen Zugangs wie des vorliegenden ist daher neu – ein Wagnis, das in dem Versuch, sich dem wirklichen Leben zu nähern, zwangsläufig die Grenzen strenger wissenschaftlicher Disziplinen sprengen muss. Diese Überlegungen rekurrieren damit auf das Programm einer kritischen Theorie der Gesellschaft[4] ebenso wie auf neuere Vorhaben, das Programm einer kritischen Arbeitsgeschichte »über Marx hinaus«[5] zu etablieren. Zunächst war eine kritische Geschichte des Arbeitsschutzes – genauer: des Arbeiter- und Arbeiterinnenschutzes – geplant. Es sollte gleichwohl keine Institutionengeschichte werden, sondern eine Geschichte des Arbeitsalltags »von unten«, wie er von den arbeitenden Menschen erlebt wird. Deshalb ist die Geschichte des Arbeitsschutzes in der vorliegenden Studie nur in einigen Eckpunkten und

1 Vgl. Helmut König / Bodo von Greiff / Helmut Schauer (Hg.): Sozialphilosophie der industriellen Arbeitswelt. Leviathan-Sonderheft 11, Westdeutscher Verlag, Opladen 1990.

2 Hierzu immer noch einzigartig: Dietmar Kamper / Volker Rittner (Hg.): Zur Geschichte des Körpers. Hanser, München 1976.

3 Als Beispiel für die neuere Forschung steht Jürgen Kocka: Arbeiterleben und Arbeiterkultur. Dietz, Berlin 2015.

4 Max Horkheimer: Kritische Theorie der Gesellschaft. Band 1–3. Marxismus-Kollektiv, Frankfurt am Main 1968.

5 Marcel van Linden / Karl Heinz Roth (Hg.): Über Marx hinaus. Assoziation A, Hamburg 2009.

besonderen Beispielen enthalten. Meine Thesen lassen sich wie folgt zusammenfassen: Der sogenannte Fortschritt ist vergemeinschaftet mit ökonomischen und sozialen Polarisierungen, Spaltungen und Segmentierungen. Wohlstand und Reichtum sind auf massenhaftem körperlich-leiblichen Verschleiß der arbeitenden Klassen, vor allem der Massenarbeiter/innen gebaut. Wohlstand und Reichtum haben eine Kehrseite: das unsägliche menschliche Leid, vor allem jenes der Massenarbeiter/innen, d. h. ein leibliches Leiden, das nur selten »zur Sprache« kam und kommt. Aus ihm erwächst Wut und Widerstand. Um die leibliche Ebene der Arbeiter- und Arbeiterinnenexistenz – Arbeitsleid, Schmerz, Erduldung, Wut und Revolte – zur Sprache zu bringen, will die vorliegende Studie einen Beitrag liefern. Zugleich sollte festgehalten werden: Die Errungenschaften dessen, was heute Arbeitsschutz genannt wird, sind nicht vom Himmel gefallen. Die Minimierung tödlicher

Unfälle in den produktiven Kernbereichen der Metropolen und die universell gewordene Idee der körperlichen Unversehrtheit, der menschlichen Würde und der Humanität im Arbeitsleben sind das Ergebnis des Aufbegehrens der arbeitenden Klasse gegen unerträgliche Arbeits- und Lebensbedingungen. Gegen die Zerstörung ihrer Körper setzten die Bergarbeiter 1889, die Wiener Textilarbeiterinnen 1893 und Millionen von Arbeiter/innen – in Massendemonstrationen und Streiks – ihre Körper ein. Die Bewegung der Massenarbeiter/innen vergangener Tage schuf die Grundlagen für die gegenwärtigen globalen Kämpfe um Menschenwürde.

»Körper und Arbeit« hieß ein von Edgar Atzler 1927 herausgegebenes Sammelwerk,[6] in dem der menschliche Körper ausschließlich als fungible Arbeitsmaschine abgehandelt wird. Hier und in einer Vielzahl ähnlicher Werke[7] verdichtet sich – hauptsächlich vertreten durch medizinische Physiologen wie Atzler, in trauter Eintracht mit Ingenieuren, Psychologen, Psychiatern, Pädagogen und Ökonomen – ein für die Hochindustrialisierung typischer Denkstil der kapitalistischen Eliten. Im Vordergrund stand die körperliche Produktivität, die es mit allen Mitteln zu steigern galt. Der »Motor Mensch« war schon Ende des 19. Jahrhunderts im Gefolge der Entdeckungen der Thermodynamik, der Biochemie und Physiologie in den

6 Edgar Atzler (Hg.): Körper und Arbeit. Handbuch der Arbeitsphysiologie. Georg Thieme, Leipzig 1927. Dieses Kompendium ging nach der NS-Zeit in inhaltlich fast unveränderter Form in diversen Lehrbüchern der Arbeitsmedizin auf, so u. a. in: Gunther Lehmann: Praktische Arbeitsphysiologie. Georg Thieme, Stuttgart 1953. Anhand der darin vertretenen Sichtweisen wurden Arbeits- und Sozialmediziner/innen bis in unsere Tage geschult.

7 Ganz ähnlich ein zwei Jahre vor »dem Atzler« erschienenes Werk: Johannes Riedel (Hg.): Arbeitskunde. Grundlagen, Bedingungen und Ziele der wirtschaftlichen Tätigkeit. B. G. Teubner, Leipzig.

Fokus wissenschaftlicher Interessen gerückt.[8] Kraft und Leistung wurden zur absoluten Norm erhoben, und diese Norm wurde von den Arbeitenden in einer spezifischen Form mitgetragen, schwankend zwischen Heroisierung und Flucht. Der starke männliche Arbeitskörper war in der Arbeiterliteratur[9] heroisch, auch – bis auf ganz wenige Ausnahmen – in der proletarisch-revolutionären Literatur.[10] Das Hohelied der Arbeit wurde zum cantus firmus der herrschenden wie der beherrschten Klassen, der starke Arbeitskörper zum gemeinsamen Symbol des Fortschritts. Im historischen Verlauf erfuhr dieses Körperbild Kontinuitäten, Übersteigerungen und, angesichts seines sozialen Preises, immer wieder auch Brüche oder vermeintliche Brüche. 1989 erschien ein Aufsatz des Soziologen Fritz Böhle mit dem Titel »Körper und Wissen«.[11] Nicht mehr die körperliche Arbeitsverausgabung, sondern der in Leitwarten und an Bildschirmen arbeitende Mensch, von dem nunmehr ein hohes Maß kognitiver Leistungen erwartet werde und der sich selbst nicht mehr über den Körper zu definieren brauche, schien nun ein grundlegend neues Zeitalter der Arbeitsgeschichte einzuläuten. Böhle vermutete, wie viele andere Arbeitssoziologen auch, dass dadurch die Autonomie der Arbeitenden gestärkt und die Entfremdung ansatzweise überwunden werden könne.[12] Die Welle der Illusionen machte vor den kritischen Theoretikern des Operaismus und des Postoperaismus nicht halt.[13] Doch spätestens seit der Jahrtausendwende beginnt die Fassade der schönen neuen Arbeitswelt Stück für Stück zu bröckeln: Körperliche Arbeit ist mitnichten abgeschafft. Rund um den Globus und mitten durch unsere Gesellschaft hat sich eine Klasse der prekären Arbeiter/innen herausgebildet, deren Lage mit jener der Arbeiter/innen des 19. Jahrhunderts durchaus vergleichbar ist. Und diejenigen, die in vorwiegend immaterieller Arbeit beschäftigt sind, sind damit längst nicht körperlos geworden. Die Wiener Politikwissenschaftlerin und Frauenforscherin Eva

8 Anson Rabinbach: Motor Mensch. Kraft, Ermüdung und die Ursprünge der Moderne. Turia und Kant, Wien 2001.

9 Günter Heintz (Hg.): Deutsche Arbeiterdichtung 1910–1933. Philipp Reclam jun., Stuttgart 1974.

10 Günter Heintz (Hg.): Texte der proletarisch-revolutionären Literatur 1919–1933, Philipp Reclam jun., Stuttgart 1974.

11 Fritz Böhle: Körper und Wissen – Veränderungen in der sozio-kulturellen Bedeutung körperlicher Arbeit. In: Soziale Welt, Heft 4, 40. Jg., 1989, S. 497–512.

12 Böhle entwickelte zugleich eine Theorie sinnlicher Erfahrung bzw. leiblich gebundenen Erfahrungswissens. Vgl. dazu Böhle (Hg.): Arbeit als subjektivierendes Handeln. Springer, Wiesbaden 2017. Dazu mehr in Teil II unserer Studie.

13 Hier ist vor allem der Theoriekreis um Antonio Negri gemeint, der zusammen mit Michael Hardt im Jahr 2000 die beeindruckende Studie »Empire« (Harvard University Press, Cambridge, Massachusetts; deutsch bei Campus, Frankfurt am Main 2002) vorgelegt hat. Vgl. hierzu auch: Martin Birkner / Robert Foltin: (Post-) Operaismus. Schmetterling, Stuttgart 2006; Robert Foltin: Die Körper der Mutitude. Schmetterling, Stuttgart 2010.

Kreisky hat darauf hingewiesen, dass dem Verschwinden des Körpers, der »Leibvergessenheit«, paradoxerweise eine Apotheose des Körpers gegenübersteht.[14] Doch dies ist nicht mehr der natürliche Körper, wie er uns gegeben ist, sondern der neue, hergestellte, unter dem Diktat herrschender neoliberaler Normalitätsdiskurse zugerichtete Körper. »Affektiv arbeiten« und »sexuell arbeiten« – so nennt die neue queer-feministische Forschung diesen Modus des Arbeitens, der zugleich als eine neue Stufe der Entfremdung verstanden werden kann.[15]

Körper und Arbeit – unter diesen Begriffen firmiert bis heute derjenige Teil der Arbeitswissenschaft und Arbeitsmedizin, der sich mit der Einrichtung und Gestaltung von Arbeitssystemen befasst, in denen der Mensch eine anthropometrisch möglichst ausführbare, möglichst schädigungslose und möglichst zumutbare Leistung erbringen soll. Hauptkriterium ist und bleibt die Leistung, die es weiter zu optimieren gilt. Die Arbeitspsychologie flankiert diese Orientierung mit ihren Bemühungen, den Modus der Entfremdung zu kaschieren und, wenn möglich, in positive Glücksgefühle (»flow«) umzudeuten. Auch wenn die Aristokratisierung und Verkleinbürgerlichung gewisser Stammfacharbeiterschaften nicht übersehen werden soll, auch wenn Arbeit heute in zunehmend neoliberalisierten Symbol- und Bedeutungsgittern stattfindet, bleiben die Kennzeichen von Unsicherheit, Entfremdung und leiblicher Verelendung sowie die wieder wachsende materielle Verelendung bestehen. Aus historischer Perspektive hat sich weder im herrschenden wissenschaftlichen Blick auf die Arbeit noch an der Arbeit selbst seit dem 19. Jahrhundert Wesentliches geändert. Der entfremdete, leidende und sich nach Befreiung sehnende Mensch, die Frage nach den gesellschaftlichen Strukturen, in denen Arbeit stattfindet, zu schweigen von der Frage nach der Befreiung von aller entfremdeter Arbeit, findet kaum einen Platz in den Arbeitswissenschaften. Die wenigen Ansätze, die es gab, hatten es schwer. Kompendien wie z. B. Theodor Weyls »Handbuch der Arbeiterkrankheiten« oder Ludwig Telekys Monographien über Gesundheitsschäden durch Phosphor und Quecksilber – Untersuchungen, die sich allein am Leben und an der Gesundheit der Arbeitenden orientierten – verschwanden nach 1933 und finden sich heute allenfalls in umwelt- oder alternativmedizinischen Kontexten. Fragen nach den strukturellen Bedingungen der Arbeit und der Arbeitsverhältnisse, die am arbeitenden Subjekt aus Fleisch und Blut ansetzen und

14 Eva Kreisky: Neoliberale Körpergefühle: Vom neuen Staatskörper zu profitablen Körpermärkten. Vortrag im Rahmen der Ringvorlesung »Brüche – Geschlecht – Gesellschaft: Leibes/Übungen« des Gender Kollegs der Universität Wien, 15. Mai 2003. http://129.187.84.1/internet/schoenberger/Download/SKU/Kreisky%20K%C3%B6rpergef%C3%BChle%20.pdf

15 Robert Foltin, a. a. O.; zu den neuen Arbeitsformen und den körperlich-seelischen Folgen siehe auch: Wolfgang Hien: Kranke Arbeitsgesellschaft. Ethische und sozialkulturelle Perspektiven. VSA, Hamburg 2016.

emanzipatorische Impulse zu entwickeln suchen, sind daher einer Arbeitsforschung anvertraut, die in eine Perspektive der kritischen Arbeitsgeschichte eingebettet ist.

Erkenntnistheoretisch geht es um eine exemplarische Rekonstruktion »von unten«. Gefragt wird nach dem Leid der Arbeitenden, aber auch nach ihrem Eigensinn und ihrem Protest, in welcher Form auch immer er sich auszudrücken vermochte. Methodologisch ist hier die Phänomenologie von hohem Nutzen, die – ausgehend von Husserl über Sartre und Merleau-Ponty bis zur jugoslawischen Praxis-Gruppe und den tschechoslowakischen Strömungen, für die stellvertretend Karel Kosik[16] stehen mag – versucht hat, die leiblichen Subjekte in ihre Analysen aufzunehmen. So kritisiert Maurice Merleau-Ponty[17] die Dualität von An-sich-Sein und Für-sich-Sein, eine Dualität, die in ihrer Abstraktheit letztlich im Positivismus verharre: »Nicht die Wirtschaft oder die Gesellschaft, betrachtet als unpersönliche Mächte, qualifizieren mich als Proletarier, sondern die Gesellschaft und die Wirtschaft, so wie ich sie in mir selber trage und sie erlebe.«[18] Ideen werden nicht »über den Kopf« zur materiellen Gewalt, sondern über das leibliche Sein mit all seinen Zwiespalten, Mängeln, Hoffnungen und Illusionen. Das Subjekt erlebt die Gegebenheiten als »Fatum«, das es zumeist erduldet, manchmal gestaltet, in bestimmten Situationen aber auch überwindet. Doch gilt auch hier: »Weder das Fatum, noch die es zerbrechende freie Tat sind eigens vorgestellt, sie sind in Zweideutigkeit er-lebt«.[19] Merleau-Ponty spricht an anderer Stelle vom »Fleisch der Welt«, womit das Gesamt der materiellen, leiblichen, sprachlichen und imaginären Texturen gemeint ist, in die unser Leben und Arbeiten eingelassen sind.[20] Die Macht der herrschenden Apparate setzt sich nicht nur in den Köpfen der Subjekte fest, sondern im Leibkörper, sie »bearbeitet«, wie Michel Foucault formuliert, »den Körper, durchdringt das Verhalten, vermischt sich mit Begehren und Lust…«[21] Ob und in welcher Weise es den Subjekten gelingt, diese Macht zu durchbrechen und eine Gegenmacht auf-

16 Karel Kosík: Die Dialektik des Konkreten. Suhrkamp, Frankfurt am Main 1967.

17 Maurice Merleau-Ponty, Phänomenologie der Wahrnehmung. De Gruyter, Berlin 1966.

18 Ebenda, S. 504

19 Ebenda, S. 505.

20 Vgl. Robert Foltin, a. a. O., S. 127 ff., wobei bei Foltin wie überhaupt in der queer-feministischen Theorie der Stellenwert der Sexualität überbetont und die Problematik der Körperlichkeit und Leiblichkeit im Arbeitsleben, gerade auch im Hinblick auf gesundheitlichen Verschleiß, zwar benannt, doch letztlich unterbelichtet bleibt. Cornelius Castoriadis (Gesellschaft als imaginäre Institution. Suhrkamp, Frankfurt am Main 1980) widmet sich den von Merleau-Ponty benannten Texturen, vernachlässigt aber durch Überbetonung der Sprache grundsätzlich die Ebene der Leiblichkeit.

21 Zitiert bei: Philipp Sarasin: Michel Foucault zur Einführung. Junius, Hamburg 2005, S. 157.

zubauen, ist eine wissenschaftlich wie politisch nicht leicht zu beantwortenden Frage.[22]

Leib und Leiblichkeit sind Begriffe, die im Deutschen – anders als beim französischen »corps« oder dem englischen »body« – vom Begriff des Körpers abgesetzt werden können. Geht dieser in eins mit dem Funktionalen, der Arbeitsmaschine, die als Gegenstand der pathologischen Anatomie endet, so bezeichnen Leib und Leiblichkeit den Stoffwechselprozess zwischen Welt und Mensch, die soziale Interaktion, sinnliche Wahrnehmung, Bewusstheit und Handlung. In seiner Kapitalismusanalyse spricht Marx immer wieder vom menschlichen Leib – selbst Natur und zugleich mit Bewusstsein die Natur verändernd. »Leiblichkeit« ist, so Marx, »die lebendige Persönlichkeit eines Menschen (…), die er in Bewegung setzt, sooft er Gebrauchswerte irgendeiner Art produziert«.[23] Der Leib birgt das körperliche und geistige Vermögen des Menschen zur Welt-Resonanz[24] und zur Weltveränderung.[25] Der Leibkörper ist das Medium der Welterfahrung.[26] Er lässt sich als Membran verstehen, in die sich die Welt einschreibt und in der sie ihre Spuren hinterlässt. Zugleich bringt sich das Subjekt über seine lebendige Leiblichkeit in der Welt zum Ausdruck. Für die vorstrukturalistische Sozialphilosophie, insbesondere für die Phänomenologie,[27] galt: Das Selbst des Selbstbewusstseins – das Ich – ist nur dann und nur solange möglich, als es über den Leib verfügt. Dies beinhaltet auch: Leibsein ist die Grundbedingung von Handeln und Sozialität, woraus folgt: Die Leibgeschichte ist eine in die Biographie des Menschen gleichsam eingeschriebene Sozialgeschichte. In der Leiblichkeit materialisiert sich eine ambiguitive, oftmals widersprüchliche Wechselwirkung zwischen Welt und Mensch, auch unbewusste Vorgänge, die imaginäre Welt, kurzum: das lebendige Sein. In der Leiblichkeit drückt sich aber auch Geistiges aus: bewusstes und unbewusstes Wollen, Planen und Bewerten. Gleichwohl ist

22 Der Leichtfüßigkeit jedenfalls, mit der Lars Bluma et al. (Kontrollierte Arbeit, disziplinierte Körper? Zur Sozial- und Kulturgeschichte der Industriearbeit im 19. und 20. Jahrhundert. Transcript, Bielefeld 2012) die Nichtbeachtung von Gesundheitsschutzvorschriften zur gelingenden »Gegenmacht« umdeuten, kann eine kritische Arbeitsgeschichte keinesfalls folgen.

23 Karl Marx: Karl Marx: Kapital, Band 1 (hg. Von Engels 1894). In: Marx-Engels-Werke, Band 23. Institut für Marxismus-Leninismus. Berlin (DDR) 1962, S. 181.

24 Hartmut Rosa: Resonanz. Eine Soziologie der Weltbeziehung. Suhrkamp, Frankfurt am Main 2016.

25 Vgl. dazu die hilfreichen Erläuterungen von Paolo Virno: Grammatik der Multitude. ID Verlag, Berlin 2005, S. 84–90.

26 Diese Metapher geht auf Maurice Merleau-Ponty zurück; vgl. dazu auch die instruktive Studie von Hartmut Rosa, a. a. O., S. 144–186.

27 Das grundlegende Werk hierzu ist immer noch: Maurice Merleau-Ponty, a. a. O.

Geistiges immer auch an Materielles gebunden. Patrick Spät[28] kritisiert mit Recht die »Verkopftheit« der tradierten philosophischen und politischen Perspektiven: Erst unser leibhaftes Leben macht Erleben und Aktion möglich. Spät macht dies am Beispiel des Schmerzes deutlich: Einen Schmerz spüren wir »weder rein geistig noch rein körperlich«, sondern in einer leiblich verschmolzenen Einheit.[29] Und genau am Schmerz macht sich eine revolutionäre Perspektive fest. Die Klassengeschichte der Menschheit ist auf leiblichem Leid der Arbeitenden gebaut, auf somatischem und seelischem Schmerz. Der Schrei darüber ist zugleich Anker und Angelpunkt des kategorischen Imperativs einer kritischen Theorie der Gesellschaft: »Das leibhafte Moment meldet der Erkenntnis an, dass Leiden nicht sein, dass es anders werden soll.«[30]

Die strukturalistische und poststrukturalistische Sichtweise lehnt bereits die zugrundeliegenden Begrifflichkeiten ab.[31] Sie bestreitet die Möglichkeit eines »ganzheitlichen« Selbst, einer Identität, d. h. das Subjekt wird als Mangel, als Spaltung und letztlich als Illusion verstanden. Dennoch muss gefragt werden: Wie sind Widerstand, Rebellion und Revolution zu erklären, wenn nicht als amorphe Massenaktion? Die vorliegende Untersuchung kann der strukturalistischen und poststrukturalistischen Auflösung des Subjekts nicht folgen, auch wenn einzelne Elemente und Aspekte wie die der Biopolitik übernommen und weitergeführt werden. Die (post-) strukturalistische Methodologie konzentriert sich auf die sprachliche Welt. Sie blendet damit nichtsprachliche Lebensäußerungen aus – eine für die Sozialgeschichte der Arbeit, der Arbeitsbelastungen, der Arbeitserkrankungen und des Widerstandes gegen die Arbeit fatale Verkürzung. Sprache ist eine leibhaftige Äußerung des Seins. Von fast allen erkenntnistheoretischen Schulen wird heute der Begriff der Biopolitik benutzt. Gemeint ist damit zunächst sehr allgemein die Formierung von Subjekten und Subjektivitäten. Wenn das Subjekt als leibliches Subjekt verstanden wird, wenn also die Formierung eine den Leibkörper ergreifende, durchdringende, zurichtende, umformende, vielleicht ermutigende, doch meist demütigende, schmerzende, zum »Schrei«[32] führende ist, dann wird der Begriff der Biopolitik zu einem hilfreichen. Biopolitik ist Körperpolitik und Bevölkerungspolitik. Die systemischen Widersprüche setzen sich in den Subjekten fort, und es sind diese Subjekte, welche die ihnen auferlegten Fesseln sprengen oder sprengen können, und dies mittels der eigenen

28 Patrick Spät: Das Leben und der Sinn des Ganzen. Zwischen Nihilismus und einem Funken Moral. Schmetterling, Stuttgart 2013.

29 Ebenda, S. 84.

30 Theodor W. Adorno: Negative Dialektik. Suhrkamp, Frankfurt am Main 1966, S. 203.

31 Zu nennen wären hier vor allem Jacques Lacan, Michel Foucault und Judith Butler. Vgl. hierzu: Andreas Reckwitz: Subjekt. Trancript, Bielefeld 2008.

32 Vgl. John Holloway: Die Welt verändern, ohne die Macht zu übernehmen. Westfälisches Dampfboot, Münster 2002; hierzu auch: Robert Foltin, a. a. O., S. 88 ff.

Leibkörperlichkeit. Das tun sie nicht als Individuen, sondern immer in sozialen Zusammenhängen, immer in Interaktionen und interaktionalen Netzen. Das Entscheidende – hier folge ich Merleau-Ponty – ist das, was sich im »Dazwischen« abspielt: zwischen den ertragenden, agierenden und immer wieder aufbegehrenden Menschen. Diese Zwischenleiblichkeit ist der Boden, von dem alle soziale Differenzierung und alle soziale Kooperation ausgeht, in sich widersprüchlich, meist unausgeschöpft, ein verborgenes Kraftzentrum des Sozialen.

Bürgerliche Kultur kannte und kennt Körperlichkeit nur als geordnete, disziplinierte, ritualisierte, den elitären Habitus unterstreichende Übung. Proletarische Kultur hatte keine andere Wahl, als Körperlichkeit im Sinne von Körperkraft zu sehen, welche zum Überleben notwendig war. Der Körper musste als Arbeitskörper »funktionieren«; war er geschwächt oder krank, war das materielle Überleben des geschwächten oder kranken Subjekts und das seiner Familie gefährdet. Bürgern wie Arbeitern ist ein gebrochenes Verhältnis zu ihrer Leiblichkeit eigen, d. h. der Zugang zu einer autonomen, nicht-entfremdete Lebendigkeit ist ihnen mehr oder weniger verstellt. Beiden erscheint eine instrumentelle Beziehung zum Körper als unhinterfragte und unhinterfragbare Gegebenheit. Der Unterscheid zwischen den Klassen offenbart sich im Umgang mit der eigenen Leibkörperlichkeit hinsichtlich der Selbstwahrnehmung, der Pflege, der Schonung, der Krankheitsvorsorge. Proletarier/innen konnten nichts anderes, als ihren Körper als Werkzeug benutzen, bis es zu Bruch ging. Auf eine präventiv orientierte körperliche Langfristökonomie hatten sie keine Chance. Die proletarischen Sportvereine spielen in diesem Kontext eine ambivalente Rolle. Einerseits waren sie darauf gerichtet, Widerstandskräfte zu entwickeln, anderseits diente der gestählte Körper zugleich der effektiveren Verwertung im kapitalistischen Arbeitsprozess. Doch war damit der mittel- und langfristig sich einstellende massenhafte leibkörperliche Verschleiß nicht zu verhindern. Es kann nicht übersehen werden, dass der Arbeitersport mit seiner Orientierung »frisch, frei, stark und treu«[33] überwiegend einem vom jugendlichen Männlichkeitsmuster geprägten Körperkult folgte. Frauen waren davon weitgehend, Kranke, Behinderte und Alte vollständig ausgeschlossen. Insgesamt ist festzuhalten, dass in der proletarischen Kultur der Körper als Kapital verstanden wurde, mit dessen Hilfe zuallererst die eigene Reproduktion und diejenige der Familie, darüber hinaus aber auch um Anerkennung und unter bestimmten Umständen auch um Emanzipation gerungen werden konnte. Immer jedoch ging es um Fragilität und Verletzlichkeit des körperlichen Kapitals.

Vor diesem Hintergrund sind die Ausführungen des Theologiestudenten Paul Göhre, der sich 1890 drei Monate lang in Chemnitz als Industriearbeiter

33 Horst Ueberhorst: Frisch, frei stark und treu. Die Arbeitersportbewegung in Deutschland. Droste, Düsseldorf 1973.

verdingte, aufschlussreich.[34] Nachdem er sich den sozialen Verhältnissen, in denen Arbeiterfamilien lebten, gewidmet hat, schildert er zunächst sehr sorgfältig und erstaunlich differenziert die Arbeitsbedingungen des Maschinenbaubetriebes, in dem er Arbeit gefunden hatte. Zu berücksichtigen ist, dass wir es in diesem Fall mit einem mittelständischen Facharbeiterbetrieb zu tun haben, in dem es deutlich menschlicher zuging als in den Massenbetrieben des Bergbaus, der Eisen- oder Chemieindustrie.[35] Göhre beschreibt die Arbeit der Hobler, Stoßer, Dreher, Bohrer, Packer, Gießer, Schleifer, Schlosser und einiger weiterer Handwerksberufe als weitgehend anspruchsvoll, aber körperlich schwer und zuweilen monoton und geisttötend. Die körperliche Seite der Arbeit war von vielen kleinen und mittleren Unfällen begleitet: Quetschungen und schmerzhafte Verletzungen der Finger, Zehen und Augen. Göhre erwähnt, dass man sich bei Gefahren und Verletzungen »schnell und geschickt« gegenseitig helfe.[36] Insgesamt sei, so Göhre, die Arbeit »für alle schwer und strapaziös«.[37] Die Männer seien am Ende des Tages müde und abgekämpft.

> »Es ist in der Tat keine Kleinigkeit, nach elf Stunden des Tages mit 120 Mann in einem von öligem und schmierigem Dunste, von Kohlen- und Eisenstaube geschwängerten heißen Raume auszuhalten. Nicht eigentlich die meist schweren Handgriffe und Arbeitsleitungen, sondern dieses Zusammenleben, Zusammenatmen, Zusammenschwitzen vieler Menschen, diese dadurch entstehende ermüdende Druckluft, das nie verstummende, nervenabstumpfende, gewaltige, quietschende, dröhnende, ratschende Geräusch, und das elfstündige Stehen in ewigem Einerlei, oft an ein und derselben Stelle – dies alles zusammen macht unsere Fabrik zu einer alle Kräfte anspannenden, aufreibenden Tätigkeit (...).«[38]

Göhre, der aus seiner kleinbürgerlichen Sicht keinen Hehl macht, ist indes verblüfft und augenscheinlich ein wenig abgestoßen von der körperlichen Nähe der Arbeiter, ihrer eigensinnigen körperlichen Derbheit, ihren Neckereien und Balgereien. Er berichtet vom »gewaltsamen« Zupfen und Auseinanderstreichen des Schnurrbartes, ein Initialritus, von dem so gut wie alle Arbeiter betroffen waren.[39] Zugleich bringen Göhres Schilderungen der

34 Paul Göhre: Drei Monate Fabrikarbeiter und Handwerksbursche. Eine praktische Studie. Friedrich Wilhelm Grunow, Leipzig 1891. Diese Publikation und sein Eintritt in die SPD im Jahre 1900 trugen Paul Göhre (1864–1928), der mittlerweile evangelischer Pfarrer in Frankfurt/Oder war, gewaltige Schwierigkeiten mit der reaktionären Kirchenführung ein. Er quittierte den kirchlichen Dienst und wirkte fortan als sozialdemokratischer Abgeordneter und Publizist.

35 Dies konzediert auch Göhre selbst, vgl. ebenda, S. 45 ff.

36 Ebenda, S. 72.

37 Ebenda, S. 73.

38 Ebenda, S. 74.

39 Ebenda, S. 77 f.

Arbeitssituation Konturen einer strukturell gewaltförmigen Körperlichkeit zum Vorschein, die den Akteuren von den Verhältnisse aufgebürdet werden.

Einer von der kritischen Arbeitsgeschichte inspirierten Untersuchung muss es darum zu tun sein, Geschichte in den Kontext der stofflichen Welt »zurückzuholen«. Dieser Kontext wird negativ sichtbar in den Auswüchsen des kapitalgetriebenen »Fortschritts«, dem organisierten Raubbau an körperlicher und geistiger Gesundheit bis zur Vernichtung »durch Arbeit«. Der stoffliche Kontext aber ist im positiven Sinne, welcher der Widerständigkeit zugrunde liegt, ein sich im Mensch-Natur-Stoffwechselprozess herstellender Gebrauchswert-Kontext. Hier eröffnen sich Dimensionen, die Karl Heinz Roth als »Subjekt-Reste« und als »Nicht-Wert« bezeichnet.[40] Roth macht bewusst, dass es der Idee der Arbeiteremanzipation nie alleine um die Verteilung von Macht und Reichtum ging, sondern immer auch darum, der

Gebrauchswertebene zu ihrem Recht zu verhelfen. In der emanzipatorischen Perspektive geht es um eine gebrauchswertorientierte Sozialität im Sinne einer weltoffenen und weltweiten Befreiung aus körperlicher und geistiger Not und einer Transzendenz zu allseitiger Entfaltung des Menschen in seiner Vielgestaltigkeit. Die Rationalität der Inwertsetzung im Lohnarbeitsverhältnis erzeugt eine erzwungene Gleichgültigkeit gegenüber dem Produkt, gegenüber sich selbst und gegenüber der Gesellschaft. Friedmann[41] und später auch Gorz[42] haben auf die Tradition des Handwerks hingewiesen, das sich dieser Entwicklung lange entgegenstemmte. Doch mit der Universalisierung der abstrakten Inwertsetzung wurde Individualität in den Modus entfremdeter Arbeit transformiert. Arbeit war insofern kaum noch anders möglich als in verschiedenen Formen ruinöser körperlicher und mentaler Verausgabung, zugleich aber auch – zumeist sprunghaft und unplanbar – in Formen der Kollektivität und Solidarität, nicht nur auf der Ebene spektakulärer Aktionen, sondern auch im Arbeitsalltag. Das Phänomen der Krankheit, genauer: der Arbeitserkrankungen, ist in diesem Zusammenhang von besonderer Bedeutung. Im passiven Leiden äußert sich ein untergründiger Widerstand gegen inhumane Verhältnisse, eine Lebenskritik, die ans Licht bringen will, was dem Leben fehlt oder was zum Leben nötig ist oder nötig wäre. Krankheit bringt gleichwohl einen »Schrei« und mit ihm eine Kraft hervor, die sich gegen die Verhältnisse wendet.

Die Entstehung der modernen Arbeiterbewegung fußt in wesentlichen Momenten auf den spontanen und großflächigen Eruptionen gegen die phy-

40 Karl Heinz Roth: Empirie und Theorie: Die Marxsche Arbeitswertlehre im Licht der Arbeitsgeschichte, Teil 1, in: Sozial. Geschichte. Zeitschrift für historische Analyse des 20. und 21. Jahrhunderts, 22 (2007), 2, S. 45–67.

41 George Friedmann: Zukunft der Arbeit. Perspektiven der industriellen Gesellschaft. Bund, Köln 1953.

42 André Gorz: Kritik der ökonomischen Vernunft. Rotbuch, Berlin 1989.

sische und psychische Zerstörung menschlichen Seins im kapitalistisch organisierten Arbeitsprozess. Die großen Bergarbeiterstreiks von 1889, 1905 und 1913, die Streiks der Chemiearbeiter und der Textilarbeiterinnen im beginnenden 20. Jahrhundert – all diese Massenaktionen waren nicht »von oben« geplant, sondern breiteten sich, regelmäßig gegen den Willen der Gewerkschaftsführungen, wie Flächenbrände aus, die von der Wut und dem Zorn gegen die menschenverachtenden Zustände genährt und angefacht wurden, von der Empörung gegen die Unfälle, die Vergiftungen, die Behandlung des Arbeiters und der Arbeiterin als Maschine, die verschlissen und weggeworfen wird. Erlebte und erlittene Leiblichkeit mit all ihren leiborientierten Lebensentwürfen, Wünschen und Hoffnungen ebenso wie mit ihren Mängeln, Zerrissenheiten und körperlichen und psychischen Leiden, d. h. auch: ihren leiblich erlebten Belastungen und Erkrankungen, ist in der bisherigen Sozialgeschichte der Arbeit und der Arbeitserkrankungen unterbelichtet geblieben. Die der Lebensphilosophie entlehnten Kategorien der Leiblichkeit und des Fleisches sind von Merleau-Ponty materialistisch gewendet worden. Foucault hat sie aufgegriffen, doch sie verflüchtigen sich in seiner Geschichtskonzeption des Diskurses in Diskursen und schließlich in seinen Erwägungen einer spirituellen Selbstsorge. Das Postulat Merleau-Pontys, für die Beschreibung und Analyse des Arbeiter/innen-Schutzes eine Perspektive des leiblichen Erlebens einzunehmen, kann die vorliegende Arbeit allenfalls ansatzweise einlösen. Dieser Ansatz bedeutet, dem Erleben der Arbeiter und Arbeiterinnen in ihrer Arbeit, in ihren Freuden und Illusionen wie in ihren Schmerzen und Todeskämpfen, aber auch in ihren impulsiven Widerständigkeiten und sozialen Kämpfen nachzuspüren und sie in der Darstellung soweit wie möglich lebendig werden zu lassen. Die Quellenlage hierfür ist allerdings eine schwierige, denn – und hier kommt zweifelsohne der späte Castoriadis mit seiner Theorie des Imaginären zu seinem Recht – die direkten Äußerungen der Arbeiter und Arbeiterinnen[43] sind meist voller Illusionen und Beschönigungen[44] einerseits und voller Hilflosigkeit, Klage, Trauer, Wut und Zorn andererseits. Kritisch-historische Forschung kommt daher nicht um den Versuch herum, derartige Quellen hermeneutisch zu befragen und mit möglichst

43 Dies heißt vor allem: autobiographische Aufzeichnungen, wie z. B. die von Alfons Petzold oder Adelheid Popp, aber auch Berichterstattungen in Organen der Arbeiter- und Arbeiterinnenbewegung, Konferenzberichte und Antworten aus offenen Befragungen wie die Adolf Levensteins. Eine Zwischenstellung nehmen autobiographisch gefärbte Romane ein, wie etwa das beeindruckende Buch »Walzwerk« von Hans Marchwitza.

44 Ein Paradebeispiel hierfür sind die von Hilla Peetz gesammelten Aufzeichnungen früherer Bayer-Arbeiter (»Nicht ohne uns«, Ullstein, Frankfurt am Main 1981), die freilich auch durch den Filter des Bayer-Werksarchivs mussten.

vielen verfügbaren Daten und Fakten der Arbeits- und Lebensverhältnisse[45] zu verknüpfen. Eine weitere wertvolle Quelle sind Berichte und Erinnerungen von Menschen bildungsbürgerlicher Herkunft, die – meist aus eigener Not – im Bergbau oder anderen Industriezweigen »gelandet« sind und die Wirklichkeit in ihren krassen Ausformungen in ganz besonderer Weise wahrnahmen.[46]

45 Hier sind vor allem Weyl's Handbuch für Hygiene (8 Bände in 49 Büchern, erschienen bei Johann Ambrosius Barth, Leizig, 1895–1919) oder das 6-bändige Großwerk »Handbuch der sozialen Hygiene und Gesundheitsfürsorge« (Julius Springer, Berlin 1925–1927) zu nennen.

46 Dazu gehören beispielsweise Heinrich Lersch zu Beginn des 20. Jahrhunderts, Graf Alexander Stenbock-Fermor oder Christa Anita Brück in den 1920er Jahren genauso wie Max von der Grün in den 1950er und 1960er Jahren oder Marianne Herzog in den 1970er Jahren.

Teil I

Von der Hochindustrialisierung bis zum Ende des deutsch-österreichischen Faschismus

Industrialisierung und proletarische Existenz

Die innerhalb weniger Jahrzehnte sich durchsetzende Umwälzung eines jahrtausendealten landwirtschaftlich und handwerklich geprägten Lebensraumes zu Industrieregionen eines bis dahin undenkbar riesigen Ausmaßes veränderte nicht nur das äußere Landschaftsbild. Sie veränderte auch die Existenz der Menschen in grundlegender Weise. Die Härte des von der Natur und von der Gunst der Fürsten und Gutsherren abhängigen Schicksals wurde abgelöst von der Härte industrieller Arbeit und der von der Industrie geprägten Zeit- und Lebensverhältnisse. Paradigmatisch hierfür steht das Ruhrgebiet. Hunderttausende junger Menschen, die – um dem Hungertod zu entgehen – hierher kamen, erstarrten in einer Gefühlslage aus sprachlosem Entsetzen, Angst und Hoffnung auf ein besseres Leben. Der verarmte Graf Alexander Stenbock-Fermor, den es nach dem Ersten Weltkrieg in den Ruhrpott verschlug, gehörte zu den wenigen, die diese Sprachlosigkeit durchbrachen. Gerade angekommen, beschreibt er seine Eindrücke in einem dem Gegenstand höchst angemessenen expressionistischen Stil:

> »Ein gewaltig-grausiger Anblick…, ein Wald von Fabrikschornsteinen, Fördertürmen, Maschinenhallen, Koksöfen, Hochöfen, Mietskasernen, gespensterhaft sich abhebend von dem schmutzig-grauen Himmel. (…) Fieberhaftes, hastiges, wimmelndes, keuchendes Leben durchglühte alles. Ein Wolkenmeer von schwarzem Rauch und geballten gelben Schwaden lag drückend auf der Landschaft. (…) Ein Rauschen, Dröhnen, Grollen, Klirren, Klingen, Sausen, Trillern, Surren, Zischen, Pfeifen erfüllte die Luft, und der Boden stöhnte und bebte. Lieder der Arbeit, der nie rasenden, ewigen, seelenlosen Arbeit. (…) Die Natur schien sich verkrochen zu haben vor Angst und Trauer. (…) Wie können hier Menschen leben, dachte ich mit Grauen, in diesem Lande ohne Seele, ohne Himmel und Schönheit; wer hier geboren wurde und sein Leben verbrachte, musste erstarren, zum Arbeitssklaven, zur Maschine werden!«[1]

Was hier deutlich wird, ist eine noch undifferenzierte Angst vor den unheimlichen Kräften und Gefahren, welche die Industrie hervorbringt, zugleich schimmert in diesem Text eine merkwürdige und paradoxe Faszination durch, die von genau diesen Kräften und Gefahren ausgeht. Wir können davon ausgehen, dass diese Gefühlslage – dies belegt die Arbeiterliteratur der damaligen Zeit[2] – eine allgemeine derjenigen war, die in die Industrieregionen strömten, um Arbeit zu finden. »Angst und Trauer« werden im obigen Text zwar der »Natur« zugeschlagen, doch gemeint ist der Mensch, dem der industrialisierte Zustand noch nicht zur zweiten Natur geworden war. Deutlich wird die Befürchtung, dass sich eben dieser Zustand zur zweiten Natur verfestigte,

1 Graf Alexander Stenbock-Fermor: Meine Erlebnisse als Bergarbeiter. J. Engelhorns Nachf., Stuttgart 1928, S. 7 f.

2 Günter Heintz, a. a. O.

wenn der Mensch dem länger ausgesetzt wäre. Deutlich wird die Befürchtung, dass der Mensch zum Arbeitssklaven in einer seelenlosen Maschinenwelt mutieren, »erstarren« würde. Doch wie sich zeigen sollte, wuchsen im so bedrückten und irritierten Menschen auch Kräfte des Widerstandes. Die Berichte bürgerlichen Autoren im ausgehenden 19. und beginnenden 20. Jahrhundert, welche sich mit der Industrialisierung befassten, ähneln denen Stenbock-Fermors,[3] doch zugleich packt sie die nackte Angst vor den lebendigen Potentialen, die sich unter der Decke der scheinbaren Erstarrung verbargen.

Der Weg Deutschlands und Österreichs von Agrar- zu Industriestaaten verlief im Vergleich zu England und Frankreich zunächst stark verzögert. Die Gründung der Doppelmonarchie Österreich-Ungarn 1867 gab den Anstoß zu einem Industrialisierungsschub,[4] der jedoch von dem des Deutschen Reiches nach dessen Ausrufung 1871 weit in den Schatten gestellt wurde.[5] Die politischen Hindernisse, so z. B. der unter dem Mantel des Heiligen Römischen Reiches deutscher Nation gewachsene über alle bürgerlichen Revolutionsversuche sich haltende Feudaladel, Junkertum, Kleinstaaterei, Merkantilismus und Protektionismus, wurden im Rahmen einer strategischen Partnerschaft zwischen Feudaladel und Großbürgertum Schritt für Schritt abgebaut. Treibende Produktivkräfte waren die wissenschaftlich-technischen Innovationen und hier wiederum die Nutzung von Kohle und Dampfmaschine, nicht zuletzt die darauf aufbauende Elektrifizierung. Von entscheidender Bedeutung war die Überführung des staatlich geleiteten Bergbaus in Privatgesell-

3 Paradigmatisch dafür können die fortlaufenden Warnungen Friedrich Nietzsches vor dem »machinalen Menschen« stehen, der anfällig sei für »neue Priester« und dadurch zum gefährlichen »Herdentier« werde. Paradigmatisch ebenso die Warnungen Gustave Le Bons vor dem »Massenmenschen«, der unberechenbar, impulsiv und gewalttätig sei. Vgl. hierzu: Institut für Sozialforschung (Hg.): Soziologische Exkurse. Europäische Verlagsanstalt, Frankfurt am Main 1956, S. 70–82.

4 Vgl. Herbert Matis: Die Habsburgermonarchie (Cisleithanien) 1848–1918. In: Karl Bachinger / Hildegard Hemetsberger-Koller / Herbert Matis: Grundriss der österreichischen Sozial- und Wirtschaftsgeschichte. OBV-Klett-Cotta, Wien 1987, S. 6–41; Otto Hwaletz: Die österreichische Montanindustrie. Böhlau, Wie 2001.

5 Vgl. Ernest Mandel, Marxistische Wirtschaftstheorie. 2. Band. Suhrkamp, Frankfurt am Main 1968, S. 493 ff.; Hans Mottek: Wirtschaftsgeschichte Deutschlands, Band 3. Deutscher Verlag der Wissenschaften, Berlin (Ost) 1974; Uta Stolle: Arbeiterpolitik im Betrieb. Frauen und Männer, Reformisten und Radikale, Fach- und Massenarbeiter bei Bayer, BASF, Bosch und in Solingen (1900–1933). Campus, Frankfurt am Main 1980; Gerhard A. Ritter / Klaus Tenfelde: Arbeiter im Deutschen Kaiserreich 1871–1914. J. H. W. Dietz Nachf., Bonn 1992; Hans-Ulrich Wehler: Deutsche Gesellschaftsgeschichte, Band 3. Beck, München 1995, S. 610–631; besonders hilfreich für den hier zu bearbeitenden Themenzusammenhang ist die nach wie vor gültige, akribische Studie von Eckhard Brockhaus: Zusammensetzung und Neustrukturierung der Arbeiterklasse vor dem Ersten Weltkrieg. Trikont, München 1975.

schaften. Kapitalisierte Maschinerie und Wissenschaft enteigneten herkömmliche handwerkliche Kenntnisse und türmten sich als fremde Macht über den Arbeitern und Arbeiterinnen. Diese Entwicklungen hat Karl Marx zum ersten Mal 1867 in seinem »Kapital«, insbesondere aber in seinen erst posthum gesichteten Notizen, unter »reelle Subsumtion der Arbeit unter das Kapital« begrifflich zu fassen versucht.[6] Die damit verbundenen Prozesse verliefen widersprüchlich, ungleichzeitig und kultur- und mentalitätsgeschichtlich höchst paradox. Zugleich hielten technische Innovationen auf der Basis von Erdöl, Diesel- und Benzinmotoren sowie Elektrotechnik und Elektromotoren Einzug in die industrielle Produktion – ein Prozess, der als zweite, »energetische« industrielle Revolution bezeichnet wird.[7]

Mit geradezu martialischer Wucht entstanden Industriezentren,[8] insbesondere in Preußen, wie etwa das von Kohle, Eisen und Stahl dominierte Ruhrgebiet, die oberschlesische Kohle- und Industrieregion, die Chemiebetriebe im Rheinland, Bergbau und Textilindustrie in Sachsen, der Maschinenbau in Berlin und Chemnitz. Aber auch Industriezentren außerhalb Preußens entwickelten sich in Riesenschritten, wie die bayerischen Maschinenbauzentren München, Augsburg und Nürnberg, die Hansestädte mit ihren Werften, die Chemieindustrie im Rhein-Main-Neckar-Raum, die Montanindustrie der Saar-Region und Lothringens, die österreichische Montanindustrie mit ihren Zentren in der Steiermark und in Kärnten, die Metallgewinnung in Slowenien und in der vom Erz- und Lausitzergebirge sich nach Böhmen und Nordmähren erstreckenden Region, eine Region mit zugleich wachsender Textilindustrie, aber auch Holzindustrie wie z. B. die Zündholzindustrie. Binnen kurzer Zeit erfuhr die Bevölkerungsstruktur gravierende Veränderungen. Waren noch Mitte des Jahrhunderts mehr als 90 % der Bevölkerung mit der Landwirtschaft verbunden, sank dieser Anteil im Jahr 1910 auf 25 %. Zu diesem Zeitpunkt arbeiteten schon mehr als 40 % der Erwerbstätigen in der Industrie. Das gezielte Bauernlegen, d. h. die Enteignung von Land durch Großgrundbesitzer, die grassierende Landarmut und die Verlockungen der kapitalistischen Großindustrie trieben die Menschen in die neuen, überstürzt und chaotisch wachsenden Zentren. Aus ganz Europa, insbesondere aber aus den pommerischen, russisch-polnischen, galizischen, ruthenischen und tschechischen Gebieten kamen zunächst junge männliche Wanderarbeiter, von denen viele nach und nach ihre Familien nachholten. Daneben entstan-

6 Karl Marx: Resultate des unmittelbaren Produktionsprozesses. Neue Kritik, Frankfurt am Main 1969; Karl Heinz Roth / Eckard Kanzow: Unwissen als Ohnmacht. Edition Voltaire, Berlin 1970; Jürgen H. Mendner: Technologische Entwicklung und Arbeitsprozess. Fischer Taschenbuch, Frankfurt am Main 1975; Martin Birkner / Robert Foltin, a. a. O.

7 Ernest Mandel, a. a. O.

8 Hans Mottek, a. a. O.; Hans-Ulrich Wehler, a. a. O.; Karl-Heinz Roth / Eckard Kanzow, a. a. O.

den großen Zentren der Heimarbeit: Riesen- und Erzgebirge, Thüringerwald, Böhmen und Mähren. Konnten diese Regionen vor allem mit der Zündholzherstellung in Verbindung gebracht werden, so waren jene vorwiegend mit Textil- und Tabakwarenherstellung befasst. Gerade hier setzte, entgegen aller bürgerlichen Moralvorstellungen, das Besitzbürgertum auf besonders billige Frauen- und Kinderarbeit. Insgesamt waren die Arbeitsbedingungen in den 1880er Jahren bis weit über die Mitte des 20. Jahrhunderts von Härte, Disziplin, zermürbendem Gesundheitsverschleiß und Gesundheitszerstörung geprägt, deren Ausmaß sich aus heutiger Sicht – d. h. aus der Sicht metropolitaner und nicht-prekärer Erfahrung – kaum ermessen lässt. Das proletarisierte »Multiversum«,[9] so z. B. die Arbeiter/innen im heutigen China, aber auch das wachsende multinationale Prekariat in europäischen Metropolen erlebt gegenwärtig eine bittere Wiederholung der Geschichte.

Zurück zur preußischen und österreichischen Geschichte, zu ihren Metropolen Berlin[10] und Wien,[11] anhand derer exemplarisch die proletarischen Lebensverhältnisse dieser Zeit beleuchten werden sollen. Eine überwiegend mittelständische und kleinbetriebliche Textilindustrie und Metallindustrie, vor allem aber Betriebe des Baugewerbes, Schlossereien, Tischlereien, Druckereien, Mühlen, Schlachthöfe, Molkereien, Wäscherein, Kanalarbeit und viele weitere Bereiche wie Fuhrunternehmen, Gastronomie und allgemeine Versorgung gab es in beiden Großstädten. In Berlin entwickelte sich zudem in Riesenschritten eine Chemieindustrie und Elektroindustrie riesigen Ausmaßes. Die Berliner Elektroindustrie beschäftigte vor dem Ersten Weltkrieg mehr als 75.000 Arbeiter und Arbeiterinnen. Den halben Tag oder länger zusammengepfercht in dunklen, lauten und staubigen Fabrikhallen, einer totalitären Fabrikordnung unterworfen, waren die Arbeiter/innen, zusammen mit ihren Kindern, den restlichen Tag, zumeist nur die kurze Nacht über gezwungen, in noch engeren, kalten und unhygienischen Wohnquartieren zu hausen, die nicht selten in Hinterhöfen von Betrieben lagen. Zwischen 1880 und 1910 verdreifachte sich der Anteil der in Großstädten Lebenden an der Gesamtbevölkerung in Deutschland und Österreich auf über 20 %. Um 1900 lebten Arbeiterfamilien in Berlin und Wien mit durchschnittlich sieben bis acht Personen in einer Wohnung, die im besten Fall aus zwei kleinen Räumen bestand.[12] Meist in Dachkammern und Kellern notdürftig untergebracht,

9 Diesen Begriff entlehne ich Karl Heinz Roth 2007, a. a. O.

10 Dietrich Mühlenberg et al.: Arbeiterleben um 1900. Dietz, Berlin 1983.

11 Reinhard Sieder: Wiener Arbeiterfamilien um 1900. In: Hubert Ch. Ehalt / Gernot Heiß / Hannes Stekl (Hg.): Glücklich ist, wer vergisst…? Das andere Wien um 1900. Hermann Böhlaus Nachfolge, Wien 1986, S. 39–89.

12 Vgl. Erich Wernicke: Die Wohnung in ihrem Einfluss auf Krankheit und Sterblichkeit. In: Max Mosse / Gustav Tugendreich (Hg.): Krankheit und soziale Lage. J. F. Lehmanns, München 1913, S. 45–120.

teilweise in Schlafhäusern und »Mietskasernen«, verbunden mit dem üblichen »Schlafgängerwesen« – in vielen proletarischen Betten wechselten sich die Schläfer »schichtweise« ab – fehl- und unterernährt, durch die unerträglichen Belastungen abgestumpft und verroht, verbunden mit immer wieder aufflackernden spontanen Massenaktionen der Gegenwehr, gab das Leben des Proletariats den bürgerlichen Sittenwächtern vielfach Anlass zu Sorge. Ihre Sozialstrategen entwickelten ein differenziertes System einer modernen Sozialpolitik.

Die weitaus schlimmste Arbeiter- und Arbeiterinnenkrankheit der Hochindustrialisierung war die Lungentuberkulose (TBC). In den industriellen Ballungszentren war jede/r Zweite infiziert, jede/r Dritte entwickelte Krankheitssymptome, in Berlin starb jede/r Vierte daran, im übrigen Reichsgebiet und in Österreich jede/r Siebte. In den Armenbezirken Wiens glichen die Verhältnisse denen Berlins[13] – von der gefürchteten »Wiener Krankheit« war die Rede. Viele junge Menschen waren betroffen, die Sterblichkeit lag bei etwa 30 Jahren. Die engen und unhygienischen Wohnverhältnisse und die mangelhafte Ernährung kombinierten sich mit den Folgen der Schwere und Schädlichkeit der Arbeit zu einer überwiegend die Grenze eines totalen Erschöpfungszustandes überschreitenden Lebenssituation der Arbeitenden. Teleky berichtet von einem überaus deutlichen Sozialgradienten am Beispiel der Hamburger Medizinalstatistik: Während in Haushalten mit mehr als 25.000 Mark Jahreseinkommen von 10.000 Personen jährlich 5,5 an TBC erkranken, steigt die Inzidenz mit fallendem Einkommen steil an und liegt in der Einkommensklasse von 900 bis 1200 Mark bei 90,5 TBC-Erkrankungen.[14] Ähnliche Zahlen nennt Teleky für Wien: In reichen Bezirken liegt die Inzidenz bei 12/10.000, im ärmsten Bezirk bei 65/10.000.[15] Zu beachten ist: Das sind nur die amtlich registrierten Fälle. Die Lebenssituation in den ländlich geprägten Regionen Deutschlands und Österreichs war gespalten, glitt aber mit der Polarisierung in reiche und immer mehr verarmende Bauern insgesamt auf ein noch unter den städtischen Verhältnissen liegendes Pauperisierungsniveau ab. Die hier sich ausweitende Heimarbeit, vor allem die Heimwebereien und -nähereien, aber auch Glasschleifereien und andere Gewerke, machten aus den ohnehin überfüllten Wohnungen schmutzige, stickige, oftmals nasse und insgesamt lebenswidrige Behausungen. Der deutsch-

13 Elisabeth Dietrich-Daum: Die »Wiener Krankheit«. Eine Sozialgeschichte der Tuberkulose in Österreich. Verlag für Geschichte und Politik, Wien 2007

14 Ludwig Teleky: Soziale Pathologie der Tuberkulose. In: Adolf Gottstein / Arthur Schlossmann / Ludwig Teleky (Hg.): Handbuch der sozialen Hygiene. Dritter Band: Wohlfahrtspflege, Tuberkulose, Alkohol, Geschlechtskrankheiten. Julius Springer, Berlin 1926, S. 123.

15 Ebenda.

böhmische Journalist Emil Strauß[16] schildert in seiner fakten- und facettenreichen Geschichte der Arbeiterbewegung Böhmens[17] das Elend solcher Existenzweisen, oftmals verbunden mit extensiver Kinderarbeit. Bei solchen Verhältnissen mussten geradezu zwangsläufig, wie Strauß schreibt, »Krankheiten und früher Tod häufige Gäste in den Arbeiterfamilien sein«.[18] Und noch einmal deutlicher: »Die fressendste Beute am Körper der deutschböhmischen Arbeiterschaft war und blieb die Heimarbeit.«[19] Strauß bezieht sich auf Veröffentlichungen der Gewerbeinspektorate, die seit den 1890er Jahren im Zuge der Arbeiterschutzgesetzgebung Berichte erstatten sollten, auch wenn diese nicht viel an der Realität ändern konnten. So wurde berichtet, dass von 1200 Schachtelmachern in den Bezirken Bischofsteinitz und Taus die Hälfte aus schulpflichtigen Kindern bestand, die ab dem dreizehnten Lebensjahr täglich bis zu sechzehn Stunden arbeiten mussten. Schon in jungen Jahren starben die Menschen an Tuberkulose und anderen Infektionskrankheiten.

Nicht nur in den neu entstandenen großflächigen Industriezentren, sondern auch in eher ländlichen Regionen schlug die Industrialisierung ein neues und einschneidendes Kapitel der menschlichen Geschichte auf. Beispielhaft sei die Porzellanindustrie genannt, die sich in Dörfern und Kleinstädten hauptsächliches des Fichtelgebirges bzw. der Regionen Oberfranken und Oberpfalz, aber auch in einigen thüringischen, sächsischen und böhmischen Regionen entwickelte. Mehrere Faktoren führten Ende des 19. Jahrhunderts in diesen agrarisch geprägten Regionen zu einem Industrialisierungsschub. Die zwei wesentliche Faktoren: ausgedehnte regionale Kaolinvorkommen – das Aluminiumsilikat Kaolin, auch Porzellanerde genannt, stellt neben Quarzsand das Hauptausgangsprodukt für Porzellan dar – sowie eine im Verlauf des 19. Jahrhunderts zunehmend verarmte Bauernschaft.[20] 1909 veröffentlichte Dr. Franz Bogner, Assistenzarzt am Krankenhaus in Selb, eine Krankheits- und Sterblichkeitsstatistik der Porzellanarbeiter und ihrer Fami-

16 Emil Strauß, Historiker und Redakteur verschiedener sozialdemokratischer Zeitungen, zuletzt Chefredakteur des Zentralorgans »Sozialdemokrat«, entstammte einer alten jüdischen Prager Familie. Er wurde von den Nazis in Auschwitz ermordet.

17 Emil Strauß: Geschichte der deutschen Sozialdemokratie Böhmens, Band I: Die Entstehung der deutschböhmischen Arbeiterbewegung. Verlag des Parteivorstandes der Deutschen sozialdemokratischen Arbeiterpartei in der Tschechoslowakischen Republik, Prag 1925; derselbe: Geschichte der deutschen Sozialdemokratie Böhmens, Band II: Von Hainfeld bis zum Weltkriege. Verlag des Parteivorstandes der Deutschen sozialdemokratischen Arbeiterpartei in der Tschechoslowakischen Republik, Prag 1925.

18 Emil Strauß, Band II, a. a. O., S. 18.

19 Ebenda, S. 184.

20 Martina Wurzbacher / Volker Hertwig / Wolfgang Schilling: Leben für das »weiße Gold« – Arbeit und Alltag der Porzelliner 1920–1970. Deutsches Porzellanmuseum, Wunsiedel 1994.

lien.[21] Die Ergebnisse waren erschreckend: Während die Landbevölkerung im Schnitt 63 Jahre alt wurde, betrug die Lebenserwartung der Porzellanarbeiter 44 und diejenige der Porzellinerbevölkerung nur 43 Jahre. Haupttodesursache war die Lungentuberkulose. In den folgenden Jahrzehnten stellte sich heraus, dass die arbeitsbedingte Steinstaublunge – die hauptsächlich durch Quarz verursachte Silikose – das Lungengewebe durch eine Dauerentzündung schwächt und der unheilvollen Wirkung der TBC-Keime den tödlichen Boden bereitet. Doch nicht nur die Arbeitsbedingungen, sondern auch die Wohnverhältnisse trugen zur Verbreitung der Tuberkulose bei:

> »Alte einstöckige Häuser mit lächerlich niedrigen Zimmern und kleinen Fenstern finden wir in großer Mehrzahl; in solchen Häusern bewohnt die meist starke Arbeiterfamilie ein, wenn es gut geht, zwei Zimmer, von denen das eine noch als Küche benutzt werden muss; für viele Familien ist das Zimmer: Wohnzimmer, Küche und Schlafzimmer zugleich. Ein anderer Teil der Arbeiter, die ledigen Schlafgeher, wohnen in Holzverschlägen im Dachraum, allen Unbilden der Witterung ausgesetzt. Hygienische Spucknäpfe kennt man natürlich in diesen Wohnungen nicht.«[22]

60 % der Porzellinerfamilien lebten in Einzimmerwohnungen, die meist von fünf oder mehr Personen bewohnt waren. Die Arbeiter und Arbeiterinnen, oft schon an TBC erkrankt, husteten und spuckten ihren Auswurf auf den Boden. Insbesondere Kleinkinder infizierten sich durch Herumrutschen auf dem Boden und konnten aufgrund ihrer Mangelernährung der Krankheit wenig entgegensetzen. Die von Philipp Rosenthal und anderen Firmeninhabern nach und nach bereitgestellten großzügigeren Werkswohnungen waren für Angestellte und Meister vorgesehen. Später konnten auch besser verdienende Porzellanmaler einziehen. Die Wohnungsnot der Mehrzahl der Produktionsarbeiter/innen wurde dadurch nicht behoben. Sie blieb bis Mitte des Jahrhunderts ein permanentes Problem.

Sowohl für die Industriemetropolen als auch für die ländlichen Industrieregionen lässt sich festhalten: Hinsichtlich der Wohnverhältnisse verbesserte sich die Situation zunächst nur für die Facharbeiter- bzw. die Stammarbeiterelite in den großen Betrieben in oder am Rande der Industrieregionen. Mit der Sozialleistung »Wohnung« wollten Unternehmen ausgesuchte Stammbeschäftigte an sich binden. Für diesen ausgewählten Kreis entstanden Arbeiter-Reihenhaus-Siedlungen; die Krupp-Siedlungen in Essen sind hierfür ein besonders sinnfälliges Beispiel.[23] Das Wohnrecht war nicht nur mit dem Arbeitsplatz verbunden, sondern auch mit Wohlverhalten im Betrieb

21 Ebenda, S. 94 ff.

22 Zit. in: ebenda, S. 158.

23 Vgl. Michael A. Kanther: Zur Geschichte der Wohnungswirtschaft des Krupp-Konzerns und der Krupp-Siedlungen im Ruhrgebiet von 1861 bis zum Beginn der Stahlkrise 1975. In: Essener Beiträge, Band 120, 2007, S. 129–206.

erkauft. In Regionen, in denen es schwierig war, Wanderarbeiter/innen an den Arbeitsstandort zu binden, wurden auch für diese Wohnungsbauprogramme entwickelt, so insbesondere für die Bergleute an Rhein, Ruhr und Saar. Ein besonders ausgeprägtes Konzept entstand im preußischen Saarrevier.[24] Bergleuten, die ein Häuschen bauen wollten, bekamen Festzuschüsse bis zu 10 % der Baukosten, »Prämien« genannt, und zusätzlich günstige Darlehen. Bewilligung und gegebenenfalls auch die sofortige Zurückzahlung waren vom Urteil des jeweiligen Schichtmeisters bzw. Steigers abhängig. Benahm sich der Bergmann oder eines seiner Familienmitglieder »unbotmäßig«, konnte das die Existenz dieser Familie schnell zunichte machen. 1918 gab es bereits 8000 »Prämienhäuser« in dieser kleinen Region. Die Bergverwaltungen dehnten damit ihre soziale Kontrolle – immer im Verein mit der katholischen Kirche – bis in den letzten Winkel der Privatsphäre aus. Das Prämienhaussystem trug wesentlich dazu bei, jenen obrigkeitsgläubigen und sich selbst verleugnenden Arbeiterstamm zu schaffen, der in den folgenden Jahrzehnten immer wieder von sozialistischen und kommunistischen Autoren beklagt wurde.[25] Vor diesem Hintergrund sind Bestrebungen verständlich, Arbeiterwohnbaugenossenschaften aufzubauen. Diese waren zwar nicht mehr direkt mit dem Arbeitsplatz, gleichwohl aber in der Regel mit konsensualem Verhalten gegenüber der sozialpartnerschaftlichen Gewerkschaftsbürokratie verknüpft. Bis zu einem bestimmten Grad gab es Ausnahmen wie z. B. den spätere – Ende der 1920er Jahre errichtete – Karl-Marx-Hof in Wien, der von klassenbewussten Menschen bewohnt war. Die Wohnungspolitik war ein Baustein eines Spektrums von Politiken, deren Ziel die Disziplinierung und Kontrolle der Arbeiter und Arbeiterinnen und ihrer Familien war. Mit einem Amalgam aus Medizin, Hygiene, Religion und polizeilichem Zugriff entsteht Ende des 19. Jahrhunderts ein moderner Zugriff auf die proletarische Familie, eine Zurichtung und Formung von Subjektivitäten, die Michel Foucault »Biopolitik« nennt.[26] Mit der Krankenversicherung drangen Medizin und Hygiene in die Haushalte ein, entweder über Hausärzte oder – dies dürfte bei Massenarbeiter/innen die Normalität gewesen sein – über Werks- und Armenfürsorgerinnen, ambulante Ordenspflegerinnen, Rotkreuzschwestern, aber auch quasipolizeiliche Krankenkontrolleure der Betriebe oder der Betriebskrankenkassen, wobei die Betriebskrankenkassen zur damaligen Zeit – bis in die 1960er Jahre – sehr stark im betrieblichen Personalwesen inte-

24 Vgl. Joachim Heinz: Als man das Saarland »Saarabien« nannte. In: Der Bergbau an der Saar. Sonderheft der Zeitschrift »Arbeitnehmer« der Arbeitskammer des Saarlandes. Saarbrücken 2012, S. 3–6.

25 Vgl. zum Beispiel: Karl Retzlaw: Spartacus – Aufstieg und Niedergang. Erinnerungen eines Parteiarbeiters. Neue Kritik, Frankfurt am Main 1971.

26 Vgl. hierzu die auf Foucault aufbauende Untersuchung von Jacques Donzelot: Die Ordnung der Familie. Suhrkamp, Frankfurt am Main 1979.

griert waren und an dessen herrschaftlichen Kontroll- und Sanktionspraktiken partizipierten. Biopolitik war schon im ausgehenden 19. Jahrhundert und verstärkt nach dem Ersten Weltkrieg und der Novemberrevolution eine zwischen Staat und Kapital eng verzahnte Bevölkerungspolitik.

Die Phalanx der bürgerlichen Hygienepolitik sah das Proletarier/innen-Elend, diagnostizierte aber kurzerhand »zügellose, unsittliche und unmoralische Menschen« und empfahl zur Prävention eine Erziehung zur »Reinlichkeit und Sittlichkeit in allen Beziehungen«.[27] Die Zumutungen und Zurichtungen der Biopolitik beabsichtigten eine Formierung des Subjekts, welche – über kürzere oder auch längere Zeiträume – immer auch zu neuen sozialen und individuellen Konstellationen des Widerstandes führen oder führen konnten. Bis ins 20. Jahrhundert hinein waren Waschkauen mit Duschen wie überhaupt Waschgelegenheiten im Betrieb eher die Ausnahme als die Regel. Dass Arbeiter und Arbeiterinnen »dreckig« von der Arbeit kamen und angesichts des oftmals fehlenden oder nur außerhalb des Hauses zu besorgenden Wassers und angesichts überlanger Arbeitstage und damit fehlender Reproduktionszeit sich nicht oder nicht sorgfältig des – überdies meist auch noch gesundheitsschädlichen – Schmutzes entledigen konnten, wurde von den bürgerlichen Ideologen als »angeborne Unsauberkeit« interpretiert. Bürgerliche Gesundheitsapostel schwadronierten von der »Haut als Spiegel der Seele«[28] und attestierten den Arbeitern und Arbeiterinnen eine schlechte oder gar böse Seele. Dieser Sozialrassismus musste die Betroffenen über kurz oder lang empören, gerade dann, wenn sie selbst bürgerlichen Idealen nacheiferten. Der in sich höchst widersprüchliche historische Prozess der Hygienisierung des Proletariats zeigt sich auf vielen Ebenen. Exemplarisch lässt sich die Problematik anhand von Spitzelprotokollen in Hamburger Arbeiterkneipen illustrieren.[29] Noch die Erfahrungen mit der schrecklichen Hamburger Choleraepidemie 1892 in den Knochen, debattierten die überwiegend sozialistisch eingestellten Arbeiter darüber, wie derartigen Seuchen oder Tuberkulose und anderen Infektionskrankheiten vorzubeugen sei. Thema war immer wieder die »ekelhafte Unsauberkeit« in Bäckereien und Badeanstalten, aber auch die Unsauberkeit der Armen und auch vieler Frauen und Mädchen, die von Geschlechtskrankheiten befallen seien. Die »bewussten« Arbeiter wollten sich die Krankheiten durch persönliche und in der

27 So der Münchener Hygiene-Professor Max Pettenkofer, zit. in: Alfons Labisch: »Hygiene ist Moral – Moral ist Hygiene«. In: Christian Sachse / Florian Tennstedt (Hg.): Soziale Sicherheit und soziale Disziplinierung. Suhrkamp, Frankfurt am Main 1986.

28 Vgl. Philip Sarasin: Reizbare Maschinen. Eine Geschichte des Körpers 1765–1914. Suhrkamp, Frankfurt a, M., S. 260–313, hier: S. 292.

29 Richard J. Evans (Hg.): Kneipengespräche im Kaiserreich. Stimmungsberichte der Hamburger Politischen Polizei 1892–1914. Rowohlt, Reinbek bei Hamburg 1989, hier insbesondere S. 78–94.

Familie durchgesetzte Reinlichkeit vom Leib halten, zugleich aber auch durch ein stärkeres staatliches Medizinalsystem. Auf der einen Seite waren sozialdemokratisch gesinnte Arbeiter erzürnt über dieses System und deren Vertreter, d. h. über deren bürgerlichen, überheblichen und oftmals demütigenden Habitus; auf der anderen Seite wünschten sie sich ein »besseres« Medizinalsystem, immer verbunden mit der staatsgläubigen Illusion, die von der sozialdemokratischen Führung genährt wurde.

Religion der Arbeit, Wissenschaftsglaube

Die Wirkmächtigkeit tradierter Arbeitsideologien auf der Basis des Handwerks war in vielen Bereichen ungebrochen. Auch wenn reelle Subsumtion und Massenproduktion diese Basis zu untergraben begannen, so wirkten nicht nur Mentalität und Welterklärungsmuster der Knappen, Puddler, Schmiede, Gerber und vieler anderer klassischer Berufe auf die Massenarbeiter/innen ein, sondern auch deren eigene tief religiös geprägte Weltsicht, die sie aus ihrer ländlichen Sozialisation mitbrachten. Die entstehende Arbeiterbewegung war keinesfalls einheitlich auf ein klassenkämpferisches Programm orientiert, sondern verzweigte sich in höchst eigentümlichen Richtungen und Orientierungen. So stilisierte der einflussreiche Joseph Dietzgen in durchaus unkritischer Absicht die Sozialdemokratie in den 1870er Jahren zur religiösen Organisation, die mit ihrer »Religion der Arbeit« die Lehren Luthers weitertrage: »Mit der Reformation beginnt endlich die Arbeit ihre Mission der Erlösung. (…) Arbeit heißt der Heiland unserer Zeit.«[30] Es schien, als verdichtete sich die nun massenhaft verrichtete Arbeit zu einer mythischen Kraft, gerichtet gegen die Reichen des Adels und andere schmarotzenden Schichten der Gesellschaft. Hier zeigte sich ein mit der Arbeitsethik des protestantischen und vor allem calvinistischen Unternehmermilieus[31] gleichlaufende Ideologisierung der Arbeit. Müßiggänger, womit zunächst »unproduktive« Reiche, dann aber zunehmend auch die zum unteren Ende der Sozialskala gedrängten Verarmten gemeint waren, wurden exkommuniziert. In der Heiligsprechung der Arbeit war antisemitisches Beiwerk nicht zu übersehen. Luther hatte bereits in seiner 1543 erschienenen Schrift »Von den Juden und ihren Lügen«[32] seine antisemitische Hetze mit dem Mythos von der »deutsche(n) Arbeit« in Verbindung gebracht. »Juden arbeiten nicht, haben faule Tage«, heißt es da, und sie würden »uns verfluchte Gojim im Schweiße unseres Angesichts« für

30 Joseph Dietzgen: Erste Kanzelrede (1870). In: Derselbe: Schriften in drei Bänden. Akademieverlag, Berlin (Ost) 1961, S. 185–186.

31 Max Weber: Die protestantische Ethik und der ›Geist‹ des Kapitalismus. In: Archiv für Sozialwissenschaft und Sozialpolitik, Band 20, J. C. B. Mohr (Paul Siebeck), Tübingen 1904, S. 1–54, und Band 21, 1905, S. 1–110.

32 Martin Luther: Von den Juden und Ihren Lügen. Neu bearbeitet und kommentiert von Matthias Morgenstern. University Press, Berlin 2016.

sie arbeiten lassen. »Sie sind eitel Diebe und Räuber!« Dieses Muster wird im 19. Jahrhundert insbesondere im kulturprotestantischen Milieu aufgegriffen und dann erneut von Hitler in seiner 1920 gehaltenen »grundlegenden« Rede im Großen Saal des Münchener Hofbräuhauses – fast wortgleich mit Luther – unter frenetischen Beifallsbekundungen wiederholt.[33] Die Nazis brauchten dieses ideologische Muster nicht zu erfinden – es lag lange in ausgearbeiteter Form vor.[34] Dem deutschen Arbeitswahn stach die messianische Utopie von Ruhe, Friedlichkeit und Geschwisterlichkeit, an die wöchentlich der Shabbat erinnerte,[35] ins verkrampfte Herz. Die Vorstellung, dass Arbeit nicht das Leben an sich, sondern nur ein widersprüchlicher Teil dessen sei, nämlich schöpferisches Tun und mühselige Anstrengung zugleich, dass es also ein lebendiges menschliches Leben jenseits der Arbeit gebe, war den Arbeitsideologen ein Gräuel.[36] So erlag auch der Sozialmediziner und spätere Begründer der modernen Pathologie, Rudolf Virchow, der Versuchung, das Elend des oberschlesischen Proletariats – analog dem Elend der ostjüdischen Schtetl – sozialrassistisch umzudeuten und als Folge von »Faulheit« und »Müßiggang« darzustellen, den die »katholische Hierarchie« mit ihrem Jenseitsglauben erzeugte.[37] So reichten Hass auf die Armen, Verachtung der Slawen, Antisemitismus und Antikatholizismus einander die Hand. Darin war Virchow nicht einmal besonders radikal – er lag nur im geistigen Trend der zeitgenössischen preußischen Elite. Es ist nicht leicht, Virchow historisch angemessen zu würdigen.[38] Gerade weil er sich mit dem menschlichen Körper wie kaum ein anderer seiner Zeit befasste, sah er das Elend und die vereinseitigende Belastung, die Armut und Unterdrückung anrichteten. Auch war ihm das Problem der sozialen Klassenverhältnisse bewusst. Doch er war der festen Überzeugung, dass der soziale Fortschritt eine abhängige Variable des wissenschaftlichen Fortschritts und das soziale Elend nur oder hauptsächlich durch Wissenschaft zu überwinden sei. Als liberaler Reichstagsabgeordneter

33 Reginald H. Phelps: Hitlers »grundlegende« Rede über den Antisemitismus. In: Vierteljahreshefte für Zeitgeschichte, Jg. 16, 1968, S. 390–420.

34 Holger Schatz / Andrea Woeldike: Freiheit und Wahn deutscher Arbeit. Unrast, Münster 2001.

35 Erich Fromm: Ihr werdet sein wie Gott. Eine radikale Interpretation des Alten Testamentes und seiner Tradition. Rowohlt, Reinbek bei Hamburg 1980, hier insbes. S. 99 ff. und S. 156 ff.

36 Vgl. die Ausführungen des jüdischen Psychologen Kurt Lewin: »Die zwei Gesichter der Arbeit«, zit. in: Eberhard Ulich: Arbeitspsychologie. 7. Auflage. vdf / Schäffer-Poeschel, Zürich / Stuttgart 2011, S. 21 f.

37 Rudolf Virchow: Mitteilungen über die in Oberschlesien herrschende Typhus-Epidemie. In: Archiv für pathologische Anatomie und Physiologe und für klinische Medizin. Band 2, 1849, Heft 1, S. 11 ff.

38 Vgl. Manfred Vasold: Rudolf Virchow. Der große Arzt und Politiker. Deutsche Verlags-Anstalt, Stuttgart 1988.

thematisierte er durchaus die sozialen Probleme, er unterstützte auch immer wieder die Sozialdemokratie, doch letztlich schwor er auf die Wissenschaft. Für ihn waren Naturforscher »Priester im Tempel der Wissenschaft« – und die Wissenschaft sollte den Rang einer neuen Religion erhalten.[39]

Virchows Haltung stach durchaus nicht als besonders extreme hervor – sie bewegte sich in guter Gesellschaft. Hatten Kant und Hufeland noch darauf insistiert, dass der Mensch Würde besitze und keinen Wert, und mussten die Mediziner vor 1848 noch ein dieses Postulat tragendes Philosophicum absolvieren, änderten dies die liberalen Bürger der Frankfurter Nationalversammlung.[40] Es war ihnen im Zuge des naturwissenschaftlichen und technischen Aufschwungs, den die Industrialisierung hervorbrachte und der sie befeuerte, nunmehr vorwiegend am Wert des Menschen gelegen. Dieser bemaß sich an der Verwertbarkeit, d. h. an der Leistungsfähigkeit des Menschen. Wertvoll war der oder die, welche/r Wert und Mehrwert schaffen konnte. Fast zwingend war, dass sich in der zweiten Hälfte des 19. Jahrhunderts die Kategorisierung in »wertvoll«, »minderwertig« und – in letzter Konsequenz – »lebensunwert« durchsetzte. Königsdisziplin hierfür war die Medizin. Was sich etablierte, war die »Vernaturwissenschaftlichung des Menschenbildes« (Dörner), bestimmt von der kapitalistische Wertform des Denkens. Fortan sollte, so die Liberalen von 1848, kein Philosophicum, sondern ein Physicum den Grundstock der Medizin bilden.

Die parteioffizielle Propaganda der sozialdemokratischen Führer gegen die Religion fruchtete umso weniger, als sich die Partei dem Glauben an Wissenschaft und Fortschritt anschloss. Letztlich blieb sie der gleichen ideologischen Ebene verhaftet. Die Kategorie der Arbeit avancierte in dieser neuen Mythologie zum Motor des Fortschritts. Vor diesem Hintergrund überrascht es kaum, dass das gesundheitliche und psychische Elend der Arbeiter/innen und ein dieses Elend bekämpfender Arbeiter/innenschutz zumindest auf der politischen Bühne der Arbeiterbewegung nicht jenen Stellenwert einnahm, der ihm von der Sache her dringend gebührte. Die Vergöttlichung der Arbeit bildete mit dem in vielen Kreisen des Proletariats noch verbreiteten christlichen Glauben ein eigentümliches Amalgam. Über die protestantische Arbeits-

39 Thomas Nipperdey: Deutsche Geschichte 1800–1866: Bürgerwelt und starker Staat. Beck, München 1994, S. 496 f.; der Hinweis kam von Eva Zinke: Das Verhältnis der Medizin zu den Krankheiten der Arbeitenden. Frankfurt 1988 (unveröff. Manuskript).

40 Diese und die folgenden Aussagen beziehen sich auf einen mündlichen Vortrag von Klaus Dörner zum Verhältnis von Psychiatrie und Nationalsozialismus in der Oberen Rathaushalle Bremen am 31. August 2016. Klaus Dörner, Historiker, Philosoph, Arzt und Autor zahlreicher Bücher zur Sozialpsychiatrie und zur Medizinethik, formulierte die These, dass nicht die Nazis die Medizin »verformt« hätten, sondern die Medizin schon vorher alle Konzepte selbst hervorgebracht habe, die zur Vernichtung »unwerten Lebens« führten.

ethik hinaus war dem gesamten Christentum eine dienende und unterwürfige Haltung zur Arbeit eigen. Der arbeitende Mensch sollte »treu, redlich und ergeben« seine Arbeit tun.[41] Beide Großkirchen ließen – und lassen bis heute – darüber keine Zweifel aufkommen.[42] Gegeißelt wurde der »neue Materialismus« und der »Geist genuss-süchtiger Weltseligkeit, der von einem irdischen Paradies« träume.[43] Die 1891 erlassene und bis heute als Grundlage der katholischen Soziallehre gültige Sozialenzyklika »Rerum Novarum« des Papstes Leo XIII. stellt das Elend des Proletariats theologisch in den Kontext der Erbsünde und philosophisch in den einer neuen Naturrechtslehre: »Leiden und Dulden ist (nun) einmal der Anteil unseres Geschlechts, und so große Anstrengungen man auch zur Besserung des Daseins machen mag, die Gesellschaft wird niemals frei von großer Plage werden.«[44] Die »Natur« habe es so eingerichtet, dass es immer ein »Hoch« und ein »Niedrig« geben müsse.

Eine Erlösung könne es »nie in dieser Welt« geben. »Erst nach dem Ausscheiden aus dem irdischen Leben (beginnt) unser wahres Leben.«[45] Im festen Glauben an eine Erlösung im Jenseits sollten die Arbeitenden »Tag für Tag, bei Hitze und Kälte, in Rauch und Staub, bei dem entsetzlichen Getöse der Maschinen und steter Lebensgefahr«[46] den Versuchungen des Müßiggangs standhalten, wofür als Garant Frau und Familie hochgehalten wurden.

Der Mehrheit des deutsch-preußischen Proletariats gehörte im ausgehenden 19. Jahrhundert formal zwar noch zum Protestantismus, doch dessen zunehmend offen an der Profitlegitimation orientierte Ideologie musste die Religiosität der Arbeiter/innen untergraben. Er verlor im Proletariat deutlich an Boden. Anders verhielt es sich mit dem nordrhein-westfälischen, pfälzisch-bayerischen, deutschösterreichischen und oberschlesischen Proletariat. Dieses darf nicht nur im Sinne einer puren Religionszugehörigkeit als katholisch angesehen werden, dies war es auch mehrheitlich im aktiven Sinne.[47]

41 Beispielhaft hierfür: Wilhelm Bong: Christus und die Arbeitswelt. Heinrich Kirsch, Wien und Leipzig 1911. Bong, zunächst Handwerksbursche und Fabrikarbeiter, wirkte, als er diese Schrift verfasste, als Arbeiterpriester in der Erzdiözese Wien.

42 Vgl. Meinrad Böhl: Das Christentum und der Geist des Kapitalismus. Böhlau, Wien 2007.

43 Ansprache des sächsischen evangelisch-lutherischen Landeskonsistoriums an die Gemeinden vom 8. Mai 1890. In: Günther Brakelmann: Kirche, soziale Frage und Sozialismus, Band 1. Gütersloher Verlagshaus Gerd Mohn, Gütersloh 1977, S. 117.

44 Rundschreiben des Papstes Leo XIII. über die Arbeiterfrage vom 17. Mai 1891. In: Karl Diehl / Paul Mombert (Hg.): Ausgewählte Lesestücke zum Studium der politischen Ökonomie, Band: Sozialpolitik. Ullstein, Frankfurt am Main 1984, S. 105 f.

45 Ebenda S. 108.

46 Wilhelm Bong, a. a. O., S. 34.

47 Vgl. Otto Rühle: Illustrierte Kultur- und Sittengeschichte des Proletariats, Band 2. Focus, Lahnstein 1977, S. 65–123. Vgl. auch: Bernhard Parisius: Lebenswege im Revier. Rainer Henselowsky, Essen 1984.

Das ideologische Trommelfeuer des Vatikans zeitige durchaus Wirkung. Zugleich versuchten sich Teile des unteren Klerus, so z. B. viele Priester im Ruhrgebiet, die über Jahre hinweg sehr nahe das Schicksal der Menschen in der Zechen- und Hüttensiedlungen miterlebten, in einer mehr urchristlich orientierten Bibelauslegung. Sie gerieten damit zwar in die verpönte Nähe der jüdischen Sozialethik, die von einer Erlösung nicht im Jenseits, sondern einer »Erlösung in dieser Welt« sprach.[48] Auch wenn beide Großkirchen permanent bemüht waren, die Priorität der Jenseitsorientierung klarzustellen: Diese theologischen Feinheiten hielten die Gläubigen nicht davon ab, ihre Sehnsüchte auf eine reale Besserung ihrer Existenz zu richten. Genau dieser Angelpunkt ermöglichte indes seit den 1880er Jahren den Einbruch einer neuen Ideologie, die eine bemerkenswerte Metamorphose der Massenmentalität einleitete. Der einst feurige Glaube an Jesus, Maria und die Heiligen verwandelte sich in einen ebenso feurigen Glauben an die Wissenschaft. Die Entdeckungen in Physik und Chemie, aber insbesondere die Darwinsche Schrift »Über die Entstehung der Arten«, die bereits 1860 auf Deutsch erschien,[49] und Ernst Haeckels »Natürliche Schöpfungsgeschichte«, die 1868 in der ersten und 1904 bereits in der 10. Auflage[50] erschien, bahnten sich eine Siegeszug durch die Köpfe der Menschen. Die höchsten Auflagen erreichte Haeckel mit seinem Buch »Die Welträtsel«, das 1899[51] zum ersten Mal herauskam. Dieses Buch bildete zusammen mit dem neuen Testament, vielleicht noch einem Karl-May-Roman und einem Gesundheitsratgeber den Kernbestand der Heimbibliothek des Arbeiter/innenhaushalts.[52] Am Horizont schien die der tatsächlichen Erlösung aufzuscheinen, die für uns Heutigen nur schwer verständlich, aber vor dem Hintergrund des damals grassierenden Elends durchaus erklärlich sind.

Die sozialdemokratische Führung in Deutschland und Österreich war nicht frei von darwinistischem sowie sozialdarwinistischem Gedankengut. Otto Bauer, ein geradezu universal gelehrter führender Theoretiker des Austromarxismus, brachte in seiner Publikation »Marx und Darwin«[53] in einen direkten Zusammenhang: Marx baue, genauso wie Darwin, sein System auf

48 Hermann Cohen: Das Gottesreich. In: Verband der Deutschen Juden (Hg.): Soziale Ethik im Judentum. J. Kauffmann, Frankfurt am Main 1913, S. 120–127.

49 Charles Darwin: Über die Entstehung der Arten im Thier und Pflanzen Reich. Reprint. Kessinger Publishing, Whitefish (USA) 2010.

50 Ernst Haeckel: Natürliche Schöpfungsgeschichte. Zehnte Auflage. Reimer, Berlin 1904.

51 Ernst Haeckel: Die Welträtsel. Reprint. Nikol, Hamburg 2009.

52 Das einzige explizit sozialistisch ausgerichtete Buch, das später noch eine gewisse Verbreitung fand, ist August Bebel: Die Frau und der Sozialismus. Zweite Auflage. Dietz, Berlin 1900.

53 Otto Bauer: Marx und Darwin (Aufsatz von 1908). In: Derselbe: Werkausgabe, Band 8. Europaverlag, Wien 1980, S. 192 ff.

den »ehernen Gesetzen des Naturgeschehens« auf.[54] Der Klassenkampf sei nichts anderes als eine Variante des »Daseinskampf(es) der Menschheit in der Natur«.[55] Die Produktionsverhältnisse regelten »in derselben Weise wie die natürlichen Daseinsbedingungen die Auslese«.[56] Bei Karl Kautsky, aber auch bei Karl Korsch und vielen anderen der »undogmatischen« Linken zugerechneten Theoretikern finden sich ähnliche Gedankengänge. Auch viele Vertreter aus dem Bund sozialistischer Ärzte waren, obzwar sie das reale soziale Elend sahen und als Hauptursache körperlicher und geistiger Krankheiten ausmachten, gleichsam »infiziert« von naturwissenschaftsgläubigem, biologistischen und eugenischem Gedankengut.[57] Dass eugenische Vorstellungen auch im sozialdemokratischen Arbeitermilieu einigen Widerhall fanden, dürfte daher kaum überraschen. Der Begriff des »Daseinskampfes« war angesichts der Verhältnisse in aller Munde, nur mit jeweils unterschiedlicher Perspektive. Die Herrschenden glaubten an ihre »natürliche Rolle«, die Beherrschten glaubten an einen naturgegebenen Fortschritt, der sie selbst an die Spitze der Gesellschaft brächte. Eine offene, qualitative Befragung, die die Leipziger Volkshochschule 1923/24 unter Arbeitern veranstaltete, illustriert diesen Glauben recht gut.[58] Die gesellschaftliche Entwicklung wird als Naturprozess verstanden. Die Arbeiter seien dazu aufgerufen, die Höherentwicklung aktiv zu gestalten und zu verwirklichen. Zu bewerkstelligen sei dies mit wissenschaftlichen Methoden, d. h. durch den wissenschaftlichen Sozialismus. So gesehen ersetzte der Glaube an die Wissenschaft den Glauben an einen Gott.

Otto Rühle,[59] ein unabhängig denkender sozialistischer Gelehrter der ersten Hälfte des 20. Jahrhunderts, wandte sich Zeit seines Lebens gegen den pseudoreligiösen Wissenschaftsglauben und insbesondere gegen die biologischen Erblehren, für die so viele sozialdemokratische Vordenker Sympathie

54 Ebenda, S. 195.

55 Ebenda, S. 197.

56 Ebenda, S. 201.

57 Alfred Grotjahn: Soziale Pathologie. 3. Neubearbeitete Auflage. Springer, Berlin 1923; Vgl. dazu Karl Heinz Roth: Scheinalternativen im Gesundheitswesen: Alfred Grotjahn (1869–1931) – Integrationsfigur etablierter Sozialmedizin und nationalsozialistischer »Rassenhygiene«. In: Karl Heinz Roth (Hg.): Erfassung zur Vernichtung. Verlagsgesellschaft Gesundheit, Berlin 1984, S. 31–56. Eine große Ausnahme in der damaligen medizinischen Elite stellt Ludwig Teleky dar, der für konstitutionsmedizinische Ideologien nicht anfällig war.

58 Erhard Lucas: Vom Scheitern der deutschen Arbeiterbewegung. Stroemfeld / Roter Stern, Frankfurt am Main, S. 84 ff.

59 Otto Rühle (1874–1943), in Sachsen geboren, seit 1896 sozialdemokratischer Wanderlehrer. Schriftsteller, Journalist, Reichstagsabgeordneter, Mitbegründer der KPD, wandte sich ab 1919 dem Rätekommunismus und Anarchosyndikalismus zu. Er befasste sich im weiteren Verlauf seines Lebens mit Sozialgeschichte, Psychologie und Pädagogik. Er starb im mexikanischen Exil.

aufbrachten. Nicht verwunderlich sei, dass »diese Vererbungstheorie dem Bürger plausibel« sei, denn »sie spiegelt getreu wieder, was sich sozial in aller Wirklichkeit abspielt«.[60] Die soziale Ordnung müsse richtig sein, weil sie sich mit der natürlichen Ordnung decke. Die gelehrten Marxisten könnten, so Rühle, diese »Begriffsgespenster« durchschauen – aber das täten sie leider nicht oder nur recht halbherzig. Zu tief sitze auch ihnen »der Respekt vor der Autorität der Wissenschaft... im Blut«. Und Rühle schlussfolgert: »Daher der selbst in Kreisen der proletarischen Intelligenz spukende Begabungswahn. Daher das beinahe ehrfürchtige Verbeugen vor dem Schlagwort vom angeborenen Talent. Daher die beschämende Tatsache, dass selbst Marxisten alle Augenblicke auf die Problemstellung des bürgerlichen Wissenschaftsbetriebs hineinfallen. Die dem kapitalistischen Ausleseprinzip des sozialdarwinistischen Kampfes ums Dasein gut abgelauschte Parole: ›Freie Bahn dem Tüchtigen!‹, die ein wilhelminischer Reichskanzler ausgab, als der in den Fugen krachende Ausbeuterstaat proletarische Hilfe brauchte, hat selbst Köpfe benebelt, die den Ruf guter marxistischer Schulung beanspruchten und genossen.«[61] Das Gleiche ließe sich für die Sozialdemokratie am Sterbebett der Habsburger Monarchie sagen – ohne die Errungenschaften des »rote(n) Wien(s)« in den Bereichen Wohnen und Bildung schmälern zu wollen.

Aus heutiger Sicht schwer vorstellbar war die Wissbegierde der Arbeiter/innen, die sich nach langen Arbeitstagen oftmals an Bahnhöfen versammelten, um den sogenannten Volksrednern zuzuhören. Arbeiterbildungsvereine schossen wie Pilze aus dem Boden, eine Entwicklung, die sich oftmals parallel zur Organisierung in Gewerkschaftsverbänden vollzog. »Vom Urnebel zum Zukunftsstaat«, so oder ähnlich betitelten die Vortragenden in Berlin, Wien, Hannover oder Leipzig ihre Kunde von der Erlösung. »Das gab dem erniedrigten, beleidigten, armseligen Leben des Arbeiters einen Sinn und eine Hoffnung.«[62] Die beeindruckende neue Maschinenkraft und die gewaltigen Eindrücke der Hochöfen, der Konverter und der Chemieanlagen taten ein Übriges. All dies verstärkte die Hoffnung auf einen gleichsam naturgesetzlichen Aufstieg aus dem Elend in eine wie auch immer geartete Utopie. Wie schon zur Zeit der paulinischen Verheißungen glaubten auch diesmal die Niedergedrückten und Ausgebeuteten an einen baldigen Aufstieg und eine neue Welt, in der die Menschenwürde auch für sie gälte, die frei von Mühsal und Not wäre. An diesen Vorstellungen ist marxistische Theorie nicht ganz unschuldig. Sie eröffnete die Illusion, durch eine Maschinisierung und Automatisierung den Menschen in einen »Wächter der Produktion« zu verwandeln. Auch Paul Lafargues flammende Polemik gegen die Arbeit lässt den

60 Otto Rühle: Band 2, a. a. O., S. 189.
61 Ebenda, S. 190.
62 Erhard Lucas: Vom Scheitern, a. a. O., S. 88.

Traum von ihrer weitgehender Abschaffung durchschimmern.[63] Für ihn ist »die Maschine der Erlöser der Menschheit«[64] – eine vom naiven Wissenschafts- und Technikglauben getragene Illusion, durchtränkt von der aristotelischen Verachtung der körperlichen Arbeit und der körperlich Arbeitenden. Zweifelsohne traf Lafargue damit einen neuralgischen Punkt des proletarischen Selbstverständnisses – eine schwierige und in sich höchst widersprüchliche mentale Gemengelage, an deren Komplexität Lafargue vorbeigeht. Mit vollem Recht wettert er gegen die Religion der Arbeit und den Glauben, durch harte Arbeit einen kollektiven wie individuellen gesellschaftlichen Aufstieg erreichen zu können. Heute durch das Jammertal des Schweißes zu gehen, um morgen frei zu sein – das war die durchgängige Vorstellungswelt des Proletariats. »Werkleute lasst uns sein! Werkleute, die den Hammer, den Spaten, das Beil und die Säge lieben. Die Welt braucht die Arbeit der Hände, um wieder leben zu können, um wieder Freude zu finden an Tanz und Gesang, an der Liebe und an der zeugenden Kraft des Geistes. Werkleute lasst uns sein!« So der österreichische Arbeiterschriftsteller Alfons Petzold, der sogleich betonte: Nicht heute, sondern erst morgen ist Tanz und Gesang angesagt. »Lasst uns an Schlaf nicht denken, nicht an die Wollust der Ruhe!« Und noch einmal deutlicher: »Schmiedet die Müßiggänger an die Galeere der Schande!« Diese wahrscheinlich schon um die Jahrhundertwende geschriebenen Zeilen waren der sozialistischen Jugendbewegung in Wien so wichtig, dass sie sie in ihr 1925 erschienenes Bändchen »Jugendweihe« übernahm, die für Kinder und Jugendliche als Alternative zur kirchlichen Firmung bzw. kirchlichen Konfirmation angeboten wurde.[65] Dies war nichts anderes als eine Heiligung der Arbeit, des Arbeitsleides und des Wartens auf bessere Zeiten.

Der Arbeiterdichter Heinrich Lersch – wie viele Arbeiterdichter politisch naiv, gleichwohl aber mit der Fähigkeit ausgestattet, die soziale und mentale Realität präzise einzufangen – schildert in seinem Roman »Hammerschläge« die am eigenen Leib erlebte schwere, anstrengende und Gesundheit und Leben gefährdende Arbeit des Kesselschmiedens sehr detailliert. In der folgenden Passage die Arbeit des Nietens und die damit verknüpfte psychomentale Situation der Nieter:

> »Sie waren alle vom Rausch des Arbeitens gepackt. In den schlaggewohnten Muskeln sang die Sicherheit ihrer Leiber, die Gewissheit ihrer Geschicklichkeit, brannte die unverbrauchte Kraft junger Männlichkeit und gab ihnen das Gefühl eigener, unabhängiger Stärke. Hände und

63 Paul Lafargue: Das Recht auf Faulheit. Monte Verita, Wien o. J. (urspünglich: Paris 1883, dt: 1887).

64 Ebenda, S. 73.

65 Alfons Petzold: Das Leben des Arbeiters. Zur Jugendweihe. Jungbrunnen, Wien 1925.

Arme, Nacken und Füße, Beine und Bauch, Rücken und Finger waren gleichermaßen angespannt, schwingend in gleichmäßigem Heben und Senken atmete die Brust, bändigte die saugende, stoßende Lunge, die Augen spähten in die Mitte des kreisenden Döppers. Nur dieser kleine Punkt im Weltall und alle Kraft, allen Willen, alle Konzentration auf diesen kleinen Punkt gerichtet, Leib und Seele, Herz und Hirn in eins.«[66]

Die expressionistische Sprache wird sodann rhythmisch:

»Fertig! Kommen lassen! Hitze! Drauf!«

Und als wäre der aus Sicht des Autors authentische und vollkommen positiv besetzte Arbeitsmythos nicht ausreichend klar geworden, fährt der Autor fort:

»Eins in eins griff die Arbeit von fünf Männern zusammen. Es war eine Nietkolonne, es war ein Körper mit fünf Leibern, einem Willen, einem Wissen. Wie Blut durch die Adern eines Leibes kreiste die Arbeit durch die fünf Leiber und belebte sie miteinander, durcheinander, ineinander. Dies alles wuchs zusammen und ballte die Kraft in ein tempoverbundenes Einssein, weckte in ihnen eine brausende Lust am taumelnden Jagen und Voranhetzen, raset sie hinein in den atemberaubenden Flug des Schwebenden: Eine fünffach gekuppelte, werklustdurchbrauste Tier-Mensch-Maschine.«[67]

So geht es in dieser packenden und zugleich höchst irritierenden und bedrückenden Autobiographie weiter. Es kommen Krankheiten, Unfälle, Ängste, Auseinandersetzungen mit Kirche und Sozialdemokratie zur Sprache, alltägliche und absonderliche Lebenssituationen, durchaus auch mit kapitalismuskritischen Untertönen, ohne dass freilich je der Umschlagpunkt zu einer Kritik an der Arbeit und am Arbeitssystem erreicht würde. Dies kennzeichnet die gesamte Arbeiterdichtung[68] und einen Großteil der sogenannten proletarisch-revolutionären Dichtung[69] Ende des 19. Jahrhunderts bis zum Beginn der faschistischen Ära, die fast bruchlos an der verbreiteten Apotheose der Arbeit ansetzen konnte.

Von den Glas- und Porzellanarbeitern wurde bereits berichtet. Ihre Tätigkeiten waren mit hohem Kraftaufwand, großer Hitze, extremer Staubbelastung, ätzenden und giftigen Stoffen, frühen Krankheiten und frühem Tod verbunden.[70] Die Einkommensverhältnisse waren schlecht, der soziale Status der Glasmacher und Porzelliner blieb »regional« und hatte gegenüber den Kohle- und Stahlarbeitern des Ruhrgebietes weniger Gewicht. Dennoch

66 Heinrich Lersch: Hammerschläge. Verlagshaus Bong und C, Berlin 1930, S. 8 f.

67 Ebenda, S. 9.

68 Günter Heintz, Deutsche, a. a. O.

69 Günter Heintz, Texte, a. a. O.

70 Georg Goes: Der zerbrechliche Körper. In: Bielefelder Graduiertenkolleg Sozialgeschichte (hg.): Körper Macht Geschichte – Geschichte Macht Körper. Verlag für Regionalgeschichte, Bielefeld 1999, S. 272–298.

bildete sich in diesem Berufsmilieu ein eigenartiger Arbeiterstolz heraus. Das hing einerseits mit der immer noch handwerklichen und vergleichsweise wenig restriktiven Arbeit und dem damit verbundenen engen sinnlichen Materialkontakt zusammen, hing aber auch wesentlich von einer paradoxen vormodernen innerfamiliären Berufstradition als Konsequenz geringer Arbeitsmarktchancen in peripheren Industriegebieten zusammen.[71] Es bildete sich eine eigensinnige, vielleicht auch trotzige Haltung heraus, trotz widriger regionaler Umstände einen Industriearbeitsplatz errungen zu haben und diese schwere Arbeit bewältigen zu können. Der Eigensinn ging so weit, dass zuweilen Schutzmaßnahmen, welche die Zerstörung der Gesundheit zumindest hätten abmildern können, von den Arbeitern abgelehnt wurden. Die Gründe hierfür müssen genau bedacht werden: Für gesundheitsschädliche Arbeit gab – und gibt es bis heute – hohe Lohnzuschläge; doch scheint es, dass gerade die Gesundheitsschäden selbst wie ein Orden wirkten, der geschädigten und ansonsten subordinierten Menschen Anerkennung und Selbstwert verlieh. Was den Aspekt des Stolzes anbelangt, ragten auch hier die sich als Facharbeiter verstehenden Gewerke wie Dreherei und Malerei heraus. Diese gründeten innerhalb des Porzellanarbeiterverbandes »Personalvereine«, die in besonderer Weise Standes- und Selbstbewusstsein pflegten.[72] Ein nicht geringer Teil des gewerkschaftlichen Lebens bestand in der Heiligung der Arbeit und des Arbeiterstolzes, zumindest desjenigen Teils der Arbeiterklasse, der sich in der Tradition der Handwerker wähnte.

Für die Massenarbeiter/innen stellte sich die Situation anders dar: Sie hofften darauf, dass ihr Elend irgendwann ein Ende hätte. Doch auch hier verfing die Religion der Arbeit. Sie sollte – so jedenfalls ein innerhalb der Arbeiterbewegung in all ihren Schattierungen weit verbreiteter und immer wieder theoretisch genährter Glaube – in einer mehr oder weniger fernen Zukunft zu einer vollständigen Abschaffung der Arbeit führen. Marx ließ in seiner Kritik des Gothaer Programms diese Frage insofern offen, als er, bezogen auf die kommunistische Gesellschaft, von der »Arbeit als erstes Lebensbedürfnis« sprach und diese mit der »allseitigen Entwicklung der Individuen« in Verbindung brachte.[73] Zugleich dachte Marx die Arbeit als notwendig entfremdete und sah die allseitig entwickelte Persönlichkeit jenseits der Arbeit: »Das Reich der Freiheit beginnt in der Tat erst da, wo das Arbeiten, das durch Not und äußere Zweckmäßigkeit bestimmt ist, aufhört; es liegt also der Natur der Sache nach jenseits der Sphäre der eigentlichen materiellen Pro-

71 Ebenda, S. 279.

72 Martina Wurzbacher et al., a. a. O., S. 126 ff.

73 Karl Marx: Randglossen zum Programm der Deutschen Arbeiterpartei (1875). In: Marx-Engels-Werke, Band 19. Institut für Marxismus-Leninismus. Berlin (DDR) 1973, S. 21.

duktion.«[74] Die dahinterstehende Idee einer wissenschaftlich-technisch hochentwickelten und möglichst vollautomatisierten Welt ist freilich – dies muss aus heutiger Sicht festgestellt werden – hochproblematisch. Der »Rest« an Arbeit ist kein Rest, nein: Die Arbeit hat sich global ausgeweitet. Not, Mühsal, körperliche und geistige Zerstörung durch Arbeit sind heute mehr denn je virulent. Antworten darauf, d. h. Antworten der Humanisierung müssen gefunden werden, auch innerhalb der noch entfremdeten Arbeit. Ein entscheidender Punkt – damals wie heute – ist die Kritik der religiösen Überhöhung der Arbeit, der Identifikation mit der Arbeit. Die alte Handwerkermentalität, der noch ein Interesse an der konkret-nützlichen Seite des Arbeitsprozesses und des Arbeitsergebnisses eigen war, begann sich schon zu Zeiten der Hochindustrialisierung in eine Mentalität des »Fachmenschen ohne Geist«[75] zu wandeln. Das Interesse an der konkreten Nützlichkeit verschwindet, stattdessen etabliert sich ein Interesse an »Wichtigkeit«, Karriere, Macht und Herrschaft über andere, ein Interesse an »Technik an sich«, ohne Verbindung zu dem, was Technik aus- und anzurichten vermag. Die neue Religion der Arbeit ist vereinbar mit einer neuartigen Gleichgültigkeit: Man ist stolz auf Panzer, Giftgas oder andere lebenszerstörende Produkte. Diese Art von gedankenloser Gleichgültigkeit ist nicht dasselbe wie die erzwungene Gleichgültigkeit der Massenarbeiter/innen, die – ihren früheren Lebensbereichen völlig entrissen – arbeiteten, um zu überleben.

Fach- und Massenarbeit, Migration, Nationalismen

Im Lob der Arbeit und ihrer dichterischen Verherrlichung verschmelzen alte handwerkliche Mentalitäten, Handwerkerstolz, Männlichkeitsmythos, ein durchgehend instrumentelles Körperverständnis und ein ebenso durchgehendes instrumentelles Körpergefühl, das zumeist – zumindest gilt dies für die politisch naive Arbeiterdichtung – nicht einmal durch schwere Unfälle, den Verlust von Gliedmaßen oder der Gesundheit insgesamt gebrochen werden kann, zu einem arbeiteraristokratischen Amalgam, das Anfechtungen aus den Reihen derer, deren Arbeit keinerlei Anlass für Stolz mehr bietet, beharrlich trotzt. Kritik an den Arbeitsverhältnissen wurde immer wieder daraufhin abgeklopft, ob sie mit einem Grundton unterlegt sei, welcher die Arbeit weiter »adle« oder ob eine grundsätzliche Kritik an der Arbeit durchschimmere, die schnell mit »Faulheit« und »Parasitentum« assoziiert wurde. Die später dem Leninismus unterstellte Forderung, ein sozialistischer Arbeiter müsse auch ein guter, ordentlicher, wissbegieriger und disziplinierter Arbeiter sein,

74 Karl Marx: Kapital, Band 3 (hg. Von Engels 1894). In: Marx-Engels-Werke, Band 25. Institut für Marxismus-Leninismus. Berlin (DDR) 1973, S. 828.

75 Max Weber: Die protestantische Ethik und der Geist des Kapitalismus. In: Derselbe: Gesammelte Aufsätze zu Religionssoziologie, Band 1. J. C. B. Mohr (Paul Siebeck), Tübingen 1920, S. 204.

ist ursprünglich eine Forderung der Sozialdemokratie.[76] Moritz Bromme, ein sozialdemokratischer Arbeiter, schreibt in seiner 1905 veröffentlichten »Lebensgeschichte«: »Deshalb ist auch eine tiefe Kluft in dem Proletariat vorhanden: Auf der einen Seite steht die gebildete, nach den höchsten Gütern der Menschheit und nach Gleichberechtigung mit den herrschenden Klassen strebende Arbeiterschaft, auf der anderen das in Schnaps, Unwissenheit, Not und Elend verkommende Lumpenproletariat.«[77] Nun waren aber längst nicht alle, die Arbeit als alleinigen Lebenssinn ablehnten, dumm, dumpf und dahinsiechend. So war Johannes Most, ebenfalls Handwerker, ein – wie Scharrer[78] schreibt – »untypischer sozialdemokratischer Arbeiter« und späterer Anarchist, durchaus anderer Meinung als Bromme: »Das Recht auf Arbeit lag mir wenig im Sinn, sondern ich pochte auf mein Recht auf Lebensgenuss.« Er lehnte es ab, sich »für ein armseliges Trinkgeld (...) wie ein Untermensch behandeln zu lassen.«[79] Dafür wurde er von der sozialdemokratischen Führung der Phrasendrescherei geziehen.

Otto Rühle, der im ausgehenden 19. Jahrhundert nicht nur die ökonomischen und sozialen Umwälzungen, sondern auch die geistig-ideologischen und massenpsychologischen Prozesse hautnah miterlebte, geht in seiner bahnbrechenden Großstudie »Illustrierte Kultur- und Sittengeschichte des Proletariats« (1930)[80] den sozialen und mentalen Differenzierungen der Arbeiterklasse und den sie begründenden Hindernissen für Solidarität nach.[81] Rühle arbeitet die anhaltende Bedeutung der kleinbürgerlichen handwerklichen Sozialisation für die Konstituierung der industriellen Facharbeiterschaft heraus. Handwerker und Facharbeiter pflegten einen elitären Habitus gegenüber den ungelernten und angelernten Massenarbeitern, die aus allen Teilen Europas in die Industriezentren einwanderten.[82] In ganz besonderer Weise pflegten Facharbeiter ihre Ressentiments gegenüber Frauen. Ob »zu Hause« oder »in der Fabrik« – weibliche Arbeit galt ihnen als minderwertig. Kinder und Jugendliche sollten »hart herangenommen« werden, um sie für das Leben zu stählen. Die Zunftideologien begründeten die gewerk-

76 Vgl. Manfred Scharrer: Arbeiterbewegung im Obrigkeitsstaat. SPD und Gewerkschaft nach dem Sozialistengesetz. Rotbuch, Berlin 1976, hier insbesondere die Analyse der Autobiographie des sozialdemokratischen Arbeiters Moritz Th. W. Bromme, bei Scharrer S. 33–39.

77 Zit. in: ebenda, S. 37.

78 Ebenda, S. 39–41.

79 Ebenda, S. 40.

80 Otto Rühle: Illustrierte Kultur- und Sittengeschichte des Proletariats, Band 1. Neuer Deutscher Verlag, Berlin 1930.

81 Ebenda, S. 258–295.

82 Vgl. dazu: Eckhard Brockhaus, a. a. O. sowie Barrington Moore: Ungerechtigkeit. Die sozialen Ursachen von Unterordnung und Widerstand. Suhrkamp, Frankfurt am Main 1982.

schaftlichen Berufsverbände, aus denen später die Industriegewerkschaften entstanden. Für die gravierenden Gesundheitsgefahren und die schnelle körperliche und geistige Zerrüttung des Massenarbeiters und der Massenarbeiterin hatten die »Gelernten«, die die Funktion des Steigers, des Meisters und des Kolonnenführers und somit auch meist diejenige eines Aufsehers und Antreibers ausfüllten, oftmals keine Auge und kein Ohr. Seit der Jahrhundertwende gelang es auch einzelnen Massenarbeitern, sich »hochzuarbeiten« und in die Gefilde der engeren Stammbelegschaften aufzusteigen.

Am Beispiel der Buchdrucker und Schriftsetzer Wiens belegen die Zahlen, die Otto Rühle zusammengetragen hat,[83] die tiefe Spaltung der Arbeiterklasse. Ausweislich der zwischen 1890 und 1902 ausgewerteten Krankenkassendaten entfielen auf die Schriftsetzer 2,6 %, auf die Schriftgießer 7,7 % und auf die Hilfsarbeiterinnen in Schriftgießereien 22,3 % der Erkrankungsfälle. Viele dieser Erkrankungen waren auf Bleivergiftungen zurückzuführen. Tot- und Frühgeburten waren an der Tagesordnung; die Kinder der Arbeiterinnen waren von Geburt an geschwächt und krankheitsanfällig. Rühle berichtet von einer Beobachtung des Toxikologen Louis Lewin: Eine Gruppe von vier Frauen, die in einer Schriftgießerei beschäftigt waren, machte 15 Schwangerschaften durch, wovon fast alle mit Tod- und Fehlgeburten endeten. Ein einziges Kind blieb am Leben. Eine weitere Gruppe von fünf Frauen in der gleichen Branche wies 36 Schwangerschaften auf, wovon zwei Kinder überlebten. Nach einer anderen Datenquelle erlitten in Wien 12 % der in Schriftsetzereien arbeitenden Frauen Bleivergiftungen. Die Qualen derartiger Erkrankungen sind grässlich: schwere und anfallartig auftretende Koliken im Unterleib, ziehende und reißende Muskel- und Gelenkschmerzen, Gliederlähmungen, Nierenentzündungen, Nervenschäden mit Zittern und Ausfallerscheinungen, Zerstörung der roten Blutkörperchen, Siechtum.

Hartnäckig hält sich ein Mythos der Zigarren- und Zigarettenarbeiter, die in der Lage gewesen seien, in geradezu vorbildlicher Weise Qualifikation, Arbeiterstolz und politisches Bewusstsein in sich zu vereinigen.[84] Übersehen wird dabei, dass im ausgehenden 19. Jahrhundert von den zeitweise mehr als 100.000 Beschäftigten dieses Industriezweiges mehr als zwei Drittel Frauen waren, mehr als die Hälfte davon unter 20 Jahre alt.[85] In Baden, gleichauf mit Bremen führend in der Zigarrenindustrie, betrug noch 1913 der Anteil der 14- bis 15-jährigen Mädchen in den Belegschaften mehr als 7 %.[86] Die Tätigkeit

83 Otto Rühle, Band 1, a. a. O., S. 503 ff.

84 Wilhelm Heinz Schröder: Arbeitergeschichte und Arbeiterbewegung. Industriearbeit und Organisationsverhalten im 19. und frühen 20. Jahrhundert. Campus: Frankfurt am Main 1978 S. 237 ff.

85 Wolfgang Bocks: Die Badische Fabrikinspektion. Arbeiterschutz, Arbeiterverhältnisse und Arbeiterbewegung in Baden 1879 bis 1914. Karl Alber, Freiburg/München 1978, S. 309 ff.

86 Ebenda, S. 313.

der Frauen und Mädchen war eine weitgehend ungelernte, von Männern beaufsichtigte und angetriebene Arbeit. Hohe Staubkonzentrationen und enge Raumverhältnisse führten zu massiven Gesundheitsschäden. In den Tabakindustriezentren Badens – Wiesloch, Schwetzingen, Bruchsal, Sinsheim, Heidelberg, Ettenheim, Lahr, Emmendinger, Offenburg – lag die Tuberkulosesterblichkeit mit drei bis fünf Fällen pro 1000 mehr als doppelt so hoch wie der Durchschnitt im Großherzogtum.[87] Der badische Fabrikinspektor Friedrich Woerishoffer,[88] der diese Verhältnisse kritisierte und Maßnahmen zur Verbesserung der Luftverhältnisse in den Fabrikationshallen anordnete, traf auf den erbitterten Widerstand der Fabrikantenvereine, was den Innenminister regelmäßig veranlasste, die Anordnungen abzuschwächen.[89] Der Tabakarbeiterverband hingegen konnte sich gut mit der staatlichen Aufsicht arrangieren und lobte diese als »arbeiterfreundlich«. Der Gewerkschaftsbürokratie war es wichtig, als Gesprächspartner staatlicher Organe anerkannt zu werden – wichtiger als die grundlegende Änderung der Verhältnisse in den Betrieben.

So nimmt es nicht Wunder, dass sich die berufsständisch orientierten Gewerkschaften nur halbherzig dem Elend der Massenarbeiter/innen annahmen,[90] allerdings mit Ausnahmen: Der 1890 von sozialdemokratischen Aktivisten gegründete »Verband der Fabrik-, Land- und gewerblichen Hülfsarbeiter Deutschlands« – der sich 1892 noch den Zusatz »und Arbeiterinnen« gab – konnte gar nicht anders, als sich der materiellen und gesundheitlichen Lage der »untersten Klasse« anzunehmen.[91] Diese – im allgemeinen Sprachgebrauch als Fabrikarbeiterverband (FAV) bezeichnete – Gewerkschaft versuchte, vor allem in den großen Chemiebetrieben Fuß zu fassen. Die Chemiearbeiter, die noch unter entsetzlichen Verhältnissen ihr Brot verdienen mussten, können – neben den »Ungelernten« im Bergbau – als Prototyp des Massenarbeiters verstanden werden. Doch im Zuge der herrschaftlich orga-

87 Ebenda, S. 305.

88 Zur Fabriksinspektion respektive Gewerbeaufsicht siehe die Erläuterungen zur deren Genese und Funktion im Kapitel zur Biopolitik.

89 Ebenda, S. 489–566.

90 Dietrich Milles: Sozialhygiene, Soziale Medizin und deutsche Arbeiterbewegung. Unveröffentlichtes Manuskript, Bremen 1995. Sehr instruktiv ist das Studium der Debatten um das Erfurter Programm: vgl. hierzu: Sozialistische Dokumente. Das Erfurter Programm. Bollwerk-Verlag Karl Drott, Offenbach a. M. 1947, dort insbes. die Überlegungen Friedrich Engels', S. 69–119.

91 Hermann Weber: 100 Jahre Industriegewerkschaft Chemie-Papier-Keramik. Bund, Köln 1990. Zur herausragenden Rolle August Breys, dem ersten und langjährigen FAV-Vorsitzenden und SPD-Abgeordneten, siehe: Dietrich Milles: Probleme mit dem Sozialen. Arbeiterkrankheiten, Arbeiterversicherung und Arbeiterbewegung vor dem Ersten Weltkrieg. In: Dietrich Milles / Rainer Müller (Hg.): Berufsarbeit und Krankheit. Campus, Frankfurt am Main 1985, S. 64–83.

nisierten sozialen Durchdifferenzierung und Hierarchisierung der Belegschaften orientierte sich das Interesse des Fabrikarbeiterverbandes und der späteren Chemiegewerkschaft immer stärker auf die »Aufsteiger« und »Betriebsfacharbeiter«, d. h. den Kern der festen Stammbelegschaften. Das sozialpolitische Interesse der Sozialdemokratie war in erster Linie am Aufbau und an der Verbesserung der sozialen Versicherungssysteme orientiert, nicht unbedingt an der grundlegenden Verbesserung der Arbeitsverhältnisse selbst. »Um hier gründlich Wandel zu schaffen«, sei – so der einflussreiche sozialdemokratische Arzt und Sozialhygieniker Ignaz Zadek – »nicht mehr und nicht weniger als die Beseitigung der Lohnarbeit« erforderlich.[92] Diese historische Etappe, da war man sich einig, sei aber noch lange nicht erreicht, mehr als unmittelbare Minimalforderungen nicht angezeigt. So konnte sich die SPD nicht einmal dazu durchringen, die Forderung nach Direktwahl der staatlichen Gewerbeinspektoren durch die Arbeiter[93] ins Programm aufzunehmen. Beklagt wurde die »fatalistische Haltung« des Massenarbeiters, seine gleichgültige Hinnahme der Missstände, seine Angst und seine Unterordnungsbereitschaft. Zugleich aber wurden – und das charakterisiert die Haltung der sozialdemokratischen Führung – die immer wieder ausbrechenden spontanen Kämpfe der Massenarbeiter/innen, die sich gegen diese unmenschlichen Arbeitsverhältnisse – mörderische Kälte und Hitze, quälender Gestank, Staub und Lärm – richteten oder sich an ihnen entzündeten, als »barbarisch-unzivilisiert« und »unpolitisch« abqualifiziert, abgewehrt und im Gleichklang mit der Staatsgewalt oftmals gewaltsam abgewürgt. Zu erwähnen sind hier vor allem die großen Bergarbeiterstreiks von 1889 und 1905/6 im Ruhrgebiet, in Böhmen und Oberschlesien, 1913 der große Massenstreik von 65.000 polnischen Arbeitern in den oberschlesischen Bergwerken, die Streiks der österreichischen Textilarbeiterinnen in den 1890er Jahren, die Streiks der Seeleute und Hafenarbeiter in Hamburg 1896/97, denen ebenfalls weitere folgten, wie z. B. die Hafen- und Werftarbeiterstreiks 1913/14, die sich auf fast alle norddeutschen Küstenstädte ausbreiteten,[94] der Streik der Chemiearbeiter 1904 in Leverkusen und viele weitere Klassenauseinandersetzungen, vor allem im Gefolge der Novemberrevolution 1918.

Der von der reellen Subsumtion angestoßene und vorangetriebene mentalitätsgeschichtliche Prozess verlief – und verläuft bis heute – höchst widerspruchsvoll. Zunächst verdeckt die Abstraktion von der konkret-nützlichen Seite der Produktion die konkreten Gesundheitsgefahren. Die Gleichgültigkeit erstreckt sich dann auf die eigene Körperlichkeit und die eigene leibsee-

92 Ignaz Zadek: Die Arbeiterversicherung. Eine sozial-hygienische Kritik. Gustav Fischer, Jena 1895, S. 7.

93 So ein Vorschlag Friedrich Engels', a. a. O., S. 113 f.

94 Karl Heinz Roth: Die »andere« Arbeiterbewegung. Trikont, München 1974, S. 30–38; Eckhard Brockhaus a. a. O., S. 73–80 und 105–119.

lische Existenz. Die abgrundtiefe Entfremdung, das Nichtbegreifenkönnen des Systems der Ausbeutung, führen zu Gefühlen der Ohnmacht, des Ausgeliefertseins, der Hilflosigkeit. Das ist den Ergebnissen der ersten großen sozialwissenschaftlichen Untersuchung der Arbeiterexistenz zu entnehmen, die von Adolf Levenstein Anfang der 20. Jahrhunderts durchgeführt wurde.[95] In einer von Gleichgültigkeit dominierten Situation konnte und kann die an die konkret-nützliche Seite gebundene Identifikation mit der Arbeit durchaus die Gefährdungswahrnehmung schärfen.[96] Verwoben mit der »teils allmählich, teils gewaltsamen vor sich gehenden Nivellierung der Arbeitermassen«[97] engagierten sich immer wieder auch »gelernte« Arbeiter, die am eigenen Leib die Tendenz zur körperlichen und psychischen Verelendung erleben mussten, für einen verbesserten Arbeiter- und Arbeiterinnenschutz. In vielen Antworten sieht sich der Befragte »zur Maschine degradiert«. Der Mensch fühlt sich vom mechanisierten Produktionsprozess zu einer Überanstrengung getrieben, unter der er, wie Levenstein resümiert, »fast zusammenbricht«.[98] So mache die Arbeit keine Freude mehr, sie werde oftmals – und das sagen ehemals stolze Handwerker – »nur noch zur Qual«. Man mache, so heißt es in einer Antwort, »eine schwere physische Arbeit, deren degenerierende Folgen man kennt, (…) weil man als einzelner Zahn im Radgetriebe immer mit muss, um sein Leben zu fristen.«[99] Zugleich schimmert durch viele Antworten die Sehnsucht nach einer anderen Arbeit und einem anderen Leben durch, das sich, bei Lichte betrachtet, kaum an genossenschaftlichen, sondern eher an kleinbürgerlichen Idealen orientiert.

»Ganz unten« waren zweifelsohne die Migranten, d. h. die Wanderarbeiter und Wanderarbeiterinnen, die aus allen Teilen Europas, vorwiegend aus Ostpreußen, Pommern, Posen, Schlesien, Böhmen, Mähren und Galizien in die industriellen Zentren strömten und dort hofften, als ungelernte Lohnarbeiter zumindest zeitweise etwas zum Überleben der verarmten kleinbäuerlichen Familien beizutragen. Auch wenn das »Bauernlegen« – die gewaltförmige Enteignung der Kleinbauern durch Großgrundbesitzer – juristisch verboten war, kam der reale Prozess Endes des 19. Jahrhunderts dem sehr nahe. Die Not erzwang die Landflucht; zunächst verließen junge Männer ihr

95 Adolf Levenstein: Die Arbeiterfrage, mit besonderer Berücksichtigung der sozialpsychologischen Seite des modernen Großbetriebes und der psychophysischen Einwirkungen auf die Arbeiter. Ernst Reinhardt, München 1912.

96 Vgl. zu dieser grundsätzlichen Problematik Christel Hopf / Wulf Hopf: Gleichgültigkeit und Identifikation als Kategorien der Analyse von Klassenbewusstsein. In: Prokla Heft 22, Jahrgang 6, 1976, S. 67–100.

97 Marie Bernays: Berufswahl und Berufsschicksal des modernen Industriearbeiters. In: Archiv für Sozialwissenschaft und Sozialpolitik, Band 35. J. C. B. Mohr (Paul Siebeck), Tübingen 1912, S. 160.

98 Adolf Levenstein, a. a. O., S. 78.

99 Ebenda, S. 83.

Land und suchten in den Industriezentren Arbeit zu finden. Für das Ruhrgebiet lässt sich dies – weil recht gutes Zahlenmaterial[100] vorliegt – exemplarisch zeigen: Im Jahr 1902 waren von den 248.000 Bergarbeitern, wie es in einem Bericht für die Ruhrknappschaft heißt, etwa 40 % »Reichsdeutsche aus östlichen Provinzen« sowie aus Böhmen und Mähren, wobei dieser Bericht in rassistischer Manier bedauert, dass damit das »slawische Elemente weit mehr als ein Drittel der Gesamtbelegschaft« ausmache. Ende des 19. Jahrhunderts arbeiteten auf manchen Zechen wie z. B. »Constantin der Große« in Bochum oder »Graf Bismarck II« in Recklinghausen mehr als 70 % Bergleute, die aus dem Osten stammten.[101] Aufgrund zunächst großer sprachlicher Schwierigkeiten – die Migranten und Migrantinnen sprachen überwiegend polnisch oder polnisch-deutsche Dialekte, woraus die pauschale Stigmatisierung als »Polaken« erwuchs – wurden die Einwanderer lange in abgesonderten Zechenkolonien kaserniert, die hinsichtlich politischer Agitation und Organisation unter strengster polizeilicher Kontrolle standen, und dies ab 1890 auch mit Zustimmung oder Duldung der Sozialdemokratie.[102] Nach der Bergpolizeiverordnung von 1899 war nur denjenigen Arbeitern, die der deutschen Sprache in Wort und Schrift mächtig waren, ein gewisser Aufstieg im Arbeitsbereich vergönnt. Ähnlich verlief die Entwicklung in Oberschlesien,[103] wo die historisch gewachsenen Klassenunterschiede auch äußerlich sichtbar – Großgrundbesitz und Schlösser auf der einen, Armutsbezirke und Elendsviertel auf der anderen Seite – noch viel stärker hervortraten als im übrigen Deutschland und Österreich. Diskriminierung und Rassismus beförderten Gewerkschaftsgründungen außerhalb des sozialdemokratischen Einflusses. Mentalitätsgeschichtlich vermischten sich sozialkritische und emanzipatorische Impulse mit tradierten ideologischen und imaginären Strukturen der Religion. Im Jahr 1913 gab es im Ruhrgebiet 29.000 und in Oberschlesien 19.000 Mitglieder in der katholisch geprägten polnischen Berufsvereinigung.[104] Die ständestaatliche Ideologie dieser Gewerkschaften konnte nicht verhindern, dass die polnischen Arbeiter über Jahrzehnte hinweg die weitaus kämpferischsten und kompromisslosesten Teile der Bergarbeiterbewegung waren. Sie waren als Schlepper den härtesten Arbeitsbedingungen und den

100 Zu den Zahlen im Folgenden: Bruno Heymann / Karl Freudenberg: Morbidität und Mortalität der Bergleute im Ruhrgebiet. G. D. Baedeker, Essen 1925, S. 19–21

101 Eckhard Brockhaus, a. a. O., S. 98.

102 Ebenda, S. 99 f.

103 Lawrence Schofer: Die Formierung einer modernen Arbeiterschaft Oberschlesiens 1865–1914. Forschungsstelle Ostmitteleuropa der Universität Dortmund, Dortmund 1983.

104 Reinhard Krämer: Zur Gewerkschaftsbewegung in Oberschlesien von den Anfängen bis zur Teilung 1922. In: Internationale wissenschaftliche Korrespondenz zur Geschichte der deutschen Arbeiterbewegung, Jg. 29, 1993, S. 478.

größten Gefahren unterworfen, sie entbehrten lange jeder Anerkennung und Wertschätzung und hatten keine Privilegien zu verteidigen.

Emil Strauß[105] schildert eindringlich die Nationalitätenkämpfe zwischen deutschen und tschechischen Sozialisten in Böhmen; eine ganz ähnliche Situation bestand in Oberschlesien.[106] Fast alle Bergwerksbesitzer kamen aus dem deutschen Hochadel oder aus großbourgeoisen Dynastien, und in der Regel waren auch die Steiger Deutsche. Die Massenarbeiter rekrutierten sich zumeist aus Tschechen und Polen, hinzu kamen Slowenen, Kroaten, Serben, Magyaren und Ruthenen. Insbesondere im tschechischen Proletariat gewannen anarchistische und syndikalistische Strömungen schnell an Boden. Zwar bemühten sich August Bebel, Victor Adler und weitere führende Sozialdemokraten um eine Einigung der Arbeiterbewegung, doch konnten sie die vielerorts empirisch begründeten Ressentiments nicht zerstreuen, zumal sie selbst – wie eine parteioffizielle Schrift der SPÖ[107] einräumt – von der »Überlegenheit der deutschen Kultur überzeugt« waren. Alle nichtdeutschen Proletarier und Proletarierinnen mussten dies als Geringschätzung ihrer Herkunft, ihrer Lebensauffassungen und ihrer leibseelischen Selbstdeutungen erfahren. Strauß berichtet von gewaltsamen Ausschreitungen und spontanen Streiks tschechischer Arbeiter »gegen alles Deutsche«, d. h. auch: gegen deutsche Arbeiter, die als Kollaborateure der deutsch-österreichischen »Imperialisten« angesehen wurden. Da im Erleben der Massenarbeiter das Deutschtum mit repressiver Arbeitsordnung, Sauberkeit, Ordentlichkeit und Gehorsam verbunden war, fiel es schwer, Vorschriften, die dem Unfallschutz und der Arbeitssicherheit dienten, als solche wahrzunehmen. Anarchistische Strömungen unter den polnischen und tschechischen Arbeitern waren sehr unglücklich mit einer kompletten Ablehnung des gesamten Arbeiterschutzes einschließlich der minimalen Errungenschaften der Arbeiterversicherung verquickt.[108] All dies wurde ausschließlich unter dem Blickwinkel der Befriedung der Klassengegensätze und des Versuchs gesehen, Arbeiter/innen auf einen »gesetzlichen Weg« zu zwingen und sie in die bürgerliche Gesellschaft zu integrieren. Es ist der Aufrichtigkeit eines Emil Strauß zu verdanken, das historische Faktum einzuräumen, dass trotz aller parlamentarischer Bemühungen der Arbeiterschutz für viele Proletarier/innen längst nicht die erhofften Erfolge brachte, die von den sozialdemokratischen Führungen versprochen

105 Emil Strauß, Band I, a. a. O., S. 196 ff.; Band II, a. a. O., S. 61 f., S. 70 f., S. 144 f., S. 154 f., S. 215 ff.

106 Lawrence Schofer, a. a. O., S. 56 ff.

107 Raimund Löw: Separatisten. In: Helene Maimann (Hg.): Die ersten hundert Jahre. Österreichische Sozialdemokratie 1888–1988. Christian Brandstätter, Wien 1988, S. 186.

108 Vgl. hierzu auch die instruktive Schrift von August Krcal: Zur Geschichte der Arbeiterbewegung Österreichs 1867–1894, Wien 1894, als Reprint und mit Erweiterungen erschienen bei: Monte Verita Ges. m. b. H., Wien 1985, hier insb. S. 75 ff.

worden waren.[109] In ganz besonderer Weise sahen sich Migrantinnen in einer mehrfach unterdrückten Lage. Der Wiener Textilarbeiterinnenstreik 1893, den sich die Sozialdemokratie später als Erfolg anheftete, war ein selbstorganisierter Streik von 700 tschechischen Frauen.[110] Unter dem Motto »Acht Stunden Arbeit, acht Stunden Ruhe, acht Stunden Schlaf« protestierten sie gegen ihre unerträglichen Arbeits- und Lebensbedingungen. Die kämpfenden Frauen thematisierten explizit ihre Körper: »Schaut mich an! Ich bin 26 Jahre alt und schaue aus, als ob ich 40 Jahre alt wäre!« In der sozialdemokratischen Tradition blieben Geschlecht und Nationalität weitgehend ausgeblendet. Vor diesem Hintergrund erschließt sich auch der Umstand, dass Massenarbeiter/innen nicht selten die offizielle Propaganda für Arbeiterschutz als Ablenkungsmanöver verstanden, das ihrem legitimen Kampf für menschliche Arbeitsbedingungen den Boden entziehen wollte.

Die deutschen und österreichischen Facharbeiter stellten sich den Sozialismus als »Staat der Arbeit«[111] vor, in dem »alles ordentlich geregelt« sei. Arbeitsbedingungen sollten so gestaltet sein, dass Arbeitsunfälle und Arbeitserkrankungen minimiert wären. Auf den ersten Blick klingt dies durchaus positiv. Schon im Bericht von Paul Göhre[112] fällt auf, dass die Arbeiter recht viel Sorgfalt darauf verwendeten, die Unfallgefahren zu verringern. So wurden damals schon Hebekräne genutzt, um schwere Gegenstände zu bewegen, um den menschlichen Körper wenigstens ansatzweise zu entlasten. So gesehen, hatte die Identifikation mit der Arbeit den Vorteil, dass ein einigermaßen organisierter konkreter Arbeiterschutz möglich war. Doch Mechanisierung, Taylorisierung, Sinnentleerung, Monotonisierung und Vermassung der Arbeitsprozesse untergruben dieses Interesse. Anstelle der alten paternalistischen Meister traten Aufseher, Antreiber und Kontrolleure, welche die Körper der Arbeiter weniger als Menschen denn als Arbeitsmaschinen wahrnahmen.[113] Schon vor dem Ersten Weltkrieg, deutlicher noch während der Kriegsproduktion und erst recht in der revolutionären Phase zwischen November 1918 und der Abwehr des Kapp-Putsches 1920, offenbarte sich die soziale Differenzierung des Proletariats auch in der Haltung zu wirtschafts- und sozialpolitischen Fragen. Die Massenarbeiter/innen waren kaum an übergreifenden politischen Konzepten interessiert. Anlässe für ihre direkten Aktionen stammten aus ihrer unmittelbaren Arbeitserfahrung, ihre Forderungen waren in sie eingebettet: Verkürzung der Schichtzeiten, Lohnerhö-

109 Emil Strauß, Band II, a. a. O., S. 99.
110 Christian Koller: Weiblich, proletarisch, tschechisch. In: Sabine Hess et al.: Intersektionalität revisited. Transkript, Bielefeld 2011, S. 173–196.
111 Eckhard Brockhaus, a. a. O., S. 34.
112 Paul Göhre, a. a. O., S. 72 f.
113 Eckhard Brockhaus, a. a. O., S. 51 ff.

hungen und Beseitigung des Betriebsdespotismus.[114] Die Vermutung, dass zugleich der aus dem brutalen körperlichen und geistigen Verschleiß hervorbrechende Schrei und die unbändige Wut ein treibender Faktor gewesen seien, lässt sich kaum von der Hand weisen. Die Kampfformen der Massenarbeiter, der Arbeiterjugend und der Frauen standen konträr zu jenen der sozialdemokratisch orientierten Arbeiter: Ausschussproduktion, Sabotage, Absentismus, auch körperliche Auseinandersetzungen am Arbeitsplatz, während des Krieges dann Lebensmitteldemonstrationen und kollektive Aneignungen.

Wer konnte sich in der Phase der Hochindustrialisierung vorstellen, dass seine oder ihre Arbeit »menschlicher« oder »humanisiert« werden könnte?[115] Dies waren in erster Linie die aus alten Handwerkstraditionen und aus der Knappentradition des Bergwerks kommenden Arbeiter. Ihre Ideenwelt war gerahmt von Kategorien der Ordnung und Ordentlichkeit, Hierarchien und hierarchisch geordneten Lernprozessen, von Kameradschaft und sozialer Kontrolle, von »Seelenprüfung« und erbarmungsloser seelischer und körperlicher Konditionierung. Wer dazu gehören wollte, musste zuerst »geschliffen« werden, musste etwas »aushalten« können, musste beweisen, dass ihm zuallererst die Arbeit und deren Gelingen wichtig seien, musste beweisen, dass er oder sie »gefolgsam«, und wenn es sein musste, auch aufopferungswillig sei. Zentral war der »Produzentenstolz«, d.h. der Stolz, ein sinnlich-körperlich wahrnehmbares Produkt geschaffen zu haben, für das der Herstellende, genauer: das herstellende Kollektiv einen hohen Grad von Anerkennung erheischen und schließlich genießen kann. Produzentenstolz war untrennbar verkoppelt mit körperlicher Leistungsfähigkeit. Gefordert war der geschliffene, harte und schmerzunempfindliche Körper. Zugleich sollte die Belastung und der körperliche Verschleiß in Grenzen gehalten werden, um einer nach damaligem Ermessen vorzeitigen körperlichen Zerrüttung entgegenzuwirken. An der Weigerung der Kapitaleigner, die hierfür nötigen sachlichen und zeitlichen Ressourcen bereitzustellen, entzündeten sich immer wieder betriebliche und tarifpolitische Auseinandersetzungen. Verletzt war der Produzentenstolz, eingeklagt wurde die fehlende Anerkennung. Produzentenstolz

114 Karl Heinz Roth: Arbeiterklasse und Arbeiterorganisationen – Deutschland 1890–1920. In: Erhard Lucas / James Wickham / Karl Heinz Roth: Arbeiterradikalismus und die »andere« Arbeiterbewegung. Edition Egalite, Bochum 1977, S. 15–60.

115 Dem folgenden Abschnitt liegen neben den bereits zitierten historischen Quellen (insbesondere Adolf Levenstein, a.a.O.) neuere arbeitssoziologische Arbeiten zugrunde: Andre Gorz, a.a.O.; Fritz Böhle: Körper und Wissen, a.a.O.; Gerhard Hergt: Die Marginalisierung der schweren körperlichen Arbeit im modernen Produktionsprozess. Beiträge aus der Forschung. Sozialforschungsstelle, Dortmund 1985; Michael Frese, (1990): Arbeit und Emotion – Ein Essay, in: Felix Frei / Ivars Udris (Hg.): Das Bild der Arbeit. Hans Huber, Bern, S. 285–301.

konnte in Klassenbewusstsein umschlagen, doch war dieses gleichsam körperlich an das Produkt gebunden.

Der Soziologe Fritz Böhle vertritt die These, dass diese leibkörperliche Bindung sich über ein Begreifen des Körpers als Träger und Medium von Wissen und Erfahrung herstellt, d. h. »auf körperlich-sinnlichen Erfahrungen beruhendem Wissen und Können« aufbaut.[116] Das mag richtig sein für den Typus des Handwerker-Facharbeiters oder auch den Typus des qualifizierten Prozessarbeiters. Doch geht Böhles Sichtweise fehl, wenn wir die Situation der Massenarbeiter/innen betrachten. Ihnen ist nichts oder kaum etwas davon vergönnt, was dem qualifizierten Arbeiter wichtig ist. Die Arbeit der Massenarbeiter/innen war und ist eine parzellierte, vom Produkt getrennte, für die es keine dem Handwerker oder dem Knappen vergleichbare Anerkennung und schon gar keinen Anerkennungsgenuss geben kann. Ihr Interesse an der Arbeit reduziert sich in der Regel auf das Geldverdienen, auf den nackten reproduktiven Aspekt. Mit Recht können sie fragen: »Was sollte an oder in meiner Arbeit ›humanisiert‹ werden?« Als unmittelbare Antwort ist das »Nichts« vollkommen plausibel, d. h. eine solche Arbeit kann eigentlich nur abgeschafft werden. Bei genauerem Hinsehen muss sorgfältig differenziert werden. Die Bewegung der Massenarbeiter/innen hat eine zentrale Forderung formuliert: radikale Arbeitszeitverkürzung. Auch gab es weitergehende Ideen: Die nicht am Taylorismus orientierte Arbeitswissenschaft im ersten Drittel des 20. Jahrhunderts forderte eine »Bestgestaltung der Arbeit« in dem Sinne, dass Fließarbeit und Monotonie abgeschafft und stattdessen eine »ganzheitliche«, d. h. Kopf und Hand zusammenführende Arbeitskonzeption entwickelt werden müsste.[117] Eine solch tiefgreifende Änderung war freilich ohne Eingriff in die Produktionsverhältnisse und in die gesamte Kultur der Arbeitsgesellschaft nicht zu haben. Denn diese lebte lange in und von dem Mythos, dass jedwede Arbeit – ob Fach- oder Massenarbeit – nur dann eine anerkennenswerte sei, wenn sie auf physischer Anstrengung und körperlicher Geschicklichkeit basiere. Der aufgezwungene ruinöse Raubbau an der Gesundheit mutiert in der emotionalen Bewältigung zu einem Lob der harten körperlichen Arbeit, die gesellschaftliche Anerkennung dafür zu einer symbolischen Bezahlung erlebten Leids. Die oft vertretene These, dass körperliche Arbeit vor dem Hintergrund ihres Verschwindens zu einem proletarischen Ethos mythologisiert werde, ist so undifferenziert nicht haltbar: Für den Massenarbeiter und die Massenarbeiterin kann weder vom Verschwinden noch von einer Mythologisierung der schweren und auslaugenden körperlichen Arbeit die Rede sein. Die Tatsache der körperlichen Arbeit wird zum ideologischen Mythos genau dort, wo sie enthistorisiert wird und zur Rechtfertigung sozialer Ungleichheiten und neuer Hierarchisierungen dient.

116 Fritz Böhle: Körper und Wissen, a. a. O., S. 501.
117 Otto Lipmann: Lehrbuch der Arbeitswissenschaft. Gustav Fischer, Jena 1932.

Fluch der Arbeit, das Beispiel Ruhrbergbau

Das Schicksal der Arbeiter und Arbeiterinnen war vom Gesundheitsverschleiß vorgezeichnet. In seiner berühmten Studie »Das Berufsschicksal der Industriearbeiter« geht Alfred Weber (1912)[118] der Frage nach, welche Veränderungen sich im Arbeiterleben nach dem 40. Lebensjahr vollziehen. Die körperliche Kraft lässt nach, Krankheiten stellen sich ein, angestammte Positionen gehen verloren, die Arbeiter werden aus der produktiven Tätigkeit gedrängt oder gehen von selbst. Weber konstatiert diesen Bruch für praktisch alle Industriebranchen, er beschreibt ihn als Massenphänomen, um dann fortzufahren: »Wir wissen bisher nicht genau, wohin diese mehr oder weniger morbid gewordenen über 40jährigen Arbeitskräfte kommen. Es scheint, sie sinken zum Teil in die peripheren Außenschläge des Apparats zurück, also zu den Tagelöhnerarbeiten, zum Packen, Kehren, Fahren und ähnlichen Dingen. (...) das Arbeiterschicksal hat also hier den Scheitel, an dem es bricht und von dem an es in die Tiefe steigt.«[119] Weber erwähnt, dass die chronisch erkrankten Arbeiterinnen und Arbeiter regelmäßig »in die Armut herabsinken«. Daran änderte sich auch mit der Einführung der Invalidenrente 1884 angesichts ihrer geringen Höhe wenig. Anders verhielt es sich, wenn die Krankheit Folge eines Arbeitsunfalls war, da ab 1884 in Deutschland und ab 1887 in Österreich mit der Implementierung der Unfallversicherung eine Unfallsrente in Höhe von zwei Dritteln des vormals gezahlten Lohns beansprucht werden konnte.[120] 1901 ereigneten sich im Deutschen Reich knapp 57.000 Arbeitsunfälle, davon waren 9 % tödlich.[121] In Österreich-Ungarn waren es noch einmal 10.000, davon 7 % tödlich.[122] In den kommenden Jahren, d. h. bis in die 1960er Jahre, sollten die Unfallzahlen weiter ansteigen. Immer wieder stieß die Zahl der sich jährlich ereigneten tödlichen Arbeitsunfälle an die Schallgrenzen von 10.000 – so etwa 1907 und 1918, wobei die Zahlen während des Zweiten Weltkriege weit darüber lagen, aber nie korrekt ermittelt wurden.[123] Noch in den 1950er Jahren starben in der Bundesrepub-

118 Alfred Weber: Das Berufsschicksal der Industriearbeiter. In: Archiv für Sozialwissenschaft und Sozialpolitik, Band 34. J. C. B. Mohr (Paul Siebeck), Tübingen 1912, S. 377–405.

119 Ebenda, S. 384.

120 Ludwig Heyde: Abriss der Sozialpolitik. Dritte und vierte Auflage. Quelle und Meyer, Leipzig 1923.

121 Theodor Weyl: Handbuch der Arbeiterkrankheiten. Gustav Fischer, Jena 1908, S. XXVI und XXXVII.

122 Ministerium des Inneren: Ergebnisse der Unfallstatistik. k. u. k. Hof- und Universitäts-Buchhändler Alfred Hölder, Wien 1914, S. 877 (Dank an Joe Püringer, AUVA Wien, für die Hilfe bei der Beschaffung der österreichischen Unfallstatistiken).

123 Wolfhard Weber: Arbeitssicherheit. Historische Beispiele – aktuelle Analysen. Rowohlt, Reinbek bei Hamburg 1988, S. 126.

lik Deutschland jährlich mehr als 6000 Menschen durch Unfalltod am Arbeitsplatz.[124]

Die 1880er Jahre werden von der heutigen deutschen und österreichischen Geschichtsschreibung als sozialpolisch innovatives Jahrzehnt gefeiert.[125] Dem ist insofern zuzustimmen, als der Begriff des Arbeiterschutzes in diesem Jahrzehnt eine neue Bedeutung gewinnen sollte. Die Einführung der Unfallversicherung bzw. der darauf beruhenden Berufsgenossenschaften (BGen) sollten nicht nur kompensativ, sondern auch präventiv wirken: Die BGen, welche anstelle des Einzelunternehmers die Haftung für die Folgen von Unfällen – und ab 1925 auch für die von Berufskrankheiten – übernahmen, sollten ein ökonomisches Interesse entwickeln und für gute Prävention in den Betrieben sorgen. Die sozialpolitischen Akteure gingen davon aus, dass mittels detaillierter Unfallverhütungsvorschriften das Problem der Arbeitserkrankungen in den Griff zu bekommen sei. August Bebel und Victor Adler machten sich diese Perspektive, angerührt durch eigene Anschauung elender Arbeitsverhältnisse, zu persönlichen Anliegen.[126] Doch die Unfallzahlen stiegen weiter. Auch die 1925 erlassene »Erste Verordnung über die Ausdehnung der Unfallversicherung auf gewerbliche Berufskrankheiten« entpuppte sich in der Realität eher als Versuch, die aufwallenden Wogen der proletarischen Wut über lebenszerstörende Arbeitsverhältnisse zu glätten als diese Verhältnisse tatsächlich zu verändern. Selbstverständlich gab es auch Fortschritte – wie etwa das staatliche Verbot des weißen Phosphors, in Preußen 1907 und in Österreich 1912 –, doch jene erfolgten, wenn die Schädlichkeit eines Stoffes oder einer Einwirkung längst festgestellt und auch von einer relevanten Anzahl wissenschaftlicher Studien belegt war, erst einige Jahrzehnte später, oftmals erst, nachdem ein Ersatzstoff oder ein Ersatzverfahren gefunden war oder die involvierte Branche obsolet war.

Abgesehen vom Schwerpunkt der Bergbauunfälle und der Unfälle in Chemiebetrieben – von beiden Wirtschaftsbereichen wird noch die Rede sein – stachen in den Berichten der Fabrikinspektoren die vielen Unfälle ins Auge, die sich an den Transmissionswellen, -rädern und -riemen ereigneten, welche die Kräfte aus den Dampfmaschinen in die Werkshallen übertrugen. In historischen Berichten wird immer wieder »das leidige Auflegen der Riemen während des Gangs der Transmission mit der Hand« beklagt,[127] was

124 Ebenda, S. 183.

125 Beispielhaft die Broschüre des Deutschen Historischen Museums: »Sicher arbeiten – 125 Jahre gesetzliche Unfallversicherung in Deutschland 1885–2010«, Berlin 2010.

126 Vgl. August Bebel: Zur Lage der Arbeiter in den Bäckereien. Dietz, Stuttgart 1890; Victor Adler: Die Lage der Ziegelarbeiter. In: Die Gleichheit, Wien, 1. Dez. 1888 (wiederabgedruckt in: Friedrich G. Kürbisch, Hg., Der Arbeitsmann, er stirbt, verdirbt, wann steht er auf? Sozialreportagen 1880 bis 1918. J. H. W. Dietz Nachf., Bonn 1982, S. 45–49).

127 Wolfhard Weber, a. a. O., S. 84.

nicht nur zu schweren Hand- und Armverletzungen führte; meist wurde der Arbeiter oder die Arbeiterin mit dem ganzen Körper in die Maschine gezogen, oftmals mit tödlichem Ausgang.[128] Am Beispiel der Transmissionsunfälle ist der unerbittliche Zwangscharakter des Produktionsdiktats zu erkennen: Bei ungeplanten Einflüssen, die durch Materialfehler, technische Störungen oder schlicht durch technische Fehlkonstruktionen den Produktionsablauf zu unterbrechen drohten, galt – und das ist im Prinzip, auch wenn es bessere Schutztechniken gibt, bis heute so – die strikte Anweisung weiterzuarbeiten. Der Produktionsausfall, der durch ein Anhalten der Maschine entstanden wäre, wog in der kapitalistischen Logik schwerer als ein Unfall. Arbeiter/innen, welche die Maschine abstellten, mussten mit Lohnentzug oder Entlassung rechnen.

Im gesamten Unfallgeschehen stellten Unfälle und Massenunfälle im Bergbau den tragischen Schwerpunkt dar.[129] Der Übergang vom alten staatlichen Knappenbetrieb zum industrialisierten und von Aktiengesellschaften kontrollierten Großbetrieb war mit einem rigorosen Untertage-ausbau verbunden, der kaum Rücksicht auf Sicherheitsbelange nahm.[130] Der Bergbau nimmt in der Phase der Hochindustrialisierung eine Sonderstellung ein. »Von außen« gesehen, waren Bergwerke nach Gebäudegröße, Großtechnik, Belegschaftsstärke und Organisation beeindruckende großindustrielle Betriebe. Doch »von innen« gesehen, »unter Tage«, je näher man »vor Ort« zur eigentlichen Kohlegewinnung kam, nahm der Grad der Technisierung deutlich ab. Bis weit ins 20. Jahrhundert blieb die Bergarbeit unter Tage ihrem Charakter nach eine nicht-industrielle händische und körperlich extrem schwere Arbeit.[131] Der Bergbauhistoriker Detlev J. K. Peukert resümiert anhand des Ruhrbergbaus, des zweifelsohne weltweit größten zusammenhängenden Bergbaugebietes der damaligen Zeit, den Erkenntnisstand der sozial-

128 Im Bericht »Die Amtstätigkeit der Arbeitsinspektorate im Jahre 1960« (Eigenverlag, Wien 1961, S. 18) findet sich eine Aufgliederung der Unfälle nach Unfalltypen, wobei die Transmissionsunfälle, beispielsweise in Sägewerken oder Baumwollspinnereien, an erster Stelle rangieren.

129 Oberbergrat Herold / Geheimer Sanitätsrat Wilhelm Lindemann: Hygiene der Bergarbeiter. In: Theodor Weyl (Hg.): Handbuch der Hygiene, 7. Band, Besonderer Teil: Gewerbehygiene. Johann Ambrosius Barth, Leipzig 1913, S. 12–14.

130 Wolfhard Weber, a. a. O., S. 69–73.

131 Klaus Tenfelde: Sozialgeschichte der Bergarbeiterschaft an der Ruhr. Neue Gesellschaft, Bonn-Bad Godesberg 1977; Gabriele Unverferth / Evelyn Kroker: Der Arbeitsplatz des Bergmanns in historischen Bildern und Dokumenten. Deutsches Bergbau-Museum, Bochum 1979; Franz-Josef Brüggemeier: Leben vor Ort. Ruhrbergleute und Ruhrbergbau 1889 bis 1919. Beck, München 1983; Detlev J.K. Peukert: Industrialisierung des Bewusstseins? Arbeitserfahrungen von Ruhrbergleuten im 20. Jahrhundert. In: Klaus Tenfelde (Hg.): Arbeit und Arbeitserfahrungen in der Geschichte. Vandenhoeck und Ruprecht, Göttingen 1986, S. 92–119.

geschichtlichen Forschung zur Arbeit der Bergleute im ausgehenden 19. Jahrhundert: »Der Untertage-Vortrieb der Strecken (als Verkehrsverbindungen) und Strebe (als Zugänge zu den Abbaustellen), die Kohlegewinnung selbst, der Kohletransport unter Tage in gewissem Maße ebenfalls noch, geschahen ohne Maschineneinsatz, in Handarbeit und in ständiger Anpassung an wechselnde geologische und klimatische Bedingungen, nicht zuletzt unter ständiger Gefahrendrohung, sowohl, was den ›normalen‹ Arbeitsunfall angeht, wie auch angesichts gelegentlicher großer Grubenkatastrophen, vor allem aber durch die schleichende Berufskrankheit der Staublunge (Silikose).«[132] Die Arbeit war gruppenmäßig-kooperativ organisiert und zugleich strikt hierarchisch gegliedert – vom wortführenden »Ortsältesten« über die »Hauer« bis zu den »Schleppern«, meist noch sehr junge Arbeiter, die die Kohle bis zur Strecke zu transportieren hatten. Über allen stand der aufsichtsführende »Bergbeamte unter Tage«, der »Steiger«, der ein- oder zweimal pro Schicht auftauchte. Zwar zeichnet sich im ersten und zweiten Jahrzehnt des neuen Jahrhunderts ein Trend zur Mechanisierung ab – beispielsweise der Einsatz von Presslufthämmern und Transportbändern –, doch im Wesentlichen bleibt die Arbeit eine handwerkliche und körperlich hoch anstrengende, belastende und auszehrende. Peukert, selbst Sohn eines Bergarbeiters und im Bergarbeitermilieu aufgewachsen, legt anhand empirischen Materials dar, dass diese Charakterisierung prinzipiell noch bis in die 1950er Jahre Gültigkeit besitzt.

Bergmännische Erfahrung und Berufsqualifikation, innerhalb derer Sicherheitsmaßnahmen wie z. B. der Verbauarbeit mit Holzstempeln besonderer Wert beigemessen wurde, galten dem Zechenkapital als »historisch überholt« und somit als überflüssig.[133] Hinzu kam ein besonders fataler Faktor: Das Befahren von Stecken auch bei »schlechtem Wetter«, d. h. stauerstoffarmen oder methangashaltigen und somit explosionsgefährlichen Atmosphären, brach sich Bahn. Die Bergbauarbeit war in weiten Teilen vollkommen militarisiert.[134] Reviersteiger und Steiger vor Ort setzten die »neuen Regeln« mit äußerster Brutalität durch. Wer opponierte, konnte »seine Papiere« holen. Die Folge waren exorbitante Unfallzahlen. Die Knappschafts-Berufsgenossenschaft vermeldete um die Jahrhundertwende bei etwa 500.000 Bergarbeitern und –arbeiterinnen mehr als 1000 tödliche Unfälle jährlich. Die Unfallrate lag damit ein Mehrfaches über dem ohnehin schon hohen Durchschnittsniveau der damaligen Arbeitswelt.[135] Lag die tödliche Unfallquote pro 1000 Versicherter im Allgemeinen bei 0,6, so stieg sie im Bergbau

132 Detlev J. K. Peukert, a. a. O., S. 92.
133 Franz-Josef Brüggemeier, a. a. O., S. 116–121.
134 Eckhard Brockhaus, a. a. O., S. 94–96.
135 Oberbergrat Herold / Wilhelm Lindemann, a. a. O.

auf über 2,0 – im Jahre 1908 sogar auf 2,6.[136] Besonders gefährdet waren die ungelernten, aus Polen und ostdeutschen Provinzen kommenden Massenarbeiter. In den spontanen Streikwellen der Bergarbeiter/innen, die mit dem großen Streik von 1889 im Ruhrgebiet begannen und dem sich die Kumpel in Oberschlesien und Sachsen, im Aachener Revier, im Sauerland, im Saargebiet und in der Steiermark anschlossen, dem großen Generalstreik der Bergarbeiter von 1905 und vielen weiteren Streiks, mit dem Streik der Bergarbeiter im annektierten Lothringen 1907, und in den Streiks der 1910er und 1920er Jahre machte sich die Entrüstung und die Wut über die im Bergbau herrschenden unmenschlichen Bedingungen Luft.[137] Neben Lohn- und Arbeitszeitforderungen spielten Forderungen nach besserem Schutz vor den Gefahren für Leben und Gesundheit, die den neuen Formen des Bergbaus geschuldet waren, eine nicht zu übersehende Rolle. In den 1890er Jahren wur-

den in verschiedenen Ländern und Gebieten des Deutschen Reiches und Österreichs Berggesetze erlassen oder novelliert, die wieder eine stärkere staatliche Kontrolle der Arbeitsbedingungen erlaubte.[138] Der Bergbau blieb jedoch noch Jahrzehnte ein gefährlicher Ort.

Die tödlichen Unfälle bildeten nur die Spitze des Eisbergs. So fiel es sogar regierungsamtlichen Stellen[139] auf, dass die vielen, durch mangelhafte sozialhygienische Verhältnisse erzeugten Arbeiterkrankheiten und Invaliditäten nicht ebenso versichert waren wie Arbeitsunfälle. Eine unermessliche Zahl von Menschen litt an schweren Lungenerkrankungen, bedingt durch Stäube, Gifte und Tuberkulose-Bakterien, die auf vorgeschädigtem Lungengewebe und bei ernährungsbedingt schwachen Widerstandskräften leichtes Spiel hatten. Über die grassierende Lungentuberkulose wurde schon berichtet. Die Zahlen für die Ruhrknappschaft[140] liegen mit etwa 10 % Tuberkulosemortalität deutlich günstiger als im preußischen oder österreichischen Schnitt, was mit selbst- und fremdselektiven Prozessen beim Berufseinstieg im Bergbau erklärt werden kann, aber auch – die Wohnung war, wie bereits an anderer Stelle betont, meist an den Arbeitsplatz gebunden – mit dem Wegzug kranker Bergleute aus dem Revier. Mit wenigen Ausnahmen war die Sozial- und Arbeitsmedizin dieser Zeit, wie der Mainstream der Wirtschafts- und Sozialwissenschaften, konstitutionshygienisch und biologistisch orientiert.[141] In der Sprache der zeitgenössischen Medizinalstatistik: »Die freiwillige oder durch die ärztliche Vorsorgeuntersuchung erfolgende gründliche

136 Ebenda.
137 Barrington Moore, a. a. O., S. 316–345. Vgl. auch: Elmar Menzel: Bergbau-Medizin einst und jetzt. Erich Schmidt, Berlin 1989, S. 319–328.
138 Oberbergrat Herold / Wilhelm Lindemann, a. a. O., S. 14. f.
139 Beispielhaft siehe Florian Tennstedt: Sozialgeschichte der Sozialpolitik in Deutschland. Vandenhoeck und Ruprecht, Göttingen 1981, S. 178.
140 Bruno Heymann / Karl Freudenberg, a. a. O., S. 36–60.
141 Vgl. dazu Karl Heinz Roth: Scheinalternativen, a. a. O.

Fernhaltung körperlich Minderwertiger vom Bergbau und die schnelle Ausscheidung etwa doch zugelassener, minder Leistungsfähiger nach der Einstellung (…)«[142] Seit der im Jahr 1900 von Friedrich Alfred Krupp preisgekrönten Arbeit Wilhelm Schallmayers »Vererbung und Auslese im Lebenslauf der Völker« wurden Biologismus und Sozialdarwinismus bis weit in die Sozialdemokratie hinein gleichsam zum Allgemeingut.[143] Im achten Band des weit verbreiteten »Handbuch(s) der Wirtschafts- und Sozialwissenschaften« mit dem Einzeltitel »Sozialbiologie«[144] schärft der Autor, ein Staatsrechtler, dem Leser den Blick für die Unterscheidung »sozialökonomisch wertvollen Lebens« und »sozialökonomisch minderwertigen Lebens«. Das erstere sei zu fördern, das letztere auszusondern.

Lungenkrankheiten waren während der Hochindustrialisierung in der gesamten Arbeiter- und Arbeiterinnenklasse weit verbreitet, auch bei den Bergleuten. Doch wurden die staubbedingten obstruktiven Lungenerkrankungen wie das Emphysem, vor allem aber die restriktiven Lungenerkrankungen wie die Steinstaublunge (Silikose) bis Ende der 1920er Jahre diagnostisch und somit auch statistisch nicht erfasst.[145] Wissenschaftshistorisch ist diese Tatsache umso erschreckender, als zum Thema Staublunge »doch eine recht erstaunliche Menge von Kenntnissen gegen Ende des 18. Jahrhunderts bereits vorhanden war«, so der Arbeits- und Sozialmediziner Ludwig Teleky in einer späteren Arbeit.[146] Teleky berichtet, während des 19. Jahrhunderts seien eine Vielzahl differenzierter medizinischer Studien zur Staublunge im Allgemeinen und zur Quarzstaublunge im Besonderen erschienen. Ende des 19. Jahrhunderts wusste man, dass die Häufigkeit des Lungenemphysems bei Bergleuten mit den Jahren zunimmt und bei den »Alten« eine Quote von 69 % erreicht.[147] In gewerbehygienischen Handbüchern zu Beginn des 20. Jahrhunderts bleiben die Darstellungen jedoch weit hinter diesen Erkenntnissen zurück.[148] Dafür haben augenscheinlich Bergwerksverbände über ihren Einfluss in Knappschaft und Gewerbeaufsicht gesorgt.[149] Relevante Teile des bestehenden medizinischen Wissens wurden unter der Kochschen Bakterio-

142 Bruno Heymann / Karl Freudenberg, a. a. O., S. 59.

143 Vgl. Robert Kurz: Schwarzbuch Kapitalismus. Ullstein, München 2001, S. 373 ff.

144 Alexander Elster: Sozialbiologie. Bevölkerungswissenschaft und Gesellschaftshygiene. Walter de Gruyter & Co, Berlin und Leipzig 1923, hier insbesondere S. 333–347.

145 Michael Martin: Staublungenerkrankungen in der Geschichte des Bergbaus. In: Hauptverband der gewerblichen Berufsgenossenschaften (Hg.): Ist das Berufskrankheitenrecht noch zeitgemäß? Eigendruck, Sankt Augustin 2002, S. 101–115.

146 Ludwig Teleky: Geschichte der Erkenntnis der Staublunge in Deutschland. In: International Archives of Occupational and Environmental Health. Band 3, 1932, S. 418–470.

147 Ebenda, S. 440.

148 Ebenda, S. 452 f.

149 Dieser nicht unwichtige Teilaspekt wäre eine eigene Untersuchung wert.

logie begraben. Ein Lungenemphysem ist eine Lungenüberblähung aufgrund entzündlicher oder anderer krankhafter Vorgänge, welche die Ausatmung immer mehr behindern und schließlich zu schwerster Atemnot und frühem Tod führen. Schon im Jahr 1897 wusste Füller, damals Leiter des Knappschaftslazarettes in Neunkirchen (Saarland), dass sauerstoffarme, kohlensäurereiche und feuchte Luft, die gezwungene Körperhaltung, die Behinderung der Zwerchfellbewegung beim Heben schwerer Lasten und Schieben von Wagen eine Emphysementwicklung begünstigt.[150] Doch derartige Beobachtungen wurden wissenschaftlich kaum ernst genommen. Sie standen dem Bestreben, verschiedene Krankheiten streng voneinander zu unterscheiden – Silikose ist eine restriktive, also die Einatmung behindernde, das Emphysem eine obstruktive, also die Ausatmung behindernde Krankheit – entgegen; eine »Vermischung« galt als unwissenschaftlich, die in der Realität massenhaft vorkommenden Vermischungen wurden als massenhaft schicksalhaft betrachtet. Es dauerte fast hundert Jahre, bis sich Arbeitsmedizin und Lungenheilkunde dazu durchrangen, das Lungenemphysem bei Bergleuten als Berufskrankheit anzuerkennen.[151] In den 1920er und 1930er Jahren wurde die Vermutung zu Gewissheit, dass das silikotisch veränderte Lungengewebe verstärkt Angriffspunkte für Tuberkelbazillen bietet.[152] Ein lungenkranker Bergmann wurde kaum älter als 55 Jahre;[153] erst nach dem Zweiten Weltkrieg begann sich die Situation zu verändern. Zwar stieg die Zahl der Staublungenerkrankten steil an[154] – die »Spitze des Eisbergs« war 1954 mit über 9000 anerkannten Fällen erreicht –, doch führten verbesserte technische Lüftungsmaßnahmen, verbesserter Staubschutz durch Nassbearbeitung, aber auch verbesserte medizinische Therapien dazu, dass sich die Lebenserwartung eines berufserkrankten Bergmanns stetig erhöhte und in den 1980er Jahren die 75-Jahr-Schwelle überstieg. Gleichwohl sollte nicht vergessen werden, wie beschwerlich und qualvoll das Leben mit einer Staublunge ist: Atemnot und Angst werden zu einem täglichen und vor allem nächtlichen Begleiter.

Dem Bergbau, genauer: der schweren Bergarbeit war ein Tribut zu zollen, dessen Ausmaß selbst die Betroffenen sich kaum zu vergegenwärtigen wagten. Ein Beispiel[155] mag genügen: So erschütterte, neben allen anderen Gefahren, um die Jahrhundertwende die sogenannte Wurmkrankheit die Bergbaureviere. Aufgrund der Wärme, Feuchtigkeit und des Schmutzes in den Gruben konnte sich ein Darmparasit – ein Hakenwurm mit dem Namen

150 Ludwig Teleky: Geschichte, a. a. O., S. 450.

151 Vgl. Bekanntmachung des Bundesministeriums für Arbeit v. 1.8.1995 im BArbBl. 10/1995 S. 39. Der Zeitpunkt ist interessant: Er fällt recht genau mit dem politischen Beschluss zusammen, die Kohlengewinnung in Deutschland einzustellen.

152 Elmar Menzel, a. a. O., S. 171–173.

153 Ebenda, S. 178.

154 Ebenda.

155 Ebenda, S. 137–147.

Ancylostom – ausbreiten und zu schweren, schmerzhaften und lebensbedrohlichen Krankheitssymptomen führen. 1903 erkrankten allein im Ruhrgebiet mehr als 33.000 Arbeiter[156] daran. Bedingt durch dieses Massenleiden und verstärkt durch den Umstand, dass das Bergbaukapital den Arbeitern die kalte Schulter zeigte, Massenentlassungen vornahm und sich dabei vieler Kranke entledigte, »richteten sich Empörung und Unwilligkeit gegen das Syndikat der Unternehmer«, wie der Medizinhistoriker Menzel es vorsichtig ausdrückte.[157] Der am 6. Januar 1905 von Bochumer Stinnes-Zechen ausgehende und am 7. Februar 1905 beendete große Bergarbeiterstreik[158] nährte sich aus der gewaltigen Wut der Bergleute auf die elenden Arbeitsverhältnisse. Innerhalb weniger Tage schlossen sich fast alle Ruhrbergleute diesem Streik an; es war der erste große Generalstreik im Ruhrgebiet. Eine direkte Verbesserung des betrieblichen Gesundheitsschutzes erreichte der Streik zwar nicht, doch wurde der Druck auf den Allgemeinen Knappschaftsverein »zur verbesserten Versorgung der Arbeiter bei der noch nicht abgeklungenen Ausbreitung der Wurmerkrankung« erhöht.[159] Die Spitzen aller Gewerkschaftsverbände hatten sich zunächst darauf geeinigt, einen Streik zu verhindern. Doch es kam anders. Mentalitätsgeschichtlich von großer Bedeutung ist die ambivalente Politik des sozialdemokratischen »Alten Verbandes der Bergarbeiter«, die den Arbeiter/innen als widersinnig erscheinen musste: Das Auseinanderklaffen zwischen dem »Maximalprogramm« einer fernen sozialistischen Zukunft und der augenscheinlichen Hinnahme des leiblichen Elends der Bergarbeiter und ihrer Familien »als momentan unabänderlich« blieb ihnen uneinsichtig. Die Mitgliederzahlen schwankten erheblich, stiegen aber um die Jahrhundertwende wieder an. 1904 war jeder zweite Bergmann gewerkschaftlich organisiert, jeder dritte im »Alten Verband« und jeder fünfte in christlichen Verbänden, wobei der katholische Gewerkverein der bedeutsamste war und in der Folge – wie auch der Polnische Berufsverband – deutlich wachsen sollte. Die Beschwichtigungen der Sozialdemokratie konnten die Arbeiter nicht länger davon abhalten, ihrer Wut materiellen Ausdruck zu verleihen. Das Gerede der »Oberen« brachte sie, wie der Sozialhistoriker Barrington Moore vorsichtig formuliert, in einen »erregten Zustand«. Die leibliche Wut der Massen gewann eine Wucht, von der Moore meint, sie sei in der Streikgeschichte der Arbeiterbewegung einmalig.

Für jenen Teil der Sozialbürokratie, der nicht bereit war, sich dem Trend der sozialbiologischen Radikalisierung anzuschließen, lag es auf der Hand,

156 Diese Zahl nennen Bruno Heymann / Karl Freudenberg, a. a. O., S. 110; Elmar Menzel, a. a. O., kommt auf eine Zahl von 25.000.

157 Elmar Menzel, a. a. O., S. 327.

158 Zu Hintergründen und Verlauf des Streiks vgl. Barrington Moore, a. a. O., S. 336–343 sowie Franz-Josef Brüggemeier, a. a. O., S. 211–227.

159 Elmar Menzel, a. a. O.

dass Siechtum und Tod durch beruflich erworbene Krankheiten genauso entschädigt und genauso präventiv angegangen werden müssten wie Arbeitsunfälle.[160] Dieser sozialpolitische Schritt sollte erst 1925 erfolgen. Bis dahin war es ein langer Kampf, veranlasst durch eine ungezählte Zahl leidvoll Berufserkrankter, und gedrängt durch eine kleine Schar sozial engagierter Ärzte, die sich dem Leid der Arbeitenden annahm, letztlich auch durch politische Initiativen der Sozialdemokratie in den Parlamenten. Konkret ging es um die Staublunge und die Wurmkrankheit bei Bergleuten, um die Erkrankungen durch Schadstoffe wie Blei, Quecksilber, Phosphor und aromatische Amine, auf deren Basis die industrielle Farbstoffchemie aufbaute. Die Frage, ob und inwieweit der politische Druck, den die seit dem großen Bergarbeiterstreik 1889 zunehmenden Revolten der Massenarbeiter/innen aufbauten, hinsichtlich einer spezifisch an der Verbesserung des Arbeiter/innenschutzes orientierte Stoßrichtung wirksam wurde, ist schwer zu beantworten. Die Wut gegen die unmenschlichen Zustände spielte immer mit, auch wenn es in erster Linie um Lohnforderungen ging. Minimalforderungen wie Abschaffung der Kinderarbeit, Einschränkung der Frauenarbeit, Einführung des Achtstundentages und Ausbau der staatlichen Fabrikinspektion wurden von der Sozialdemokratie aufgenommen und vertreten. Doch der Gedanke an eine unmittelbare Bewegung für gesundheitsgerechte und menschenwürdige Arbeitsverhältnisse unter aktiver Beteiligung der Arbeitenden, geschweige denn eine autonome Gestaltung durch die Arbeitenden selbst, war der Vorstellungswelt vieler, für die die Übernahme der politischen Macht Priorität hatte, doch sehr fremd. Im Erfurter Programm von 1891 findet sich dazu wenig. Arbeiterschutz war nicht als selbständige Bewegung gedacht, sondern als Gesetzgebung des bürgerlichen Staates, gleichwohl immer – wie es im Hainfelder Programm der österreichischen SAPD[161] heißt – unter »Mitkontrolle der Arbeiterschaft«. Gemeint war damit eine »ordentliche« Mitsprache vor allem der sozialdemokratischen Gewerkschaftsbürokratie. Die Idee einer Selbsttätigkeit der Massen widersprach der Idee einer von oben kontrollierten Verwaltung der Massen.[162]

Biopolitik: die Inkaufnahme tödlicher Gefahren

Die Entwicklung spitzte sich trotz Unfallversicherungsgesetzes im Verlauf der 1880 Jahre zu: sprunghaft steigende Unfallzahlen und die erschreckende Zunahme von Erkrankungen aufgrund der Einwirkung industriell

160 So etwa der beamtete Statistiker Ernst Hirschberg. Vgl. hierzu: Florian Tennstedt, a. a. O., S. 178.

161 Hainfelder Programm der Sozialdemokratischen Arbeiterpartei Österreichs (http://www.marxismus.at).

162 Vgl. Eckard Brockhaus, a. a. O.; Manfred Scharrer, a. a. O.; Karl Heinz Roth: Arbeiterklasse und Arbeiterorganisationen, a. a. O.

erzeugter toxischer Arbeitsstoffe oder neuer Arbeitstechniken, die den Staubanfall extrem erhöhten. In Österreich wurde 1883 das »Gesetz betreffend die Bestellung von Gewerbeinspectoren« erlassen;[163] das Deutsche Reich zog 1891 mit seiner Gewerbeordnung nach, auf dessen Basis die bisherige fakultative Gewerbeaufsicht zur ordentlichen Behörde mit Polizeibefugnissen aufgewertet wurde.[164] Die Zahl der Inspektoren war gering, und von einer flächendeckenden Aufsicht konnte keine Rede sein. Schon darin zeigt sich, dass diese von der Sozialdemokratie geforderte und begrüßte »soziale Tat« ein Janusgesicht hatte: Einerseits blieb die Gewerbeaufsicht überwiegend ein zur Rechtfertigung dienender Papiertiger, andererseits wurden immer wieder krasse Missstände aufgedeckt. Aus dem Jahresbericht 1884 des Aufsichtsbezirkes Brünn:

> »Der 34 Jahre alte Spinner einer Schafwollwarenfabrik hatte 30 Stunden ununterbrochen gearbeitet und versuchte, während die Spinnmaschine (Mule Jenny) wohl ausgerückt, der Riemen aber nicht abgeworfen war, dieselbe zu putzen; dabei kam er dem Riemen zu nahe und bemerkte in seiner Ermüdung nicht, dass er den Riemen auf die Vollscheibe schob; es wurde seine linke Hand zwischen 2 Räder gezerrt und der Unterarm unterm Ellenbogen zermalmt. Der Arm wurde unterm Ellenbogen amputiert und der Mann nach 12wöchentlicher Behandlung als Halbinvalid aus dem Spital entlassen. Während der Krankheit erhielt er von der Krankencasse der Fabrik wöchentlich 3 fl. und die freie Behandlung. Von der Unfallversicherung wurden ihm 200 fl. ausbezahlt und er erhält nun aus der Pensionscasse der Fabrik 1 fl. wöchentliche Pension. In diesen wie in allen ähnlichen Fällen wird kurz ›eigene Unvorsichtigkeit‹ als Ursache des Unglückes angegeben; ich glaube aber berechtigt zu sein, als Ursache geistige Abspannung und körperliche Ermüdung nach übermässig langer Arbeit als Ursache zu bezeichnen; denn nur hierauf ist die unvorsichtige Handlung, welche dann das Unglück zur Folge hat, zurückzuführen.«[165]

Die Sozialdemokratie sah die Gewerbeaufsicht als über den Klasseninteressen stehend und warb bei den Arbeiter/innen dafür, jene als natürliche Verbündete der Arbeiterklasse zu gewinnen.[166] Doch erreichten Arbeitsschutz und

163 http://www2.arbeitsinspektion.gv.at/AI/Arbeitsinspektion/Geschichte/geschichte_030.htm.

164 Wolfhard Weber, a. a. O., S. 20.

165 Das Zitat entstammt dem Bericht des Gewerbeinspektors des VI. Aufsichtsbezirkes in Brünn: http://www2.arbeitsinspektion.gv.at/AI/Arbeitsinspektion/Geschichte/geschichte_050_jb1884_u20.htm.

166 Victor Adler: Zehn Jahre Gewerbeinspektion in Österreich. Artikelserie in der Arbeiterzeitung 1894, wiederabgedruckt in: Patrienvorstand der Sozialdemokratischen Arbeiterpartei Deutschösterreichs (Hg.): Victor Adlers Aufsätze, Reden und Briefe. Fünftes Heft: Victor Adler über Fabrikinspektion, Sozialversicherung und

Sozialgesetzgebung das politische Ziel, gleichsam als »Zuckerbrot« die Arbeiterbewegung zu befrieden, nicht. Das Ansinnen, die industrielle Arbeitswelt menschlicher zu gestalten, wurde von der betrieblichen Realität zerrieben. Selbst Versuche derjenigen, die sich als bürgerliche Sozialreformer verstanden, Arbeitsprozesse und Arbeitsstrukturen so zu verändern, dass körperliche und seelische Schäden ausgeschlossen, zumindest minimiert würden, wurden – mit der geballten Macht der Kapitalverbände im Rücken – von der Bismarkschen Bürokratie vereitelt.[167] So wurde zwar im § 120a der Gewerbeordnung der Unternehmer verpflichtet, die Arbeit so zu regeln, dass »die Arbeiter gegen Gefahren für Leben und Gesundheit geschützt sind«, doch nur »soweit, wie es die Natur des Betriebs gestattet«. Dieser Paragraph überlebte bis in die 1990er Jahre und findet sich auch heute dem Sinn nach in der Arbeitsschutzgesetzgebung, wie auch die Begründung hierzu, die sich im damaligen Standardkommentar zur GewO findet: Man dürfe »an die Arbeitgeber keine Forderungen stellen, welche technisch oder wirtschaftlich der Natur des Betriebes widersprechen, d. h. denselben unmöglich machen oder seinen Fortbestand gefährden, oder die Kosten verursachen, welche zu dem Nutzen der Schutzeinrichtung nicht im angemessenen Verhältnis« stünden.[168] Wer dies nicht verstanden hatte, wurde vom Reichsversicherungsamt belehrt: So klagte z. B. ein durch jahrelange Bleiweißaussetzung schwer erkrankter Arbeiter auf Gewährung einer Unfallrente — ohne Erfolg. In seinem abschließenden Urteil aus dem Jahr 1888 argumentierte das Reichsversicherungsamt, die »aus dem Betriebe selbst und dessen Einwirkungen sich allmählich entwickelnden gewerblichen Krankheiten« seien »die gewöhnlichen und vorauszusehenden Nachteile eines an sich ungesunden Betriebes, welche von jedem, der sich an einem solchen Betriebe beteiligt, in Rechnung gezogen werden« müssten.[169]

Lars Bluma[170] geht im Rahmen eines DFG-Forschungsprojektes[171] von der Foucaultschen Methodologie der Biopolitik aus: Wissenschaftliches Wis-

Arbeiterkammern. Wiener Volksbuchhandlung, Wien 1925, S. 81–102; Edmund Fischer: Die deutsche Gewerbeinspektion. In: Sozialistische Monatshefte, 1011, Heft 16, S. 1003–1012.

167 Arne Andersen: Arbeiterschutz in Deutschland im 19. und frühen 20. Jahrhundert. In: Archiv für Sozialgeschichte. Hrsg. von der Friedrich-Ebert-Stiftung, Bonn, Bd. 31, 1991, S. 61–84.

168 Zit. In: ebenda, S. 75 f.

169 Zitiert nach: Joachim Stephan Hohmann: Berufskrankheiten in der Unfallversicherung. Vorgeschichte und Entstehung der Ersten Berufskrankheitenverordnung vom 12. Mai 1925. Pahl-Rugenstein, Köln 1984, S. 42.

170 Lars Bluma: der Körper des Bergmanns in der Industrialisierung. In: Derselbe et al.: Kontrollierte Arbeit, disziplinierte Körper? Zur Sozial- und Kulturgeschichte der Industriearbeit im 19. und 20. Jahrhundert. Transcript, Bielefeld 2012, S. 35–72.

171 Es handelt sich um ein von der Deutschen Forschungsgemeinschaft finanziertes Projekt mit den Titel »Der Körper des Bergmanns in der Industrialisierung. Biopo-

sen und Alltagswissen stehen in einem engen Wechselverhältnis und strukturieren ein »Unbewusstes des Wissens«, welches sich in symbolischen und imaginären Ordnungen kristallisiert, welche die Subjekte leiten, innerhalb derer die Subjekte zugleich Widerstand entwickeln und diese Ordnungen auch sprengen können. Bluma sucht nach dieser Widerständigkeit und findet sie im »Umgehen der Sicherheitsvorschriften«.[172] Das Männlichkeitsmuster, wenn nicht der Männlichkeitskult der körperlichen Stärke, gepaart mit der »maskulin orientierten Konkurrenzkultur der Bergleute untereinander«, hätten in hochriskanten Arbeitspraktiken gleichsam ein Widerstandsventil gefunden. Technische Maßnahmen der Staubbekämpfung seien von den Kumpels aktiv unterlaufen, sogar sabotiert worden. Bluma bezieht sich hierbei vor allem auf englische Quellen,[173] die bei näherem Hinsehen eine derartige These nicht empirisch stützen. Umso weniger können dies Quellen aus dem Ruhrbergbau leisten. Unbestreitbar gab es einen Männlichkeitskult, der in bestimmten Arbeitsbereichen und in abgewandelter Form bis heute zu beobachten ist. Härte und Stärke, das »Aushalten« von Belastungen, das »Bezwingen« von Gefahren – all das ist auch den aus dem proletarischen Milieu entstammenden literarischen Quellen gut zu entnehmen. Doch zugleich offenbaren diese Quellen eine Strukturhomologie von Härte, Unduldsamkeit und Inhumanität der Macht- und Herrschaftsverhältnisse einerseits und den inkriminierten Persönlichkeitsmerkmalen andererseits. Dies galt schon für die Handwerkstradition, und noch viel konsequenter für die sich entwickelnde Großindustrie. Bei Heinrich Lersch lassen sich die Zusammenhänge zwischen männlichem Initiationsritus, einzuübender Härteresistenz und arbeitsbezogenen Herrschaftsverhältnissen sehr gut nachvollziehen: Dabei geht es um eine Situation, in der er als Lehrjunge in einem heißen Kessel ausharren musste, bis eine Arbeitsverrichtung nach Meinung des Gesellen erledigt sei.[174] Der Junge rief voller Angst: »Losmachen! Herauslassen! Von unten her kommt Dampf in den Kessel, es ist unerträglich heiß!«[175] Der Geselle reagierte mit der Bemerkung, das seien die üblichen »Lehrlingsschwindeleien«. Und fügte hinzu, »selbst wenn es wahr sei – man müsse als Kesselschmiedlehrling alles ertragen können«. Die Situation eskalierte, der Junge wurde erst in letzter Minute herausgeholt.

Dieser Topos durchzieht die gesamte Arbeiterliteratur: Eingesperrt sein in der Grube unter Tage, im Kessel, in einer Trommel, einem Rohr oder

litik im Ruhrkohlenbergbau 1880–1980«, siehe FN 1 des Artikels von Lars Bluma, ebenda.

172 Ebenda, S. 52 f.

173 Arthur McIvor / Ronald Johnston: Miner's Lung. A History of Dust Disease in British Coal Mining. Ashgate Publishing Limited, Aldershot 2007.

174 Heinrich Lersch, a. a. O., S. 71 ff.

175 Ebenda, S. 73.

einem anderen Teil einer Produktionsanlage; eingesperrt und tödlichen Gefahren ausgesetzt, die man selbst nicht oder kaum noch beherrschen kann. Gestandene Männer regredieren, zittern, weinen, bitten Gott um Hilfe, selbst dann, wenn sie längst nicht mehr an ihn glauben. Hans Marchwitza berichtet in seiner Erzählung »Kumpel Woitek« eindrücklich davon.[176] Doch zugleich werden Strukturen sichtbar, die jenseits aller Männlichkeitsmuster Gefahren und Leid systematisch generieren. Auf die Einwände des Ortsältesten, dass aufgrund des schlechten Gesteins erst einmal Stollen und Flötze mit Holzstempeln ausgebaut werden müssten, bevor weiter Kohle gefördert werde, reagierte der Betriebsführer mit Unverständnis und Unduldsamkeit. »Bauten die Kumpels aus, blieb die Förderung zurück, und sofort lag der Steiger in der Rutsche und beaufsichtigte die Kumpels, damit Kohle herauskam.«[177] War einmal der Steiger einsichtig, kam der über ihm stehende Fahrsteiger, der jenen anbrüllte und ihm mit Meldung beim Betriebsführer drohte. Täglich brach Gestein herunter, täglich bestiegen verletzte Hauer den Förderkorb, nicht selten waren die Männer so schwer verletzt, dass sie nicht durchkamen. Die sogenannten Berglazarette wuchsen wie Pilze aus dem Boden,[178] für die Sterbenden gab es gesonderte Bereiche: die »Leichenbuden«. Ein entscheidender Punkt für die Aufrechterhaltung der unfallträchtigen, gesundheits- und lebensgefährdenden Arbeitsweise vor Ort war das »Wagennullen«.[179] Waren nach Meinung der Zechenbeamten, die über Tage die Kohlewagen kontrollierten, diese nicht ausreichend beladen, wurde der ganze Wagen hinsichtlich der lohnmäßigen Vergütung gestrichen, »genullt«, was teilweise erhebliche Einkommensverluste für die Arbeiter zur Folge hatte. Über solche und ähnliche Systeme machten sich die Bergwerksbesitzer ihre »Gefolgschaft« fügsam, auch was deren angeblich überhöhte Sicherheitsbegehrlichkeiten anbetraf. Es kann keinen Zweifel daran geben, dass der Arbeiterschutz hauptsächlich von der Kapitalseite blockiert oder behindert wurde. Lohnsystem und Hierarchien sorgten dafür, dass Produktivität vor Sicherheit und Gesundheit immer Vorrang hatten. Im Bergbau wie in den Betrieben anderer Wirtschaftszweige wurden die Erkenntnisse der Sicherheitstechnik nur zögerlich und teilweise um Jahrzehnte verspätet umgesetzt.[180] Ein wichtiger Umstand kam hinzu: Die Unfallhäufigkeit korrelierte recht genau mit dem Intensitätsgrad der Arbeitsverausgabung.[181]

176 Hans Marchwitza: Kumpel Woitek. In: Walter Fähnders / Helga Karrenbrock / Martin Rector (Hg.): Sammlung proletarisch-revolutionärer Erzählungen. Luchterhand, Darmstadt und Neuwied 1973, S. 108–125.

177 Ebenda, S. 110.

178 Elmar Menzel, a. a. O., S. 113 ff.

179 Franz-Josef Brüggemeier, a. a. O., S. 127.

180 Vgl. hierzu die vielen Beispiele bei Wolfhard Weber, a. a. O., S. 104 ff. und 148 ff.

181 Vgl. Ulrich Völkening: Unfallentwicklung und -verhütung im Bergbau des deutschen Kaiserreichs. Wirtschaftsverlag NW, Bremerhaven 1980.

Alexander Stenbrock-Fermor erläutert die Zusammenhänge in seinen Erinnerungen: Das Gedinge, d. h. der Gruppenakkord, lief darauf hinaus, dass der Kohleabbau auf Kosten des Streckenausbaus vorangetrieben wurde. Das Setzen der Stempel gegen die fortwährenden Einbrüche von Kohle und Gestein wurde vernachlässigt, weil diese Arbeiten ohne Vergütung blieben. »Die Folge dieses Arbeitsprinzips waren fast täglich Quetschungen, Arm- und Beinbrüche, Verschüttungen und Ähnliches.«[182] Zu schweigen von den schwereren Unfällen und dem frühen Tod durch Staublunge und andere arbeitsbezogene Krankheiten; zu schweigen von der stillen körperlichen und seelischen Verwüstung Hunderte von Metern unter der Erdoberfläche, in Flötzen, deren Decken meist so tief hingen, dass die Arbeit, zum Beispiel »das Schippen«,[183] nur im Hocken oder Liegen möglich war; zu schweigen davon, wie überhaupt die Arbeit unter Tage auf die Menschen wirkte. In einem anderen Bericht heißt es:

> »Ach, das glaubt dem Bergmann ja keiner, was das für eine liebe Not ist da drunten im Geklüft. Der quellende, schwellende Grund der Erde, der die Wunden, die wir ihm stechen, wieder zupressen möchte, mit aller Gewalt. Und dann in der beklemmenden Enge die drängenden Wasser, die fiebrige Hitze, in der dicken murmelnden Finsternis der quirlende Staub, und ach, die dünne, magere Luft. Die Luft, in der die stinkenden Schwaden der Verwesung, der beißende Geruch des Rostes und die giftigen Kohlengase sich sammeln zur heimlich verderbensschwangeren Eintracht. Wehe dem Knappen, der seine Feinde nicht kennt.«[184]

Diese Sätze des Arbeiterdichters Otto Wohlgemuth, der selbst zwischen 1900 und 1923 Bergmann war, sind mit »schlagende Wetter« überschrieben. Zunächst beschreiben sie den mühevollen Alltag, Not und Angst. Wohlgemuth beschreibt den Unfall eines Kollegen, den er – unter Einsatz seines eigenen Lebens – gerade noch retten kann. Die körperliche und seelische Last der Bergbauarbeit hat der belgische Maler und Bildhauer Constantin Meuniers in der kurz vor seinem Tode 1905 fertiggestellten Plastik »Der Bergmann« eindrücklich festgehalten.[185] Der/die Betrachter/in sieht in ein abgearbeitetes, müdes und vielleicht auch angesichts der Aussichtslosigkeit seiner Lage bitteres Gesicht, wissend, dass jeder Arbeitstag ihm ein Stück Leben nimmt, das er doch braucht, um seine Familie zu ernähren, ahnend, dass das Leben bald zu Ende sein kann. »Schlagende Wetter« bezeichnen die Gefahr des Grubengases – hauptsächlich Methan –, das nicht nur den Kumpels die Luft zum

182 Alexander Stenbock-Fermor, a. a. O., S. 45.

183 Ebenda, S. 48 f.

184 Otto Wohlgemuth: Schlagende Wetter. In: Günter Heintz, Deutsche Arbeiterdichtung, a. a. O., S. 247 ff.

185 Erhard Frommhold: Constantin Meuniers Denkmal der Arbeit. VEB Verlag der Kunst, Dresden 1954, insbesondere Abb. 11.

Atmen stiehlt, sondern auch bei Entzündung zu schrecklichen Schlagwetterexplosionen führt. Die Angst vor einem Grubenunglück saß den Bergleuten immer im Nacken.[186] 1906 hatte sich im nordfranzösischen Courrières das grauehafteste Unglück der europäischen Industriegeschichte ereignet.[187] Mehr als tausend Bergleute fanden den Tod. Trotz des angespannten deutsch-französischen Verhältnisses fuhren Grubenwehren aus Schamrock und Rheinelbe nach Courrières, um bei der Bergung zu helfen. Kein Bergarbeiter, gleich welcher Nation, ist gefeit vor den Gefahren. 1908 kamen durch eine Schlagwetterexplosion auf der Zeche Radbod in Bockum-Hövel 348 Bergarbeiter ums Leben.[188] Wie schon des Öfteren war auch hier den Auflagen der Bergbehörden und deren Aufsichtspflicht nicht nachgekommen worden. Die beschönigenden Darstellungen, die im Umkreis des Deutschen Bergbaumuseums entstanden,[189] werden von den Aufzeichnungen des königlichen Einfahrers Moritz Wilhelm durchkreuzt, die 2008 durch einen Nachdruck des Landschaftsverbandes Westfalen-Lippe einer größeren Öffentlichkeit bekannt wurden.[190] Wilhelm berichtet, dass es schon zwei Wochen vor der Katastrophe kleinere, aber besorgniserregende Schlagwetterexplosionen gegeben habe. Den Verantwortlichen sei der Umstand bekannt gewesen, dass in dieser Grube der Gasgehalt insgesamt gefährlich hoch lag. Kohle- und Gasreste neigen in den ausgebeuteten Hohlräumen zur Selbstentzündung – das war seit langem bekannt. Daher wurde die vollständige Befüllung mit Abraum – in der Fachsprache: »Bergversatz« – schon um die Jahrhundertwende als unerlässlich angesehen, d. h. das »Einbringen von Bergversatz beim Abbau« und die »wirksame Absperrung des alten Mannes«, d. h. das Zumauern stillgelegter Flötze, war der aktuelle Stand der Technik.[191] Aufgrund der

186 Eine Liste von Grubenunglücken findet sich unter: https://de.wikipedia.org/wiki/Liste_von_Ungl%C3%BCcken_im_Bergbau

187 Heinz-Otto Sieburg: Die Grubenkatastrophe von Courrières 1906: ein Beitrag zur Sozialgeschichte der Dritten Republik und zum deutsch-französischen Verhältnis um die Jahrhundertwende. Verlag F. Steiner Wiesbaden 1967.

188 Hierzu und im Folgenden: Franz-Josef Brüggemeier, a. a. O., S. 219 ff.; vgl. auch: Wolfgang Pabst: 350 Männer starben – nun lasst uns tanzen: Die Katastrophe in der Steinkohlen-Zeche Radbod/Hamm im November 1908. Pabst Science Publishers, Lengerich 1982.

189 Evelyn Kroker / Michael Farrenkopf: Grubenunglücke im deutschsprachigen Raum. Katalog der Bergwerke, Opfer, Ursachen und Quellen. 2. erweiterte Auflage. Bochum 1999.

190 Olaf Schmidt-Rutsch / Ingrid Telsemeyer (Hg.): Die Radbod-Katastrophe: Berichte und Zeichnungen des Einfahrers Moritz Wilhelm. Klartext, Essen 2008.

191 Vgl. Verein für die bergbaulichen Interessen im Oberbergamtsbezirk Dortmund (Hg.): Die Entwicklung des Niederrheinisch-westfälischen Steinkohlebergbaues, Band VII: Berieselung, Grubenbrand, Rettungswesen, Beleuchtung, Sprengstoffwesen, Versuchsstrecke. Julius Springer, Berlin 1904, S. 75 ff.

Quellenlage[192] wird der Umstand deutlich, dass genau diese Vorsichtsmaßnahmen in der neuen Grube Radbod nachlässig und zum Teil überhaupt nicht eingehalten wurden. Radbod setzte ein Fanal. Auf Druck der Bergleute wurde das Berggesetz geändert: Die Bergleute sollten fortan selbst »Sicherheitsmänner« wählen können, die ein Gegengewicht gegen die Antreiber, vor allem die Steiger, hätten bilden können. Doch die Bergunternehmer verstanden es, sich diese Funktionäre schnell einzuverleiben und gleichsam als Kontrolleure gegenüber den Arbeitern einzusetzen. Die Zechenleitungen gefielen sich im permanenten Mantra, nicht sie seien Schuld an den Missständen, sondern die Arbeiter selbst, welche die Vorschriften nicht einhielten. Dass Arbeitsdruck, Arbeitshetze und Antreiberei eine sicherheits- und gesundheitsgerechte Arbeitsweise unterminieren oder verunmöglichen, ist wissenschaftlich vielfach belegt und müsste nicht noch einmal herausgestellt werden, wenn die neuere Forschung sie nicht ignorierte.

Zwei weitere Beispiele seien angeführt: eines aus der Chemieindustrie und eines aus der Seefahrt. Am 21. September 1921 explodierte in Ludwigshafen-Oppau eine Halde aus Ammonsulfat-Salpeter,[193] dem sichtbaren Erfolg der Ammoniaksynthese, für die Fritz Haber und Carl Bosch den Nobelpreis erhielten. Die Explosion kostete 565 Menschen das Leben, es gab mehr als 2000 Schwerverletzte. Schon nach dem damaligen Stand der chemischen Kenntnisse hätte auf der Salpeterhalde niemals mit Presslufthämmern gearbeitet werden dürfen. Das unbedenkliche Mischungsverhältnis wurde aufgrund mangelnder Sicherheitskontrollen nicht eingehalten. Weitere Sicherheitsvorkehrungen wurden, bedingt durch die Akkordhetze, unterlassen.[194] Diese Katastrophe hatte ein Ausmaß, das die Menschen dieser Industrieregion entsetzte und in Verzweiflung stürzte. Carl Bosch, weltberühmter Chemiker und Vorstandsvorsitzender der BASF, trat vor die Arbeiterschaft und sprach von einem »Schlag des Schicksals«[195] und davon, dass »von jeher der Kampf der Menschheit mit den Naturkräften ungezählte Opfer gefordert« habe. Er verband seine Rede mit der unmissverständlichen Aufforderung, die Arbeit sofort wiederaufzunehmen: »Der Kampf ist kein freiwilliger, er muss

192 Vgl. die sorgfältige Quellenarbeit von Wolfgang Pabst, a. a. O., S. 105 ff.

193 Vgl. Dieter Schiffmann: Von der Revolution zum Neunstundentag. Arbeit und Konflikt bei BASF 1918–1924. Campus, Frankfurt am Main 1983, S. 235 ff.; Lisa Sanner: »Als wäre das Ende der Welt da«. Die Explosionskatastrophen in der BASF 1921 und 1848. Stadtarchiv Ludwigshafen, Ludwigshafen 2015.

194 Dass Historiker/innen, so neuerdings Lisa Sanner und ihre Doktorväter, sich beharrlich weigern, unter Vertiefung in die Chemie der Nitrate und ihrer Oxidationsmöglichkeiten sich anderen Hypothesen als jener der »Schicksalhaftigkeit« zu öffnen, offenbart erneut den bestürzend eindimensional-positivistischen Zustand der akademische Geschichtswissenschaft.

195 Zitiert, auch im Folgenden, nach: Karl Holdermann: Im Banne der Chemie: Carl Bosch – Leben und Werk. Econ, Düsseldorf 1953, S. 182 ff.

ausgefochten werden, und selbst heute, noch vor den offenen Gräbern, zwingt uns das unerbittliche Muss bereits wieder auf den Weg weiterer Pflichterfüllung.« Hier sind alle Metaphern und Ingredienzen des Wirtschaftsliberalismus versammelt: Naturhaftigkeit, Opfermythos, Ungleichheit, Arbeitsethos und Arbeitszwang. Schärfere Unfallverhütungsvorschriften und Schutzkonzepte waren unvermeidlich, doch deren Umsetzung stand auf einem anderen Blatt. Dass die damalige KPD die Katastrophe zum Anlass nahm, die Arbeiter gegen das Chemiekapital zu mobilisieren, liegt auf der Hand. Bei den Betriebsratswahlen 1922 erhielten Kommunisten 88 % der Stimmen.[196] Im weiteren Verlauf des Jahres 1922 kam es in der Chemiebranche zu spontanen Streiks und Demonstrationen, in denen insbesondere die Forderung nach Abschaffung des verhängnisvollen Akkords erhoben wurde.

Versucht man, in die Geschichte des Arbeiter- und Arbeiterinnenschutzes tiefer einzudringen, eröffnen sich immer wieder doppelte Wirklichkeitsebenen. Auf der Oberfläche erscheinen Bemühungen der Kapitalseite um verbesserten Schutz von Leben und Gesundheit, darunter verbergen sich aber andere Interessen. Nur selten wird dies offenkundig, so beispielsweise 1896 in einem der Öffentlichkeit bekannt gewordenen Brief des Hamburger Großreeders Carl Laeisz: »Die Unfallverhütungsvorschriften haben meines Erachtens weniger einen praktischen Zweck, als dass sie zur Dekoration dienen, um der Behörde und dem Publikum zu zeigen, wie vortrefflich die Seeberufsgenossenschaft alles geregelt hat. (…) Von diesem Gesichtspunkt aus meine ich, sollten wir jede auftretende Frage durch eine hübsche Unfallverhütungsvorschrift zu lösen trachten. Je harmloser, desto besser. Mundus vult decipi.«[197] Ausgerechnet einen satirischen spätmittelalterlichen Spruch – »die Welt will betrogen sein« – in einem Kontext zu zitieren, der geprägt war durch tausendfaches Leid, bringt den Zynismus vieler hanseatischen »ehrbaren Kaufmänner« auf den Punkt. Der Kontext:[198] Ende des 19. Jahrhunderts gingen jährlich zwischen 12 und 29 % aller Hochseeschiffe wegen mangelhafter Seetüchtigkeit, mangelhafter Deckkonstruktion, regelmäßige Überladung, unzureichender Verstauung und unzureichender Bemannung »verloren«; in den allermeisten Fallen kam die gesamte Besatzung zu Tode. Die Reedereien wehrten sich über viele Jahre, Ausrüstung und Schiffssicherheit zu verbessern.

196 Lisa Sanner, a. a. O., S. 232.

197 Carl Laeisz in einem Brief vom 18. Februar 1896 an die Enquetekommission »Die Lage der in der Seeschifffahrt beschäftigten Arbeiter«. In: Seemanns-Verband in Deutschland: Denkschrift über die Lage der in der Seeschiffahrt Hamburgs beschäftigten Arbeiter. Hamburg 1902, Kapitel IV: Zur Frage der staatlichen Aufsicht des Schiffahrtsbetriebes, S. 7.

198 Vgl. zum Folgenden: Rolf Geffken: Jammer und Wind, eine alternative Geschichte der deutschen Seeschifffahrt vom Mittelalter bis zur Gegenwart. VAR, Hamburg 1988, S. 32–36; derselbe: Arbeit und Arbeitskampf im Hafen. Zur Geschichte der Hafenarbeit und der Hafenarbeitergewerkschaft. Edition Falkenberg, Bremen 2015.

An einigen Wänden großbürgerlicher hanseatischer Häuser, z. B. am Haus der Seefahrt in Bremen, ist heute noch zu lesen: »Navigare necesse est, vivere non est necesse« – Seefahren, sprich: die Ware zu verschiffen, ist notwendig, das Leben der Seeleute nicht. Die skandalöse Haltung des Handelskapitals veranlasste August Bebel, die Situation der in der Seeschifffahrt beschäftigten Arbeiter im Reichstag zum Thema zu machen.[199] Neben der Einrichtung von Untersuchungskommissionen erwuchs aus den Zuständen und der Wut der Seeleute darüber auch die Kraft, sich in gewerkschaftlichen Organisationen zusammenzutun.[200]

Die von den Reedern kontrollierten Verhältnisse an Land waren nicht minder bestürzend.[201] Die damals schon zugreifende Verkürzung der Liege- und Umschlagszeiten wirkte sich unmittelbar auf die Arbeitsbedingungen der im Hafen arbeitenden Männer, Frauen und Jugendlichen aus. Die Arbeiten am und im Dampfkessel wurden zumeist von jugendlichen Arbeitern ausgeführt, da nur kleine und schmale Menschen durch die engen Zugangslöcher passten. Diese ohnehin inhumane Arbeit – mit Hammer, Meißel und Raspel auf engstem Raum, mit knapper und extrem staubiger Luft, in kniender oder liegender Haltung – wurde noch unerträglicher dadurch, dass die von Laeisz und seinen Unternehmerkollegen angeordneten Zeitfenster und das Gewinnstreben weiterer Zwischenunternehmer eine ausreichende Abkühlung der Kessel nicht zuließen. Die Jungarbeiter mussten bei extremer Hitze in die Kessel. Kein Wunder, dass man diesen jungen Menschen ein »kränkliches und elendes Aussehen« attestierte, als wären sie »vom Tode Erstandene«.[202] Die Kesselreiniger wurden alsbald auch für andere extrem belastende und giftträchtige Reinigungsarbeiten eingesetzt. Den schrecklichen Zuständen konnte zwar durch Arbeitskämpfe und das Einschalten der Gewerbeaufsicht ein gewisser Einhalt geboten werden, doch die Arbeit eines Kesselreinigers gilt bis heute und über alle Branchen hinweg als eine der gesundheitsschädlichsten. Niemand hat die bedrückende Arbeitssituation im Hafen deutlicher dargestellt als Sella Hasse[203] in ihrem Tuschebild »Hafenarbeiter schieben Eisenbahnwagen«,[204] das um 1911 entstand. Es sind Arbeiterinnen, denen die ungeheure Anstrengung anzusehen ist.

Die Inkaufnahme der Zerstörung von Körper und Seele vollzog sich nicht nur auf der Ebene des Betriebs und des Arbeitsplatzes. Flankiert, unter-

199 Reichstagsprotokoll vom 14. Februar 1895, Stenographischer Bericht, Band 139, S. 877.

200 Rolf Geffken: Arbeit und Arbeitskampf, a. a. O. (passim).

201 Michael Grüttner: Arbeitswelt an der Wasserkante. Sozialgeschichte der Hamburger Hafenarbeiter 1886–1914. Vandenhoeck und Ruprecht, Göttingen 1984, S. 76–79.

202 Ebenda, S. 77.

203 Staatliche Museen zu Berlin (Hg.): Sella Hasse zum 100. Geburtstag. Ausstellung in der Nationalgalerie. Ausstellungskatalog, Berlin 1978.

204 Ebenda, S. 60.

mauert und perpetuiert wurde dieser Umstand auf der Ebene der politisch beeinflussbaren und beeinflussten medizinischen Wissenschaft. Auf dieser Ebene wurde jahrzehntelang über Arbeitsbedingungen – respektive über das Festhalten an gesundheitszerstörenden Arbeitsbedingungen – und damit über Leben, Krankheit, frühen Tod und schließlich dessen Umdeutung als schicksalhaft oder gar selbstverschuldet entschieden. Diese These wurde vielfach und insbesondere am Beispiel der Chemieindustrie belegt.[205] Um noch einmal ein Beispiel aus dem Bergbau heranzuziehen: Die Staublungenbekämpfung wurde vom Bergbaukapital und der Sozialbürokratie hinausgezögert und geradezu sabotiert. Wissenschaftliche Erkenntnisse wurden, wie Teleky[206] zeigen konnte, jahrzehntelang unterdrückt, das Bakterienparadigma eines Robert Koch wurde zu einem Dogma, mit Hilfe dessen die Schädlichkeiten von Arbeitsstoffen heruntergespielt, die Krankheiten erbbiologisch umgedeutet und die massenhaften menschlichen Schicksale individualisiert wurden. Wie zu zeigen sein wird, zögerte die chemische Industrie mit Hilfe ihrer beachtlich ausgestatteten betriebsärztlichen, toxikologischen und epidemiologischen Abteilungen Erkenntnisse über chronisch-schädliche und krebserzeugende Wirkungen von Arbeitsstoffen über viele Jahrzehnte erfolgreich hinaus, sodass Tausende von Produktionsarbeiter, später auch viele im Labor arbeitende Frauen und Männer, qualvoll erkrankten und signifikant vorzeitig verstarben.[207] Die medizinische Ebene ging – und geht auch heute noch[208] – Hand in Hand mit der juristischen. Die bürgerliche Sozialpolitik, zumindest ein Großteil ihrer Vertreter, war – was in der bereits zitierten Einlassung des Reichsversicherungsamtes exemplarisch sichtbar wurde – von keinem Unrechtsbewusstsein geplagt. Die volle Bedeutung dieser menschenfeindlichen Haltung erschließt sich nur, wenn man den geistigen Rahmen der Hochindustrialisierung in Rechnung zieht: Es war eine Mischung aus Radikalliberalismus und Sozialdarwinismus, der gesellschaftlich erzeugte Benachteiligung und Ungerechtigkeit als naturgegeben legitimierte. Die rigide Ablehnung der Entschädigung von Berufskrankheiten konnte zwar auf Dauer nicht aufrechterhalten werden, doch zeigten der höchst restriktive Umgang und die immerwährenden Umdeutungen der Krankheiten als konstitutions-

205 Vgl. Wolfgang Hien: Chemische Industrie und Krebs. Zur Soziologie des wissenschaftlichen und sozialen Umgangs mit arbeitsbedingten Krebserkrankungen in Deutschland. Wirtschaftsverlag NW, Bremerhaven 1994.

206 Ludwig Teleky, Geschichte, a. a. O.

207 Vgl. Wolfgang Hien: Chemische Industrie, a. a. O.

208 Vgl. Dietrich Milles: das Unfallparadigma in der Entwicklung des Berufskrankheitenkonzeptes. In: Heidrun Kaupen-Haas / Christiane Rothmaler (Hg.): Industrielle Pathogenität und Krankheit. Masbuse, Frankfurt am Main 1995, S. 15–28; Angela Vogel: Stigamisierung von Berufserkrankten. Kontinuität und Brüche. In: Heidrun Kaupen-Haas / Christiane Rothmaler (Hg.): Industrielle Pathogenität und Krankheit. Mabuse, Frankfurt am Main 1995, S. 29–40.

und dispositionsbedingt, dass sich an der grundsätzlichen Haltung der herrschenden Eliten wenig geändert hatte. Zusammenfassend zur Frage der tödlichen Gefahren in Bergbau, Industriearbeit und Seefahrt kann folgende These als empirisch gesättigt angesehen werden: Die herrschenden Klassen entwickelten eine wissenschaftlich und machtpolitisch konzeptualisierte Biopolitik, die nicht nur die tödlichen Arbeitsgefahren den Arbeiter/innen als gemäß ihrer Klassenlage hinzunehmende Begleiterscheinung oktroyierte, sondern als naturgegeben, schicksalhaft oder selbstverschuldet umdeutete. Die Arbeitswelt sollte als unveränderlich hart und unbarmherzig erscheinen und sich als solche in die leibliche Existenz der Arbeitenden einschreiben. Diese in den sozialen und imaginären Raum der Lebenskontexte der Menschen tief einschneidende »große Erzählung« dockte an überlieferte Geschlechterrollen an und förderte einen Männlichkeitskult, der Körperlichkeit als ein Phänomen von Härte und Zerstörung zementierte. Gleichwohl wird – am Beispiel der Stahlindustrie – zu zeigen sein, dass für den Versuch, den »Körper des Arbeiters« zu verstehen, eine sorgfältige Differenzierung zwischen idealisierenden Apologeten wie Ernst Jünger[209] und anderen Autoren wie Hans Marchwitza[210] angezeigt ist.

»Hart wie Kruppstahl«? – Zerschundene Körper!

Sowohl in Preußen als auch in Österreich bahnte die Eisen- und Stahlindustrie die Straße zur weiteren Industrialisierung. Dies betraf nicht nur Maschinen- und Fahrzeugbau, die Eisen- und Stahlindustrie avancierte zur entscheidenden Schlüsseltechnologie für die chemische Hochdrucktechnologie. Die Haber-Bosch-Synthese, d. h. die Gewinnung von Ammoniak und damit von Salpeter aus Luftstickstoff, war nur auf der Grundlage hochfester Stahlrohre möglich, die Drücke bis 600 Bar auszuhalten vermochten. Im Gesamtkapital, verstanden als gesellschaftlicher Prozess, kristallisierte sich ein hohes Interesse an einer florierenden Eisen- und Stahlindustrie heraus. Die Stahlbranche des ausgehenden 19. Jahrhunderts war durchdrungen und eng verschmolzen mit den Syndikaten des Bergbaukapitals.[211] Um die Jahrhundertwende arbeiteten in Deutschland und Österreich-Ungarn 600.000 Personen in der Stahlbranche,[212] davon mehr als die Hälfte in Rheinland-West-

209 Ernst Jünger: Der Arbeiter. Hanseatische Verlagsanstalt, Hamburg 1932.

210 Hans Marchwitza: Walzwerk. Roman aus dem Duisburg-Hamborner Industriegebiet. Universum-Bücherei für Alle, Berlin 1932.

211 Vgl. zum Folgenden: Eckhard Brockhaus: Zusammensetzung, a. a. O., S. 131–145; auch: Heinz Reif: »Ein seltener Kreis von Freunden«. Arbeitsprozesse und Arbeitserfahrungen bei Krupp 1840–1914. In: Klaus Tenfelde (Hg.): Arbeit, a. a. O., S. 51–91.

212 Friedrich Röpke: Die Krankheiten der Eisenarbeiter. In: Theodor Weyl (Hg.): Handbuch 1908, a. a. O., S. 71; andere Schätzungen liegen wesentlich tiefer, beziehen sich aber meist nur auf die Hauptniederlassungen (Barrington Moore, a. a. O., S. 346).

falen: Ruhrgebiet, Düsseldorf, Bergisches Land und Siegerland. Auch die übrigen regionalen Schwerpunkte der Stahlbranche lagen zumeist in den klassischen Steinkohlerevieren: Saarland-Lothringen, Oberschlesien, Steiermark und Kärnten, angeführt von wenigen Magnaten wie Krupp, Thyssen, Stinnes, Röchling, Rothschild und Wittgenstein, genauer: Karl Wittgenstein, der 1881 die Österreichisch-Alpine Montangesellschaft gründete. Einige andere Kleinzentren kamen hinzu, z. B. das Hochofenwerk in Lübeck, die Georgsmarienhütte bei Osnabrück, die Ilseder Hütte bei Peine, die Maxhütte in der Oberpfalz oder die Poldihütte bei Prag. Den Stahlmagnaten gelang es von Anfang an, großindustrielle Technologie, wissenschaftlich-technischen Fortschritt, organisierte Hierarchie, eiserne Disziplin, Unterdrückung von Gewerkschaften, Förderung eines unternehmenshörigen Kernkaders, der mittels Werkswohnungen und betrieblicher Sozialleitungen geködert wurde, kompromisslose Rationalisierung und gnadenlose Intensivierung der Arbeit eng miteinander zu verbinden und daraus Synergiepotentiale zu schöpfen. Die rasante Verwissenschaftlichung der Produktion und die enormen technologischen Sprünge schufen, fast zeitgleich mit der chemischen Industrie, eine tendenzielle Trennung zwischen technischem Führungspersonal und einem als Aufseher und Antreiber fungierenden Meisterkader einerseits und den Massenarbeitern am Hochofen, im Stahlwerk und im Walzwerk andererseits. Zwar wurden immer wieder Erfahrungspotentiale bei den unmittelbaren Produzenten gesammelt. Doch diese Erfahrungsträger konnten wieder qua Aufstieg und Sozialbindung in das arbeitspolitische Konzept des Stahlkapitals integriert werden.[213]

Die Unfallzahlen lagen in der Eisen- und Stahlindustrie über viele Jahrzehnte deutlich höher als im Industriedurchschnitt. Für das Jahr 1891 werden umgerechnet 8,6 entschädigte Unfälle auf 1000 Stahlarbeiter vermeldet, im Vergleich zu 5,6/1000 in der Industrie allgemein.[214] Fast jeder zehnte Unfall verlief tödlich. Zeitgleich mit der Gründung von Berglazaretten entstanden, meist auf dem Werksgelände, den Betriebskrankenkassen zugeordnete Hüttenhospitäler, um die zahlreichen Verunfallten versorgen und – falls sie nicht starben oder invalidisiert wurden – nachbehandeln zu können. Die Arbeitsprozesse, denen die Massenarbeiter in der Eisen- und Stahlindustrie unterworfen waren, waren sämtliche mit einen hohen Unfall- und Erkrankungsrisiko behaftet:[215] Zerkleinern, Mischen und Transportieren der Erze, der

213 Vgl. Heinz Reif, a. a. O.

214 Friedrich Röpke, a. a. O.

215 Vgl. zu allgemeinen zeitgenössischen Kenntnisstand: Emil Günther: Hygiene der Hüttenarbeiter. In: Theodor Weyl (Hg.): Handbuch der Hygiene, Band VII (Gewerbehygiene, Besonderer Teil). Johann Ambrosius Barth, Leipzig 1913, S. 275–456; historische Betriebsfallstudie: Arne Andersen / Rene Ott: Kranke und Verletzte auf Georgsmarienhütte bei Osnabrück. In: Heinz-Gerhard Haupt (Hg.): Proletarische

Kohle und des Kokses, Arbeiten mit flüssigem Eisen und flüssigem Stahl – all dies barg erhebliche Gefahren des Quetschens, des Verbrennens und der Vergiftung. »Lärm, Staub, Dreck und Gestank lagen über dem Hüttengelände. Giftige Gase und Dämpfe bedrohten die Gesundheit der Arbeiter. Auf den Gichtbühnen des Hochofens bestand beim Entweichen von Gichtgas akute Lebensgefahr.«[216] Körperliche Schwerstarbeit, Staub- und Giftexpositionen, extreme Hitze, Kälte, Nässe und ständiges Überschreiten der Erschöpfungsgrenze in den 12-Stunden-Schichten führten zu einer schnellen körperlichen Zerrüttung. Auch 24-StundenSchichten wurden von den Werksleitungen angeboten und nicht selten auch angenommen, gerade dann, wenn Arbeiter sich wegen eines Hauskaufs verschuldet hatte.[217] Um einer Massenflucht aus der Eisen- und Stahlindustrie vorzubeugen und die schwere Arbeit erträglicher zu machen, erlaubten Industrielle das Mitbringen und Trinken billiger Alkoholika und gaben sogenannten Deputatschnaps oder Deputatbier aus.[218]

Eckard Brockhaus beklagt mit Recht die »Geschichtslosigkeit« des Stahlproletariats vor dem Ersten Weltkrieg.[219] Die Hüttenarbeiter wehrten sich kaum gegen die unmenschlichen Belastungen, sie nahmen das Gegebene als schicksalhaft und unabänderlich hin.[220] Fachliche Qualifikation war im unmittelbaren Produktionsprozess des modernen Hüttenbetriebs nicht gefragt, wohl aber körperliche Stärke, Geschicklichkeit und Schnelligkeit, z. B. auch die Reaktionsschnelligkeit beim plötzlichen Einbruch von Gefahren. Trotz der Tatsache der un- und angelernten Massenarbeit gelang es dem Stahlkapital, die Belegschaften in eine Vielzahl von Gruppen und Untergruppen zu spalten. Primäre Klassifikationsmerkmale waren die konkreten Tätigkeitsfelder wie z. B. im Stahlwerk »Konverterfahrer«, »Pfannenleute«, »Kokillengießer« – alle mit einer eigenen Lohn- und Prämienstruktur und einer aus heutiger Sicht unfassbaren Hierarchie: »Erster Schmelzer«, »Zweiter Schmelzer«, »Dritter Schmelzer« oder schlicht »Erster Mann«, »Zweiter Mann« usw. Der Aufstieg zum Kolonnenführer und Betriebsmeister gelang denen, die genügend kapitalkonforme Sekundärtugenden wie Härte, Schnelligkeit, Durchsetzungskraft, Rücksichtslosigkeit und hinreichend Ergebenheit gegenüber den Leitungspersonen und der Ingenieurselite zeigten. Hans Mar-

Lebenslagen und Sozialpolitik. Studien zur Sozialgeschichte des 19. und 20. Jahrhunderts. Eigendruck, Universität Bremen 1985, S. 137–155.

216 Gerhard Ames: Arbeiten auf der Hütte. Lebenskontexte von Hüttenarbeitern. In: Richard van Dülmen (Hg.): Industriekultur an der Saar. Beck, München 1989, S. 109–122, hier: S. 112.

217 Ebenda, S. 110.

218 Michael Staudt: Gegen Branntwein hilft deutsches Bier und Selterswasser. Beiträge zur Regionalgeschichte der Geschichtswerkstatt St. Ingbert. Eigenverlag, St Ingbert 1990.

219 Eckhard Brockhaus, a. a. O., S. 131.

220 Gerhard Ames, a. a. O.

chwitzas Roman »Walzwerk« ist ein für eine empirische Einfühlung in die Arbeits- und Lebenssituation eines Stahlarbeiters gut geeignetes, geradezu einzigartiges Dokument.[221] Hans Marchwitza, 1890 in Oberschlesien geboren, machte schon als Jugendlicher Bekanntschaft mit Bergbau und Hüttenindustrie. Er ließ sich 1910 ins Ruhrgebiet anwerben, arbeitete dort bis Ende der 1920er Jahre als Hilfsarbeiter, doch zunehmend verfolgt und auf schwarzen Listen gesetzt wegen seiner politischen Tätigkeit, nahm die schriftstellerische Arbeit immer mehr Platz in seinem Leben ein. Sein Roman »Walzwerk« trägt autobiographische Züge, zugleich zeugt er von erstaunlich genauer Wahrnehmung der proletarischen Existenz. Marchwitza beschreibt die betriebliche Wirklichkeit, Lebensentwürfe und Lebenszusammenhänge, das Erleben und Gestalten von Arbeit, Leben, Familie, Freundschaft und Liebe differenziert, einfühlsam und stellenweise durchaus schonungslos. Die

ärgerliche, am Ende des Buches anschwellende Hymne auf die stalinistische Sowjetunion, sollte den Wert dieses Dokumentes nicht schmälern.[222] In ihm kommen Hochofen, Stahlwerk und die verschiedenen Facetten des Walzwerks zur Sprache. Unfallgefahren, Hitze, Stäube und Gase werden – auch aus arbeitswissenschaftlicher Sicht – genau und korrekt dargestellt. Dem Autor ist vor allem aber das Erleben dieser Belastungen und Gefährdungen wichtig, etwas das des Arbeiters Kosanke am Hochofen:

> »Das entweichende Gas brannte und verbreitete erstickenden Gestank. Kosanke schützte sich mit vorgehaltenen Armen. Die Hitze versengte Haut und Haare. Man befand sich in der Nähe des lodernden Feuers in ständiger Gefahr. (...) Kosanke und seinen Kollegen brach der Schweiß aus. Ihre entblößten Brüste glänzten vor Nässe. Das Gas benahm ihnen den Atem, löste Brechreiz aus und drohte sie zu betäuben.«[223]

Deutlich ist das Hintergrundbild aus glühendem flüssigen Eisen und glühendem flüssigen Stahl, der mit Einführung des Thomas-Verfahrens – hier wurden mit flüssigem Eisen gefüllte riesige drehbare Behälter, die Konverterbirne, mit Luft, später auch mit Sauerstoff »durchgeblasen«, sodass der im Eisen enthaltene Kohlenstoff verbrannte und sich die Flüssigphase auf 1600 Grad erhitzte – die Arbeiter in einer besonderen Weise beeindrucken und beängstigen musste.

> »Das Thomaswerk erzitterte. Der Konverter richtete sich auf. Aus seinem Hals schießt eine Feuersäule und schleudert Funken über die ganze

221 Hans Marchwitza, a. a. O.

222 Hans Marchwitza (1890–1965) schaffte es nicht, seine ursprünglich eigenständige Haltung zu bewahren. Er unterwarf sich später als hoch geehrter DDR-Schriftsteller einer Sichtweise, die die »Schönheit der Arbeit« pries. Dies zeigt sich auch in der überarbeiteten Fassung des Romans »Walzwerk«, die 1961 unter dem Titel »Treue« in der DDR herauskam.

223 Ebenda, S. 52.

Hallenbreite. (…) Michel, ein älterer Arbeiter, fuhr mit einem großen Löffel in die brodelnde Glut. Eine unerträgliche Hitze strömte aus dem Birnenhals. Dem Michel, der dürr, aber starkknochig ist, rinnt der Schweiß unter dem Schlapphut hervor. Sein verbissenes Gesicht leuchtet im Feuerschein.«[224]

Im Minuten- und Sekundentakt wird Probe genommen, geprüft und korrigiert. Schrott, Sand, Kalk und Mangan werden hinzugemischt, noch einmal wird durchgeblasen. Die Birne wird gesenkt und Schlacke vom Stahl getrennt, dann wird der Stahl in mächtige Pfannen gegossen, die an einem überdimensionierten Kran hängen, der sie anschließend zum Kokillenguss bringt. All diese Arbeitvorgänge sind extrem heiß, extrem laut, extrem staubig und voller Unfallgefahren. Die Arbeiter verstehen ihr eigenes Wort nicht, zwischendurch schreien sie, alles muss wie eingespielt ablaufen. Alle Arbeitsvorgänge wiederholen sich ein Dutzend mal pro Schicht oder noch häufiger. Pro Schicht verliert ein Arbeiter rund zehn Liter Schweiß, es wird zwischendurch unablässig getrunken, in Hektik und immer unter Gefahr. Die Hitze ist zuweilen so groß, dass das Luftnehmen schwierig bis fast unmöglich wird.

»Fünf Konverter brüllen und erschüttern den ganzen Bau. Die Arbeiter springen wie winzige Schatten umher, pressen sich an schützende Pfeiler, können sich nur durch Gebärden verständigen, wenn es ihnen das herumspritzende Feuer erlaubt. (…) Die Gesichter sind wie verbrüht; die Hände brennen. Blasen bilden sich und platzen auf.«[225]

Der Arbeiter Michel läuft kurz ins Freie, um einmal durchzuatmen, und schon wird er von einem Ingenieur erwischt, der ihn sofort maßregelt. Er muss weiterarbeiten, obwohl er nicht mehr kann, er schleppt sich bis zum Schichtende »so hin«. Er, der sein 40. Lebensjahr schon überschritten hat, ist körperlich und psychisch zerrüttet.

»Das Feuer hatte ihn ausgehöhlt, seine Nerven aufgefressen. Sieben Kinder besaß er, er konnte sich den Luxus nicht leisten, krank zu feiern. Von Posen kam er, ein Koloss an Kraft, wurde auf der Stelle eingestellt, solche Männer konnte die Rhena-A.-G. gebrauchen. Jetzt glich er mit seinen hervorstehenden Knochen einem für den Schinder reifen Gaul.«[226]

Die anderen Arbeitsbereiche, die Marchwitza beschreibt, stehen der Eindrücklichkeit und der leibkörperlichen Dimension des Belastungserlebens der Hochofen- und Konverterarbeiter kaum nach: der Kokillenguss, in dem der flüssige Stahl in riesigen Formen, den Kokillen, ansatzweise zu sogenannten Brammen erhärtete, heiße Eisenklötze, die wiederum mit Kränen und Wagen ins Walzwerk befördert wurden, um in großen Glühöfen, den Tiefröfen, wieder auf die richtige Walztemperatur gebracht und schließlich im

224 Ebenda, S. 60 f.
225 Ebenda, S. 62.
226 Ebenda, S. 64

Walzwerk zu Stahlträgern, Schienen, Drähten oder anderen Gütern weiterverarbeitet zu werden. Marchwitza beschreibt im Kokillenguss einen grässlichen Unfall, bei dem aufgrund des im Zuge der Arbeitshetze viel zu frühen Entfernens einer Kokille, flüssiger Stahl auf einen Arbeiter spritzt und ihn tödlich verletzt.[227] Die Arbeiter wollen den Produktionsprozess stoppen, doch wieder schreitet ein Ingenieur ein und gibt die apodiktische Anweisung: »Das Eisen kann nicht so lange stehen!« An anderer Stelle lässt Marchwitza den Tiefofenmann Weber sagen: »Man müsste jeden, der uns antreibt und den Lohn kürzt, an meine Stelle in den Bratkeller stecken.«[228] Dieser »Bratkeller« war der tägliche Arbeitsplatz dieses Arbeiters, der immer über 40, manchmal bis zu 80 Grad Hitze aufwies. »Man atmete eine Luft, die wie Feuer war. Weber war bis auf die Knochen abgemagert.« Später, als Weber den jungen Kollegen Nischl einarbeitet, will dieser gleich wieder weg. Er hält es nicht aus.

> »Der Puls hämmerte. Wie mit Nadelstichen gepeinigt, schmerzte das Fleisch von der Glut. Die Augen brannten, und Nischl vermeinte, durch seine Nase zögen zwei glühende Stäbe, so heiß war die Luft. Alles, was er anfasste, kochte. Hammer, Eisenstangen, alles brennend heiß. Er hatte das Empfinden, seine Augen schmölzen ihm in den Höhlen. Mit einmal bekam er keinen Atem mehr. Er schnappte und schnaufte, seine Brust drohte von dem Feuerbrodem zu bersten.«[229]

Der junge Arbeiter wird schließlich von heißen Schlackenspritzern an mehreren Körperstellen verbrannt, er will »nur noch weg«. Der alte Arbeiter macht ihm klar, wenn er diese Arbeit nicht aushielte, würden die Oberen ihn entlassen, dann gäbe es keine andere Arbeit mehr für ihn im Werk. Nischl hält zwar noch bis Schichtende durch, doch er nimmt sich vor, nicht wiederzukommen. »Am anderen Morgen stand er aber wieder im Keller und zog Schlacke…«[230]

Das Walzwerk, das dem Buch Marchwitzas den Namen gab, erfährt erwartungsgemäß eine besonders genaue Beschreibung. Die weißglühenden Brammen, jede von ihnen fünf Tonnen schwer, wurden von Kränen an die Walze gesetzt. »In Kürze rasselte und donnerte es überall. Eine blendende Helle erstrahlte. Die Rollgänge begannen zu poltern. Das Getöse setzte sich in der ganzen Halle fort. Von der Glut erleuchtet, tauchten mit Hebeln und Stangen hantierende Gestalten an den dröhnenden und zischenden Walzstraßen auf, die schon die Feuerklötze quetschten und pressten.«[231] Werksleitung und Verfahrensingenieure trieben die Tonnenzahl nach oben. Die Arbeitsum-

227 Ebenda, S. 41
228 Ebenda, S. 59
229 Ebenda, S. 184
230 Ebenda, S. 187.
231 Ebenda, S. 16 f.

welt der Walzer war phasenweise ebenso heiß wie die der anderen Stahlarbeiter – und ebenso gefährlich. Die Arbeit des Walzers musste schnell gehen, gefragt waren Geschicklichkeit, Wendigkeit, Reaktionsschnelligkeit. Verzögerungen konnten zu schweren und tödlichen Unfällen führen, zumindest aber zu Fehlwalzungen. Marchwitza räumt ein, dass die Arbeit im Walzwerk auch Freude machen konnte, wenn alles klappte und die Arbeitskolonne gut aufeinander eingespielt war. Doch die Ingenieure zogen immer wieder Personal ab, sodass sich die Arbeit immer weiter verdichtete und immer stressiger wurde. Als wieder einmal ein Mann abgezogen wurde,[232] murrten die Arbeiter, und einer wagte es, zu sagen: »Dann gibt es Schrott!« Die Antwort des Ingenieurs: »Ich gebe euch Schrott!« Marchwitza weiter: »Von diesem Tage an verloren die Walzer alle Freude an der Arbeit.« Es fragt sich freilich, welcher Art von Freude überhaupt bei dieser Arbeit möglich war.

Über das, was in Sprache schwer zu fassen ist, mag ein ganz und gar bemerkenswertes Bild Auskunft geben: »Das Eisenwalzwerk« des Berliner Malers Adolph Menzel.[233] Im Zentrum des Bildes stehen fünf Arbeiter, die mittels großer Zangen den glühenden Eisenstrang zu bändigen suchen. In dem »Arbeitsgewimmel«[234] erscheinen bei genauerem Hinsehen das Anstrengende, die Schwere und Härte der körperlichen Arbeit, die Gefährlichkeit, ja: das Lebensbedrohliche. Gleichwohl verraten Haltung und Gesichtsausdruck der Arbeiter eine Stimmung zwischen Angespanntheit und Gleichgültigkeit, zwischen Routine und Fatum. »Sie dürfen vor der stechenden Hitze nicht weichen, sondern müssen zupacken, schnell und doch nicht hastig, energisch, aber vorsichtig. In der Glut verzerren sich die Gesichter. (…) Die nackten Füße stecken in Holzpantoffeln, weil diese am besten gegen herunterfallende Glutspritzer schützen.«[235] Menzel hat die Arbeiter wochenlang beobachtet. Es gelingt ihm, das Eingespieltsein, die Koordinationsleistung des Arbeitskollektivs, zugleich aber auch das Aufeinander-Angewiesen-Sein im Guten wie im Bösen, die gnadenlose Abhängigkeit vom Produktionsprozess festzuhalten. »Fünf Männer sind es, die sich gut kennen. Sie müssen sich fest aufeinander verlassen können. Ein Fehlgriff des einen kann Gefahr für die anderen bringen. Nur einige Worte werden gewechselt: ein Warnruf, ein Scherzwort, ein Fluch.«[236] Viele weitere Arbeiter und mit ihnen viele weitere notwendige Arbeitsstellen sind auf diesen Bild dargestellt: Glühofen, Walzen, Schwungräder, Schmiedehammer, Transportkarren, aber auch rastende Arbeiter, Frauen

232 Ebenda, S. 69.

233 Adolph Menzel (1815–1905) arbeitete an diesem Bild von 1872 bis 1875, vgl. Klaus Wegmann: Adolph Menzel: Das Eisenwalzwerk. Volk und Wissen, Berlin 1961. Das Bild »Das Eisenwalzwerk« ist in der Nationalgalerie Berlin zu sehen.

234 Klaus Wegmann, a. a. O., S. 21.

235 Ebenda.

236 Ebenda.

und Mädchen, die ihnen etwas zu essen bringen, schließlich und endlich ein Herr mit Hut, der keine Hand rührt – ein Panorama von Arbeits-, Lebens- und Herrschaftsverhältnissen, die bis in unsere Tage reichen. Die händische, gefährliche und zerrüttende Arbeit in der Eisen- und Stahlindustrie überlebte noch Jahrzehnte.[237]

Hochofen-, Konverter- und Walztechnologie ist seit der Wende zum 20. Jahrhundert Gegenstand fortwährender ingenieurwissenschaftlicher Optimierung. Doch bis in die 1960er Jahre war insgesamt die Arbeit in der Eisen- und Stahlindustrie wesentlich von schwerer und gesundheitsschädlicher Arbeit geprägt, vorwiegend angelernt, erfahrungsorientiert und auf körperliche und seelische Härte zählend. Es muss verwundern, obwohl schon die frühen arbeitshygienischen Abhandlungen[238] nicht nur das Problem der körperlichen Belastung, sondern auch dasjenige der Hitzebelastungen thematisierten, dass Hitze als systematischer arbeitswissenschaftlicher und arbeitsmedizinischer Gegenstand erst viel später auftaucht. Zwar ließen Unternehmer wie Alfred Krupp, in Kooperation mit den betriebseigenen Krankenkassen, schon in den 1870er und 1880er Jahren eigene Hüttenkrankenanstalten errichten, in denen die Verunfallten erstversorgt wurden und später auch allgemeinmedizinische Behandlungen angeboten wurden. Um die Jahrhundertwende wurden nebenamtliche Betriebsärzte mit Einstellungsuntersuchungen betraut. Doch eine arbeitsmedizinische Betreuung der Belegschaft in dem Sinne, dass auch arbeitsbedingten Erkrankungen nachgegangen wird, entstand in der Eisen- und Stahlindustrie – im Gegensatz zur Chemieindustrie – erst Jahrzehnte später.[239] Gleichwohl muss davon ausgegangen werden, dass aufgrund einer nicht bekannten, auf keinen Fall aber unerheblichen Zahl hitzekollabierter Arbeiter medizinische Fachdiskussionen stattfanden, welche die Frage der Hitzebelastung thematisierten. Indirekt lässt sich dies aus späteren Publikationen des 1913 in Berlin gegründeten Kaiser-Wilhelm-Instituts für Arbeitsphysiologie, das 1929 nach Dortmund umsiedelte, schließen.[240]

237 Werkkreis Literatur der Arbeitswelt (Hg.): Ihr aber tragt das Risiko. Rowohlt, Reinbek bei Hamburg 1971, S. 35 ff.

238 So etwa Weyls Handbuch der Arbeiterkrankheiten, a. a. O. und Weyls Handbuch der Hygiene, a. a. O.

239 Vgl. am Beispiel der Hoesch-Werke in Dortmund: Lothar Kammel / Ulrich Niemann: Monographie des Arbeitsmedizinischen Zentrums der Hoesch Hüttenwerke AG Werk Westfalenhütte in Dortmund. Europäische Gemeinschaft für Kohle und Stahl, Luxemburg 1967.

240 Gunther Lehmann / Alexander Szakall: Die Bedeutung des Flüssigkeits- und Chlorersatzes für die Leistungsfähigkeit des Hitzearbeiters. In: Arbeitsphysiologie, Band 9 (1937), S. 630–652; dieselben: Der Chlorstoffwechsel bei Hitzearbeit. In: Arbeitsphysiologie, Band 9 (1937), S. 653–677; dieselben: Anpassungserscheinungen an Hitzearbeit. In: Arbeitsphysiologie, Band 9 (1937), S. 678–705.

Auffallend, gleichwohl kaum verwunderlich ist, dass die umfangreichen Berichte aus dem Kaiser-Wilhelm-Institut den Körper des Arbeiters ausschließlich aus der Perspektive der Leistungsfähigkeit beschreiben. Der Arbeitskörper ist eine Leistungsmaschine, nicht mehr und nicht weniger. Wir erfahren über Experimente mit Versuchspersonen, mittels derer untersucht wird, wieviel Hitzebelastung ein Mensch ertragen kann, ohne dass seine Leistung signifikant sinkt. Der Grenzbereich zwischen Leistungsfähigkeit und Hitzekollaps, mit möglicher Todesfolge, ist schmal. Die Achseltemperatur darf nach diesen Untersuchungen bzw. gemäß diesen arbeitsmedizinischen Meinungen – die zuweilen auch heute noch vertreten werden[241] – auf 38,5 Grad Celsius steigen, was einer Rektaltemperatur von 39 Grad Celsius entspricht. Die Versuchsperson sondert fünf Liter Schweiß ab – die reale Belastung der in Hüttenbetrieben Arbeitenden wird damit nicht erreicht. Es wird mit verschiedenen Mengen an Getränke- und Salzzufuhr experimentiert. Es wird ausgelotet, wie weit man gehen kann: »Während des Arbeitsversuches wurde der Puls im Laufe des Versuches zusehends kleiner und weicher. Die Pulsfrequenz betrug etwa 180. Nach 2-stündiger Arbeit wurde der Puls plötzlich hart und gespannt, die Schlagfrequenz erschien dabei halbiert, jedoch folgte auf je zwei volle und gespannte Pulsschläge ein kleiner Pulsschlag, der kaum zu fühlen war. (…) Nach der Unterbrechung des Versuches machte die V. P. einen recht erschöpften und apathischen Eindruck. Auf Befragen gab sie an, dass ihr sehr übel geworden sei; es hätten heftige Kopfschmerzen eingesetzt. Diese Änderung im subjektiven Befinden sei ganz plötzlich eingetreten, nur habe schon eine Zeitlang vorher Herzklopfen bestanden.«[242] Die Wissenschaftler setzten schließlich die Versuche fort und beobachteten gewisse Gewöhnungseffekte, aus denen sie die kaum überraschende Schlussfolgerung zogen: »Es muss für die Arbeit in der Industrie das Ziel sein, durch eine systematische Gewöhnung an die Hitzearbeit bei allen Arbeitern den Zustand eines optimalen Trainings zu erreichen.«[243]

Barrington Moore[244] fragt sich zu Recht, warum die Stahlarbeiter im Unterschied zu den Bergarbeitern die unmenschlichen Arbeitsbedingungen so gleichmütig, fast apathisch und lange ohne jeden Widerstand hingenommen hätten. Er sieht einen wichtigen Grund darin, dass es dem Stahlkapital gelungen sei, die Stahlbelegschaften in unendlich viele Kleinkollektive aufzuspalten, die starke Hierarchien ausbildeten. Der Deutsche Metallarbeiter-Verband führe 1910–1912 eine Befragung durch. Die Antworten lassen ein hohes

241 z. B. Klaus Ruppe: Arbeitsmedizin systematisch. Uni-Med-Verlag, Lorsch 1995, S. 199 f.

242 Gunther Lehmann / Alexander Szakall: Anpassungserscheinungen, a. a. O., S. 684 (V. P. bedeutet: Versuchsperson).

243 Ebenda, S. 703.

244 Barrington Moore, a. a. O., S. 346 ff.

Maß an Antipathie, Konkurrenz und Hass unter den Arbeitern erkennen. Wer es zum Vorarbeiter gebracht hatte, beschimpfte seine Kollegen als »dumme und faule Tiere«.[245] Es war ausgemachte Sache, dass ein »intelligenter Arbeiter« es über kurz oder lang schaffen würde, »aus der Hitze rauszukommen«, d.h. entweder eine »angenehmere« Arbeit, z.B. auf einem Leitstand oder einem Schreibbüro zu erhalten oder einen Aufseher- und Antreiberposten im angestammten Arbeitsbereich zu finden, ohne dauernd Belastungen ausgesetzt zu sein. »Intelligenz« muss in diesem Zusammenhang verstanden werden als Andienerei nach oben und Treterei nach unten, schlicht: als unsolidarisches Verhalten. Es ist leicht vorstellbar, welchen Unmut und welchen Groll das bei den anderen, denen diese Art der »Durchsetzungsfähigkeit« nicht eigen war, erzeugen musste. Der Grad der Unzufriedenheit war schon in der Vorkriegszeit extrem hoch, doch die mangelnde

Solidarität unter den Arbeitern ließ eine Gegenwehr lange nicht zu. Einen weiteren Grund sieht Moor in der hochspezialisierten betriebsspezifisch-angelernten Arbeit, die jedenfalls dann, wenn man schon ein wenig auf der Hierarchieleiter geklettert war, einen Wechsel in einen anderen Betrieb erschwerten. Einen weiteren Grund sieht Moore in der ausgeklügelten betrieblichen Sozialpolitik Kruppscher Provenienz: Pensionskassen, Werkswohnungen, Hüttenkrankenhäuser und sonstige Vergünstigungen, mittels derer »treue« Arbeiter belohnt wurden und von denen widerständige ausgeschlossen waren. Moore erwähnt einen weiteren Aspekt:[246] die abschätzige, herablassende und überhebliche Sicht der sozialdemokratischen Elite auf die »dumpfen Massen«, die sich – wie es in damaligen Originaltexten heißt – der »kulturhebenden Kraft« der gewerkschaftlichen Organisation verschlössen. Die Hypothese, dass hier ein Amalgam aus kleinbürgerlicher, kapitalhöriger und arbeiteraristokratischer Arroganz, Werkstreue und reformistischem Elitebewusstsein wirksam war, wird nicht von der Hand zu weisen sein. Daraus folgt eine weitere Hypothese: Eisen- und Stahlarbeiter hatten durchaus eine Ahnung davon, welche Kraft sie entwickeln könnten. Nur sahen sie in den angebotenen Bahnen einer »ordentlichen sozialdemokratischen Organisierung« mit ihren detaillierten Verhaltensregeln, ihrer ritualisierten Unterwerfung unter die alltäglichen Ungerechtigkeiten und dem Warten auf die Erfolge auf der entfernten Bühne der Parteien und Parlamente keinen Sinn. Hitze, Lärm, Staub und die täglichen Unfallgefahren schrieben sich als tief verletzende Zumutungen und Zurichtungen im Körper des Arbeiters ein. Marchwitza schildert diesen Körper zwar als dem Verschleiß und der Zerrüttung ausgesetzt und zum Ende schwach und ausgezehrt, er zeigt aber auch die innere Umwandlung der Verletztheit in die Erkenntnis, dass Demütigung nicht auf alle Zeit ertragen werden müsse, dass Widerstand nötig sei, fänden

245 Ebenda, S. 358.
246 Ebenda, S. 348

sich denn Ansatzpunkte. Und wieder, so darf an dieser Stelle eine weitere Hypothese formuliert werden, ist es die leibliche Nähe der Arbeitenden, ihr Gefühl füreinander, die wiedererwachende Empfindung des eigenen Lebenswillens und das des anderen, die die Kraft zum Widerstand zentriert. Die stille Wut der Massenarbeiter in der Eisen- und Stahlindustrie entlud sich schließlich am Ende des Ersten Weltkrieges und in den jahrelangen Ruhrkämpfen, von denen noch die Rede sein wird. Gleichwohl: Auch hier waren es nicht die 40.000 Arbeiter der Kernbelegschaft, die revoltierten.[247] Es waren eher die 70.000 Massenarbeiter/innen – unter ihnen 24.000 Frauen und 9.000 ausländische Fremdarbeiter –, die nach Kriegsende sofort entlassen und ins materielle Elend gestürzt wurden. Sie hatten nichts zu verlieren als ihre Ketten.

Chemieindustrie: Leben mit dem Gifttod

In den 60er und 70er Jahren des 19. Jahrhunderts erlebte Europa eine beispiellose Gründungswelle in der chemischen Großindustrie. In rascher Folge wurden – vorwiegend an großen Flussläufen – Produktionsstätten aus dem Boden gestampft, teilweise auf Basis anorganischer Grundstoffe, hauptsächlich aber auf Basis von Kohlechemie, d. h. von Teerölen und den aus ihnen gewonnenen Zwischenprodukten.[248] Der geographische Schwerpunkt der neuen organisch-chemischen Fabrikationsstätten lag zunächst in Wuppertal-Elberfeld und Leverkusen, in Ludwigshafen, in Frankfurt-Höchst und im gesamten Frankfurter Raum: Fechenheim, Griesheim und Offenbach. Weitere Standorte waren Krefeld am Rhein, Wolfen und Bitterfeld in Mitteldeutschland und ab 1916 Leuna an der Saale. Ermöglicht durch die rasanten Fortschritte der wissenschaftlichen Chemie wurden industrielle Verfahren etabliert, in deren Mittelpunkt die Teerfarbenproduktion stand. Aus Teeröl wurden Benzol- und Benzolhomologe gewonnen, woraus in Folgeschritten Nitrobenzol, Aminobenzol (Anilin) und Aminotoluol (Toluidin) hergestellt

247 Klaus Tenfelde: Krupp in Krieg und Krisen. In: Lothar Gall (Hg.): Krupp im 20. Jahrhundert. Siedler, Berlin 2002, S. 83–97.

248 Hintergründe und weiteres Material zu diesem Kapitel finden sich bei: Wolfgang Hien: Chemische Industrie, a. a. O. (passim). Zur Geschichte der Chemieindustrie existiert eine Fülle von Literatur, angefangen von der klassischen, dem unternehmerischen Geist zugetanen Darstellung von Ernst Bäumler: Ein Jahrhundert Chemie. Econ, Düsseldorf 1963, über eine Vielzahl von Unternehmensgeschichten bis zu kritischen Abhandlungen wie die von Otto Köhler: … und heute die ganze Welt. Die Geschichte der IG Farben und ihrer Väter. Rasch und Röhrig, Hamburg und Zürich 1986; aus chemietechnischer Sicht: Walter Teltschik: Geschichte der deutschen Großchemie. VCH, Weinheim 1992; aus umweltpolitischer Sicht: Karl Otto Henseling: Ein Planet wird vergiftet. Rowohlt, Reinbek bei Hamburg 1992; vgl. auch die hervorragende historische Studie von Diarmuid Jeffreys: Weltkonzern und Kriegskartell. Das zerstörerische Werk der I. G. Farben. Karl Blessing, München 2011.

wurden. Diese Substanzen dienten als Ausgangsbasis für einen roten organischen Triphenylmethan-Farbstoff (Fuchsin) sowie eine in den nächsten Jahren schnell größer werdende Reihe weiterer Anilinfarbstoffe. Hierzu zählen auch die seit den 80er Jahren des 19. Jahrhunderts industriell herstellbaren Azofarbstoffe, die zur größten und bedeutendsten Stoffklasse der synthetischen Farbenpalette werden sollten. Die von den neuen chemischen Belastungen ausgehenden Gesundheitsgefahren wurden zwar von den Arbeitern und entstehenden Gewerkschaften, von vielen Ärzten und Hygienikern[249] wie auch von aufmerksamen Beobachtern im öffentlichen Raum wahrgenommen, doch von den Industriespitzen, den von ihnen bezahlten Werksärzten, Toxikologen und Epidemiologen vehement und über Jahrzehnte hinweg abgestritten.[250]

Dieser neue Kapitalzweig wuchs rasant und wesentlich schneller als die anderen Industriezweige.[251] Schon vor der Jahrhundertwende erreichte die Zahl der Arbeiter, welche in der Chemieproduktion ihre Arbeitskraft verausgabten, die 100.000er Grenze. 1907 waren es bereits mehr als 170.000; 1925 – im Jahr der Gründung des übergreifenden Konsortiums der Interessengemeinschaft der Farbenindustrie, der »I. G. Farben« – hatte sich diese Zahl noch einmal verdoppelt. Die Arbeiter und Arbeiterinnen setzten ihre Körper einer gnadenlosen und, da es um bislang unbekannte Gefahren ging, geradezu »unheimlichen« Giftexposition aus. Es gibt keinen Zweifel: Die Arbeitsbedingungen in diesem neuen Industriezweig waren grauenhaft, und viele Arbeiter zogen es vor, lieber im Bergwerk zu arbeiten als in der »Chemiehölle«. Pendler aus dem Bergischen Land, der Pfalz und anderen ländlichen Gebieten sowie Wanderarbeiter aus ganz Europa durchliefen die neuen Chemiefabriken. Der durchschnittliche Verbleib betrug weniger als zwei Jahre; viele verließen nach den ersten Tagen und Wochen fluchtartig den Arbeitsplatz. Die Produktionsarbeiter mussten – mit Ausnahme der ersten Zeit nach der Novemberrevolution – 12-Stunden-Schichten leisten, über alle Tage des Jahres hinweg. Überstunden waren an der Tagesordnung, sodass es nicht selten war, »dass Arbeiter 80, 90, ja 100 Stunden in einer Woche arbeiten mussten.«[252] Zur Arbeitsschwere und Arbeitszeit kam die Chemieexposition. Chemikalien sind begriffsmäßig völlig abstrakte Phänomene, die als konkrete Stoffe ein gefährliches und lebensbedrohliches Potential bergen. Die von Region zu Region fortschreitende Gründungsphase des »Verband(es) der Fab-

249 Beispielsweise Theodor Weyl, Handbuch 1908, a. a. O, S. 183: »Neben der chemischen Industrie gibt es wohl keine andere, deren Arbeiter in gleichem Maße durch die verschiedenartigsten und mannigfaltigsten Schädlichkeiten heimgesucht werden können.«

250 Wolfgang Hien: Chemische Indistrie, a. a. O., S. 112–121 und S. 203–304.

251 Die Chemische Industrie, Jg. 44 (1921), S. 371, sowie Jg. 49 (1926), S. 548 f.

252 Heinrich Schneider: Gefahren der Arbeit in der chemischen Industrie. Verband der Fabrikarbeiter Deutschlands, Hannover 1911, S. 88.

rik-, Land-, Hilfsarbeiter und Arbeiterinnen Deutschlands« ab 1890 war eng verwoben mit der Problematik der besonders gesundheitsschädlichen, ja: zerstörerischen Arbeit »in der Chemie«.[253] Die Sozialdemokratie beobachtete die Entwicklung dieser neuen Industrie mit Sorge[254] und war bestrebt, im »ungelernten« Proletariat Fuß zu fassen, auch um diese wachsenden Massen in das Gefüge der sozialen und politischen Kontrolle einzugliedern.

Bis in die Zwanziger Jahre des 20. Jahrhunderts wurde zumeist an offenen Kesseln und Bottichen gearbeitet, in welche die Arbeiter Fässer mit Chemikalien schütten und das Gemisch anschließend viele Stunden händisch mit Holzstöcken rühren mussten. Entweder wurde die Chemiebrühe mit offenem Feuer oder Dampf erhitzt, oder das Gemisch erhitzte sich von selbst, wobei mitunter große Mengen des Giftes verdampften, überkochten oder gar verpufften. Arbeitsunfälle durch Verbrühungen, Verbrennungen, Verätzungen oder Vergiftungen waren an der Tagesordnung. Die Unfallquote lag über dem Industriedurchschnitt. Die schlimmsten Gefahren waren die der chronischen Exposition. Kündigte sich »das Unheimliche« schon in den ersten Stunden durch Unwohlsein, Schwindel, Magenkrämpfe und dergleichen mehr an, so entpuppte sich das wahre Ausmaß der Gefahren erst nach Wochen und Monaten. Zahllose zeitgenössische Berichte, vor allem in der vom Fabrikarbeiterverband herausgegebenen Wochenzeitung »Der Proletarier«, thematisierten die selbst für montanindustriell Erfahrene ungewöhnlichen und angsteinflößenden Zustände.[255] Einerseits war in der Chemieproduktion der menschliche Körper in höchstem Maße in die Arbeit involviert, andererseits konnte von einer für die klassische Handwerker-Facharbeit spezifischen leibkörperlicher Bindung und eines auf körperlich-sinnlichen Erfahrungen beruhenden Wissens und Könnens keine Rede sein: Schon das Riechen, zu schweigen das Anpassen und Fühlen eines Stoffes oder eines

253 Max Quarck: Profit und Arbeit in der chemischen Großindustrie. Verband der Fabrik-, Land- und Hilfsarbeiter und Arbeiterinnen Deutschlands, Hannover 1907; Verband der Fabrikarbeiter Deutschlands: Protokoll der Konferenz für die in der chemischen Industrie beschäftigten Arbeiter und Arbeiterinnen. August Brey, Hannover 1909; Heinrich Schneider a. a. O.; Gerhard Haupt: Gewerbliche Gefahren in der chemischen Industrie. Meister und Co, Hannover 1922.

254 Vgl. dazu: Dieter Schiffmann: 90 Jahre Chemiegewerkschaft in Ludwigshafen. Gedenkschrift der Industriegewerkschaft Chemie-Papier-Keramik, Ludwigshafen 1984; Wolfgang Hien: Chemische Industrie, a. a. O., S. 122–126. Als Quelle außerordentlich bemerkenswert ist die Schrift von Franz Josef Ehrhart: Die Zustände in der Badischen Anilin- und Sodafabrik, Actiendruckerei, Mannheim 1892, die wesentlich zum Gründungsprozess der Gewerkschaft beitrug. Ehrhart (1853–1908), ursprüngliche Tapezierer, gehört zum Urgestein der badisch-pfälzischen Sozialdemokratie. Er wirkte ab 1893 im Bayerischen Landtag und ab 1898 im Berliner Reichstag.

255 Archiv der Friedrich-Ebert-Stiftung (http://library.fes.de/gewerkschaftszeitschrift/der%20proletarier.php).

chemischen Gemisches konnte und kann für einen Chemiearbeiter tödlich sein. Und das war es auch. Die folgenden Fallgeschichten sind den Jahresberichten der Berufsgenossenschaft der chemischen Industrie aus den Jahren 1925 und 1926 entnommen. Sie spiegeln exemplarisch die Situation der Chemiearbeiter wider, die für viele Jahrzehnte geradezu problemtypisch waren:

> »In einer großen und tiefen Öl-Destillierblase sollte festgestellt werden, wieviel Rückstand sich noch darin befand. Da seit der letzten Destillation schon drei Wochen verstrichen waren, trug selbst der Meister keine Bedenken, in Ermangelung elektrischen Lichtes mit einer Kerze hineinzuleuchten. Es erfolgte eine Explosion.«[256] »Ein Arbeiter füllte ein leeres Benzinfass mit Wasser und leuchtete mit einem Streichholz hinein, um zu sehen, wieweit die Füllung fortgeschritten war. Das im Fass vorhandene Benzinluftgemisch entzündete sich und brachte ihm schwere Brandwunden bei. (…) In einer Seifenfabrik leuchtete ein Vorarbeiter mit einem Streichholz in ein eisernes Fass, um festzustellen, ob sich in ihm noch ein Rest Natronlauge befinde. Hierbei erfolgte eine Knallgasexplosion, da das Fass innen verzinkt war, und sich Wasserstoffgas durch die Einwirkung der starken Lauge auf das Zink gebildet hatte. (…) Eine Arbeiterin öffnete den Deckel eines Gefäßes, in welchem sich mit Trichlorethylen angesetzte Gummilösung befand, um nachzusehen, wieweit es entleert sei. Sie brach im Augenblick bewusstlos zusammen.«[257]

Deutlich werden die fundamentale naturwissenschaftliche Unwissenheit der chemischen Massenarbeiter/innen und das offensichtliche Fehlen von Ausbildung, Schulung und Aufklärung. Jährlich starben zwischen 100 und 600 Menschen in der chemischen Industrie den Unfalltod, oftmals bedingt durch eine Explosion oder eine akute Vergiftung.[258] Doch weit mehr Menschen wurden krank durch eine chronische Vergiftung bzw. eine chronische Schädigung ihrer Organe. Dies zeigte sich zunächst am hohen Krankenstand und der hohen krankheitsbedingten Fluktuation. Theodor Weyl vergleicht in seinem Handbuch der Arbeiterkrankheiten anhand der Krankenkassenstatistik der Jahre 1891–1896 die verschiedenen Branchen Österreichs[259] und kommt zu dem Ergebnis, dass Chemiearbeiter in der Altersgruppe von 15–20 Jahren mit 100,2 Erkrankungsfällen pro 100 Kassenmitglieder eine doppelt so hohe Krankheitshäufigkeit aufweisen wie der Durchschnitt der Erwerbsbevölke-

256 Berufsgenossenschaft Chemie (Hg.): Berichte über die Tätigkeit der Technischen Aufsichtsbeamten der Berufsgenossenschaft der Chemischen Industrie des Jahres 1925, S. 21 ff.

257 Berufsgenossenschaft Chemie (Hg.): Berichte über die Tätigkeit der Technischen Aufsichtsbeamten der Berufsgenossenschaft der Chemischen Industrie des Jahres 1927, S. 10 ff.

258 Eva Cornelia Schöck: Arbeitslosigkeit und Rationalisierung. Campus, Frankfurt am Main 1977, S. 131.

259 Theodor Weyl, Handbuch 1908, a. a. O., S. XXXVI, Tab. 14.

rung. Junge Chemiearbeiter erreichten damit die höchste Krankheitsquote überhaupt. In der Altersgruppe der 21–30-Jährigen sank die Fallquote der Chemiearbeiter auf 82,5/100, während die der Hüttenarbeiter auf 91,9/100 anstieg. Die verfügbaren Krankheitsstatistiken aus anderen Regionen zeigten ähnliche Trends.[260] Chemiearbeiter – und während des Krieges auch Tausende von Chemiearbeiterinnen – litten an Hauterkrankungen, Lungenerkrankungen, Erkrankungen des Mund- und Rachenraums, des Magendarmtraktes, des Blutes, der Leber und weiterer innerer Organe. Vor allem die Chromat- und Anilinarbeiter, später auch die Chlorarbeiter, waren hochgradig gefährdet.[261] Schon in den Gründerjahren der Großchemie holten sich die Fabrikherren Werksärzte ins Haus.[262] Neben der Auslese der Einzustellenden sollten sie Erste Hilfe leisten und Krankheiten behandeln, was letztlich zu weiteren Wellen der Auslese unter den Beschäftigten führte: »Taugliche« wurden von »Nicht-Tauglichen« getrennt. Der Befund »nicht mehr tauglich« bedeutete für viele Arbeiter/innen zugleich Arbeitslosigkeit und Armut. Die Tatsache, dass die Chemieindustrie bereits um die Jahrhundertwende große Werksambulatorien besaß, zeigt, in welchem Maße es notwendig war, Verunfallte, Vergiftete und chronisch Erkrankte medizinisch, aber auch sozial zu diagnostizieren, behandeln und gegebenenfalls auszusortieren. Die Schriftstellerin Berta Lask fängt in ihrem Theaterstück »Leuna 1921« die Stimmung der Chemiearbeiter/innen angesichts der herrschenden Gesundheitsverhältnisse im Betrieb ein. Nachdem ein Werksarzt mit unbeteiligter Miene die Toten gezählt hat und anschließend wieder verschwunden ist, lässt die Autorin einen Arbeiter sagen:

> »Da seht ihr's Kollegen, wie alles verfault und vergiftet ist in der kapitalistischen Gesellschaft. So ein Mensch hat sein Handwerk gelernt, hat die Wissenschaft studiert und sollte den Menschen Gesundheit bringen. Aber er steht im Sold des Kapitals und jagt die Menschen in den Giftgastod.«[263]

Einige Gewerkschafter und unabhängige und mutige Mediziner wie Ludwig Teleky, Theodor Sommerfeld oder Louis Lewin kritisierten die legitimierende, verdeckende, verleugnende und selektionsmedizinische Praxis der Betriebsärzte. Zu bedenken ist, dass schon in der wilhelminischen Zeit und in deren Folge mit wachsendem Einfluss und wachsender Schärfe sozialdarwinistische Strömungen in der Medizin die Oberhand gewannen. Wie schon

260 Vgl. Christian Rothe: Erkrankungen von Chemiearbeitern und die Entwicklung der Berufskrankheitenverordnung. Medizinische Dissertation am Fachbereich Humanmedizin der Goethe-Universität, Frankfurt am Main 1937.

261 Ebenda.

262 Vgl. Wolfgang Hien: Chemische Industrie, a. a. O., S. 112 ff.

263 Berta Lask: Leuna 1921. Drama der Tatsachen nebst Nachspiel. Internationaler Arbeiterverlag, Berlin 1927, S. 32.

Virchow verstanden sich viele Ärzte als staatstragende Berufsgruppe. Gerade einen solch neuen und ökonomisch vielversprechenden Wirtschaftszweig wollte man sich nicht mit Überlegungen der Gefährlichkeit und des Menschenverschleißes madig machen lassen. Opfer müssten, so die herrschende Meinung der Eliten, hingenommen werden. Proletarier waren dafür geschaffen, diese Opfer zu bringen. Denkwürdig war die Diskussionsrede des Chemieführers Carl Duisberg bei einer Konferenz der Arbeiterwohlfahrtseinrichtungen zu den Giftgefahren der Industrie im Jahr 1905.[264] Er bestritt rundum die Gefährlichkeit von Chemikalien und zieh alle Kritiker, auch die anwesenden Mediziner und Toxikologen, der Unwissenheit. Er selbst sei einmal »von Bausäure vergiftet bewusstlos am Boden des Labors« gefunden worden, habe aber »keinen Schaden« davon getragen. Duisberg betrachtet hier eine leichte reversible Intoxikation. Wider besseres Wissen lässt er die schwereren Fälle

und vor allem die Summationseffekte wiederkehrender Intoxikationen unter den Tisch fallen. Duisberg will klar und eindeutig auf eine Sache hinaus: Von einer Aufklärung und Belehrung der Arbeiter verspreche er sich nichts, da diese schlichtweg »unwissende Menschen« und zu bleiben gewillt seien. Die sozialdemokratische Presse, welche über Giftgefahren schreibe, hetzte die Arbeiter nur auf. Die Presse sei »eine viel größere Giftgefahr« als die nicht existierende Giftgefahr in den Fabriken. Der Berliner Toxikologe Louis Lewin, der in seinem Einleitungsreferat die mangelnde Aufklärung und die absichtliche Beschäftigung ungelernter Wanderarbeiter kritisierte, formulierte das entscheidende Gegenargument:

> »Wenn der Arbeiter wirklich, das heißt, bis zum Begreifen, über eine ihm drohende Giftgefahr unterrichtet worden ist, dann halte ich es für sicher, dass sowohl sein Leichtsinn als auch sein beklagenswerter Gleichmut und seine Indolenz schwinden werden und dass er seine intellektuellen Fähigkeiten aufwenden wird, um das Unglück der Vergiftung, soweit es eben nur von ihm abhängt, zu verhüten oder möglichst gering sein zu lassen. (...) Jedem Menschen, auch dem ärmsten und bedrücktesten, ist sein Leben für sich und die Seinigen lieb.«[265]

Die Farbenarbeiter waren Benzol, Nitrobenzol, Anilin und weiteren aromatischem Aminen ausgesetzt. Die Dämpfe wurden eingeatmet, die Stoffe gingen in erheblichem Maße durch die Haut. Im »Proletarier« erschienen über

264 Centralstelle für Arbeiterwohlfahrtseinrichtungen (Hg.): Die Belehrung der Arbeiter über die Giftgefahren in gewerblichen Betrieben. Carl Heymanns Verlag, Berlin 1906, S. 83–88.

265 Ebenda, S. 21. Louis Lewin (1850–1929), Kind einer armen aus Polen kommenden jüdischen Familie, studierte Medizin und machte sich bald international einen Namen als Gelehrter der Toxikologie. Er gilt als Begründer der Industrietoxikologie und modernen Suchtmittelforschung. Er stand der Sozialdemokratie nahe. Deutlich war in den folgenden Jahren und Jahrzehnten die Strategie der Chemieindustrie, die Lehren Lewins mit Hilfe Dutzender chemieloyaler Toxikologen zu relativieren.

Jahre hinweg immer wieder Artikel zu den gesundheitlichen Folgen, zum sogenannten Anilismus.

»Besonders werden in heißen Tagen die in den Reduktionsräumen beschäftigten Arbeiter durch Anilindämpfe von Müdigkeit überfallen, und es treten bei leichten Anfällen folgende Symptome hervor: Der Kopf ist eingenommen, die Augen matt, Gang taumelnd, Sprache langsam und schwerfällig, der Zustand gleicht dem einer leichten Trunkenheit, Gesichtsfarbe fahl, Lippen bläulich, Appetit fehlt vollständig. (...) Bei schwereren Fällen steigern sich die Symptome in kurzer Zeit. Die Lippen sind anfangs grau, dann dunkelblau, selbst schwarz, der Schwindel wird so heftig, dass der Kranke zu Boden stürzt. Außerdem sind häufig Blasenentzündungen die Folgen.«[266]

Der Toxikologie der damaligen Zeit war bekannt, dass dies keine »schlicht reversiblen Erscheinungen« waren, wie von den Werksärzten behauptet wurde. Nicht nur die Blockade des Sauerstofftransportes im Blut, sondern auch die Ausscheidung von äußerst schädlichen Stoffwechselprodukten in der Harnblase, d. h. das »Ausfällen« dieser Schadstoffe und deren Eindringen in die Blasenschleimhaut, war schon 1895 von Ludwig Rehn, einem Frankfurter Chirurgen, in der Fachöffentlichkeit zum Thema gemacht worden. Rehn hatte diese von den Arbeitern als »unheimlich« apostrophierte Gefahr, den »Anilinkrebs«, entdeckt.[267] Blut im Urin war das Alarmzeichen. Rehn sah sich in den folgenden Jahren mit massiven Angriffen konfrontiert. Der Hoechster Fabrikarzt Friedrich Wilhelm Grandhomme sprach Rehn rundum die Kompetenz ab und versuchte, ihn als Industriefeind abzustempeln.[268] Grandhomme betonte, dass ihm selbst kein an Blasenkrebs erkrankter Arbeiter bekannt sei. Wenn überhaupt, so käme diese Erkrankung so selten vor, dass sie zu vernachlässigen wäre. Er überging damit den entscheidenden Umstand, dass schwer Erkrankte wohl kaum im Betrieb zu sehen waren. Fabrikintern war man sich der Brisanz des Problems wohl bewusst. In einzelnen Produktionsbetrieben, in denen beispielsweise das besonders karzenogene Beta-Naphylamin hergestellt und verarbeitet wurde, raffte der Krebstod nahezu die Hälfte der darin längere Zeit beschäftigten Arbeiter dahin.[269] Es fehlte nicht an Versuchen, kritische Produktionsschritte in geschlossene Sys-

266 Der Proletarier. Organ der Fabrik-, Land-, Hilfsarbeiter und Arbeiterinnen Deutschlands. Jg. 6, 1897, Heft 7, S. 1; weitere Artikel über Anilismus und andere Erkrankungen finden sich in der Gewerkschaftszeitung in den folgenden Jahren.

267 Ludwig Rehn: Blasengeschwülste bei Fuchsin-Arbeitern. In: Archiv für klinische Chirurgie, Bd. 50 (1895), S. 588–600.

268 Friedrich Wilhelm Grandhomme: Die Fabriken der Farbwerke vorm. Meister Lucius Brüning zu Hoechst a. M in sanitärer und socialer Beziehung. 4. Aufl. Mahlau und Waldschmidt, Frankfurt am Main 1896.

269 Wilhelm Carl Hueper: Occupational and Environmental Cancers of the Urinary System. Yale University Press, New Haven 1969, S. 152 f.

teme zu verlagern sowie technische und persönliche Schutzmaßnahmen zu etablieren. Doch blieben diese Versuche auf lange Zeit äußerst lückenhaft, auch deshalb, weil in den betroffenen Produktionsbelegschaften das für eine erfolgreiche Prävention erforderliche chemische, physiologische und technische Wissen fehlte. Alleine in den I. G. Farben summierten sich in den 1930er Jahren allein die offiziell registrierten Blasenkrebsfälle auf mehr als 500.[270] Die tatsächliche Zahl dürfte in die Tausende gegangen sein. Deutlich waren zugleich die vom rassenhygienischen Diskurs genährten Versuche der Fabrikmedizin und Gewerbehygiene, für die Manifestation einer Blasenkrebserkrankung bei den Betroffenen eine genetische Disposition zu unterstellen[271] – eine bis in unsere Tage anhaltende Umdeutungs- und Verschleierungsstrategie.

Ähnlich wie in der Eisen- und Stahlindustrie schälte sich bereits um die Jahrhundertwende eine spezifische personalpolitische Strategie heraus: Die Chemieunternehmer versuchten, einen Stamm von loyalen und privilegierten »Betriebsfacharbeitern« und »Betriebsmeistern« heranzubilden, die der unmittelbaren und permanenten Exposition an giftigen Arbeitsplätzen zumindest teilweise entzogen waren.[272] Für sie gab es eine Fülle betrieblicher Sozialleistungen, werksinterne Fortbildungen, günstige Werkswohnungen und weitere Vergünstigungen. Die Massenarbeit und damit die permanente Exposition wurde den »Jungen«, die sich vor einem eventuellen innerbetrieblichen Aufstieg erst zu bewähren hatten, den »Unstetigen«, »Zugereisten« und später den »Fremdarbeitern« zugewiesen. Die gerade auch von Carl Duisberg vorangetriebene Personalpolitik war lange vor 1933 eine der »Aufartung« ausgewählter, betriebshöriger und angeblich »biologisch stabile(r)« und »giftresistente(r)« Arbeitspersonen und der Abwertung gerade derjenigen, die tagtäglich die schwersten und gesundheitsschädlichsten Arbeiten zu verrichten hatten.[273] Im Verein mit der Werksmedizin und der staatstreuen Gewerbehygiene gelang es dieser Art von »sozialer Betriebsgestaltung« immer wieder, in ihrer Außendarstellung die Verhältnisse auf den Kopf zu stellen: Die kranken Arbeiter und Arbeiterinnen waren nach dieser Lesart krank, weil sie eine latente Krankheitsanfälligkeit besaßen. Ihnen wurden daher nur »einfache

270 Ebenda (passim); vg. Weitere Literatur dazu bei Wolfgang Hien: Chemische Industrie, a. a. O., S. 231 ff.

271 Ernst Wilhelm Baader: Berufskrebs. In: Curt Adam / Hans Auler (Hg.): Neuere Ergebnisse auf dem Gebiet der Krebskrankheiten, Berliner Akademie für ärztliche Fortbildung. Hirzel, Leipzig 1937, S. 104–128.

272 Vgl. zu diesem Abschnitt: Wolfgang Hien: Chemische Industrie, a. a. O., S. 111–202.

273 Paradigmatisch für diese konstitutionsmedizinische Sichtweise in der Arbeitsmedizin steht der bayerische Landesgewerbearzt Franz Koelsch, der zwischen 1913 und 1963 in allen Auflagen seiner Lehrbücher immer das Problem der »Schwächlinge« und »Neurastheniker« thematisierte. Vgl. hierzu: Franz Koelsch: Lehrbuch der Arbeitsmedizin, Band 1 (4. neubearbeitete Auflage), Ferdinand Enke, Stuttgart 1963, S. 15 ff.

Tätigkeiten« zugeteilt. Ihre späteren Krankheiten waren Folge ihrer »Schwächlichkeit«, nicht Folge der Exposition. Der leitende Fabrikarzt der Bayer-Werke, Theodor Floret, tat sich mit einer solchen Haltung besonders hervor.[274] Er stieß ins gleiche Horn wie seine Arbeitgeber: Die Giftgefahren würden seitens »bestimmter Gelehrter« übertrieben. Das Problem sei ein anderes: »Der Arbeiter« habe grundsätzlich einen Hang zum »Simulantentum« und sei von »Begehrlichkeiten« gegenüber Arbeitgeber und Sozialversicherung erfüllt. Floret befürwortete daher eine engmaschige Kontrolle der Arbeiter und ihrer Familien. Seine Vorstellungen begründeten eine für die chemische Großindustrie typische, systematische Praxis der sozialen Kontrolle, in die auch die regionale Ärzteschaft – ganz im Sinne einer Kooperation staatstragender Akteure – einbezogen wurde. Fiebrige Erkältung und auch schwerere Erkrankungen wurden nicht als Krankheit akzeptiert. Sie wurden mit chininhaltigen – ab den 1920er Jahren mit metamizolhaltigen – Injektionen »bekämpft«. Dieses totalitäre Konzept hielt sich bis in die 1960er Jahre. Wer die Chemiearbeit nicht »auszuhalten« in der Lage war, ging in der Regel selbst. Der Krankenstand blieb meist unter 5 %.[275]

Die deutsche Chemieindustrie offenbarte in der Frage, wie sie die Verantwortung für die in ihren Produktionsstätten erzeugten Gefahren von sich schieben könnte, ein bisher kaum gekanntes Maß an Aggressivität. Nach der schrecklichen Explosionskatastrophe in Ludwigshafen-Oppau 1921 schwadronierte der Chemieführer Carl Bosch von »Schicksal«.[276] Die gleiche Verhüllungsstrategie wurde auch für schleichende Gefahren gewählt. Umgeben von der Aura des Fortschritts, gelang es der Chemieindustrie, die Mehrheit der toxikologischen, arbeitsmedizinischen und epidemiologischen Fachgemeinden für ihre Interessen einzuspannen. Chemiekritiker hatten – und haben – einen schweren Stand. Das Chemiekapital bemühte sich von Anfang an erfolgreich, insbesondere die toxikologische Forschung unter ihre Regie zu bringen. Die Kombination mit der ohnehin in ihren Reihen laufenden pharmazeutischen und pharmakologischen Forschung lag auf der Hand und wurde extensiv genutzt. Hinsichtlich des Versuchs, chemiebedingte Krankheiten zu individualisieren und diese Krankheiten als erbbiologisches Schicksal nachzuweisen, entwickelte die Chemieindustrie eine erstaunliche Aktivität, ja: geradezu eine Virtuosität, die sie sich – im Gegensatz zu anderen Industriezweigen – viel kosten ließ. Für Betroffene war es nahezu unmöglich,

274 Theodor Floret: Das Aufgabengebiet des Fabrikarztes. In: Zentralblatt für Gewerbehygiene. Band 1 (1913), S. 81–95. Dagegen argumentierte Ludwig Teleky: Suum cuique. Eine Entgegnung auf Dr. Th. Floret. In: Zentralblatt für Gewerbehygiene. Band 1 (1913), S. 289–292.

275 Vgl. hierzu und zum Folgenden Wolfang Hien: Chemische Industrie, a. a. O. (passim)

276 Vgl. Karl Holdermann, a. a. O., S. 182 ff.

gegen diese kulturelle Hegemonie anzukommen. Auch die Chemiearbeitergewerkschaft schwenkte schon während der 1920er Jahre auf diese Linie des »Fortschritts« um. Nun wurde das wahrheitswidrige Bild der »geschlossene(n) Anlagen« propagiert. Hier könnte es zu keinem Kontakt mit Chemikalien kommen. Dieses Bild entpuppte sich immer wieder, oftmals erst viel später, als fatale Illusion, in der sich Schönfärberei und Interesse von Gewerkschaftsbürokraten, an der Macht beteiligt zu werden, die Hand gaben. Am Beispiel der um die Jahrhundertwende beginnenden Chlorproduktion und der sich anschließenden Produktion von Chlor-Organika zeigte sich die nachgerade brutale Strategie des Menschenverschleißes der Chemieindustrie.[277] Dass die furchtbare, eitrige und quälende »Chlorakne« Ausdruck innerer Krankheiten war, wussten die Experten längst. Oftmals war ihnen »intern« das jeweilige Problem wohl bekannt, »nach außen« wurde es – meist mit Erfolg – jahrzehntelang geleugnet.

Erklärungsbedürftig ist gleichwohl die im historischen Verlauf steigende Bereitschaft der Chemiearbeiter und Laborarbeiter/innen, sich die leibkörperlichen Chemiebelastungen anzutun. Säuren, aggressive Dämpfe und Aerosole und »benebelnde« Lösemitteldämpfe hatte man tagtäglich zu ertragen, bei allzu heftigen Expositionen suchte man – oft für Minuten nur – das Weite, d. h. das offene Fenster oder den Balkon des Notausgangs. Das war oft der einzige »Schutz«. Doch manche nicht oder nur wenig wahrnehmbare Dämpfe waren mittel- und langfristig gefährlicher, Hautbenetzungen mit Benzol und seinen Abkömmlingen ohnehin, von dioxinhaltigen Stäuben und Rauchen in der chlororganischen Produktion ganz zu schweigen. Woher sollte man wissen, dass Chromatstäube krebserzeugend sind? Das Sensorium unseres Körpers reagiert nur bedingt, ungenau oder gar nicht auf chronisch-toxische Gefährdungen. Hier wären leibkörperliche Interaktionen, d. h. die Wahrnehmung bei anderen, im biographischen Verlauf schon sichtbar geschädigter Menschen eine Möglichkeit. Doch dem steht die massive und in der Chemieindustrie besonders durchgreifende Entfremdung entgegen: Entfremdung vom Produkt – viele Chemiearbeiter hassten und hassen ihr Produkt – wie von der eigenen Leiblichkeit und Zwischenleiblichkeit. Der Identifikationsverlust multiplizierte sich im sozialen Raum. Der »in der Chemie« arbeitende Mensch erfuhr eine Körperenteignung, wie sie Arbeiter/innen in anderen Branchen nicht kannten. Der Körper war Besitz des »Werkes«, seiner Betriebsführer und Betriebsärzte. Sie verfügten über die Definitionsmacht, die den Betroffenen die Sprache und mit ihr einen Gutteil der

277 Hans-Joachim Dohmeier / Erich Janson: Zum Töten von Fliegen und Menschen. Rowohlt, Reinbek bei Hamburg 1983.

Wahrnehmungsfähigkeit[278] nahm, die ein grundsätzliches und nicht nur eruptives Sich-Wehren erfordert hätte.

Silber, Uran, Blei, Quecksilber, Phosphor

Die Gebirgszüge vom Fichtelgebirge in Bayern über das Erzgebirge in Sachsen und Böhmen bis zum Riesengebirge, dessen Kamm Schlesien und Böhmen – heute: Polen und Tschechien – trennt, bargen seit alters her beachtliche Schätze an Erzen und mineralischen Steinen. Von großem Interesse waren Metalle wie Kobalt, Kupfer, Nickel, Silber, Uran, Wismut, Zinn und Blei. Schon im 16. Jahrhundert grassierten dort Krankheiten, die unter den Namen »Bergkrankheit« oder »Bergsucht«, ab dem 19. Jahrhundert auch als »Schneeberger Lungenkrankheit« bekannt wurden.[279] Der Name dieser Erkrankung bezieht sich auf die Stadt Schneeberg im sächsischen Erzgebirge. Lange waren die naturwissenschaftlichen Umstände dieser tödlichen Erkrankung unbekannt. Zwei Ärzten aus dem Schneeberger Revier ließ das keine Ruhe. Nach jahrzehntelangen Forschungen publizierten sie 1879 ihr Ergebnis: Es handelte sich um einen strahlenbedingten Bronchial- und Lungenkrebs, der viele Bergleute schon im jugendlichen und jungen Erwachsenenalter traf. Doch diese Erkenntnisse hatten es schwer, sich gegen die vielfältigen Vorurteile insbesondere hinsichtlich erblicher Ursachen durchzusetzen. Es sollte mehr als dreißig Jahre dauern, mit der Folge weiterer, in die Hunderte gehender beruflich bedingter Krebstode, bis die Ursachen zweifelsfrei geklärt waren: das radioaktive Radon und seine ebenfalls radioaktiven Zerfallsprodukte. Im sächsischen Schneeberg wurde ebenso wie im benachbarten böhmischen Joachimsthal ursprünglich hauptsächlich nach Silber gegraben. Während der Silberabbau am Ende des 19. Jahrhunderts zurückging, wurden in Joachimsthal uranhaltige Erze entdeckt,[280] die Anfang des 20. Jahrhunderts zum Bau einer Uranfabrik führte. In den 1920er Jahren entwickelten sich in schneller Folge Lungenkrebserkrankungen, die »Joachimsthaler Bergkrankheit«, die den gleichen Verlauf aufwies wie die zuvor in Schneeberg beobachtete.[281] Wieder hatten die Betroffenen mit der Zuschreibung zu kämpfen, ihre

278 Die von Hilla Peetz, a. a. O., gesammelten Aufzeichnungen von Bayer-Arbeitern sind dafür ein sinnfälliges Beispiel. Die chemietypischen Gefahren werden hier eher beiläufig erwähnt, Arbeitsvollzüge fast kindlich-naiv geschildert, das Thema Krankheit und Tod wird fast vollständig ausgespart.

279 Julia Trübenbach: Die Geschichte des »Schneeberger Lungenkrebses«, von der Erstbeschreibung bis zur Anerkennung als Berufskrankheit. In: In: Hauptverband der gewerblichen Berufsgenossenschaften (Hg.): Ist das Berufskrankheitenrecht noch zeitgemäß? Eigendruck, Sankt Augustin 2002, S. 117–123.

280 Das Ehepaar Marie und Pierre Curie war bei diesen Entdeckungen federführend. Vgl. hierzu: Gine Elsner / Karl-Heinz Karbe: Von Jachymov nach Haigerloch. VSA, Hamburg 1999, S. 16 f.

281 Ebenda, S. 18–23.

Krankheit sei Ausdruck einer genetischen Degeneration. Wieder dauerte es, diesmal in der jungen tschechoslowakische Republik, bis der Strahlenkrebs 1938 als Berufskrankheit anerkannt wurde. Kurz danach marschierten die deutschen Truppen ein; danach begann innerhalb des nationalsozialistischen Gesundheitssystems eine erneute Auseinandersetzung um den Strahlenkrebs der Bergleute und Uranarbeiter/innen.

Vergesellschaftet mit anderen Erzen fand sich – neben Lagerstätten im Aachener Revier, im Harz, in Oberschlesien und in Kärnten – im Erzgebirge und in seinen böhmischen Ausläufern in der Region Pribram Bleiglanz, aus dem das begehrte elementare Blei gewonnen wurde. Die Bleiwirtschaft hatte sowohl in Preußen als auch in der k. u. k.-Monarchie einen hohen Stellenwert. Die bergmännische Gewinnung wie die anschließende Verhüttung, aber auch die vielfältige Verwendung im Buchdruck, als Bleiweißanstrichfarbe, als Legierungsbestandteil für Chemieanlagen und Rohre, später auch für Akkumulatoren und Anwendungen in der Elektrotechnik, war mit vielfältigen Gesundheitsrisiken verbunden.[282] Blei hat einen Schmelzpunkt von 327 Grad, es kann sowohl staubförmig als auch bei heißen Prozessen dampfförmig auftreten und inhalativ, gastro-intestinal und dermal in den Körper gelangen. Als erstes zeigt sich eine Verfärbung des Zahnfleisches – der »Bleisaum« –, sodann eine langsame Fäulnis und Zerstörung nicht nur des Mundraumes, sondern einer Vielzahl von Organen, begleitet von entsetzlichen Schmerzen: Magen-Darm-Koliken, Nervenschmerzen, Muskellähmungen und vieles mehr. Nervensystem und Gehirn werden nach und nach zersetzt. Bei bleiexponierten Arbeitern und Arbeiterinnen waren Delirien, Krampfanfälle, Wahnvorstellungen und hochgradiger Kräfteverfall zu beobachten. Chronische Bleivergiftung war nicht behandelbar, konnte sich nur bei vollständiger Expositionskarenz gelegentlich etwas bessern, endete aber bei weiterer Exposition mit einem frühzeitigen qualvollen Tod. Der Gelsenkirchener Arzt Peter Laureck konnte für das 1908 erschienene Handbuch der Arbeiterkrankheiten[283] Statistiken der Betriebskrankenkassen der Königlichen Friedrichshütte bei Tarnowitz in Oberschlesien und der Hüttenbetriebe im böhmischen Pribram besorgen und auswerten. 1887 kamen in der Friedrichshütte auf 100 Arbeiter 69 Krankheitsfälle, 42 davon bleibedingt. Im Zehnjahresmit-

282 Alle wesentlichen Gefahren waren spätestens in der zweiten Hälfte des 19. Jahrhunderts bekannt und differenziert beschrieben. Vgl. dazu: Hermann Leymann: Die Bekämpfung der Bleigefahr in der Industrie. Gustav Fischer, Jena 1908; Peter Laureck: Krankheiten der Arbeiter in Blei-, Silber-, Zink- und Quecksilberhütten. In: Theodor Weyl, Handbuch 1908, a. a. O., S. 33–67; Oberbergrat Herold / Wilhelm Lindemann, a. a. O., S. 166 f.; Richard Fischer: Hygiene der chemischen Großindustrie, II. Teil: Anorganische Betriebe, Fortsetzung. In: Theodor Weyl (Hg.): Handbuch der Hygiene, 7. Band, Besonderer Teil: Gewerbehygiene. Johann Ambrosius Barth, Leipzig 1921, S. 853–882.

283 Peter Laureck, a. a. O., S. 33–44.

tel waren es 46 Fällen, davon 27 bleibedingt. Eine Statistik von 1905 zählt unter 766 Hüttenarbeitern der schlesischen Friedrichshütte 50 Fälle von Bleikolik und Bleilähmung. »Unvergleichlich höher«, so Laureck, liege die Zahl der Krankheitsfälle in der österreichischen Pribram-Hütte. 1884 gab es dort auf 100 Arbeiter 135, 1903 immer noch 63 Krankheitsfälle. In Pribram waren 1884 mehr als 5000 Arbeiter im Bergwerk und in der Hütte beschäftigt, 1903 waren es etwa 4000. In diesem Jahrzehnt gab es zwar gewisse Verbesserungen im betrieblichen Gesundheitsschutz, doch blieb die jährliche Zahl der Frühinvalidisierten mit zuerst 98 und zuletzt 80 Arbeitern, deren Tod im Schnitt mit 60 Jahren eintrat, und die jährliche Zahl der während ihrer aktiven Arbeitsphase Verstorbenen mit zunächst 53 und zuletzt 36 und einem Sterbealter von 41 Jahren auf einem erschreckend hohen Niveau. Im genannten Jahrzehnt verstarben in den Pribramer Bleibetrieben insgesamt 1024 Arbeiter mit durchschnittlich 53 Jahren. Viele Erkrankungen werden aufgrund des starken Arbeiterwechsels nicht erfasst – ein Umstand, der die an sich schon erschreckenden Statistiken, wie Laureck ausdrücklich sagt, »alle Krankheitsstatistiken in günstigerem Lichte erscheinen lässt, als (es) der Wirklichkeit entspricht«.[284]

Dem Regionalforscher Reiner Conrad verdanken wir eine akkurate Studie über »die Entwicklung der Bleiweißfabrikation in Offenbach / Main und deren Risiken«.[285] Bleiweiß, chemisch: basisches Bleicarbonat, wurde bis weit ins 20. Jahrhundert als Weißpigment für Malerfarben sowie als Grundierungsfarbe für Holz und Metalle eingesetzt. Insbesondere die Herstellung, aber auch die Verwendung barg – das wusste man seit dem Altertum – erhebliche Gesundheitsgefahren. Die Arbeiter selbst nannten das Produkt »Todweiß«. Blei wurde im sogenannten Kammerverfahren durch das wochenlange Einwirken von Essigsäure und Kohlendioxid zunächst in essigsaures Blei und später in basisches Bleicarbonat umgewandelt. Aus dem Bleiweißschlamm wurde anschließend das Pigment gewonnen. Die Arbeiter mussten sich in die Kammern zwängen und das Bleiweiß mit Hacken und Schaufeln heraustransportieren, die Waschapparate beschicken, wonach sich weitere Arbeitsgänge anschlossen: Filtern, Sieben, Trocknen und Mahlen. Sämtliche Arbeitsgänge waren mit Extremexpositionen verbunden. Trotz der Tatsache, dass ab der Jahrhundertwende technische Schutzmaßnahmen versucht und zusätzlich auch Schutzanzüge und Staubmasken getragen wurden, erreichten die Arbeiter bereits nach kurzer Zeit – meist schon nach wenigen Wochen – den Grenzbereich einer Akutvergiftung. Reiner Conrad hat sämtliche Jahresbe-

284 Ebenda, S. 40.

285 Reiner Conrad: Die Entwicklung der Bleiweißfabrikation in Offenbach / Main und deren Risiken. In: Dietrich Milles (Hg.): Gesundheitsrisiken, Industriegesellschaft und soziale Sicherung in der Geschichte. Wirtschaftsverlag NW, Bremerhaven 1993, S. 291–316.

richte der für Offenbach zuständigen Fabrikinspektion des Großherzogtums Hessen für den Zeitraum 1889–1918 ausgewertet. In diesen Berichten wird regelmäßig beanstandet, dass die gefährlichen Arbeiten von kurzfristig eingestellten und dann wieder entlassenen Arbeitern oder gar von Tagelöhnern zu bewerkstelligen waren, den sogenannten Passanten. Auch eine andere Quelle[286] bestätigt dieses Vorgehen der Fabrikherren: 58 % der Kammerarbeiter entleerten nur einmal die Kammer, 33 % brachten es auf zwei bis drei Kammern, nur 9 % hielten es länger aus, waren aber damit dem Bleitod deutlich näher – doch dies galt nicht nur für sie. Insgesamt wurde die Belegschaft der Bleiweißfabriken mehrmals im Jahr umgewälzt. Das Problem war, dass Bleiarbeiter immer wieder in anderen Bleifabriken anheuerten und somit das Gift in ihrem Körper weiter anhäuften. Die Ärzte des Offenbacher Krankenhauses rügten zwar diesen »Leichtsinn«, doch es war schlicht »die bittere Not in den Familien«, welche die Arbeiter »in die todbringenden Bleikammern« trieb.[287] Das Einzugsgebiet der Bleiarbeiter in Offenbach reichte von Bayern und den Regionen östlich des Rheins bis in angrenzende preußische Provinzen. Die Zahl der chronischen Bleivergiftungen überstieg in der Regel die durchschnittliche Beschäftigungszahl. In Offenbach gab es im Wesentlichen nur eine Fabrik mit einer Belegschaftsstärke, die zwischen ein und zwei Dutzend schwankte. Die Zahl der in Offenbach jährlich an schwerer Bleikolik Erkrankten betrug demgegenüber bis zu 100. Kranke Arbeiter kamen nicht mehr zur Arbeit, sodass der zuständе Fabrikarzt zu Protokoll geben konnte, ihm seien Bleierkrankungen nicht bekannt.[288] Damit konnte die Kapitalseite immer gut argumentieren. Dies war auch einer der Gründe, warum die Fabrikinspektion daran scheiterte, effektive technische Verbesserungen durchzusetzen. Erst das schrittweise Verbot von Bleiweiß seit den 1920er Jahren und sein Ersatz durch Titanweiß und andere Stoffe konnten die Bleierkrankungen zurückdrängen.

Ein besonders schlimmes Kapitel der Geschichte der Arbeiterinnenerkrankungen betrifft die durch Bleivergiftung verursachten Schwangerschaftsschäden. In seinem 1927 erschienenen Artikel »Soziologie der Frauenkrankheiten« trug der Gelsenkirchener Frauenarzt und spätere Krebsforscher Friedrich Lönne das in Deutschland und Österreich publizierte kasuistische Material zu Erkrankungen des weiblichen Köpers zusammen, einschließlich Unfruchtbarkeit und Schädigungen des Embryos, des Fötus und des neugeborenen Kindes.[289] Bleischäden nehmen darunter einen besonders gravieren-

286 Heinrich Schneider, a. a. O., S. 34.

287 Ebenda, S. 32.

288 Reiner Conrad, a. a. O., S. 307.

289 Friedrich Lönne: Soziologie der Frauenkrankheiten. In: Adolf Gottstein / Arthur Schlossmann / Ludwig Teleky (Hg.): Handbuch der sozialen Hygiene. Fünfter Band: Soziale Physiologie und Pathologie. Julius Springer, Berlin 1927, S. 481–555.

den Platz ein. Frauen waren in vielen Industriezweigen Blei ausgesetzt: in der Steingutfabrikation, im Töpfergewerbe, in der Buchdruckerei, in Buntdruckanstalten, bei der Stohhutbleiche, in Formereien, in Staniolfabriken und beim Weichlöten, beispielsweise in der Elektroindustrie. Lönne berichtet: »Der ungarische Bezirksarzt Chyzer berichtet, dass in einer Ortschaft, in welcher vornehmlich mit Blei gearbeitet wurde, über 40 % der Schwangerschaften mit Abort endeten. (...) Bei (einen anderen Ort betreffend, Anm.) 77 in der keramischen Industrie beschäftigten Frauen, deren Schicksal man beobachtete, blieben 17 Ehen kinderlos, es erfolgten 19 Fehlgeburten und 21 Totgeburten, insgesamt wurden nur 121 Kinder lebend geboren. Ganz besonders wichtig ist es, dass, wie Levin nachweisen konnte, die Sterblichkeit der Kinder bleikranker Mütter bedeutend erhöht ist. Von 123 Schwangerschaften bleikranker Mütter (wieder einen anderen Ort betreffend, Anm.) endeten 73 durch Abort, Früh- und Todgeburt. Von 50 lebend geborenen starben 20 im ersten Lebensjahr, 8 im zweiten, 7 im dritten Lebensjahr, 1 noch später. Nur 14 Kinder blieben am Leben.«[290] In vielen Bereichen wurden später Bleiprodukte durch weniger gefährliche Stoffe ersetzt, nicht jedoch beim Löten. Hier bestehen heute noch, wenn nicht konsequente technische Schutzmaßnahmen ergriffen werden, erhebliche Gefahren für die Gesundheit der Frauen und ungeborener Kinder.

Quecksilber, in Antike und Mittelalter mit dem Planeten Merkur assoziiert, ein flüssiges und seit alters her als giftig bekanntes Metall, im 17. und 18. Jahrhundert in der Spiegelfertigung genutzt und als hochgradig gesundheitsschädigend beschrieben, wirkt auf den menschlichen Organismus in mehrstufiger Weise: Zunächst sind Mundschleimhaut und Zahnfleisch betroffen, die von blutenden und eitrigen Entzündungen und Geschwüren befallen werden, die sich auf den Magen-Darm-Trakt ausdehnen können. Sodann treten Störungen des Nervensystem hinzu, im heutigen Sprachgebrauch: schwere systemische neurotoxische Störungen einschließlich peripherer und zentraler Neuropathien. Es stellen sich Gliederschmerzen ein, Mattigkeit, allgemeine Schwäche, Reizbarkeit und zugleich – wie Ludwig Teleky in seiner großen Quecksilbermonographie[291] bemerkt – »eine eigenartige Schüchternheit«. Wieder lenkt uns der Autor auf subtile Sachverhalte: »Die Leute werden verlegen, wenn man sie anspricht, sie kommen aus dem psychischen Gleichgewicht, wenn sie sich beobachtet wissen, können selbst gewohnte Arbeiten und Handgriffe nicht verrichten, wenn man ihnen zusieht.«[292] Der Kranke verliert im weiteren Verlauf der chronischen Queck-

290 Ebenda, S. 530.

291 Ludwig Teleky: Die gewerbliche Quecksilbervergiftung. Dargestellt auf Grund von Untersuchungen in Österreich. Schriften des Instituts für Gewerbehygiene in Frankfurt am Main. Polytechnische Buchhandlung A. Seydel, Berlin 1912.

292 Ebenda, S. 2

silbervergiftung die Herrschaft über seine Muskeln, die Glieder geraten ins Zittern und Schütteln, das Stadium des »Tremor mercurialis« tritt ein, gefolgt von Lähmungserscheinungen, Sprachverlust, Gedächtnisverlust, völliger Abstumpfung und im Endstadium zunehmendem Versagen aller Organe mit Todesfolge. Die physikochemischen Eigenschaften des Quecksilbers sind von besonderer Bedeutung: Quecksilber verdampft schon bei Zimmertemperatur. Der Dampfdruck nimmt mit wachsender Temperatur rasch zu. Gesundheitsgefährlich sind also die Quecksilberdämpfe. Das in der Alpenstadt Idrija gelegene Bergwerk gehörte im 19. und beginnenden 20. Jahrhundert zu den größten Quecksilberminen der Welt. Der Abbau von Zinnober (Quecksilbersulfid) sowie quecksilberhaltigem Silberschiefer und die anschließende Verhüttung zu metallischem Quecksilber hatten eine lange Tradition. Besonders belastende Verhältnisse gab es in der Verhüttung, bei der extrem hohe Konzentrationen in der Luft auftreten. Die gesundheitlichen Probleme in Idrija waren gravierend und blieben bis in die zweite Hälfte des 20. Jahrhunderts auf erschreckend hohem Niveau. Die Krankheitsverhältnisse im Quecksilberbergwerk und in der Quecksilberhütte waren erschütternd: »In den Jahren 1899–1908... kamen in Idrija unter 1000 Arbeitern 60 Erkrankungen an Tuberkulose, Lungenblutung und Brustfellentzündung vor, welche zwei letzteren ja mit Recht der Tuberkulose zugezählt werden müssen.«[293] Im Schnitt lagen die Berg- und Hüttenarbeiter Österreichs bei 10 bis 19 Fällen pro 1000. Eine ähnlich große Zahl von Arbeitern litt unter chronischer Quecksilbervergiftung, dem »Merkurialismus«. Diesem widmete Teleky große Aufmerksamkeit: Er fand eine »abnorm hohe Erkrankungshäufigkeit und die abnorm hohe Sterblichkeit«,[294] die nur durch strengste und staatlich überwachte Schutzmaßnahmen zu bekämpfen sei.

Ein weiteres großes Kapitel in Telekys Quecksilberstudie geht auf die Arbeit und die Krankheiten in Hasenhaarschneidereien und Huterzeugungsbetrieben ein. Hasen- und Kaninchenhaare werden gebraucht, um Filz für Hüte herzustellen. Die Haare müssen hierfür gebeizt werden, und dies geschah seit Mitte des 18. Jahrhunderts mit salpetersaurem Quecksilber, d. h. Quecksilbernitrat, zunächst noch »im Geheimen«, d. h. vereinzelt und im Sinne eines handwerklichen Geheimwissens, aber im 19. Jahrhundert zunehmend offener und in größeren Betrieben. Erst in der zweiten Hälfte des 19. Jahrhunderts gibt es erste Berichte über Quecksilbererkrankungen bei Hutmachern. Erschwerend kam hinzu, dass in Hutmachereien Lehrlinge und Gesellen oftmals im Arbeitsraum schliefen und somit rund um die Uhr gesundheitsgefährlichen Quecksilberkonzentrationen ausgesetzt waren. Teleky beschreibt ausführlich den technischen Fortschritt und die Mechanisierung der Hutproduktion und versucht, die Vor- und Nachteile aus gesund-

293 Ebenda, S. 66.
294 Ebenda, S. 98.

heitlicher Sicht herauszuarbeiten. Die österreichische Hutmacherbranche wuchs um die Jahrhundertwende zu einem bedeutsamen Wirtschaftszweig heran. Hier arbeiteten etwa 12.000 Menschen, ein Viertel davon in Kleinbetrieben. Die Zahl von 320 Heimarbeiter/innen erscheint stark unterschätzt. Die Quecksilberstudie Telekys geht Schritt für Schritt die verschiedenen Produktionsstufen der Hutherstellung durch. Die gebeizten Haare werden überwiegend von weiblichen Arbeitskräften – teilweise auch in Heimarbeit – gebürstet, wobei quecksilberhaltiger Staub entsteht. Teleky schaute sich die verschiedenen Bürst- und weiteren Verfahrenstechniken an und untersuchte den dabei entstehenden Staub auf seinen Quecksilbergehalt, um herauszufinden, wo Expositionsminderungen möglich wären. Das gebürstete Material wird in einem weiteren Schritt verfilzt und schließlich in großen Kesseln angeformt.

> »Dann erfolgt das Steifen. Die Hüte werden mit einer Lösung von Schellack in Spiritus oder in Wasser, eventuell auch mit Zusatz von Kolofonium und anderen Substanzen bestrichen oder in dieselben getaucht. Dann werden die Hüte in der Trockenkammer getrocknet. Die getrockneten Hüte erhalten dann erst – nachdem sie mittelst Dampf etwas erweicht worden sind – ihre eigentliche Form durch die Arbeit des ›Plattierens‹ und zwar werden nach deutscher Manier Kopf und Rand zusammen mit der Hand geformt, während nach englischer Manier erst der Kopf fertig gemacht, dann erst der Rand hydraulisch gepresst wird.
> Die Hüte werden nun ›zugerichtet‹, nochmals von Hand oder maschinell mit Glaspapier, Schmiergelpapier oder einem diesen ähnlichen Mittel abgerieben. Dann werden die Hüte gebügelt und schließlich werden sie noch von den ›Staffiererinnen‹ mit Band, Lederstreifen etc. versehen. Beim Bimsen und Zurichten entwickelt sich ziemlich reichlich ein feiner Staub. Der Bimsstaub enthält nach unseren Untersuchungen 2,19 % Quecksilber. Wo für Absaugung des Staubes nicht gesorgt ist, dort können die mit den genannten Arbeiten beschäftigten und auch andere in der Nähe der Staubentwicklung arbeitende Personen gefährdet sein.«[295]

Um die Erkrankungsverhältnisse zu erheben, entschloss sich Teleky, im Sinne einer »Barfuß-Epidemiologie« Betriebsstätten der Hutfabrikation in ländlichen Regionen Österreichs aufzusuchen, in denen er – wie sich herausstellen sollte: mit Recht – noch rückständigere Verhältnisse vermutete. Beispielhaft sei sein Bericht über Neutitschein referiert, in der eine Hutfabrik mit 2400 Arbeiter/innen ansässig war. Diese Fabrik war von Gewerbeinspektoren besucht worden, die der Betriebsleitung hervorragende hygienische Verhältnisse bescheinigte. Staub und Dämpfe würden fast vollständig abgesaugt. Doch musste Teleky feststellen, dass der Arbeitsgang des besonders staubintensiven Rupfens größtenteils in Heimarbeit ausgeführt wurde. Auch wurden

295 Ebenda, S. 119.

die gebeizten Fellstückchen in Heimarbeit von sogenannten Stückelschneiderinnen geschnitten. An Tausenden von Heimarbeitsplätzen »leidet die ganze Wohnung sehr unter dem sich massenhaft entwickelnden Staub«.[296] Litten schon mehr als 10 % der Fabrikfilzerinnen an fortgeschrittener Quecksilbervergiftung – Zittern bis zu Erschütterungen des ganzen Körpers, Neuralgien, Sprachverlust usw. –, so lässt sich nur eine erschreckend hohe Dunkelziffer bei den Heimarbeiterinnen, ihren Familien und ihren Kindern vermuten.

»Die Phosphornekrose« war Ludwig Telekys zweite große Monographie.[297] Das chemische Element Phosphor, das Ende des 17. Jahrhunderts aufgrund seiner Chemolumineszenz entdeckt – phosphorus (griechisch) bedeutet lichttragend – und in der darauf folgenden Zeit auch chemisch und physikalisch beschrieben wurde, konnte aus seinem mineralischen Vorkommen erst im 19. Jahrhundert großtechnisch gewonnen werden. Seine leichte Entzündbarkeit hatte großes Verwertungsinteresse hervorgerufen, sodass einer bemerkenswerten militärtechnischen und industriellen Karriere nichts im Wege stand. Seit den 1830er Jahren wurde Phosphor für die Streichholzherstellung genutzt. Phosphor kommt in unterschiedlichen Modifikationen vor, wovon zunächst nur der sehr schnell entflammbare weiße bzw. gelbe Phosphor zum Einsatz kam. Er stellte sich bald als hochgiftig heraus. Er zersetzt das Knochengewebe und führt zum Absterben der Knochen, beginnend mit schwerer Zahnkaries, Zahnfleischentzündung (Gingivitis) und dem langsamen Zerfall des Unterkiefers, bei weiterer Exposition ist sukzessive das gesamte Knochensystem betroffen. Die Erkrankung ist mit schmerzhaften massiven Vereiterungen verbunden und endet, wenn ein bestimmtes Stadium überschritten ist, mit dem Tode. Schon in den 1840er Jahren erschienen ausführliche Fallberichte. Doch das Verbot des weißen Phosphors ließ in vielen Ländern lange auf sich warten. 1879 erließ die Schweiz eine Verbotsverordnung, gefolgt in den 1880er und 1890er Jahren von den skandinavischen Ländern und England. Im Deutschen Reich dauerte es bis 1907, in Österreich bis 1912. Ein wesentlicher Grund für dieses lange Hinauszögern hatte ökonomische Gründe: Die böhmische und mährische Zündholzindustrie gehörte zu den wichtigsten Wirtschaftszweigen der Donaumonarchie. Es ist den unermüdlichen Bemühungen Ludwig Telekys zu verdanken, dass es in Österreich nicht noch länger dauerte und nicht noch mehr Menschen Leid zugefügt wurde, als dies ohnehin der Fall war. Betroffenenorientierte Wissenschaft und Politik griffen ineinander. Teleky war zu dieser Zeit eng mit Victor Adler, dem langjährigen Vorsitzenden der Sozialdemokratischen Arbeitspartei Österreichs, verbunden. Adler, selbst ursprünglich Arzt, machte 1908 in mehreren

296 Ebenda, S. 140.

297 Ludwig Teleky: Die Phosphornekrose. Ihre Verbreitung in Österreich und deren Ursachen. Bericht, erstattet der Internationalen Vereinigung für gesetzlichen Arbeiterschutz. Franz Deuticke, Wien 1907.

Anfragen und einer großen und berührenden Parlamentsrede im Wiener Abgeordnetenhaus auf dieses Problem auch auf der politischen Bühne aufmerksam.[298] Adler konnte sich dabei auf die umfangreichen und akribischen Forschungen Telekys stützen.

Teleky war in seiner Eigenschaft als Assistenzarzt in der Aufnahmestation der Allgemeinen Poliklinik in Wien und ab 1905 als Spezialarzt für Gewerbekrankheiten des Wiener Krankenkassenverbandes mit vielen Fällen arbeits- und berufsbedingter Erkrankungen konfrontiert.[299] Als er 1906 eine schwer erkrankte Zündholzarbeiterin untersuchte, gab er sich nicht mit der Diagnose zufrieden. Er reiste im selben Jahr während seines Sommerurlaubs mit seiner Frau in den Böhmerwald und besuchte 81 Kranke, von denen er die Arbeitsanamnese und Krankengeschichte sorgfältig erhob, von weiteren 142 erhielt er Kenntnis. Teleky trug eine Fülle zusätzlichen Materials zusammen, z. B. die Berichte der österreichischen Fabrikinspektorate und die damals verfügbare wissenschaftliche Literatur zu ökonomischen, technischen und medizinischen Aspekten dieses Themas aus Deutschland, Großbritannien, Frankreich, Belgien, Italien, Schweden und weiteren Ländern. Schon im Vorwort zu seiner Monographie äußert Teleky sein Unverständnis darüber, dass wirtschaftliche Interessen in Österreich-Ungarn höher stünden als die Gesundheit der Arbeitenden. Teleky zählt aus den verfügbaren Statistiken mehr als 68 Fabriken mit 4.973 Arbeitern und Arbeiterinnen, zusätzlich eine nicht zu beziffernde Zahl an Heimarbeiter/innen bzw. in Heimarbeit arbeitende Familien. In Ungarn gab es 18 Fabriken mit 2.175 Arbeitern und 250 Heimarbeiterinnen. Viele Betriebe gaben ihre tatsächliche Beschäftigtenzahl nicht an, sodass weitaus größere Zahlen wahrscheinlich waren. Sodann beschreibt Teleky den genauen technischen Herstellungsprozess. Zündhölzer wurden aus Holzspänen hergestellt, mit dem einen Ende in geschmolzenen Schwefel, darnach in eine Zündmasse getaucht, deren wirksamer Bestandteil der gewöhnliche, weiße oder gelbe Phosphor war. Sodann beschreibt Teleky die technischen Neuerungen:

> »Die Erzeugung des Holzdrahtes geschieht heute – von der Hausindustrie abgesehen – wohl ausschließlich auf maschinellem Wege durch Hobel- oder Schälmaschinen. Den bedeutendsten technischen Fortschritt verursachte aber die Erfindung der Einlegemaschinen durch

298 Rede im Wiener Abgeordnetenhaus »Zum Verbot des giftigen Phosphors« (1908). In: Parteivorstand der Sozialdemokratischen Arbeiterpartei Deutschösterreichs (Hg.) (1924): Victor Adlers Aufsätze, Reden und Briefe. Drittes Heft: Adler als Sozialhygieniker. Wien: Verlag der Wiener Volksbuchhandlung, S. 139–170.

299 Michael Hubenstorf et al.: Die Errungenschaften der Hygiene und der Medizin allen zugänglich machen! Die soziale Verantwortlichkeit des Arztes im bewegten Leben von Ludwig Teleky (1872–1957). In: Müller, R. / Milles, D. (Hg.): Beiträge zur Geschichte der Arbeiterkrankheiten und der Arbeitsmedizin in Deutschland. Bremerhaven: NW-Verlag, S. 459–472.

Sebold. Diese Maschinen besorgen das Einlegen der Hölzchen in ›Rahmen‹. Die ›Rahmen‹ bestehen aus mehreren parallel zueinander liegenden Latten. Die Seboldschen Maschinen legen oder vielmehr stecken die Hölzchen in bestimmten Zwischenrahmen so zwischen diesen Latten durch, dass ein bestimmter stets gleicher Teil der Hölzchen aus den Latten hervorragt, dann wird der Rahmen geschlossen, die Hölzchen dadurch in dieser Stellung fixiert. Ein solcher ›Rahmen‹ fasst gewöhnlich 2250 Hölzchen, andere Modelle aber bis 6000. Diese hervorragenden Enden der Hölzer werden dann – wobei der Rahmen als Handhabe dient – in eine Masse getaucht, die leichter entzündlich ist als Holz und die Aufgabe hat, die Flamme des entzündeten Köpfchens auf das Holz zu übertragen; als solche Masse kommen Schwefel und Paraffin in Betracht. Ist dies geschehen, so werden die ›geschwefelten‹ oder ›paraffinierten‹ Enden der Hölzchen in die Zündmasse getaucht – entweder direkt in eine offene Pfanne oder Platte, die diese Masse enthält, oder es vermittelt eine Gummiwalze, deren untere Hälfte in diese Masse eintaucht, die Übertragung (Tunkmaschinen). Die Masse besteht aus Phosphor, aus oxydierenden Substanzen (in Österreich meist Mennige und Bleihyperoxyd), aus einem Bindemittel (Leim oder Dextrin) und indifferenten ›Füll‹ substanzen. Die Zündmassen werden meist im warmen Zustande auf dem Wasserbade bereitet; Zündmassen mit Leim als Bindemittel müssen auch während des Tunkens warm erhalten werden. Die getunkten Zündhölzchen kommen mit samt dem Rahmen in die Trockenkammern, wo sie bei erhöhter Temperatur einige Stunden verbleiben, bis sie getrocknet sind. Dann werden die feineren Sorten noch ›lackiert‹, d. h. in eine Schellacklösung getaucht, was den Hölzchen nicht nur ein besseres Aussehen gibt, sondern sie auch gegen Feuchtigkeit widerstandsfähiger macht.«[300]

Teleky befasst sich in seiner Studie außerdem mit den sich verändernden Marktpositionen im ausgehenden 19. Jahrhundert. Schweden begann, aufgrund seines wohlfeileren Holzes, Österreich zu überflügeln. Es entwickelte sich ein Wettbewerb um technische Neuerungen, aber zusehends gerieten auch die Löhne und schließlich die Arbeitsbedingungen selbst unter Druck. Unternehmen glaubten, wenn sie an Sicherheitsmaßnahmen sparten, ökonomische Vorteile erringen zu können. Mittels Absaugvorrichtungen wäre eine gewisse Milderung der Phosphorexposition möglich gewesen. Doch selbst dabei wurde gespart. Teleky äußert im weiteren Verlauf seiner Studie durchaus Verständnis für kleine Betriebe, die sich umfängliche technische Schutzmaßnahmen nicht leisten können. Zudem sieht er die Gefahr, dass sich sogenannte »Winkelbetriebe« gründen, die im halblegalen Rahmen sich jeder Kontrolle entziehen. Die einzige Möglichkeit, dem Problem Herr zu werden,

300 Ludwig Teleky: Die Phosphornekrose, a. a. O., S. 4 f.

sieht Teleky daher in einem vollständigen Verbot des weißen Phosphors. Er sieht Schweden als Vorbild: Dort ist es gelungen, Phosphor aus den Zündholzköpfen zu verbannen und die Reibeflächen mit unproblematischem roten Phosphor zu beschichten. Teleky geht, basierend auf einer Vielzahl von internationalen und österreichischen Arbeitsplatzbeschreibungen, ausführlich auf die Arbeitstechniken und -umstände ein. Trotz gewisser amtlicher Anordnungen, etwa Größe und Anzahl der Arbeitsräume sowie Belüftung und sonstige Hygiene betreffend, finden sich in der überwiegenden Zahl der Fälle beengte Räume und völlig unzulängliche Luftverhältnisse. Durch bekanntgewordene Missstände alarmiert, erließ die Wiener Hofkanzlei weitere Verordnungen, beispielsweise über die Abmessungen und die Handhabung von hermetisch zu schließenden Trockenkästen und die Ventilationsweisen derselben. Das politische Bemühen, das Weißphosphorverbot zu umgehen, war deutlich erkennbar. Doch die betriebliche Realität war eine andere, sodass die Erkrankungsraten nicht sanken. Teleky beschrieb diese Problematik und stützte sich dabei auf amtliche Berichte wie auf eigene Beobachtungen:

»Ein klareres Licht auf die bestehenden Zustände werfen erst die 1884 erschienenen ersten Berichte der Gewerbeinspektoren. Da wird berichtet, dass von den 3 im Wiener Polizeirayon befindlichen Fabriken 2 überhaupt keine Ventilatoren hatten, während bei der 3. die unter dem Fußboden laufenden Luftzufuhrkanäle verstopft waren. Die Atmosphäre, namentlich in den Ausnehmesälen, war mit Phosphordampfen erfüllt; nirgends fand sich eine Wascheinrichtung. Der Bericht des Gewerbeinspektors für den zweiten Aufsichtsbezirk (Niederösterreich mit Ausschluss von Wien, Oberösterreich, Salzburg) sagt, dass nicht in einer einzigen der inspizierten Zündholzfabriken Garderoberäume und Waschapparate vorhanden sind. Die Straßenkleider werden in den Werkstätten, in denen mit Phosphor gearbeitet wird, an Nägel gehängt, in ihren Taschen befindet sich das Frühstück, das während der Arbeit ohne vorhergegangene Reinigung verzehrt wird. Aus Böhmen, für welches – neben Niederösterreich – die Verordnung des Jahres 1846 in Kraft war, berichtet der Gewerbeinspektor des Prager Aufsichtsbezirkes (1885), dass in den kleineren Betrieben arge Missstände bestehen, dass die Zündmasse in offenem Kessel gekocht wird, in einem Raume, in dem auch noch andere Arbeiten verrichtet werden, ebenso steht der Tunkraum in unmittelbarer Verbindung mit den anderen Arbeitsräumen; Abzugsschlote sind nicht vorhanden, ebenso keine Überkleider; die Trockenkammerarbeiten werden von 16–20-jährigen Mädchen verrichtet – nirgends werden die Arbeiter ärztlich überwacht. Von einer großen Fabrik (wahrscheinlich einer der Fabriken in Schüttenhofen) berichtet der Inspektor des Pilsener Aufsichtsbezirkes, dass die Arbeitssäle so mit hals- und brustquälendem Qualm erfüllt waren, dass auf 4 Schritte die Arbeiter nicht voneinander zu unterscheiden waren. Um die Inspektion fortsetzen zu können, musste er sofort alle Fenster und Türen offnen lassen. Es fand sich, dass die Luftzuleitungskanäle, um an Wärme zu sparen, durch Schieber verschlossen waren, dass im Rost des Ofens, der die Dämpfe absaugen sollte, kein Feuer war. Das Aussehen der 542 Arbeiter war mit wenigen Ausnahmen erbärmlich – der Fabrikant wurde zu einer Geldstrafe von 50 fl. verurteilt.«[301]

Der Hauptteil der Studie ist Gesundheits-, genauer: Krankheitsuntersuchungen gewidmet. Teleky referiert zunächst die Erkenntnisse, die auf dem Gebiet der Phosphornekrose bis dahin bekannt waren, darunter die Untersuchungen von Ludwig Hirt, und führt aus, dass der schmerzhafte Krankheitsprozess – die Vereiterung und Abstoßung des Kieferknochens – häufig zwei bis drei Jahre, manchmal auch über zehn Jahre dauert und in 15 bis 20 Prozent der Fälle mit dem Tod endet. Teleky schildert sodann auszugsweise die selbst erhobenen Fälle und belegt sie mit eigenen Fotografien. Den Berichten mancher Betriebsinhaber und Betriebsärzte, die mit einer geringen Zahl an Kranken argumentieren, tritt Teleky mit einem entscheidenden Argument entgegen, das aus heutiger Sicht mit dem Postulat der vollständigen Erfassung – des follow up – in epidemiologischen Studien gleichzusetzen ist. Denn die schwer erkrankten Arbeiter/innen wird man nicht mehr am Arbeitsplatz finden; sie darben zuhause oder in Kliniken oder sind bereits verstorben.

Teleky bewegt fortlaufend die Frage, wie man zu genaueren Zahlen über die Häufigkeit der Phosphornekrose komme. Er räumt ein, dass viele Arbeiter/innen zunächst selbst die Krankheit nicht wahrhaben wollten und sie solange wie möglich verschwiegen, auch aus Angst, Lohn und Brot zu verlieren. Er stellt fest, dass viele Ärzte über diese Krankheit zu wenig wüssten und oft falsche Diagnosen gäben. Er beklagt, dass informierte Ärzte, wenn sie als Fabrikärzte tätig seien, dem Unternehmer dienlich sein wollten und das wahre Ausmaß der Erkrankungen zu verschweigen suchten. So ist es sehr wahrscheinlich, dass sich hinter der bekanntgewordenen Zahl von 400 Fällen in der k. u. k.-Monarchie eine beträchtliche Dunkelziffer verbirgt. Victor Adler schätzt in seiner Parlamentsrede,[302] dass seit 1870 in Österreich-Ungarn jährlich mindestens 70 Arbeiter und Arbeiterinnen durch Phosphornekrose zu Tode gekommen seien. Das sind zum Zeitpunkt der Rede Adlers 2.660 Fälle. Wie ist Teleky in seiner eigenen Untersuchung vorgegangen?

»Ein annähernd vollständiges Bild von der Verbreitung der Nekrose unter der Arbeiterschaft bestimmter Betriebe werden wir nur dann erhalten, wenn wir unter der Arbeiterschaft der betreffenden Betriebe selbst Erhebungen über die Phosphornekrosefälle anstellen. Das Leiden ist unter der Arbeiterschaft der Zündhölzchenfabriken wohl bekannt und

301 Ebenda, S. 52 f.
302 Victor Adler, a. a. O.

ist ja als solches so wohl charakterisiert, dass orts- und personenkundige Männer aus der Arbeiterschaft vollkommen imstande sind, verlässliche Auskunft über die in einem Betriebe – oder in einer Ortschaft – vorgekommenen schwereren Nekrosefälle zu geben. Der verlässlichste Weg, der zu den sichersten Resultaten führen muss, ist es wohl, unter Führung solcher orts- und personenkundiger Leute in den Ortschaften der Zündhölzchenindustrie alle jene Personen, von denen diese ortskundigen Führer berichten, dass sie einmal an Phosphornekrose erkrankt waren oder noch an Nekrose leiden, persönlich zu untersuchen, dabei bei den Kranken selbst nach anderen Leidensgefährten – die vielleicht der Kenntnis des Führers entgangen sind – Nachfrage zu halten und auch die so Ermittelten aufzusuchen. Wenn man auf diese Weise imstande ist alle Orte, aus der sich die Arbeiterschaft einer Fabrik rekrutiert, zu besuchen, wird man auf annähernde Vollständigkeit rechnen können. Aber auch dann noch werden einem einzelne Fälle entgehen und besonders von den leichteren Fällen wird nur ein Teil zu unserer Kenntnis gelangen. Wir haben es versucht, uns auf diese Weise Kenntnis von der Häufigkeit der Phosphornekrose in einer Anzahl von Betrieben zu verschaffen. Natürlich ist die Zahl der Betriebe, bei denen wir in dieser Art Erhebungen anstellen konnten, an sich eine geringe; wir mussten uns aus äußeren Gründen darauf beschränken, das Zentrum der steirischen und der böhmischen Zündholzindustrie zu besuchen. Unsere Erhebungen erstreckten sich in der Steiermark auf die Arbeiterschaft der Fabriken in Deutsch-Landsberg und Stainz – in Böhmen auf Arbeiter der Fabriken in Winterberg, Kaltenbach, Ferchenhaid, Bergreichenstein, Alt-Langendorf, Schüttenhofen (…). Aus der Fabrik in Klattau, das von den von uns besuchten Ortschaften nicht weit entfernt ist, konnten wir selbst einzelne Fälle ermitteln.«[303]

Teleky erläutert, wie er mit seiner Frau und einzelnen Arbeitern, die ihm als »Führer« dienten, von Dorf zu Dorf, von Bauernhof zu Bauernhof wandert, um die Kranken in ihrem Heim oder bei ihrer Arbeit aufzusuchen. Er nennt die Ortsnamen Kaltenbach, Schuttenhofen, Steinz, Deutsch-Landsberg, Langendorf, Bärn, Horowitz, Klattau. Er nennt die vielen Menschen, die ihm geholfen haben; neben vielen betroffenen Arbeitern und Arbeiterinnen u. a. seine Schwester Dr. med. Dora Teleky, Hofrat Prof. von Eiselberg, Spitalleiter, Primarärzte, Assistenten. Es wurden 112 Fragebögen an alle Spitäler der Landeshauptstädte geschickt, sowie an alle Spitäler, in deren Nähe sich Zündholzfabriken befanden. Aus 39 Spitälern kamen Antworten und Angaben über Patienten und Patientinnen. Teleky listet alle Angaben, die er bekommen konnte, und alle weiteren Daten, die sich aus seinen Patientenuntersuchungen ergaben, genau auf. So kam es zu den bereits genannten 81 selbst

303 Ebenda, S. 64 f.

untersuchten und weiteren 142 berichteten Fällen. Teleky bringt die Krankengeschichten mit den Inspektoratsberichten in Zusammenhang und sieht klare Korrelationen zwischen besonders mangelhaften Arbeitsbedingungen und besonders auffälligen Krankheitshäufigkeiten. Immer wieder kommt Teleky auf die technischen Arbeitsverhältnisse zu sprechen. Er wendet sich in einem weiteren Kapitel Schutzstrategien zu, die in der überwiegenden Zahl europäischer Länder bereits umgesetzt wurden, und vergleicht sie mit der Situation in Österreich. In diesem Zusammenhang geht er schließlich auf die Aufgaben der Arbeitsmedizin im besonderen und der Medizin im allgemeinen ein. Am Beispiel der Phosphornekrose erläutert Teleky, wie stark Betriebsärzte, regional niedergelassenen Ärzte und auch viele Spitalsärzte die arbeitsbedingten Krankheitssymptome ausblendeten und Arbeitserkrankungen als schicksalhafte Erkrankungen umdeuteten.

Elend und Kampf der Textilarbeiterinnen

Die Industrialisierung in Deutschland und Österreich wurde, wie Marlene Ellerkamp[304] treffend schreibt, »vom Surren der Spindeln und dem Dröhnen der Webstühle« vorbereitet und begleitet – eine Entwicklung, die sich von der jahrhundertealten Kleinfertigung in Heimarbeit während des 19. Jahrhunderts immer mehr in große Manufakturen und Fabrikhallen verlagerte. Um die Wende zum 20. Jahrhundert arbeiteten in der deutschen und österreichischen Textilindustrie etwa eine Million Menschen, knapp die Hälfte in größeren Betrieben, ein Drittel davon Frauen.[305] Dieser Anteil steigerte sich um die Jahrhundertwende auf 50 %. Insgesamt arbeiteten zu dieser Zeit mehr als zwei Millionen Frauen in der Industrie. Bedeutende Textilbetriebe lagen in Sachsen, im Rheinland, im Elsass und in Österreich. Ende des 19. Jahrhunderts entstanden in der Unterweserregion um Bremen – in den Gemeinden Blumenthal, Grohn, Lesum, Hemelingen und Delmenhorst – Wollkämmerei- und Kammgarnspinnereibetriebe, Jutespinnereien und -webereien. Beispielhaft seien im Folgenden die Arbeits- und Lebensbedingungen der Arbeiterinnen in der Bremer »Jute« referiert.[306] Diese Arbeiterinnen wurden von Zeitgenossen – und selbst vom sonst eher zurückhaltenden Gewerbeinspektorat – als »blasse, elende Gestalten« beschrieben, die an »Blutarmut und Magenerkrankungen« litten. Die Daten der Betriebskrankenkassen bestätigen diesen Eindruck, obwohl die damalige Kasse nur

304 Marlene Ellerkamp: Industriearbeit, Krankheit und Geschlecht. Zu den sozialen Kosten der Industrialisierung Bremer Textilarbeiterinnen 1870–1914. Vandenhoeck und Ruprecht, Göttingen 1991, S. 21.

305 Ebenda, S. 23; für Österreich vgl. auch: Andreas Reich: Industriekartelle in Österreich vor dem Ersten Weltkrieg. Dunker und Humblot, Berlin 2002, S. 133 f.

306 Marlene Ellerkamp / Birgit Jungmann: Frauen in der »Jute«. In: Beiträge zur Sozialgeschichte Bremens. Heft 6 (Arbeitsplätze: Schiffahrt, Hafen, Textilindustrie 1880–1933). Universität Bremen 1983, S. 193–223.

Erkrankungen registrierte, die länger als drei Tage dauerten, und obwohl viele der jungen Arbeiterinnen sich trotz Krankheit zur Arbeit schleppten. Frauen mussten eine schwere Arbeit leisten, obwohl sie körperlich schwächer und aufgrund ihrer familiären Situation oft mehrfachbelastet waren. So nimmt es nicht wunder, dass sie – beispielsweise im Jahr 1905 – mit 50 Krankheitsfällen und 918 Tagen pro 100 Beschäftigte deutlich häufiger und schwerer krank waren als ihre männlichen Kollegen (33 Fälle und 643 Tage).[307]

In der »Jute« wie auch in der Bremer Wollkämmerei in Blumenthal[308] arbeiteten überwiegend Frauen. Wie in vielen Industriezentren Deutschlands und Österreichs nahm die Textilindustrie in Bremen eine Monopolstellung für Frauenarbeitsplätze ein. Die Textilunternehmer warben gezielt Arbeiterinnen aus den traditionellen Webereizentren in Schlesien, Böhmen und Mähren an – aus mehreren Gründen: Zum einen brauchten sie nicht lange angelernt zu werden, sie beherrschten die Grundzüge des Spinnens, Webens und weiterer Bearbeitungsschritte recht gut; zum anderen konnte man sie mit deutlich weniger Lohn abspeisen. Es waren junge polnische Frauen, unverheiratet und oft noch minderjährig, oder junge verheiratete Frauen, die ihren Ehemann mitbrachten, der sich ebenfalls in der »Jute« oder in einer Werft verdingte. Mehr als die Hälfte der »Jute«-Arbeiter/innen wohnte in werkseigenen und zumeist stark überbelegten Wohnkolonien. Die Beschäftigungsstärke war von der jeweiligen Konjunktur abhängig und schwankte zwischen einigen Hundert und einigen Tausend Beschäftigten. Die einheimische Bevölkerung pflegte ihre Ressentiments gegenüber den Jute-Arbeiterinnen. Es gab nennenswerte Sprachbarrieren, die »ausländischen Frauen« wurden von »einheimischen« bremischen Frauen oft als unliebsame Konkurrentinnen empfunden, die Arbeit in der Textilindustrie galt als »ungelernt« und als typische Arbeit des subproletarischen Milieus. In vielen Betrieben bestand um die Jahrhundertwende mehr als die Hälfte der Belegschaft aus polnischen jungen Frauen und Mädchen, die kaum deutsch sprachen und, so beispielsweise die zeitgenössische Sicht einer strengen evangelischen Lehrerin in Blumenthal, »kindlich und zutraulich, harmlos allen unbekannten Eindrücken der unbe-

307 Marlene Ellerkamp: Industriearbeit a. a. O., S. 56.

308 Volkmar Leohold: Die Kämmeristen. Arbeitsleben auf der Bremer Woll-Kämmerei. VSA, Hamburg 1986, S. 69. Anzumerken ist, dass die hervorragende Arbeit von Leohold, die viele weitere Einzelheiten und Zeitzeugenaussagen zu den Arbeitsbedingungen und Gesundheitsgefahren in der Bremer Wollkämmerei enthält, Widerspruch bei den Inhabern des 1986 noch existierenden Unternehmens hervorrief. Sie beauftragten den Hamburger Wirtschaftshistoriker Friedrich Jerchow mit einer Gegendarstellung, die zu einem erbärmlichen Legitimationsmachwerk auf der Basis der beschönigenden Zahlen der Berufsgenossenschaft geriet (Friedrich Jerchow: Zerrbild und Wirklichkeit des Arbeitslebens auf der Bremer Woll-Kämmerei. Eigendruck der Bremer Woll-Kämmerei, Bremen 1987).

kannten Veränderung hingegeben«.[309] Es häuften sich Missbrauch und Vergewaltigungen, ungewollte Schwangerschaften, Totgeburten, Abtreibungen unter erbärmlichen Bedingungen, frühe Krankheit und Tod. Es häuften sich Streitereien und gewaltsame Auseinandersetzungen zwischen jungen Deutschen und jungen Polen. Besonderes Misstrauen wurde der katholischen Geistlichkeit entgegengebracht, die den Menschen Raum bot, ihre eigene Kultur, Sprache und Religion zu leben. Sowohl gesellschaftlich als auch betrieblich ist von jahrzehntelangen tiefen Spaltungen und Segmentierungen auszugehen. Die Meister-, Aufseher- und Antreiberpositionen waren ausschließlich von Männern besetzt, die auch besonders schwere Transportarbeiten übernahmen. Die Arbeit der Frauen war kaum weniger schwer, zugleich aber wesentlich länger, zwölf Stunden mit maximal einer kleinen Pause, im Akkord, monoton, laut, staubig und – wie ein zeitgenössischer Gewerbehygieniker einräumte[310] – »nervtötend«.

Die Gesundheitsgefahren waren enorm und spiegelten sich, auch aufgrund der hohen Fluktuation, in den Krankenkassendaten nur unzureichend wider. Schon beim Öffnen und Sortieren der Pflanzenfasern waren die Frauen massiven Staubkonzentrationen ausgesetzt. Die Gewerbehygiene wusste bBescheid über die möglichen Gesundheitsschäden, insbesondere diejenigen der Atemwege und der Lungen: Schleimhautreizungen, Husten, Bronchitis und Lungenentzündung waren allgegenwärtig. Zusätzlich tat die überall vorhandene Emulsion aus Robbentran, Petroleum und Mineralölen, auch Zusätze von Seife, Soda, Ammoniak und anderen Stoffen, ein Übriges: »Ekzeme und Furunkeln waren die Kennzeichen nicht nur der Beschäftigten in der Vorbereitung, sondern der Juteindustrie überhaupt.«[311] In der gesamten Produktionskette, von der Vorbereitung und Karderei über die Spinnerei und Weberei bis zur Nachbereitung und Appretur gab es Staubbelastungen, Feuchtbelastungen, Giftbelastungen durch Färbemittel, extreme Vibrations- und Lärmbelastungen, einseitige körperliche Fehlbeanspruchungen – Steharbeit, Zwangshaltungen, statische Arbeit in Rumpfbeugehaltung, Überkopfarbeit usw. – und immer wieder Schwerstarbeit und Unfallgefahren. So mussten die Arbeiterinnen an den Webstühlen in die laufende Maschine fassen, wenn sie »schlechte Stellen« in den Kettenfäden sahen, mussten sie herausschneiden und wieder anknüpfen. Quetschungen und schwerere Hand- und Fingerverletzungen blieben nicht aus. Doch viele Frauen meldeten die Unfälle nicht, versorgten sich notdürftig selbst und arbeiteten trotz Schmerzen und Behinderungen weiter, um ihren Arbeitsplatz nicht zu verlieren. Chronische Schäden stellten sich über kurz oder lang ohnehin ein: rheumatische Beschwerden, gravierende Muskel-Skelett-Erkrankungen, Zirkulationsstörungen,

309 Tami Oelfken: Maddo Cklüver (Roman), zit. in: Volkmar Leohold, a. a. O., S. 25.
310 Ebenda, S. 79.
311 Marlene Ellerkamp: Industriearbeit a. a. O., S. 76.

Krampfadern, Lageveränderungen der Gebärmutter und andere Unterleibsprobleme, Unterschenkelgeschwüre und vieles mehr. Im Sommer wurde es in der Jute – wie in allen Textilbetrieben der damaligen Zeit – unerträglich heiß. Die Arbeiterinnen litten an Auszehrung, Entkräftung und einem deutlich vorzeitigen Altern. Es bedarf wenig Phantasie, sich das traurige Panorama weiterer Schädigungen vorzustellen: Schwangerschaftsstörungen, Aborte, Fehl- und Totgeburten. Diese Verhältnisse waren nicht etwa die Ausnahme eines besonders unmenschlichen Produktionsbetriebes in Bremen, sondern die Regel in der damaligen Welt. Ein bürgerlicher Bericht von 1894 über die Wuppertaler Textilindustrie lässt keinen Zweifel an den erdrückenden Arbeitsverhältnissen:

> »Wer heute einen der großen Säle einer Wuppertaler Riemendreherei betritt, bleibt im ersten Augenblick sprachlos inmitten des ihn umtosenden Höllenlärms stehen. Zwanzig bis dreißig in Gang befindliche, durch Dampf getriebene Riementische verursachen ein Getöse, dass es dem Unkundigen scheint, auch der stärkste Mann müsste davon taub werden, müsste es auf die Dauer nicht ertragen können. Dazu herrscht im Saale eine drückende, schwüle Atmosphäre, die Luft ist erfüllt von Wolken feiner Woll- und Baumwollfäserchen, die durcheinander wirbeln, es riecht nach Maschinenöl, nach den Ausdünstungen vieler Menschen. Schon der bloße Aufenthalt in diesem Raume erscheint als ungesund, um wie viel mehr muss nicht die langstündige, intensive Arbeit in demselben gesundheitsschädigend sein! Und doch sind hier zahlreiche Frauen und halbwüchsige Mädchen tagaus tagein elf Stunden und oft noch länger beschäftigt, denn auch die Textilindustriellen des Wuppertales haben ausgiebigen Gebrauch von den Ausnahmebestimmungen gemacht, welche die Behörden in Betreff des Maximalarbeitstages für Frauen bewilligen können.«[312]

Die Härte der Arbeit und die Härte des sozialen Kontextes waren untrennbar miteinander verschränkt. In einem Zeitungsbericht aus Blumenthal von ist 1904 über eine Arbeiterin zu lesen:

> »Sie ist der Rohheit ihrer männlichen Vorgesetzten wehrlos preisgegeben. Die geringsten Versehen tragen ihr Stöße und Schläge ein. Kosenamen wie ›Saustück‹ und ›verfluchtes Frauenzimmer‹ sind an der Tagesordnung. Der kammgewaltige Obermeister Risse packt die Arbeiterin, die seiner Meinung nach zu lange auf dem Abort zubringt, am Arm, reißt sie herunter und bugsiert sie mit einigen kräftigen Schlägen an ihren Arbeitsplatz.«[313]

312 Die Gleichheit, Jg. 4, Heft 17, zit. nach: Inge Frick et al.: Frauen befreien sich. Frauenbuchverlag, München 1976, S. 26.

313 Zit. in: Volkmar Leohold, a. a. O., S. 66.

Die menschenunwürdigen Verhältnisse hielten sich noch Jahrzehnte. Die Textilunternehmer zeigten sich trotz vielfacher Beanstandungen, Mahnungen und Auflagen der Gewerbeaufsicht wenig gewillt, diesen Folge zu leisten und die Arbeitsverhältnisse zu verbessern. Das zeigen Befragungsergebnisse des Textilarbeiterverbandes Anfang der 1920er Jahre. Eine Schwangere berichtet:

> »Obwohl ich anfangs nichts merkte, und es mir immer ganz wohl war, wurde mir mit der Zeit die Fabrikluft immer unerträglicher. Auch kann ich sagen, dass ich fast täglich starke Schwächeanfälle hatte und mir die Arbeit zeitweilig sehr lästig wurde. Ich litt sehr an Rückenschmerzen und Krampf im ganzen Unterkörper und in den Beinen.«[314]

Die Wiener Arbeiterkammer führte 1931 eine groß angelegte Studie über die Lage der Arbeiterinnen durch. Es wurden 4000 Fragebögen ausgegeben, in denen auch offene Fragen formuliert waren. Angeregt, vorangetrieben und ausgewertet wurde die Aktion von der österreichischen Sozialforscherin und Sozialistin Käthe Leichter,[315] die 1932 die Studie »So leben wir. 1320 Industriearbeiterinnen berichten über ihr Leben« veröffentlichte.[316] Neben Hutarbeiterinnen und Holzarbeiterinnen liegen die Textilarbeiterinnen bei gesundheitlichen Schäden weit über dem Durchschnitt. Die Studie nennt Einzelheiten:

> »(…) Arbeiterinnen der Jutespinnereien, die den schädlichen Jutestaub, die Strickereiarbeiterinnen, die den Wollstaub einatmen. Hadern-Sortie-

314 Deutscher Textilarbeiterverband (Hg.): Erwerbsarbeit, Schwangerschaft, Frauenleid. Die Aktion des deutschen Textilarbeiterverbandes betreffs Besserung des Loses erwerbstätiger schwangerer Frauen. Berlin 1925, S. 16. Eine Ahnung von der Schwere und den extremen körperlichen Belastungen der Arbeit in der damaligen Textilindustrie vermittelt das großartige Bild von Max Liebermann »Flachsscheuer in Laren«. Das Bild entstand 1887, besitzt aber im Vergleich mit den 1925 veröffentlichten Fotografien – trotz weiterer Mechanisierung – hinsichtlich der weiterhin bestehenden unergonomischen Bedingungen der Arbeit auch für die 1920er Jahre volle Geltung.

315 Käthe Leichter (1895–1942) entstammte einer wohlhabenden jüdischen Familie in Wien. Sie war entschiedene Kriegsgegnerin, wurde in Sozialwissenschaften von Max Weber in Heidelberg promoviert, schloss sich der sozialistischen Bewegung an und trat nach der Novemberrevolution für eine entschiedene Verbesserung des Arbeiterinnenschutzes ein. Sie leitete das erste Frauenreferat der Arbeiterkammer in Wien. Unter ihrer Federführung entstanden viele wichtige Studien zur Lage der Arbeiterinnen in Österreich. Nach der Machtübernahme durch die Austrofaschisten arbeitete Käthe Leichter im Untergrund. Durch eine gezielte Indiskretion gelangte sie 1938 in die Hände der Nazis. 1940 wurde sie ins KZ Ravensbrück überführt und 1942 im Alter von 42 Jahren in der NS-Tötungsanstalt Bernburg mit Giftgas ermordet. Vgl. Herbert Steiner (Hg.): Käthe Leichter. Leben, Werk und Sterben einer österreichischen Sozialdemokratin. Ibera und Molden, Wien 1997.

316 Käthe Leichter: So leben wir. 1320 Industriearbeiterinnen berichten über ihr Leben. Arbeit und Wirtschaft, Wien 1932.

rerinnen, die Staub und Infektionen ausgesetzt sind, erleiden Schädigungen der Lunge und schwere Katarrhe. Auch die Augen werden häufig durch den Staub geschädigt. Herzschäden sind bei den Textilarbeiterinnen besonders häufig: Die Arbeiterinnen der Färbereien und Wäschereien müssen schwere Ballen mit Wäsche, die Spulerinnen schwere Spulen heben, die Strickereien schwere Wagen schieben. Gelenkentzündungen werden durch die Arbeit in der heißen Luft der Wäschereien und Färbereien hervorgerufen. Hier sind auch Rheuma und Ischias zu wahrhaft verheerenden Berufskrankheiten geworden. In Hitze und Dampf wird gearbeitet, die unerträglich heiße Luft der Trocken- und Färberäume mit der Kälte des Hofes vertauscht.«[317]

Die inhumanen Arbeits- und Gesundheitsverhältnisse in der Textilindustrie änderten sich in den folgenden Jahrzehnten kaum. Die Inhumanität existierte weiter und wurde später nach Südeuropa und schließlich Asien exportiert. Zurück zu den 1920er Jahren: Vielsagend war und ist das Ergebnis eines Preisausschreibens des Textilarbeiterverbandes, in dem Arbeiterinnen aufgefordert wurden, »einmal wahrheitsgetreu und ausführlich den Verlauf eines Arbeitstages und eines Wochenendes« zu beschreiben. Es trafen 150 Berichte ein.[318] Darin fielen die Arbeitsbeschreibungen meist relativ kurz aus, teilweise fast neutral, teilweise eher im Sinne einer Qual, die eben durchzuhalten sei, wobei zugleich die Träume vom Sonntag, von Wiesen, Blumen, Natur und Heimat erstaunlich viel Raum einnahmen. Neben der Klage über Hitze, Staub und Lärm laufen die Berichte auf die Feststellung hinaus, dass die Arbeit den Menschen die Zeit zum Leben stehle. Das Leben wird in bunten und sinnlichen Farben geschildert, fast durchgängig ist die Präsenz einer schmerzlich vermissten lebendigen Leiblichkeit spürbar.

Es lässt sich leicht ermessen, dass unter den geschilderten Arbeits- und Lebensbedingungen eine allgemeine und vor allem politische Weiterbildung, insgesamt eine Organisierung außerordentlich schwierig sein musste. Ellerkamp/Jungmann[319] und Reining[320] berichten von spontanen Aktionen und Streiks, die nicht oder nur selten von dem Verband der Textilarbeiter und Textilarbeiterinnen, später aber von oppositionellen Gewerkschaftsgruppen aufgenommen und mitgetragen wurden. Der Alltag der Arbeiterinnen war eine durch Fabrikarbeit geprägte Existenz, die wahrscheinlich von nieman-

317 Ebenda, S. 34.

318 Deutscher Textilarbeiter-Verband (Hg.): Mein Arbeitstag – mein Wochenende. 150 Berichte von Textilarbeiterinnen. Textilpraxis, Berlin 1930.

319 Marlene Ellerkamp / Birgit Jungmann, a. a. O., S. 206.

320 Elke Reinig: Arbeitsbedingungen und Arbeitskämpfe in der Bremer Jute 1924–1933. In: Beiträge zur Sozialgeschichte Bremens. Heft 6 (Arbeitsplätze: Schiffahrt, Hafen, Textilindustrie 1880–1933). Universität Bremen 1983, S. 225–260.

dem genauer beschrieben wurde als von Simone Weil:[321] ein von dauernder Erschöpfung bestimmtes Dasein und eine Abgestumpftheit, die keinen klaren Gedanken zulässt. Umso bemerkenswerter ist die Charakterisierung des weiblichen proletarischen Milieus, die wir bei Adelheid Popp[322] finden, der großen österreichische Frauenrechtlerin und Sozialistin. Adelheid Popp, selbst jahrelang ungelernte Textilarbeiterin, erzählt, dass »Fabrikmädchen« und Fabrikarbeiterinnen, entgegen den landläufigen Ressentiments, primitiv und leichtsinnig zu sein, erstaunliche Alltagssolidarität zeigten:

> »Ich sah bei meinen Kolleginnen, den verachteten Fabrikarbeiterinnen, Beispiele von außerordentlichem Opfermut für andere. Wenn in einer Familie besondere Not ausgebrochen war, dann steuerten sie die Kreuzer zusammen, um zu helfen. Wenn sie zwölf Stunden in der Fabrik gearbeitet hatten und viele noch eine Stunde Weges nach Hause gegangen waren, zertrennten sie ihre Kleider, um sich nach den einzelnen Teilen ein neues zuzuschneiden, das sie in der Nacht und am Sonntag nähten.«[323]

Allen Widrigkeiten zum Trotz verschafften sich die Textilarbeiterinnen und Textilarbeiter immer wieder in spontanen Streikaktionen Luft. Immer wieder ging es um die Frage der Arbeitszeit, die von den Unternehmern oft willkürlich heraufgesetzt wurde. Oder es ging um Lohnabzüge, weil die Pause nicht mehr bezahlt wurde. Oder es ging um beides: Ausdehnung der Arbeitszeit und Herabsetzung der Löhne. Der Historiker der deutschböhmischen Arbeiterbewegung schreibt: »Im Frühjahr 1899 streikten die Textilarbeiter des Nachoder Gebietes, im Herbst die von Zwickau. Der schwerste dieser Textilarbeiterkämpfe war jedoch der Streik der Brünner Textilarbeiter, der am 26. April begann, acht Wochen dauerte, und an dem 6000 Männer und 5000 Frauen beteiligt waren. Der Kampf dieser armen ausgebeuteten Menschen, deren Wochenlohn drei bis vier Gulden betrug, die von Unternehmern und Betriebsleitern brutal behandelt und durch allerlei Kniffe bei der Lohnauszahlung betrogen wurden, endete mit einem Kompromiss. Der zehnstündige Arbeitstag wurde nicht durchgesetzt, wohl aber eine Lohnerhöhung.«[324] Die

321 Simone Weil: Fabriktagebuch und andere Schriften zum Industriesystem. Suhrkamp, Frankfurt am Main 1978.

322 Adelheid Popp (1869–1939) gilt als einer der bedeutendsten Vorkämpferinnen einer Gleichberechtigung zwischen Mann und Frau, die sie nur in einer sozialistischen Gesellschaft für verwirklichbar hielt. Sie arbeitete als junge Frau täglich zwölf Stunden in einem Textilbetrieb und brachte sich selbst in den Abend- und Nachtstunden Lesen und Schreiben bei. Vgl. dazu: Adelheid Popp: Aus den Jugenderinnerungen einer Arbeiterin. In: Deutscher Gewerkschaftsbund (Hg.): Aus den Lebensberichten deutscher Fabrikarbeiter. Schriftenreihe für Jugendarbeit, Heft 5. Albert Limbach, Braunschweig o. J., S. 40–55.

323 Ebenda, S. 48 f.

324 Emil Strauß, Band II, a. a. O., S. 92 f.

Wiener Textilarbeiterinnen brachten während der 1890er Jahre mehrfach ihre Wut in Protestaktionen und Streiks zum Ausdruck.[325] Die aufsehenerregendsten und historisch nachhaltigsten Streikkämpfe in der Textilbranche fanden in der sächsischen Textilstadt Crimmitschau statt.[326] Dort gab es schon in den Jahren 1882, 1884 und 1887 Streiks um höhere Löhne. Die schrecklichen und auslaugenden 11- und 12-Stunden-Schichten waren in den folgenden Jahren immer wieder Gegenstand von Auseinandersetzungen. Von August 1903 bis Januar 1904 glich die kleine sächsische Industriestadt einem Schlachtfeld. In einem 21-wöchigen Kampf fochten die Crimmitschauer Textilarbeiter und Textilarbeiterinnen für den Zehnstundentag. Am 22. August 1903 stellten 26 Spinnereien, 52 Webereien und vier Färbereien mit insgesamt knapp 9000 Arbeiter/innen ihre Arbeit ein. Gegen den Einsatz von Streikbrechern, die nach Crimmitschau gekarrt wurden, wehrten sich die Streikenden mit Betriebsblockaden, was um den Jahreswechsel 1903/04 zur Verhängung des Belagerungszustands führte. Polizei und Militär bestimmten das Bild. Die Gewerkschaftsführung knickte ein und brach den Streik ohne Ergebnis ab. Erst 1908 beschloss der Reichstag die Begrenzung des Arbeitstages auf zehn Stunden.

Es waren vorwiegend ungelernte Frauen, die kompromisslos kämpften, und vorwiegend gelernte Männer, die kompromissbereit waren oder sich dem Druck des Staates beugten. Dies zeigte sich auch in anderen Arbeitskämpfen, in Augsburg, Erlangen, Nürnberg, München, Coesfeld und in der Bremer Region.[327] Zwar waren Frauen kaum bereit, sich gewerkschaftlich zu organisieren. Sie waren aber in den Kämpfen deutlich überrepräsentiert. Sie waren die vorwärtstreibende Kraft; sie litten am meisten unter den Verhältnissen. Es ließe sich auch sagen: Sie waren in der Textilindustrie deutlich stärker als die Männer leiblich belastet, leiblich herausgefordert und daher auch leiblich empört, wenn sie Möglichkeiten sahen, ihre Empörung emotional zuzulassen, zu artikulieren und in Aktionen umzusetzen. Fast regelmäßig begannen die Streiks spontan und ohne Unterstützung des Verbandes, so auch in der »Jute« in Bremen 1911/12.[328] 114 Tage dauerte der Streik, an dem sich 85 % der 1400 Arbeiterinnen und 66 % der 600 Arbeiter aktiv beteiligten. Der Ausstand griff auf weitere Textilwerke der Region über. Marlene Ellerkamp resümiert, dass die oft ungeplanten, ungestümen, eruptionsartigen und »wenig durchdachten« Kampfformen der Frauen die Gewerkschaften vor massive

325 Christian Koller, a. a. O.

326 Vgl. zum Folgenden: Karl-Heinz Wild: Um eine Stunde fürs Leben. Nach Dokumenten und Erinnerungen erzählt. Neues Leben, Berlin 1957.

327 Marlene Ellerkamp: Die Feminisierung einer Männerbastion. Gewerkschaftliche Frauenpolitik in der Textilindustrie vor 1914. In: Internationale wissenschaftliche Korrespondenz zur Geschichte der deutschen Arbeiterbewegung, Jg. 34, 1998, S. 396–411.

328 Ebenda, S. 404 f.

Probleme stellte. Diese hatten das Zeil vor Augen, »rationale und regelhafte Formen des Konfliktaustrages durchzusetzen«.[329]

Der gesetzliche Schutz der Arbeiterinnen bzw. der Frauenarbeitsschutz war aus je unterschiedlichen Provenienzen ein Dauerthema des ausgehenden 19. Jahrhunderts bis weit ins 20. Jahrhundert hinein. Die bürgerliche Welt war besorgt um Sittlichkeit, Moral und nicht zuletzt Bestand des deutschen bzw. deutschösterreichischen Volkes. Der Sozialdemokratie war es um die Emanzipation der Frauen aus unterwürfigen sozialen Lagen im Betrieb wie in der Gesellschaft zu tun. Doch auch die Sozialdemokratie war nicht frei von biologistischer Rollenzuweisung. Die zweite sozialdemokratische Frauenkonferenz, die 1902 in München unter Beteiligung österreichischer Sozialistinnen stattfand, forderte für alle erwachsenen Arbeiterinnen die Einführung des Achtstundentages, für 16–18jährige Mädchen die Herabsetzung der täglichen Arbeitszeit auf sechs Stunden und für die 14–16jährigen Mädchen einen maximal vierstündigen Arbeitstag.[330] Sie SPD- und SAPD-Frauen forderten das »Recht der Schwangeren auf kündigungslose Einstellung der Arbeit 4 Wochen vor der Niederkunft«, das »Verbot der Beschäftigung von Frauen 8 Wochen nach der Niederkunft«, ein Pflegegeld für Schwangere und Wöchnerinnen in der Höhe des ausfallenden Lohns, Entbindungsanstalten, Schwangeren- und Wöchnerinnenheime, Wöchnerinnenhauspflege durch die Gemeinde und die Errichtung von »Beschäftigungsanstalten für stillende Mütter«.[331] Adelheid Popp setzte sich vehement für die Unterstützung der Heimarbeiterinnen ein, für die eine gesonderte gewerkschaftliche Organisation unabdingbar sei, um insbesondere um eine Verbesserung des Bezugs von Kranken-, Schwangeren- und Leichengeld zu kämpfen.[332] Auch wurde um eine Mutterschaftsversicherung gestritten, die von Clara Zetkin abgelehnt wurde.[333] Dies sei ihrer Meinung nach nur in einer sozialistischen Gesellschaft zu verwirklichen. Lily Braun forderte, die Frauen aus der gefährlichen Bleiweißexposition der Textilindustrie herauszunehmen, da Blei nicht nur die Frauen selbst, sondern über die Muttermilch auch die Kinder vergifte.[334] Insgesamt sahen die deutsche und österreichische Sozialdemokratie in August Bebels Buch »Die Frau und der Sozialismus« das non plus ultra der Frauenbefreiung. Die Frau sollte »durch Arbeit« von allen tradierten Abhängigkeiten befreit werden. Vor dem Hintergrund des Proletarierinnenelends musste die-

329 Ebenda, S. 405.

330 Bericht über die zweite sozialdemokratische Frauenkonferenz. In: Wolfgang Ayass (Hg.): Ausbau und Differenzierung der Sozialpolitik seit Beginn des neuen Kurses (1890–1904), 3. Band: Arbeiterschutz. Akademie der Wissenschaften, Main 2005, S. 568–577.

331 Ebenda, S. 569.

332 Ebenda, S. 575.

333 Ebenda, S. 573.

334 Ebenda, S. 571.

ses »Befreiungsprogramm« zugleich zu eklatanten inneren Widersprüchen führen, die nur rhetorisch, nicht aber real zu lösen waren.

Im Auftrag des Verbandes der deutschen Textilarbeiter und –arbeiterinnen erstellte der Münchner Hygieniker-Ordinarius Max von Gruber anlässlich des Streiks in Crimmitschau 1903 ein Gutachten, in der er die schwere Arbeit der Frauen beschrieb und die Berechtigung der Forderung nach Arbeitszeitverkürzung unterstützte.[335] Zugleich gibt dieses Dokument Auskunft über die weithin akzeptierten patriarchalen Rollenzuschreibungen und –zumutungen, denen Frauen unterlagen. »Das ununterbrochene Heben und Hin- und hertreten am Webstuhl ist an sich eine bedeutende Muskelleistung, und die aufmerksame Bedienung so rasch gehender Maschinen stellt sehr hohe Anforderungen an das Nervensystem. (…) Die Einatmung der feinen Fäserchen von Wolle und Baumwolle, die bei der Verarbeitung der Garne abgestoßen werden, begünstigt die Entstehung der Lungenschwindsucht, von Katarrhen und anderen Krankheiten der Atmungsorgane. (…) Dass eine elfstündige Arbeitszeit für Frauen zu lang ist, dass sie die Gesundheit der Frauen und unmittelbar auch die der Kinder und des Mannes schädigt, ist unbestreitbar. Für Frauen und Mädchen, welche neben der Gewerbsarbeit auch noch häuslich tätig sein müssen, halte ich den neun- bis zehnstündigen Arbeitstag in allen Industrien für das Maximum des Zulässigen.«[336] Im renommierten Handbuch der Hygiene widmet die Ärztin, Sozial- und spätere Rassenhygienikerin Agnes Bluhm[337] dem Thema Frauenarbeitsschutz ein eigenes Kapitel. Ausgangs-, Dreh- und Angelpunkt ihrer Überlegungen ist die Sorge um Gebärfähigkeit und Mutterschaft und, sollten diese unter der Industriearbeit leiden, »die wachsende Bedrohung der Volksgesundheit«.[338] Bluhm ging von einer im Vergleich zu Männern grundsätzlich gebrechlicheren Konstitution der Frauen aus.[339] Deren Gesundheit musste vor allem insofern geschützt werden, als sie ihre Verpflichtung erfüllen, d. h. in der Lage sein sollten, gesunde Kinder zu gebären und aufzuziehen. Neben einem Plädoyer

335 Abgedruckt in: Karl-Heinz Wild, a. a. O. S. 55–57.

336 Ebenda.

337 Agnes Bluhm: Hygienische Fürsorge der Arbeiterinnen und deren Kinder. In: Theodor Weyl (Hg.): Handbuch der Hygiene. VII. Band »Gewerbehygiene«, Allgemeiner Teil, 1. Abteilung. Johann Ambrosius Barth, Leipzig 1914, S. 1–71. Agnes Blum (1862–1943) war Gynäkologin, Genetikerin und – zusammen mit Max von Gruber, Wilhelm Schallmayer, Alfred Grotjahn und vielen anderen – 1905 Gründungsmitglied der deutschen Gesellschaft für Rassenhygiene.

338 Ebenda, S. 23.

339 Diese Sichtweise findet man in der arbeitsmedizinischen Literatur bis in die 1980er Jahre. Vgl. dazu die ausgezeichnete Arbeit von Birgit Schmitz: Frauenarbeitsschutz – Medizinische, insbesondere gewerbehygienische Argumentation während des Kaiserreiches und der Weimarer Republik. Medizinische Dissertation am Fachbereich Humanmedizin der Goethe-Universität, Frankfurt am Main 1990.

für mehr Turnen und Bewegung, um den weiblichen Körper zu stärken, setzte sich Bluhm dafür ein, Mädchen erst ab dem 16. Lebensjahr zur Fabriksarbeit zuzulassen. Verheiratete Frauen sollten ebenfalls von der Fabriksarbeit ausgeschlossen werden, um ihrer eigentlichen Rolle als Hausfrau und Mutter nachzukommen. Sie beklagt »ungenügenden Verdienst und Arbeitslosigkeit des Mannes, Krankheit oder Tod, Trunksucht und sonstige Verlumptheit des Ernährers«,[340] also Faktoren, welche die verheiratete Frau zur Erwerbsarbeit zwängen. Daher sei ein systematischer Schwangeren- und Wöchnerinnenschutz vonnöten. Für alleinstehende proletarische Mütter forderte Bluhm für jeweils 4 Wochen vor und nach der Geburt Arbeiterinnenheime mit engmaschiger sozial- und gesundheitspflegerischer Hilfe, Anleitung und Kontrolle. Zudem forderte sie Stillkrippen in oder in unmittelbarer Nähe der Fabrik, in denen die Säuglinge betreut werden und die Mütter sie in den Pausen stillen sollten.

Frauenarbeitsschutz entsprang also ursprünglich keinen präventiv-arbeitsmedizinischen Motiven. Er war zuallererst ein Schutz aus gynäkologischer Sicht. Noch bis in unsere Tage wurden Frauen vor Bleivergiftungen nur während des gebärfähigen Alters geschützt.[341] Auf der einen Seite wurden Frauen nicht als eigenständige menschliche Wesen wahrgenommen, deren Gesundheit auch ohne Mutterschaft vollwertigen Schutz erforderte, sondern nur als Ehefrauen und Mütter. Auf der anderen Seite schimmert durch die gesamte Argumentation des Frauenarbeitsschutzes – bis in unsere Tage – eine »Pathologisierung von Menstruation, Schwangerschaft und Geburt«[342] durch. Für die bürgerliche Welt bis weit hinein in die männlich-handwerkliche Welt der Sozialdemokratie wurde die Frau nur – oder weitgehend – als Gattin und Mutter akzeptiert. Der sozialistischen Frauenbewegung gelang es nicht, weil ihre Ausrichtung widersprüchlich und halbherzig war, diese Zuschreibungen zu durchbrechen. Im Ergebnis konnte sich ein konsequenter Arbeiter- und Arbeiterinnenschutz, der auch von diesen getragen worden wäre, nicht etablieren. Es wurde immer nur so viel Schutz durchgesetzt, wie es den herrschenden ökonomischen und politischen Eliten bevölkerungspolitisch opportun erschien. Von einem effektiven Gesundheitsschutz der arbeitenden Frauen konnte keine Rede sein. Staatliche Maßnahmen blieben Stückwerk, und das mussten sie auch, da eine wesentliche Veränderung der gesellschaftlichen Verhältnisse, d. h. eine menschengerechte Form von Leben und Arbeiten, nicht intendiert, ja: geradezu als Schreckgespenst gefürchtet war. Je nach Konjunkturlage, vor allem nach Kriegs- oder Friedenslage, wurden die Frauen in die Industrieproduktion getrieben oder wieder aus ihr gedrängt. Je nach ökonomischer oder politischer Lage änderten sich die

340 Agnes Bluhm, a. a. O., S. 27
341 Birgit Schmitz, a. a. O., S. 8.
342 Ebenda, S. 11.

Familienkonzepte, die man den arbeitenden Massen aufzwängte. Einmal sollte die Frau nur Mutter sein, ein anderes Mal sollte sie die Produktion aufrecht erhalten – wie im Ersten und Zweiten Weltkrieg.

Erster Weltkrieg: Wahllose Menschenzerstörung

Um die Wende zum 20. Jahrhundert waren die Würfel gefallen: Die expandierenden nationalen Kapitale wurden zusehends aggressiv und zerstörerisch, nach innen wie nach außen. Ein damit verwobener Fortschrittsmythos ergriff die Herzen und Hirne der Menschen. Die Klassenkämpfe waren entweder aus Not, Elend und Verzweiflung geborene Abwehrkämpfe oder – unterstützt und unterfüttert von der Sozialdemokratie – Verteilungskämpfe bei grundsätzlicher Akzeptanz kapitalistischen Wachstums. Nur wenige widerstanden dem Wachstums- und Verwertungswahn, nur wenige erkannten das wachsende Destruktionspotential. Zu ihnen zählt der fränkische Schriftsteller Bernhard Kellermann.[343] In seinem Roman »Der Tunnel«[344] berichtet er von einem fiktiven Tunnelbauprojekt, das Europa und Amerika verbinden sollte. »Die Welt wurde fortgerissen von dem sausenden Treibriemen, der um den Erdball fegte, und wer das Zittern bekam und den Atem verlor, stürzte ab und zerschmetterte, und niemand kümmerte sich um ihn (…). Das Leben war heiß und schnell, wahnsinnig und mörderisch, leer, sinnlos. Tausende warfen es fort.«[345] Kellermann beschreibt, wie Wälder abgeholzt, Kraftwerke und Wohnsiedlungen errichtet werden, wie Menschen bis zur Besinnungslosigkeit schuften, rauschhaft und aufopferungswillig. Es kommt zum großen Unglück: Eine Explosion tötet 3000 Menschen. Als hätte Kellermann die Worte eines Carl Bosch vorausgeahnt, die diesem nach der schrecklichen Explosionskatastrophe 1921 in Ludwigshafen-Oppau einfielen, lässt er seinen Protagonisten angesichts der wütenden und streikenden Arbeitermassen ausrufen: »Das Schicksal ist stärker als ein Mensch. Die Arbeit hat die Dreitausend getötet! Die Arbeit tötet täglich auf der Erde Hunderte! Die Arbeit ist eine Schlacht, und in einer Schlacht gibt es Tote!«[346] Kellermann spürte das Schreckliche, auch wenn er nicht in der Lage war, das Erspürte begrifflich genauer zu fassen,.

343 Bernhard Kellermann (1879–1951) gehört zu den großen Schriftstellern der Weimarer Republik. Sein Roman »Der Tunnel« erreichte eine Auflage von einer Million. Kellermanns Einsatz für die neu gegründete DDR machte ihn im Westen zu einer Persona non grata.

344 Bernhard Kellermann: Der Tunnel. Fischer, Berlin 1913.

345 Ebenda, S. 120 f.

346 Bernhard Kellermann: Der Tunnel. Veränderte Auflage 1925. E-PUB-Ausgabe (https://www.gutenberg.org/ebooks/44489), S. 175.

Deutschland schickte 13,5 Millionen und Österreich-Ungarn weitere 7,8 Millionen junge Männer in den imperialistischen Krieg.[347] Alle Kriegsparteien zusammengenommen, wurden 72 Millionen Soldaten ins Feld geschickt. Die Bilanz: 10 Millionen Gefallene, darunter 3,5 Millionen jungen Deutsche und Österreicher, auf jeden Gefallenen kamen zwei Verwundete, von denen in den Jahren darauf viele – die genaue Zahl ist nicht bekannt – an den Folgen starben. Die Verwundeten waren zumeist »Kriegskrüppel«: amputierte Gliedmaßen, entstellte Gesichter, Kopfverletzungen, schwere Organschäden und vor allem psychische Traumata, deren Ausmaß für Nichtkriegserfahrene kaum vorstellbar ist. Der Krieg: eine gigantische Materialschlacht, in deren Folge zerstückelte Körper und zerstückelte Seelen zurückblieben, deren Träger sich zwischen Verzweiflung und Zynismus zu orientieren versuchten. Otto Dix[348] hat 1915, noch bevor er an der Front war, seine Eindrücke im »Selbstbildnis als Mars« festgehalten.[349] »Im Wirrwarr von undefinierbaren Formen erscheinen umstürzende Häuserzeilen, wankende Kirchtürme, kahle Baumsilhouetten, Totenschädel, Gräberkreuze, leidvoll verzogene Gesichterfratzen mit aufgerissenen blutenden Mündern, zahlreiche Augen und nicht zuletzt rote, im Sprung begriffene Pferde. Die einzelnen Formen und Gegenstände gehen wild ineinander über. Sie scheinen ungeordnet um den übergroßen Dixschen Kopf zu rotieren. (…) Die Welt wird in einem infernalen, chaosähnlichen Urzustand gezeigt. Die Grundfesten dieser Welt, die Natur und menschliche Erzeugnisse sind ins Wanken geraten und können neu geordnet werden. Menschen werden auf polygonale Fratzen und einzelne Körperteile reduziert.«[350] Zahllose schriftliche Zeugnisse, die in oder nach dem Krieg niedergeschrieben wurden, lassen das Erleben einer fundamentalen Fragmentierung der Personen und ihrer Leibkörper erahnen. Wenn Ernst Jünger später die Kriegserfahrungen und deren leibkörperliche Ebene mit »Arbeit« in Beziehung setzt, ist dies, unabhängig von der reaktionären und kriegsverherrlichenden Absicht Jüngers, nicht ganz von der Hand zu weisen. Was Jünger fasziniert, ist – in kritischer Perspektive – das Schreckliche, Furchtbare, Menschenverachtende. Die Materialschlachten konnten in gewisser Weise als Fortsetzung der Produktionsarbeit, als finale Anwendung und Verschleiß der

347 Sönke Neitzel: Blut und Eisen. Deutschland im Ersten Weltkrieg. Pendo, Zürich 2003; derselbe: Deutschland im Ersten Weltkrieg. Bebra, Berlin 2008; Wolfgang U. Eckart: Medizin und Krieg. Deutschland 1914–1924. Schöning, Paderborn 2014.

348 Otto Dix (1891–1969) hat wie kaum ein anderer Maler die Schrecken, aber auch die schreckliche Faszination der beiden Weltkriege in Bilder umgesetzt.

349 Das Bild findet sich im Internet unter: http://www.artefakt-sz.net/wissenschaftliche-aufsaetze/visualisierung-des-kriegserlebnisses-das-selbstbildnis-als-mars-von-otto-dix-und-die-kriegszeichnungen-1915-1918.

350 Friedericke Voßkamp: Visualisierung des Kriegserlebnisses. Das »Selbstbildnis als Mars« von Otto Dix und die Kriegszeichnungen 1915–1918. In: Artefakt – Zeitschrift für junge Kunstgeschichte und Kunst. Ausgabe v. 1.11.2009 (www. artefakt-sz. ne).

hergestellten Güter aus Stahl und Chemie verstanden werden. Für Jünger ist Arbeit ohnehin Krieg, und Krieg Arbeit; der arbeitende Mensch ist eingebunden in ein Geflecht von Technik, Maschinen, Energieströmen und Menschen. Die technische Welt reißt alle ihre toten und lebendigen Bestandteile unerbittlich in eine große Metamorphose mit einem eigenartigen Ergebnis: Der Mensch selbst wird zur Stahlgestalt. Nichts anderes als sie hält den fragmentierten, zerstückelten Körper zusammen, nichts anderes als sie gibt dem zerstörten Ich eine Ersatzexistenz. Klaus Theweleit ist in seiner Studie »Männerphantasien« diesen Phänomenen auf den Grund gegangen. »Der neue Mensch ist ein Mensch, dessen Physis maschinisiert, dessen Psyche eliminiert ist.«[351] Es ist nur noch der Körperpanzer, der das Innere zusammenhält, das er zur gewaltförmigen »Treibmasse« transformiert. Freilich stellt sich die entscheidende Frage, wie hermetisch der Körperpanzer war, ob und unter welchen Umständen die Überlebenden wieder einen leiblichen Weltbezug herzustellen in der Lage waren, zu sich und den Ihrigen zurückfinden. Es stellt sich die Frage, ob und in welcher Form aus den personalen Versatzstücken sich leibhaftige, selbst- und klassenbewusste Individuen bilden können.

Die Zeit zwischen 1915 und 1918 ist zugleich eine Zeit des anwachsenden Entsetzens über den Fortschritt in Stahl und Chemie, über die Zerstörung von Körper, Seele und Geist, über die Gräuel des Krieges wie über die Gräuel der Kriegsproduktion. Was wurde aus den Menschen aus Fleisch und Blut gemacht, oder genauer: Was ist aus ihnen schon lange vor dem Krieg gemacht worden? Sie waren »Material« für den sogenannten Fortschritt, Material für die von Profitgier angetriebene Weltmachtpolitik der imperialistischen Nationen. Spätestens seit der Jahrhundertwende gerieten Schulbücher, Groschenhefte und öffentliche Propaganda immer mehr in den Strom der Herrenmenschenideologie: Wenn es der deutschen Kolonialpolitik gelänge, Heere von schwarzen Arbeitssklaven zu formen, wenn es gelänge, über erbbiologischen Diagnostik und eugenischen Politik den starken deutschen Mann und die gesunde, gefügige und gebärfreudige deutsche Frau zu schaffen, wenn es gelänge, die vielen Schwächlinge, die das deutsche Volk verunreinigten, nach und nach auszumerzen, dann könnte Deutschland, möglichst vereint mit Österreich, die Weltherrschaft erringen. Die Nagelprobe, genauer noch: der Lackmustest, war der August 1914: Wer nicht kriegsbegeistert war, zeigte nur seine Schwäche. Er war in den Augen vieler Zeitgenossen nicht würdig, am Aufstieg Deutschlands teilzunehmen. Gefragt waren Helden, nicht die Verlierer, nicht die Krüppel, nicht die vielen armen Alten und armen Frauen, die gewaltförmig, weil aus Not, in der Kriegsproduktion getrieben wurden. Sie waren gerade gut genug, als »Material« für das größere Ziel verheizt zu werden. Doch gerade die »Verlierer«, die als Kanonenfutter »draußen und drin-

351 Klaus Theweleit: Männerphantasien. 2. Band. Roter Stern, Frankfurt am Main 1978, S. 185 ff.

nen gedient« hatten, ergriffen in ab 1917 anschwellenden Streiks und Demonstrationen die Initiative für eine gesellschaftliche Umwälzung.

Schon erwähnt wurde die exorbitante Steigerung der Unfallquoten im Bergbau von 1917 bis 1919. Mehr als 170.000 Kriegsgefangene aus Polen und Belgien,[352] die als Zwangsarbeiter meist unter Tage schuften mussten, waren – weit über das ohnehin beträchtliche Maß der Bergarbeit hinaus – extremen Gefahren ausgesetzt. Von 1916 auf 1917 steigerte sich die Zahl tödlicher Unfälle im Ruhrbergbau von 352 auf 688, um 1918 auf 792 zu steigen. Die Tuberkulosemortalität im Ruhrbergbau stieg im gleichen Zeitraum von 351 über 689 auf 792.[353] Die Statistik der Knappschaftskasse spart zwar für die Kriegsjahre die Aufgliederung der Belegschaft in Nationalitäten aus, doch die kriegsbedingte Umgliederung der Tätigkeiten lässt keinen Zweifel daran aufkommen, dass die schwersten, gefährlichsten und kräftezehrendsten Arbeiten weitgehend von Gefangenen und Verschleppten geleistet werden mussten. Eine Zahl ist verfügbar: An Lungentuberkulose starben, wie das bereits zitierte Gutachten formuliert,[354] die »Russisch-Polen« 1916 mit einer Quote von 21,4/10.000, während in den beiden Folgejahren diese Quote auf 81,0/10.000 und 93,8/10.000 hochschoss. Es kann, im Gesamtkontext der wilhelminisch geprägten Zeit, kaum verwundern, was die reaktionäre Gutachtersicht daraus macht: Nicht die objektive Gesundheitsgefährdung wird als Ursache benannt, sondern »die besondere Krankheitsdisposition des slawischen Elementes«.[355]

Die Wiener Gewerbehygieniker Ludwig Teleky und Ernst Brezina veröffentlichten 1921 eine »Internationale Übersicht über Gewerbekrankheiten«, die auf den Berichten der Fabrikinspektionen verschiedener europäischer Länder fußte.[356] Es handelte sich um nicht weniger als eine Übersicht über die schrecklichen Folgen der europäischen Kriegswirtschaft für die Gesundheit von Millionen Menschen – ältere Männer, Frauen, Fremd- und Zwangsarbeiter –, die in keiner Weise auf die brutalen Härten der Kriegsproduktion eingestellt waren und weder über Wissens- und Handlungskompetenzen der Facharbeiterelite noch über die Handlungsmacht verfügten, sich gegen unmenschliche Verhältnisse zu wehren. Überall herrschte Mangel an Lebensmitteln, überall herrschte Überarbeitung unter schlechten bis erbärmlichen Bedingungen. Unter Historikerinnen gibt es keine Einigkeit über die Zahlen, genauer: deren Bewertung, hinsichtlich der weiblichen Fabrikarbeit während

352 Deutsches Historisches Museum und Haus der Geschichte, Berlin, »Lebendiges Museum Online«: http://www.dhm.de/lemo/html/wk1/wirtschaft/bergbau/index.html

353 Bruno Heymann / Karl Freudenberg, a. a. O., S. 42.

354 Ebenda, S. 47.

355 Ebenda, S. 21 f. sowie S. 43–50.

356 Ludwig Teleky / Ernst Brezina: Internationale Übersicht über Gewerbekrankheiten. Julius Springer, Berlin 1921.

des Ersten Weltkrieges. Schon vor dem Krieg waren zwischen 1,5 und zwei Millionen Frauen in Industrie und Handwerk beschäftigt.[357] Insgesamt stieg die Frauenbeschäftigung bis 1917 zwar nur um 18 %, doch gab es eine gewaltige Umverlagerung von den bisherigen Sektoren mit hohem Frauenanteil in die Metall- und Elektroindustrie, vor allem aber in die Maschinenindustrie, in der sich der Hauptanteil der eigentlichen Kriegsproduktion konzentrierte.[358] Mädchen und Frauen wurden – teils direkt, teils aus Not – zur Fabriksarbeit gezwungen. Sie schlitterten ahnungslos in sexuelle Abhängigkeiten oder waren schlicht Freiwild für kriegsbedingt entwurzelte Männer. Überlange Arbeitszeiten und die Ausdehnung der Produktion auf Nächte und Sonntage führten zu erheblichen gesundheitlichen Verwerfungen. Teleky/Brezina berichten über eine massive Verschlechterung des Gesundheitszustandes der Arbeiterinnen, insbesondere ab dem Winter 1916/17, und eine »außerordentlich starke Zunahme« von Geschlechtskrankheiten.[359] An der Tagesordnung waren massenhafte körperliche Zusammenbrüche am Arbeitsplatz. Gesundheitszerstörende Arbeitsstoffe, mangelnde technische und organisatorische Schutzmaßnahmen, autoritäre Betriebsverhältnisse und die Angst vor Sanktionen bei Arbeitsversagen trieben viele Arbeiterinnen in die Krankheit. Teleky/Brezina bemängeln, dass, »was im Frieden aufgrund gesetzlicher Bestimmungen verhindert werden konnte, immer mehr Arbeiterinnen beim Transport schwerer Gegenstände, an Öfen und Pressen, beim Formen, Gießen, Gussputzen und mit Giftstoffen wie Blei, Bleiverbindungen, aromatischen Nitrokörpern« beschäftigt wurden.[360] In einer großen Elektrizitätsfirma mit mehr als 13.000 Arbeiterinnen – gemeint ist Siemens – wurden 2059 Unterleibserkrankungen gemeldet. Es werden viele weitere Produktionsbereiche genannt, in denen aufgrund permanenter Überanstrengung und rücksichtslosen Raubbaus an den Körpern der Arbeiterinnen ein großer Prozentsatz von ihnen schwer erkrankte. Als besonders gesundheitsgefährdend werden die Produktion von Artilleriegeschossen und die Arbeit mit giftigen Chemikalien in der Produktion von Artilleriemunition und Sprengstoffen hervorgehoben. Besonders schlimm waren die Vergiftungen durch Pikrinsäure, Trinitrophenol, eine hochgiftige und zur spontanen Zersetzung neigende organische Verbindung.

Dem Bericht des Regierungsbezirks Merseburg ist folgende Passage zu entnehmen: »In der Sprengstoffindustrie sind Gesundheitsschädigungen besonders in der Verarbeitung von Nitrokörpern aller Art wahrgenommen

357 Zu diesen und den folgenden Zahlen: Stefan Bajohr: Die Hälfte der Fabrik. Geschichte der Frauenarbeit in Deutschland 1914 bis 1945. Verlag Arbeiterbewegung und Gesellschaftswissenschaft, Marburg 1979.

358 Ebenda, S. 125.

359 Ludwig Teleky / Ernst Brezina, a. a. O., S. 9 ff.

360 Ebenda, S. 13.

worden, und da beim Einfüllen solcher Stoffe in Granaten, Minen, Handgranaten und Geschosse zahlreiche Arbeiterinnen beschäftigt wurden, sind diese dabei stark in Mitleidenschaft gezogen worden. (...) Die Arbeiterinnen zeigten blasses Aussehen und Blutarmut und klagten über Schwindel, Kopfschmerzen, Erbrechen, Ameisenlaufen in den Gliedern und allgemeine Körperschwäche bei erheblicher Herzschwäche.«[361] In dem Arbeitsbereich eines Betriebes, in dem mit heißen Nitroaromaten gearbeitet wurde, litten die Frauen binnen kurzer Zeit an Blutarmut – dem aus der Chemieindustrie bekannten »Anilismus« – und wurden je nach Schwere der Erkrankungen gegen andere Frauen »ausgetauscht«. Das half aber nicht allen zu überleben. Nicht nur die Blutschäden, sondern auch Schäden innerer Organe waren zu beklagen: Magen- und Darmblutungen, Darmkoliken, Herzrhythmusstörungen, Gelbsucht und Leberschrumpfung. In einem amtlichen Dokument wird berichtet, dass auch schwere Lebererkrankungen vorkamen, an denen alleine in diesem Arbeitsbereich vier Frauen verstarben. Auch aus anderen Regionen wurden tödliche Intoxikationen gemeldet. Die aus dem Boden gestampfte Munitionsindustrie war die Hölle. Alleine die gedrängten Berichte aus den preußischen Bezirken füllen fünfzehn Seiten.[362] Auf jeder Seite des Berichts kommen Tote und massenhaft Schwerverletzte vor, überwiegend Frauen, die in den Munitionsfabriken regelrecht verheizt wurden. So beispielsweise in der Rheinischen Metallwaren- und Maschinenfabrik: Von den 40 Arbeiterinnen, die gemahlenes Trinitroanisol in Granaten abfüllten, bekamen 30 Ausschläge und Ekzeme im Gesicht und an den Händen. Aus dem Bezirk Potsdam ist eine Statistik erhalten, die unter anderem die im Jahr 1917 in Munitionsbetrieben aufgetretenen Erkrankungen dokumentiert.[363] Erfasst wurden 7780 Beschäftigte, darunter 3120 Frauen. In der Metallverarbeitung litten 6,8 % der Männer und 16,2 % der Frauen an Magen-Darm-Störungen, in der Verarbeitung aromatischer Nitroverbindungen betrug dieser Anteil 20,3 % unter den Männern und 46,1 % unter den Frauen. Ähnliche Zahlen finden sich in der Rubrik »Veränderungen des Blutes und Erkrankungen der Blutgefäße«: Die Erkrankungsquote betrug in der Metallverarbeitung 3,0 % bei den Männern und 20,3 % bei den Frauen, in der Nitroverarbeitung 4,1 % bei den Männern und 27,4 % bei den Frauen. In der Nitroverarbeitung arbeiteten 340 Männer und 620 Frauen. Bluterkrankungen konnten über mikroskopische und andere analytische Verfahren recht gut objektiviert werden. Gerade bei dieser Erkrankungsgruppe muss auffallen, dass in der Nitroverarbeitung ein signifikanter Unterschied zwischen Männern und Frauen besteht. Es muss angenommen werden, dass Männer hauptsächlich in Anleiter- und Antreiberfunktionen tätig waren, während die Arbeit mit den Giften den

361 Ebenda, S. 166.
362 Ebenda, S. 164–179.
363 Ebenda, S. 175.

Frauen vorbehalten war. Das tradierte Geschlechterverhältnis reproduzierte sich also auch in der Kriegsproduktion. Im Gesamtkontext des Weltkrieges lässt sich als Zwischenfazit festhalten: An der »Heimatfront« wurden Frauen und Mädchen aufs Schlachtfeld geschickt, aus dem sie, wenn sie überlebten, mit schwersten körperlichen und seelischen Schäden zurückkamen, um zugleich ins nächste Trauma zu stürzen: Die Männer waren tot oder kamen körperlich und seelisch verstümmelt zurück.

Vom Regierungsbezirk Potsdam wird berichtet: »Eine Erscheinung von einem noch nie beobachteten Umfange waren Hauterkrankungen, Ausschläge an Händen, Armen, Oberkörper, Gesicht und anderen Körperteilen, hervorgerufen durch Beschmutzungen mit Ölen und Schmiermitteln bei der Verarbeitung von Metallen, von den Arbeitern allgemein als Ölkrätze bezeichnet.«[364] Das chemisch Neue und für die Betroffenen Vertrackte war, dass es nicht nur um die bekannten »einfachen Öle« ging, sondern zunehmend auch um chemische Neuentwicklungen nicht brennbarer Öle: die chlorierten Öle. Waren schon die klassischen Teeröle schädlich, so steigerte sich die Toxizität der chlorierten Öle um ein Vielfaches. Teleky/Brezina berichten von einem der schrecklichsten Chemieleiden des 20. Jahrhunderts, der »Perna-Krankheit«,[365] die ein halbes Jahrhundert später als »Dioxin-Krankheit« traurige Karriere machen sollte. Hinter dem Begriff »Perna« verbirgt sich der chemische Name »perchlorierte Naphtaline«, eine Stoffgruppe, die zur Herstellung von Geweben für Gasschutzmasken eingesetzt wurde. Auch wird von der Synthese und Verwendung polychlorierter Biphenyle berichtet, die ähnliche chemische und toxikologische Eigenschaften besitzen. Die Autoren konnten 1921 noch nicht wissen, um welch gefährliche Substanzgruppen es sich handelte und dass sie immer mit den noch gefährlicheren Dioxinen verunreinigt sind oder diese bei Erwärmung der Chlor-Öle entstehen können.[366] Durch Absaugen der Dämpfe konnte zwar die Neuerkrankungsrate gesenkt werden, doch blieben bei den bereits Erkrankten eitrige Verätzungen und Geschwüre an Gesicht und Hals: die »Chlorakne«. Zugleich starb in der Nachbarschaft, in welche die Abgase getrieben wurden, sämtliches Vieh. Schon 1899 hatte Dr. Herxheimer von der dermatologischen Abteilung des städtischen Krankenhauses zu Frankfurt am Main auf diese neuartigen Krankheitssyndrome aufmerksam gemacht.[367] Er behandelte erkrankte Arbeiter, die in der neuen Chlor-Alkali-Elektrolyse in Frankfurt-Grießheim beschäftigt waren. Auf jeden Fall müsse, so Herxheimer, die Krankheit etwas mit Chlor zu tun

364 Ebenda, S. 130.
365 Ebenda, S. 133 und 152 f.
366 Hans-Joachim Dohmeier / Erich Janson: Zum Töten von Fliegen und Menschen. Rowohlt, Reinbek bei Hamburg 1983.
367 Karl Herxheimer: Über Chlorakne. In: Münchener Medicinische Wochenschrift. Nr. 46, 1899, S. 278.

haben: »Gesicht, Hals, Brust, Bauch und Rücken sowie die angrenzenden Teile der Extremitäten sind bedeckt mit zahllosen Knötchen und Knoten verschiedenster Größe und Derbheit.«[368] Hinzu kämen weitere Symptome wie Appetitlosigkeit, Gewichtsverlust, Magen-Darm-Probleme, Bronchialkartarrh, Husten, Auswurf, Schlaflosigkeit und nervliche Zerrüttung. Herxheimer war überzeugt, dass die »Chlorakne«, wie er die Krankheit nannte, auch mit Krankheiten innerer Organe verbunden sei. Unter den Arbeitern erhielt die Krankheit bald den Namen »Arbeiterpocken«. Herxheimer musste feststellen, dass die Symptome auch dann nicht verschwanden, wenn die Arbeiter aufgrund ihrer dauerhaften Arbeitsunfähigkeit gar nicht mehr exponiert waren. Es musste sich also um ein Toxin oder eine Toxinwirkung handeln, die »nicht aufhört«. Selbst ein längerer Aufenthalt in Waldgebieten führte, so Herxheimer in einer späteren Mitteilung,[369] zu keiner Besserung. Dass Herxheimer von der chemischen Industrie und auch von vielen Vertretern seiner Zunft angefeindet wurde, verwundert nicht. Dennoch war die Chlorakne ein arbeitsmedizinisches Thema geworden. Die Produktionsverfahren in der Chlor-Alkali-Elektrolyse wurden nach und nach umgestellt, doch die Kriegsproduktion ließ in Ignoranz der arbeitsmedizinischen Erkenntnisse den Schrecken dieser Krankheit wieder »aufleben«. Wie wir in der zweiten Nachkriegsgeschichte Jahrzehnte später sehen werden, war der Schrecken längst nicht zu Ende.

Die österreichische Sozialforscherin und Sozialistin Käthe Leichter bilanziert, dass auch in Österreich der Krieg und die Kriegsproduktion »das Eindringen der Frauen in die Schwerarbeit« zur Folge hatte.[370] Hauptsächlich waren sie in der Maschinenfabrikation, der Munitionsindustrie, der Chemieindustrie, aber auch im Straßenbau und bei den österreichischen Staatsbahnen beschäftigt. Leichter spricht von einer »gewaltigen Berufsumverteilung« – vom Hausangestelltendasein zu Industriearbeit und Tätigkeiten im öffentlichen Dienst. Von den etwa drei Millionen Erwerbstätigen auf dem Gebiet des späteren Österreich waren zu Kriegsbeginn 32 % Frauen; zum Kriegsende war dieser Anteil auf 44 % gestiegen.[371] In 12- bis 14-stündigen Schichten zermürbt, unterernährt und entkräftet, hausten sie oft in Baracken oder leeren Fabrikräumen, in denen auch die Kinder notdürftig untergebracht waren. »Dazu kommen die überfüllten, unhygienischen Arbeitsräume, die gesteigerten Unfallgefahren, die Hautkrankheiten, die durch Verbrennungen und Verätzungen entstehen, die Vergiftungen, insbesondere in der chemischen Industrie, die Explosionen, die immer wieder, oft in schauerlicher

368 Ebenda.
369 Hans-Joachim Dohmeier / Erich Janson, a. a. O., S. 13.
370 Käthe Leichter: Frauenarbeit und Arbeiterinnenschutz in Österreich. Kammer für Arbeiter und Angestellte in Wien, Verlag Arbeit und Wirtschaft, Wien 1927, S. 12.
371 Käthe Leichter, ebenda, S. 13.

Zahl, Todesopfer unter den Arbeiterinnen fordern.«[372] Unter hundert weiblichen Mitgliedern der österreichischen Krankenkassen stieg während der Krieges die Zahl der Erkrankten von 23 auf 53 und die der Sterbefälle von 0,64 auf 1,32.[373] Bei allem Elend und allem Schauder, so Käthe Leichter, habe die kriegsbedingte Umwälzung der Frauenarbeit zu deren »Revolutionierung« beigetragen. Die Frauen kämen aus ihren isolierten Existenzen heraus und nunmehr mit Hunderten von Klassen- und Leidensgenossinnen zusammen und lernten so die Möglichkeiten und die Macht des Zusammenschlusses in Gewerkschaften und Parteien kennen. »Bei allen großen Streiks des letzten Kriegsjahres finden wir Frauen in vorderster Reihe.«[374]

Gegen die Burgfriedenspolitik, die bruchlos in die Zentralarbeitsgemeinschaft zwischen Kapital und Gewerkschaften übergehen sollte, formierten sich schon ab 1916 spontane Streiks und Revolten, die sich 1917 verbreiteten und im Januar 1918 einen ersten Höhepunkt erreichten.[375] Nach Kürzungen der Brotrationen entwickelten sich Hungerproteste und Demonstrationen in Wien, Berlin, Dresden, Bremen und vielen anderen Industriezentren, die im weiteren Verlauf zu massiven Streiks anwuchsen. Die Arbeiter der AG Weser, der größten Werft in Bremen, streikten gegen verschärfte Akkordsätze.[376] An den Aktionen beteiligten sich Arbeiterinnen in großem Ausmaß oder waren, insbesondere bei Demonstrationen gegen die Kürzung der Lebensmittelrationen, führend. In Berlin sorgte die Gewerkschaftsbürokratie in einem Teil der Betriebe schnell wieder für Ruhe. In Leipzig nahmen die Streiks eine politische Richtung: Gefordert wurden Wahlrechtsreformen, Friedensverhandlungen und ein Ende der Repression im Inneren. Das Militär griff schließlich hart durch, besetzte einige Betriebe und schickte streikende Wehrpflichtige an die Front. In den Rüstungsbetrieben Wiens und Wiener Neustadts begannen am 14. Januar die sogenannten Jännerstreiks. In Berlin und den industriellen Zentren Preußens waren zwischen dem 28. Januar und dem 2. Februar mehr als eine Million Arbeiter/innen an Massenprotesten und Streikaktionen beteiligt. In Österreich setzte sich die Sozialdemokratie an die Spitze der Streiks und würgte sie danach schnell wieder ab, immer mit dem Argument, Blutvergießen verhindern zu wollen. In Preußen dominierte die militärische Repression. Am 31. Januar riefen die Behörden in Berlin den

372 Ebenda.

373 Ebenda, S. 14.

374 Ebenda, S. 15; weiteres Zahlenmaterial zur Frauenarbeit in Österreich bietet Edith Rigler: Frauenleitbild und Frauenarbeit in Österreich vom ausgehenden 19. Jahrhundert bis zum Zweiten Weltkrieg. R. Oldenbourg, München 1976.

375 Vgl. Karl Heinz Roth: Die »andere« Arbeiterbewegung, a. a. O.; Derselbe: Arbeiterklasse und Arbeiterorganisationen – Deutschland 1890–1920, a. a. O.

376 Antonio Farina: Produktionsverhältnisse und sozialer Konflikt in den Bremer Werften zwischen dem Ersten Weltkrieg und der Räterepublik (1914–1919). In: Sozial.Geschichte Online, Bd. 12 (2013), S. 8–39.

verschärften Belagerungszustand aus, verhafteten Mitglieder der Streikleitung und schickten in der Folge 50.000 beteiligte Arbeiter an die Front. Im Laufe des Februar nahmen die meisten Betriebe ihre Arbeit wieder auf. Doch der Zusammenbruch der imperialistischen Politik beider Kaiserreiche war nicht mehr aufzuhalten. Die Novemberrevolution ließ für kurze Zeit die Möglichkeit einer gesellschaftlichen Veränderung am Horizont erscheinen, in denen die Lebens- und Arbeitsbedingungen der Menschen nicht mehr als abhängige Variable des Kapitalverwertungsprozesses, sondern als eigenständige, dem absoluten Humanum verpflichtete Größe gesehen werden sollten.

Systematisierung von Ausbeutung und Entäußerung

Die politischen Konstellationen der Novemberrevolution sind komplex und von mehreren paradoxen Orientierungen durchwoben. Die Masse der radikalisierten ungelernten Arbeiter forderte ein Ende von Unterdrückung und Ausbeutung, freilich ohne detaillierte Gestaltungsideen. Die einzige klare Forderung war die nach dem Achtstundentag und in vielen Fällen[377] auch die nach Abschaffung der Akkordarbeit. Dies waren die inhaltlichen Schnittmengen mit den Vorstellungen der Facharbeiter, die auszubauen freilich die politische Arbeiterbewegung versäumte. In Bremen gelang es zwar, Fach- und Massenarbeiter in den Arbeiterräten zu vereinen und diese Forderungen auch durchzusetzen. Doch wurde dieser historische Lichtblick durch die von der Mehrheits-Sozialdemokratie initiierte und organisierte militärische Niederschlagung der Bremer Räterepublik am 4. Februar 1919 brutal beendet. Die reformistischen Führer der deutschen Sozialdemokratie hatten sich längst auf den kommenden Rationalisierungskurs der kapitalistischen Wirtschaft eingestimmt, wozu auch ihre grundsätzliche Zustimmung zum Akkordsystem gehörte. Die österreichische Sozialdemokratie folgte, wenn auch zögerlich, diesem Kurs. Im Verlauf und Gefolge der Novemberrevolution 1918 gelang es nicht, die verschiedenen sozialen, beruflichen und mentalen Interessen der unterschiedlichen Teile der Arbeiterklasse zu vereinigen und die jeweiligen Potentiale für eine grundlegende Veränderung zu nutzen.[378] Auch waren die verschiedenen politökonomischen Konzepte zu unausgereift und krankten an der mangelhaften Thematisierung der konkreten Produktions- und Arbeitsbedingungen. Die Sozialdemokratie klammerte sich an die Hoffnung des technischen Fortschritts, als könnte durch ihn die schwere und schädliche Arbeit abgeschafft und die Entfremdung überwunden werden. Die syndikalistischen Organisationsformen, in denen versucht wurde, die Kraft der Massenarbeiter/innen zu ordnen und zu strukturieren, schafften es nicht, alternative Produktionskonzepte zu thematisieren. Es

377 Am Beispiel die Bremer Werftarbeiter: vgl. Antonio Farina, a. a. O.

378 Karl Heinz Roth: Arbeiterklasse und Arbeiterorganisationen – Deutschland 1890–1920, a. a. O.; vgl. auch: Eva Cornelia Schöck, a. a. O.

fehlte eine Vorstellung von revolutionärer Pädagogik, wie sie später z. B. in Lateinamerika von Paolo Freire[379] entwickelt wurde. Die mentale Situation der Massenarbeiter/innen schwankte zwischen Wut und Verzweiflung, Umsturzbereitschaft und Aufstiegsillusionen, Hass und Resignation, konstruktiven und diffusen destruktiven Orientierungen. Was sich durchsetzte, war der Facharbeiter-Reformismus der Vorkriegszeit. Die Herrschaft im Produktionsprozess sollte nicht einmal im Sinne einer Arbeiterkontrolle, d. h. im Sinne einer Doppelherrschaft, eingeschränkt werden, denn das hätte die Macht oder Partialmacht der Meister- und Vorarbeiterelite angetastet. Stattdessen setzte man auf ein Sozialmanagement, an dem die neu gegründeten Betriebsräte zu partizipieren hofften. Im Betriebsrätegesetz von 1920 wurde diesen eine Mitarbeit in der Bekämpfung von Unfall- und Gesundheitsgefahren übertragen.[380] Schon ein Jahr zuvor wurde in Österreich das Betriebsrätegesetz eingesetzt, wobei dieses noch stark unter Druck der Arbeiterräte stand. Doch auch hier setzte sich nach und nach das Modell der Sozialpartnerschaft durch. Die gröbsten Auswüchse der kapitalistischen Produktion im Arbeitsprozess sollten eingedämmt werden, nicht jedoch die langfristige Zerstörung der Gesundheit der Arbeiter und Arbeiterinnen, insbesondere derer, die als Ungelernte in die Industriezentren strömten, in der Hoffnung, der Verelendung zu entkommen.

Die Nachkriegsperiode war auf dem ökonomischen Feld durch einen massiven Technisierungs-, Mechanisierungs- und Rationalisierungsschub gekennzeichnet. Es handelte sich um die zweite Phase der zweiten industriellen Revolution[381] – den in Deutschland verspäteten Beginn der mit Taylorismus und Fordismus verbundenen Produktionsweise.[382] In der spezifisch deutschen Variante war es eine Fortsetzung der Kriegsproduktion, die mit einer Mischung »aus alten und neuen Mitteln« agierte. Die schon während des Krieges in traditionellen Sektoren wie der Metall- und Elektrobranche sich ausweitende industrielle Frauenarbeit etablierte sich zunehmend als Normalität. Männer wie Frauen mussten sich in neue Produktionskonzepte finden, ja: Sie waren gezwungen, sich für diese neuen Konzepte konditionieren zu lassen. 1911 war Frederic Taylors Schrift »The principles of scientific management« erschienen, die zwei Jahre später auf Deutsch herauskam.[383] In

379 Paolo Freire: Pädagogik der Unterdrückten. Bildung als Praxis der Freiheit. Rowohlt, Reinbek bei Hamburg 1973.

380 Wolfhard Weber, a. a. O., S. 125.

381 Ernest Mandel, a. a. O.; Robert Kurz: Schwarzbuch, a. a. O., S. 421 ff. und 445 ff.

382 Harry Braverman: Die Arbeit im modernen Produktionsprozess. Campus, Frankfurt am Main 1977; Eva Cornelia Schöck, a. a. O.; Uta Stolle, a. a. O.; Rüdiger Hachtmann: Gesellschaft am Fließband. In: Zeithistorische Forschungen, Heft 2/2009 (Online: http://www.zeithistorische-forschungen.de/2-2009/id%3D4509).

383 Frederik W. Taylor: Die Grundsätze wissenschaftlicher Betriebsführung. Oldenbourg, München/Berlin 1913.

Windeseile verbreitete sich der in Einvernehmen mit dem US-amerikanischen Ford-Werken entwickelte Gedanke, Arbeitsprozesse in kleinste Untereinheiten zu zerlegen und Arbeiter/innen in Fließproduktion mit ungelernter repetitiver Teilarbeit in viel effektiverer Art und Weise als bislang dem Diktat des Produktionsprozesses zu unterwerfen. Zugleich war damit ein spezifisches Herrschaftskonzept verbunden, als dessen Eckpunkte Dequalifizierung, Hierarchisierung, Fremdkontrolle und brachiale und gewollt hergestellte Entfremdung offen und unverbrämt benannt wurden. 1923 wurde bei Opel in Rüsselheim das erste Fließband auf deutschem Boden in Betrieb genommen.[384] Max Weber beschrieb schon Anfang des Jahrhunderts, nachdem er auf seiner Amerikareise einen Eindruck von Taylorisierung gewinnen hatte können, die totale Indienstnahme des menschlichen Körpers sehr treffend: »Im amerikanischen System des ›scientific management‹… wird der psychophysische Apparat des Menschen… seines, durch den organischen Zusammenhang gegebenen Rhythmus entkleidet und unter planvoller Zerlegung in Funktionen einzelner Muskeln und Schaffung einer optimalen Kräfteökonomie den Bedingungen der Arbeit entsprechend neu rhythmisiert. Dieser gesamte Rationalisierungsprozess geht hier wie überall… mit der Zentralisierung der sachlichen Betriebsmittel in der Verfügungsgewalt des Herrn (und dem) Umsichgreifen der Disziplinierung parallel.«[385]

Halb erschrocken und halb fasziniert berichteten Delegierte des Allgemeinen Deutschen Gewerkschaftsbundes, die von einer USA-Reise zurückkamen, von dem »neuen System«: Die Fließbandarbeiter seien »einexerziert und haben den Rhythmus ihrer Arbeitsbewegungen in Mark und Knochen, wie der preußische Musketier das Laden und Sichern«.[386] Auf jeden Fall sei, so die Gewerkschafter, die Effizienz des Ford-Systems den »ärgerlichen Trödeleien«, wie man sie in den Betrieben hierzulande kennte, vorzuziehen. Insbesondere der »Rhythmus« hat es den Gewerkschaftern und Wissenschaftlern angetan, welche die Ford-Werke besichtigten. Der Psychologe, Arbeitswissenschaftler und spätere Förderer der Hitlerjugend Fritz Giese war begeistert von der »amerikanischen Idee« einer rhythmisierten Arbeit und eines rhythmisierten Lebens. Er sah die tanzenden jungen Frauen in den USA und phantasierte sich daraus ein allgemeines Lebensmodell. Er vollbrachte das gedankliche Kunststück, eine gelungene Verbindung von Arbeit und Rhythmus selbst dann für möglich zu halten, wenn sie dem biologischen Rhythmus entgegenlaufe: »Der arbeitende Mensch muss sich diesem Tempo in seinem Schaffen,

384 Peter Hinrichs / Lothar Peter: Industrieller Friede? Arbeitswissenschaft und Rationalisierung in der Weimarer Republik. Pahl-Rugenstein, Köln 1976, S. 59

385 Max Weber: Wirtschaft und Gesellschaft. Mohr, Tübingen 1922, S. 686 f.

386 Zit. nach: Inge Baxmann: Arbeit und Rhythmus. Die Moderne und der Traum von der glücklichen Arbeit. In: Dieselbe und andere: Arbeit und Rhythmus. Wilhelm Fink, München 2009, S. 17.

muss sich also der Maschine anpassen; das ist moderne Fertigung. Aber auch in dieser Fließarbeit unterstützt der Rhythmus.«[387] Der Mensch müsse neue Wahrnehmungs- und Körpertechniken lernen. Schaffte er dies, eröffnete sich die beglückende Erfahrung eines weiten psychophysischen Feldes, eine »lustvolle Synchronisation von Wahrnehmung und Bewegung«.

So sehr Taylors Konzepte einschlugen, wäre es doch verfehlt, eine bruchlose Übernahme des Taylorismus in Europa anzunehmen. Der Kombination von großtechnischen Innovationen, weiterer Mechanisierung, Fließproduktion, inner- und überbetrieblicher Logistik, Netzwerktechnik einerseits und selektiver Qualifizierung, massenhafter Dequalifizierung und Intensivierung der Ausbeutung, Disziplinierung und Verhaltenszurichtungen andererseits, wie sie in Deutschland und Österreich Einzug hielten, lagen eigene Triebkräfte zugrunde. Es ist Peter Hinrichs und Lothar Peter zuzustimmen, wenn sie feststellen, dass »von einer umfassenden Taylorisierung, wie sie in den USA zweifellos vonstatten gegangen war, in Deutschland (und Österreich, Anm.) nicht die Rede« sein könne.[388] Gleichwohl wurden viele einzelne Methoden aus Taylors Baukasten eingeführt oder modifiziert und nicht selten mit einer besonderen Konsequenz eingeführt, wie z. B. die REFA-Zeitstudien, die zur Festlegung der Akkordsätze genutzt wurden. Das Besondere an der »deutschen Arbeitswissenschaft« war der Versuch, »die Seele des Arbeiters« zu gewinnen, einen »Kampf um die Arbeitsfreude« zu führen, anknüpfend an Luthers Berufsbegriff »ein neues Arbeitsethos« ins Werk zu setzen, »soziale Betriebsgemeinschaften« herzustellen, gar das Ziel eines »neuen Menschengeschlechtes« anzustreben.[389] Maschine und Mensch sollten zu dem Arbeiter neuen Typus verschmelzen, d. h. zu Arbeitern, die – wie es Carl Arnhold, Ingenieur, Nationalsozialist und in der Adenauerzeit als ordinierter Arbeitspädagoge erneut hoch geehrt, anlässlich der Gründung des Deutschen Instituts für technische Arbeitsschulung (DINTA) 1925 formulierte – »gern mit Verantwortung beladen und allein auf einen Posten gestellt (sind), zu intelligentem Gehorsam bereit, dessen Zweck sie mit einem Blick übersehen, zur Zusammenarbeit fähig nicht durch das Schema einer Dienstordnung, sondern durch ein instinktives Gefühl dafür, was jetzt kommen muss, (…) klug, stolz, persönlich und innerlich frei, Träger eines deutschen Ethos aus altgermanischer Zeit«.[390] Spätestens dann, wenn eine Pseudo-Ganzheitlichkeit proklamiert und »Arbeit zur Ehre« erhoben wird, wie es dann die Nazi-Ideologen taten, scheint der »offene Taylorismus« als Leitidee für »deutsche Arbeit« entwer-

387 Fritz Giese: Girlkultur. Vergleich zwischen deutschem und amerikanischem Rhythmusgefühl. Delphin, München 1925, S. 25.

388 Ebenda, S. 55.

389 Ebenda, S. 66–76.

390 Zit. in: Peter Hinrichs / Lothar Peter, a. a. O., S. 71.

tet.[391] In den betrieblichen Landschaften flossen beide Ströme zusammen: der tayloristische und der arbeitsreligiöse.

Schützenhilfe erhielt diese reaktionäre Utopie, dieses doppelte und ideologisch überfrachtete Konzept aus Taylorismus und dem »Wahn deutscher Arbeit«,[392] von der deutschsprachigen Arbeitsphysiologie und Arbeitsmedizin. Zu nennen sind hier stellvertretend Edgar Atzler[393] und Franz Koelsch.[394] Im Mittelpunkt der arbeitsphysiologischen Forschung stand die maximal mögliche Leistung pro Tag, pro Woche und für ein kalkuliertes Arbeitsleben, im Mittelpunkt der arbeitsmedizinischen Forschung und Praxis[395] stand die Selektion: Wie und mit welchen Methoden lässt sich herausfinden, wer bestimmte Arbeitsbelastungen besser und wer sie schlechter aushält? Schon die 1920er Jahre waren in der einschlägigen wissenschaftlichen Debatte mit Themen zur biologischen Konstitution, Disposition und Tauglichkeit gefüllt. Breit diskutiert wurden Thesen zur Neurasthenie und zur Frage, wie der »Schwächlingstyp«[396] möglichst schon in der Schule oder beim Schulabschluss identifiziert werden könne. Sie sollten von der Arbeitswelt möglichst fern gehalten werden oder für kurzfristigen Verschleiß zur Verfügung stehen. Schon während der Weimarer Zeit schwadronierten Arbeitsmediziner darüber, wie der »überlegenen nordischen Rasse« auch mittels »Menschenzüchtung« zur uneingeschränkten »Führerschaft« verholfen werden könne.[397] Lange vor 1933 machte die Mehrzahl der Arbeitsmediziner im Einklang mit Erbbiologie, Sozialhygiene, Psychotechnik und Wirtschaftsliberalismus keinen Hehl daraus, dass etwa ein Drittel der Bevölkerung als wertlos oder gar überflüssig und als sozial schädlich gelte und daher mittels biopolitischer Interventionen »ausgemerzt« werden müsse.[398] Einer Aufwertung von Kernbelegschaften durch präventive Schutzmaßnahmen stand eine in der Konsequenz gnadenlose Abwertung angeblich minderwertiger Menschen gegenüber, die – je nach politischer Terminologie – als bindungslose

391 Vgl. Sigrid Stöckel / Mario Heidler: Gesundheitsführung des deutschen Volkes – eine nationalsozialistische Variante des Taylorismus? In: Joseph Kuhn / Eberhard Göbel (Hg.): Gesundheit als Preis der Arbeit? Gesundheitliche und wirtschaftliche Interessen im historischen Wandel. Mabuse, Frankfurt am Main 2003, S. 99–117.

392 Holger Schatz / Andrea Woeldike, a. a. O.

393 Edgar Atzler: Körper und Arbeit, a. a. O.

394 Franz Koelsch, a. a. O.; Derselbe: Konstitution und Berufseignung. In: Zentralblatt für Gewerbehygiene, Band 2 (neue Folge), S. 236–241. Nahezu wortgleich dann Koelschs Kapitel zum Thema Konstitution in: Lehrbuch für Gewerbehygiene, Ferdinad Enke, Stuttgart 1937, S. 10–25.

395 Vgl. hierzu: Wolfgang Hien: Chemische Industrie, a. a. O.

396 Franz Koelsch: Lehrbuch für Gewerbehygiene, a. a. O., S. 16.

397 Edgar Atzler / Gunther Lehmann, a. a. O., S. 352 ff.

398 Vgl. dazu Karl Heinz Roth: Scheinalternativen, a. a. O.; Wolfgang Hien: Chemische Industrie, a. a. O., S. 146–202.

Gelegenheitsarbeiter/innen, rassenbiologische Problemschicht, sozialökonomisch minderwertiges Leben oder Lumpenproletariat bezeichnet wurden.[399]

Beispielhaft für den Aufstieg der modernen Produktionsverhältnisse sei der Siemens-Konzern angeführt.[400] Ab 1900 konzentrierte sich die Fabrikation von Elektromotoren, Elektrogeräten, Glühlampen, Fernmeldetechnik und vielem mehr zunehmend in einem eigenen Stadtteil: der Siemensstadt am Nonnendamm. 1925 beschäftige Siemens 62.000 Menschen, davon 46.000 in der Produktion. Etwa die Hälfte davon wurde unter »Facharbeiter« rubriziert, wobei hier auch alle möglichen Handwerksberufe, die Männer zuvor gelernt hatten, wie Bäcker oder Metzger, mitzählten. »Facharbeiter« hatten anleitende, antreibende und kontrollierende Funktionen, in der Produktionslinie selbst befanden sich überwiegend junge Frauen, 16.000 an der Zahl. Insgesamt beschäftigte die Berliner Elektroindustrie, hauptsächlich Siemens, Siemens-Töchter und die Allgemeine Elektricitäts-Gesellschaft AEG mehr als 44.000 Arbeiterinnen in der Fließarbeit und ab Mitte der 1920er Jahre an Fließbändern. Die Sozialgeschichtsschreibung bedauert die damit einhergehende Erosion des handwerklichen Erfahrungswissens und den Verlust der Dispositionsspielräume der Facharbeit; doch wurde dieser Prozess voll durch den bescheidenen, aber relevanten Machtzuwachs im innerbetrieblichen Hierarchiegefüge kompensiert. Die Leidtragenden waren arbeitende Frauen. Die Siemens-Dynastie, im konkreten Fall Carl Friedrich von Siemens, erkannte entgegen anfänglicher Zurückhaltung gegenüber Taylors Konzepten deren wirkmächtige Schlagkraft. Zunächst »mit spitzen Fingern« angefasst, wandelte sich der Umgang mit Taylorismus und Fordismus zur hellen Begeisterung, immer begleitet von einer besonderen sozialpolitischen Blickrichtung. Werkswohnungen und Betriebsrenten sollten die Kernbelegschaft an das Unternehmen binden. Carl Friedrich von Siemens ließ keinen Zweifel über seine Intentionen aufkommen: Es galt, die sozialen Interessengegensätze im Betrieb durch eine strikte autoritäre Struktur zu eliminieren. So lässt sich sagen: Die Weimarer Zeit war eine der verschärften Industrialisierung, Taylorisierung und Fordisierung, gepaart mit präfaschistischen Visionen des Unternehmertums. In mehreren Reden und Veröffentlichungen zwischen 1924 und 1932 formulierte Siemens die seiner Ansicht nach prioritäre Aufgabe des Unternehmertums, leistungsorientierte »Betriebsgemeinschaften« aufzubauen. Als »Rationalisierung in höchstem Maße« bezeichnete er »das hochentwickelte Bestreben unter allen in einem Unternehmen

399 Vgl. dazu auch das angeblich wissenschaftlich »wertfreie« Werk von Alexander Elster: Sozialbiologie. Bevölkerungswissenschaft und Gesellschaftshygiene. Walter de Gruyter & Co, Berlin und Leipzig 1923.

400 Heidrun Homburg: Rationalisierung und Industriearbeit. Arbeitsmarkt, Management und Arbeiterschaft im Siemens-Konzern Berlin 1900–1939. Haude und Spener, Berlin 1991.

beschäftigten Personen, vom Leiter angefangen bis zum Laufburschen, einen Korpsgeist zu entwickeln und das Gedeihen der Firma als etwas Persönliches zu empfinden, (...) denn es schaltet innere Widerstände aus, die sehr häufig die unproduktivste Arbeit machen; es spornt zur gegenseitigen Unterstützung und Zusammenarbeit an, und darauf beruht doch eigentlich die moderne Wirtschaft.«[401] Auch Unternehmer wie Robert Bosch, der sich selbst als Sozialdemokrat verstand, konnten sich dem Rationalisierungstrend nicht entziehen. Die Arbeit wurde verdichtet, es gab deutlich höhere Belastungen durch Hitze, Lärm und Enge, die Unfallquote stieg sprunghaft auf ein 25 Mal höheres Niveau als vor dem Krieg an.[402]

Was war nun die Haltung der organisierten Arbeiterbewegung zu Taylorisierung und Rationalisierung? Der Sozialhistoriker Detlev Peukert stellt lakonisch fest: »Die Gewerkschaften und die Sozialdemokratie bejahten seit jeher den technischen Fortschritt.«[403] Sicherlich gab es Ausnahmen wie die kommunistisch dominierte Ortsverwaltung des Metallarbeiterverbandes in Stuttgart.[404] Doch im reichsweiten Trend setzte sich bei den sozialdemokratisch geführten Gewerkschaften die grundsätzliche Zustimmung zur Rationalisierung durch. Man wollte lediglich einer allzu harschen Arbeitsintensivierung Einhalt gebieten, schwamm aber ansonsten auf der Welle der Illusionen mit, die sich der Hoffnung ergab, durch neue Techniken könnten schwere Arbeit und Gesundheitsverschleiß abgeschafft werden. Beispielhaft sei Otto Bauers Unterscheidung zwischen Rationalisierung und Fehlrationalisierung genannt.[405] Die wissenschaftliche Betriebsführung wurde – assoziiert mit der Idee einer wissenschaftlich-rational begründeten Gesellschaftsordnung – grundsätzlich begrüßt. Bauer versprach sich von der Rationalisierung im Sinne Taylors und Fords die Abschaffung »nutzloser und unproduktiver Anstrengung«.[406] Nur deren Missbrauch, etwa um die Arbeit über Gebühr zu intensivieren, wurde abgelehnt. Kommunistische und anarchosyndikalistische Autoren kritisierten diese Blauäugigkeit, so z. B. Rudolf Rocker in seiner brillanten Schrift »Die Rationalisierung der Wirtschaft und

401 Heidrun Homburg, a. a. O., S. 660 f.; dort auch die einzelnen Verweise auf Reden und Aufsätze von Carl Friedrich von Siemens. Wie freilich Homburger meint, einen signifikanten Unterschied zwischen der Haltung Siemens' und den Nazis feststellen zu müssen, bleibt ihr Geheimnis.

402 Uta Stolle, a. a. O., S. 187–213.

403 Detlev J. K. Peukert: Die Weimarer Republik. Suhrkamp, Frankfurt am Main 1987, S. 116.

404 Uta Stolle, a. a. O., S. 207 ff.

405 Otto Bauer: Kapitalismus und Sozialismus nach dem Weltkrieg. Erster Band: Rationalisierung und Fehlrationalisierung. Wiener Volksbuchhandlung, Wien 1931.

406 Zit. in: Peter Hinrichs / Lothar Peter, a. a. O., S. 232.

die Arbeiterklasse«.[407] Er schreibt: »Die Rationalisierung ist der systematisch berechnete Wettlauf zwischen der Maschine aus Fleisch und Blut und der Maschine aus Stahl und Eisen, dessen Erträgnisse einzig und allein dem Unternehmertum in den Schoß fallen. Fließarbeit und die raffinierte Ausnützung jeder Muskelbewegung machen aus dem Arbeiter einen einfachen Automaten, dem jeder Sinn für seine Arbeit verloren geht, und der mit seiner Gesundheit und seinem Leben für die schmählichste Degradierung seines Menschentums bezahlen muss. Die modernen Arbeitsmethoden wirken verblödend auf den Geist und gesundheitszerstörend auf den Körper und werden zur unmittelbaren Ursache einer vollständigen Degeneration der produzierenden Klassen, deren Folgen sich in der Zukunft ebenso bemerkbar machen werden, wie die degenerierenden Wirkungen des schrankenlosen Ausbeutungssystems der frühkapitalistischen Periode auf die Arbeiter.«[408] Schon vor der beginnenden Massenarbeitslosigkeit zeigt Rocker die verheerenden Folgen der Arbeitseinsparung auf, die keinesfalls, wie die Reformisten glaubten, allen zugute kämen, sondern zur Spaltung in diejenigen führen müssten, die Arbeit haben und in ihr über alle Maßen ausgepresst werden, und in diejenigen, die von jeder Arbeit ausgeschlossen sind und daran sowohl ökonomisch wie seelisch zugrunde gehen. Exemplarisch schildert Peukert-[409]die Entwicklung im Ruhrbergbau: Wurden 1913 noch beinahe 100 % der Kohle mit Hand und Hacke im Gruppenakkord abgebaut, setzte sich in den 1920er Jahren der pressluftbetriebene Abbauhammer durch, der zugleich einen Übergang zum Einzelakkord ermöglichte. 1933 wurden 96 % der Kohle mit Presslufthämmern abgebaut. Dies bedeutete nicht nur Dequalifizierung, Intensivierung und Entsolidarisierung, sondern auch eine massiv gesteigerte Lärm- und Staubbelastung. Durch die Einführung des Förderbandes und der Schüttelrutsche wurden zwar Schlepperarbeitsplätze eingespart, doch für die verbliebenen Arbeiter waren die mechanischen Belastungen des Muskel- und Skelettapparates kaum reduziert.

Simone Weil beschreibt in ihren Fabriktagebüchern eindringlich den körperlichen Verschleiß und die geistige Verödung durch Fließbandarbeit:

> »Die Erschöpfung (…) macht die stärkste Versuchung dieses Lebens fast unüberwindlich: nicht mehr denken, einziges Mittel, um nicht zu leiden. Nur am Samstagnachmittag und am Sonntag kehren Erinnerungen zurück, Ideenstücke, erinnere ich mich, auch ein denkendes Wesen zu sein. Entsetzen erfasst mich, als ich meine Abhängigkeit von äußeren Umständen feststelle: Es genügte, dass sie mir eines Tages eine Arbeit

407 Rudolf Rocker: Die Rationalisierung der Wirtschaft und die Arbeiterklasse. Fritz Kater, Berlin 1927; wiederabgedruckt vom Verlag Freie Gesellschaft, Frankfurt am Main 1980.

408 Ebenda, S. 48.

409 Detlev J. K. Peukert: Industrialisierung, a. a. O.

ohne wöchentlichen Ruhetag aufzwingen – was schließlich immer möglich ist – und ich würde zu einem Lasttier, gehorsam und ergeben (wenigstens in meinen Augen).«[410]

Die bürgerliche Philosophin Simone Weil spricht angesichts der eigenen Fabrikserfahrung von einem Prozess des Abstumpfens und moralischen Verkommens, ähnlich wie der Arbeiterschriftsteller und kommunistische Journalist Karl Grünberg in seiner Reportage »Ford Motor Company A. G.«, die 1926 in der Zeitung »Die Rote Fahne« erschien.[411] Sein Artikel basiert auf Gesprächen mit Arbeitern in der neuen Ford-Niederlassung in Berlin, »nur wenige Schritte vom Bahnhof Putlitzstraße entfernt«:

> »Da gibt es keinen Raum für nebensächliche Gedanken. Keine Zeit etwa, eine Zigarette anzuzünden, ein Wort mit dem Nachbar zu reden oder gar auszutreten. (...) Es scheint durchaus glaubhaft, wenn man erzählt, dass hier alte Bekannte tagelang in dichter Nähe gearbeitet haben – ohne sich zu sehen. Ford braucht weder das Sprechen noch das Austreten zu rationalisieren. Das alles besorgt das Laufband! (...) Es gibt einen Fordtypus. Wo haben wir doch diese aschgrauen Gesichter, in denen Nase, Kinn und Backenknochen spitz hervorstehen, diese fiebrig starren Augen und nervösen Bewegungen schon gesehen?«[412]

Müdigkeit und Abgekämpftheit führe dazu, dass man keine Kraft mehr habe, eine Zeitung zu lesen. Zu Hause angekommen, habe man nur noch das Bedürfnis zu schlafen. In der Folge sei eine gewerkschaftliche oder politische Arbeit nur eingeschränkt oder gar nicht möglich.

Taylorisierte Fließbandarbeit ist damals wie heute eine Produktionsstätte nervlich-seelischer Zerstörung. Chinesische Arbeiter und Arbeiterinnen bei Foxcom benutzen, wenn sie ihre Arbeit beschreiben, fast die gleichen Worte wie die Arbeiter/innen der 1920er Jahre in den USA und in Europa. Die Arbeiter/innen werden zu »hirnlosen Maschinenteilen«, die Arbeit sei »monoton«, »stumpf« und »sinnentleert«.[413] Herausgerissen aus ihrem ländlichen oder handwerklichen Kontext mussten viele Arbeiter/innen Fabrikdisziplin, Akkord- und Fließbandarbeit als hoch belastend, ja: als mit dem »normalen« menschlichen Leben unvereinbar empfinden. Im Chicago der 1920er und 1930er Jahre erlitten fünf von hundert Fließbandarbeitern mindestens eine hospitalpflichtige seelische Erkrankung, die damals – mit der Betonung von »Verwirrtheitszuständen« und »Wahnvorstellungen« – zumeist als Schizo-

410 Zit. nach: Heinz Abosch: Simone Weil. Eine Einführung. Junius, Hamburg 1990, S. 80.

411 Wiederabgedruckt in: Walter Fähnders / Helga Karrenbrock / Martin Rector (Hg.): Sammlung proletarisch-revolutionärer Erzählungen. Luchterhand, Darmstadt und Neuwied 1973, S. 96–105.

412 Ebenda, S. 101 f.

413 Pun Ngai et al.: iSlaves. Ausbeutung und Widerstand in Chinas Foxcom-Fabriken. Mandelbaum, Wien 2013.

phrenie diagnostiziert wurde.[414] Sie lagen damit um den Faktor 10 höher als akademische Berufe. Die industriepsychiatrischen Bewertungen in jenen Ländern, in denen Fordismus und Taylorismus Einzug hielten, sind von ambivalenter Natur.[415] Auf der einen Seite stellen sie fest, dass unqualifizierte und einförmige Arbeit, Einengung bei der Arbeit und Machtlosigkeit hinsichtlich der Möglichkeit, seine eigene Arbeit zu kontrollieren, eine hohes Risiko beinhalten, eine psychische Erkrankung zu erleiden. Ein geringer Handlungsspielraum war geradezu konstituierend für den Taylorismus, mit den bekannten Folgen: schleichende oder akut ausbrechende seelische Krankheiten, revoltierendes und aggressives Verhalten, Absentismus und Fluchttendenzen. Genau da setzt die andere Seite der Industriepsychiatrie an: Man attestierte den Industriearbeitern und Industriearbeiterinnen – und, wie wir noch sehen werden, auch den industriell arbeitenden weiblichen Angestellten – Schizophrenie und schizoide Anpassungsstörungen.

Aus einer anderen Perspektive gesehen, trieben kapitalistische Umformung der Arbeitsprozesse und beschleunigte Entfremdung die arbeitenden Menschen geradezu in den Wahnsinn. Die »wissenschaftliche Betriebsführung« macht die betriebswirtschaftliche Rationalität zum unumstößlichen Gott, mit der Kehrseite, dass die Menschen in den Abgrund der gesellschaftlichen Irrationalität gestoßen werden. Wut und Wahnsinn, besser noch: Aufbegehren, Revolte und Widerstand sind insofern eine »gesunde« Reaktion. Wird jedoch Widerstandspotential durch Herrschaftstechniken untergraben, zerbrochen und zerstört, tritt vermehrt Krankheitselend auf. Die Psychotechnik ist eine solche Herrschaftstechnik. Sie versuchte, fernab einer kritischen Ursachenanalyse, Unterordnungs- und Anpassungsfähigkeit vor Arbeitsantritt zu erfassen und nicht oder weniger Anpassungsfähige als »untauglich« auszusondern. Aus den Reihen der Arbeitswissenschaften waren freilich, wie vorsichtig immer, auch andere Stimmen zu vernehmen. Zu diesen gehörte der aus Breslau stammende Psychologe Otto Lipmann.[416] Seine Vorstellungen von der »Bestgestaltung der Arbeit« kreisten um die Frage, ob und wie eine möglichst selbstbestimmte Tätigkeit des arbeitenden Menschen zu erreichen sei. »Aus arbeitswissenschaftlichen Erwägungen heraus werden wir zu der Forderung geführt, dass dem Arbeiter die Gestaltung seiner Arbeit, die Wahl der Arbeitsmittel und Arbeitsmethoden in möglichst hohem Grade überlassen bleiben sollte.«[417] Lipmann ging als bürgerlicher Wissenschaftler

414 Peter Thoma: Psychische Erkrankungen und Gesellschaft. Eine medizinsoziologische Analyse. Campus, Frankfurt am Main 1978, S. 96 ff.

415 Ebenda, sowie: Heinz-Harald Abholz: Die Rolle des industriellen Arbeitsplatzes für die Ätiologie psychischer Erkrankungen. In: Das Argument Nr. 60, Sonderband: Kritik der bürgerlichen Medizin. Argument, Berlin 1970, S. 142–151.

416 Otto Lipmann (1880–1933). Sein Hauptwerk erschien kurz vor seinem unerwarteten Tod: Otto Lipmann: Lehrbuch der Arbeitswissenschaft. Gustav Fischer, Jena 1932.

417 Ebenda, S. 191.

nicht so weit, die Verfügungsgewalt, das Direktionsrecht, die Arbeitsziele und Arbeitsinhalte der Arbeiterautonomie zu überlassen. Doch überragen seine Vorstellungen von menschengerechter Arbeit und seine eindeutige Ablehnung des Taylorismus bei weitem den Mainstream der damaligen Arbeitswissenschaft.

Wie die marxistische Wirtschaftswissenschaftlerin Christel Neusüß in den 1970er Jahren herausarbeitete[418], blieben auch die linken Theorien jedweder Couleur weitgehend einem Produktionsmodell verhaftet, das den kapitalistischen Fortschritt weiterschrieb bzw. mit anderem Vorzeichen reproduzierte, ohne die Arbeitsstruktur selbst grundlegend anders zu denken. Auch Theoretikerinnen wie Rosa Luxemburg oder Antonio Gramsci konnten sich ein fundamental anderes Modell von Arbeit und Produktion nicht vorstellen. Der einzelne Arbeiter stehe wegen der hohen Belastungen zwar im Widerspruch zur Maschinisierung, schreibt Luxemburg, doch die Arbeiterklasse als Ganzes müsse jene als Fortschritt begreifen. Gramsci sah die große Fabrik als Ort, in dem sich die Arbeiterklasse »als organischer Körper konstituiert«. Aus heutiger Sicht muss eine solche Mythologisierung erstaunen, und umso mehr, als die Leiden der Arbeiter und Arbeiterinnen gerade in der großen Fabrik zu Beginn des 20. Jahrhunderts ins Unerträgliche stiegen. Keine Frage: Gramsci meinte den organischen Körper politisch, als einen in sich steigernden revolutionären Kampf- und Gestaltungsformen aufgehender Nukleus einer anderen Gesellschaft. Doch geradezu fatal ist die Vorstellung, dass die fordistische Fabrik übernommen wird, wie sie ist. Von der allseitigen Entwicklung des Menschen als Produzent im Prozess der täglichen Produktion und Reproduktion ist kaum noch die Rede. Es gab durchaus Ideen einer radikalen Arbeitszeitverkürzung, wie das Beispiel Paul Lafargue beweist, auch wenn dieser einer Fortschrittsmythologie aufsaß, wenn er glaubte, Maschinen könnten die menschliche Arbeitskraft ersetzen. Es gab auch durchaus Ideen einer demokratischeren Arbeitskultur, gegen den Despotismus der Meisterherrschaft. Doch es gab kaum Ideen einer anderen Art und Weise der materiellen Produktion. Wohl aber gab es differenzierte Vorstellungen davon, wie Arbeit partiell sinnerfüllender, ganzheitlicher und vor allem gesundheitsgerechter gestaltet werden könnte, auch schon Anfang des 20. Jahrhunderts. Ludwig Teleky und Otto Lipmann stehen geradezu paradigmatisch dafür, aber auch weitsichtige bürgerliche Soziologen wie Max Weber.

Psychodrama und Seelenqual: Frauen im Büro

Im Jahr 1925 gab es 32 Millionen Erwerbstätige, davon 11,5 Millionen Frauen; der Hauptanteil der weiblichen Beschäftigung wurde unter »mithelfende Familienangehörige« rubriziert, vorwiegend in der Landwirtschaft,

418 Christel Neusüß: Produktivkraftentwicklung, Arbeiterbewegung und Schranken sozialer Emanzipation. In: Prokla, Jg. 8, H. 31, 1978, S. 75–114.

gefolgt von Arbeiterinnen und Hausangestellten. An vierter Stelle standen die weiblichen Büroangestellten mit 1,2 Millionen.[419] Genau diese Gruppe, Ende des 19. Jahrhunderts zahlenmäßig noch weitgehend unbedeutend, wuchs seit Kriegsende mit Riesenschritten. Rund 40 % der in Dienstleistung, Handel und Verkehr Beschäftigten waren Frauen. Wie in der Industriearbeit auch, blieben höhere Angestelltentätigkeiten weitgehend Männern vorbehalten. Die weniger qualifizierten, schlecht bezahlten und in vielen Bereichen halb-taylorisierten Bürotätigkeiten, die teilweise in Großraumbüros, ähnlich großen Fabrikhallen, untergebracht waren, oblag weitgehend weiblichen Arbeitskräften. Vier Fünftel der weiblichen Angestellten waren unter dreißig Jahren, neun Zehntel waren unverheiratet. Bei der Mehrheit der weiblichen Angestellten handelte sich um Stenotypistinnen, Korrespondentinnen, Kontoristinnen und Locherinnen an den Hollerithmaschinen, den Vorläufern der Computer. Anzumerken ist: Der Krankenpflegeberuf hatte in den 1920er Jahren weder zahlenmäßig noch aus Sicht der geschlechtersensiblen Berufspolitik die Bedeutung, die ihm heute zukommt. Mit Ausnahme der christlichen Ordensfrauen und der Rot-Kreuz-Schwestern lag die Pflegearbeit meist in den Händen von Krankenwärtern und Krankenpflegern.[420] Abgesehen davon, dass die Hauptlast der Pflege kranker, alter und behinderter Menschen damals wie heute bei den Frauen lag: Die Erwerbswelt »verweiblichte« sich in den 1920er Jahren durch den Strom vorwiegend junger Frauen in die Bürobetriebe der neuen Verwaltungen, der neuen Dienstleistungen, des Handels, der neuen Informations- und Kommunikationsunternehmen im öffentlichen wie im privaten Sektor.

Auch die Daten aus Österreich belegen den Trend zu mehr Angestelltentätigkeiten und hier wiederum zu einem wachsenden Anteil weiblicher Bürobeschäftigter.[421] In Österreich, hauptsächlich in Nieder- und Oberösterreich, arbeiteten Mitte der 1920er Jahre etwa 300.000 Frauen – etwa ein Viertel aller weiblichen Erwerbstätigen – in den Wirtschaftssektoren Handel, Verkehr, Geldwesen und Öffentlicher Dienst. Aussagekräftiger sind die Zahlen für Wien.[422] Hier arbeiteten im Jahr 1910 in Industrie und Handwerk 138.000 und im Jahr 1923 134.000 Frauen, d. h. diese Zahl blieb, ebenso wie der Frauenanteil mit 39 %, in diesem Wirtschaftsbereich weitgehend konstant. In dem Bereich Handel, Verkehr, Geldwesen und Öffentlicher Dienst betrug die Zahl der weiblichen Erwerbstätigen 1910 in Wien 87.000; der

419 Hierzu und zu den Zahlenangaben im Folgenden: Susanne Suhr: Die weiblichen Angestellten – Arbeits- und Lebensverhältnisse. Zentralverband der Angestellten, Berlin 1930.

420 Georg Streiter: Die wirtschaftliche und soziale Lage der beruflichen Krankenpflege in Deutschland. Gustav Fischer, Jena 1924.

421 Edith Rigler, a. a. O., S. 114–154.

422 Ebenda, S. 127 f.

Frauenanteil in diesen Branchen bewegte sich zwischen 25 % (Handel) und 20 % (ÖD). In den »häuslichen Diensten« arbeiteten 134.000 Frauen, ihr Anteil in dieser Branche betrug 92 %. Im Jahr 1923 war die Zahl der Frauen in Handel, Verkehr, Geldwesen und Öffentlicher Dienst auf 107.000 gestiegen, ebenso der Frauenanteil mit 28 respektive 32 %. Die häuslichen Dienste waren auf 90.000 Frauen gesunken, allerdings war der Frauenanteil in dieser Branche auf 96 % gestiegen.

Franz Koelsch widmet in seinem 1946 erschienenen Lehrbuch, das er schon vor dem Krieg fertiggestellt hatte, der Büroarbeit einige gewichtige Sätze: »Die Tätigkeit der Büroangestellten aller Art ist charakterisiert durch den Aufenthalt in geschlossenen Räumen, manchmal unter ungünstigen Raumverhältnissen; in manchen Büros sind auch heute noch Ventilation, Heizung, Beleuchtung durchaus ungenügend. Die Dauerarbeit beim Sitzen bei vornübergebeugter Körperhaltung kann zu den bekannten Folgen der einseitigen Sitzarbeit führen.«[423] In Band I seiner Arbeitshygiene hatte sich Koelsch ausführlich zur Sitzarbeit geäußert.[424] Die Wirbelsäule ermüde, und es komme in Folge dessen oftmals zu dem für Sitzberufe typischen »runden Rücken«. Insbesondere die schlechte Durchblutung der Muskeln des Beckenbodens, der Umstand, dass der Rumpf dazu tendiere, nach vorne abzusinken, und »die Kreislaufhemmung im Unterleib« waren ihm ein Dorn im Auge, da dadurch auch die Gebärfähigkeit in Mitleidenschaft gezogen werden könne. »Vom modernen Bürobetrieb sind die neuzeitlichen Büromaschinen nicht mehr wegzudenken. Die Arbeit an der Schreibmaschine verlangt eine besondere Geschicklichkeit und Konzentration, besonders beim Schreiben nach Diktat und Stenogramm. Aber auch die körperliche Arbeit beim Bedienen der Tasten und Verschieben des Schlittens ist im Laufe des Tages durchaus nicht gering. Klagen über Nacken- und Kreuzschmerzen, über Ziehen in den Schultern und Armmuskeln liegen vor. Bei Anfertigung einer größeren Zahl von Durchschlägen wurde Sehnenscheidenentzündung, Gefühllosigkeit der Fingerspitzen, Platzen der Haut der Fingerkuppen beobachtet. Auch die Beschäftigung an den Buchungsmaschinen ist geistig und körperlich anstrengend. Gemeinsam ist allen Beschäftigungsgruppen eine meist erhebliche Nervenbeanspruchung, die zu allerlei nervösen Störungen Veranlassung geben kann. Ursächlich kommen in Frage Hast, ungünstige Arbeitseinteilung mit Häufung der Arbeit gegen Arbeitsschluss, Maschinen- und Verkehrslärm, häufige Unterbrechungen durch das Telephon, unzweckmäßiger Arbeitsplatz usw.«[425] Koelsch fügt seine für alle Arbeitstätigkeiten obligatorische Bemer-

423 Franz Koelsch: Lehrbuch der Arbeitshygiene, Band II. Spezielle Berufshygiene. Ferdinand Enke, Stuttgart 1946, S. 443

424 Franz Koelsch: Lehrbuch der Arbeitshygiene, Band I. Allgemeine Physiologie und Hygiene der Arbeit. Ferdinand Enke, Stuttgart 1946, S. 29 f.

425 Franz Koelsch: Lehrbuch, Band II, a. a. O.

kung an, dass die »Einstellung zur Arbeit« ein wesentlicher Faktor darstelle, der sich positiv oder negativ auf die Belastung auswirken könne.

Belastungen und Beanspruchungen an den neuen Büroarbeitsplätzen der 1920er und 1930er Jahre waren kaum noch mit denen der Jahrhundertwende zu vergleichen. Die flächendeckende Einführung von Schreibmaschinen steigerte das Arbeitstempo erheblich. Eine Befragung des Zentralverbandes der Angestellten erbrachte das eindeutige Ergebnis, dass das überhastete und angespannte Arbeitstempo physisch wie psychisch kaum auszuhalten sei. Die folgenden Zitate entstammen dem Bericht von Susanne Suhr:[426] »Von allen gesundheitsschädlichen Einwirkungen wird der Nervenverbrauch des modernen Betriebes immer wieder betont.« Und weiter: »Achtzig Personen in einem Raum und Maschinen«, schreibt eine Kontoristin aus einer großen Schallplattenfabrik, »da ist die Arbeit an der Maschine nervenzerstörend.« »Seit sieben Jahren Schreibmaschine geschrieben«, klagt eine andere Stenotypistin aus einem Werk der IG. Farbenindustrie, »musste wegen Zerrüttung der Nerven aufhören.« »Leider werde ich meinen Beruf nur noch eine gewisse Zeit ausführen können«, heißt es in der Antwort einer Redaktionssekretärin, »da bei dem ganz und gar« überhasteten Arbeitstempo die Nervosität immer stärker werde. Wieder eine andere: »Ich bin in dieser Stellung zum ersten Mal ausschließlich als Stenotypistin tätig und der Überzeugung, dass eine derartige nervenaufreibende Tätigkeit keine 8 1/2 Stunden täglich ausgehalten werden kann, noch dazu in so unzulänglichen Räumen.« Suhr weist darauf hin, dass auch die Gewerbeaufsicht die Zustände in den Büros bemängele. »Die auffallende Zunahme von nervösen Erkrankungen, besonders bei Frauen, in der Krankenkassenstatistik der letzten Jahre geht sicher zu einem sehr großen Teil auf Kosten der weiblichen Angestellten.«[427] Suhr berichtet auch von Kopf- und Augenschmerzen, Unterleibsbeschwerden, Fuß- und Beinleiden, Handschwellungen und Gehörstörungen. Doch psychische Schäden seien, so die Berichterstatterin, dominant. In Deutschland und Österreich fokussierten die Psychiater hinsichtlich der neuen Leiden – die Begriffe waren: Neuro- oder Psychopathien, Neurosen oder Psychosen, Neurasthenie oder einfach Asthenie – stark auf die neuen Angestelltenberufe. Besonders auffallend war der Beruf der Telefonistin.[428] Das unentwegte Hin und Her zwischen Rufzeichen, Hören, Fragen, Verbinden, Trennen, Blinken, Stöpseln, Schalten, Zwischenfragen, Unterbrechungen, Wiederverbinden, Umschalten usw. galt selbst hartgesottenen Psychotechnikern als hoch belastende Tätigkeit. Nur wenige Frauen hielten diese anstrengende Arbeit längere Zeit durch. Von einer »Anhäufung Nervenschwacher«, wie die zeitgenössische Psychiatrie behauptete, konnte keine Rede sein. Auch widerstandsfähige Personen haben

426 Ebenda, S. 23.
427 Ebenda.
428 Joachim Radkau: Das Zeitalter der Nervosität. Carl Hanser, München 1998, S. 215 ff.

nur beschränkte Ressourcen, nach deren Verbrauch sich chronische Krankheiten genauso entwickeln können wie bei angeblich Widerstandsfähigen auch. Doch die medizinische, psychologische und arbeitswissenschaftliche Elite sah das anders: Sie schrieb der Frau nicht nur eine höhere »Nervosität« zu, sondern auch eine höhere Fingerfertigkeit, die sie gleichsam für alle monotonen Tätigkeiten – Akkordarbeit, Fließarbeit und Schreibarbeit – prädestiniere. Zugleich wurde eine ebenfalls anthropologisch unterstellte höhere emotionale Anpassungsbereitschaft der Frau behauptet.[429] All diese kühnen und in sich widersprüchliche Thesen sollten sich in der Folge als ideologische Praxen erweisen.

Die massenhafte Zunahme der neuen Bürotätigkeiten, ebenso die Art und Weise, wie diese Arbeit nunmehr gegliedert und organisiert wurde, war ein Indiz für die Feststellung Siegfried Kracauers im Jahr 1929: »Die Proletarisierung der Angestellten ist nicht zu bezweifeln.«[430] Dennoch war – und ist bis heute – die Bürotätigkeit eine andere als diejenige, die an einem Fließband in der Produktion erbracht werden muss. Siegfried Kracauer lenkt den Blick auf Aspekte, die in der Geschichte des Problemkomplexes »Körper und Arbeit« völlig neu waren: Angestellte müssen »gut aussehen«, »ein freundliches Gesicht« haben, »jugendlich wirken«. »Aus Angst, als Altware aus dem Gebrauch zurückgezogen zu werden, färben sich Damen und Herren (!) die Haare, und Vierziger treiben Sport, um sich schlank zu erhalten.«[431] Was hier in Ansätzen deutlich wird, ist die Forderung – ob explizit an die Betroffenen herangetragen oder implizit von ihnen aufgrund des allgemeinen Erwartungsdruckes verinnerlicht – nach Einbringen der Gesamtperson in die Lohnarbeitstätigkeit. Nicht nur die Arbeitskraft als solche galt es nun zu verkaufen, sondern auch die Gesamtperson, das äußere Erscheinungsbild wie die charakterlich-verhaltensmäßig zu konditionierende Einstellung und Haltung der Arbeit, dem Vorgesetzten und der Organisation gegenüber. Diese in der heutigen Terminologie als Subjektivierung der Arbeit bezeichnete Konstellation zog über die Transmissionsschiene der weiblichen Büroarbeit in die Arbeitswelt als Ganzes ein. Zeitgenössischen Berichte lassen auch die »Erotisierung« der Arbeitsverhältnisse durchscheinen.[432] Die Frau hatte am Büroarbeitsplatz auch die Phantasien der männlichen Kollegen und vor allem der männlichen Vorgesetzten zu bedienen. In diesem Sinne kann man bereits in

429 Vgl. Gertraude Krell: das Bild der Frau in der Arbeitswissenschaft. Campus, Frankfurt am Main 1984, zur Historie insbesondere S. 105 ff.

430 Siegfried Kracauer: Die Angestellten. Suhrkamp, Frankfurt am Main 1971. Erstveröffentlichung 1919 in der Frankfurter Zeitung.

431 Siegfried Kracauer, a. a. O., S. 25.

432 Vgl. Henrik de Man: der Kampf um die Arbeitsfreude. Eugen Diederichs, Jena 1927, S. 28–31.

den 1920er Jahren vom Einzug des »Fleischmarkt(es)«[433] in die Arbeitswelt sprechen, mit all seinen hässlichen Implikationen, die in den 1920er Jahren nur verdeckt und unter Sanktionsdruck einer durchgängig patriarchalen Gesellschaft thematisiert werden konnte. »Sexuell arbeiten« nennt die neuere queer-feministische Forschung diese Art der Existenz.[434] Die Arbeit der Frauen am und mit dem eigenen Körper reproduziert das hierarchische Geschlechterverhältnis in der Arbeitswelt und in der Gesellschaft. Sie ist Teil der affektiven Arbeit, d. h. des Einbringens und Einfließens des Persönlichen in die Arbeit, die nicht erst im 21. Jahrhundert, sondern schon vor hundert Jahren – teilweise aus vorkapitalistischen Zeiten tradiert – einen wesentlichen Teil der Produktions- und Reproduktionsbedingungen im Kapitalismus ausmachte.

Ein historisches Dokument von außerordentlicher Bedeutung ist in diesem Zusammenhang der autobiographische Roman »Schicksale hinter Schreibmaschinen« von Christa Anita Brück:[435] Ähnlich wie Heinrich Lersch und andere Schriftsteller, die das Arbeitsleben zu schildern versuchen, ist auch bei Brück das Menschen- und Gesellschaftsbild eher schwammig und unausgegoren. Das ist aber kein Grund, den Realitätsgehalt der Beschreibungen konkreter Arbeits- und Lebenssituation der Arbeitenden abzuwerten. Brück, 1899 geboren, kam aus bürgerlichem Elternhaus. Im kaufmännischen Bereich »landete« sie eher aus Not denn aus Neigung. Der Roman wird geradezu durchzogen von der Thematik arbeitsbedingter Erkrankungen, genauer: der Thematik von Machtspielen und Willkür, psychischer Verstümmelung, Hässlichkeit und Unmenschlichkeit, die – im Kontext der Arbeitsbedingungen insgesamt – zu psychischen und psychosomatischen Erkrankungen führen. Der Roman spielt in Königsberg; die erste Figur, die in dieser Bürowelt auftaucht, ist Urschl aus Wien, die an Kopfschmerzen, Gesichtsschwellungen und Erbrechen – wahrscheinlich an chronischer Migräne – leidet. Urschl ist »nicht mehr jung«, gleichwohl lebenslustig und lebensbejahend. Doch die Schmerzen werfen sie nieder, Brück lässt sie ausrufen:

> »Es ist ja kein Wunder: (…) Siebenzwanzig Jahre Büro, siebenzwanzig Jahre Krummsitzen, Stubenluft, ungezählte Überstunden, siebenzwanzig Jahre unregelmäßige Mahlzeiten und immer Hetze, Eile, alleräußerste Anspannung. Annähernd vierzig Stellungen habe ich in der Zeit gehabt. Entweder hat man nicht genügt, oder es war mit dem Chef etwas

433 Vgl. Laurie Penny: Fleischmarkt. Weibliche Körper im Kapitalismus. Nautilus, Hamburg 2012.

434 Vgl. Renate Lorenz / Brigitte Kuster: Sexuell Arbeiten. Eine queere Perspektive auf Arbeit und prekäres Leben. b_books, Berlin 2007; vgl. auch: Robert Foltin, a. a. O., S. 34 ff.

435 Christa Anita Brück: Schicksale hinter Schreibmaschinen. Sieben-Stäbe-Verlag, Berlin 1930.

los, er machte Pleite, die Kollegen haben einen rausgeekelt, ein paar Mal habe ich monatelang gearbeitet und keinen Pfennig Gehalt zu sehen gekriegt. (...) Und eine neue Stellung übernehmen, das heißt: jedes Mal wieder von vorn anfangen, wieder neu sich anpassen an fremde Gewohnheiten, Launen, Unannehmlichkeiten.«[436]

Die Ich-Erzählerin wird von einer schon älteren, erfahrenen Kollegin in das Arbeitsleben eingeführt. Sie ist kränklich und nimmt sich kein Blatt vor den Mund. Arbeit im Büro, das heißt: Anpassungszwänge, sich zurücknehmen, sich tage-, wochen- und monatelang quälen, es sich aber nicht anmerken lassen, immer voller Angst – Angst vor Willkür, vor Zumutungen und Übergriffen, Angst, den Arbeitsplatz wieder zu verlieren und »ganz von vorne« anfangen zu müssen. Die Ich-Erzählerin wird diese Einschnitte und Eingriffe bald am eigenen Leib erfahren. Insbesondere das primitiv-herrschaftliche Führungsverhalten des Vorgesetzten und seiner sexuellen Übergriffe laugt nach und nach trotz eisernen Durchhaltewillens ihre psychischen Reserven aus. Ein Vorfall mit einem Chef namens Lichte bringt sie an den Rand der Verzweiflung:

»Ein irrsinniger Ekel überfällt mich. Vier Jahre arbeite ich jetzt bei Lichte. Sie haben mich ruiniert. Meine Nerven gehorchen zuweilen nicht mehr. Der ständige seelische Druck hat zu allerhand Störungen geführt. In diesem Augenblick des Widerwillens, der Ohnmacht, der Verzweiflung, revoltiert wieder der Magen. Ich winde mich vor Schmerzen.«[437]

Doch die Protagonistin hält durch und beginnt, sich zu wehren und unsinnigen Anweisungen zu widersprechen; sie beginnt auch, wenn sie krank ist, ihre Krankheit wenigstens halbwegs auszukurieren. Das führt bei den Kolleginnen nicht zu Solidarisierung, sondern zu Missgunst und purem Hass:

»Warum sind Sie zu schade und für uns ist der Dreck gut genug? Warum dürfen Sie sich wehren und wir müssen stillhalten? (...) Seit Sie hier sind, ist es zehnmal schlimmer! (...) Was wollen Sie unter uns, wenn Sie sich zu gut sind, dasselbe zu sein wie wir? (...) Wer mit uns sein Brot verdienen will, der muss auch unser Elend teilen.«[438]

Die Protagonistin hält das nicht aus, kann das nicht aushalten. Sie wird krank und kann sich nicht mehr erholen. Sie ist müde, ausgezehrt, hoffnungslos. Sie versucht es mit einer neuen Arbeitsstelle, immer wieder. Nach viermonatiger Arbeitslosigkeit fängt sie in einem Büro als Stenotypistin an. Sie muss schreiben. Die folgende Beschreibung könnte ebenso gut aus einem normalen Fabrikalltag entstammen:

436 Ebenda, S. 18 f.
437 Ebenda, S. 134.
438 Ebenda, S. 192 f.

»Tempo, Tempo, schneller, schneller. Der Mensch strömt seine Kraft hinein in die Maschine. Die Maschine, das ist er selbst, seine äußerste Sammlung und letzte Anspannung. Und er selbst, er ist Maschine, ist Hebel, ist Taste, ist Type und schwirrender Wagen. Nicht denken, nicht sich besinnen, weiter, weiter, geschwinde, geschwinde, tipp, tipp, tipptipptipptipptipp. (...) Im Kopf beginnt ein kleiner Schwindel zu kreisen. Geschwindigkeit ist Rausch, und Rausch ist Hingerissenheit (...) Da beginnen die Muskeln im Nacken sich schmerzhaft zu spannen. Die Kraft der Arme erlahmt, die Verkrampfung der inneren Anspannung bricht jäh auseinander. Tief atemholend schaue ich auf. Stapel erledigter Post türmen sich zu meiner Linken, Stapel der unerledigten zu meiner Rechten. Acht Stunden hat der Arbeitstag, die Hälfte ist erst vergangen. Also weiter, geschwinde, geschwinde (...)«[439]

Im Verlauf der Erzählung berichtet die Protagonistin über das Eingesperrtsein in engen Büros, über Lärm, staubige Luft, Müdigkeit, über die immerwährenden Schwierigkeiten mit den inzwischen überwiegend jüngeren Kolleginnen, welche die Bürotätigkeit nur als Übergangsstadium begreifen, bis sie durch Heirat vom »Sklavenjoch« befreit werden. Sie fragt sich, wie aus diesen nach kurzer Zeit »vorzeitig verbrachten, entnervten und erschlafften Geschöpfen« glückliche Ehefrauen und Mütter werden sollten. Eine weitere Frage bohrt sich langsam, nach und nach alle anderen Fragen überschattend, in ihre leibhafte Existenz:

»Ich bin mittlerweile achtundzwanzig Jahre alt geworden, habe die Grenze für eine günstige Anstellungsmöglichkeit also weit überschritten. Nur junge Kräfte werden in den Zeitungen gesucht, ›nicht über zwanzig Jahre‹, ›nicht über vierundzwanzig Jahre‹. Eine Stenotypistin von fünfundzwanzig Jahren ist schon zu alt.«[440]

Die Probleme verschärfen sich, die Protagonistin quält sich mit Selbstzweifeln: Hat sie überhaupt das Leben der anderen Frauen begriffen, hat sie überhaupt irgendetwas von deren Leben verstanden, war sie vielleicht doch nur schlicht und einfach »ego-zentriert«? Und sie denkt nach über die Notwendigkeit, einander als jeweils verschiedene Menschen akzeptieren zu lernen, sich zusammenzuschließen, Stück für Stück Voraussetzungen dafür aufzubauen, sich gemeinsam zu wehren. Doch sie prallt damit bei ihren Kolleginnen ab, sie wird als »eine Bessere« wahrgenommen, als eine, die sich für etwas Besseres hält. Sie erlebt ihre Versuche, in der Büroarbeit zu bestehen, als gescheitert. Angesichts der Qualen und Schrecken fragt sie sich an einer Stelle, ob sie womöglich eine ganz und gar falsche Lebensperspektive gewählt habe, sie wird von dem Gedanken überwältigt, dass Frauen wie sie, »die außerhalb des Muttertums stehen«, ihre »natürliche Bestimmung« verfehlt

439 Ebenda, S. 229 f.
440 Ebenda, S. 253.

hätten.[441] Sie flieht in ihre angestammte Heimat, auf ein Gut in den Masuren:

> »Die Heimat ruft mich: Mächtig, drangvoll ruft sie ihr verirrtes Kind. (...) Die Qual in mir verebbt..., nichts weiter erleben als Himmel, Wasser, Stille und gutes, braunes Ackerland.«[442]

Angesichts solcher Gedanken und angesichts der weiteren Entwicklung von Christa Anita Brück, die sich mit dem Nationalsozialismus zumindest passiv arrangierte, wird diese Autorin von der neueren Literaturwissenschaft negativ beurteilt. Doch ihre eindrückliche Schilderung der Qualen, denen weibliche Angestellte im Büroalltag ausgesetzt waren – und dies teilweise heute noch sind –, sind aus Sicht einer kritischen Arbeitsgeschichte von hohem Wert.[443] In Brücks Darstellung zeigen sich Konturen dessen, was die sozialwissenschaftliche Belastungsforschung[444] als »Paradoxien der Subjektivierung«, als unauflösbaren Widerspruch zwischen unablässigen Authentizitätsaufforderungen und vollkommen fremdbestimmten Arbeitsbedingungen zu fassen sucht. Erwerbstätige werden im Schein einer nicht-proletarischen Tätigkeit dazu gedrängt, sich als Person ganz und gar »einzubringen«, sich vollständig der Arbeit zu verschreiben, in ihr gleichsam »aufzugehen« und sich in ihr »selbst zu verwirklichen«, merken aber bald, dass sich ihr Denken und Handeln, nicht zuletzt ihre Gefühle, nur im Rahmen der vorgegebenen Wege der Kapitalverwertung – des »Geschäftlichen«, genauer: des Geschäftemachens – zu bewegen habe. Dazu gehört auch, sich entweder grenzenlos anzubiedern oder sich in einer Konkurrenzhaltung gegenüber Kollegen und Kolleginnen zu positionieren. Als Folge dessen stellen sich nach und nach Erschöpfung, Resignation, Einsamkeit, Ohnmacht und Krankheit ein.

Auch Henrik de Man berichtet in seiner Studie »Der Kampf um die Arbeitsfreude«[445] von Frauen, die unter Büroarbeit und Büromilieu leiden. Junge Frauen erlebten die Arbeit dann, wenn sie selbständig durchgeführt werden konnte, also Freiheitsgrade enthielt, in räumlich wie sozial freundlicher Umgebung angesiedelt war und angemessen bezahlt wurde, als »angenehm«, zumindest als »zufriedenstellend«. Doch diese Bedingungen waren, wenn überhaupt, meist nur vorübergehend. Als besonders belastend empfan-

441 Ebenda, S. 218.

442 Ebenda, S. 354.

443 Den Interpretationen, die überwiegend Christa Anita Brück anhand dieser Stellen und ihres späteren Lebensweges als durchgängig und ausschließlich reaktionär, kleinbürgerlich und präfaschistisch einordnen (so z. B. Christa Jordan: Zwischen Zerstreuung und Berauschung. Peter Lang, Frankfurt am Main 1988), vermag ich daher nicht zu folgen.

444 Vgl. beispielsweise Elin Thunman: Burnout als sozialpathologisches Phänomen der Selbstverwirklichung. In: Sighard Neckel / Greta Wagner (Hg.): Leistung und Erschöpfung. Suhrkamp, Frankfurt am Main 2013, S. 58–103.

445 Henrik de Man, a. a. O.

den die befragten Frauen die oberflächliche und duldsame Haltung ihrer Kolleginnen zu ihrer Arbeit: »Sie wird mehr als vorübergehende Erwerbsarbeit, denn als inhaltsgebende, sinnvolle Arbeit betrachtet, von der sie bald durch Heirat erlöst zu werden hoffen.«[446] Den Charakter harter Erwerbsarbeit freilich nimmt die weibliche Bürotätigkeit wie überhaupt Frauenarbeit mit zunehmenden ökonomischen Krisenerscheinungen und der damit verbundenen zunehmenden männlichen Arbeitslosigkeit unaufhaltsam an. In den zeitgenössischen Umfragen steigt ab 1929 der Anteil jener jungen Frauen an, die ihren arbeitslosen Vater oder ihren arbeitslosen Ehemann mitfinanzieren müssen.[447] Immer wieder – auch in den folgenden Jahrzehnten – durchkreuzen sich zwei Entwicklungstendenzen: Zum einen, verstärkt durch die wiederkehrenden Schübe der Taylorisierung, die Tendenz zur Proletarisierung der Büroarbeit, zum anderen die Tendenz, Büroarbeit als »saubere Angestelltentätigkeit« wahrzunehmen, die man, wenn nicht für sich selbst, zumindest für seine Kinder anstrebte. Es etablierten sich gleichsam Parallelwelten: die Büro-Massenarbeit in großen Schreib- und Kodiersälen, in denen in den 1930er und 1940er Jahren auch die Lochkartentechnik Einzug hielt, und die »höheren Sekretariatstätigkeiten«, von denen viele junge Frauen träumten, auch wenn sie in Schreibsälen festsaßen. Diese Widersprüchlichkeit ging und geht mehr oder weniger durch jede, die in »untergeordneter Stellung« im Angestelltenmilieu ihr Leben fristete.

Faschisierung und die deutsche Arbeitsideologie

Ursachen und Verlauf der ab Ende Oktober 1929 einsetzenden Weltwirtschaftskrise sind im Allgemeinen bekannt.[448] Die amtlich registrierte Massenarbeitslosigkeit in Deutschland und Österreich stieg 1930 auf über 20 % und 1931 auf etwa 30 % an. Die Situation in den Betrieben war von Angst, Konkurrenz und Missgunst, die Situation der bereits Ausgeschlossenen von Resi-

446 Ebenda, S. 31.

447 Susanne Suhr, a. a. O., S. 38 ff.; Edith Rigler, a. a. O. S. 138 ff.

448 Aus der Fülle sozialkritischer Literatur zur Faschisierung Europas mögen wenige Hinweise genügen: Reinhard Kühnl: Die Weimarer Republik. Errichtung, Machtstruktur und Zerstörung einer Demokratie (überarbeitete Neuauflage). Distel, Heilbronn 1993; Derselbe: Der Faschismus: Ursachen, Herrschaftsstruktur, Aktualität. Eine Einführung (4. überarbeitete Aufl.). Distel, Heilbronn 1998; Karl Heinz Roth: Die globale Krise. VSA, Hamburg 2009, S. 285 ff; Detlev J. K. Peukert: Die Weimarer Republik, a. a. O., S. 243 ff.; Robert Kurz: Schwarzbuch, a. a. O, S. 479 ff.; Karl Vocelka: Geschichte Österreichs. Styria, Graz 2000, S. 286 ff.; Emmerich Tálos: Das austrofaschistische Herrschaftssystem Österreich. LIT, Wien 2013; zur Ideologiegeschichte: Wolfgang Fritz Haug: Faschisierung des Subjekts. Argument, Berlin 1986; zur Arbeitswissenschaft im Nationalsozialismus: Wolfgang Hien: Chemische Industrie, a. a. O., S. 146–202; zur NS-Arbeitspolitik: Marc Buggeln / Michael Wildt (Hg.): Arbeit im Nationalsozialismus. Oldenbourg, Münster 2014.

gnation, Verelendung und Verrohung geprägt. Die Wut auf die ursächlichen Triebfaktoren des Kapitals war groß, doch die Spaltung der Arbeiterbewegung, ihre Fixierung auf das bestehende System der Arbeit und die mangelhaft entwickelte gesellschaftliche Alternative genossenschaftlichen Lebens und Arbeitens verhinderten eine Bündelung der Wut, der Sehnsüchte und des Willens, anders zu leben. An dieser Stelle muss die legendäre Studie »Die Arbeitslosen von Marienthal« erwähnt werden.[449] Sie ist in mehreren Hinsichten bemerkenswert. Sie lässt die Gesamtsituation der Arbeiter/innen in Deutschland und Österreich im Mikrokosmos eines österreichischen Arbeiterdorfes erscheinen, dem die einzige relevante Einkommensquelle, die Baumwollspinnerei, weggebrochen war. Resignation, psychische und psychosomatische Krankheiten überzogen die Menschen wie Gewitterwolken. Die von Marie Jahoda et al. behauptete These aber, all diese Erscheinungen seien erst mit der Arbeitslosigkeit eingetreten, ist nicht haltbar. Die Löhne der Textilarbeiter/innen reichten auch vorher kaum zum Leben, und die Arbeit hatte keinesfalls die identitätsstiftende und gesundheitsfördernde Funktion, die ihr die Wissenschaftler/innen zuschrieben. Es ist Karl Reitter zuzustimmen, der Jahodas Studie für »ein Musterbeispiel an ideologischer Zurichtung auf die Lohnarbeit« hält, die zudem »als akademische Einübung in die elitäre Distanz« zu sehen sei.[450] Unbestreitbar ist freilich auch, dass Arbeitslosigkeit und materieller Absturz ebenso krank machen wie ruinöse und demütigende Arbeitsbedingungen.[451] Sie müssen jedoch nicht zur stummen Duldung, sie können auch zum aufschreienden Widerstand führen. Die Aktionen gegen das Aufkommen des deutschen und österreichischen Faschismus wurden in wesentlichen Teilen von arbeitslos gewordenen Proletarier/innen getragen. Die nötige Einheitsfront wurde jedoch von Sozialdemokratie und Stalinismus hintertrieben. Nach dem 1. Mai 1933 waren in Berlin die Weichen gestellt. Auch der heroische Kampf der sozialistischen Schutzbündler in Linz, Leoben und Wien im Februar 1934 konnte die Fahrt ins faschistische Fahrwasser nicht aufhalten. Beschämend und katastrophal war in Deutschland wie in Österreich die legalistische Haltung und letztlich unterwerfende Reaktion der sozialdemokratischen Führungen und der Gewerkschaftsbürokratie. Relevante Teile dieser Bürokratieschicht erhofften sich in der Deutschen Arbeitsfront eine zweite Karriere. Festzuhalten ist, dass im Deutschen Reich zwar die Arbeitslosigkeit aufgrund der forcierten Rüstungswirtschaft zurückging; insgesamt aber sanken die Löhne, und die Produktion des absoluten wie

449 Marie Jahoda / Paul F. Lazarsfeld / Hans Zeisel: Die Arbeitslosen von Marienthal. (Erstmals 1933 veröffentlicht) Suhrkamp, Frankfurt am Main 1975.

450 Karl Reitter: Prozesse der Befreiung. Marx, Spinoza und die Bedingungen eines freien Gemeinwesens. Westfälisches Dampfboot, Münster 2011, S. 244 f.

451 Vgl. auch Peter Thoma: Psychische Erkrankungen und Gesellschaft. Eine medizinsoziologische Analyse. Campus, Frankfurt am Main 1978, S. 100 ff.

relativen Mehrwerts nahm massiv zu. Im Austrofaschismus blieb die Arbeitslosigkeit bei 20%, die Löhne sanken oder wurden teilweise völlig ausgesetzt: Ss manifestierte sich eine bisher nicht für möglich gehaltene Spaltung der Gesellschaft in Arm und Reich.[452]

Aus mentalitätsgeschichtlicher Sicht müssen verschiedene Faktoren, welche die Niederlage der Arbeiter/innen bedingen, diskutiert werden. Nicht nur der sozialdemokratische Legalismus und die stalinistische Perversion des Kommunismus, sondern auch die ganz und gar unheilige Allianz zwischen den großen Kirchen und der faschistischen Politik[453] desorientierte die Menschen, die in ihrer Not nach mentalen und emotionalen Orientierungen suchten. In Preußen konnten 1932 die »Deutschen Christen« an die rassistische und antidemokratische Tradition des Kulturprotestantismus anknüpfen. In den süddeutschen Regionen, vor allem aber in Österreich konnten sich faschistische Strömungen direkt auf bestimmte Momente der christliche Soziallehre des Papstes Leo XIII und vor allem ihrer Fortführung in der Bulle »Quadragesimo Anno« beziehen, die Papst Pius XI 1931 verkündete. Die Gesellschaft sollte nicht als Vereinigung freier Menschen, sondern als Ständestaat, als organizistische und kapitalhörige Gesellschaftsformation, aufgebaut sein. »Die organische Betriebsgestaltung«[454] war einer der Hauptbegriffe, mit denen die neue Arbeitspolitik hantierte. Organisch soll heißen: wie ein Gesamtkörper, genauer: wie ein »Volkskörper« sollte das Arbeitsvolk zusammengeschweißt werden, angelehnt an die antiken Mythen entnommenen Visionen des Apostel Paulus in seinem Korintherbrief: Die Gemeinde sollte zusammenwachsen wie ein großer Leib, der Leib Christi, ein Organismus mit vielen Gliedern, die alle aufeinander angewiesen sind und nur zusammen lebendig sein können. Da gibt es welche, die oben das »Haupt« bilden, und welche, die unten die Arbeit bis zur Selbstaufgabe ausführen. Die faschistische Arbeitsideologie musste im Grunde nichts Neues erfinden. Die ideologischen Bausteine waren alle vorhanden: in der christlichen Tradition, in der protestantischen Arbeitsethik, in der katholischen Gehorsamshaltung, in der Arbeitsideologie der Arbeiterbewegung selbst, in der Verherrlichung und Heiligsprechung der Arbeit und der Abwertung aller, die nicht arbeiten konnten oder wollten. Ausgenommen waren die Wirtschaftsführer, die sich längst zu Arbeitshelden stilisiert hatten, ungeachtet ihrer mittlerweile an den Feudaladel erinnernden Lebensweise. Diesen Umstand zu kaschieren und Situation und Intention der Beherrschten umzudeuten, war Aufgabe der aka-

452 Vgl. Emmerich Tálos, a. a. O, S. 326–359.

453 Jan Rehmann / Wolfgang Fritz Haug: Die Kirchen im NS-Staat. Untersuchung zur Interaktion ideologischer Mächte. Argument, Berlin 1986.

454 So der Titel mehrerer Handbücher, welche die Deutsche Arbeitsfront herausgab, z. B. Max Christoph: Die Organische Betriebsgestaltung als Mittel der Leistungssteigerung. Verlag der Deutschen Arbeitsfront, Berlin 1942.

demischen Zünfte. Die arbeitswissenschaftliche, arbeitsmedizinische und sozialhygienische Konzeptualisierung war gut vorbereitet: Der untergründige Hass und die Wut der Arbeitenden, die ihr Leben als eine einzige Schinderei erlebten, wurden auf das »raffende und nicht schaffende« Finanzkapital gelenkt, das als »jüdische Nicht-Arbeit« ettiketiert wurde.

Der strukturelle Boden für Über- und Unterordnung in den Betrieben, für Hierarchie und Knechtung und die systematische neue Biomacht, bestand längst: Der Führungskader der Montan- und Chemieindustrie – die Hauptträger der Rüstungsindustrie – setzten sich hauptsächlich aus nationalistischen und durch und durch antidemokratischen Absolventen der Technischen Universitäten zusammen. Die Ingenieure und Chemiker waren fast alle in Burschenschaften aktiv, die sich als Speerspitze der konservativen Revolution verstanden. Insbesondere in akademischen Kreisen wurde der Versailler

Vertrag als »Schande« empfunden, die so gar nicht zu der stilisierten geistigen und vor allem naturwissenschaftlich-technischen »Weltführerschaft« passen wollte. Gerade an den technischen Hochschulen griffen daher Ideologien eines rassenbiologischen Volkskörperkonzepts, mit dessen Hilfe die »Weltführerschaft« errungen werden sollte, in besonderer Weise.[455] Härte, Disziplin, Gehorsam, Treue, Unterwerfung unter den Stärkeren und damit Einschüchterung, Schmähung und Bedrohung wurden zu Tugenden erklärt, zu deren Durchsetzung sich Ingenieure und Chemiker berufen fühlten. Kasernenhofton und potentielle, nicht selten auch reale Gewalt prägten die Atmosphäre in den Betrieben.[456] Mit der Durchsetzung der Flussstahlproduktion und der Mess- und Regeltechnik in der Eisen- und Stahlindustrie wurden die klassischen Meister von Ingenieuren aus den Führungspositionen verdrängt. Damit vergrößerte sich die soziale Distanz zwischen Betriebsleitung und Arbeitern. Rücksichtslose Antreiberei, sozialer Gruppendruck, hoch differenzierte Hierarchien und sozialdarwinistische Deutungen führten trotz gleichzeitiger Präventionsoffensive der DAF dazu, dass sich arbeitsbedingte Gesundheitsschäden häuften, aber möglichst unterhalb der Anzeigeschwelle gehalten und strikt individualisiert wurden. Die gleichen sozialen Prozesse sehen wir in der Chemieindustrie, und dort durch die vergleichsweise massivste Einwanderung akademischer Schichten in die Leitungsebene in einer noch ausgeprägteren Weise. »Betriebsführer« – dieser Begriff hat sich bis heute gehalten – waren Chemiker und Chemieingenieure eines überwiegend

455 Vgl. dazu die instruktive Studie von Annette Schröder: Vom Nationalismus zum Nationalsozialismus. Die Studenten der Technischen Hochschule Hannover von 1918 bis 1938. Hg. Von der Historischen Kommission für Niedersachsen und Bremen, Bd. 213. Hahnsche Buchhandlung, Hannover 2003.

456 Zum Folgenden: Thomas Welskopp: Arbeit und Macht im Hüttenwerk. J. H. W. Dietz Nachfolger, Bonn 1994, S. 322 ff., 387 ff., 520 ff., 552 ff., 687 ff.,

nationalistisch-konservativen Geistes.[457] Selbst dann, wenn sie nicht streng antisemitisch waren, versäumten sie keine Gelegenheit, ihre Übereinstimmung mit »Führer« und »Bewegung« zu zelebrieren und – noch viel entscheidender – die Direktiven der Rüstungs- und Vernichtungswirtschaft gnadenlos nach unten durchzusetzen. Vielsagend ist die Rede, die der »Reichsleiter der Deutschen Arbeitsfront« Robert Ley, ehemals Chemiker bei den Bayer-Werken, in einer Werksversammlung in Leverkusen[458] hielt: Er beschwor den »Glauben an die ganz große Idee«, eine Idee, »die in uns brennt« und für die wir »zu Opfern bereit« sein sollten. Der »Führer« habe »uns Arbeit gebracht« und aus der Willkür und Misshandlung der Bürokratie erlöst. Und dann: »Es gehört schon etwas dazu, was wir nur Religion nennen können.« Das Seelische wolle genährt sein: »Ja, glauben Sie mir, der Körper geht mit, wenn die Seele gesund ist.« Kein Zweifel: Die Erotisierung und der Wahn deutscher Arbeit erreichten im Nationalsozialismus einen schwindelerregenden Höhepunkt.[459]

Im Gegensatz zu den blumigen Versprechungen des Regimes, Kleingewerbe und Mittelstand zu fördern, konzentrierte sich die Wirtschaftspolitik auf die großindustrielle Produktion und deren Rationalisierung, was den Bedarf an billigen und fungiblen Arbeitskräften erhöhte. Dazu gehörten auch die Frauen. Allen ideologischen Verrenkungen und Kapriolen zum Trotz – »die wesensmäßige Bestimmung der Frau« sollte die einer Mutter respektive einer Gebärmaschine und Dienerin der Volksreproduktion sein – stieg der Frauenanteil in der Industriebelegschaften zwischen 1933 und 1938 von 30 auf 45 %.[460] Dabei wurden Frauen zunächst in der repetitiven Massenarbeit und ab 1939 verstärkt in Vorgesetztenpositionen eingesetzt: als Aufpasserinnen und Antreiberinnen der Zwangsarbeiterinnen.

Die arbeitsorientierte Bio- und Körperpolitik, die sich die systematische und »totale« Ausschöpfung aller biologischen Reserven der Arbeitenden zum Ziel gesetzt hatte, stand im Einklang mit den Intentionen der Wirtschaftselite und betrieblichen Führungskader. Zuweilen zu hörende Argumentationen, Führungskräfte hätten das nicht wissen können und seien selbst »Opfer« dieser Politik geworden, sind wenig überzeugend. Ein Chemiker, der bei I. G. Farben Betriebsleiter fungierte, war erstens in der tradierten Haltung seiner Zunft schon lange an der Maximalausschöpfung der Arbeitskräfte und dem »Kampf gegen Drückebergerei und Simulantentum« interessiert, und war

457 Vgl. exemplarisch für die Hoechst-Werke: Stephan H. Lindner: Hoechst. Ein I. G. Farben-Werk im Dritten Reich. Beck, München 2005.

458 In: Hilla Peetz (Hg.): »Nicht ohne uns«. Ullstein, Frankfurt am Main 1981, S. 246–249.

459 Holger Schatz / Andrea Woeldike, a. a. O.

460 Annemarie Tröger: Die Planung des Rationalisierungsproletariats. In: Annette Kuhn /Jörn Rüsen: Frauen in der Geschichte II. Pädagogischer Verlag Schwann, Düsseldorf 1982, S. 245–298.

zweitens über Burschenschaften, die schon vor 1933 nationalsozialistisch dominiert waren, eng mit politischen Akteuren verwoben und somit auch mit politischen Zielen vertraut. »Gleichschaltung« war nicht der fundamentale Kraftakt, der als solcher gerne unterstellt wird. Sicherlich gab es Ausnahmeerscheinungen, d. h. es gab auch Führungskräfte, die sich später den Exzessen der Zwangsarbeit widersetzten oder passiven Widerstand leisteten. Doch der Mainstream der Wirtschaftsführung stand der Nazipolitik positiv gegenüber. Das moralische Gebot, Menschen nicht als Mittel zu benutzen, war durch die kapitalistische Logik längst außer Kraft gesetzt.

Grundlegend für die neue Arbeitsideologie war eine spezifisch sozialbiologische und sozialrassistische Unterscheidung: Aufzuwerten und mittels »Gesundheitsführung« zu unterstützen war die nordische, arische Rasse, genauer: diejenigen Rassenmitglieder, die sich als erbgesund erwiesen haben,

gleichbedeutend mit einer – im Sinne einer radikalen betriebs- und volkswirtschaftlichen Ökonomisierung – optimalen Leistungsfähigkeit. In den Worten des Reichsärzteführers Bartels: »Der gesunde Mensch (muss) als wertvoller anerkannt werden als der kranke Mensch.«[461] Der gesunde Mensch sei leistungsfähig, leistungsbereit und vor allem »arbeitsfroh«. Unter den Überschriften »Gesundheitsförderung« und »Gesundheitsführung« wurde das Betriebsarzt-System[462] systematisch weiter ausgebaut: von einem 1936 unter dem Begriff »Erste Hilfe« kaschierten Konzept einer betriebsgebundenen Behandlung bis zur leistungs- und selektionsmedizinischen Rundumbetreuung – unter Ausschaltung der freien Arztwahl –, die sich freilich erst unter Kriegsbedingungen durchsetzte.[463] Betriebsärzte sollten kontrollieren, disziplinieren, Leistungswillige fördern und vorgeblich Leistungsunwillige »aussondern«. Abzuwerten und letztlich auszumerzen waren alle Erbkranken und alle »nichtarischen« Rassen und Ethnien, denen eine mangelnde oder fehlende

461 Friedrich Bartels: Gesundheit und Wirtschaft. In: Reichsgruppe Industrie (Hg.): Gesundheitsführung in den Betrieben. Hölzel, Leipzig 1938, S. 7–13.

462 Vgl. zum Betriebsarztwesen im Nationalsozialismus: Sepp Graessner: Gesundheitspolitik unter dem Hakenkreuz. Neue soziale Kontrolltechniken durch Arbeits- und Leistungsmedizin. In: Autonomie. Materialien gegen Fabrikgesellschaft, Sonderheft 2, S. 2–19; Karl-Heinz Karbe: Das Betriebsarztsystem. Zum Schicksal der Arbeitsmedizin im faschistischen Deutschland. In: Achim Tom / Horst Spaar: Medizin im Faschismus. Akademie für ärztliche Fortbildung Berlin, Berlin 1983, S. 107–119; Karl-Heinz Karbe: Leistungsmedizinische und kriegswirtschaftliche Anforderungen an das NS-Betriebsarztsystem. Unveröffentlichtes Manuskript; Wolfgang Hien: Chemische Industrie und Krebs. Zur Soziologie des wissenschaftlichen und sozialen Umgangs mit arbeitsbedingten Krebserkrankungen in Deutschland. Wirtschaftsverlag NW, Bremerhaven 1994, S. 175–202.

463 Ende 1944 gab es mehr als 8000 hauptamtliche Betriebsärzte, die als Betriebs-, Revier-, Lager- und Vertrauensärzte tätig waren (Karl-Heinz Karbe: Leistungsmedizinische, a. a. O.).

Leistungsfähigkeit unterstellt wurde. »Slawische Rassen« und »ostische Menschen« sollten, soweit sie zur Unterwerfung bereit seien, als Arbeitssklaven genutzt werden. Behinderte und chronisch Kranke galten als »Ballast«, den es abzuwerfen galt. Die Rassenbiologie war keine Erfindung der Nazis. Sie war schon viele Jahre vorher als System einer Gesellschaftslehre »auf biologischer Grundlage« sowohl im angloamerikanischen Raum als auch in Deutschland und Österreich ausdifferenziert formuliert worden.[464] Immer ging es um die Frage: Ist ein Mensch ein vollwertiger, d. h. ein leistungsfähiger Teil des Volkskörpers oder nicht? Die bisherige Konstruktion der Sozialversicherung wird grundsätzlich als schädlich denunziert, da sie Eigenverantwortung und Leistungswillen unterhöhle. Sämtliche medizinische Subdisziplinen und die biologische und psychologische Forschungseinrichtungen waren, in Einvernahme mit der praktischen Arbeitsmedizin, darum bemüht, das biologische und mentale Leistungspotential arbeitsfähiger Menschen so zu steigern und im Lebensverlauf so zu erweitern, dass »die Differenz zwischen Lebensalter und Leistungsalter so weit wie irgend möglich verkleinert«[465] werde. Mit anderen Worten: Es war erklärtes Ziel der Nazis, die Zeit zwischen Renteneintritt und biologischem Tod möglichst auf Null zu minimieren. In fast unheimlicher Weise waren sich Deutsche Arbeitsfront und Ärzteschaft schon vor dem Krieg darin einig, die Leistungsfähigkeit des arbeitenden Menschen bis zu seinem 70. Lebensjahr auszudehnen.[466] Dass bei einer derartigen Leistungsauspressung ein schneller Tod die folgen würde, waren die Arbeits- und Gesundheitsführer der Nazis nicht nur in Kauf zu nehmen bereit: Sie begrüßten es geradezu als aus volkswirtschaftlicher Sicht sinnvoll und richtig.

In die Frage nach dem »gesunden Volkskörper« eingebettet und ideologisch, in manchen Kontexten auch religiös, aufgeladen war der Begriff der Arbeit. Synonym mit »produktiver Leistung« ist sie es, die den Einzelnen als Teil des Ganzen adelt. Arbeit wurde zur »Ehre« und zum »hohen Dienst am

464 Vgl. Alexander Elster, a. a. O.; zur Eugenik in den USA: Jon Beckwith: Genetik als soziale Waffe. In: Jost Herbig (Hg.): Biotechnik. Reihe Technologie und Politik, Band 17. Rowohlt, Reinbek bei Hamburg 1981, S. 69–89; zur Eugenik in Deutschland: Peter Weingart, Jürgen Kroll, Kurt Bayertz: Rasse, Blut und Gene. Geschichte der Eugenik und Rassenhygiene in Deutschland. Suhrkamp, Frankfurt am Main 1988.

465 Hermann Hebestreit: Bedeutung und Zukunftsaufgabe der Arbeitsmedizin. In: Zentralblatt für Gewerbehygiene, Band 18, 1941, S. 154 ff.; vgl. dazu auch: Dietrich Milles: Tendenzen und Konsequenzen. Arbeit und Krankheit unter dem Einfluss nationalsozialistischer Sozialpolitik. In: Dietrich Milles / Rainer Müller (Hg.): Berufsarbeit und Krankheit. Campus, Frankfurt am Main, S. 111–126.

466 So z. B. Robert Ley, der Leiter der Deutschen Arbeitsfront, in einem Vortrag auf der Tagung des Reichsarbeitskreises für Gesundheitsführung des deutschen Volkes, zit. nach: Philipp Rauh / Karl-Heinz Leven: Ernst Wilhelm Baader (1892–1962) und die Arbeitsmedizin im Nationalsozialismus. Peter Lang, Frankfurt am Main 2013, S. 59.

Volk«. »Wir sind die Arbeit: Arbeit ist das Licht!« heißt es in einem mit »Symphonie der Arbeit« betitelten Thingspiel von 1934.[467] »Die Arbeit ist – ebenso wie Kämpfen und Sterben des Soldaten – ein Opfer, ein Gebet, eine heilige Handlung, um Führer und Volk zu dienen, die in gewisser Weise austauschbar sind.«[468] Arbeit wurde zum alleinigen Wertmesser des Menschen. Wer nicht arbeiten konnte oder wollte, galt als unwert. Das Paulus-Zitat »Wer nicht arbeitet, soll auch nicht essen« hatte Hochkonjunktur. Immer wieder wird »Gott« ins Spiel gebracht. Sogar auf einem Parteitag der NSDAP im Jahr 1937 heißt es in direkter Anrufung: »Gott, segne die Arbeit und all unser Ringen (…)«[469] Für Betriebsappelle wurden Gedichte von nationalsozialistischen, aber auch von anderen Schriftstellern, die sich entweder zur Arbeiterdichtung oder zur bürgerlichen Dichtung zählten, ausgewählt. Auch aus Ernst Jüngers Buch »Der Arbeiter« sollte vorgelesen werden.[470] In Jüngers reaktionärer Utopie verschmelzen Mensch und Technik zu einer neuen höheren Einheit, zu einem schaffenden Übermenschen oder, wenn man so will, zu einer Art willigem Maschinenmenschen, einem gehorsamen und zugleich erfindungsreichen Robotermenschen oder – in heutiger Begrifflichkeit – einer Art Cyborg. Das religiöse Moment in der Lobpreisung der Arbeit richtete sich ausdrücklich gegen die jüdische Sicht der Arbeit, die in ihr auch Mühe und Plage sieht. Arbeit solle in der NS-Ideologie nicht nur ökonomische Leistung sein, sonder ein Fetisch sui generis, eine Droge, ein Anästhetikum, das in der Lage sein sollte, arbeitsbedingten Schmerz und arbeitsbedingtes Leid nicht mehr spüren zu lassen. Das Perfide an der NS-spezifischen Arbeitsideologie war die selektive Rezeption der jüdischen bzw. jüdisch inspirierten Arbeitsphilosophie. Arbeit war und ist in jüdischer Sicht nicht nur Not, Mühsal und Plackerei, sonders zugleich auch schöpferisches Tun und Selbstverwirklichung. Der Gestalt- und Aktionspsychologe Kurt Lewin formulierte diese Doppelbedeutung der Arbeit 1920 in seinem Aufsatz »Die zwei Gesichter der Arbeit«.[471] Doch diese Widersprüchlichkeit galt den Nazi-Ideologen als dialektische Rabulistik. Im Einklang mit der vorherrschenden positivistischen Strömung wollten sie alle Widersprüche schon definitorisch aus der Welt schaffen. Mangelnde Arbeitsfähigkeit war ein Kriterium der Wertlosigkeit. Insofern war schon vor der Errichtung der Konzentrationslager und lange vor der Praxis des Massenmordes klar, dass Arbeit jenes Medium sein müsse, in dem die Entscheidung zwischen Leben und Nicht-Leben herbeigeführt

467 Zit. nach Irmgard Weyrather: »Deutsche Arbeit« – Arbeitskult im Nationalsozialismus. In: Zeitschrift für Religions- und Geistesgeschichte, Band 56 (2004), S. 18–36, hier: S. 26.

468 Irmgard Weyrather, ebenda, S. 27.

469 Ebenda.

470 Ernst Jünger: Der Arbeiter. Hanseatische Verlagsanstalt, Hamburg 1932.

471 Zit. in Eberhard Ulich: Arbeitspsychologe, 3. Auflage. vdf- Hochschulverlag, Zürich 1994, S. 18 f.

würde. Vernichtung durch Arbeit lag in der Logik einer Ideologie, die insofern zur materiellen Gewalt werden konnte, als sie definitorische Zuschreibungen zu somatischen Zurichtungen machte: Juden und andere nicht zum Volkskörper Zählende wurden ausgehungert und entwürdigt, um sie so als arbeitsunfähig oder allenfalls als verschleißbar einzustufen. Der in letzter Konsequenz letale Verschleiß wurde in der perversen NS-Ideologie zum Opfer, das auf dem Altar der Arbeit dargebracht werden musste.

Es ist erstaunlich und erschreckend zugleich, zu konstatieren, wie zwölf Jahre Naziherrschaft in der Lage waren, Sprachformen, genauer: Ketten von Signifikanten zu verändern, entfremden, umzudeuten und ideologisch aufzuladen, und dies auf Dauer, anhaltend und weitgehend unhinterfragt bis in unsere Tage. Der Begriff des Arbeitsschutzes ist ein Beispiel dafür. Aus dem Schutz der Arbeiter und Arbeiterinnen wurde ein Schutz der Arbeit. Röntgenreihenuntersuchungen, d. h. die Früherkennung von Lungenerkrankungen zwecks Aussortierung der Kranken, wurde zu Gesundheitsvorsorge und Prävention. Arbeitsschutz und betriebliche Prävention wurden bei den Nazis großgeschrieben. Zugegeben: Mit Ideologiekritik alleine ist diesem Phänomen nicht beizukommen. Das Gesamtphänomen ist komplex und höchst widersprüchlich. Das irritiert heute noch. Der US-amerikanische Historiker Norbert Proctor ist dem nachgegangen.[472] Der Begriff der »Prävention« wurde doppelt aufgeladen: tatsächliche Verbesserung der Arbeitsbedingungen für »Herrenmenschen« und »rassisch Erwünschte«, Vernutzung bis zum Tode für »Schwächlinge« und »rassisch Unerwünschte«. So gab es gigantische verhaltensorientierte Propagandamaßnahmen gegen Unfallgefahren; so wurde in den Industriezentren fast flächendeckend die Röntgenreihenuntersuchung eingeführt; nicht zuletzt erlebte die Berufskrebsforschung in Deutschland einen bisher unbekannten Aufschwung. Wie Proctor zeigen konnte, fungierte die NS-Sozial- und Gesundheitspolitik auf mehreren Wirklichkeitsebenen. Sie spielte gleichzeitig auf verschiedenen Klaviaturen: zum einen auf der bürokratieinternen, zum anderen auf der für die »Volksgenossen« publikumswirksamen. »Intern« waren Krebsforscher und Arbeitsmediziner beunruhigt über den steilen Anstieg der Blasenkrebserkrankungen in der chemischen Industrie, »extern« wurde dieser Anstieg rigoros geleugnet.[473] Zur BK-Aner-

472 Robert N. Proctor: Blitzkrieg gegen den Krebs. Gesundheit und Propaganda im Dritten Reich. Klett-Kotta, Stuttgart 1999. Zu allgemeinen Einschätzung der zwiespältigen und auf den ersten Blick schwer durchschaubaren betrieblichen Gesundheitspolitik der Nazis vgl. Sigrid Stöckel / Mario Heidler: Gesundheitsführung des deutschen Volkes – eine nationalsozialistische Variante des Taylorismus? In: Joseph Kuhn / Eberhard Göbel (Hg.): Gesundheit als Preis der Arbeit? Gesundheitliche und wirtschaftliche Interessen im historischen Wandel. Mabuse, Frankfurt am Main 2003, S. 99–117.

473 Ebenda, S. 137 ff., wobei Proctor u. a. die Daten von Hien, a. a. O., S. 224 f. und 235 f. heranzieht.

kennung kam kaum noch ein Fall. Führende NS-Arbeitsmediziner wie Ernst Wilhelm Baader, zwischen 1925 und 1945 Leiter der klinischen Abteilung für Gewerbekrankheiten im Kaiserin-Auguste-Viktoria-Krankenhaus in Berlin-Lichtenberg, ebenso wie der langjährige BASF-Betriebsarzt Wilhelm Hergt betonten ihre These einer »genetischen Disposition«, die entscheidender sei als die Exposition – eine im NS-System unhinterfragte, nie bewiesene, aber bis heute immer wieder aufgewärmte Auffassung, die dem Bereich der erbbiologischen Mythologie zuzuordnen ist.[474] Zugleich verhedderte sich die auf die »Erhaltung der wertvollen Erbsubstanz« orientierte NS-Gesundheitspolitik vollends in der Frage der ionisierenden Strahlen. Gewerbeärzte wie Arthur Brandt, ein überzeugter Nationalsozialist, warnten vor den Belastungen des Uranabbaus im böhmischen Joachimsthal. Die Karzinomsterblichkeit bei den Joachimsthaler Bergleuten habe dramatische Ausmaße erreicht und übersteige bei weitem jenige, die man aus anderen Bergbauregionen kenne; die Beschäftigung müsse zeitlich begrenzt werden, Brandt stimmte Vorschlägen zur Beschäftigung von Fremdarbeitern in den Gruben zu.[475] Doch Reichsgesundheitsamt, Bergamt, DAF und weitere Stellen des Nazireiches reagierten empfindlich. Eine derartige Abwertung des »wertvollen deutschen Bergmanns« gehe nicht an. Hans Reiter, der Präsident des Reichsgesundheitsamtes, setzte auf den »Einsatz gesundheitlich widerstandsfähiger Personen« im Sinne einer »Ritterlichkeit, wie (sie) im Begriff ›Heldentum der Arbeit‹ zum Ausdruck kommt«.[476]

Die betäubende und massenpsychotisch wirksame Arbeitsideologie führte bei einer überwältigenden Mehrheit der sich zum auserwählten Volk zugehörigen Arbeiter/innen – zumindest bis in die beginnenden 1940er Jahre – zu einem Gefühl der lange ersehnten Anerkennung. Das Problem der Anerkennung ist in den Arbeitswissenschaften wie in den Gesellschaftswissenschaften ein zugleich theoretisch wie praktisch hochgradig brisantes Thema. Die Hegelsche Herr-Knecht-Dialektik[477] hatte es auf dem Punkt gebracht, dass die Arbeit des Knechts diesen selbst wachsen lasse und ihm zu Selbstbewusstsein verhelfe, genau in dem Maße, in dem der Herr sein Angewiesensein auf den Knecht einsehe und diesem insofern, als dieses Einsehen transparent werde, Anerkennung zolle. Mühe und Plage, also auch Schmerz und Zorn, verschaffen in dieser Sicht den Arbeitern und Arbeiterinnen die Kraft, ein Bewusstsein ihrer Lage zu gewinnen, sich ab einem bestimmten

474 Vgl. dazu: Wolfgang Hien: Chemische Industrie, a. a. O., S. 271–304.

475 Gine Elsner / Karl-Heinz Karbe, a. a. O.; schon direkt nach der Annexion Tschechiens 1938 verlangte der SS-Mann und Regierungspräsident Hans Krebs einen Fremdarbeitereinsatz in den Joachimsthaler Gruben (Robert N. Proctor, a. a. O., S. 120).

476 Zit. bei: Gine Elsner / Karl-Heinz Karbe, a. a. O., S. 71.

477 Vgl. Alexandre Kojève: Hegel. Neuausgabe. Suhrkamp, Frankfurt am Main 1975, S. 20–47.

Punkt zur Wehr zu setzen und um eine Umkehr der Herrschaftsdialektik zu kämpfen. Vorausgesetzt ist in dieser philosophischen Konstruktion, dass der Anerkennungsprozess ein authentischer ist. Doch was ist mit der vorgetäuschten, symbolisch vorgespielten, ideologisch verdrehten Anerkennung? Und ist diese Art der Anerkennung nicht die übliche? Ist ein Lob des Meisters im Stahlwerk, der den Arbeiter wegen seiner besonders hohen Tonnenzahl in der vergangenen Schicht lobt, wirklich die Anerkennung, nach der sich ein arbeitender Mensch so inniglich sehnt? Die neuere, vom Dekonstruktivismus inspirierte Philosophie kommt zur Auffassung, dass Identität und Anerkennung keine »reinen« Kategorien sein können. Anerkennung ist immer auch Zuschreibung und Zurichtung, ein Festklopfen einer fremdbestimmten Identität – z. B. der eines »guten« Stahlarbeiters – und somit eine »verkennende Anerkennung«.[478] Das ist kein Spezifikum des Nationalsozialismus, hatte aber in dessen Kontext und in dieser extremen Ausformung besonders fatale Folgen: Die Mehrheit der »Volksgenossen« trug die Ausgrenzungs-, Selektions- und Vernichtungspolitik mit, gleichsam auf dem ideologischen Polster der vermeintlichen Anerkennung ihrer Arbeit. Die Einsicht, dass sie im Grunde selbst entmündig waren, wurde den scheinbar Aufgewerteten durch die verinnerlichte Affirmation des faschistischen Normensystems verstellt.[479]

Die Empfänglichkeit für verkennende Anerkennung korrespondiert mit den Charakterstrukturen der autoritätsgebundenen Persönlichkeit. Es gehörte zu den ersten großen empirischen Arbeiten des Frankfurter Instituts für Sozialforschung, Einstellungen und Lebensorientierungen von Arbeitern und Angestellten Ende der 1920er Jahre zu untersuchen.[480] Erich Fromm, der die Ergebnisse zusammenfasste, konstatierte eine weite Verbreitung eines konservativ-autoritären Verhaltensmusters. Stark beeinflusst war diese Deutung von den Untersuchungen des Wiener Psychoanalytikers Wilhelm Reich, der eine Formierung des Körpers als gewalterduldender und zugleich gewaltförmig agierender Körperpanzer feststellte. Diese Formierung mag es immer in Klassengesellschaften gegeben haben, doch der Kapitalismus systematisierte die Konditionierung zu Härte im Geben wie im Nehmen. Dazu mussten im Rahmen der familiären Sozialisation die Lebensenergie gebrochen werden, die leiblichen Triebe nach Liebe und Lust unterdrückt und Kanäle für ein aggressives und menschenfeindliches Ausleben der Lebensenergien gelegt werden. Das Institut für Sozialforschung entwickelte die psychoanalytischen und soziologischen Ansätze nach der erzwungenen Emigration in die Verei-

478 Thomas Bedorf: Verkennende Anerkennung. Suhrkamp, Frankfurt am Main 2010.
479 Rüdiger Hachtmann: Arbeit und Arbeitsfront. Ideologie und Praxis. In: Marc Buggeln / Michael Wildt, a. a. O., S. 100.
480 Erich Fromm: Arbeiter und Angestellte am Vorabend des Dritten Reiches. Bearbeitet und herausgegeben von Wolfgang Bonß. Deutsche Verlags-Anstalt, Stuttgart 1980.

nigten Staaten weiter. In der Studie »The Authoritarian Personality«[481] wurden auch in der US-Bevölkerung verbreitete Tendenzen zum autoritären Denken festgestellt. Die gewaltförmige Formierung des Körpers zu entfremdeter und krankmachender Arbeit, die Zurichtung des Menschen zum Funktionieren im Produktions- und Reproduktionsprozess, die reale soziale Angst, letztlich die Sehnsucht nach Erlösung, schufen ein sozio-kulturelles und sozio-emotionales Amalgam des generalisierten Hasses auf den Anderen und das Andere, das nicht den Kriterien des arbeitsamen, beflissenen und unterwürfigen Volksgenossen entsprach. »Das gepriesene Hart-Sein«, merkt Theodor W. Adorno in seinem Kommentar zum Frankfurter Auschwitz-Prozess an, »bedeutet Gleichgültigkeit gegen den Schmerz schlechthin. (...) Wer hart ist gegen sich, der erkauft sich das Recht, hart auch gegen andere zu sein, und rächt sich für den Schmerz, dessen Regungen er nicht zeigen durfte, die er verdrängen musste.«[482] Zugleich schwelt massenpsychologisch in der Geschichte der arbeitenden Klassen eine Sehnsucht nach Erlösung, nach dem Himmel auf Erden, nach dem Tausendjährigen Reich – eine uralte, von mittelalterlichen Mystikern reformulierte und im »kollektiven Unbewussten« lebendige Utopie. Ernst Bloch hat dieses Moment in seiner Faschismusanalyse herausgearbeitet.[483] Bloch kritisiert die Linke insofern, als sie diese Massenphantasie »unterernährt«, Gefühlswerte ignoriert und »sie die Welt der Phantasien fast preisgegeben hat«.[484] Und weiter: »Die Nazis sprechen betrügend, aber zu Menschen, die Kommunisten völlig wahr, aber nur von Sachen.«[485]

Jenseits der Ränder des Deutschen Reiches offenbarte sich die Problematik der geschundenen Massenseele in besonderer Weise: in Österreich und Südtirol, im Sudetenland und weiteren von deutschen Volksgruppen bewohnten Gebieten Ost- und Südosteuropas, in Pommern, Ostpreußen und insbesondere im Saarland. »Heim ins (tausendjährige) Reich« – darin kristallisierten sich schon in den 1920er Jahren und verstärkt seit 1933 die kruden und verwirrten Hoffnungen und Sehnsüchte vieler Arbeiter und Bauern.[486] In

481 Theodor W. Adorno, Else Frenkel-Brunswik, Daniel J. Levinson, R. Nevitt Sanford: The Authoritarian Personality. Harper und Brothers, New York 1950.

482 Theodor W. Adorno: Erziehung nach Auschwitz. In: derselbe: Erziehung zur Mündigkeit. Suhrkamp, Frankfurt am Main 1969, S. 96.

483 Ernst Bloch: Erbschaft dieser Zeit (Erstausgabe 1935 in Zürich). Suhrkamp, Frankfurt am Main 1962, S. 126 ff. Bloch lehnte zwar den von C. G. Jung entwickelten Begriff des kollektiven Unbewussten ab, kam aber nicht umhin, im großen geschichtlichen Verlauf ein massenpsychologisch »unterirdisch« wirksamen Phänomen dieser Art festzustellen.

484 Ebenda, S. 149.

485 Ebenda, S. 153.

486 Wolfgang Behringer / Gabriele Clemens: Geschichte des Saarlandes. Beck, München 2009.

unübertroffener Weise hat Gustav Regler, der wohl größte saarländische und stets zwischen Katholizismus und Linkskommunismus schwankende Schriftsteller, dies in seiner Autobiographie »Das Ohr des Malchus« dargestellt.[487] Dazu muss man wissen, wie hart das Leben an der Saar war: Bergbau, Stahl und nebenberufliche Landwirtschaft: Harte Arbeit und immer nur Arbeit prägten seit langem die Lebenswelt. Die Lage verschlimmerte sich nach dem Ersten Weltkrieg entscheidend. Zwar stand das Saarland unter Verwaltung des Völkerbundes, aber die Bergwerke und ein relevanter Teil der Eisen- und Stahlindustrie waren in französischen Saatbesitz übergegangen. Insbesondere die mehr als 70.000 Bergleute wurden qua unbezahlter Über- und Sonderschichten gnadenlos ausgebeutet. Die römisch-katholische Kirche stand im Saarland klar an der Seite der deutschen Wirtschaftselite, auch wenn diese – wie z. B. der saarländische Stahlmagnat Hermann Röchling – überwiegend protestantisch war. Der Trierer Bischof schickte schon Ende des 19. Jahrhunderts, wenn es in den kleinen Arbeiterstädten und Arbeiterdörfern Unruhen gab, seine theologischen Emissionäre aus, um Ruhe und Ordnung herzustellen. Sie kamen und machten den überwiegend strenggläubigen Arbeitern und ihren Familien Angst, dass sie, wenn sie nicht den gottgewollten »Naturgesetzen« des Gehorchens und Unterordnens folgten, dem Teufel preisgegeben seien.[488] Marienerscheinungen, Reliquienverehrung, Wallfahrten und andere organisierte Anlässe formten sich zu periodisch wiederkehrenden Massenereignissen, denen viele in der Hoffnung entgegenfieberten, es werde endlich etwas passieren, das dem Elend, den Krankheiten und dem frühen Tod ein Ende bereite. Diese Kirchenpraxis setzte sich im 20. Jahrhundert fort. Zwischen 1933 und 1935, dem Jahr der Volksabstimmung im Saarland, machte die Kirche offensiv Propaganda für eine »Heimkehr« ins Nazi-Deutschland und verband diese Propaganda geschickt mit Wallfahrten zum »Heiligen Rock« in Trier. Die Züge waren voll von Menschen, Gustav Regler war teilnehmender Beobachter, er wollte ihnen sagen, dass sie ins Land der Tyrannei führen, doch vergeblich:

> »Ich hörte, was die Leute redeten; sie sprachen nur vom Heiligen Rock! Sie sprachen im Ton der Kreuzfahrer, es war, als ob sie auf der Schiffahrt seien nach dem Heiligen Land.«

Regler versuchte in den Jahren 1933 bis 1935, zusammen mit Zehntausenden vor den Nazis geflohenen Linken, die Menschen im Saarland zu verstehen –

487 Gustav Regler: das Ohr des Malchus. Kiepenheuer und Witsch, Frankfurt am Main 1960. Gustav Regler (1898–1963), in Merzig/Saar geboren, war Schriftsteller und Journalist. Nach der verlorenen Saarabstimmung 1935 musste emigrieren. Es gilt als der bedeutendste Schriftsteller des Saarlandes.

488 Vgl. hierzu eine hochinteressante Regionalstudie zu Sankt Ingbert: Sigrid Barmbold / Michael Staudt: Die Roten im Schwarzen Eck. Die Anfänge der Sozialdemokratie in St. Ingbert 1889–1919. Blattlaus, Saarbrücken 1991, insbes. hier S. 51 ff.

er war ja selbst Saarländer – und mit ihnen ins Gespräch, in die politische Auseinandersetzung zu kommen. Doch dies gestaltete sich als überaus schwierig. Kommunisten und Sozialisten argumentierten mit rationalen Argumenten, die Menschen aber lebten in ihren Gefühlswelten, denen Regler gleichsam archäologisch nachzuspüren versuchte.

> »Unsere Walddörfer waren voll von Bergarbeitern. Man ging hier schon als Halberwachsener zur Grube. Burschen, denen noch kein Bart wuchs, trugen die langen schweren Schläuche hinter den Bergleuten her und spritzten Wasser auf den gashaltigen Kohlenstaub; sie führten die halbblinden Pferde zum Bergstollen; sie schoben die geladenen Loren mit den Schultern. Die Alten hakten und zimmerten in den heißen tiefen Schächten. Es war ein Beruf, in dem man wahrhaftig giftig und gereizt werden konnte. Seit dem Friedensvertrag von Versailles war der Beruf gefährlicher geworden. Die Franzosen stützten die Stollen nur solange ab, wie Kohle gegraben wurde. Dann zog man die Pfähle heraus und ließ die Schächte verfallen. Paris sparte Holz, Paris trieb Raubbau. Es knisterte überall, Decken senkten sich über die staubverschmierten Männer, die Unsicherheit stieg um beträchtliche Grade. Dabei hatte sich am Überwachungspersonal nichts geändert. Die Franzosen hatten die gewalttätigsten Steiger beibehalten und ihnen neue gleicher Brutalität zugegeben. Der Steiger trieb an, schnauzte herum, berechnete die Last der Loren nach Gutdünken, ließ sich mit Würsten bestechen, schlug auch einmal mit dem Meterstock einem Arbeiter ins Kreuz; es konnte ihm geschehen, dass der Arbeiter mit der Pickaxt zurückschlug. Das war schon zu Zeiten Wilhelm II so. Im Dunkel der Grube war kein Systemwechsel entstanden; in den Hirnen der Arbeiter spiegelte sich die Welt wie vorher. Seit 1933 gab es eine kleine Änderung: Man sprach von Hitler auch unter Tag. Der Name wurde dem Steiger drohend ins Gesicht geschleudert.«[489]

Diese eindrückliche Beschreibung der bedrückenden Atmosphäre im saarländischen Arbeitermilieu ist kaum etwas hinzuzufügen. Im Körper der Arbeiter waren seit jeher die Belastungen, Gefahren, Demütigungen und realen Zerstörungen von Leben und Gesundheit eingeschrieben. Die Verschärfung der Situation nach dem Ersten Weltkrieg tat ein Übriges. Die Welt spiegelte sich nicht allein in den Gehirnen, sondern in den geschundenen und erniedrigten Leibkörpern. Die innere Verzweiflung suchte sich einen Ausweg, suchte nach einem Licht der Erlösung. Das sind keine zu großen Worte für die Gefühlswelt des Bergmanns und seiner Familie – eine Gefühlswelt, die kaum eine eigene Sprache fand, sondern sich hauptsächlich in den Schablonen der autoritätsgebundenen Kirchenpropaganda und dann schrittweise auch der quasireligiösen Schlagworte der Nazis auszudrücken suchte. Regler und anderen

489 Gustav Regler, a. a. O, S. 310.

Linke schildern ausführlich,[490] was seitens der Nazigegner alles versucht wurde. Ihre pausenlosen Aktivitäten, mehr als eineinhalb Jahre lang, konnten nichts daran ändern, dass im Januar 1935 mehr als 90 % der Bevölkerung für die Nazis votierten. Die Versklavung des subalternen gequälten Körpers stellte ein gebrochenes, verstümmeltes Verhältnis zum eigenen Leibkörper her, eine Feindschaft gegen das Leben, genauer: gegen das Fremde im Eigenen und schließlich gegen das Fremde schlechthin.

Das Körperschema wandelte sich vom realen zum idealisierten; es wandelte sich zum schönen Schein. Sehr anschaulich wird diese Wandlung in den Skulpturen des Bildhauers Georg Kolbe.[491] Spiegeln seine Körperbilder vor 1933 in Gestik und Habitus noch alle Lebensäußerungen, auch die der Trauer und der Angst, so suchen seine Darstellungen nach 1933 Körper voll strotzender Gesundheit, Kraft und Willensstärke auszustrahlen. Im Nachwort zu einem 1939 veröffentlichten Bildband lobt ihn der Kunsthistoriker Richard Graul für seine Skulpturen, die »deutsche Menschen... voller Kraft des Lebens,... willensstark und von selbstbewusster, stolzer Haltung,... rassige Männer und Frauen norddeutschen Geblütes« zeigten.[492] Im zeitgeschichtlichen Kontext muss eingeräumt werden, dass – jenseits großartiger Künstler/innen wie Käthe Kollwitz, Sella Hasse oder Ernst Barlach – quer durch alle gesellschaftlichen Strömungen Körperbilder kulturelle Hegemonie erlangten, die Stärke und Kraft repräsentierten. Dies gilt vor allem für die kollektiven Körper, wie sie in den Schlussszenen von »Kuhle Wampe« dargestellt werden, ein unter Mitarbeit von Bert Brecht und Hanns Eisler 1932 entstandener Film. Kraftvolle jugendliche Körper verschmelzen im Massensport zu einem Kollektivkörper. Das sind Bilder, welche die Nazis ab 1933 aufgriffen und zum ritualisierten »Volkskörper« stilisierten.

Hoch assoziiert und stark wechselwirkend mit dem Stolz auf einen gesunden, kraftstrotzenden Körper waren die proliferierenden Ergüsse der Arbeitspädagogik, der Sozialhygiene, der neu errichteten Ämter für Volksgesundheit und verschiedener Abteilungen der deutschen Arbeitsfront. So beispielsweise in der Ausbildung für Metallberufe, für die der DINTA-Pädagoge Carl Arnhold formulierte: »Eisen hat sich als das Material erwiesen, an dem sich das Wesen der männlichen deutschen Jugend zubest entfalten vermag. Die Auseinandersetzung mit dem harten, zähen, widerspenstigen, aber auch ehrlichen und sauberen Eisen hat sich als die beste Arbeitsdisziplinierung

490 Ebenda, S. 299 ff.; Karl Retzlaw: Spartacus – Aufstieg und Niedergang. Neue Kritik, Frankfurt 1971, S. 366 ff.

491 Georg Kolbe (1877–1947) gehört zu den großen deutschen Bildhauern. Sei Wirkungsort war hauptsächlich Berlin. Er war kein Nationalsozialist, doch er lavierte sich durch die Nazi-Zeit, indem er sich immer wieder ihrem Stil anpasste. Vgl. sein von ihm herausgegebenes Büchlein »Bildwerke«, Insel-Verlag, Leipzig 1939.

492 Ebenda, S. 47 f.

erwiesen. Hier werden Zuverlässigkeit, Genauigkeit, Pflichtgefühl, innere und äußere Zucht, persönlicher Einsatz und vor allem der Wille zu kämpferischer Auseinandersetzung mit dem widerspenstigen Material anerzogen.«[493] Insbesondere die schon vor 1933 sichtbare faschistische und rassistische Orientierung eines Großteils der deutschen Ärzteschaft hatte nun freie Bahn. Hans Hoske, Mitarbeiter im Hauptamt für Volksgesundheit und am Hygiene-Institut der Friedrich-Wilhelm-Universität Berlin, veröffentlichte 1936 seine Schrift »Die menschliche Leistung als Grundlage des totalen Staates«.[494] Dort wird unmissverständlich klargemacht, dass »Minderwertige« systematisch identifiziert und »ausgeschaltet« werden müssten. Im »Arbeitsdienst« und in Arbeitslagern sollten »verweichlichte« Menschen systematischen Körperertüchtigungen zugeführt und »gestählt« werden – das wurden sie auch. Wer sich dieser Disziplinierung gegenüber »renitent« verhielt, stand auf der

sozialen Abschussliste. Denn: »Allein der Leistungswille entscheidet über den sozialen Wert des Menschen.«[495] 1942, noch bevor Auschwitz bekannt wurde, urteilt der aus Deutschland vertriebene Politikwissenschaftler Franz Neumann, das Einzige, was der Nationalsozialismus mit seinem Ziel der Vollbeschäftigung erreicht habe, »ist das Präludium zum Tod«.[496]

Zwangsarbeit: Vernichtung durch Arbeit

Die Konstruktion des nationalsozialistischen Deutschland war auf Krieg ausgelegt. Das Monopolkapital – hier hat dieser Begriff durchaus seinen Sinn – schaltete mit der Machtübernahme der Nazis, da nun Gewissheit hinsichtlich der politischen Perspektive bestand, auf radikale Kriegswirtschaft um und schmiedete mit Hochdruck an den Plänen zur Osterweiterung.[497] Bis zum Ural sollte die deutsche Wirtschaft ausgedehnt werden. Mit Beginn des Krieges und der Mobilmachung des männlichen Arbeitsheeres wuchs der Bedarf an Arbeitskräften. Der Krieg sollte sie besorgen: Fremdarbeiter/innen aus Frankreich, Italien und anderen Ländern des besetzten Europas, zunächst mit Maßnahmen der freiwilligen Rekrutierung, die schnell in solche der gewaltförmigen Deportation übergingen, als Zwangsarbeiter eingesetzte

493 Carl Arnhold, zit. in: Günter Pätzold (Hg.): Quellen und Dokumente zur beruflichen Berufsbildung 1918–1945. Böhlau, Köln/Wien 1980, S. 248 f.

494 Hans Hoske: Die menschliche Leistung als Grundlage des totalen Staates. S. Hirzel, Leipzig 1936.

495 Ebenda, S. 30.

496 Zit. nach: Joachim Bruhn: Thesen zum nationalsozialistischen Arbeitsbegriff, seinem historischen Umfeld und seinen Konsequenzen. In: Archiv für die Geschichte der Arbeit und des Widerstandes, Kramer Berlin, Nr. 5, 1982, S. 57–72, hier: S. 61.

497 Mechthild Rössler / Sabine Schleiermacher (Hg.): Der »Generalplan Ost«. Hauptlinien der nationalsozialistischen Planungs- und Vernichtungspolitik. Akademie, Berlin 1993; Werner Röhr (Hg.): Europa unterm Hakenkreuz. Die Okkupationspolitik des deutschen Faschismus. Hüthing, Heidelberg 1996.

Kriegsgefangene, hauptsächlich aus Polen und der Sowjetunion, und schließlich Häftlinge der Konzentrationslager. 20 Millionen Zwangsarbeiter/innen – 8,4 Millionen nach Deutschland Deportierte, 7 Millionen Zwangsarbeiter/innen in den besetzten Gebieten, 4,6 Millionen Kriegsgefangene und 1,7 Millionen KZ-Häftlinge – schufteten für die NS-Kriegsproduktion.[498] Nicht gerechnet sind die 20 Millionen in zahllosen Arbeits- und Konzentrationslagern gefangen gehaltenen und gequälten Menschen, die nur der körperlichen und seelischen Vernichtung willen zu teilweise unsinnigen Arbeiten gezwungen wurden.[499] Deutsche Arbeitskräfte bestanden zum Kriegsende weitgehend aus intellektueller Führungsschicht, älteren Meistern und Vorarbeitern, sowie Aufseherinnen, oft Ehefrauen eingezogener Arbeiter. Dass Zwangsarbeiter/innen als Menschen zweiter Klasse und insbesondere Menschen slawischer Herkunft rassenbiologisch als »Untermenschen« angesehen wurden, gehörte zum Allgemeingut. In einer Sonderanweisung des Reichspropagandaministeriums von 1943 wurde an die Betriebsführer appelliert, »die ausländischen Arbeitskräfte human zu behandeln«.[500] Es komme darauf an, zwischen den gegen das Deutschtum gerichteten »hasserfüllte(n) jüdischen Bolschewisten« und der »große(n) Masse an slawischen Ostmenschen« zu differenzieren. Letzteren, auch wenn sie rassisch minderwertig seien, müsse man die »Überlegenheit des Nationalsozialismus über den Bolschewismus« beweisen. Man brauche die »ostischen« Menschen zwar als Arbeitskräfte, doch verdienten sie, wenn »als Bolschewisten überführt«, keine Gnade. Die Einstufung der ausländischen Arbeiter/innen durch Staatsbürokratie, Industriebürokratie, Betriebshierarchie und Aufseher/innen schwankte zwischen dem ambitionierten Versuch, Zwangsarbeit in die administrative Struktur der »deutsche(n) Arbeit« und des Arbeitsschutzes einzuordnen, und dem freien Lauf des rassistischen Vernichtungsimpulses. Das Niveau des Arbeitsschutzes fächerte sich auf zwischen Schonung der »wertvollen Glieder des Volkes« bis zur rücksichtslosen Vernutzung mit täglicher 12- bis 16-Stunden-Arbeit und weitgehend fehlendem Unfallschutz. Zwangsarbeiter/innen wurden systematisch mit besonders schweren und gefährlichen Arbeiten

498 Hintergründe und Zahlen finden sich in folgenden Darstellungen: Ulrich Herbert: Zwangsarbeiter. Politik und Praxis des »Ausländer-Einsatzes« in der Kriegswirtschaft des Dritten Reiches. J. H. W. Dietz Nachfolge, Berlin/Bonn 1985; Mark Spoerer: Zwangsarbeit unter dem Hakenkreuz. DVA, München 2001; Ulrich Sander: Von Arisierung bis Zwangsarbeit. Verbrechen der Wirtschaft an Rhein und Ruhr 1933 bis 1945. Papy Rossa, Köln 2012. Zur Zwangsarbeit im Ruhrbergbau: Hans-Christoph Seidel: der Ruhrbergbau im Zweiten Weltkrieg. Klartext, Essen 2010.

499 Für den Verfasser besteht (im Gegensatz zur Meinung vieler Historiker, wie etwa jüngst Nikolaus Wachsmann: Die Geschichte der nationalsozialistischen Konzentrationslager. Siedler, München 2015) kein Zweifel, dass das NS-Regime im Verlauf des Krieges darauf aus war, auch KZ-Häftlinge für produktive Arbeiten einzusetzen.

500 Archiv der Stiftung für Sozialgeschichte, Bremen, T83/Rolle 81, Nr. 3452892.

betraut. So stiegen die Unfallzahlen bei Zwangsarbeitern ins Unermessliche – Gewerbeaufsicht und Berufsgenossenschaften hörten im Laufe des Krieges auf, die Toten, die wegen Entkräftung am Arbeitsplatz Verstorbenen, die Vergifteten und Verletzten zu zählen. Sowjetische Kriegsgefangene und KZ-Häftlingen waren ab 1942 komplett von der Unfallversicherung ausgeschlossen.[501] Kriegsgefangenen wurde während der zunehmenden alliierten Bombenangriffe verwehrt, Schutzräume aufzusuchen. KZ-Häftlinge hatten praktisch überhaupt keine Rechte mehr und durften während der Arbeit geschlagen und misshandelt werden. In den letzten Kriegsmonaten wurden Verhaltensabweichungen, die als Sabotage galten, auch innerbetrieblich mit Hinrichtung geahndet. Die Überlebenden der Zwangsarbeit trugen teilweise schwere gesundheitliche Schäden davon. Viele erholten sich nicht mehr und verstarben in der frühen Nachkriegszeit. Bis zur Befreiung starben etwa 10 %

der Zwangsarbeiter. Hochgerechnet sind also mehr als zwei Millionen allein durch Zwangsarbeit zu Tode gekommene Menschen zu beklagen.

Krupp gehört neben den I. G. Farben zweifelsohne zu den relevantesten Kriegstreibern und zugleich zu den unerbittlichsten Nutznießern des Systems der nationalsozialistischen Sklavenarbeit.[502] Alfried Krupp von Bohlen und Halbach trat 1935, nachdem er an der TU Aachen sein Ingenieurstudium abgeschlossen hatte, in das Familienunternehmen ein und war wesentlich am Aufstieg des Kohle- und Stahlkonzerns zur zentralen Waffenschmiede des Nationalsozialismus beteiligt. Alfried Krupp war schon seit seiner Studienzeit überzeugter Nationalsozialist; in leitender Position ist sein Trachten und Wirken ganz auf die Weltmachtbestrebungen der Nazis und damit auf die globale Ausweitung seines Konzerns und eine bisher unvorstellbar hohe Ausbeutungsrate menschlicher Arbeitskraft gerichtet. Krupp wurde 1948 unter anderem wegen »Sklavenarbeit« zu zwölf Jahren Haft verurteilt; bereits Anfang 1951 war er frei und gehörte wieder zur Wirtschaftselite. 1943 beschäftigte Krupp allein im Essener Hauptwerk mehr als 25.000 Kriegsgefangene und ausländische Zwangsarbeiter. Im Frühsommer 1944 forderte der Konzern zusätzlich die Zuteilung von 2.000 KZ-Häftlingen.[503] Die Naziadministration bot Krupp jüdische Frauen aus dem KZ Auschwitz-Birkenau an, zumeist ungarischer Herkunft. Eine Krupp-Delegation aus Personalverwaltung und Betriebsführung wählte daraufhin etwa 500 junge und als arbeitsfähig beurteilte Frauen aus, die zusammen mit Tausenden anderen Zwangsarbeiter/innen in der schlesischen Krupp-Zünderproduktion und weiteren ausgelagerten Produktionsbetrieben eingesetzt wurden. Die Personalpolitik bei Krupp tat sich als treibender Faktor im Prozess der totalen Vernutzung der Arbeit

501 Christian Schürmann: Die Regulierung der Silikose, a. a. O., S. 179.
502 Zum Folgenden: Ulrich Herbert, a. a. O., S. 190 ff.; Ulrich Sander, a. a. O., S. 79 ff.
503 Ulrich Sander, a. a. O., S. 98.

hervor, genauer: des totalen körperlichen und seelischen Zerbrechens der zur Sklavenarbeit verschleppten Arbeiter und Arbeiterinnen.

> »Bei Krupp in Essen hatte man sich zur Bestrafung missliebiger Arbeitssklaven einen spindähnlichen eisernen Schrank angeschafft, in dem die Opfer oft stundenlang, ja tagelang eingesperrt wurden, ohne Bewegungsmöglichkeit, fast ohne Luft. Zur Strafverschärfung goss man im Winter durch ein Loch an der Oberseite kaltes Wasser auf die Wehrlosen. Es ist bezeugt, dass selbst schwangere Frauen von dieser Tortur nicht verschont blieben.«[504]

Für die deutschen Volksgenossen hatte Krupp immer ein Herz, so auch nach 1951, als er sich als segensreicher Stifter für Krankenhäuser, Hochschulen und Museen betätigte. Er sicherte sich damit auch einen nachhaltigen Platz im sozialdemokratischen Himmel über der Ruhr, was nicht zuletzt in den Lobreden der Ministerpräsidentin Hannelore Kraft auf die großen Verdienste der Kupp-Stiftung deutlich wird.[505]

Die zentrale Rolle der Kohle-, Eisen- und Stahlindustrie für die deutsche Kriegswirtschaft erforderte weitere Initiativen. Eine Gruppe von Wissenschaftlern, Technikern und Industriellen beriet mit dem Reichskommissar und späteren Reichsmarschall Hermann Göring bald nach der NS-Machtübernahme die Gründung eines reichsweiten Konzerns, der »Reichswerke Hermann Göring«, für die 1937 in Salzgitter der Grundstein gelegt wurde.[506] Es ging um Produktionsketten von synthetischem Benzin aus Kohle bis zur Raketenherstellung. Die Investitionen waren gewaltig. Schnell wuchs ein Riesenkonsortium heran, mit Betriebsstätten im gesamten Reichsgebiet sowie in besetzten Gebieten des »Protektorat(s) Böhmen und Mähren«, in Oberschlesien, in der Ukraine, in Lothringen und Luxemburg. Die »Reichswerke« beschäftigten 1943/44 mehr als 600.000 Arbeiter, ab 1943 über fünfzig Prozent Zwangsarbeiter. Gerd Wysocki interviewte in den 1970er Jahren ehemalige polnische und deutsche Arbeiter des Werkes in Salzgitter; übereinstimmend wurde festgestellt, dass in den Betrieben Zwangsarbeiter überwiegend zu schweren und oftmals lebensgefährlichen Arbeiten herangezogen wurden.[507]

> »Ein Arbeiter berichtete, dass z. B. sowjetische und französische Arbeiter die heißgelaufenen Achsenlager der Drahtmahlanlagen im Kleineisenwerk Salzgitter säubern mussten und sich dabei tödliche Verletzungen

504 Ebenda.
505 http://www.krupp-stiftung.de/contentfr.php?SESSION=&PAGE=299
506 Gerd Wysocki: Zwangsarbeit im Stahlkonzern. Salzgitter und die Reichswerke »Hermann Göring« 1937–1945. Magni-Buchladen, Braunschweig 1982.
507 Ebenda, S. 79.

zuzogen. Während der Arbeiten bildeten Prügel mit Gegenständen sowie Fußtritte alltägliche Misshandlungen.«[508]

In der Produktion von Granaten arbeiteten viele russische Frauen. Die aus dem Guss kommenden, noch weißglühenden Granaten mussten von den Frauen mit ihren Füßen weiterbefördert werden. Die Frauen erlitten entsetzliche Brandwunden.[509] Im Archiv der Stiftung für Sozialgeschichte Bremen finden sich zahlreiche Verordnungen, Vorschriften und Anweisungen zu Kleiderordnung, Verhaltensmaßregeln, Arbeitsschutzmaßnahmen, Verpflegungssätzen, Strafen bei »Bummelantentum« und »Simulantentum« und dergleichen mehr.[510] Es gab Anweisungen zur »Menschenführung«, sogar genaue Anweisungen hinsichtlich des Schuhwerks und über Zahl und Abfolge der zur Verfügung zu stellenden hölzernen Hitzeschutzschuhe, doch ist einzelnen Berichten, auch und gerade denjenigen der Arbeitsschutzfachleute, zu entnehmen, dass Planung und Wirklichkeit meilenweit auseinanderklafften. Auch die Nahrungsmittelzuweisungen fielen auf dem Papier deutlich höher aus als in der Wirklichkeit.

Intensität und Ausmaß der nationalsozialistischen Industriepolitik, der Serien von Fabrikneugründungen und der Geschwindigkeit, in der riesige Industriekomplexe hochgezogen wurden, verblüfft heute noch. Diese »Erfolge« waren auf unsagbare Menschenopfer gebaut. Auf dem Gebiet der heutigen Stadt Wolfsburg entstand 1937/38 ein Werk, in dem ein »Volkswagen« gebaut werden sollte.[511] Bis 1945 produzierten dort 20.000 Menschen, davon mehr als die Hälfte Zwangsarbeiter/innen, nur Rüstungsgüter. In den 1970er Jahren konnte die Historikerin Silke Sonntag Zeitzeugen befragen. Im Werk hat der größte Teil der deutschsprachigen Belegschaft vor Brutalitäten nicht zurückgeschreckt. Wenn russische Kriegsgefangene spärliche Essensreste aus leeren Kübeln kratzten, erhielten sie schwere Schläge mit Lederriemen durch die Meister und Standortführer.[512] Gedemütigt und gepeinigt, verschlechterte sich der Gesundheitszustand der Zwangsarbeiter/innen dramatisch. Im Volkswagenwerk starben mehr als 400 zumeist sehr junge Menschen an Blutstürzen, Lungenembolie, Flecktyphus, tödlichen Unfällen oder durch Erschießung auf der Flucht. Wenn ausländische Frauen schwanger wurden, wurden sie zur Abtreibung gezwungen, oder man tötete die Neugeborenen durch tödliche Injektionen. Betriebs- und Lagerärzte erwiesen sich als willfährige Vollstrecker der NS-Leistungs- und Selektionspolitik. Aus heu-

508 Ebenda.

509 Ebenda.

510 Archiv der Stiftung für Sozialgeschichte, Bremen, T83/Rolle 81, Nr. 3452818, 3452838, 3452857, 3452866, 3452874, 3452942, 3452979, 3452992.

511 Silke Sonntag: Arbeitsbedingungen in der Stadt des KdF-Wagens. Diplomarbeit 1978. Archiv der Stiftung für Sozialgeschichte, KdF-Wagen/Volkswagen/Sammlung RWHG 72.

512 Ebenda, S. 40 ff.

tiger Sicht bleibt es unbegreiflich, wie ausgebildete Mediziner/innen ausgemergelten und todkranken Menschen ihre Krankheit als »Folge einer konstitutionellen Minderwertigkeit« anlasten können.[513] Nicht besser waren die Verhältnisse bei Bosch in Stuttgart, obzwar die Firmenphilosophie des Gründers Robert Bosch auf Fürsorglichkeit angelegt war. Für Zwangsarbeiter galt die Fürsorge nicht.[514] Die 1939/40 aus dem Boden gestampften Hermann-Göring-Werke in Linz an der Donau beschäftigten 1944 etwa 25.000 Arbeiter, darunter 4.300 Kriegsgefangene, 4.200 Verschleppte und 7000 KZ-Häftlinge aus dem nahegelegenen Konzentrationslager Mauthausen.[515] Auch hier waren die Verhältnisse grauenhaft. Die sich als »deutsch« verstehenden Aufseher/innen hielten eine unmenschliche Behandlung der »Ausländer« für normal und legitim. Dabei ist zwischen Kriegsgefangenen und KZ-Häftlingen zu unterscheiden, auf die sich ein vernichtender antisemitischer Hass entlud, der keine Gnade kannte. Die von einem Linzer Historikerteam gesammelten Zeugnisse stammen überwiegend von Kriegsgefangenen und Deportierten. Von KZ-Häftlingen liegen nur wenige Zeugnisse vor, da nur wenige die »Endlösung« überlebten.

Die NS-Strategen planten und realisierten eine Vielzahl gigantischer Sonderprojekte, die allein der Waffenherstellung dienten. In Bremen wurden in der Großwerft AG Weser U-Boote gebaut.[516] Der Eintritt der Seemacht Großbritannien in den Krieg veränderte und beschleunigte die NS-Flottenrüstungspläne. Eine neuer, wendiger und schneller U-Boot-Typ sollte entstehen, und wegen des Luftkrieges sollten dafür komplett verbunkerte Produktionsorte gebaut werden: auf dem Gelände der AG Weser in Bremen-Gröpelingen und weserabwärts an einem neuen Standort in Bremen-Farge. Es handelt sich um die U-Boot-Bunker »Hornisse« und »Valentin«. Beide Riesenprojekte wurden 1944 in Angriff genommen und nie fertiggestellt. Die Unfallträchtigkeit lässt sich erahnen, wenn man bedenkt, dass Zehntausende von Zwangsarbeitern ohne Ausbildung und Schutzmaßnahmen auf unübersehbaren und komplexen Baustellen eingesetzt wurden. Der

513 Dies zeigt am Beispiel des Opel-Betriebsarztes Hans Hallermann die Medizinhistorikerin Gine Elsner: Als Betriebsarzt bei Adler, Opel und Hoechst. VSA, Hamburg 2015, S. 150 ff.

514 http://www.faz.net/aktuell/wirtschaft/unternehmen/zwangsarbeit-die-schuld-von-robert-bosch-12605050.html

515 Oliver Rathkolb (Hg.): NS-Zwangsarbeit: der Standort Linz der »Reichwerke Hermann Göring AG Berlin« 1938–1945. Band 1: Zwangsarbeit – Sklavenarbeit. Politik-, sozial- und wirtschaftshistorische Studien; Band 2: ZwangsarbeiterInnen: (Auto) biographische Einsichten. Böhlau. Wien 2001.

516 Dieter Schmidt / Fabian Becker: U-Boot-Bunker »Valentin«. Kriegswirtschaft und Zwangsarbeit in Bremen-Farge 1943–1945. Edition Temmen, Bremen 1996; Eike Hemmer / Robert Milbradt: Bunker »Hornisse«. KZ-Häftlinge in Bremen und die U-Boot-Werft der »AG Weser« 1944/45. Donat, Bremen 2005.

wesentliche Arbeitsstoff war Zement. Zementstaub frisst sich in Haut und Schleimhäute, es bilden sich Geschwüre und offene Entzündungen, die Lungen werden nach und nach zerstört. Zement, Staub, Unfälle und Hunger waren tägliche Begleiter an allen unterirdischen Baustellen, die 1943/44 insbesondere für die Produktion von V2-Raketen errichtet wurden. In Ebensee, Oberösterreich, wurden Stollen in den Berg getrieben, die zu Produktionshallen ausgebaut werden sollten.[517] Zu diesem Behufe wurde in Ebensee ein Außenlager des KZ Mauthausen geschaffen. Die Arbeits- und Lebensbedingungen lagen noch unter dem Durchschnitt der sonstigen Arbeitslager. Von den vermutlich über 20.000 Häftlingen starben bis Mai 1945 mehr als 8000. Die Arbeit an und im Stollen war gefürchtet. Sprengungen, dauernde Einsturzgefahr, Schwerstarbeit, Hitze und unerträglicher Staub – alles unter SS-Bewachung – machten die Arbeit zu einem Albtraum. Wir zitieren eine Beschreibung des italienischen Häftlings Roberto Camerani:

> »Für eine gewisse Zeitspanne arbeitete ich mit meinem Freund Ennio in einer Gruppe, die bohren musste. In einer Nacht mussten wir einen Gang in einem Tunnel graben, zwei Schritte vom Eingang und in einer Tiefe von ca. 3 m unter dem Boden. Für diese Arbeit brauchte man 2 Bohrer und für jede Maschine 2 Männer. Man musste auf ein Gerüst steigen, die Spitze des Bohrers gegen den Felsen stellen und sie, wenn sie ca. dreiviertel in der Erde war, durch eine andere Spitze, die 3 m lang war, ersetzen und danach die Sprengkörper einlegen. Das weiße Pulver, das die Bohrerspitze erzeugte, indem sie sich einbohrte, kam nach hinten und verhüllte uns vollkommen. Deshalb waren bei der Rückkehr ins Lager die Arbeitsgruppen der Bohrer schon von weitem durch den Staub, den sie brachten, erkennbar. In dieser Nacht stiegen wir auf das Gerüst und begannen zu arbeiten, und man soll nicht glauben, dass das einfach war. Für viele war es schon eine unglaubliche Anstrengung, nur den Bohrer zu zweit zu halten, aber wie Gott wollte, begann die Spitze in den Felsen einzudringen, und zwei Paare von Gefangenen lehnten sich Rücken an Rücken, um den Druck auf die Maschine zu erhöhen. Der Schlag auf unsere Skelette war beachtenswert. Aber an was waren wir nicht schon alles gewöhnt. Leben oder sterben, welchen Sinn konnte das haben mit der ganzen Müdigkeit, die wir hatten, und in der vollkommenen Verlassenheit unserer Gedanken? (…) Wir waren inzwischen schon alle weiß wie Marmorstatuen, als das Gerüst uns regelrecht unter den Füßen fortglitt und wir uns gerade noch an den Bohrern festhalten konnten, die in diesem Moment Gott sei Dank ziemlich tief im Felsen waren. Unter uns war ein ständiges Kommen und Gehen von Zügen, die mit Material beladen waren. Ein Zug, der schlecht beladen war mit

517 Florian Freund: Arbeitslager Zement. Das Konzentrationslager Ebensee und die Raketenrüstung. Verlag für Gesellschaftskritik, Wien 1989.

> Betonbögen, stieß an unser Gerüst und riss es hinunter. Der Zugführer, ein ziviler Österreicher, stieg von der Lock, kam zu uns, und statt uns zu helfen, schlug er uns und verlangte, dass wir das Gerüst wieder aufstellten. Unser Kapo schritt ein, und zusammen mit den Kameraden unserer Arbeitsgruppe und unter der Anregung der Gummipeitsche, stellten wir mit viel Anstrengung das Gerüst wieder auf. Der besoffene SSler lachte mit großem Vergnügen.«[518]

Andere Interviewpartner betonten, die Häftlinge, die mit Bohrmaschinen arbeiteten, seien noch die kräftigsten gewesen. Zu einer solchen Arbeit seien Tschechen, Polen und Russen meist gar nicht mehr in der Lage gewesen. Viele Arbeiten waren oftmals noch wesentlich gefährlicher, etwa das Wegschaffen des Schuttes nach Sprengungen. Allein durch herabfallende Steinbrocken, aber auch durch giftige Gase und nicht zuletzt durch Totprügeln kamen in Ebensee Hunderte von Häftlingen um. Der Tscheche Victor Lederer erzählt:

> »Kaum war der Explosionsdonner einer Sprengung verrollt, trieb man die Häftlinge in die mit giftigen Schwaden der Gase der Sprengstoffe gefüllten Stollen wieder hinein. Verschalungen gegen Steinfall brachte man nur dort an, wo Maschinen gefährdet waren. Daher war die Zahl der Unglücksfälle durch Steinschlag sehr hoch. Ebenso wenig kümmerte man sich um alle anderen Unglücksfälle, falls kein Maschinenschaden dabei entstanden war. Ein Beispiel möchte ich anführen. Einige Zivil-Elektriker arbeiteten im Pulverstollen an einer Leitung, die durch einen 20 m tiefen Schacht zum Stollen 8 führte. Als die Arbeit beendet war, vergaßen sie, den Schacht wieder abzudecken; so war es möglich, dass ein 17-jähriger junger Pole vor den Augen seines Vaters in den Schacht stürzte und so den Tod fand. Kein Mensch untersuchte diesen Unglücksfall und zog den Schuldigen zur Verantwortung.«[519]

Wenn auch je nach Produktionsart die Natur der Arbeitsgefährdungen eine andere war, unmenschliche Verhältnisse galten für alle Arbeitslager. Der mächtige Siemens-Konzern wollte ebenfalls an der billigen Sklavenarbeit partizipieren. Die Wahl fiel auf das Frauen-KZ Ravensbrück. Interniert waren hier etwa 132.000 Frauen und Kinder.[520] Es ist davon auszugehen, dass mindestens 28.000 Häftlinge in Ravensbrück ums Leben kamen. Siemens ließ Fertigungsbaracken für Messgeräte, Telefone und Radios in unmittelbarer Nähe zum KZ bauen. Mehr als 2000 Frauen schufteten unter SS-Aufsicht für Siemens, viele von ihnen starben bei der Arbeit. Maria Gropp berichtet:

518 Zit. in: Florian Freund, a. a. O., S. 275 f.

519 Ebenda, S. 277

520 Bernhard Strebel: Das KZ Ravensbrück. Geschichte eines Lagerkomplexes. Schöningh, Paderborn 2003.

»Wir arbeiteten an Pressen, Drehbänken, Bohrmaschinen und an einer Art Sägemaschine. Die Arbeitsbedingungen in Ravensbrück waren sehr schwer, und es gab häufig Unfälle. (…) Es gab Verletzungen an den Händen, durchbohrte Finger, und oft bekamen wir Eisensplitter in die Augen, denn die Maschinen hatten keinerlei Schutzvorrichtungen. Auch im Labor wurde die Arbeit gefährlich, wir mussten mit Säuren umgehen. Es kam zu Übelkeit und Erbrechen.«[521]

Chemie war das Stichwort für die imperialen Träume der Nazis. »Chemie erobert die Welt«[522] hieß eines der grässlichen Machwerke, mit denen eine neue deutsche Elite in einer Synthese von Naturwissenschaft und Machtgier erzogen werden sollte. Ein Kennzeichen der Chemieeliten war die herablassende Haltung gegenüber anderen, »minderwertigen« Völkern und Menschen. Diese konnten und sollten, entgegen den Beteuerungen der I. G.-Farben-Götter in den Nürnberger Prozessen, als Arbeitssklaven vernutzt und verschlissen werden. Von den 40.000 Beschäftigten im Ludwigshafener I. G.-Farben-Werk – vor 1925 und nach 1945 die BASF – waren 1944 mehr als 12.000 Zwangsarbeiter/innen, vorwiegend aus Frankreich, Italien und Russland. Der Pfälzer Historiker Eginhard Scharf hat in jahrelanger Kleinarbeit eine Fülle von Quellen und Zeitzeugnissen zusammengetragen.[523] Seine Forschungen lassen folgenden Schluss zu: »Die ungerechte Arbeitsplatzverteilung, zu kurze Einarbeitungs- und Anlernzeiten an den Maschinen und sprachliche Verständigungsprobleme, wie sie vor allem in der Kommunikation mit den osteuropäischen Arbeitskräften entstanden, führten dazu, dass Ausländer in weitaus stärkerem Maße gesundheitlichen Risiken ausgesetzt waren als deutsche Arbeitskräfte. Das höchste Gefahrenrisiko in der gewerblichen Wirtschaft trugen die Ostarbeiter. Diese waren explizit vom Arbeitsschutz einschließlich Jugend- und Mutterschutz ausgenommen. Ebensowenig fielen sowjetische Arbeitskräfte unter die Unfallschutzbestimmungen, sodass zum Beispiel die Ausgabe von Schutzkleidung beim Umgang mit giftigen Chemikalien in das Belieben der Betriebsleitung gestellt war.«[524] Scharf berichtet von einer signifikanten Häufung von Verletzungsfolgen wie Augenverletzungen, Verätzungen, Vergiftungen, Verbrennungen, Leistenbrüche, Frakturen, Quetschungen, Verlust von Gliedmaßen, die in den städtischen Krankenanstalten und Notambulatorien notdürftig behandelt wurden. Wie sich der renommierte britische Historiker Raymond G. Stokes, der die For-

521 Zit. in: Bernhard Strebel, a. a. O., S. 408.

522 Walter Greiling: Chemie erobert die Welt. Limpert, Berlin 1938. Dieses Machwerk erlebte noch viele Auflagen und wurde in leicht retuschierter Fassung ab 1951 bis 1966 – Auflage 50 Tausend – im Econ-Verlag herausgegeben

523 Eginhard Scharf: »Man machte mit uns, was man wollte« – Ausländische Zwangsarbeiter in Ludwigshafen am Rhein 1939–1945. Verlag Regionalkultur, Heidelberg 2004.

524 Ebenda, S. 101.

schungen Scharfs kannte, im Rahmen einer BASF-Unternehmensgeschichte dazu hat hinreißen lassen können, uns mitzuteilen, die Zwangsarbeiter der I. G.-Farben-Industrie seien insgesamt »menschlich behandelt« worden, bleibt sein Geheimnis.[525]

Ausgeburt einer menschenverachtenden Industriepolitik war zweifelsohne I. G. Auschwitz. In Oberschlesien sollte auf der Basis fortgeschrittenster Kohlechemie ein riesiges Werk zur Herstellung von synthetischem Kautschuk und synthetischem Treibstoff entstehen.[526] Der für die Baumaßnahmen eingesetzte Bestand an Arbeitskräften betrug 1943 etwa 30.000. Die Häftlinge wurden für Transport- und Erdarbeiten eingesetzt, ebenso für die Zementherstellung, Hochmontage und andere Bauarbeiten, die ohne Schutzmaßnahmen ausgeführt werden mussten.[527] Die Meister – viele unter ihnen aus Ludwigshafen – trieben die ohnehin unter Lebensgefahr Arbeitenden mit Knüppeln an. Wie viele KZ-Häftlinge – in der Sprache der Wirtschaftsbürokraten – »durchgeschleust« und »verbraucht« wurden, ist unklar. Die Schätzungen bewegen sich zwischen 10.000 und 40.000 Menschen, die in diesem I. G.-Farben-Betrieb bewusst in den Tod getrieben und ermordet wurden.[528] Auch hier: Bauarbeiten und Arbeiten mit Zement und Beton. Rudolf Vrba, der die Auschwitz-Hölle überlebte,[529] beschreibt in seinen Erinnerungen den ersten Eindruck von der Baustelle:

525 Raymond G. Stokes: Von der I. G.-Farbenindustrie AG bis zur Neugründung der BASF. In: Wener Abelshauser (Hg.): Die BASF. Eine Unternehmensgeschichte. Beck, München 2002, S. 221–358, hier: S. 327.

526 Karl Heinz Roth: I. G. Auschwitz. Normalität oder Anomalie eines kapitalistischen Entwicklungssprungs? In: 1999 – Zeitschrift für Sozialgeschichte des 20. Und 21. Jahrhunderts. Band 4, Heft 4, S. 11–28; Karl Heinz Roth / Florian Schmaltz: Beiträge zur Geschichte der I. G. Farbenindustrie AG, der Interessengemeinschaft Auschwitz und des Konzentrationslagers Monowitz. Stiftung für Sozialgeschichte, Bremen 2009; Diarmuid Jeffreys: Weltkonzern, a. a. O.

527 Florian Schmaltz: Das Konzentrationslager Auschwitz-Monowitz. Sklavenarbeit für den OG Farbenkonzern. In: Stiftung für Sozialgeschichte des 20. Jahrhunderts. Tätigkeitsberichte für das Jahr 2016. Bremen 2017, S. 40–67.

528 Ebenda; vgl. auch: Diarmuid Jeffreys: Weltkonzern, a. a. O., S. 512.

529 Rudolf Vrba, ursprünglich Walter Rosenberg, 1924 als Kind jüdischer Eltern in der Slowakei geboren, gehörte in Auschwitz zu einer Untergrundgruppe, die Befreiungsaktionen plante. Zusammen mit seinem Freund Alfred Wetzler gelang es ihm 1944, dem Todeslager zu entfliehen. Er schloss sich slowakischen Widerstandsgruppen an. Zusammen mit Wetzler schrieb er einen detaillierten Bericht über Auschwitz, der den westlichen Alliierten zugespielt wurde. Der Bericht bewahrte mindestens 100.000 ungarische Juden vor der Deportation. Vrba studierte Chemie, lebte in der Tschechoslowakei, in Israel und Kanada. Vrba wirkte bis zu seinem Tod 2008 unablässig als Aufklärer der Naziverbrechen. Seine 1963 veröffentlichte Erinnerungen »I cannot forgive« (Sidwick and Jackson, London 1963) zählen zu den eindrucksvollsten Zeugnissen, die wir über den Naziterror in Auschwitz besitzen. Die deutsche Übersetzung (Rudolf Vrba: Ich kann nicht vergeben. Rütten und Loening,

»Holzstapel, Betonmischmaschinen, alles, was man zum Bauen brauchte. Halbfertige Gebäude erhoben sich gen Himmel, und überall rannten Hunderte von Männern, angetrieben vom Gebrüll der Vorarbeiter, wie Ameisen hin und her. (…) Rennende, fallende Männer wurden getreten und erschossen. Mit irrem Blick schlugen sich Kapos einen blutigen Pfad durch das Gewimmel der Häftlinge, SS-Männer schossen aus der Hüfte wie Filmcowboys, die in einem grotesken, nicht enden wollenden Horrorstreifen geraten waren. Und im grausigen Widersinn zu dem Chaos bahnten sich Gruppen ruhiger Männer in untadeliger Zivilkleidung einen Weg durch die Leichen, die sie keines Blickes würdigten, maßen mit leuchtendgelben Zollstöcken Bauholz ab und machten sich, absolut gleichgültig gegenüber dem Blutbad rings um sie herum, fein säuberlich Aufzeichnungen in ledergebundenen schwarzen Notizbüchern.«[530]

Die Führungsmannschaft des I. G.-Auschwitz-Betriebes kam aus Ludwigshafen. Was sie mitbrachten, war, neben dem bestürzenden Gleichmut burschenschaftlicher Provenienz, ein ausgeklügeltes System einer streng hierarchisch gegliederten Chemieproduktion und einen Stamm von fanatisch ergebenen deutschen Meistern und Vorarbeitern. »I. G. Auschwitz war beides in einem: Pilotprojekt der chemischen Großtechnologie und Experimentierfeld einer neuartigen Verwertung von Sklavenarbeit.«[531] Angesichts dieses industriell hergestellten Massenelends und Massenmordes kann es über die Rolle der Betriebs- und Lagerärzte nicht nur in Oberschlesien, sondern in allen Betriebsstätten der I. G.-Farbenindustrie kaum Zweifel geben. Angehörige des deutschen Volkskörpers galt es aufzuwerten und zu fördern, Angehörige minderwertiger Rassen wurden abgewertet bis zur bewussten oder in Kauf genommenen Tötung. Wilhelm Hergt, seit 1922 und bis 1958 Betriebsarzt in Ludwigshafen-Oppau, blieb auch nach dem Krieg bei seinem leistungs- und selektionsmedizinischen Credo. Seiner durchgängigen Auffassung nach ist es die vornehmste Aufgabe der Arbeitsmedizin, die Leistungsfähigkeit des deutschen Volkes zu steigern und Leistungsunwillige bzw. Leistungsunfähige auszusortieren.[532] Auschwitz steht für die letzte und in angemessenen Begriffen nicht mehr fassbare Konsequenz einer ins Totale getriebenen Herrschaft von Menschen über Menschen. Versklavte und zur Vernichtung

München 1964) fand lange nicht die gebührende Aufmerksamkeit. Um diese zu gewinnen, dauerte es noch einmal fast ein halbes Jahrhundert bis zur 2010 erschienenen Neuübersetzung: Rudolf Vrba: Ich kann nicht vergeben. Meine Flucht aus Auschwitz. Mit einem Vorwort von Beate Klarsfeld. Schöffling und Co, Frankfurt am Main 2010.

530 Rudolf Vrba, ebenda, S. 189 f.

531 Karl Heinz Roth: I. G. Auschwitz, a. a. O., S. 27.

532 Wolfgang Hien: Chemische Industrie, a. a. O., S. 175 ff.

Bestimmte wurden zu Dingen reduziert. Rudolf Vrba, Primo Levi[533] und weitere Zeugen haben das sehr genau beschrieben, und vertiefte Auswertungen der Nürnberger Prozesse haben das Ausmaß der systematischen Barbarei deutlich gemacht.[534] In den Augen der SS wurden die Körper der Häftlinge zu Verbrauchsmaterial, zum »Körperding« (Primo Levi), das man in »Stück« zählte. In grauenhafter Konsequenz verinnerlichten viele Gefangene diesen Blick. Die Entpersonalisiserung überschritt alle denkbaren Grenzen. Die Totalisierung der Verdinglichung: der Körper als Maschine, die nur dazu da war, bis zum schnellen Zerfall genutzt und schließlich entsorgt zu werden. Der Arbeitskörper: eine Maschine, in welcher der leibliche, fühlende, denkende Mensch ausgelöscht war.

533 Primo Levi: Ist das ein Mensch? Fischer, Frankfurt am Main 1961; derselbe: Die Untergegangenen und die Geretteten. Hanser, München 1990.

534 Joseph Borkin: Die unheilige Allianz der I. G. Farben. Eine Interessengemeinschaft im Dritten Reich. Campus, Frankfurt am Main 1979.

Teil II

Vom deutschen und österreichischen Wirtschaftswunder bis zum gegenwärtigen Marktradikalismus

Die Schattenseiten der Wohlstandsära

Deutschland und Österreich wurden vom Faschismus nicht durch die Aktionen ihrer Arbeiterklassen, sondern durch den Vormarsch der Roten Armee und die Intervention der US-Streitkräfte befreit.[1] Widerständige Strömungen, sowohl innerhalb der Wehrmacht als auch im Hinterland, hatten es schwer. Noch in den letzten Kriegstagen wurden Arbeiter/innen und Bürger/innen, die zur Kapitulation aufriefen, vom fanatischen Nazi-Mob verfolgt und massenhaft ermordet. Im Mai 1945 lag das »tausendjährige« Reich materiell wie geistig in Trümmern. Die unmittelbare Nachkriegszeit in Deutschland und Österreich war geprägt von einer Art trotziger Geistesstarre, gepaart mit hektischer Betriebsamkeit. Hannah Arendt hat diese Atmosphäre treffend beschrieben.[2] Ihrem unbestechlichen Auge entging nicht, dass sich die Menschen mit einer geradezu rauschhaften Energie in die Aufräum- und Aufbauarbeiten stürzten. Sie betäubten damit sich selbst, um ja nicht über das Gewesene nachdenken zu müssen. Die Rede von einer revolutionären Situation, lange gepflegt von KPD und KPÖ, erwies sich als schönfärberische Umdeutung der Situation. Die Arbeiterklasse des ehemaligen Deutschen Reiches hatte mehr als acht Millionen Menschen verloren, die Heimkehrenden waren geschwächt und demoralisiert, aber auch voller spürbarer Wut. Doch diese für organisierten Widerstand zu nutzen, gelang nicht. Was der Beginn einer Katharsis hätte sein können, wandelte sich zusehends in ein anhaltendes Arbeitsfieber. Leiber und Körper wurden bis aufs Äußerste eingesetzt, es war ein Aufbäumen, auch ein Aufbegehren, aber keines, das an die Wurzeln der Katastrophe gegangen wäre. Zweifel und kritische Fragen wurden abgewehrt. Die christlichen Kirchen profitierten – ihre Gotteshäuser waren überfüllt, die Geistlichen trösteten die Menschen mit billigen und legitimatorischen Allge-

1 Aus der Fülle der Literatur zur Nachkriegsgeschichte Deutschlands und Österreichs seien einige ausgewählte Hinweise gegeben, auf die sich die folgenden Zeilen stützen: Helga Grebing: Geschichte der deutschen Arbeiterbewegung. Nümphenberger Verlagshandlung, München 1966; Frank Deppe et al.: Kritik der Mitbestimmung. Suhrkamp, Frankfurt am Main 1969; Ute Schmidt / Tilman Fichter: Der erzwungene Kapitalismus. Klassenkämpfe in den Westzonen 1945–48. Wagenbach, Berlin 1971; Karl Heinz Roth: Die andere Arbeiterbewegung. Trikont, München 1974, S. 175–268; Ernst Hanisch: Österreichische Geschichte. Der lange Schatten des Staates. Österreichische Gesellschaftsgeschichte im 20. Jahrhundert. Ueberreuter, Wien 1994; Karl Vocelka: Geschichte Österreichs. Styria, Graz 2000, S. 316–323; Peter Birke: Wilde Streiks im Wirtschaftswunder. Campus, Frankfurt am Main 2007; Peter Birke / Heiner Dribbusch: Bewegtes »Wirtschaftswunder«. In: Horst Steffens, Thomas Herzig (Hrsg.): Durch Nacht zum Licht? – Geschichte der Arbeiterbewegung 1863–2013. Katalog zur Ausstellung im Mannheimer Technoseum, Mannheim 2013, S. 239–267.

2 Hannah Arendt: The Aftermath of Nazi-Rule. Report from Germany. Commission on European Jewish Cultural Reconstruktion. NY 1950; erste deutsche Fassung unter dem Titel: Besuch in Deutschland. Rotbuch, Berlin 1990.

meinplätzen. In der unmittelbaren Zeit nach der Befreiung waren viele dem Nazisystem nahestehenden Wirtschaftsführer entweder inhaftiert oder untergetaucht, und überall bildeten sich Arbeiter/innen-Komitees mit dem Ziel, die zerstörten Betriebe wieder aufzubauen. Zwar gewannen kritische Stimmen, die den Kohle-, Stahl- und Chemiekonzernen eine Hauptverantwortung für den Nazi-Faschismus anlasteten, das Ohr der Arbeiterklasse. Doch mentalitätsgeschichtlich muss der erstaunlich hohe Grad an Identifikation der Arbeiter/innen mit »ihren« Betrieben beachtet werden. Es gab heftige Widerstände gegen die hohen Reparationsleistungen – dies und eine katastrophale Ernährungslage führten 1946 bis 1950 zu großen Streikbewegungen. An die Übernahme von betrieblicher und regionaler Arbeitermacht, an Selbstverwaltung, nicht nur im Sinne eines Übergangs, sondern als dauerhaftes Konzept, dachten jedoch nur wenige Arbeiter/innen. Die Kraft des großen österreichischen Oktoberstreiks, der 1950 von Arbeitern der Stahlindustrie ausging, wurde durch die spezifische politische Konstellation – unter anderem die Frage der Besatzungszonen – geprägt, von der KPÖ-Führung abgeschwächt, da auch sie Massenspontaneität fürchtete, und schließlich von SPÖ-dominierten Bau-Holz-Arbeitern nicht zuletzt mit physischer Gewalt gebrochen. Für die Westzonen und Österreich lässt sich sagen: Die komplexe Mixtur aus unmittelbaren und ideologischen Faktoren – Antikommunismus, Arbeitsideologie und gezielte politökonomische Interventionen der USA – erzeugte eine systemimmanente Gravitation. Die westlichen Alliierten hatten ein genuines Interesse an deutscher Kohle. In einem anderen politischen Kontext entstand in Ostdeutschland eine ähnliche Konstellation. Das Interesse der Sowjetunion war, neben Stahl und Chemie, hauptsächlich auf die Förderung des erzgebirgischen Urans gerichtet. Die Arbeits- und Lebensverhältnisse blieben äußerst angespannt, und der Arbeiteraufstand im Juni 1953 war eine Reaktion darauf. Sowohl in Westdeutschland als – um einige Jahre verzögert – auch in Österreich gewannen die sozialdemokratischen Vorstellungen einer Mitbestimmung im Rahmen der kapitalistischen Ökonomie bald die Oberhand. Nach der deutschen schwor auch die österreichische Sozialdemokratie dem Marxismus ab und konnte sodann auf der Welle des Wirtschaftsbooms ihren Einfluss ausbauen.

Die Meinungen darüber, ob der Nachkriegsära technologisch und ökonomisch ein Prozess der dritten industriellen Revolution zu unterlegen sei, ja: was überhaupt unter dritter industrieller Revolution zu verstehen sei, klaffen weit auseinander. Ernest Mandel[3] sieht in der Weiterentwicklung der Kernphysik und der Elektronik das entscheidende Moment, während Autoren wie

3 Ernest Mandel: Marxistische Wirtschaftstheorie. 2. Band. Suhrkamp, Frankfurt am Main 1968, S. 764 ff.

Jeremy Rifkin[4] diese Phase erst mit der globalen Digitalisierung ansetzen wollen. Elektronische Datenverarbeitung und bald darauf einsetzende Anwendungen in der Chemie- und Stahlindustrie wie auch in vielen anderen Industriezweigen sind bereits in den 1950er und 1960er Jahren zu beobachten, in den 1970er Jahren entstanden digitale Steuerungstechniken, mit Hilfe derer sich bei Werkzeugmaschinen die CNC-Technologie – computerized numerical control – etablieren konnte. Lange geisterte, von einer fast geheimnisvollen Aura umgeben, der Begriff der »Automation« durch Hörsäle und Gewerkschaftsbüros.[5] Technologische Entwicklungen, neue Begriffe, Visionen und Ängste – all das bot Ansatzpunkte für arbeitssoziologische Diskurse darüber, inwieweit Maschinen Menschen ersetzen würden, inwieweit körperliche Arbeit noch gebraucht werde, ob mit deren Verlust nicht auch das Erfahrungswissen der Arbeiter/innen verloren gehe, ob wir damit auch mit einer massenhaften Dequalifizierung rechnen müssten, ob nicht überhaupt das Ende der Arbeit bevorstehe, oder umgekehrt: ob nicht das Zeitalter hochqualifizierter und intellektueller Arbeit für alle angebrochen sei. Die in den 1960ern geäußerten Hoffnungen auf wissenschaftlichen und technischen Fortschritt erscheinen heute befremdlich. Es spricht für weitsichtige Denker, wenn sie in ihren Visionen gleichzeitig Zweifel zulassen: »Aber wenn die dritte industrielle Revolution die außerordentliche Möglichkeit schafft, den Menschen von seiner Bürde, seiner Mühe und der ihm unwürdigen Langeweile der mechanischen Arbeit zu befreien, so bringt sie gleichzeitig unmittelbare Gefahren für das Überleben der Gattung Mensch mit sich.«[6] Fernab von geschichtsphilosophischen Schwärmereien und Befürchtungen war der betriebliche Alltag der Industriearbeiter/innen weiterhin voller Mühsal, Belastungen und krankmachender Einflüsse.

Körperpolitisch knüpfte die Nachkriegszeit an die nationalsozialistische Arbeitsmoral an: Um den Preis einer ruinösen Vernutzung der eigenen Kräfte mussten Deutschland und Österreich wieder aufgebaut werden. 1960 war von 26 Millionen Erwerbstätigen mehr als die Hälfte Produktionsarbeiter/innen – und das bedeutete in der Regel: Arbeitsplätze mit schwerer körperlichen Arbeit. Als Hauptbranchen sind Montanindustrie, Chemieindustrie, Elektroindustrie, Maschinenbau, Fahrzeugbau, Nahrungsmittelindustrie, Textilindustrie sowie Holz-, Papier- und Druckindustrie zu nennen.[7] In praktisch allen Großbetrieben wurde die Betriebsjustiz – es gab verschiedene Namen

4 Jeremy Rifkin: Das Ende der Arbeit und ihre Zukunft. Fischer, Frankfurt am Main 2005.

5 Friedrich Pollock: Automation. Materialien zur Beurteilung der ökonomischen und sozialen Folgen. Europäische Verlagsanstalt, Frankfurt am Main 1956.

6 Ernest Mandel, a. a. O., S. 766.

7 Hans-Uwe Bach / Rudolph Riefers: Zeitreihen zur Erwerbstätigkeit. In: Mitteilungen aus der Arbeitsmarkt- und Berufsforschung, Jg. 3, 1970, Heft 2, S. 107–123.

hierfür: »Werksgerichte« oder »Disziplinarausschüsse« – wiederbelebt, nunmehr von Unternehmensleitungen, Betriebsräten und Gewerkschaften gemeinsam getragen. Die »kleine Betriebskriminalität« galt es zu bekämpfen, ebenso den »Schlendrian« und sonstige »Verfehlungen«.[8] Originalton aus dem Hüttenwerk Oberhausen im Jahr 1959: »Wir wollen im Werk nur anständige, pflichtbewusste und fleißige Kollegen beschäftigen, für faule Köppe ist auch der Betriebsrat nicht zu haben.«[9] Dass sich die korporatistische Disziplinarmacht derart aufpumpte, lässt das Ausmaß von Wut und Wildheit der Massenarbeiter/innen ahnen, deren Kraft es zu brechen galt, statt sie aufzunehmen und für eine widerständige Biopolitik zu nutzen. Arbeitsschutz existierte so gut wie gar nicht.[10] Die Unfallzahlen wuchsen ins Unermessliche. Die Zahl der tödlichen Arbeitsunfälle stieg 1960 in Westdeutschland auf mehr als 5000, in Ostdeutschland lag sie bei knapp 1000, in Österreich bei mehr als 600.[11] Im »Wirtschaftswunder« erklomm der körperliche Verschleiß ein der Hochindustrialisierung vergleichbares Niveau. Ein Drittel der Erwerbstätigen verstarb vor dem Erreichen der Rentengrenze, mehr als ein Drittel wurde frühinvalide, und weniger als ein Drittel – und das waren fast nur höhere Angestelltenberufe – erreichte halbwegs gesund das gesetzliche Rentenalter.[12] Die Arbeitsmedizin, nationalistisch geprägt und nationalsozialistisch infiziert, wusste nichts Besseres, als die Arbeiterklasse zu noch mehr Leistung anzufeuern und »Schwächlingstypen« bzw. »ungünstigen Konstitutionstypen« den Kampf anzusagen.[13] Geschwächte Körper, Kriegsinvalidität und vorzeitiges Altern der Arbeiter/innen bereiteten der Bourgeoisie große Sorgen. Sozialpolitik wie Medizin seien, so der leitende Betriebsarzt der neugegründeten BASF Wilhelm Hergt, gezwungen, »dieses Absinken der Leitungsfähigkeit oder den totalen Leistungsabfall mit allen verfügbaren Mitteln

8 Karl Heinz Roth, a. a. O., S. 212 f.

9 Zit. nach ebenda, S. 213.

10 Zur spezifischen Geschichte von Arbeitsschutz und Arbeitsmedizin nach 1945: Dietrich Milles / Rainer Müller: Berufsarbeit und Krankheit. Campus, Frankfurt am Main 1985, S. 127–133; Wolfhard Weber: Arbeitssicherheit. Historische Beispiele – aktuelle Analysen. Rowohlt, Reinbeck bei Hamburg 1988, S. 177–210; Philipp Rauh / Karl-Heinz Leven: Ernst Wilhelm Baader (1892–1962) und die Arbeitsmedizin im Nationalsozialismus. Peter Lang, Frankfurt am Main 2013, S. 189–218.

11 Wolfhard Weber: Arbeitssicherheit, a. a. O., S. 183; Lutz Wienholdt: Zwischen Anspruch und Wirklichkeit. Historischer Abriss zum Arbeitsschutz in der SBZ/DDR. GRIN, Köln 2011, S. 213; Mitteilung der Abteilung Statistik der Allgemeinen Unfallversicherungsanstalt Österreich vom 29.3.2016 an den Verfasser.

12 Rainer Müller: Prävention von arbeitsbedingten Erkrankungen. In: Manfred Max Wambach (Hg.): Der Mensch als Risiko. Suhrkamp, Frankfurt am Main 1983, S. 178.

13 Diese Formulierungen finden sich noch 1963 in der maßgeblichen Literatur, so z. B. bei: Franz Koelsch: Lehrbuch der Arbeitsmedizin, Band 1: Allgemeine Physiologie, Pathologie, Fürsorge (4. Auflage). Ferdinand Enke, Stuttgart 1963, S. 15 ff.

zu bekämpfen, wenn das Volk sich im Kampf um sein Dasein behaupten will«.[14] Hergt war ursprünglich Nervenarzt; er steht für die Propagierung psychomentaler Prozesse in den Arbeitswissenschaften. Mit Menschenfreundlichkeit hat das freilich nichts zu tun. So verkennt die Historikerin Sabine Donauer,[15] dass diese Konzepte angesichts der tatsächlichen Arbeitsverhältnisse eine elitäre und sozialrassistische Missachtung des Körpers und des körperlichen Verschleißes bedeuteten. Gesundheit im Sinne der Weltgesundheitsorganisation – körperliches, geistiges und soziales Wohlbefinden[16] – wurde als unrealistische Utopie und überflüssiger Luxus abgetan. Das sahen nicht nur die Wirtschaftsführer und Arbeitsmediziner so, das sah auch die Nachkriegssoziologie so. In einer maßgeblichen Studie der Sozialforschungsstelle Dortmund wird affirmativ von einem »Mindestmaß von Mut, Gefahren ins Auge zu sehen und sie zu überwinden« fabuliert.[17] Der Autor, der Soziologe Otto Neuloh, sah darin die Voraussetzung des wirtschaftlichen Aufbaus, sei es im Untertagebetrieb, in einer Eisenhütte oder »wo immer es ein mag«. Weiter heißt es: »Wer tagtäglich vor einem Hochofen steht oder am Konverter oder dem Martinofen, wer im Engen steht mit dem Abbauhammer oder im Steinbruch an der hohen Wand arbeitet, würde ohne dieses Minimum von Unerschrockenheit und Unbekümmertheit die Bedingungen, unter denen er arbeiten muss, nicht ertragen. (…) Sollte die Vorsichts-Propaganda oder die Anti-Mut-Propaganda der Unfallverhütung ihren Einfluss einmal auf alle Industriearbeiter ausüben, so könnte sie zu einer Angstpsychose werden, die in einem krassen Widerspruch zur Leistungs- und Produktivitätssteigerung geraten würde.«[18] Die nationalsozialistische Ideologie wirkte also fort, und sie konfligierte sogar mit den schlichten Bemühungen der Berufsgenossenschaften, die exorbitanten Unfallzahlen zu senken. Aber den Leistungsideologen galt ein Menschenleben nicht viel. Verunfallen und sterben würden gemäß ihres Menschenbildes ohnehin nur Menschen mit einer »individuellen Unfallaffinität«, denen eine prinzipielle »Erbminderwertigkeit« unterstellt wurde – daher war eine »entsprechende Auslese« angesagt.[19]

Bergbau und Industrie erlebten in der Nachkriegsphase ihren eigentlichen tayloristischen Zugriff. Im Bergbau wurde seit den 1930er Jahren der Abbau überwiegend mit dem Presslufthammer bewerkstelligt.[20] Die Mecha-

14 Wilhelm Hergt: Der Mensch im Betrieb. In: Die BASF, Heft 1, 1951, S. 7–10.

15 Sabine Donauer: Faktor Freude. Wie die Wirtschaft Arbeitsgefühle erzeugt. Körber Stiftung, Hamburg 2015.

16 https://de.wikipedia.org/wiki/Gesundheit#Definitionen

17 Otto Neuloh: Der Arbeitsunfall und seine Ursachen. Ferdinand Enke, Stuttgart 1957, S. 361.

18 Ebenda.

19 Franz Koelsch, a. a. O., S. 19.

20 Detlev Peukert: Industrialisierung des Bewusstseins? Arbeitserfahrungen von Ruhrbergleuten im 20. Jahrhundert. In: Klaus Tenfelde (Hg.): Arbeit und Arbeitserfah-

nisierung führte zu keiner Arbeitsentlastung. Sie führte zunächst nur zu einer Verlängerung der Streben und zu einer höheren Staubentwicklung. Durch das Einzelgedinge – die Ablösung des Gruppenakkords durch Einzelakkord – wurden die Kumpels zueinander in Konkurrenz gesetzt und gegeneinander aufgehetzt. Besonders problematisch wirkte sich das Einzelgedinge auf Leben und Gesundheit unter Tage aus: Der Zeitdruck führte dazu, dass der unmittelbare Ausbau, der vor dem Herabbrechen der Gesteinsdecke im Gang oder Stollen – des »Hangenden« – schützen sollte, systematisch vernachlässigt wurde. Erschwerend wirkte sich der Einsatz der aus den Ostgebieten vertriebenen »Volksdeutschen« aus, die zunächst außerhalb der gewachsenen Arbeitertradition standen und ein besonders antisolidarisches Verhalten an den Tag legten. »Körper und Arbeit« – die Berichte, die wir von der Arbeit im Bergbau der 1950er und 1960er Jahre haben, bezeugen die gleichen körperlichen und seelischen Grenzerfahrungen wie diejenigen aus den 1920er Jahren: körperliche Anstrengungen bis zum Äußersten, Kohle und Steinstaub in einer Dichte, dass man »die eigene Lampe nicht mehr sehen kann«[21] und die ununterbrochene Präsenz von Unfallgefahren.[22] Erleichternde Abbautechniken, beispielsweise mittels Schrämmmaschinen, setzten sich erst während des Zechensterbens durch – davon hatten die meisten Bergarbeiter nichts. Anfang der 1950er Jahre schufteten in Westdeutschland, dem Saarland und Österreich mehr als 500.000 Arbeiter im Bergbau unter Tage – teilweise unter lebensgefährlichen Bedingungen. Der psychische Druck war enorm, der Wille zum Geldverdienen, die Verlockungen eines bescheidenen Wohlstandes, oftmals auch der Wunsch nach einem eigenen Häuschen, trieben die Menschen in den Berg. Max von der Grün[23] beschreibt in seinem autobiographischen Roman »Irrlicht und Feuer« diese Situation sehr eindrücklich:

rung in der Geschichte. Vandenhoeck & Ruprecht, Göttingen 1986, S. 92–119, hier: S. 99 ff.

21 Ebenda, S. 104.

22 In folgender Arbeiterprosa finden sich hierfür zahlreiche beeindruckende Belege: Max von der Grün: Irrlicht und Feuer. Georg Bitter, Recklinghausen 1963; Werkkreis Literatur der Arbeitswelt (Hg): Ihr aber tragt das Risiko. Rowohlt, Reinbek bei Hamburg 1971; Hans-Dieter Baroth: Aber es waren schöne Zeiten. Kiepenheuer und Witsch, Köln 1978; Werner Bräunig: Rummelplatz. Aufbau, Berlin 2007.

23 Max von der Grün (1926–2005) stammte aus einer verarmten bayerischen Adelsfamilie. Nach dem Krieg heuerte Grün im Ruhrbergbau an, wo er zwischen 1951 und 1954 arbeitete. Während dieser Zeit wurde er zweimal bei der Arbeit verschüttet. Aus diesen existenziellen Erfahrungen entstanden seine ersten Romane, von den »Irrlicht und Feuer« ein Welterfolg wurde. Auch seine späteren Romane thematisieren die Arbeitswelt (Heinz Georg Max: »Gradlinig, ohne Angst, die Dinge klipp und klar beim Namen nennend«. Max von der Grün. In: Literatur in Westfalen. Beiträge zur Forschung, Bd. 9, 2008, S. 235–266).

»Wir bohrten den Bauch der Erde entzwei. Von aufgetürmten Steinwänden behütet und bedroht, fressen wir uns täglich zwei Meter weiter in den Stein, in die Kohle, und wir wissen nicht, wo das Hineinfressen enden wird. (…) Obwohl mir hundeelend war, setzte ich mein drittes Bohrloch an. (…) Niemand weiß, wieviel Pfund wir in einer Schicht verlieren, wir wissen nur, dass wir Durst haben und vor Überanstrengung oft nicht essen können. Ist der Körper schweißnass, wird er trockengerieben, wenn man überhaupt Zeit dazu hat. Das Gedinge treibt, der Rhythmus treibt, der Druck von oben treibt, die Kalkulation vom grünen Tisch treibt, die Maschine treibt, der Mensch treibt den Menschen, und der Mensch treibt sich selbst, weil er verdienen muss.«[24]

In der Ostzone, ab 1949 der Deutschen Demokratischen Republik, wurde neben dem Braunkohleabbau die sowjetisch-deutsche Aktiengesellschaft

Wismut im Erzgebirge ein Anziehungspol für junge Arbeiter. Zwischen 1945 und 1990 arbeiteten mehr als 500.000 Arbeiter im ostdeutschen Uranbergbau,[25] woraus schätzungsweise 10.000 Lungenkrebsfälle resultierten.[26] Die konkret erfahrbaren materiellen Arbeitsbedingungen waren in Ost und West die gleichen. Beispielhaft sei Werner Bräunig zitiert, der sich als junger Arbeiter bei der DSAG Wismut verdingte:

»Die Fahrten waren glitschig, braungrün die Wände, das Wasser troff. Das Licht der Grubenlampe reichte nicht weit. Die erste Umsteigbühne war verschüttet, es war gerade noch Platz, den Körper hindurchzuzwängen. (…) Gestein schnitt in die Hände, scharfkantiger Splitt. (…) Die Arbeit überkam ihn wie ein Rausch, plötzlich und ungeheuer. Er setzte den Meißel an und stemmte ihn mit aller Kraft in den Berg, der Druck der Pressluft schüttelte seinen Körper, der Rückschlag lief wie ein Schauder durchs Fleisch und spannte die Muskeln.«[27]

Die teilweise erschreckenden Zustände unter Tage forderten ihren Blutzoll. Neben einem steilen Anstieg der Silikose auf mehr als 5000 Fälle pro Jahr[28] und den erwähnten Krebserkrankungen schnellten in beiden deutschen Staaten auch Zahl und Schwere der Unfälle in die Höhe. Überwunden geglaubte Massenunfälle nahmen wieder zu. Als schrecklichste dieser Arbeitskatastrophen muss zweifelsohne das Grubenunglück in der saarländischen Grube Luisenthal am 7. Februar 1962 angesehen werden. Eine riesige Schlagwetter-und Staubexplosion kostete 299 Bergleuten das Leben. Die Erschütterun-

24 Max von der Grün, a. a. O., S. 38 f.

25 Rainer Karlsch / Harm Schröter (Hrsg.): Strahlende Vergangenheit. Studien zur Geschichte des Uranbergbaus der Wismut. Scripta Mercaturae, St. Katharinen 1996.

26 http://www.bfs.de/DE/bfs/wissenschaft-forschung/projekte/wismut/wismut_node.html

27 Werner Bräunig, a. a. O., S. 109 und 115.

28 Elmar Menzel: Bergbau-Medizin einst und jetzt. Erich Schmidt, Berlin 1989, S. 178.

gen waren im ganzen Saarland zu hören und zu spüren. Der offiziellen Lesart, die Katastrophe sei »schicksalhaft« gewesen, muss entgegengehalten werden: Die Sicherheitstechnologie war auf dem Vorkriegsstand, die Bewetterung lückenhaft und hinkte der hohen Abbauintensität hinterher, und die Messungen des Methangases wurden auf Anweisung »von oben« geschönt, im Klartext: gefälscht.[29] »Auf die Anklagebank hätten die Betriebs- und Bergwerksdirektoren, die für die Erstellung und Genehmigung des Abbauplans im Alsbachfeld Verantwortlichen gehört.«[30] Die Bergleute waren traurig und wütend. Im Mai 1962 machten sie ihrem Ärger Luft. Sie streikten für besseren Arbeitsschutz und höheren Lohn.[31]

Das sogenannte Wirtschaftswunder war nicht nur auf Schweiß und Gefahr, sondern auf kontinuierlicher Missachtung, ja: Verachtung des menschlichen Grundrechtes auf Leben und körperliche Unversehrtheit gebaut.[32] Gesundheitsschutz am Arbeitsplatz blieb ein Fremdwort, das auszusprechen einen verdächtig machen konnte, ein »Industriefeind«, ein »Arbeitsplatzvernichter« oder gar ein »Agent der Ostzone« zu sein. Florian Knobloch fing in den 1950er Jahren in einer Gießerei an, »an der Rille der Schleudergussmaschine«, eine Arbeit, die – wie er selbst beteuert – »nicht eigentlich schwer« gewesen sei.[33] Und dennoch: Er ist jeden Abend wie gerädert. Hitze, Dreck, Staub, Qualm, Ruß – all das gehört zur täglichen Normalität. Immer wieder schwirren kleine Metalltropfen durch die Luft und führen an den Händen zu Verbrennungen. Wegen des Phosphoranteils im Metall heilen die Wunden oft nicht:

> »Die kleinen Verbrennungen wollen und wollen nicht heilen. Sie fressen sich immer tiefer in die Haut, werden sogar breiter, besonders an den beweglichen Teilen, Gelenken, Beugen. (...) Ich will nicht klagen, nicht wegen meiner verkrüppelten Hände. Man gewöhnt sich auch daran. Die

29 Hubert Kesternich: Tod im Schacht. Eine Chronologie der Grubenunglücke in und um Völklingen sowie die Schlagwetterexplosion vom 7. Februar 1962 in Luisenthal. Blattlausverlag, Saarbrücken 2012.

30 Ebenda, S. 354.

31 Joachim Heinz: Die Geschichte des Bergbaus an der Saar. Sonderdruck der Arbeitskammer des Saarlandes »Der Bergbau an der Saar«, Saarbrücken 2012, S. 9 f.

32 Es mutet merkwürdig und verstörend an, wenn neuere historische Studien zur Geschichte des Arbeitsschutzes genau diesen Punkt aussparen, so z. B. Nina Kleinöder: Unternehmen und Sicherheit. Strukturen, Akteure und Verflechtungsprozesse der westdeutschen Eisen- und Stahlindustrie nach 1945. Franz Steiner, Stuttgart 2015. Die umfangreiche Studie kommt über das Thema Unfälle nicht hinaus. Von Staub und Hitze wird an keiner Stelle gesprochen, zu schweigen davon, dass zu den Belastungen Arbeiter und Arbeiterinnen selbst zu Wort kämen, obwohl es eine Fülle von Dokumenten dazu gibt, so z. B. beim Werkkreis Literatur der Arbeitswelt.

33 Florian Knoblauch: Glaubt mir Leute. In: Werkkreis Literatur der Arbeitswelt, a. a. O., S. 35–39.

Ärzte der Berufsgenossenschaft haben schon recht, wenn sie das bei der Bemessung der nie zu erhoffenden Rente behaupten.«[34]

Der konkreten Schilderung folgt eine sarkastische Bemerkung, die ein Licht auf die dunklen Seiten des Sozialversicherungssystems wirft. Immer schon wurde die Unfallversicherung von sozialdemokratischen Meinungsführern als große Errungenschaft gefeiert, auch wenn diese bei genauerem Hinsehen sich ebenso oft als Trugbild erwies. Schwere Arbeit unter Extrembedingungen zog sich durch alle Branchen und machte den betrieblichen Alltag in der Nachkriegszeit aus – ob in West- oder Ostdeutschland, im Saarland oder in Österreich. Fritz Eckhardt war Rohrschlosser auf einer Wiener Schiffswerft.[35] Er erinnert sich:

»Auf jeden Fall war's sicher eine ganz schwere Arbeit. Ein jeder hat g'laubt: ›Ihr verdient's gut auf der Werft.‹ Na, die haben dir nichts geschenkt. Du bist nur im Dreck, in der Kälte, in der Hitze, über's Eisen und im Staub, über Kabel 'krallt. Man kann sich das nicht vorstellen.«[36]

Eckhards Kollege Eduard Novotny, ein Werftschweißer, pflichtet bei. Bei größter Hitze und Kälte wurde gearbeitet:

»Naja, im Sommer haben wir eine Hitze gehabt, 60 Grad, 70 Grad auf dem Blech, wir haben's gemessen, wenn die Sonn' d'rauf geschienen hat. (...) Und im Winter... bei minus 28 Grad haben wir geschweißt.«[37]

Dass die Arbeiter Schweiß- und Brennrauchen, Asbeststäuben, Lösemitteln und vielen weiteren Gefahren ungeschützt ausgesetzt waren, blieb nicht ohne Folgen. Ein weiterer Werftarbeiter ergänzt:

»In Korneuburg war ja alles Werft. Heute, wenn's in's Spital gehen, da sind immer Werftler da, wenn's zu einem Arzt gehen, da sehen's immer die Werftler.«[38]

Fast identische Aussagen über die Zeit des Wirtschaftswunders sind von Arbeitern der Bremer Werften dokumentiert.[39] Rücksicht auf Gesundheit oder gar Wohlbefinden galt als Ausdruck von Schwäche und »Drückerei«. Persönliche Schutzausrüstungen, die den Höllenlärm auf der Werft ein wenig hätten dämpfen können, gab es nicht.

»Wenn wir zu unserem Meister hingingen und sagten: ›Wir können da nicht mehr arbeiten. Das is' zu laut. Das tut weh inne Ohren‹, antwor-

34 Ebenda, S. 37.

35 Werkstatt im Fluss (Hg.): Schiffbruch / Aufbruch. Katalog zur Ausstellung in der ehemaligen Schiffswerft Korneuburg, Eigendruck, Wien 1999, S. 22–24.

36 Ebenda, S. 22.

37 Ebenda, S. 22 f.

38 Ebenda, S. 24.

39 Heinz-Gerd Hofschen: Zwischen Demontage und Wirtschaftswunder. Sonderdruck der Universität Bremen 1999; Wolfgang Hien et al.: Am Ende ein neuer Anfang? Arbeit, Gesundheit und Leben der Werftarbeiter des Bremer Vulkan. VSA, Hamburg 2002.

tete der Meister: ›Ham' wir früher auch ertragen müssen. Da war das noch schlimmer. Da waren noch Nieterkolonnen da. Jetzt sind da bloß nur 'n paar Nieter und 'n paar Stemmer, das könnt ihr wohl aushalten. Geht man hin und macht euren Scheiß da fertig.‹«[40]

Die Verhältnisse in den ostdeutschen Werften wie in den übrigen Produktionsbereichen der DDR-Wirtschaft waren die gleichen.[41] Für die Zeit bis in die 1980er Jahre ist bemerkenswert und in gewisser Weise paradox, dass für westdeutsche Betriebe – vor allem im Rahmen des Werkkreises Literatur der Arbeitswelt – reichhaltige Berichte über die gesundheitszerstörenden betrieblichen Zustände, doch kaum valide epidemiologische Studien über arbeitsbedingte Erkrankungen vorliegen, während diesbezügliche arbeitsmedizinische Daten in der DDR akribisch gesammelt wurden, wohingegen die »offizielle« DDR-Arbeiterliteratur gerade dieses Thema – aufgrund innerer und äußerer Zensur – beinahe systematisch aussparte. Als Ausnahme ist, neben Wernert Bräunig, Heiner Müller zu nennen. Sein Stück »Der Lohndrücker«,[42] das in Zusammenarbeit mit Inge Müller entstand, spielt in einer Fabrik, in der feuerfeste Steine für die Industrie hergestellt werden. Der Brennofen ist defekt und muss repariert werden. Die Reparatur soll in jeweils einer Kammer erfolgen, während die Produktion in den benachbarten Kammern weiterläuft. Die Hitze ist enorm, die Reparatur soll bei 100 Grad stattfinden. Der Maurer Balke erklärt sich hierfür bereit. Balke ist ein grundsätzlich unsolidarischer Mensch, er hat schon während der Nazizeit Kollegen denunziert, er tut es auch jetzt unter der neuen Herrschaft, seine Alleingänge sehen die Kollegen als Lohndrückerei. Doch der Parteisekretär muss mit ihm zusammenarbeiten, will er den vorgegebenen Produktionsplan einhalten. Die Rede ist von der übergeordneten Sorge, den Plan und die Versorgung der Menschen aufrecht zu erhalten. Balke und weitere Arbeiter schaffen das »Unmögliche«. In der Parteizeitung steht anschließend zu lesen:

»Sie arbeiten mit Handschuhen, denn die Steine glühen, und im Vordergrund steht die Sorge um den Menschen. Während eine Kammer nach der anderen stillgelegt, abgerissen und neu ausgemauert wird, brennt nebenan hinter einer dünnen Wand das Feuer weiter. Es kommt vor, dass die Pantinen der Männer in Brand geraten. Eine Leistung, welche sich der Laie nicht vorstellen kann. Von den nackten Oberkörpern rinnt

40 Heinz-Gerd Hofschen, a. a. O., S. 83.

41 Persönliche Mitteilung einiger Arbeiter der Rostocker Neptun-Werft, die nach 1989 beim Bremer Vulkan gelandet waren und nach der Vulkan-Pleite interviewt wurden. Siehe zur Neptun-Werft auch: Peter Alheit et al.: Gebrochene Modernisierung – der langsame Wandel proletarischer Milieus. Band 1. Donat, Bremen 1999, S. 386–581.

42 Vgl. Gerhard R. Kaiser: Die deutsche Literatur in Text und Darstellung. Gegenwart. Reclam, Stuttgart 1975, S. 278–285.

der Schweiß, aus den Gesichtern sprechen Entschlossenheit und Zuversicht. Die Belegschaft ist stolz auf sie.«[43]

Das Geschehen spielt sich im Vorfeld des Juni-Aufstandes 1953 ab; schon jetzt zeigt sich der Unmut der Arbeiter. Entgegen des beschönigenden Zeitungsberichtes isoliert sich Balke, und nachdem er wieder Kollegen anschwärzt, wird er zusammengeschlagen. Durch den Filter der Zensur kamen nur wenige derartige Berichte. Ein wenig anders verhielt es sich mit der medizinischen Datensammlung. Sie gab es, doch wiederum nur für ausgewählte Kreise, nie für die allgemeine Öffentlichkeit. Der Epidemiologe Dietmar Schneider befasste sich in den 1970er und 1980er Jahren im DDR-Zentralinstitut für Arbeitsmedizin mit arbeitsbedingten Lungenerkrankungen und veröffentlichte 2005 eine umfassende Gesamtauswertung.[44] Von 1,5 Millionen erfassten Arbeiter/innen der Stahl- und Metallindustrie und weiteren Branchen waren etwa 300.000 gegenüber Stäuben, Nebel, Dämpfen und Gasen exponiert, mehr als 10.000 davon erkrankten an chronischer Bronchitis und anderen teilweise lebensbedrohlichen Lungenschäden. Das Erkrankungsrisiko der Exponierten war im Vergleich zu Nichtexponierten etwa doppelt bis dreifach erhöht.

»Körper und Arbeit« war in den 1960er Jahren durchaus ein Thema: In ideologischer Überhöhung avancierten Härte und Schweiß zu Erfolgsfaktoren des Wohlstandes. Leid und Leiden wurden zum Ritterschlag, der die Arbeiterklasse – ganz in der Tradition der Heiligsprechung von Arbeit – adeln sollte. Die Eliten verachteten die Arbeiter/innen, doch sie kaschierten ihre Verachtung, indem sie den Arbeitskult weitertrieben, von dem sie direkt und indirekt profitierten. Diese in sich hoch widersprüchliche Gemengelage erzeugte eine eigentümliche Kulturpolitik, was beispielhaft anhand der Industriekleinstadt St. Ingbert im Saarland gezeigt werden soll. In den 20er Jahre arbeitete der Augsburger Bildhauer Fritz Koelle[45] auf Einladung der Röchlingwerke während langer Arbeitsphasen im Saarland. Sein Thema waren die Körper von Bergarbeitern und Stahlarbeitern. 1930 entstand nach dem Vorbild eines St. Ingberter Bergmanns die Skulptur »Der Saarbergmann«,[46] 1939, wahrscheinlich ebenfalls einem St. Ingberter Arbeiter nach-

43 Ebenda, S. 285.

44 Nobert Kersten / Anita Bräunlich / Wolf Dietmar Schneider: Chronische Lungenkrankheiten durch Stäube und chemischen Atemtraktirritantien. Wirtschaftsverlag NW, Bremerhaven 2005.

45 Der Bildhauer Fritz Koelle (1895–1953) gehört zu den figürlich arbeitenden Künstlern des 20. Jahrhunderts. Seine Beziehung zum Nationalsozialismus war widersprüchlich. Im Nachkriegsdeutschland wurde er als »Freund des arbeitenden Volkes« gelobt. Vgl. dazu: Museum der Stadt Homburg (Hg.): Fritz Koelle. »Arbeiter in Hütten und Gruben«. Homburg 1957.

46 http://www.saarbruecker-zeitung.de/saarland/stingbert/St-Ingbert-Rischbachstollen;art2794,3055240

empfunden, in heroisch-monumentaler Pose »Der Walzwerkmeister«[47]. Beide überlebensgroße Figuren wurden von St. Ingberter Kaufleuten gekauft und der Stadt geschenkt – 1956 der Walzwerkmeister, 1961 der Saarbergmann. Seither nehmen beide Kunstwerke in der kulturpolitischen Selbstdarstellung der Stadt und in den bis heute andauernden Diskussionen über den »richtigen Standort« einen großen Stellenwert ein. Der Unterschied beider Plastiken ist eklatant. Lässt der »Saarbergmann« noch Züge von Erschöpfung und vielleicht sogar Trauer erkennen, so zeigt Koelles 1939 geschaffene Skulptur eindeutig Momente des nationalsozialistischen Arbeitskörpers. »Gegenüber dem Saarbergmann gestaltete er den Walzmeister als Kraftmenschen. Das etwas maskenhaft wirkende markante Gesicht der Arbeitergestalt mit den tiefen Stirnfalten über der Nasenwurzel wirkt energisch und willensstark. Der Arbeiter ist bei der Arbeit dargestellt. Mit der weitausladenden Geste des rechten Armes scheint er einem Kollegen ein Zeichen oder eine Anweisung zu geben. Auffallend sind die gestalterischen Kontraste zwischen einer grazil-ephebenhaften, an antiken Vorbildern geschulten Durchgestaltung des Oberkörpers und der kraftvoll-muskulösen Modellierung der Arme und Hände.«[48] Der Walzwerkmeister steht in St. Ingbert vor einer Berufsschule und wirkt nach wie vor als Symbol »unseres« auf Arbeit aufgebauten Wohlstandes. Dass der Habitus des Meisters zugleich einer des Zwangs, der Unterdrückung, des Schleifens und des Zerbrechens anderer ist, dass Figur und Geste den Glanz rigoroser Herrschaft anzeigen, die als Ausdruck naturhaft legitimierter Kräfte erscheint, dass die Schönheit des dargestellten Körpers die Schattenseite der Situation, das Elend der Massenarbeiter/innen nicht einmal ahnen lässt – all das mag vielleicht gelegentlicher episodischer Gegenstand mancher Lehreinheit sein. Doch in dieser Figur lebt die deutsche Arbeitsideologie mit all ihren Implikationen weiter, nunmehr als scheinbar historisch abgeschlossene Phase, gefolgt von der »schöne(n) neue(n) Arbeitswelt« der Gegenwart – ein historisch wie aktuell trügerisches Bild.[49] Überall im Nachkriegs-Deutschland und Nachkriegs-Österreich finden sich solche Figuren. Wer durch Wien flaniert, dem fallen immer wieder die heroischen Arbeiterdarstellungen an den Wänden der sozialen Wohnbauprojekte auf, so beispielsweise die Doppel-Reliefs von Anton Hanak[50] im 7. Bezirk – ähnlich dem der in der DDR zur Schau getragene Heldenmythos. Beispielhaft die

47 https://de.wikipedia.org/wiki/Fritz_Koelle#/media/File:Koelle_Walzmeister.jpg

48 http://www.industriekultur-ansichten.com/projekte/55-industriekunsttouren-saarland/62-igb-ikt

49 Die Thematik »Körper und Arbeit« wird von der gegenwärtigen Soziologie regelrecht ausgeblendet. Vgl. dazu beispielsweise: Markus Schroer (Hg.): Soziologie des Körpers. Suhrkamp, Frankfurt am Main 2005; Robert Gugutzer: Soziologie des Körpers. 5. Vollständig überarbeitete Auflage. Transript, Bielefeld 2015.

50 Anton Hanak (1875–1934), Bildhauer in Wien (Online: http://austria-forum.org/af/Bilder_und_Videos/Bilder_Wien/1070; siehe Doppelfigurenreliefs).

Bauarbeiter-Skulptur in der Liebknechtstraße in Berlin – auch »Goldfinger« genannt.[51] Wie großartig, weil die leibhafte Belastung, aber auch die leibhafte Hoffnung der Arbeitenden festhaltend, nehmen sich demgegenüber die Darstellungen von Sella Hasse[52] aus! Sie repräsentiert, im Gegensatz zur Tradition der Verherrlichung von Arbeit, eine Tradition, welche realistische, kritische und nachdenkliche Momente in die Kunst aufnimmt.

Die 1968er Bewegung brach – freilich vor dem Hintergrund einer phänomenologischen Vorarbeit[53] – einem kulturrevolutionären Schub Bahn, in dessen Gefolge sich eine dem tradierten Körperbild entgegengesetzte Vorstellungswelt entfalten konnte. Nicht mehr das Produktionssystem, sondern der von ihm betroffene Mensch sollte in den Mittelpunkt der Betrachtung gerückt werden. Nicht mehr Härte und Durchhaltementalität, sondern Verletzlichkeit, Weichheit, Aufmerksamkeit und Achtsamkeit sollten thematisiert werden. Dies zeigte sich in der psychologischen und philosophischen Literatur[54] genauso wie in Belletristik, Malerei und Film. Der widerständige Impuls gärte schon lange unter der Oberfläche des »Wirtschaftswunder(s)«. 1978 erschien posthum die 1959 von Ingeborg Bachmann geschriebene Erzählung »Der Schweißer«.[55] Ein Arbeiter, dessen Frau an schwerer und unheilbarer Tuberkulose leidet, findet in einem Kaffeehaus ein Buch von Nietzsche. Er liest darin und beginnt an seiner Existenz zu zweifeln. Der Schweißer geht nicht mehr zur Arbeit. Sein Arzt – er ist auch der Arzt seiner Frau – versucht, ihm aus seiner überlegenen Position das Lesen auszureden und ihn wieder zur Arbeit zu bewegen, denn es führe zu nichts. Doch es ist zu spät: »Ich kann nicht mehr«, sagt der lesende Arbeiter. »Es ist etwas gerissen in mir. Zersprungen. Ich kann nicht mehr arbeiten (…)«[56] Er spürt seine vollkommene, objektive Entfremdung in der fremdbestimmten Arbeitsgesellschaft. Er sieht – trotz Krankenversicherung und all der scheinbaren Errungenschaften des Sozialstaates – keinen Ausweg. Das psychische Elend der Arbeiterexistenz brennt sich in ihn ein. Metaphorisch zerspringt ihm seine Schweißer-Schutzbrille, »(…) und nun springt das Licht herein, wie ein Wolf, und frisst meine Augen, reißt meine Augen und mein Hirn auf.«[57] Der Arbeiter erlebt, indem er über sich nachdenkt, körperlichen Schmerz. Der Blick auf Möglichkeiten

51 http://www.in-berlin-brandenburg.com/Sehenswuerdigkeiten/Bauarbeiter-Skulptur.html

52 Staatliche Museen zu Berlin (Hg.): Sella Hasse zum 100. Geburtstag. Ausstellung in der Nationalgalerie. Ausstellungskatalog, Berlin 1978, hier beispielsweise der späte Linolschnitt von 1951: »Beim Nieten« (S. 100).

53 Herbert Plügge: Der Mensch und sein Leib. Max Niemeyer, Tübingen 1967.

54 Bespielhaft: Rudolf zur Lippe: Am eigenen Leibe. Syndikat, Frankfurt am Main 1978; Wolfgang Schmidbauer: Im Körper zuhause. Fischer, Frankfurt am Main 1982.

55 Ingeborg Bachmann: Gedichte und Erzählungen. Pieper, München 1978, S. 115–131.

56 Ebenda, S. 123.

57 Ebenda, S. 125.

des Widerstandes ist ihm verstellt. Er imaginiert Barrikaden des Kampfes, »aber das ist noch eine andere Barrikade«.[58] Es ist er selbst, der sich im Wege steht. Seine Gedanken haben sich in einem Knäuel der Verzweiflung verwickelt. Die ärztlichen Appelle an Ordnungssinn, Pflichtbewusstsein und Akzeptanz des angeblich Unvermeidlichen gehen ins Leere. Der Schweißer bringt sich um.

Körperverschleiß und neue Spaltungen

Die exorbitante Härte und Schwere der Arbeit im Bergbau, in der Stahlindustrie und auf den Werften fanden für viele einheimische Arbeiter mit den Strukturkrisen der 1970er und 1980er Jahre ein Ende, nicht aber für die migrierten Massenarbeiter. Das hatte zwei sich überlagernde Gründe: Zum einen erfuhren die wenigen Betriebe, die überlebten, technologische Innovationen, d. h. bestimmte Arbeitsverfahren wie etwa das Gießen wurden in höher mechanisierte Prozesse – den Strangguss – überführt, bestimmte Arbeitsschritte wie das Schleifen wurden mittels Industrieroboter halbautomatisiert, in den 1980er und 1990er Jahren auch das Schweißen; gleichwohl blieben viele belastende Arbeitsbereiche weiter bestehen; zum anderen wurden gerade diese Bereiche nunmehr sogenannten Gastarbeitern zugewiesen.[59] Die deutsche Facharbeiterelite und diejenigen, die sich dafür hielten – viele angelernte Arbeiter der Stahlindustrie »dienten« sich in der Betriebshierarchie nach oben und sahen sich als Teil der Facharbeiterelite –, zogen sich nach und nach aus den schmutzigen, gefährlichen und hoch belastenden Arbeitsbereichen heraus. Die Prozesse der Neuzusammensetzung der Arbeiterklasse waren tiefgreifend. In den 1960ern waren die Massenarbeiter/innen vorwiegend italienischer, spanischer, portugiesischer, griechischer und jugoslawischer Herkunft. Während der 1970er Jahre nahmen schließlich türkische Arbeiter/innen deren Stelle ein. In Ostdeutschland wurden insbesondere vietnamesische Fremdarbeiter/innen eingesetzt. In Österreich waren es Arbeiter/innen aus Jugoslawien, die die Produktion am Laufen hielten. Für Deutschland und Österreich gilt: Zunächst arbeiteten Millionen Einheimische, dann zunehmend Millionen von Migranten und Migrantinnen unter Verhältnissen, die von Schmutz, Dreck, Staub, Gift, Hitze, Kälte, Unfällen, körperlicher Schwerstarbeit, Diskriminierung, Sozialrassismus und behördlicher Ignoranz geprägt waren.

Dem Investigativjournalisten Günter Wallraff verdanken wir seit mehr als 50 Jahren aufschlussreiche Berichte aus teilnehmenden Beobachtungen in den prekären Bereichen der Arbeitswelt und damit auch eine dichte Beschreibung ihrer Veränderung. 1963/64 arbeitete der junge Wallraff als Reinigungs-

58 Ebenda, S. 130.

59 Vgl. die hervorragende Studie von Ulrich Herbert: Geschichte der Ausländerpolitik in Deutschland. Beck, München 2001, hier S. 48 ff.

mann im Thyssen-Stahlwerk Duisburg-Hamborn. Sein Arbeitsplatz war die Sinteranlage »Sinter 2«, eine Anlage so groß wie mehrere Fußballfelder. In der Sinteranlage werden Erze gebrochen, gesiebt und für den Hochofen vorbereitet. Die Anlage arbeitet halb- bis vollautomatisch, mess- und regelgesteuert, doch mit Störungen und Unregelmäßigkeiten. Der Staub ist allgegenwärtig, und der Staub muss von Reinigungsmännern »weggearbeitet« werden:

> »(…) es glitzert und flimmert, wenn die Sonne dahintersteht. Das ist der pulvrige Metallstaub – Sinter genannt – der hier überall ist. Er wabert unter jedem Schritt, klebt auf der Haut, dringt in Nasenlöcher und Augen ein. (…) Wenn ich ausspucke, erschrecke ich: Mein Auswurf ist schwarz.«[60]

Waffraffs Bericht »Sinter Zwo« erschüttert uns angesichts der offenen Menschenfeindlichkeit, die immer noch – die Nazizeit lag fast zwanzig Jahre zurück – als integraler Bestandteil der Betriebskultur hervortritt. Ebenso allgegenwärtig wie der Staub ist der rüde Ton der Meister, nur von den arrogant-ignoranten Anweisungen der Ingenieure übertroffen. Sie gefallen sich in Gehässigkeiten und Anweisungen, die an Menschenschinderei grenzen. Oftmals schon durch den Bergbau gesundheitlich Angeschlagene werden hier noch einmal »durch den Wolf gedreht«. Meister wie Ingenieure duzen die Arbeiter durchgehend, weil sie nicht einmal deren Namen kennen, vielleicht auch trotz dessen. Eine besonders eindrückliche Szene befasst sich mit einer Störung der Anlage, genauer: mit dem Vorgang, durch menschlichen Eingriff einen Ausfall der Anlage zu verhindern. Durch einen Fehler oder eine Unberechenbarkeit drohte die Rutsche unterhalb des Schüttelrostes zu verstopfen. Ein Arbeiter sollte durch den brütend heißen Kühlerkasten hindurch die Rutsche freiklopfen. Wieder gilt es, wie schon in Heiner Müllers »Lohndrücker«,[61] bei 100 Grad zu arbeiten. Ein erster Arbeiter wird fast »verheizt«, dann kommt Wallraff an die Reihe. Der Ingenieur überschüttet ihn mit barschen Befehlen: »Rein in den Kasten mit dir! Sei nicht so zimperlich wie dein Kumpel vorhin!« Wallraff ist noch in der Probezeit, Widerstand also zwecklos:

> »Ich liege auf der Leiter, mit dem linken Arm umklammere ich die Sprosse, mit der Rechten halte ich das Stemmeisen und schlage mit kurzen Stößen gegen die festgepappte Sinterkruste. Über mir tost das Schüttelrost, schräg unter mir rumort der Kühler. (…) Es ist unerträglich heiß. Die Haare in der Nässe glühen. Ich kann nicht durchatmen, weil ich dann das Gefühl habe, innerlich zu verbrennen. (…) Durch die Asbesthandschuhe hindurch verbrenne ich mir die Finger. (…) Ich haue sinn-

60 Günter Wallraff: Wir brauchen dich. Als Arbeiter in deutschen Großbetrieben. Rütter und Loening, München 1966, hier zitiert aus der Neuauflage, unter dem Titel: Industriereportagen. Kiepenheuer und Witsch, Köln 1991, S. 77 f.

61 Gerhard R. Kaiser, a. a. O.

los drauflos und habe jedes Gefühl verloren. Wenn ich in den Kühler stürze, soll mir das recht sein. Ich bin es nicht, der dann verglüht. Alles zischender, kochender, verglühender Sinter.«[62]

Der junge Arbeiter Wallraff wird halb besinnungslos aus der Öffnung gezogen, er hat Verbrennungswunden, aber bekommt Lob vom Ingenieur. »Sinter Zwo« sollte als Fortsetzungsgeschichte in der gewerkschaftlichen Metall-Zeitung erscheinen, sofort nach dem ersten Teil intervenierte der Thyssen-Betriebsrats-Chef beim IG-Metall-Vorstand, die Serie wurde unverzüglich eingestellt.[63] Die Gewerkschaftsbürokratie fürchtete um ihren neuen Burgfrieden mit den Stahlbaronen.

Zwanzig Jahre nach »Sinter Zwo« verdingte sich Wallraff – diesmal als »Türke Levent Ali Sinirlioglu« – bei einer Firma Adler,[64] die als Fremdfirma bei Thyssen für Reinigungsarbeiten eigesetzt war. Es hatte sich nicht viel geändert. Nunmehr im Stahlwerk, an den Konvertern, mussten die Adler-Arbeiter, immer noch schutzlos, Tonnen von Staub zusammenfegen und abtransportieren. Und wieder gibt es »Sonderaufgaben«: Diesmal gilt es, eine festgefahrene Roheisenfähre mit Brecheisen und Vorschlaghammer freizuklopfen – eine äußerst gefährliche Angelegenheit. Weder der eigene Kolonnenführer noch die Thyssen-Meister bemühen sich, ihre Vorurteile zu verbergen: »Ihr Kümmeltürken – Euch sollte man alle an die Wand stellen!«[65] Die Kolonne soll gefügig sein. Als es mit den Vorschlaghämmern nicht geht, werden Presslufthämmer herbeigeschafft.

»Unter der schlimmsten Staubentwicklung müssen wir – ohne Masken – den ineinandergepappten Eisenstaub hochwirbeln. Unter ständigen Beschimpfungen, seitlich auf dem Boden liegend, kriechen wir in dem Eingeweide der Maschine herum. Der Lärm der donnernden Pressluftgeräte dröhnt in den engen Stahlgängen schmerzhaft in den Ohren. So etwas wie Gehörschutz ist unbekannt. Die Augen brennen, und alle rotzen, husten und röcheln um die Wette. Es ist die Hölle. In solchen Situationen, erzählt mir später Mehmet, wünscht man sich, lieber Monate im Gefängnis zu sitzen, als das noch stundenlang ertragen zu müssen. (…) Denn wer hier drinsteckt, hat nichts mehr zu verlieren, für ihn hat selbst das Gefängnis seinen Schrecken verloren. Die Knie sind – durch die Arbeitshose hindurch – blutig geschrammt und die Arbeitshandschuhe aufgerissen.«[66]

62 Ebenda, S. 100 f.

63 Leo Kreutzer: Anmerkungen zu: Günter Wallraff: Industriereportagen, a. a. O., S. 127 f.

64 Günter Wallraff: Ganz unten. 2. Auflage. Aufbau, Berlin 1987, S. 90–163.

65 Ebenda, S. 157.

66 Ebenda, S. 158 f.

Zwischendurch erscheint »ein hohes Tier von Thyssen«, das, um Staubmasken gebeten, diese Bitte als »unnötig« ablehnt: »Ihr sollt – verdammt noch mal – fertig werden!«[67] Nach zwölf Stunden endet die mörderische Schicht. Eine herausgeschmuggelte Staubprobe landet beim Bremer Umweltinstitut, das exorbitante, sogar akut gefährdende Konzentrationen von Blei und Quecksilber feststellt.[68] Vor dem Hintergrund einer sich vollziehenden Neuzusammensetzung der Arbeiterklasse macht Wallraffs Bericht einen strukturellen Sozialrassismus, d. h. eine Spaltung zwischen arbeiteraristokratischen Deutschen und minderwertigen Ausländern, deutlich. Diese waren nunmehr für die schmutzige, gefährliche und menschenunwürdige Arbeit da, die man sich selbst nicht mehr zumuten wollte.[69] Es ergab sich eine neue Teilung zwischen Facharbeiter und Massenarbeiter/in.

Die bundesrepublikanische Industriesoziologie war aufgrund ihrer eigenen Vorurteilsstruktur weder willens noch in der Lage, die inneren Spaltungen der Arbeiterklasse, ihre Verwerfungen und Tendenzen einer Neuzusammensetzung zu sehen.[70] Euphorisiert von den Segnungen der Technik, heben sie die Kontinuitäten von Handwerk und Industrie hervor.[71] Die taylorisierte Massenproduktion, die sich in Riesenschritten – angeführt von der Automobilproduktion und der elektrotechnischen Industrie – ausbreitete, rangierte bei ihnen als »Lückenbüßer der Mechanisierung«. Sie zitieren selbst die Arbeiter/innen, die über die monotone, stumpfsinnige, nervtötende, zugleich oftmals schwere, in stehender, gebückter und verdrehter Körperhaltung zu leistende Arbeit klagen. Auch wird eingeräumt, dass die in der Stahl- und Chemieindustrie sich etablierende Automation eine Polarisierung zwischen qualifizierten und restriktiven Tätigkeiten hervorrufe. Doch zu spüren ist die sozialdemokratische Hoffnung, nach der sich am Ende ein neuer Arbeitsty-

67 Ebenda, S. 160.

68 Ebenda, S. 160 ff.

69 Der Verfasser erlebte selbst diesen Sozialrassismus während seiner Zeit als Hilfsarbeiter im Walzwerk der Thyssen-Henrichshütte in Hattingen zwischen 1978 und 1980; vgl. auch: Wolfgang Hien et al.: Am Ende, a. a. O., S. 163–167. Vgl. auch das instruktive Interview mit Herrn Faruk, In: Carsten Keller et al.: Ein halbes Leben. Vier Kurzporträts aus einer Arbeitswelt im Umbruch. In: Aus Politik und Zeitgeschichte 15/2011, S. 6–9.

70 Beispielhaft seien die Forschungen der Sozialforschungsstelle Dortmund und des Soziologischen Forschungsinstituts (SOFI) Göttingen genannt: Heinrich Popitz / Hans Paul Bahrdt / Ernst August Jüres / Hanno Kesting: Technik und Industriearbeit. J. C. B. Mohr (Siebeck), Tübingen 1957; dieselben: Das Gesellschaftsbild des Arbeiters. J: C: B: Mohr (Siebeck), Tübingen 1957; Horst Kern / Michael Schumann: Industriearbeit und Arbeiterbewusstsein, Band 1 und 2. EVA, Frankfurt am Main 1970; Hans Paul Bardt / Horst Kern / Martin Osterland / Michael Schumann: Zwischen Drehbank und Computer. Industriearbeit im Wandel der Technik. Rowohlt, Reinbek bei Hamburg 1970.

71 Besonders deutlich in: Hans Paul Bahrdt et al.: Zwischen Drehbank, a. a. O.

pus ganzheitlicheren Zuschnitts durchsetzen werde. Die Wirklichkeit folgte einer anderen Logik: Die Polarisierung verfestigte sich – ein Umstand, den die Arbeitsanalysen der Gruppe »Socialisme ou Barbarie« längst thematisierten.[72] Wie vor ihnen Simone Weil, gingen die französischen Wissenschaftler/innen selbst ans Band und führten Betriebstagebuch. Diese Berichte sind höchst aufschlussreich, enthüllen sie doch die tiefen Entfremdungserfahrungen und die physische wie psychische Erschöpfung der Teilnehmenden. Zugleich enthalten sie präzise Beobachtungen der Arbeiter/innen, »deren Arbeit die ekelhafteste ist«,[73] und ihres Bemühens, irgendwie zu überleben. Die Gegenthese der westdeutschen Nachkriegssoziologie, namentlich jene Helmut Schelskys, ein »originärer Arbeiter« sei gleichsam »von Natur aus« in der Lage, sich an die repetitive und auszehrende Arbeit »zu gewöhnen«,[74] spiegelt die groteske Klassenüberheblichkeit der Nachkriegselite. Schelsky sah keine Klassengegensätze mehr, sondern nur noch eine »nivellierte Mittelstandsgesellschaft«.[75] Das Marxsche Entfremdungstheorem sei gegenstandslos geworden; die Teilnahme am gehobenen Konsum mache den Arbeiter zum Angehörigen des Mittelstandes. Auch wenn Schelsky innerhalb seiner Zunft viel kritisiert wurde, diffundieren seine Begriffe tief in die Gegenwartssoziologie hinein.

In den 1960er Jahren strandeten Willi Hoss, Hermann Mühleisen und Mario D'Andrea im Daimler-Werk Stuttgart-Untertürkheim am Fließband.[76] Sie begannen, ähnlich wie »Socialisme ou Barbarie«, die menschenunwürdigen Betriebsverhältnisse bewusst wahrzunehmen und nicht, wie es die IG-Metall-Betriebsräte taten, ideologisch und politisch zu verbrämen. »Körper und Arbeit« – die unerträglichen Bedingungen am Band mussten thematisiert werden. Am Band arbeiteten nur wenige Deutsche, überwiegend Spanier, Italiener, Griechen und Türken. Mühleisen, schon länger im Betrieb, wurde ans Band strafversetzt. Er führt ein Betriebstagebuch:

> »Mittwoch, 15.11.67. Ich komme an das Montageband. Ich stelle fest, das Tempo ist unmenschlich, schaffe es kaum. Am Abend todmüde.

72 Andrea Gabler: Antizipierte Autonomie. Zur Theorie und Praxis der Gruppe »Socialisme ou Barbarie« (1949–1967). Offizin, Hannover 2009.

73 Phiippe Guillaume: Dix semaines, zit. in: Andrea Gabler, a. a. O., S. 160; beindruckend auch der in den 1970ern entstandene Betriebsbericht des französischen Soziologen Robert Linhart: Eingespannt. Klaus Wagenbach, Berlin 1978.

74 Vgl. dazu kritisch: Konrad Thomas: Die betriebliche Situation der Arbeiter. Ferdinand Enke, Stuttgart 1964, S. 125.

75 Vgl. Nicole Burzan: Soziale Ungleichheit. 4. Auflage. VS Verlag, Wiesbaden 2011, S. 41 ff.

76 Peter Grohmann / Horst Sackstetter (Hg.): Plakat. 10 Jahre Betriebsarbeit bei Daimler-Benz. Rotbuch, Berlin 1979.

Mittwoch, 20.11.67. Meine Stimmung ist schlecht, Hände und Fingerschmerzen. Morgens beim Aufstehen kann ich mich kaum bücken, um die Schuhe zu binden, so schmerzt das Kreuz.«[77]

Es folgt eine detaillierte Beschreibung der Tätigkeit – Gehäuse einspannen, Beilagscheiben aufsetzen, Hebelräder einpassen, weitere Teile einfügen, immer wieder schrauben, klopfen, entgraten usw. usf. Es klappt oft nicht, man kommt in Verzug, man hinkt hinterher, man arbeitet Pausen durch, um den »Verlust« wieder einzuholen.

»Dreckige Hände, und das ist noch geschmeichelt, würgen eine saubere Wurst aus dem Papier, beim Anfassen wird sie dreckig, aber zusammen mit einem Wecken wird sie gefressen, von einem Schwein? Nein, von mir.«[78]

Die genannten Kollegen gründeten die Betriebsgruppe »Plakat«, die ab 1970 eine gleichnamige Betriebszeitung herausgab. Die Bandarbeit wird zum Dauerthema.[79] Die Forderungen sind keine utopischen, sondern solche nach mehr Menschlichkeit und Humanisierung: mehr Verteilzeiten, mehr Pausen, Reduzierung der Bandgeschwindigkeit, mehr Springer, damit man auch ohne ständigen Kampf und Krampf zur Toilette gehen kann. Und immer wieder die Forderung nach besserer Luft, nach ausreichenden Absauganlagen, die Forderung nach Klimaanlagen wegen der unerträglichen Sommerhitze in den Produktionshallen, die Forderung nach menschenwürdigen Toiletten.

Es ließe sich fast die generelle Aussage formulieren: »An den Toiletten sollt ihr sie erkennen!« Bis in die 1980er Jahre war bei Thyssen, BASF, Daimler und fast überall in der Industrie eine Dreiteilung üblich: Sehr gut geführte Toiletten für die Angestellten, ordentliche Toiletten für die Meister und gegebenenfalls Facharbeiter, beide bisher geschilderten Toilettenformen mit Türen und Zugang mit Schlüssel, schließlich die Toiletten für die Massenarbeiter/innen, meist ohne Türen, also offen, meist dauerhaft verdreckt, stickig und oftmals – so auch bei Daimler[80] – nicht mit Trinkwasser, sondern Flusswasser betrieben. In manchen Betrieben, etwa in der Schiffswerft Braun in Speyer, gab es für die Arbeiter überhaupt keine Toiletten.[81] Sie sollten ihr Geschäft am offenen Rheinufer erledigen. Der Wiederaufbau nach dem Krieg brauchte, so könnte man zusammenfassen, nicht nur »ein Minimum von Unerschrockenheit und Unbekümmertheit« (Neuloh), Subordination und Abgestumpftheit, er forderte auch ein hohes Maß an physischem und psychischem Leid. Doch es gab auch Wut und den Impuls zur alltäglichen Unterminierung von Macht

77 Hermann Mühleisen, in: Peter Grohmann / Horst Sackstetter, a. a. O., S. 11 f.

78 Ebenda, S. 12.

79 Ebenda, S. 13 ff.

80 Ebenda, S. 34.

81 Vgl. Speyerer Betriebsreport Nr. 1, 1969 (eine publizistische Initiative der Sozialistischen Betriebsgruppe im Republikanischen Club Speyer).

und Herrschaft.[82] Was der Soziologe Konrad Thomas[83] »die verborgene Situation« nannte, die Nischen und kleinen Fluchten, basierte auf einem informellen kollektiven Arbeiter/innen-Wissen, das von der oberen Hierarchieebene abgeschottet wurde. Dieses Wissen wurde auch zu Sabotageaktionen genutzt, um die Walze im Stahlwerk oder das Band im Automobilwerk für einige Minuten oder einige Stunden lahmzulegen. In den handwerklichen Akkordbereichen entwickelten die Arbeiter/innen Berechnungsmethoden, die ihnen »ein wenig Luft« verschafften – »Poren freier Zeit« waren Gegenstand des alltäglichen Klassenkampfes. Arbeitsschutzbestimmungen wurden umgangen – die berühmten Hölzchen, mit denen Bedienungsknöpfe »aktiv« gehalten wurden –, um »ein wenig Zeit zu schinden«. Doch die Spaltungen zwischen Fach- und Massenarbeiter bzw. deutschen Kernbelegschaften und migrantischen Arbeiter/innen gingen tief. 1973 entlud sich die angestaute Wut der 12.000 türkischen Arbeiter gegen die unmenschlichen Arbeitsbedingungen im Ford-Werk Köln in einem einwöchigen spontanen Streik und einer militanten Betriebsbesetzung.[84] Gegen das Bündnis aus Unternehmen, Betriebsrat, IG Metall, Landesregierung und Polizei, unterstützt von gekauften Schlägertruppen, hatten die Streikenden keine Chance. Die Auseinandersetzung hatte eine enorme körperliche Dimension. Der Kölner Ford-Streik ist legendär, auch wenn er mit einer Niederlage endete. Es war jedoch wichtig zu zeigen, dass Leid und Wut in einen Schrei, in Widerstand und Kampf um menschliche Würde transformiert werden kann.

Die industrielle Massenarbeit der 1970er Jahre war nicht nur von migrantischen Arbeitern »an sich« und »lebensweltlich« geprägt – unter ihnen befanden sich auch viele, die in ihren von Militärdiktaturen beherrschten Ländern um ihr Leben hatten fürchten müssen und daher geflüchtet waren, so z. B. Arbeiter aus Griechenland, Spanien, Portugal und Chile. Auch aus der Türkei kamen nach 1971 viele, die dem Militärregime entgehen wollten. Auch viele Arbeiter aus Italien waren andere Formen der Auseinandersetzung gewohnt als jene, die sie in Deutschland und Österreich vorfanden. Das migrantische Milieu war politisch geprägt. Es kamen viele klassenbewusste Menschen. Für sie war es selbstverständlich, sich gegen ungerechte und unmenschliche Zustände zur Wehr zu setzen. Eine solche Sichtweise war vielen deutschen Arbeitern suspekt. Sie waren im Großen und Ganzen gewohnt, sich anzupassen und »hochzudienen«. Die ausländischen Arbeiter führten ihnen nun vor, dass das nicht der richtig Weg sein könne, die Verhältnisse zu verbessern. Die

82 Karl Heinz Roth, a. a. O.; Rainer-W. Hofmann: Arbeitskampf im Arbeitsalltag. Campus, Frankfurt am Main 1981; Wildcat: Betriebserfahrungen von den 70er Jahren bis heute. Beilage zu Wildcat 93, Herbst 2012.

83 Konrad Thomas, a. a. O.

84 Peter Bach: Ford-Werke Köln, August 1973. In: Arbeitskreis Forum Betrieb, Gewerkschaften und soziale Bewegungen. Berlin 2009, S. 30–42.

ausländischen Arbeiter zeigten ihren deutschen Kollegen, dass die individualisierten Auseinandersetzungen um bessere Arbeitsplätze, bessere Akkordsätze, bessere betriebliche Positionen immer nur den wenigen nutze, die diese erreichten, nicht aber der Masse der Arbeiter/innen. Der Sozialforscher Thomas Leihäuser veröffentlichte 1974 Auszüge aus Gesprächsprotokollen mit einem aus Chile geflüchteten Arbeiter, der im Text Ricardo genannt wird.[85] Ricardo war nachhaltig verwundert über die Mentalität der Deutschen: ihr legalistisches Verhalten, ihre Anpassungsbereitschaft, ihr Duckmäusertum und ihre Fähigkeit, durch geschickte Manipulationen – insbesondere bei der Arbeitsverteilung – Vorteile für sich herauszuschlagen, auch wenn dies auf Kosten ausländischer Arbeiter geschah. Ricardo arbeitet im Akkord, und er moniert die betriebliche Praxis, dass, wenn Fehler auftreten, die Arbeit ohne Bezahlung wiederholt bzw. nachgearbeitet werden müsse, selbst dann, wenn die »Schuld« gar nicht beim so »bestraften« Arbeiter liege. Ricardo: »Für mich war die Umschulung und die Anpassung an dieses System sehr schwer. Dieses System nimmt keine Rücksicht auf die gesundheitliche Verfassung des Arbeiters; ob es ihm schlecht geht oder gut geht, ist egal; immer muss er gleich schnell arbeiten. (…) Es gibt Arbeiten mit guter Zeit und welche mit schlechter Zeit. Bei der schlechten Zeit weiß man, dass man nicht rechtzeitig fertig werden kann. Die ausländischen Arbeiter kriegen immer die Arbeiten mit der schlechten Zeit. Nur die Deutschen kriegen die mit der guten Zeit.«[86] Ricardo muss feststellen, dass der zuständige Betriebsrat diese Praxis deckt. Seine Beschwerden bei der Gewerkschaft laufen ins Leere. Er weiß: Wenn Ausländer eine Streikaktion organisieren, laufen sie Gefahr, schnell entlassen zu werden. Es muss daher der Versuch unternommen werden, deutsche Arbeiter mit ins Boot zu holen. Doch das ist schwierig. Ricardo, selbst von gesundheitlichen Einschränkungen betroffen, erzählt von einem spanischen Arbeiter, der von der Arbeit krank geworden war und sich an die Gewerkschaft wandte, deren Mitglied er war. Er hatte keinen Erfolg, sein Anliegen, eine andere Arbeit zu bekommen bzw. einen Arbeitsplatz, von dem keine gesundheitliche Gefahr ausgeht, wurde abschlägig beschieden. Ricardo – und damit ist er für die Massenarbeiter der 1970er Jahre zweifelsohne repräsentativ – macht keinen Hehl daraus, dass er die Fabrikarbeit als ein Zwangsverhältnis begreife. Er versteht beispielsweise nicht, wieso man am Fabrikstor, wenn man hineingeht, einen Ausweis vorzeigen solle. »Wer geht schon gerne durch ein Fabriktor?« fragt er und hält es für absurd, zu meinen, »dass jemand daran Spaß haben könnte, in der Fabrik zu arbeiten.«[87] Im weitere Verlauf des Gesprächs wundert sich Ricardo über die linken Intellektuellen in Deutsch-

85 Thomas Leithäuser: Erfahrungen eines chilenischen Arbeiters in der Bundesrepublik. In: Kursbuch 38, Lohnarbeit. Rotbuch, Berlin 1974, S. 1–9.

86 Ebenda, S. 5.

87 Ebenda, S. 6.

land, deren Verhaltensweisen ihn an das erinnerten, was er an »höheren Klassen in Chile« beobachtet hatte, so z. B. eine offen gezeigte Homosexualität. Das sei doch nur etwas für Leute, die sich langweilten und immer nur nach neuen »Aufregungen« suchten. Sein Unverständnis war mit eine klaren patriarchalen Haltung gepaart: »Ein Mann, der richtig politisch arbeiten will, muss neben sich eine Frau haben.«[88] So sahen das auch viele andere ausländische, letztlich auch die meisten der deutschen Arbeiter, ob politisch bewusst oder nicht. Die sich in den 1970er Jahren entwickelnde Frauenbewegung hielten die portugiesischen, spanischen, chilenischen und jugoslawischen Arbeiter für eine kleinbürgerliche Verirrung, so wie später die türkischen Arbeiter das Autonomiebestreben der Frauen als »unnatürlich« empfanden und empfinden. Die Mischung aus arbeits- bzw. gesellschaftspolitischer Fortschrittlichkeit und geschlechterpolitischer Rückschrittlichkeit ist ebenso auffällig wie verstörend. Körperpolitisch fügt sich eine derartige Orientierung in die Tradition der Arbeiterbewegung ein, gutes Leben, Sensibilität und Offenheit für neue Lebensformen als historische Zukunftsmöglichkeit, als kommende Epoche jenseits der Jetztzeit anzusiedeln.

Zurück zu Daimler Untertürkheim: Dieses Flaggschiff der deutschen Automobilwirtschaft preschte auch in den folgenden Jahren immer wieder nach vorne, wenn es um die Einführung und Erprobung besonders inhumaner Methoden ging. Seit den 1980er Jahren gaben sich Betriebsärzte – anknüpfend an unheilige Traditionen[89] – dazu her, »Jagd auf Kranke« zu machen.[90] Arbeiter/innen, die häufiger oder länger erkrankt waren, wurden bis in die jüngste Zeit zum Betriebsarzt bestellt und mit dessen Aussage konfrontiert, dass sie, die gerade wieder Genesenden, offensichtlich »der Arbeit nicht mehr gewachsen« seien. Nicht die Arbeitsbedingungen, sondern »schwächliche Konstitution« und »Veranlagung« seien es, welche die Krankheit hervorriefen. Die Betriebsärzte hielten den Betroffen ihre Familienanamnese vor, nach der beispielsweise Vater, Mutter oder Großeltern an bestimmten Krankheiten gelitten hätten und die Nachkommen daher »genetisch disponiert« seien. Diese Zuschreibungen werden ins Feld geführt bei Rücken- und Gelenkerkrankungen, bei Herzinfarkt, oftmals kombiniert mit depressiven Episoden, aber auch bei Krebserkrankungen, beispielsweise Lungenkrebs bei Schweißern. Trotz des Umstandes, dass wissenschaftlich nichts an der Dispositionsthese dran ist[91] und sie als Mythos bezeichnet werden muss, wird sie immer

88 Ebenda, S. 9

89 Vgl. dazu die beiden letzten Kapitel im Teil I dieser Studie.

90 So die Formulierung des damaligen Daimler-Betriebsrates Tom Adler in einer pers. Mitt. an den Verfasser Anfang der 1990er Jahre; vgl. auch: Mag Wompel: »Jagd auf Kranke« – Rückkehrgespräche auf dem Vormarsch. Express, Offenbach 1998.

91 Wolfgang Hien: Eignungsuntersuchungen bei krebserzeugenden Stoffen? Hierfür gibt es keine Evidenz. In: Sicher ist Sicher, Jg. 67, 2016, Heft 4, S. 207–210.

wieder angeführt, um Betroffene einzuschüchtern. Dass Schweißrauche ein Risikofaktor für Lungenkrebs sind, gehört zwar zum arbeitsmedizinisch-betriebsärztlichen Wissensstand, doch spielen Betriebsärzte in solchen Settings augenscheinlich eine andere Rolle. Daimler, wie auch andere Automobilbetriebe, schaffte es auf diese Weise, vor allem älteren und gesundheitlich angeschlagenen Arbeiter/innen eine Unterschrift unter einen Aufhebungsvertrag abzupressen. Was derartige Praktiken psychosomatisch mit Menschen macht, kann nur erahnt werden. Aus Einzelberichten wissen wir, dass Betroffene in eine Mischung von Unterlegenheitsgefühl, Schuldbewusstsein, Kraftlosigkeit und Verzweiflung geraten, aus der sie sich nur schwer befreien können. Das Unternehmen kann sich zwar ein Problem vom Hals schaffen, doch zugleich werden betroffenen Menschen weitere psychische und somatische Probleme aufgebürdet, die sie kaum bewältigen können und ihnen Lebensqualität stehlen und sie nicht selten in existenzielle Not stürzen.

Robert Linhart beschreibt diese Gesamtsituation, in der sich der arbeitende Mensch befindet und an der er leidet, in dem 1978 erschienenen autobiographischen Bericht über seine Erfahrungen in der Automobilproduktion:

> »Allmählich entdeckte ich die andere Routine der Fabrik: die Tatsache, ständig der Aggression der Dinge ausgesetzt zu sein; der fortwährende unangenehme, reizende und gefährliche Hautkontakt mit den verschiedensten Materialien, scharfen Blechen, staubigem Eisen, Gummi, Heizöl, fetten und rauen Oberflächen und chemischen Produkten, die die Haut angreifen und die Atemwege zerfressen.«[92]

Doch nicht nur der Körper als Körper wird angegriffen, sondern auch Geist und Seele. Linhart berichtet von Arbeitern, die ihre Fassung verlieren, plötzlich zu brüllen und um sich zu schlagen beginnen, die in der Psychiatrie landen und, wenn überhaupt, nur noch hoch mediziert in der Lage sind, wieder einer Arbeit nachzugehen. Linharts Buch, ursprünglich in Frankreich publiziert, wurde in viele Sprachen übersetzt und galt neben anderen Erfahrungsberichten[93] bei der europäischen Arbeiterlinken lange als gelungener Versuch, das in Sprache zu fassen, was einen selbst bedrückte, beschäftigte, wütend und verzweifelt machte. »Die Aggression der Dinge« ist ein körperlich erfahrbares Erleben, das emotionale Potentiale hervorruft, die sich in Flucht, Krankheit oder Widerstand äußern können. Dies betrifft nicht nur die Ebene der Massenarbeit, sondern auch jene der qualifizierten und vermeintlich »freien«, »autonomen« Arbeit. Die Arbeitsinhalte sind aufgesetzt, beliebig, austauschbar, oberflächlich und doch maximal anstrengend und auszehrend. Es ist ein höherer Modus der Entfremdung, aber einer Entfrem-

92 Robert Linhart, a. a. O., S. 27 f.

93 Charly Boyadjian: Die Nacht der Maschinen. Neue Kritik, Frankfurt am Main 1978; Tomaso Di Ciaula: Der Fabrikaffe und die Bäume. Ein Tagebuch. Klaus Wagenbach, Berlin 1979.

dung hart am Abgrund der totalen Erschöpfung, der körperlichen Auszehrung und der Depression.[94]

Chemiehölle – ein Grund zum Aufbegehren

Dass Fabrikarbeit viel mit Dreck, Staub und Gestank zu tun hatte, war von Anbeginn der Industrialisierung – quer über alle Klassen und Schichten – unbestritten. Die Unternehmerseite lud diese Feststellung freilich – und darin bestand der spezifische Unterschied zu einer kritischen Sicht – mit der ideologischen Behauptung auf, dass Dreck, Staub und Gestank »naturnotwendig« und Arbeiter/innen »von Natur aus« dazu bestimmt seien, ihren Körper diesen unvermeidbar gegebenen Bedingungen zu unterwerfen.[95] Die chemische Industrie komplettierte diese Bedingungen, indem sie zu all dem noch Gifte hinzufügte, d. h. synthetische Chemikalien, die entweder akut oder chronisch sowohl die Gesundheit der Chemiearbeiter selbst als auch jener Arbeiter/innen schädigte, die in der Weiterverarbeitung – beispielsweise Farben- und Lackindustrie, Kunststoffindustrie und Textilindustrie – ihr Brot verdienen mussten.[96] Die in unmittelbarere Nähe zu Chemieanlagen wohnenden Familien – Frauen, Kinder, Alte und Kranke – waren ebenfalls von den schädlichen Emissionen betroffen. Neben dem Bergbau waren die Chemiearbeiter und ihre Familien auch den periodisch wiederkehrenden Explosionskatastrophen ausgesetzt, so 1948 in Ludwigshafen. Ein Kesselwagen explodierte und riss 207 Menschen in den Tod, fast 4000 Menschen waren verletzt, zum Teil schwer.[97] Die Liste der Unglücks- und Unfallereignisse ist lang[98] und setzt sich heute – ähnlich wie beim Asbest-Problem – in den Schwellenländern fort, ganz zu schweigen von den jahrzehntelang schleichenden Gesundheitsgefahren.[99] Da viele Arbeiter/innen in der Nähe der Fabriken wohnten, konnten sie selbst in ihrer wenigen freien Zeit der Chemiebe-

94 Vgl. Wolfgang Hien: Der kalkulierte menschliche Kollateralschaden Die Zerstörung der Persönlichkeit im Neoliberalismus. In: Derselbe: Kranke Arbeitswelt. Ethische und sozialkulturelle Perspektiven. VSA, Hamburg 2016, S. 78–93.

95 Wolfgang Hien: Chemische Industrie und Krebs – Zur Soziologie des wissenschaftlichen und sozialen Umgangs mit arbeitsbedingten Krebserkrankungen in Deutschland. NW-Verlag, Bremerhaven 1994, S. 62 ff.

96 Ebenda, passim.

97 Lisa Sanner: »Als wäre das Ende der Welt da«. Die Explosionskatastrophen in der BASF 1921 und 1948. Veröffentlichungen des Stadtarchivs Ludwigshafen am Rhein. Ludwigshafen 2015.

98 Vgl. Egmont R. Koch / Fritz Vahrenholdt, a. a. O.: Seveso ist überall. Kiepenheuer und Witsch, Köln 1978; Dieselben: Im Ernstfall hilflos. Kiepenheuer und Witsch 1980; Online-Liste der Katastrophen: https://de.wikipedia.org/wiki/Liste_von_Chemiekatastrophen#Pl.C3.B6tzlich_eingetretene_Ereignisse

99 Hans-Joachim Dohmeier / Erich Janson: Zum Töten von Fliegen und Menschen. Rowohlt, Reinbek bei Hamburg 1983.

lastung nicht entrinnen.[100] Hinter den Kulissen der Bilderwelten des Fortschritts waren Dreck, Staub, Gestank, Gifte und Unfälle stetige Wegbegleiter der Arbeiterklasse, die diesen »Fortschritt« produzierte.

Arbeiter und Arbeiterinnen an die Normalität der Gesundheitszerstörung zu gewöhnen, gehörte in allen Industrienationen lange zum Kernbestand der Arbeitserziehung. Nicht immer gelang das der Kapitalseite so reibungslos, wie sie es sich wünschte. In den 1960er Jahren strömten viele junge Männer aus Süditalien in die nördlichen Industriegebiete, so auch in das Industriegebiet, das in Porto Marghera, nördlich von Venedig, seinen Ausgangspunkt nahm.[101] Dort hatte sich chemische Industrie in großem Maßstab angesiedelt. Die Arbeiter, alle im ländlichen Milieu sozialisiert, waren von den Zuständen geschockt: Schwere Arbeit im Vollschichtsystem, Unfälle, Vergiftungen, Krankheiten und ein gnadenloses Fabriksregime, rücksichtslose Vorgesetzte und Sicherheitsdienste, welche die innerbetriebliche Herrschaft im Zweifelsfall rigoros durchsetzten. Es bildeten sich jenseits der untätigen Gewerkschaften Arbeiterkomitees, die sich während der Herbststreiks 1969 weiter radikalisierten. Die Komitees – in Marghera war es die legendäre Gruppe »Potere Operaio«, zu deutsch: »Arbeitermacht« – riefen die Arbeiter auf, ihre Arbeitsbedingungen zu dokumentieren. »Wir wollen nicht vergiftet werden!« und »Wir wollen nicht durch die Vergiftung in der Arbeit sterben!« waren die Hauptlinien, an denen sich betriebliche und überbetriebliche Kämpfe orientierten. Zusammen mit kritischen Medizinern und Medizinerinnen entstanden Gruppen, die gegen die Arbeitsmedizin der Fabriksärzte ein Programm der Arbeitermedizin setzten. Nicht die Arbeit, sondern die Arbeiter und Arbeiterinnen sollten geschützt werden. Nicht die Ärzte, sondern die Arbeiter/innen sollten sich als Experten ihrer Arbeits- und Gesundheitsverhältnisse erkennen. »Non delegata!« bedeutete: »Wir nehmen unserer Angelegenheiten selbst in die Hand!« Im Betrieb galt es, besonders schädliche Arbeiten zu verweigern. Die Kampfformen wurden während der 1970er Jahre härter. Arbeiter griffen zum Mittel der Sabotage und schließlich auch der offenen gewaltsamen Auseinandersetzungen im Betrieb – eine Eskalation, welche die Arbeiter/innen angesichts der ungünstiger werdenden gesellschaftlichen Machtverhältnisse nicht gewinnen konnten. Von bleibendem Wert allerdings war ihr Kampf um die Arbeitermedizin. Diese Idee wanderte um die Welt.[102] Viele oppositionelle Strömungen, sowohl in Europa als auch in

100 Hamburger Stiftung für Sozialgeschichte (Hg.): Arbeitsschutz und Umweltgeschichte. Volksblatt, Köln 1990.

101 Manuela Pellarin / Enrico Soci: Porto Marghera: Die letzten Feuer. Deutsche Ausgabe des Buches zum Film, Berlin 2006.

102 Schon im Jahr 1973 tauchten erste Übersetzungen aus dem Italienischen auf, so z. B. Auszüge aus folgender Schrift: Sandra Gloria: La prevenzione di rischi da lavoro nell'industria. Rom 1973; zusammenfassend: Helmut Wintersberger: Arbeitermedizin in Italien. Edition Sigma, Berlin 1988.

den Drittweltländern, griffen das Konzept auf.[103] In Westdeutschland und Österreich entstanden Gruppen, die mit der Thematik chemiebedingter Schädigungen in Betriebe und Gewerkschaften zu wirken versuchten. Zu nennen sind: Wissenschaftsläden, Gesundheitsläden und Umweltgruppen, die sich auch den chemiebedingten Krankheiten der Arbeiter/innen annehmen wollten. Chemiebedingte Todesfälle in der PVC-Produktion,[104] Chemieunfälle wie z. B. in Seveso, wo tonnenweise dioxinhaltige Stoffe frei wurden,[105] die Dioxinverseuchung der Arbeiter/innen der Hamburger Boehringerwerke[106] und Massenvergiftungen durch Blei-, Quecksilber- und Cadmium[107] in Japan, aber auch in Deutschland, erschütterten die Öffentlichkeit.

Überbetriebliche Netzwerke der Gesundheitsläden und überbetriebliche Netzwerke der oppositionellen Betriebsgruppen, ab Mitte der 1980er Jahre auch ein eigenständiges deutschsprachiges »Netzwerk Arbeit und Gesundheit«, das mit einem europaweiten Netzwerk verknüpft war, sorgten für eine kontinuierliche und systematische Bearbeitung der anliegenden Themen. In Chemiebetrieben entstanden Gruppen oppositioneller Gewerkschafter/innen und Betriebsgruppen, die Gesundheitsthemen einen besonderen Stellenwert einräumten. Eine nicht unerhebliche Zahl an Menschen, die ihr Studium abgebrochen hatte oder nicht in ihrem akademischen Beruf arbeiten wollte, war Anfang bis Mitte der 1970er Jahre in die Betriebe gegangen, oftmals in der Position eines Hilfsarbeiters bzw. einer Hilfsarbeiterin, so auch in der Chemieindustrie. Viele nahmen noch in den 1980ern die Gelegenheit einer innerbetrieblichen Ausbildung zum Chemiefacharbeiter war. Zusammen mit den ursprünglich im Betrieb Sozialisierten entstanden so in fast allen Chemiezentren – wie zuvor in der Stahl- und Automobilindustrie – Betriebs- und Betriebsratsgruppen, die im Gegensatz zu der beschönigenden Haltung der »offiziellen« Gewerkschaft IG Chemie chemiekritische Themen auf die Tages-

103 Hervorzuheben ist die 1976 von Toni Fletscher, Simon Pickvance und anderen in Sheffield ausgehende Initiative, das Publikationsorgan »Hazards Bulletin«, später »Hazards Magazin«, aufzubauen. Es diente nicht nur in England, sondern weltweit als einzigartige Informationsquelle hinsichtlich schädlicher Arbeitsstoffe wie Asbest, Kühlschmierstoffe, Lösemittel und andere mehr.

104 Charles Levinson: PVC zum Beispiel. Rowohlt, Reinbek bei Hamburg 1975; Richard J. Waxweiler et al: Neoplastic Risk among Workers Exposed to Vinyl Chloride. In: Annals oft the New York Academy of Sciences, Volume 271, 1976, S. 40–48.

105 Egmont R. Koch / Fritz Vahrenholdt: Seveso, a. a. O.

106 GAL (Grün-Alternative Liste) Umweltgruppe: Dioxin in Hamburg. Verursacher, Verantwortliche, Betroffene. Ernst Kabel, Hamburg 1984; Alfred Manz et al: Cancer mortality among workers in chemical plant contaminated with dioxin. In: The Lancet, Volume 338, 1991, S. 959–964.

107 Egmont Koch / Fritz Vahrenholdt: Seveso, a. a. O.

ordnung setzten. »Die Naturzerstörung beginnt bei den Arbeitern«[108] – unter diesem Blickwinkel wurden in den 1970er und 1980er Jahren weitreichende Debatten geführt, die sich auch an die Frage wagten, ob es nicht an der Zeit sei, die gesamte »Chemisierung« zurückzufahren, die Chemieproduktion auf ein Minimum zu reduzieren, die riesigen Chemieanlagen abzubauen oder für eine Konversion umzurüsten – eine Konversion zu einer Produktion ökologisch sinnvoller und nützlicher Güter.[109]

Aus heutiger Sicht muss eingeräumt werden, dass die Diskussion dieser Themen oder gar die Bereitschaft, über die Chemiearbeit als solche mit Betriebsleitungen in schärfere Auseinandersetzungen einzutreten, sich in Deutschland und Österreich in überschaubarem Rahmen hielt und für das Chemiekapital nie eine ernsthafte Bedrohung darstellte. In der DDR gab es zu diesem Thema überhaupt keine Diskussion, zumindest keine, die sich in verfügbaren Quellen widerspiegelte. Die Arbeitsverhältnisse in der Chemieindustrie und der Grundstoffindustrie insgesamt, ob Ost oder West, waren bis in die 1980er Jahre hochgradig gesundheitsgefährlich.[110] Sie hätten allemal einen massiven Aufschrei gerechtfertigt. In den Chemiezentren, ob in Halle, Leuna, Elberfeld, Krefeld, Leverkusen, Frankfurt und Offenbach am Main, Ludwigshafen am Rhein oder Linz an der Donau, begegnete man Mitte der 1960er einer großen Zahl gesundheitlich schwer geschädigter Arbeiter. Viele hatten von Chlorakne und anderen schweren Ekzemen entstellte Gesichter.[111] Ihre Körper und inneren Organe, das können wir vor dem Hintergrund unseres heutigen toxikologischen Wissens sagen, waren ebenso krankhaft verändert.[112] Die Krebshäufigkeit war gegenüber der Allgemeinbevölkerung signifikant erhöht.[113] Der gefürchtete »Anilinkrebs«, der Harnblasenkrebs der Farbenarbeiter,[114] war bis in die 70er Jahre ein Thema, solange in der Farbproduktion so archaisch gearbeitet wurde wie in der Vorkriegszeit.

Eine besonders wichtige Initiative war die »Blasenkrebs«-Initiative des Gesundheitsladens Frankfurt.[115] Anfang der 1980er Jahre tat sich eine Reihe kritischer Mediziner/innen mit Mitgliedern der alternativen Betriebsratsgruppe »Die Durchschaubaren« bei der Hoechst AG zusammen – Arbeiter,

108 Hamburger Stiftung für Sozialgeschichte, a. a. O.
109 Arbeitskreis Chemische Industrie und Katalyse (Hg.): Gift, Macht, Geld. Die Chemieindustrie und Strategien zu ihrer Entgiftung. Volksblatt, Köln 1986.
110 Vgl. Wolfgang Hien: Chemische Industrie, a. a. O. (passim).
111 Der Verfasser selbst erinnert sich an diese erschreckenden Bilder zu Beginn seiner Lehrzeit in der BASF Ludwigshafen 1965.
112 Vgl. zum Folgenden: Wolfgang Hien: Chemische Industrie und Krebs, a. a. O.
113 Ebenda, S. 367–448.
114 Ebenda, S. 203–304.
115 Gesundheitsladen Frankfurt: Blasenkrebs durch Arbeit in der Chemie. Eigendruck, Frankfurt am Main 1982.

Laboranten und Laborantinnen und Chemiker aus dem Hauptwerk sowie aus den Zweigwerken Griesheim und Offenbach – und berieten über das Thema Harnblasenkrebs durch aromatische Amine. Anlass war eine Berufskrebsstudie der Deutschen Forschungsgemeinschaft, aus der eine erhöhte Krebsgefährdung der Hoechst-Belegschaft hervorging.[116] Die Werksärzte, die an dieser Studie mitgearbeitet hatten, versuchten, das Thema im Betrieb »herunterzukochen«, Daten und Fakten zu verheimlichen oder falsch darzustellen. Mit der Broschüre »Blasenkrebs durch Arbeit in der Chemie« des Gesundheitsladens Frankfurt wurden diese Themen im Betrieb wie im wissenschaftlichen und politischen Raum öffentlich gemacht. Die Resonanz war erheblich. Die Hoechst AG versuchte, so genannte »selbsternannte Experten« schlecht zu reden, und auch die IG-Chemie-Betriebsräte waren sich nicht zu schade, gegen die »Nestbeschmutzer« zu polemisieren. Die Mediziner/innen des Gesundheitsladens wurden der »Angstmacherei« geziehen: Angst sei eine viel schlimmere Gesundheitsgefahr als chemische Stoffe. Tatsächlich ging in den Farbenbelegschaften schon von Anfang an, seit mehr als hundert Jahren, die Angst um. Blasenentzündungen kamen häufig vor, und die Werksärzte hatten nichts Besseres zu tun, als engmaschige Blutuntersuchungen vorzunehmen und erkrankte Kollegen zur Urologie zu überweisen. Die Arbeitsverhältnisse rührten sie nicht an. Zwar erfolgten nach und nach Änderungen im Produktionsverfahren, sodass die wesentlichen Produktionsschritte in geschlossenen Anlagen verblieben, doch Expositionen bestanden andauernd durch Störfälle, Wartungs- und Reinigungsarbeiten, Probenahmen, Umstellungen und Verfahrensänderungen. Besonders perfide war der Versuch der in den 1980ern herrschenden Arbeitsmedizin, Erkrankungen der Chemiearbeiter auf eine mangelhafte Enzymausstattung, d. h. auf eine »genetische Disposition« zu schieben.[117] Wieder war zu beobachten, wie sich die Biologisierung sozialer Probleme in das Feld der Arbeitsverhältnisse einschlich und ihre ideologische Saat verstreute.

Auch Ostdeutschland blieb von diesen Problemen nicht verschont. Schon Anfang der 1970er Jahre vermeldete eine Leuna-Studie eine ungewöhnlich hohe Krebshäufigkeit in ihren Produktions- und Reparaturbetrieben.[118] Für Ost und West gilt gleichermaßen die Feststellung: Chemiearbeitern war klar, dass sie in einem Hochrisikoberuf arbeiteten, doch genauere Kenntnisse über die Stoffe und ihre Wirkungen hatten sie nicht. Der Verfasser der vorliegenden Studie hat in drei Wellen Interviews mit Chemiearbeitern aus den verschiedenen Produktionsbereichen sowie mit Chemielaboran-

116 Ebenda, S. 238.

117 Ebenda, S. 271 ff.

118 Gerhard Bittersohl: Epidemiologische Untersuchungen über Krebserkrankungen in der chemischen Industrie. In: Archiv für Geschwulstforschung. Jg. 38, Heft 3–4, 1991, S. 198–209.

ten und -laborantinnen durchgeführt: 1985/86, 1991/92 und noch einmal 2014/15. Bis in die 1970er Jahre dominierte in vielen Bereichen der Chemieproduktion die Handarbeit: Es gab in den Produktionsanlagen immer Arbeitsschritte wie Einfüllen, Umfüllen, Abfüllen, Bepacken, Transportieren, Reinigen und Säubern, die von Menschen ausgeführt werden mussten. Um nur einige wenige Beispiele zu nennen: Kessel wurden geöffnet und mussten händisch gereinigt werden, Fässer – meist 140- bis 200-Kilo-Fässer – wurden händisch befüllt und händisch auf Paletten gehievt, Farbstoffe wurden auf großen Blechen getrocknet, händisch in Mühlen gebracht und händisch in Säcke oder Fässer gefüllt. In der Farbenproduktion wurde mit großen Schaufeln, Pickeln und Schubkarren gearbeitet. Um sich vor den giftigen Stoffen zu schützen, mussten sich Arbeiter vor der Schicht komplett mit Lehm einreiben – was sie letztlich jedoch nicht vollständig vor Exposition schützen

konnte. Die »Lehmbehandlung« zerstörte die Haut, und der Betrieb versuchte, mit Zulagen und sogenannten »Erholungsverschickungen« – für BASF-Farbenarbeiter gab es alle fünf Jahre derartige Kuraufenthalte – den Unmut einigermaßen in Grenzen zu halten. Doch die Arbeit hatte auch positive Aspekte. Ältere Befragte schworen auf den Zusammenhalt und auf die Alltagssolidarität, die in den 1960er Jahren und auch noch in den 1970er Jahren vorherrschten. Zugleich machen die Erzählungen deutlich, dass sich die Solidarität auf bestimmte »Cliquen« bezog, und es gab immer ein »Innen« und ein »Außen«. Es gab diejenigen, die nur Geld verdienen wollten und keine Karrierewünsche hatten; es gab diejenigen, die schnell aufsteigen wollten; und es gab schließlich die ausländischen Gruppen, zunächst Griechen, Italiener, Spanier und Portugiesen, später Türken, die gerne »unter sich« bleiben wollten. Es gab auf der Schicht »verborgene Situationen«,[119] an denen teilzuhaben ein Privileg war. Doch insgesamt konvergieren alle Aussagen, die sich auf die Zeit zwischen den 1950er und den 1970er Jahre beziehen, in der Feststellung, dass die körperliche Ebene der Arbeit ein verbindendes, solidarisches Moment enthält. Typisch ist folgende Aussage:

> »Die Kumpels, die haben miteinander im Dreck gestanden, und jeder hat gewusst, was er ist und was er tut. Im Dreck ist die Gemeinschaft. Früher war auf dem Bau das Handwerk die Gemeinschaft, jetzt ist da im Dreck (der Farbenproduktion) die Gemeinschaft. (…) Die im Dreck gestanden haben, das war die Gemeinschaft, und die, die auf dem Karrieretrip waren, die waren nicht dabei.«[120]

Azofarbstoffe waren über Jahrzehnte die Zugpferde der deutschen Chemieindustrie. Die Art und Weise, wie die Farbstoffe tonnenweise bis in die jüngste Zeit teilweise auf dem Boden mit Schaufeln gemischt wurden, mit all den physischen und chemischen Extrembelastungen, ist, wie uns ein Intervie-

119 Konrad Thomas, a. a. O.
120 Interview mit Herbert Hensler, Ludwigshafen 2014, Transkript, S. 19 und 24.

wpartner sagte, »für Außenstehende nicht wirklich vorstellbar«. Dass die Chemiearbeit den Körper zerstört, dass man mit dem Entschluss, in der Chemie zu arbeiten, ein hohes Risiko eingeht, ist allen Interviewpartnern bewusst. Zugleich gilt:

> »Wichtig ist zu sagen, dass man in der Chemie gar nicht arbeiten kann, ohne gewaltige Verdrängungsarbeit in seinem eigenen Kopf zu leisten, jeden Tag, immer wieder von Neuem. Und die ist umso größer, je weniger man für sich selbst eine Alternative sieht. Und das Verdrängen geht umso leichter, je weniger Konkretes man weiß.«[121]

Anfang der 1970er Jahre bildete sich bei Degussa in Frankfurt am Main, wo keramische Farben und Bleiglas produziert wurden, eine Gruppe aus spanischen Aktion-Communista-Arbeitern und Menschen aus dem Umkreis der Organisationen »Revolutionärer Kampf« und »Gruppe Internationale Marxisten«.[122] Alle arbeiteten im Werk, in der Produktion und im Labor. Die Gruppe gab ab 1974 eine Zeitung heraus, den »Mitmischer«, in dem über Gifte und Gesundheitsschäden geschrieben wurde. Einige wenige Beispiele seien angeführt: Ein Labormitarbeiter hatte herausbekommen, dass Schwermetallrauche ungefiltert sowohl in den Hallen selbst frei werden als auch über Schornsteine in die Allgemeinluft gelangen. Dies gab Anlass zu weiteren wissenschaftlichen Recherchen.[123] Im »Mitmischer« wurden diese Fakten ausgebreitet und hinsichtlich ihrer gesundheitlichen Bedeutung, insbesondere Blei und Cadmium betreffend, bewertet:

> »Im Glasurbetrieb ist es vor allem der bleihaltige Frittenstaub, der bei Dauereinwirkung nicht nur zu Haut- und Schleimhauterkrankungen führen kann, sondern auch Leber, Nieren und das ganze Nervensystem angreifen kann (Schlaflosigkeit, Schlaffheit und nervösen Störungen). In die Blutbahn aufgenommenes Blei ist auch deshalb so gefährlich, weil es in den Knochen und in der Leber gespeichert werden kann. Man findet dann bei Blutuntersuchungen oft gar nichts, obwohl in bestimmten Situationen (Stress, andere Erkrankungen usw.) dieses Blei teilweise wieder freigesetzt wird und zu schweren Erkrankungen führen kann.«[124]

Es folgen Erläuterungen zu den viel zu hohen Grenzwerten, wobei selbst diese überschritten wurden. Es wird darauf hingewiesen, dass die bleihaltigen

121 Interview mit Bernhard Dönig, zit. in: Wolfgang Hien: Gesundheitliche Gefahrenpotentiale für Chemiebelegschaften am Beispiel des BASF-Produktionsbereiches Polymerdispersionen. Werkstattreihe des Öko-Institutes, Freiburg 1990, S. 76

122 Der Autor dieser Studie arbeitete in diesen Jahren bei Degussa und war Teil der Degussa-Betriebsgruppe.

123 Die toxikologischen Erkenntnisse dazu gab es längst. Genutzt wurde insbesondere das große Teleky-Handbuch: Ludwig Teleky: Gewerbliche Vergiftungen. Springer, Berlin 1955.

124 Mitmischer – Zeitung der sozialistischen Betriebsgruppe Degussa Werk II, Nr. 9, 10.12.1975, S. 2.

Stäube bei entsprechenden Windverhältnissen bis auf die andere Mainseite schweben und direkt in die Fenster der Uniklinik gelangen und dort Patienten schädigen können. Der Artikel befasst sich auch mit den in Farbpigmenten enthaltenen Schwermetallen Kobalt, Vanadium, Molybdän, Chrom und Cadmium. Als besonders problematisch wird der beim Glühen entstehende feinste Rauch aus Cadmiumoxid thematisiert.

> »40 % des über die Lunge und 5 % des über den Magen-Darm-Kanal aufgenommenen cadmiumhaltigen Staubes oder Rauches bleiben praktisch für immer im Körper und reichern sich in Leber, Niere, Milz, Schilddrüse und Knochenmark an. Die Folgen, oft erst Jahre danach, können sein: Leber-, Nieren-, Knochenschäden und Lungenleiden. Oft kündigen hoher Blutdruck und Herzgefäßschäden eine chronische Cadmiumvergiftung an. Eine Behandlung von cadmiumbedingten Krankheiten kennt die Medizin bisher nicht.«[125]

Dass Blei und Cadmium Krebs erzeugen können, konnte der Autor 1975 noch nicht wissen. Die offene Arbeitsweise im Frittenbetrieb, wenn Menninge (Bleioxid) sackweise von Hand in ein Silo verbracht wird, verursacht eine enorme Staubbelastung. Die Arbeiter sollten sich mit Atemmasken dagegen schützen, eine Maßnahme, die in Hitzebetrieben als Dauermaßnahme so gut wie unmöglich ist: Die Arbeiter bekämen binnen kurzer Zeit keine Luft mehr und fielen wegen Herz-Kreislaufschwäche aus. In einer weiteren Mitmischer-Ausgabe[126] wird berichtet, dass Blutanalysen von Degussa-Arbeitern bedenkliche Bleiwerte gezeigt hätten, dies aber den Betroffenen nicht mitgeteilt worden sei. Den Arbeitern werden in der Betriebszeitung daher Vorschläge unterbreitet, wie sie sich gegenüber den Werksärzten, den Vorgesetzten und dem Betriebsrat verhalten sollen, auf was sie achten und was sie einfordern sollen.

Ende der 1970er Jahre gründete sich eine Gruppe von sozialistischen, ökosozialistischen, linkskatholischen und linkssozialdemokratischen BASF-Beschäftigten, die bis in die 1990er Jahre ebenfalls unter dem Namen »Mitmischer« eine Betriebszeitung herausgaben. In beinahe jeder der über vierzig Nummern war etwas über Gifte und deren schädliche Folgen, über Vertuschungen seitens der Geschäftsleitung und der Werksmedizin und über Zusammenhänge von Chemie, Umwelt und Gesundheit zu lesen. Mit einer Auflage von 10.000 Stück wurden die BASFler – die »Aniliner«, wie sie sich selbst nannten und immer noch nennen – über die Schattenseite des vom Chemiekapital propagierten Fortschritts informiert. In enger Zusammenarbeit mit einer örtlichen Bürgerinitiative konnte der Verfasser der vorliegenden Studie, damals Mitglied der Ludwigshafener Mitmischer-Gruppe, einen

125 Ebenda.
126 Mitmischer – Zeitung der sozialistischen Betriebsgruppe Degussa Werk II, Nr. 11, 15.3.1976, S. 1 f.

jahrzehntelang vertuschten Dioxinstörfall, der sich 1953 im Ludwigshafener Werk ereignet hatte, öffentlich machen. Die entsprechenden Informationen wurden im »Mitmischer« der Belegschaft kundgetan.[127] Fast in jeder Nummer gab es »Steckbriefe« zu bestimmten Stoffen und Stoffgruppen, die zum alltäglichen Umgang im Werk gehörten, so z. B. über Vinylchlorid, Methyl-Vinyl-Keton, Polychlorierte Biphenyle, Acrylamid, Formaldehyd, Styrol und Nitroverbindungen.[128] Zudem wurden auch hier betriebsärztliche Praxen offengelegt, die in vielen Großbetrieben üblich waren und für die es offenbar Rückendeckung der Gewerkschaft gab: Blutanalysen bei Arbeitern, ohne dass diese über die Ergebnisse informiert wurden,[129] verharmlosende Berichte über Expositionen, mit dem Nimbus wissenschaftlicher Objektivität vorgetragene BASF-Erklärungen, nach denen ein Leben immer »ein Leben mit Risiko« sei und Chemiekritiker in Wirklichkeit Industriefeinde seien.[130] Eine besonders heikle Sache, welche die Mitmischer-Gruppe herausfand, war die bislang geheim gehaltene Tatsache, dass ab Ende der 1960er Jahre die weißen Blutkörperchen aller Produktionsarbeiter, die mit krebserzeugenden Stoffen zu tun hatten, einer Chromosomenanalyse unterzogen wurden. Die Veröffentlichung dieser Tatsache[131] wirbelte erheblichen Staub auf, und das entsprechende Mitmischer-Mitglied, wiederum der Autor der vorliegenden Studie, war in den folgenden Jahren Adressat anonymer Drohungen. Parallel zur Mitmischer-Gruppe gründete sich Anfang der 1980er Jahre im Rhein-Neckar-Raum der Aktionskreis Gesundheit. In ihm wirkten Aktivisten und Aktivistinnen mit, die über die Chemieindustrie hinaus in Metallbetrieben, im Handwerk und im Gesundheitswesen arbeiteten. Im Aufruf wurde darauf hingewiesen, dass gerade in Klein- und Mittelbetrieben teilweise verheerende Zustände herrschten, die für Überwachung zuständigen Behörden aber nichts täten:

> »Die Dioxinskandale haben nur die Spitze des Eisbergs aufgedeckt. Wie sehr wir durch die Chemiegifte bedroht sind, zeigt sich umrisshaft an der wachsenden Zahl chemischer Substanzen. Seit Mitte der sechziger Jahre hat diese Zahl von 200.000 auf mittlerweile über 5.000.000 zugenom-

127 Mitmischer – Anilinerzeitung. Nr. 17 (April 1983) und Nr. 25 (August 1984). Siehe auch: http://www.mao-projekt.de/BRD/RPS/KAI/Ludwigshafen_CPK_BASF_Mitmischer.shtml

128 Mitmischer – Anilinerzeitung. Nr. 2 (Januar 1981), Nr. 25 (August 1984), Nr. 26 (September 1984), Nr. 33 (Mai 1986) und Nr. 34 (September 1986).

129 Wolfgang Hien: Chemische Industrie, a. a. O., S. 369 ff.

130 Ebenda, S. 399.

131 Zunächst auf dem Dioxin-Kongress in Ludwigshafen, 1. Und 2. Juni 1985, im Rahmen eines Plenumsvortrags des Verfassers, danach in verschiedenen Publikationen, zuletzt in: Wolfgang Hien: Chemische Industrie, a. a. O., S. 380 ff.; vgl. auch: http://www.mao-projekt.de/BRD/RPS/KAI/Ludwigshafen_CPK_BASF_Mitmischer/Ludwigshafen_Mitmischer_1985_29.shtml

men. Gerade in Ludwigshafen hat uns die Großchemie eine wachsende Belastung aufgebürdet. Ludwigshafen und Mannheim gehören zu den am stärksten belasteten Gebieten in der BRD und weisen entsprechende Spitzenwerte in den Krankheitsstatistiken auf.«[132]

Folgende Postulate wurden aufgestellt:

»Unsere eigenen Wahrnehmungen sind wertvoller als tausend Überwachungsämter! Schlechte Arbeits- und Lebensbedingungen sind nicht naturnotwendig!

Lassen wir uns nicht weiter verwalten! Ergreifen wir die Initiative!«[133]

Nicht nur im Rhein-Neckar-Raum, sondern in fast allen Großstädten entstanden Anfang der 1980er Jahre Initiativen, die das Thema Arbeit und Krankheit bzw. Arbeit und Gesundheit zum Gegenstand hatten. In Bochum trafen einander im Herbst 1980 mehr als 60 aktive Arbeiter/innen aus Chemiebetrieben, Stahl- und Automobilbetrieben sowie aus Hafenbetrieben und Werften. Aufgerufen hatte das Büro für Betriebsfragen der Evangelischen Studentengemeinde der Universität Bochum.[134] Unterstützt wurde die Veranstaltung von den Roten Zellen Jura und Medizin. Vorträge und Diskussionen drehten sich um Berufskrankheiten, maximale Arbeitsplatzkonzentrationen, Schadstoffe, Lärm und Schichtarbeit. Als übergeordnetes Thema zog sich die Frage durch die Tagung, wie dem abgestuften Abwehrsystem der »verwalteten Gesundheit«, in dem jedwede Eigeninitiative der Arbeiter/innen systematisch abgewürgt wird, begegnet werden könne. Immer wenn Arbeiter/innen im Betrieb für einen konsequenten Gesundheitsschutz aktiv würden, so die Berichte, kämen Betriebsärzte, Gewerbeärzte, Gewerbeaufsicht, Berufsgenossenschaft und weitere »Obere«, »Großkopferte«, »Weißkittel«, »Schlipsträger«, »Lackaffen«, d. h. Führungskräfte und Experten, die den Betroffenen die Zuständigkeit absprächen. So wurden beispielsweise beim Fernsehwerk Graetz in Bochum die gelöteten Leiterplatten in offenen Trichlorethylenwannen gewaschen.[135] Die Arbeiterinnen »kippten« vor allem im Sommer reihenweise »um«. Ein entsprechendes Flugblatt, erstellt mit Hilfe der Regionalredaktion der neu gegründeten TAZ, wurde vor dem Betrieb verteilt. Sofort erklärten die zuständigen Gewerbeärzte, das sei kein Trichlorethylen, sondern Trichlorethan und harmlos. Die Flugblätter seien kommunistischen Ursprungs, es handele sich um Hetze. Dass es vielen dort beschäftigten Frauen schlecht ging, interessierte die Behörde wenig. Es ist anzunehmen,

132 Aktionskreis Gesundheit. Aufruf, Thesen, Materialien, Ludwigshafen 1982, S. 2.

133 Ebenda, S. 3 f.

134 Rundbrief des Büros für Betriebsfragen c/o ESG Bochum, Nr. 27/28 (Privatarchiv Wolfgang Hien).

135 Verena Born: Montags biste sowieso geschafft! Frauen am Fließband erzählen. Junius, Hamburg 1982, S. 25 f.; Gabi Hinderberger, die zehn Jahre am Graetz-Band gearbeitet hat, verdanke ich eine genaue Arbeitsplatzbeschreibung.

dass erst aufgrund der Aktionen die Elektroindustrie ihre Lösemittel auf Trichlorethan umstellte. Dennoch: Auch Trichlorethan ist neurotoxisch. Es wurde an Lötöfen gearbeitet, von denen massive Bleidampfbelastungen ausgingen.[136] Absaugvorrichtungen waren nicht vorhanden oder funktionierten nicht. Fehl- und Totgeburten unter den Fließbandarbeiterinnen häuften sich. Es gab bundesweit viele Berichte ähnlichen Inhalts.[137] In den 1970er und 1980er Jahren reagierten die Unternehmen fast immer nach dem gleichen Muster: Die innerbetrieblichen »Sicherheits-Abteilungen« versuchten regelmäßig, Arm in Arm mit Verfassungsschutz und Gewerkschaft, die »undichten Stellen« zu finden. Einzelne Arbeiter/innen wurden, wenn man sie »überführt« glaubte, entlassen oder mit Entlassung bedroht. Zeitweise günstiger verliefen Initiativen, die sich auf eine Mehrheit in der betrieblichen Interessenvertretung berufen konnten, beispielsweise in der Bremer Vulkan-Werft oder im Hamburger Aluminium-Werk. Beim Bremer Vulkan wurden unter Mitarbeit von kritischen Wissenschaftler/innen der Bremer Universität – Vertreter/innen aus den Bereichen Arbeitsmedizin, Sozialwissenschaft und Arbeiterbildung – Belegschaftsbefragungen durchgeführt und betriebsepidemiologisch ausgewertet. Insbesondere die Asbestproblematik wurde als besonders schwerwiegend erkannt und über viele Jahre im Rahmen der Betriebsratsarbeit weiterverfolgt.[138] Ähnlich verlief auch die Initiative bei den Hamburger Aluminiumwerken.[139] Gemeinsam mit dem Gesundheitsladen Hamburg, der sich hauptsächlich aus Mediziner/innen des Universitätskrankenhauses Eppendorf zusammensetzte, entwickelten die Betriebsräte einen Fragebogen, den sie gegen den erbitterten Widerstand der Geschäftsleitung verteilten, auswerteten und die Ergebnisse schließlich Abteilung für Abteilung mit den Kollegen und Kolleginnen diskutierten. Angeregt war diese Aktion von den Ideen der italienischen Arbeitermedizin. Es stellte sich heraus: Zwei Drittel der Belegschaft litt unter permanenter Staubbelastung, Schmutz, Zugluft und Lärm. Wieder traten Sicherheitstechniker und Betriebsärzte auf, um den Befragten jegliche Kompetenz abzusprechen. Ähnliche Aktionen wie in Bremen und Hamburg gab es in mehreren Industriezentren Westdeutschlands und Österreichs.[140]

136 Ebenda, S. 31 f.

137 Rundbriefe des Büros für Betriebsfragen der ESG Bochum, Nr. 20 (1979) bis 28 (1982), Privatarchiv Wolfgang Hien.

138 Hajo Funke: Arbeit darf nicht krank machen. Campus Frankfurt am Main 1983.

139 Gesundheitsladen Hamburg (Hg.): Die Betroffenen finden Zusammenhänge – Arbeitsbelastung, Beschwerden, Krankheit. Hamburg 1982.

140 Brigitte Donauer / Gerhard Elsigan / Günther Kittel: Informations- und Beratungsstelle für chemische Arbeitsstoffe. Linz 1989. Die Beratungsstelle »ppm« in Linz und Wien war in vielen Projekten engagiert, die sich am Konzept der Arbeitermedizin orientierten.

Der Boehringer-Skandal 1984 in Hamburg[141] kann indes als Kulminationspunkt einer wirtschafts- und umweltpolitischen Debatte gesehen werden, der sich um die die Problembereiche Chemiekrankheiten, Arbeitsmedizin und Umweltmedizin drehte. Als nicht mehr zu vertuschen war, dass die Produktion von Hexachlorcyclohexan und anderen chlororganischen Pestiziden in Hamburg zu einer gravierenden Dioxinverseuchung sowohl innerhalb des Werkes als auch im angrenzenden Gebiet, dem Moorfleet, führte, kam es zur Entscheidung. Im April 1984 verschaffte sich die grün-alternative Bürgerschaftsabgeordnete Thea Bock, Mitglied des parlamentarischen Untersuchungsausschusses zu Boehringer, mit Polizeieskorte Zutritt zum Betrieb. Sie beschlagnahmte Akten und sorgte für die Betriebsschließung wenige Wochen später. Die Angelegenheit ging durch Presse, Funk und Fernsehen, und bald wurde offensichtlich, dass die Arbeiter/innen selbst die Hauptbetroffenen waren. Viele von ihnen waren bereits seit Jahren schwer erkrankt, viele starben in den Jahren darauf, und heute wissen wir, dass die Belegschaft chronisch vergiftet war und eine signifikant erhöhte Krebssterblichkeit aufwies.[142] Die Einzelheiten dieses Corporate Crime sind so aufschlussreich wie ungeheuerlich, können aber an dieser Stelle nicht im Detail referiert werden. Festzuhalten bleibt lediglich, dass das Unternehmen jahrzehntelang wider besseres Wissen seine Arbeiter vergiftete. Festzuhalten gilt auch, dass dem Unternehmen die extreme Giftigkeit ihrer Dioxinabfälle bekannt war und sie diese mit vollem Wissen als Agent Orange an das Pentagon verkaufte, das sie über Vietnam abwerfen ließ und damit für Jahrzehnte Tod und Schrecken über das Land brachte.[143] Dass die Fabrikation der Pestizide von vornherein, schon in den 1950er Jahren, Dioxinkontaminationen mit sich brachte, war dem inneren Kreis der Experten bekannt, ebenso die Tatsache, dass damit schwere gesundheitliche Beeinträchtigungen verbunden waren. Die neurotoxischen Schäden führten zu Depressionserkrankungen. Alfred Manz, betroffenennaher Arbeitsmediziner in Hamburg, baute nach seiner Pensionierung eine Beratungsstelle für die ehemalige Boehringer-Arbeiter/innen auf. Er berichtet:

> »Bereits bei den ersten Vorstellungen in der Hautklinik waren den Ärzten bestimmte Abwegigkeiten der Patienten im psychischen Verhalten aufgefallen. Das war in den fünfziger Jahren. (…) Geklagt wurde unter anderem über Kopfschmerzen, Vergesslichkeit, Schwindelerscheinungen, vermehrte Erregbarkeit, Schlaflosigkeit; daneben aber auch, was mir besonders wichtig erscheint, über sexuelle Störungen. (…) In manchen Fällen wurden Selbstmordgedanken geäußert. Tatsächlich traten Selbst-

141 GAL Umweltgruppe, a. a. O.

142 Alfred Manz et al., a. a. O.

143 Anita Fabig / Kathrin Otte (Hg.): Umwelt, Macht und Medizin. Zur Würdigung des Lebenswerkes von Karl-Rainer Fabig. Winfried Jenior, Kassel 2007.

morde in diesem Personenkreis in einer statistisch auffälligen Überhäufigkeit auf.«[144]

Am Bedrückendsten mutet die Rolle der Arbeitsmedizin im Boehringer-Skandal an. 1984 war Helmut Lehnert Ordinarius für Arbeitsmedizin in Hamburg. Eine Arbeitsgruppe der in der Bürgerschaft vertretenen grün-alternativen Liste erforschte alle zugänglichen Unterlagen und fand heraus, dass Lehnert seit Jahren Falschgutachten erstellte, um Boehringer den Rücken frei zu halten und die betroffenen kranken Arbeiter zu psychiatrisieren.[145] Das Oberlandesgericht stellte fest, dass Lehnert »Experte für Unbedenklichkeiten« genannt werden dürfe. Dennoch wurde Lehnert über viele weitere Jahre zum Präsidenten der deutschen Gesellschaft für Arbeitsmedizin gewählt. Die Arbeitsmedizin präsentierte sich als radikal industriefreundlich; Schützenhilfe bekam sie von der Psychiatrie des Universitätskrankenhauses Hamburg-Eppendorf. Die seit langem bekannte Tatsache, dass Chlororganika und insbesondere Dioxin (Tetrachlordibenzodioxin) schwere Nervenschäden verursachen, interessierte die Psychiater überhaupt nicht. Sie »forschten« nach anderen Ursachen. Ein Arbeiter berichtet:

> »Die fangen erst einmal mit der Kindheit an. Wann geboren, warum überhaupt geboren, wann haben Sie pubertiert, wann haben Sie das erste Mal Selbstbefriedigung gemacht? Ich muss dazu sagen: Mein Vater ist Kriegsbeschädigter, er ist gelähmt wiedergekommen, er hat einen Wirbelsäulendurchschuss gehabt. So, und da ging dann mein Vater an Krücken. Und dann fingen die an: ›Ja, das muss ja für Sie ganz schön schwer gewesen sein, als Kind. Vater aus dem Krieg zurückgekommen‹, und dies und jenes. So, und dann: ›Sie sind nicht krank von Boehringer, Sie sind aufgrund Ihrer Kindheit krank!‹ (…) Du kannst versumpft sein von Boehringer bis zum Gehtnichtmehr, wenn ein Psychiater sein Gutachten schreibt, dann bis du von der Kindheit an krank.«[146]

Wären da nicht aktive Politiker/innen wie Thea Bock und kritische Mediziner wie Karl-Rainer Fabig, Alfred Manz und Rainer Frentzel-Beyme gewesen, die sich wie Fabig als betreuender Arzt oder wie Manz und Frentzel-Beyme als arbeitsmedizinische Gutachter für die Betroffenen beharrlich eingesetzt hätten, hätte sich das Blatt nicht gewendet. Das Armutszeugnis, das der herrschenden Medizin in Sachen Dioxin auszustellen ist, ist von ihrer eigenen Geschichtsschreibung bis heute nicht aufgearbeitet. Nach wie vor brüstet sich die bürgerliche Medizin, objektive Tatsachen zu liefern, obwohl sie doch

144 Interview mit Prof. Manz, in: Anita Fabig / Kathrin Otte, a. a. O., S. 194 f.

145 Grün-Alternative Liste (Hg.): Arbeitsmedizin in Sachen Professor Gerhard Lehnert. Hamburg 1986.

146 Interview mit einem ehemaligen Boehringer-Arbeiter, in: Anita Fabig / Kathrin Otte, a. a. O., S. 181.

immer wieder ihr völliges Versagen und selbstreferenzielles Eintauchen in ihre subjektive Vorurteilswelt unter Beweis gestellt hat.

Boehringer war ein Fanal, ein Aufflammen eines schon länger verlaufenden Prozesses, der unser Leben und unsere Gesundheit bedrohte, zugleich ein Auftakt für weitere Auseinandersetzungen und Kämpfe um die Frage: Wir wollen wir leben, und wie wollen wir arbeiten? Seit den 1970er Jahren zeichnete sich eine verstärkte Diffusion chemischer Technologien in klassische Branchen ab. Neben der flächendeckenden Massenverwendung chemischer Pestizide in der Landwirtschaft erlebten viele Bereiche eine Chemisierung:[147] PVC und Kunststoffe auf Polyester- und Epoxidbasis im Maschinenbau, im Kesselbau, der Röhrenherstellung, der Elektrotechnik und vielen weiteren Bereichen, chlorierte Kohlenwasserstoffe in der bergbaulichen Hydraulik, Polyurethanlacke, Kleb- und -dichtstoffe auf Isocyanat-Basis in der Automobilindustrie, im Karosseriebau und im Kfz-Handwerk, ebensolche Stoffe in der Holzindustrie und im Tischlerhandwerk – eine vollständige Liste würde zu lange. Das 1977 gegründete Öko-Institut Freiburg und viele weitere Projektgruppen, Wissenschaftsläden und Bürgerinitiativen befassten sich intensiv mit dieser neuen Problematik. Die Seveso-Katastrophe und das Bekanntwerden der »PVC-Krankheit« hatten den Blick geschärft;[148] zudem verdichtete sich nach und nach die Erkenntnis, dass in Müllverbrennungsanlagen aus PVC-Abfällen signifikante Mengen an chlorierten Dioxinen und Furanen entstehen.[149] Die Auseinandersetzungen um das Thema »Chemie am Arbeitsplatz« wirkten in mehreren Wellen auch in andere Branchen wie Maschinen- oder Automobilbau hinein.[150] Der Ökologiegedanke war zu dieser Zeit emanzipatorisch aufgeladen. Umweltschutz am Arbeitsplatz wurde ineins gesetzt mit Gesundheitsschutz am Arbeitsplatz. Die Erkenntnis hatte sich durchgesetzt, dass die Natur am eigenen Leib anfange, dass somit die Natur, die wir selber sind, zu schützen und zu verteidigen sei. Unter dem Motto »Tatort Betrieb« begann die IG Metall Baden-Württemberg 1988 eine Kampagne gegen den Einsatz krebserregender Kühlschmierstoffe, die mit dem Thema »Lösemittel und Nervenschädigungen durch Lösemittel« fortgesetzt wurde.[151] 1989 gründeten Ökologen, Gewerkschafter und politische Aktivisten und Aktivistinnen die Zeitschrift »Arbeit-und-Ökologie-Briefe«, die thematisch

147 Barbara Maria Köhler: Toxikologie und Arbeitsmedizin für den Arbeitsschutz. Werkstattbericht des Wissenschaftszentrums Berlin, Berlin 1983.

148 Egmont R. Koch / Fritz Vahrenholt: Seveso, a. a. O.

149 Frank Claus et al.: PVC – die heimliche Dioxinquelle. Bund für Umwelt- und Naturschutz, Freiburg 1986.

150 Katalyse-Gruppe et al.: Chemie am Arbeitsplatz. Rowohlt, Reinbek bei Hamburg 1987.

151 Andre Leisewitz: Ökologische Spurensuche im Betrieb – »Tatort Betrieb«. Erfahrungen einer Aktion der IG Metall. Verlag der Ökologischen Briefe, Frankfurt am Main 1992.

und aktionsfördernd über viele Jahre in die Gewerkschaften und die Betriebe hineinwirkten.[152] Insbesondere alternative Betriebsratsgruppen und kritische Strömungen in den gewerkschaftlichen Vertrauensleutekörpern griffen die Themen auf. Gefährliche Arbeitsstoffe sollten durch ungefährliche ersetzt werden; gefährliche Arbeitsverfahren sollten aufgegeben oder durch aufwändige Technik »eingehaust« werden; auf jeden Fall sollten endlich gut ausgelegte Absauganlagen installiert werden – Forderungen, die harmlos klingen, aber tief in das tradierte Gefüge der betrieblichen Herrschaft eingriffen.

Die Problematik der Chemisierung klassischer Nicht-Chemie-Branchen und des Handwerks wird am Beispiel der Polyurethan-Klebstoffe besonders deutlich. Tradierte Fügetechniken wie Nieten, Schweißen und Löten wurden und werden durch chemische Klebtechnik ersetzt. So sind die Teile der Airbus-Flugzeuge heute zu über 90 % mit Klebtechnik gefügt. In Großbetrieben mag sich der Arbeitsschutz diesen neuen Verhältnissen angepasst haben, in Kleinbetrieben ist es eher unwahrscheinlich. Dieser führte dazu, dass an der Universität Bremen Anfang der 1990er Jahre ein über die Technologieförderung mitfinanziertes Projekt angestoßen wurde, das den Gesundheitsschutz beim Kleben im Handwerk zum Gegenstand hatte.[153] Beim Zwei-Komponenten-Kleben werden monomere oder niedrig-polymere Isocyanate eingesetzt, deren toxikologische Eigenschaften heimtückisch sind. Sie gehen durch die Haut und sensibilisieren gleichsam »von innen« die Atemwege. Ein Isocyanat-Asthma kann Wochen, Monate oder gar Jahre nach der Erstexposition ausbrechen.[154] Die Betroffenen, im überwiegenden Falle auch die Ärzte, sehen meist keinen Zusammenhang mit der Arbeit. Schweres Asthma ist eine überaus quälende und angstmachende Krankheit, die Bronchiolen verengen sich, man bekommt immer schlechter Luft, der Körper verfällt, und viele sterben an asthmabedingtem Herzversagen. Das Bremer Projekt war als Teil eines Technikförderungsprojektes im Handwerk angelegt; die Federführung lag bei der Fraunhofer-Gesellschaft. Deren Chemiker waren nicht bereit, sich dem Gesundheitsthema zu stellen, was auf Gegenliebe bei den Inhabern der Handwerksbetriebe stieß.[155] Schon die Sprachspiele waren vertrackt. Die Chemiker, Techniker und Meister verstanden unter »sicherem Kleben« alleine

152 Der Verfasser der vorliegenden Studie gehörte zur Gründergruppe der »Arbeit-und-Ökologie-Briefe« und arbeitete als freies Redaktionsmitglied viele Jahre an diesem Projekt mit.

153 Wolfgang Hien: Präventiver Gesundheitsschutz am Beispiel eines »Arbeit und Technik«-Projektes. In: Peter Nieder / Britta Susen (Hg.): Betriebliche Gesundheitsförderung. Konzepte und Erfahrungen bei der Realisierung. Paul Haupt, Bern 1997, S. 213–232.

154 Oliver Vandenplas et al.: Prepolymers of Hexamethylene Diisocyanate as a Cause of Occupational Asthma. In: Journal of Allergy and Clinical Immunology. Bd. 91, 1993, S. 850–861.

155 Wolfgang Hien: Präventiver, a. a. O.

den technischen Gesichtspunkt: Das Geklebte sollte halten. Der Einwand, dass auch die Sicherheit des Menschen durch Aufklärung und entsprechende Schutzmaßnahmen gewährleistet sein müsse, wurde ausgeblendet und während der Projektdauer zunehmend stigmatisiert.[156] Zunächst wurde den Arbeitsschützern die wissenschaftliche Kompetenz abgesprochen, um dazu überzugehen, den Schutz vor chronischen Gefahren, die »irgendwann einmal« auftreten könnten, als böswillige Spekulation und schließlich als Behinderung technischer Innovation überhaupt zu disqualifizieren. Auch Chemiker der Bayer AG, damals Lieferantin der Isocyanate, beteiligten sich an dem Kesseltreiben. Mittlerweile – zwanzig Jahre später und nicht zuletzt durch die Bremer Erfahrungen – gibt es zwar ein Regelwerk zum Gesundheitsschutz bei der Verwendung von Isocyanaten, doch ist dieses derartig umfangreich, unübersichtlich und kompliziert, dass es in Handwerksbetrieben kaum rezi-

piert werden dürfte.[157] An der grundsätzlichen Haltung der industriefreundlichen Institute und ihrer Mitarbeiter/innen, die gezwungen sind, die »corporate identity« mitzutragen, hat sich nichts geändert.[158] Mindestens fünf Prozent der erwachsenen Bevölkerung leiden an obstruktiven Lungenerkrankungen wie Asthma, Bronchitis oder Emphysem, 15 % dieser Erkrankungen sind auf arbeitsbedingte Faktoren zurückzuführen.[159] Daraus folgt: In Deutschland und Österreich leiden mehr als 300.000 Menschen an arbeits- und berufsbedingten obstruktiven Lungenerkrankungen. Ein nicht unerheblicher Teil leidet an den Folgen einer »unsicheren« Chemieverwendung im Handwerk. Isocyanathaltige Lack-, Dicht- und Klebstoffe haben daran einen relevanten Anteil. Dass es weder epidemiologische noch sozialwissenschaftlich-qualitative Studien zum Erleben und Erleiden der Chemie im Handwerk gibt, spricht Bände. Die Meldung, die Europäische Union wolle ohnehin nur noch industrie-orientierte Forschung finanzieren und sozial- und geisteswissenschaftliche komplett aus der Förderung ausschließen,[160] kann als vorläufig trauriges Ende dieser Entwicklung gesehen werden.

156 Besprechungsprotokolle des Projektes »Arbeitsgestaltung beim Kleben«, Zentrum für Sozialpolitik, Abt. Arbeits- und Sozialmedizin, Bremen 1992 und 1993 (Privatarchiv Wolfgang Hien).

157 Zu kombinieren sind folgende Vorschriften: Gefahrstoff-Verordnung und die dazugeordneten »Technischen Regeln Gefahrstoffe« Nr. 401 (Hautkontakt) und 430 (Isocyanate) sowie das Merkblatt zur Berufskrankheit Nr. 1315 (Isocyanat-Asthma).

158 http://www.baua.de/de/Themen-von-A-Z/Gefahrstoffe/Tagungen/Innovative-Materialien-2016/pdf/Vortrag-Innovative-Materialien-2016-06.pdf?__blob=publicationFile&v=2

159 Wolfgang Hien: Arbeits- und berufsbedingte obstruktive Lungenerkrankungen. In: Umwelt-Medizin-Gesellschaft. Jg. 28, 2915, Heft 2, S. e1-e11; dort umfangreiche Hinweise auf die Original-Literatur.

160 Süddeutsche Zeitung vom 20. Juli 2016, S. 16.

Was bleibt von der Auseinandersetzung um die chemiebedingten Krankheiten und die vielfältigen Initiativen der Aktivistinnen und Aktivisten auf dem Gebiet »Arbeit und Gesundheit«? Die Bilanz fällt uneindeutig aus: Einerseits sind Ideen und Konzepte wie beispielsweise der Satz »Jeder ist Experte seiner eigenen Situation« in die Gesundheitszirkel-Bewegung eingeflossen, die seit Mitte der 1980er Jahre vom Bundesverband der Betriebskrankenkassen initiiert wurde. Andererseits bezog sich dieses Postulat nur auf die psychosoziale Ebene, nicht auf die chemisch-physikalische Ebene: Diese sollte nach wie vor den Ingenieuren, Chemikern und Medizinern vorbehalten bleiben. Die Regulation der Gefahrenstoffe wurde zu einem eigentümlichen und abgehobenem, weil hoch verwissenschaftlichtem und verrechtlichtem Thema. In den Vorstandsetagen der Chemieindustrie erfolgte eine Kursänderung. Die Chemieproduktion erlebte in den 1980er und 1990er Jahren einen enormen Automatisierungsschub. In der Produktion selbst kommen Arbeiter kaum noch mit den Stoffen in Berührung. Wo vorher dreißig Mann im Farbenbetrieb händisch operierten, sind jetzt noch allenfalls fünf Beschäftigte zu finden, die heute alle eine mehrjährige Ausbildung zum Chemikanten absolviert haben. Es zeigen sich neue betriebliche Spaltungen zwischen gut ausgebildeter Stammbelegschaft und Fremdfirmenarbeitern, die beispielsweise mit Reinigungs- und Transportarbeiten betraut werden. Hochrisikoproduktionen werden nach Indien und Lateinamerika verlagert. Im Handwerk wird immer noch ungeschützt gearbeitet. Chemie tötet nach wie vor. Die Chemiehölle von Porto Marghera wurde bereits erwähnt. Heute ist das Gebiet eine Industrieruine, viele Arbeiter erkrankten an Krebs. Einer der wenigen Arbeiter, die bis heute überlebt haben, spricht in dem Film »Die letzten Feuer«[161] ein Gedicht:

> »Ihr Diebe so vieler Menschenleben, sagt heute nicht, ihr hättet nichts gewusst. Ihr habt gemordet und mordet immer noch, ruhig und ungestört. Es gibt ja keinen Straftatbestand. Meine toten Genossen hat es nie gegeben, sie sind im Nichts verschwunden. Doch meine toten Arbeitsgenossen können diese Schande nicht hinnehmen. Wir können diese Beleidigung nicht ertragen. Kein Unternehmen, kein Gericht wird uns mundtot machen können und zu solch infamen Schweigen verurteilen.«[162]

161 Manuela Pellarin / Enrico Soci: Porto Marghera: Die letzten Feuer. Italien 2004. Die Übersetzung (Untertitel) ist von Wildcat, die auch das deutsche Beiheft herausgegeben hat (Berlin 2006).

162 Ebenda, Film-Minute 45:08 bis 45:50.

Todbringender Fortschritt: das Asbest

Der ökonomische Verwertungsprozess nimmt, insofern er sich den Herrschaftsprinzipien des Kapitalismus unterwirft, keine Rücksicht auf Gesundheit und Menschenwürde der Arbeitenden. So wurden und werden in der Produktionssphäre todbringende Arbeitsstoffe eingesetzt, wenn sie im Sinne des industriellen Fortschritts technisch und ökonomisch positive Effekte versprechen. Ein solcher todbringender Stoff ist Asbest, ein Silikat-Mineral, das sich für vielfältige technische Verwendungen eignet, insbesondere für Brand- und Hitzeschutz-Isolierungen. Bereits in den 1920er und 1930er Jahren war der arbeitsmedizinische Erkenntnisstand soweit gediehen, dass Asbest hätte verboten werden müssen. Doch erlebten Abbau und Verwendung von Asbest erst im Nachkriegsboom ihren wahren Aufschwung. Seit 1993 wird in Deutschland und Österreich Asbest zwar nicht mehr als Arbeitsstoff eingesetzt, doch erleben wir heute als Folge des Asbesteinsatzes erstes extrem hohe Erkrankungsraten, und zweitens wird aus globaler Perspektive mehr Asbest denn je verwendet, wobei die Folgen verheerende Ausmaße annehmen: Asbest bedeutet jährlich für mehr als hunderttausend Menschen den leidvollen und frühen Tod. Asbest kommt bei den tödlich verlaufenden Berufskrankheiten (BKen) die traurige Ehre einer Spitzenposition zu. In Deutschland nehmen Asbesterkrankungen nach Lärmerkrankungen mit 3.683 anerkannten Fällen[163] den zweiten Platz ein. Die Anerkennungsquote beträgt 41 %, d. h. es gibt auch hier, trotz hochspezifischer Krankheitsmerkmale, anhaltende Auseinandersetzungen mit den Berufsgenossenschaften. Allein die Zahlen der anerkannten Erkrankungen sind bestürzend genug. Im Einzelnen handelt es sich um 1.920 Asbestosen, also Lungenverhärtungen durch Asbest, 793 Asbestkrebse der Lungen und des Kehlkopfes sowie 970 Mesotheliome, d. h. Krebserkrankungen des Rippen- und Bauchfells. Im gleichen Zeitraum starben 159 Personen an Asbestose, 556 an Asbestlungen- oder Kehlkopfkrebs und 730 am Mesotheliom. Das sind in einem Jahr1.445 anerkannte Asbesttodesfälle in Deutschland. Die Zahlen für Österreich liegen, weil wahrscheinlich untererfasst, etwas niedriger: In Österreich gibt es 270 anerkannte Asbesterkrankungen pro Jahr, die Todesfälle werden bisher nicht gezählt.[164]

Was ist Asbest? Es ist ein faserförmiges, natürlich vorkommendes Silikatmineral, das vor allem in Kanada, aber auch in Russland und China abgebaut wird. Es gibt verschiedene Asbestarten, wobei hauptsächlich der Weißasbest (Crysotil) zum Einsatz kam. Asbest ist unbrennbar und höchst beständig und wurde jahrzehntelang als Brandschutz- und Isolationsmaterial eingesetzt, unter anderem auf Schiffen, in Transformatoren und Großmotoren, an

163 Die Zahlen beziehen sich auf das Jahr 2013. Online-Quelle: http://www.dguv.de/de/zahlen-fakten/bk-geschehen/anerkannte-bken/index.jsp

164 AUVA (Allgemeine Arbeiterunfallversicherung): Asbest. Richtiger Umgang. Wien 2014, S. 22.

Hochöfen und in weiteren Bereichen der Hitzearbeit. Ein besonders absurdes Anwendungsgebiet für Asbest ist die brandbeständige Schutzkleidung von Hitzearbeitern vor allem in der Eisen- und Stahlindustrie. Davor waren die damit in der Textilindustrie beschäftigten Arbeiterinnen diesem tödlichen Stoff ausgesetzt. Seit der Wende zum 20. Jahrhundert berichteten Mediziner auf Kongressen und in Fachblättern über Einzelfälle von tödlichen Asbesterkrankungen.[165] In den 1920er Jahren häuften sich die Berichte, vor allem aus England. Sie wurden auch von der deutschen Arbeitsmedizin rezipiert. Pathologen fanden bei verstorbenen Arbeitern mit Asbestfasern gefüllte Lungen. In den 1930er Jahren verdichteten sich die Beweise für gesundheitsschädigende Asbestfolgen derart, dass »schwere Asbeststauberkrankungen (Asbestose)« in die 1936 erlassene »Dritte Verordnung über die Ausdehnung der Unfallversicherung auf Berufskrankheiten« aufgenommen wurden. Zunächst war es die tödlich verlaufende Asbestose, die den Medizinern Kopfzerbrechen bereitete. Der Grund war die extreme Staubkonzentration, welche die Lungen zerstörte, noch bevor – dieser Verdacht erhärtete sich bald – eine Krebserkrankung sich hätte manifestieren können. Krebs braucht eine gewisse Zeit, um sich von geschädigten Zellen zu einem Tumor zu entwickeln. Die Latenzzeit beträgt bei Asbest zwischen fünfzehn und vierzig Jahren. Mit der Berufskrankheiten-Verordnung vom Januar 1943 gelangte Asbest auf die Liste der krebserzeugenden Stoffe. »In Verbindung mit Asbestose« sollten auch Lungenkrebserkrankungen als Berufskrankheit anerkannt werden. Entsprechende Maßnahmen zur Staubbekämpfung wurden beschlossen, doch aufgrund der Kriegswirtschaft nicht umgesetzt. Robert Proctor, Wissenschaftshistoriker an der Stanford University, zeigte in seiner fulminanten, zugleich auch irritierenden Studie »Blitzkrieg gegen den Krebs« ein widersprüchliches Bild der nationalsozialistischen Gesundheitspolitik.[166] Auf der einen Seite der NS-Zerstörungswahn, auf der anderen – so seine Sicht der Dinge – eine moderne und konsequent präventiv ausgerichtete Gesundheitspolitik, die beachtliche Ressourcen für Ursachenerforschung, Aufklärung und Schutzmaßnahmen freimachte. Proctor betont die Forschungen des Hannoveraner Pathologen Martin Nordmann, der 1938 nachwies, dass 12 % der von Asbestose befallenen Arbeiter Lungenkrebs entwickelten.[167] Nordmann und seine Arbeitsgruppe konnten die eindeutig krebserzeugende Wirkung des Asbestes auch im Tierversuch zeigen. Proctor: »Deutschland war zu diesem Zeitpunkt in der Erforschung der Zusammenhänge zwischen Lungenkrebs und Asbest unbestritten

165 Wolfgang E. Höper: Asbest in der Moderne. Industrielle Produktion, Verarbeitung, Verbot, Substitution und Entsorgung. Waxmann, Münster u. a. 2008, S. 149 ff.

166 Robert N. Proctor: Blitzkrieg gegen den Krebs. Gesundheit und Propaganda im Dritten Reich. Klett-Cotta, Stuttgart 2002.

167 Ebenda, S. 129 f.

führend.«[168] Nicht nur das: Noch vor Ende des Krieges publizierten NS-Mediziner über Fälle von Pleuramesotheliom, also des Krebsbefalls von Rippen- und Brustfell, der binnen weniger Monate zum qualvollen Tod führt.[169] Der Technikhistoriker Wolfgang Höper urteilt vorsichtiger: »Impulse zurück aus der Medizin in die betriebliche Praxis (waren)… kaum erkennbar. Asbestose wurde auch erst bei einer Minderung der Erwerbsfähigkeit ab 50% als Berufskrankheit anerkannt. Diese Einschränkung mutet in Anbetracht des tödlichen Krankheitsverlaufs der Asbestose sarkastisch an.«[170] So gesehen, entpuppt sich der Präventionsakzent der NS-Medizin eher als ideologischer Feldzug denn als praktisch wirkende Strategie – zumal die Millionen Fremd- und Zwangsarbeiter aus dem Schutzkonzept ausgenommen waren.

Immerhin war dieses arbeitsmedizinische Wissen nach Kriegsende vorhanden. In seinem »Lehrbuch der Arbeitshygiene« schreibt der Bayerische Landesgewerbearzt Franz Koelsch: »Das Eindringen der im Staub befindlichen feinsten Asbestfasern (Asbestnadeln) erzeugt eine chronische Entzündung des (interstitiellen) Zwischengewebes zwischen den Lungenbläschen. Die Fasern bohren sich, begünstigst durch die Atembewegungen, in das Gewebe ein und verbreiten sich in der ganzen Lunge. Die Krankheitserscheinungen treten nach 3–5 (bis 10) Arbeitsjahren auf.«[171] Auch im Handbuch der gesamten Arbeitsmedizin, das der ehemalige NS-Mediziner Ernst-Wilhelm Baader 1961 herausgab, werden die Folgen der Asbestbelastung nicht beschönigt: »Der Hustenreiz wird stärker, ist besonders in den Morgenstunden sehr quälend (…) In schwersten Fällen besteht schon in Ruhe Atemnot mit Anspannung der Hilfsmuskeln des Halses, inspiratorischen Einziehungen der Halsgruben und Zyanose. Die Erscheinungen der Schwäche des rechten Herzens infolge der Erschwerung des Lungenkreislaufes mit Leberstauung und Ödemen können in den Vordergrund treten und schließlich zum Tode führen.«[172] Die Wahrscheinlichkeit, einen Asbest-Lungenkrebs zu entwickeln, steige mit der Expositionszeit auf schließlich mehr als 40%. Der Lungenfacharzt schreibt: »Der Tod erfolgte bei den von mir untersuchten Patienten im Alter von 44 bis 64, durchschnittlich von 53 Jahren.«[173]

Die Gefährlichkeit von Asbest – wie auch vieler anderer Stoffe – interessierte in der Nachkriegszeit und den Wirtschaftswunderjahren kaum jeman-

168 Ebenda, S. 132.

169 Ebenda.

170 Wolfgang E. Höper, a. a. O, S. 163.

171 Franz Koelsch: Lehrbuch der Arbeitshygiene, Band 1. Ferdinand Enke, Stuttgart 1947, S. 226.

172 Arthur Böhme: Asbestose. In: Ernst Wilhelm Baader (Hg.): Handbuch der gesamten Arbeitsmedizin. II. Band: Berufskrankheiten, 2. Teilband. Urban und Schwarzenberg, Berlin / München / Wien 1961, S. 216 ff.

173 Ebenda, S. 221.

den.[174] Schon 1957 wurden im Bremer Überseehafen mehr als 40.000 Tonnen Rohasbest umgeschlagen.[175] Ende der 1970er Jahre erreichten die Asbestimporte einen jährlichen Rohmaterialumsatz von rund 170.000 Tonnen in der BRD und von etwa 70.000 Tonnen in der DDR.[176] Im offiziellen Arbeitsschutz kam Asbest lediglich als Allzweckwerkstoff für Brand- und Hitzeschutz vor. Gewerbeaufsichtsbeamte – seit 1902 im Verein Deutscher Revisionsingenieure zusammengeschlossen – thematisierten bis Ende der 1960er Jahre Asbest ausschließlich unter dem Gesichtspunkt der Nützlichkeit für Brand- und Hitzeschutz.[177] Wider besseres Wissen stand auch für die praktische Arbeitsmedizin, d. h. für die Betriebsärzte, »Wiederaufbau und Wohlstand« ganz oben auf der Prioritätenliste. So wurden 1950 in der BRD lediglich siebzehn Asbestosefälle angezeigt und nur fünf davon berentet. In der DDR gab es lange überhaupt keine registrierten Fälle.[178] Bis in die 1970er Jahre blieben die Zahlen auf diesem Niveau. Zugleich betrachtete die Arbeitsmedizin der Siegermächte, allen voran diejenige Großbritanniens und der USA, die »deutschen Erkenntnisse« als irrelevant.[179] Für sie erfüllten ausführliche Fallbeschreibungen und Fallberichte nicht das Kriterium der Wissenschaftlichkeit. Diese begann und beginnt für die angelsächsische Medizin und Arbeitsmedizin erst ab der »epidemiologischen Stufe«, d. h. erst auf der Basis großer bevölkerungsbezogener Datenmengen, die statistisch zu sichern sind. Noch bis in unsere Tage reicht der Spott des britischen Epidemiologen Sir Richard Doll über Martin Nordmann, der anhand weniger Einzelfälle den Zusammenhang zwischen Asbest und Krebs, so Doll, »zu bewiesen haben glaubte«[180] – im Lichte des sich seit den 1970er Jahren klar andeutenden Ausmaßes der Asbestkatastrophe purer Zynismus. Erst Irving Selikoff, Lungenmediziner und Epidemiologe am Mount Sinai Hospital in New York, gelang es, das Steuer herumzureißen.[181] Selikoff war während der 1950er aufgefallen,

174 Ebenda, S. 164 ff.
175 Ebenda, S. 167 f.
176 http://www.dguv.de/ifa/Fachinfos/Asbest-an-Arbeitspl%C3%A4tzen/index.jsp
177 Vgl. Jahrbücher der VDRI (Verein Deutscher Revisionsingenieure) der Jahre 1955, 1956, 1961 und 1962, zu finden auf der VDRI-Archivseite: http://www.vdri.de/historisches. Erst im Jahrbuch 1969 wird Asbest unter dem Thema »Staubbekämpfung« kritisch angesprochen – zugleich finden sich im gleichen Jahrbuch weiterhin völlig unkritische Empfehlungen für Schutzhelme (S. 34) oder Flammschutzmittel (S. 66).
178 Heinz Aulmann: Gemeinsamkeiten und Unterschiede in der Verhütung und Entschädigung von Arbeitsunfällen und Berufskrankheiten in der Bundesrepublik Deutschland und der Deutschen Demokratischen Republik. In: Die BG, 1990, Heft 4, S. 184–199.
179 Rorbert N. Proctor, a. a. O., S. 134.
180 Ebenda.
181 Samuel S. Epstein: The Politics of Cancer. Revised and expanded edition. Anchor Books, New York 1979, S. 79–102.

dass viele seiner Patienten im Asbestabbau beschäftigt waren, und er ging der Sache nach. Die Industrie verweigerte die Kooperation, doch mit Hilfe der Daten der Gewerkschaften konnte er eine Kohorte von mehr als 600 Arbeitern zusammenstellen und epidemiologisch auswerten. In epidemiologischen Studien werden Krankheits- bzw. Todesursachen exponierter Personen mit denen nicht-exponierter Personen verglichen. Ergebnis ist ein relatives Risiko, d. h. eine Aussage, um welchen Faktor das Risiko durch die Exposition steigt. Selikoff fand bei den Asbestarbeitern ein achtfach erhöhtes Risiko für Lungenkrebs und ein mehr als 100-faches Risiko für Mesotheliom. Selikoff ging 1964 nicht nur an die Fachöffentlichkeit,[182] sondern sorgte auch für die Verbreitung seiner Ergebnisse in den Medien. Dafür hatte er – wie mutige Mediziner vor ihm, die arbeitsbedingten Krebs erkannt hatten – eine jahrelange Kampagne gegen ihn selbst zu ertragen. Er wurde als »Industriefeind« bekämpft, und dies trotz des Umstandes, dass inzwischen auch die Folgen des massiven Asbesteinsatzes im Schiffbau sichtbar wurden. Während des Zweiten Weltkrieges waren in den USA mehr als 1,7 Millionen Werftarbeiter mit der Produktion von Kriegsschiffen beschäftigt. Das Pentagon tut seither ein Übriges, Asbesterkrankungen zu verniedlichen und Druck auf medizinische und epidemiologische Asbestforscher/innen auszuüben.[183] Doch hauptsächlich gab und gibt die internationale Asbestindustrielobby viel Geld aus, um Erkenntnisse über Gesundheitsgefahren zu unterdrücken, verfälschen und bagatellisieren. Samuel Epstein, in den 1970er Jahren Präsident des US-amerikanischen Krebsforschungszentrums, berichtet in seinem Buch »The Politics of Cancer« über die jahrzehntelangen Auseinandersetzungen, die im Gefolge des von Richard Nixon ausgerufenen »War against Cancer« eher zu einem Bürgerkrieg um die Hoheit der Krebspolitik mutierten.[184] Mit der Zeit wurde eine weitere Tatsache evident: Nicht immer geht einem Asbestlungekrebs eine Asbestose voraus. Dann kommt der Krebs »wie aus heiterem Himmel«. Die langen Latenzzeiten für Mesotheliom, aber auch das lange Hintertreiben der medizinischen Erkenntnisse,[185] führten dazu, dass diese furchtbare Erkrankung, die einzig und allein durch Asbestexposition ensteht, erst 1977 in die deutsche und danach auch in die österreichische Berufskrankheitenliste aufgenommen wurde. In Deutschland, wie weltweit, schossen die Erkrankungszahlen in die Höhe. Derzeit sind es weltweit über 100.000 Tote jährlich, die aufgrund einer Asbestkrankheit sterben. 1990 bis 1993 kamen die längst

182 Irving J. Selikoff et al.: Asbestos Exposure and Neoplasia. In: Journal of American Medical Association, Vol. 188, 1964, pp. 22–26; vgl. Samuel S. Epstein, a. a. O.

183 James Fite: U. S. Shipyards – A History of Massive Asbestos Exposure and Disease. Vortrag auf der Internationalen Asbestkonferenz 2004, Online unter: http://worldasbestosreport.org/conferences/gac/gac2004/ws_H_2_e.php

184 Samuel S. Epstein, a. a. O.

185 Egmont R. Koch: Krebswelt. Krankheit als Industrieprodukt. Kiepenhauer und Witsch, Köln 1981, S. 184 ff.

überfälligen gesetzlichen Asbestverbote. Aufgrund der langen Latenzzeiten sind die Zahlen immer noch steigend. Besonders traurig: Russland, China, Indien und einige weitere Länder, bis vor kurzem auch Kanada, stellen ihre ökonomischen Interessen – wie es die hiesige Asbestindustrie jahrzehntelang tat – weiterhin über jene der Gesundheit.

Die Werften waren besonders von der Asbestproblematik betroffen. Aus Brandschutzgründen wurden alle inneren Wände und Decken in den Schiffen jahrzehntelang mit Asbestplatten ausgekleidet. 1968 schrieb das Gewerbeaufsichtsamt Bremen einen ausführlichen Brief an die Werftleitungen, in dem die Asbestgefahren – freilich auf dem damaligen Stand des Wissens – benannt und Schutzmaßnahmen angeordnet wurden.[186] Im Falle der Bremer Vulkan-Werft ist nachweisbar, dass das Management diesen Brief »verschwinden« ließ, sodass jahrelang ohne Schutzmaßnahmen weitergearbeitet wurde.[187] Verfügungen der Gewerbeaufsicht wurden mit juristischen Mitteln bekämpft. Mitte der 1970er Jahre gab es erste Bewegungen in dieser Sache, auch weil eine Gruppe von Betriebsräten, die »Echolot«-Gruppe, die Initiative ergriff und die Belegschaft kontinuierlich über die tödlichen Asbestgefahren informierte – gegen den Widerstand der IGM-Metall-Mehrheit im Betriebsrat. Es gab erste schwere Berufskrankheiten-(BK-) Fälle. Die Echolot-Gruppe brachte Todkranke an die Arbeitsplätze – ihre Leiden sollten nicht verborgen bleiben. Schon Treppensteigen kann zur Qual werden:

> »Denn man hat immer Angst, wahnsinnige Angst vor dieser Anstrengung, diese Luftnot, dieses typische Angstgefühl, keine Luft zu kriegen, keine Luft kriegen. (…) steh ich manches Mal unten und komme diese zwölf Stufen nicht hoch.«[188]

Die innerbetrieblichen Auseinandersetzungen hielten an. Ein Vorfall ist von exemplarischer Bedeutung.[189] 1983 sollte das hochgradig asbestverseuchte Schiff »United States« zur Reparatur und zum völligen Innenumbau in die Bremer Vulkan-Werft kommen. Die vom Werft-Management vorgesehenen Schutzmaßnahmen waren jedoch vollkommen unzureichend. 1983 stellte die Echolot-Gruppe die Mehrheit im Betriebsrat (BR) und damit den BR-Vorsitzenden, Fritz Bettelhäuser. Die Echolot-Gruppe machte auf die extremen Gefahren des Asbests aufmerksam. Die Werft erlebte in diesen Tagen tumultartige Szenen. Es gab eine Sonderbetriebsversammlung, auf der Fritz Bettelhäuser zum Boykott der Reparaturarbeiten auf der »United States« aufrief. Er

186 Wolfgang Hien et al.: Am Ende, a. a. O.

187 Ebenda.

188 Ebenda, S. 143 f.

189 Zum Folgenden: Roland Bogun / Eckard Hildebrandt: Arbeitsschutz und Umweltschutz. Die Fallstudie Bremer Vulkan. Werkstattbericht FS 94–205. Wissenschaftszentrum, Berlin 1994; pers. Mitteilung von Fritz Bettelhäuser an den Verf. (Interview im Januar 2001 in Bremen-Nord).

wurde »wegen geschäftsschädigenden Verhaltens« fristlos entlassen. Er konnte sich wieder einklagen, doch die IG-Metall Bremen war in dieser Frage tief gespalten. Von einem hundertprozentigen gewerkschaftlichen Rückhalt konnte keine Rede sein. Asbestkritiker wie Fritz Bettelhäuser und Rolf Spalek, der als Betriebsrat Dutzenden von schwer Asbest-Erkrankten zur Seite stand und sie bei BK-Anzeigen beriet, wurden als »Arbeitsplatzvernichter« beschimpft und teilweise körperlich angegriffen.[190] Die »United States« kam nicht nach Bremen; sie sollte in der Hamburger HDW-Werft einlaufen, deren Belegschaft und Betriebsrat sich – trotz mangelhafter Schutzmaßnahmen – für die Übernahme der Reparatur- und Umbauarbeiten bereit erklärt hatten. Doch dazu kam es ebenfalls nicht, weil sich Schiffs- und Werfteigner nicht über den Preis einigen konnten.[191] Die Echolot-Gruppe wurde in den späten 1980er Jahren überstimmt, auf der Werft kam es bis zu ihrer Schließung 1997 zu Asbestexposition, wenn auch nicht mehr in dem Ausmaß wie in den 1970ern. Das Schlimme ist, dass es über Jahre hinweg, und auch noch nach 1983, auf der Werft die informelle Übereinkunft gab, dass »ein geregelter Arbeitsschutz an Bord nicht möglich« sei.[192] Diese Ansicht wurde von der Mehrheit der IGM-Vertreter in der Selbstverwaltung der damaligen Norddeutschen Metall-Berufsgenossenschaft mitgetragen. In der europäischen Gesamtschau kann heute gesagt werden, dass ohne die Arbeit der Echolot-Gruppe das Asbestverbot wahrscheinlich noch länger auf sich hätte warten lassen. Dass immer mehr Asbestkrankheiten auftraten, war jedoch nicht mehr zu ändern. Rolf Spalek berät seit 1974 Berufserkrankte. Mittlerweile sind es über 650, die überwiegende Mehrheit davon ehemalige Vulkan-Arbeiter, viele von ihnen sind bereits verstorben.[193] Leider versucht die zuständige Metall-Berufsgenossenschaft immer wieder, Anerkennungsverfahren zu blockieren.[194] Ein besonders empörendes Beispiel: Arbeiter, die 1978 über mehrere Monate Reparaturarbeiten auf dem Schiff »Kungsholm« ausführten, waren extrem asbestbelastet.[195] Das Staubforschungsinstitut der Berufsgenos-

190 Pers. Mitteilung von Rolf Spalek an den Verf. (Interview im Januar 2001 in Bremen-Nord).

191 http://www.spiegel.de/spiegel/print/d-13514750.html; die »United States« wurde erst ein Jahrzehnt später in der Ukraine entkernt und asbestsaniert (http://de.wikipedia.org/wiki/United_States_%28Schiff%29). Die Auseinandersetzung um die »United States« hat tiefe Erinnerungsspuren im kollektiven Gedächtnis der ehemaligen Vulkan-Arbeiter hinterlassen. Diejenigen, die für den Boykott waren, können es ihren früheren HDW-Kollegen nicht verzeihen, ihnen »in den Rücken gefallen« zu sein (pers. Mitt. v. Rolf Spalek, a. a. O.).

192 Ebenda.

193 Wolfgang Hien et al: Ein neuer Anfang wars am Ende nicht. Zehn Jahre Vulkan-Pleite: Was ist aus den Menschen geworden? VSA, Hamburg 2007.

194 Ebenda, S. 52 ff.

195 Zum Folgenden: Wolfgang Hien et al.: Am Ende, a. a. O., S. 83.

senschaften versuchte, die Faserkonzentration in der Atemluft am Arbeitsplatz zu messen. Die Konzentration war so hoch, dass die Messköpfe verstopften, sie lagen aber sicher über 90 Fasern pro Kubikzentimeter. Am schlimmsten waren die sogenannten Bystander betroffen, Arbeiter, die in der Nähe eines Tischlers standen, der mit der Flexsäge Asbestplatten bearbeitete. Heute sagt man Asbestose- und Krebserkrankten: »Es liegen keine Messwerte vor.« Erst mittels Zeugenaussagen ehemaliger Kollegen oder durch den Vergleich mit abgeschlossenen anerkannten Fällen kann den Betroffenen geholfen werden.[196]

Erst Ende der 1960er Jahre findet sich in der Arbeitsschutz- und Arbeitsmedizinszene die erste Mitteilung über einen möglichen Grenzwert für Asbestfasern: Dietrich Hasenclever vom Staubforschungsinstitut des Hauptverbandes der gewerblichen Berufsgenossenschaften referierte auf der Jahrestagung des Vereins der Deutschen Revisionsingenieure im Juni 1969 in Würzburg Überlegungen zu einem aufzustellenden Grenzwert für Asbestfasern.[197] Mittlerweile war klar, dass insbesondere dünne und lange Fasern Schäden verursachen. Diese Erkenntnis hatte sich auf Basis rasterelektronenmikroskopischer Studien der Stäube wie auch des befallenen Lungengewebes herausgeschält. Die Hauptsorge galt der Asbesttextilindustrie, für die es »Empfehlungswerte« abzugeben galt. Hasenclever referierte: Konzentrationen bis zu 20 Fasern pro Kubikzentimeter (20 F/cm3) seien ungefährlich, Konzentrationen zwischen 20 und 60 F/cm3 bedingt gefährlich, mehr als 60 F/cm3 müssten als gefährlich angesehen werden. Zu beachten ist: Bei dieser Konzentration kann man die Hand vor Augen nicht mehr sehen. 60 Fasern pro Kubikzentimeter sind gleichbedeutend mit 60 Millionen Fasern pro Kubikmeter Atemluft. Eine Arbeiterin atmet bei schwerer Arbeit mehr als acht Kubikmeter Luft ein, ein Arbeiter mehr als zehn. Das heißt: Pro Arbeitsschicht konnten beim Erreichen dieses Grenzwertes 600 Millionen Fasern eingeatmet werden. Die Asbestfasern bleiben im Lungengewebe stecken und führen zu Dauerentzündungen, deren Folgen sich sowohl in der Fibrose – Vernarbung und Verhärtung des Lungengewebes – als auch in der Entstehung von Krebszellen zeigen. Hasenclever: »Die Verwendung des Asbestes als Rohstoff geht jedoch weit über den Bereich der Asbest-Textilindustrie hinaus. Neben der Herstellung von Bremsbelägen und der Benutzung von Asbest für Isolierzwecke nimmt gerade in jüngster Zeit die Asbestzementindustrie immer mehr an Bedeutung zu. In diesen Fällen dient der Asbest z. T. nur als Zuschlagstoff. Unsere derzeitigen Erfahrungen und Untersuchungsergebnisse reichen hier noch nicht aus, um endgültige Grenzwerte zur Beurteilung der

196 Pers. Mitt. von Rolf Spalek an den Verf. im Rahmen des Berufskrankheitenprojektes der Arbeitnehmerkammer Bremen 2011–2013, hier: Mitt. im Mai 2011.

197 http://www.vdri.de/fileadmin/uploads/historisches/VDRI%20Jahrbuch%201969%20kompakt.pdf

Arbeitsplatzsituation in diesen Industriezweigen aufzustellen.« Eingedenk der schrecklichen Krankheitsfolgen, die seit drei Jahrzehnten bekannt waren, muten diese Einlassungen befremdlich und kalt an. Doch ist an dieser Stelle eine grundsätzliche Überlegung angezeigt: Nicht ohne Grund schreibt schon Franz Koelsch 1947 in seinem Lehrbuch der Arbeitshygiene: »Vorbeugung: Lückenlose Staubabsaugung an allen Arbeitsplätzen; andernfalls Staubmasken mit Kolloidfiltern.«[198] Die Krebsforschung hatte längt den Beweis erbracht, dass jede noch so kleine Dosis eines krebserzeugenden Stoffes Krebs erzeugen kann. Mit anderen Worten: Wissenschaftlich gesehen, gibt es für Kanzerogene wie Asbest keine Schwellendosis, unterhalb derer von einer gesundheitlichen Ungefährlichkeit gesprochen werden könnte. Karl-Heinrich Bauer referiert 1963 in seiner großen und in den 1960er Jahren viel beachteten Monographie »Das Krebsproblem« ausführlich das bestehende Wissen, nicht nur zu Asbest,[199] sondern auch zur Frage der Schwellendosis. So heißt es hier: »Die Effekte auch kleinster Einzeldosen bleiben die ganze Lebensdauer voll summationsfähig erhalten.«[200] Dies bedeutet: Jede Grenzwertfestsetzung bei Asbestfasern beinhaltet bereits eine Inkaufnahme von asbestbedingten Krebserkrankungen. Es darf vermutet werden, dass dies zumindest der medizinisch gebildeten Elite durchaus bewusst war, dass aber Gesichtspunkte des am westlichen Kapitalismus orientierten Wirtschaftswachstums die Oberhand behielten. Das Gleiche muss auch für die DDR gesagt werden: Auch hier wurde in der Praxis systematisch arbeitsmedizinisches Wissen ignoriert, und die erste Regelung zu Asbest – die sich in den folgenden Jahren am »Westen« orientierte – findet sich, zumindest auf Papier, im Jahr 1976.[201] Auch für Österreich galt jahrzehntelang ein laxer Umgang mit Asbest als »normal«.[202]

Durch Selikoffs Öffentlichkeitsarbeit Mitte der 1960er Jahre und die steigenden Fallzahlen kam Bewegung in die Sache. Zugleich wurde klar, dass Asbestkrebs oft erst dreißig Jahre nach Erstexposition, teilweise noch zeitverzögerter ausbricht.[203] 1970 wurde der Grenzwert – damals MAK-Wert (Maximale Arbeitsplatz-Konzentration) – auf 20 F/cm3 gesenkt, 1973 auf 6 F/cm3 und 1985 auf 2 F/cm3. Nach dem Asbestverbot 1993 wurde ein TRK-Wert auf-

198 Franz Koelsch, a. a. O., S. 226.

199 Karl-Heinrich Bauer: Das Krebsproblem. Einführung in die allgemeine Geschwustlehre für Studierende, Ärzte und Naturwissenschaftler. Zweite völlig neu bearbeitete Auflage. Springer, Berlin / Göttingen / Heidelberg, S. 334 f.

200 Ebenda, S. 505.

201 Gerhard W. Konetzke et al.: Krebserzeugende Faktoren in der Arbeitsumwelt. VEB Verlag Volk und Gesundheit, Berlin 1980, S. 18 ff.

202 http://derstandard.at/2000021843676/Spaetfolgen-von-Asbest-erreichen-erst-ihren-Hoehepunkt

203 Wolfgang E. Höper, a. a. O., S. 182 ff. Auch die folgenden Zahlen beziehen sich auf diese Quelle.

gestellt, d. h. eine Technische Richtkonzentration für krebserzeugende Stoffe, die das Krebsrisiko beispielsweise bei Sanierungsarbeiten zwar nicht ausschalten, wohl aber vermindern sollte. Der TRK betrug 0,25 F/ cm3, immer noch 250.000 F/m3. In einer Arbeitsschicht konnten also bei schwerer Arbeit weiterhin mehrere Millionen Fasern eingeatmet werden. Inzwischen waren sich alle Experten einig, dass damit ein nennenswertes Krebsrisiko verbunden sei. Deshalb wurden weitreichende Schutzbestimmungen erlassen. Neben dem Asbestverbot gilt ein europäischer Toleranzgrenzwert von 0,1 F/cm3, der möglichst weit unterschritten werden soll. Abbruch- und Sanierungsarbeiten dürfen nur mit Vollschutzanzug und Fremdbelüftung durchgeführt werden. Noch während der 1980er Jahre ließen sich führende Wissenschaftler, z. B. Prof. Karl Überla vom damaligen Bundesgesundheitsamt oder Prof. Wilfried Schmähl vom Deutschen Krebsforschungszentrum, für verharmlosende Äußerungen von der Asbestindustrie kaufen.[204] Eternit, andere Unternehmen und gekaufte Wissenschaftler behaupteten bis zuletzt, Asbest sei nicht oder nur gelegentlich krebserzeugend. Leider muss zugleich festgehalten werden, dass auch führende Gewerkschafter und viele Betriebsräte sich dieser Meinung anschlossen, auch weil sie um Arbeitsplätze fürchteten. Das ist eines der dunkelsten Kapitel der deutschen Gewerkschaftsgeschichte. Jenen Gewerkschaftern, die sich innerhalb ihrer Organisationen für ein Asbestverbot einsetzten, wurde das Leben schwer gemacht. Da die Zahl der Asbesttoten Jahr für Jahr stieg, wuchs in den 1980ern die Gewissheit, dass an einem Asbestverbot kein Weg vorbeiführe. Bis zum endgültigen Verbot sollte es noch dauern. Sigbort Dobbertin, damals Wissenschaftler im Umweltbundesamt, erstellte und verantwortete 1980 eine umfängliche Studie zu Asbest, in welcher der asbestbedingte Lungenkrebs in der Bundesrepublik auf 4000 Fälle pro Jahr hochgerechnet wurde.[205] Dobbertin forderte ein schrittweises Asbestverbot, das in der Konsequenz den völligen Verzicht beinhaltete. Die bundesdeutsche Asbestindustrie, allen voran die Firma Eternit, zögerte nicht lange und verklagte das Amt mit dem Versuch, die weitere Verbreitung der wissenschaftlichen Erkenntnisse verbieten zu lassen. Die Industrie war insofern erfolgreich, als es ihr gelang, die Wogen derart aufzupeitschen, dass sich der damalige Bonner Arbeits- und Sozialminister zu einem Machtwort genötigt sah: Er halte ein generelles Asbestverbot für nicht realisierbar und »wegen der damit bewirkten Gefährdung von Arbeitsplätzen auch nicht vertretbar«.[206] Dobbertin verblieb zwar noch einige Jahre im Amt, doch man entzog

204 Egmont R. Koch, a. a. O., S. 182 ff.

205 Umweltbundesamt: Luftqualitätskriterien – Umweltbelastung durch Asbest und andere faserige Feinstäube. Bericht 7/80, Berlin 1080.

206 Zit. nach Egmont R. Koch, a. a. O., S. 187.

ihm schrittweise Zuständigkeiten. Er wurde isoliert und in eine sich verschlimmernde Krankheit gemobbt.[207]

Die Latenzzeit zwischen Exposition und Ausbruch der Krankheit kann Jahrzehnte betragen. Wie auch bei vielen anderen krebserzeugenden Stoffen kann im erkrankten Lungengewebe Asbest – zumindest beim sogenannten Weißasbest – oft nicht mehr nachgewiesen werden. Das Asbest hat sich aufgelöst, doch es hinterlässt seine tödliche Spur: Die Schadeffekte bleiben und wirken weiter. Lungenkrebs ist sehr unspezifisch, er kann sowohl durch Tabakrauch, verschiedene Umwelteinflüsse und schließlich verschiedene Einflüsse am Arbeitsplatz verursacht werden. Auch gibt es hier hochkomplexe Kombinationswirkungen, die zum Teil nicht oder nicht gut erforscht sind. Deshalb ist beim Lungenkrebs die Arbeitsanamnese entscheidend für die Beurteilung der Kausalitätsfrage. Hierzu wurde die Hilfsgröße der »Faserjahre« entwickelt.[208] Wenn eine Person am Arbeitsplatz ein Jahr lang eine Konzentration von einer Faser pro Kubikzentimeter eingeatmet hat, bemisst sich seine über die Zeit angehäufte Exposition auf »ein Faserjahr«. Hat sie die gleiche Konzentration zehn Jahre lang eingeatmet, hat sie zehn Faserjahre abbekommen. Hat sie bei einer Atemluftkonzentration von zehn Fasern pro Kubikzentimeter zehn Jahre lang gearbeitet, hat sie die enorme Menge von hundert Faserjahren abbekommen. Die Größe der Faserjahre wird also im Prinzip durch die Multiplikation der Konzentration mit den Arbeitsjahren ermittelt. Der toxikologische und epidemiologische Erkenntnisstand[209] führte zu einer Schätzung der für die Anerkennung notwendigen Exposition. Diese Schwelle beträgt 25 Faserjahre. Nur wer 25 Faserjahre erreicht oder übersteigt, hat eine Chance auf Anerkennung. Am Beispiel des Asbestlungekrebses lässt sich zeigen, auf welchen Ebenen die aktuellen Auseinandersetzungen um das Berufskrankheitenproblem angesiedelt sind: Zum einen versuchen die Berufsgenossenschaften, die Asbestexposition zu leugnen oder mittels rechnerischer Methoden zu minimieren. Zum anderen versuchen berufsgenossenschaftlich finanzierte medizinische Institute, die krebserzeugende Wirkung des Weißasbests kleinzureden.[210]

Expositionsleugnung soll anhand eines konkreten Falles aus dem Jahr 2013 dargestellt werden.[211] Ein Arbeiter war bei einer Firma beschäftigt, die

207 Pers. Mitteilung Sigbort Dobbertins während eines Fachinterviews zu Grenzwerten, das der Verf. im Rahmen eines Forschungsprojekte des Frankfurter Instituts für sozial-ökologische Forschung mit Herrn Dobbertin im Januar 1990 in Berlin führte.

208 Berufskrankheiten-Verordnung-Empfehlung des Ärztlichen Sachverständigenbeirats – Sektion »Berufskrankheiten«. Bek. des BMA v. 24. April 1996 – IVa 4–45212/18. Bundesarbeitsblatt 6–1996, S. 25–28

209 Festgehalten in: Ebenda.

210 Mehr dazu bei: Wolfgang Hien: Kranke Arbeitswelt, a. a. O., S. 63 f.

211 Die BK-Akte befindet sich bei der Beratungsstelle für Berufskrankheitenfragen der Arbeitnehmerkammer Bremen, beim Landesgewerbearzt der Freien und Hansestadt

Sanierungs- und Entsorgungsarbeiten vorwiegend im Bereich Schiffsreparaturen mit hohen Asbestbelastungen durchführte, also im sogenannten Schwarzbereich. Gearbeitet wurde unter Atemschutz mit Vollmaske der Partikelstufe 3. Der betreffende Arbeiter, aktuell an Lungenkrebs erkrankt, war insgesamt 4,4 Jahre an diesen hochbelasteten Arbeitsplätzen beschäftigt. Er wurde in das korrekte Tragen des Atemschutzes nicht oder nur ungenügend eingewiesen. Die zuständige Berufsgenossenschaft für Transport und Verkehrswirtschaft lehnte die BK mit dem Argument ab, der Versicherte habe mit Vollschutz gearbeitet und könne allenfalls gegenüber 1 Faser pro Kubikzentimeter exponiert gewesen sein, sodass sich lediglich 4,4 Faserjahre ergäben – weit unterhalb der Anerkennungsschwelle. Die Aufsichtsperson bezieht sich auf den berufsgenossenschaftlichen Faserreport, der beim trockenen Entfernen von Spritzasbest eine Konzentration von 300 Fasern pro Kubikzentimeter annimmt.[212] Zugleich wird unterstellt, dass der Atemschutz zu beinahe 100 % funktioniert habe, sodass die Konzentration – einer entsprechenden BG-Regel[213] zufolge – mit einem Faktor von bis zu 400 heruntergerechnet wird. Interessant ist nun, dass der Faserreport von einer wesentlich ungünstigeren Annahme ausgeht: Ihm zufolge beträgt bei geeignetem Atemschutz die Konzentration hinter dem Atemschutz immer noch 10 %. Dann betrüge die kumulative Exposition mehr als 120 Faserjahre. Wenn wir annehmen, dass teilweise feucht gearbeitet wurde, würde sich die Expositionsgröße vermindern, jedoch nicht so stark, dass sie unter die Schwelle von 25 fiele. Nun belegt die Ermittlung des technischen Aufsichtsbeamten durchaus nicht das permanente Tragen des Atemschutzes und schon gar nicht die korrekte Schulung und Wartung. Im Bericht heißt es lediglich, dass der Versicherte bei einem »renommierten Entsorgungsunternehmen« angestellt gewesen und daher von korrekten Arbeitsverhältnissen auszugehen sei. Unwillkürlich kommt hier die Frage auf, wie viele Betroffene mit derartigen Argumenten abgewiesen werden und sich damit abfinden. Es bleibt die Vermutung, dass der geschilderte Fall kein Einzelfall ist und durch solche Interventionen zu einem beträchtlichen Teil zur Dunkelziffer beigetragen wird.

In manchen BK-Fällen leugnen die Berufsgenossenschaften grundsätzlich eine Asbestexposition mit dem einfachen Argument, es existierten keine Betriebsunterlagen mehr. Nicht nur der Kompensationsfall zeigt sein unerfreuliches Gesicht, sondern auch der Präventionsauftrag. Viele Gebäude sind asbestverseucht. Besondere Gefahren ergeben sich, wenn renoviert, saniert,

Bremen (Dr. Frank Hittmann) sowie in anonymisierter Form beim Autor im Forschungsbüro für Arbeit, Gesundheit und Biographie.

212 Hauptverband der gewerblichen Berufsgenossenschaften: BK-Report 1/2007: Faserjahre. Eigenverlag, St. Augustin 2007, S. 159.

213 Deutsche Gesetzliche Unfallversicherung: Regel »Benutzung von Atemschutzgeräten« BGR/GUV-R 190. Eigenverlag, St. Augustin 2009, S. 26 (Tabelle 1).

umgebaut oder abgerissen wird. Jüngstes Beispiel einer geradezu unglaublichen Leichtsinnigkeit von »Führungskräften« ist die landeseigene Fischereihafen-Betriebsgesellschaft in Bremerhaven.[214] Fünzfzig Mitarbeiter, darunter sechs Auszubildende, mussten auf Anweisung der Geschäftsleitung in einer Gewerbeimmobilie Sanierungsarbeiten durchführen, unter anderem Wände und Decken »abkratzen«. Dass diese aus hoch asbesthaltigem Material bestanden, stand zwar eindeutig in einem zuvor erstellten Gutachten.[215] Doch dieses »verschwand«, und die Mitarbeiter arbeiteten fast zwei Monate lang ohne dieses Wissen und ohne jeglichen Schutz. Berufsgenossenschaft und Gewerbeaufsicht sind vom Fall »überrascht«. Die Staatsanwaltschaft ermittelt.

Die Asbestgeschichte ist sowohl hierzulande als auch aus globaler Perspektive längst nicht zu Ende, im Gegenteil: In vielen Schwellenländern gibt es mehr Asbestexposition denn je. Erneut lassen sich Zusammenhänge zu den hiesigen Verhältnissen herstellen. Ein trauriges Beispiel zeigt sich am »Lebenslauf« der Schiffe: Bis in die 1980er wurden Schiffe zumeist in den Werften, in denen sie gebaut oder umgebaut wurden, auch abgewrackt. Dazu gehörte, die Schiffe mittels Schneidbrenner in Einzelteile zu zerlegen, die Stahlteile in Elektrostahlwerke zu verbringen, um sie dort wiederzuverwenden und auch andere Schiffsteile einer Wiederverwertung zuzuführen. Das war keine beliebte Arbeit; sie war unfall- und gesundheitsgefährdend, laut und schmutzig. Als das Asbestproblem immer virulenter wurde und die Arbeitsschutz- und Umweltschutzauflagen stiegen, begann ab Mitte der 1980er die Problemverlagerung nach Indien, Pakistan und Bangladesch. Um die hohen Kosten eines gesundheits- und umweltgerechten Abwrackens zu sparen, wurde das Problem externalisiert. Nach und nach enthüllte sich das Ausmaß dieser Problemverschiebung, ausgelöst durch das Engagement von Menschenrechtsgruppen in den betroffenen asiatischen Ländern. Im November 1998 widmete der *Spiegel* diesem Thema einen ausführlichen Artikel. Alexandra Rigos berichtet: »Deutsche Reedereien verkaufen ihre ausrangierten Schiffe zum Abwracken nach Indien. In Handarbeit zerlegen dort billige Arbeitskräfte die oft asbestverseuchten Wracks. Umweltschützer halten den Schiffsexport für illegalen Giftmüllhandel.«[216] Der Bericht bezieht sich auf die Stadt Alang an der Küste des nordwestindischen Bundesstaats Gujarat. Schon Ende des letzten Jahrtausends arbeiteten dort 35.000 Arbeiter unter erbärmlichen Umständen. Sie zerlegen die Schiffe mit Schweißbrennern, Sägen, Hämmern und bloßen Händen. »Das Abwracken in Asien ist ein klassisches Beispiel für doppelte Standards«, sagt Andreas Bernstorff von Greenpeace, »in Europa wäre es unvorstellbar, Schiffe in Handarbeit ohne jeglichen Arbeits- oder Umwelt-

214 http://www.radiobremen.de/nachrichten/gesellschaft/asbest-bremerhaven100.html
215 http://www.radiobremen.de/gesellschaft/themen/asbestbhv100.html
216 http://www.spiegel.de/spiegel/print/d-8032407.html

schutz zu zerlegen.«[217] Greenpeace schätzt, dass allein in Alang jeden Tag ein Arbeiter tödlich verunglückt – das sind mehr als 300 Arbeiter pro Jahr, allein an einem Abwrackort. »Die Männer werden erschlagen von herabstürzenden Stahlteilen, ersticken an austretenden Gasen oder verbrennen, wenn die Funken der Schweißgeräte Öllachen entzünden oder Treibstoffleitungen in die Luft jagen. Nur wenige Arbeiter tragen Schutzhelme und feste Schuhe, viele klettern in Sandalen auf den Stahlkadavern herum. Auf dem Werftgelände existiert nur ein einziges Löschfahrzeug.« Asbestose, Asbestlungenkrebs und Mesotheliom werden nicht gezählt – die Arbeiter verlassen bei Krankheit den Arbeitsort, kehren in ihre Heimatdörfer zurück und sterben dort. Neben Asbest gibt es massive Expositionen gegenüber Polychlorierten Biphenylen (PCB), Blei, Cadmium, Arsen und Tributylzinn (TBT) in Außenanstrichen – alles Stoffe, welche das Material, aus dem ein Schiff besteht, schützen soll. Es ist, wird es freigesetzt, Gift für den Menschen. »Reine Luft atmen die Arbeiter nie, sie schlafen und essen am Rande des Schiffsfriedhofs. Bis zu acht Männer teilen sich Sechs-Quadratmeter-Hütten in den Dünen, zusammengezimmert aus Abfallholz und Dekorplatten. Strom, fließendes Wasser oder Latrinen gibt es nicht.«[218] Kaum ein Arbeiter wird älter als dreißig Jahre. Wer stirbt, wird nach hinduistischem Ritus am Strand verbrannt – eingehüllt in orangefarbene Lumpen, auf einem Scheiterhaufen aus Abbruchholz der Schiffswracks.

In Indien, Pakistan, Bangladesch, Vietnam und anderen asiatischen Küstenländern arbeiten vermutlich mehrere Millionen Arbeiter in der Shipbreaking-Branche. Trotz der Billiglöhne kann ein ungelernter Arbeiter dabei mehr verdienen als in anderen Branchen. Die Haltung der Arbeiter ist derjenigen der früheren Werftarbeiter in Deutschland ganz ähnlich: »Wenn ich meiner Familie einige Jahre Geld überweisen kann und die Kinder etwas davon haben, bin ich zufrieden – mein eigenes Leben ist nicht so wichtig.« Und: »Wir arbeiten dort, wo wir besser bezahlt werden, selbst wenn wir sterben müssen.«[219] So global Ausbeutung und Gesundheitsverschleiß in ihren jeweiligen nationalen oder regionalen Ausformungen sind, so global ist auch der dominierende Hang zu Fatalismus, wenn gesellschaftliche Veränderungen oder auch nur Veränderungen des politischen Kräfteverhältnisses zwischen Arbeiterklasse und Kapital nicht in Sicht sind. Verbesserte Rechte und Aufklärungsarbeit können einen Rahmen für Gegenwehr schaffen. Der beharrlichen Öffentlichkeitsarbeit von Greenpeace und anderen Nicht-Regierungs-Organisisationen (NGOs) ist es zu verdanken, dass sich das internationale Meinungsbild geändert hat. 2005 veröffentlichte Greenpeace,

217 Ebenda.
218 Ebenda.
219 So einem Feature von Radio Bremen zu entnehmen, zit. in: Wolfgang Hien et al.: Am Ende, a. a. O., S. 113.

die »International Federation for Human Rights« (FIDH) und die Organisation »Young Power in Social Action« (YPSA) eine umfangreiche Studie mit dem Titel »End of Life Ships – The Human Costs of Breaking Ships«.[220] In dieser Studie finden sich lange Listen verunglückter und vergifteter Arbeiter, der Begleitumständen ihres Todes und der Lebensumstände ihrer Familien. Die Autoren und Autorinnen setzen sich Punkt für Punkt insbesondere mit den in Bangladesch und Indien erreichten bzw. noch nicht erreichten Fortschritten auseinander. Bemerkenswert an dieser Studie wie an allen relevanten Aktivitäten zu den grauenhaften Bedingungen des Menschenverschleißes auf den asiatischen Schiffsschrottplätzen ist die Nichtteilnahme von Gewerkschaften, sowohl jener der Herkunftsländer der Schiffe als auch jener, in deren Ländern die Schiffe enden. Dies hat nicht nur mit der mitbestimmten Einbindung in die Kapitalverwertung zu tun, sondern auch mit eklatant undemokratischen Zuständen in den Schwellenländern: »ILO Conventions 87 (Freedom of Association) and 98 (Right to Organise and Collective Bargaining) have still not been ratified by the Indian government. An effective and reliable system of labour inspections, with the participation of elected workers' representatives, has still not been put in place. The government did not take concrete measures to ensure respect of domestic legislation and the Supreme Court Orders. The same counts for India's international human rights commitments in the field of labour rights, including union rights, on the yards.«[221] Diese und weitere Aktivitäten blieben nicht ganz ohne Erfolg. Gemeinsam mit Menschenrechtsorganisationen und gewerkschaftlichen Aktivisten und Aktivistinnen konnte Greenpeace erreichen, der Internationalen Seeschiffahrtsorganisation bei einer Konferenz in Hong Kong 2009 eine Konvention abzuringen, nach der bestimmte Arbeitsschutz- und Umweltschutzstandards beim Abwracken von Schiffen einzuhalten sind. Die Rede ist von der »Hong Kong International Convention for the Safe and Environmentally Sound Recycling of Ships«. Kernpunkt des Übereinkommens ist die Erstellung einer Schadstoffliste, in der Asbest und andere toxische Stoffe wie PCB und TBT erfasst werden müssen. Des weiteren enthält die Konvention Bestimmungen für die Zertifizierung und Auswahl von geeigneten Schiffsrecyclingwerften. Ratifiziert ist freilich die Konvention längst nicht in ausreichendem Maße, um tatsächlich eine Verbesserung einzuleiten. 2014, fünf Jahre nach der Verabschiedung und nach mehrjähriger interner Meinungsbildung im Reedereiverband, schloss sich die EU der Konvention an.[222] Das

220 Erdem Vardar et al.: End of Life Ships – The Human Costs of Beaking Ships. Greenpeace/FIDH, Amsterdam/Paris 2005 (Online verfügbar unter: https://www.fidh.org/IMG/pdf/shipbreaking2005a.pdf).

221 Ebenda, S. 51.

222 http://www.reederverband.de/presse/pressemitteilung/artikel/eu-parlament-stimmt-mit-ueberwaeltigender-mehrheit-fuer-die-umsetzung-des-schiffsrecycling-abkommens.html

bedeutet: Der EU-Rat kann die EU-Mitgliedstaaten zur Ratifizierung auffordern, was wiederum mehrere Jahre dauern kann. Entgegen dem offiziellen Selbstlob des Reedereiverbandes wird auf Zeit gespielt, um so lange wie irgend möglich die mit höheren Kosten verbundene Neuregelung zu vermeiden.

Lösemittelschäden[223] und das Elend der Medizin

Eine Besonderheit durchzieht die Geschichte der Arbeitskrankheiten des 20. Jahrhunderts: Nervenschäden durch langjährige Exposition gegenüber organischen Lösemitteln.[224] Hergestellt zunächst auf der Basis der Kohlechemie – aromatische Kohlenwasserstoffe, hauptsächlich Benzol, Toluol und Xylol –, ab den 1920er Jahren zunehmend auf der Basis von Erdöl – aliphatische und vor allen chlorierte Kohlenwasserstoffe –, wurden Lösemittel in der chemischen Industrie selbst, dann aber zunehmend im Handwerk und in anderen Bereichen wie chemische Reinigungen und Metallindustrie eingesetzt. Produktorientierte Anwendungsgebiete waren und sind Lacke, Farben und Klebstoffe, technische Anwendungsgebiete waren und sind Textilreinigung, Metallentfettung und andere Reinigungs- und Entfettungsverfahren in der Elektroindustrie und vielen weiteren Bereichen, beispielsweise in der Druckindustrie, wo mit Lösemitteln die Druckwalzen gereinigt wurden. Die Besonderheit des Lösemittelthemas liegt in dem Umstand begründet, dass die über Jahrzehnte übliche offene Arbeitsweise überwiegend außerhalb der chemischen Industrie stattfand, wo chemisches und toxikologisches Wissen grundsätzlich fehlte. Die Chemieindustrie lieferte die Mittel mit hervorra-

223 Im Folgenden benutze ich den Begriff »Lösemittel« synonym für den Begriff »Lösungsmittel«.

224 Im deutschsprachigen Raum gibt es relativ wenige Übersichtsarbeiten zu diesem Thema, und diese erst seit Mitte der 1980er Jahre, so z. B. Rainer Bohne-Matusall / Lothar Lißner: Nervenschäden durch Lösemittel. In: Gine Elsner: Muss Arbeit krank machen? VSA, Hamburg 1986, S. 16–41; Werner Maschewsky: Nervenschädigung am Arbeitsplatz. Edition Sigma, Berlin 1988; derselbe: Psychisch gestört oder arbeitsbedingt krank? Werkstattbericht Hans Böckler Stiftung, Düsseldorf 2000; Rainer Frentzel-Beyme / Ingrid Domitzlaff: Studie über die Epidemiologie lösemittelbedingter Erkrankungen. Erich Schmidt, Berlin 1995; Wolfgang Hien: Schädigungen des Zentralnervensystems durch Lösemittel – Stand der Diskussion und Hinweise für die sozialmedizinische Praxis. In: abekra aktuell, Zeitschrift des Verbandes arbeits- und berufsbedingt Erkrankter e. V., Nr. 10/11, 1995, S. 47–53. Zur Entwicklung des internationalen Erkenntnisstandes: Juhani Juntunen (Hg.): Occupational Neurology. Acta Neurologica Scandinavica, Supplementum 92, Volume 66, 1982; derselbe / Matti Haltia: Polyneuropathies in Occupational Neurology: Pathogenetic and Clinical Aspects. In: Juhani Juntunen, a. a. O., S. 59–73; Peter Arlien-Soborg: Solvent Neurotoxicity. CRC Press, Boca Raton 1992; National Research Council: Environmental Neurotoxicology. National Academies Press, Washington D. C. 1992.

genden Löseeigenschaften, die technisch erwünscht und willkommen waren. Sie lieferte aber kaum Informationen zu den gesundheitsschädlichen Eigenschaften und schon gar nicht zu Schutztechniken für geschlossene Umgangsweisen oder angemessene Absauganlagen. Lösemittel haben einen hohen Dampfdruck, und die Konzentration in der Atemluft erreicht schnell die Grenze, über der das menschliche Nervensystem angegriffen wird. Lösemittel gehen, da sie »fettliebend« sind, zudem leicht durch die Haut und können so schnell in den Blutkreislauf gelangen. Die Besonderheit des Themas »Lösemittelschäden« ist zugleich eine des jahrzehntelangen Versagens der Medizin. Die Arbeitsmedizin der Nachkriegszeit – Ludwig Teleky war vertrieben wie viele andere jüdische Sozialmediziner auch – glänzte mit verharmlosenden und durchweg industriefreundlichen und opferverhöhnenden Stellungnahmen, die Toxikologie wollte oder konnte die Brisanz des Themas nicht erfassen, und die meisten Vertreter der Neurologie und Psychiatrie gefielen sich in gebildeter Ignoranz, psychoanalytischen Umdeutungen und abschätzigen Gutachten. Genaue Zahlen gibt es nicht, aber die weite Verbreitung der Lösemittel in der Nachkriegszeit lässt die Vermutung zu, dass alleine in Deutschland und Österreich Hunderttausende von Menschen schwere Schädigungen erlitten. Dass Lösemittel Blut-, Leber- und Nierenschädigungen erzeugen können, wurde nicht bestritten, wohl aber, dass Lösemittel auch das Nervensystem angreifen und als Folge dessen sich nach jahrelanger hoher Exposition schwere Gehirnschäden (Enzophalopathien) entwickeln können, die auch nach Expositionsende weiter fortschreiten. In vielen Bereichen der deutschsprachigen Medizin wird diese Tatsache bis heute ignoriert oder geleugnet.

1946 hat der ungarische Fabrikarzt Franz Borbély seine eigenen Beobachtungen sowie die von anderen Ärzten publizierten Kasuistiken systematisch ausgewertet, mit der Schlussfolgerung, dass Lösemittel »grobe organische Veränderungen im Gehirn« verursachen können.[225] Symptomatisch seien Störungen des Gedächtnisses, des Denkens und der Affektivität – Leitsymptome eines »psychoorganische(n) Syndroms«. Aus heutiger Sicht beschreibt Borbély das Krankheitsbild der toxischen Enzephalopathie recht genau, ohne dass er diesen Begriff hätte kennen können. Ludwig Teleky referiert in seiner 1955 erschienenen Monographie[226] den bis dahin bekannten Erkenntnisstand – und der war beachtlich. Wohl bekannt waren die subchronischen Symptome beispielsweise bei Toluol und Xylol: Benommenheit, Schwindel, Übelkeit, Taubheits- und Lähmungserscheinungen und weitere dem »Rausch« bis hin zur »Narkose« ähnelnde Zustände.[227] Bedenklicher seien, so Teleky,

225 Franz Borbély: Erkennung und Behandlung der organischen Lösungsmittelvergiftungen. Huber, Bern 1946.
226 Ludwig Teleky: Gewerbliche Vergiftungen, a. a. O.
227 Ebenda, S. 288.

Symptome wie »Psychose mit Erregbarkeit, Ängstlichkeit, Parästhesien,[228] Halluzinationen«.[229] Berichtet wurde auch von anhaltendem Zittern, Bewusstseinsstörungen und Vergesslichkeit. Teleky erkennt daher »vor allem eine Wirkung auf das Zentralnervensystem«.[230] Seine Ausführungen lassen vermuten, dass er an chronische Wirkungen dachte, denen eine hirnorganische Schädigung zugrunde liegt.[231] Im Falle von Trichlorethylen-Expositionen spricht er von Störungen der Gehirnnerven, die sich beispielsweise als Lähmung des Gesichtsnervs äußern können.[232] Im gleichen Jahr, in dem Telekys Mongraphie erschien, wurde in Dresden eine arbeitsmedizinische Tagung abgehalten, veranstaltet von der damals noch gesamtdeutschen Gesellschaft für Arbeitsmedizin. Hauptthema: »Berufliche Erkrankungen durch Lösemittel«.[233] Der Haller Betriebsarzt Heinrich Gattner – im Chemiedreieck Halle-Bitterfeld-Leuna wohlvertraut mit den Gesundheitsgefahren der Chemie – berichtete von einem Fall einer tödlich verlaufenden chronischen Lösemittvergiftung.

»Der Patient war ein Mann von 43 Jahren, dessen Beschwerden im Februar durch Nachlassen der Gehfähigkeit begannen. Im April desselben Jahres traten erstmalig Muskelzittern in den Beinen, zunehmende Müdigkeit und Schwäche im ganzen Körper beim Gehen auf, ferner starke Schweißausbrüche bei körperlichen Anstrengungen, beginnende Lähmungserscheinungen zunächst vorübergehender Art im rechten Bein, die sich aber im Laufe der Zeit immer mehr verstärkten. Der Patient war Tischler von Beruf. Von September vergangenen Jahres bis zu seiner Erkrankung im April dieses Jahres hat er ständig und immer und unter Außerachtlassung aller Schutzmaßnahmen in geschlossenen Räumen Möbel poliert. Die Politur enthielt 12 verschiedene Lösungsmittel. Angefangen von den Alkoholen, vom Methylalkohol bis zum N-Butanol, 3 verschiedene Ester, Aceton, Lackbenzin, Cyclohexanon, Methylcyclohexanon.«[234]

Der engagierte Betriebsarzt Gattner konnte nichts mehr für den Schwerkranken tun. Der Tischler starb noch im Verlauf des Jahres. Gattner diagnostizierte eine sich verschlimmernde, aufsteigende Rückenmarkslähmung, die zum Tod führte. Der Fall zeige, dass Hinweise und Aufklärung alleine nicht

228 Parästhesien sind Missempfindungen wie z. B. Kribbeln, Ameisenlaufen, Brennen oder Taubheit.

229 Ebenda, S. 290.

230 Ebenda, S. 291.

231 Ebenda, S. 255

232 Ebenda.

233 Ernst Holstein (Hg.): Berufliche Erkrankungen durch Lösemittel und andere arbeitsmedizinische Probleme. Johann Ambrosius Barth, Leipzig 1957.

234 Heinrich Gattner: Zentralnervöse Störungen durch einige Lösemittel. In: Ernst Holstein, a. a. O., S. 15–24.

genügten, es müssten, so Gattner, dringend durch technische Innovationen Möglichkeiten geschaffen werden, die derartige Schädigungen ausschlössen, so beispielsweise wasserbasierte Lösungsmittel. Die Warnungen und Forderungen Gattners verhallten, und es dauerte noch einmal mehr als zwei Jahrzehnte, bis Bewegung in die Sache kam. Der Anstoß kam aus Dänemark, wo ab Ende der 1970er Jahre lösemittelbedingte Gehirnschäden bei Malern, Lackierern und Druckern als Berufskrankheit anerkannt wurden. In den skandinavischen Ländern war die Forschung in den 1970er Jahren deutlich fortgeschritten.[235] Elektronenmiskroskopische Aufnahmen zeigten, dass die fettreichen Ummantelungen der Nervenleitbahnen durch Lösemittel angegriffen und teilweise weggelöst wurden; kernspintomographische und später weitere tomographische Methoden konnten die Schrumpfung bestimmter Hirnareale feststellen. Ein *Stern*-Bericht von 1984 berichtete von Berufskrankheiten in Dänemark und erfand den Begriff der »dänische(n) Malerkrankheit«.[236] Nun wurde klar, dass nicht nur neurologische Erkrankungen wie Intelligenzverlust, präsenile Demenz, Multiple Sklerose und Morbus Parkinson, sondern eine ganze Reihe psychiatrischer Krankheitsbilder in chronischer Lösemittelexposition ihre Ursache haben könnten: Angststörungen, Psychosen, Wahnvorstellungen, schwere Depressionen, kompletter Verlust der Impulskontrolle und Depersonalisation. Aus einer Vielzahl von Fallbeschreibungen wissen wir: Lösemittel und andere Nervengifte führen nach lang anhaltender chronischer Exposition, vermittelt über gehirnorganische Schäden, zu einem inneren Verlust des Körpers, sei es durch ein Wegdriften des Geistigen, sei es durch eine Trennung von Kopf und Gliedern, sei es durch das Gefühl des inneren und äußeren Zerfalls. Die Gefühlslage ließe sich wie folgt umschreiben: Zwischen mir und der Welt schiebt sich eine Mauer, durch mich hindurch schieben sich Schwerter, die mich zerteilen und zerstreuen, meine Wahrnehmung wird gestört und verfälscht, und ich erreiche mit dem, was ich will, nicht einmal mein Handlungszentrum – alles wird mir fremd, ich selbst und die Welt »da draußen«. Leibtheoretisch ließe sich sagen: Der Leib verliert seinen Körper, mein Leib verkümmert, das Körperding gehört mir nicht mehr, und wer ich bin, entzieht sich immer weiter meiner Erinnerung. Unbestritten spielt auch die Persönlichkeit des/der Betroffenen eine Rolle – das zeigt sich schon in der Vielfältigkeit der pathischen Ausformungen der Lösemittelkrankheit. Sehr arbeitsorientierte, ehrgeizige und zwanghafte Menschen laufen Gefahr, sich besonders stark den Belastungen auszusetzen, besonders lange Frühsymptome zu verleugnen und zu verdrängen, die Krankheit nicht wahrhaben zu wollen. Womöglich modifizieren spezifische Selbst- und Körperbilder, die sich in den neuronalen Netzwerken »festgesetzt« haben, den Krankheitsverlauf.

235 Peter Arlien-Soborg, a. a. O.
236 Reinhard Bohne-Matusall / Lothar Lißner, a. a. O., S. 19.

Ab Mitte der 1980er Jahre hätte auch in Deutschland und Österreich die Neurotoxizität von Lösemitteln in den medizinischen Wissensbestand eingehen müssen. Dass dieser Prozess kein leichter würde, war zu erwarten. Was tatsächlich geschah, ist bemerkenswert: Die hiesige Industrie, Arbeitsmedizin, Neurologie und Psychiatrie überschlugen sich geradezu in ihrem Bemühen, die skandinavischen Erkenntnisse herunterzuspielen und für irrelevant zu erklären. Eine Malerkrankheit gebe es in Deutschland und Österreich nicht, so der Tenor. Die Argumente waren zahlreich: In Skandinavien seien die Arbeitsverfahren rückständig, Maler und Lackierer »von zu Hause aus weniger intelligent«, sie neigten zu Alkoholmissbrauch und seien anfällig für psychische Störungen.[237] Auch auf der Ebene wissenschaftlicher Studien versuchte man, das Heft wieder in die Hand zu bekommen.[238] So wurden beispielsweise Lackierer mit Kfz-Mechanikern verglichen, die täglich ungeschützt mit Benzin hantieren. In psychoneurologischen Tests ergaben sich keine Unterschiede. Benzin ist ein Lösemittelgemisch und hautgängig. Allein der Umstand, mit Benzin die verölten Hände zu waschen, kann zu Blutkonzentrationen führen, die weit über dem Grenzwert liegen. Ein solcher Vergleich ist also unsinnig und vor dem Hintergrund seines Zweckes geradezu böswillig. Hinzu kommt: Die Expositionsdaten waren nicht repräsentativ, da nur Personen in freiwillig gemeldeten Betrieben untersucht wurden. Zudem eignen sich Querschnittstudien wie diese nicht für Aussagen zu chronischen Schädigungen des Zentralnervensystems. Das können alleine retrospektive – in der Rückschau die gesamte Arbeitsbiographie des Betroffenen erfassende – Längsschnittstudien. In den deutschsprachigen Lehrbüchern der Toxikologie und Arbeitsmedizin bleibt das Thema der Nervenschäden durch Lösemittel weitgehend ausgespart.[239] Das Desinteresse der Arbeitsmedizin spiegelt sich in der arbeitsmedizinische Begutachtungspraxis.[240] So ist es kaum verwun-

237 So Prof. Gerhard Triebig, Ordinarius für Arbeitsmedizin an der Universität Heidelberg, in einem Streitgespräch mit dem Verfasser im Rahmen der »Fachtagung über Gefahren sowie Möglichkeiten zu deren Vermeidung und Verringerung beim Lackieren und Kleben« des Journals für Oberflächentechnik (JOT) am 28. November in Ottobrunn bei München. Der Vortrag des Verfassers ist publiziert: Wolfgang Hien: Gesundheitliche Risiken beim Lackieren und Kleben. In: JOT – Journal für Oberflächentechnik, Jg. 32, 1992, Heft 12, S. 30–33.

238 Gerhard Triebig et al.: Erlanger Malerstudie. Gentner, Stuttgart 1986; Michael Nasterlack et al.: Heidelberger Malerstudie. Gentner, Stuttgart 1997

239 In seinem Lehrbuch erwähnt Dennis Nowak (Arbeitsmedizin und klinische Umweltmedizin. Urban und Fischer, München 2010, S. 92) das Zentrale Nervensystem als mögliches Zielorgan, doch Hinweise auf enzephalopathische Erscheinungen und Symptome fehlen. Xaver Baur (Arbeitsmedizin. Springer, Berlin 2013, S. 97 f.) widmet dem Thema immerhin eine Seite.

240 Dieses Beispiel sowie weitere Beispiele stammen aus der Beratungsarbeit des Verfassers. Die kritisierten medizinischen Gutachten befinden sich im Privatarchiv Dr. Wolfgang Hien, Forschungsbüro für Arbeit, Gesundheit und Biographie.

derlich, dass die deutschsprachige Neurologie und Psychiatrie zu Lösemittelerkrankungen nichts zu sagen hat. Die medizinische Fachwelt verschließt sich hierzulande geradezu systematisch der Frage, ob eine Parkinsonerkrankung bzw. eine parkinsonähnliche Erkrankung – also Muskelzittern- und starre, Bewegungseinschränkungen und Haltungsinstabilität – durch Lösemittel erzeugt sein könne. Zwar berichtet beispielsweise die Ärzte-Zeitung[241] von Erkenntnissen zu lösemittelbedingter Parkinsonkrankheit, doch ändert das an der neurologischen und psychiatrischen Befund- und Gutachterpraxis kaum etwas. Ebenso verhält es sich mit der Multiplen Sklerose, die sich in schubartig fortschreitenden Missempfindungen, Muskelkrämpfen, Bewegungseinschränkungen und Lähmungserscheinungen äußert: Lösemittelexposition erhöht das MS-Risiko um das zwei- bis fünffache.[242] In den Lehrbüchern der Neurologie und der Klinischen Neuropsychologie findet sich auch

darüber nichts. Eine arbeitsbedingte Neurotoxizität liegt außerhalb der Vorstellungswelt der Schulmedizin. Entsprechend dürftig und armselig sieht die neuro-psychiatrische Begutachtungspraxis aus.

Im Folgenden seien aus der Fülle von Berufskrankheiten-Verfahren, die Lösemittelschäden zum Gegenstand hatten und fast ausnahmslos gegen die Betroffenen entschieden wurden,[243] zwei beispielhafte Fälle[244] gegriffen:

Begutachtungs-Beispiel 1: Es geht um die Begutachtung eines an Parkinson schwer erkrankten Patienten, der dreißig Jahre lang Metallteile an einer offenen Trichlorethylen-Wanne entfettet hat. Auf achtzig Seiten lässt sich ein Professor der Arbeitsmedizin darüber aus, dass ein Zusammenhang im Prinzip zwar möglich sei, aber die damalige Belastung nicht sehr hoch gewesen und daher die Erkrankung keine beruflich verursachte sein könne. Begründet wird dies zunächst mit dem Argument, die Wanne habe eine seitliche Absaugung gehabt. Doch ist in der technischen Arbeitshygiene seit langem bekannt, dass derartige Absaugungen wenig effektiv sind. Das scheint auch dem Gutachter klar zu sein, denn er legt ein noch viel stärkeres Gewicht auf sein zweites Argument: Es sei nicht möglich und nicht denkbar, dass ein Mensch über 30 Jahre in Konzentrationen gearbeitet habe, die eine solche Erkrankung erklären könn-

241 http://www.aerztezeitung.de/medizin/krankheiten/neuro-psychiatrische_krankheiten/morbus_parkinson/article/679412/parkinson-durch-loesungsmittel.html

242 Ann-Marie Landtblom: Exposure to Organic Solvents and Multiple Sklerosis. In: Neurology, Volume 49, Supplementum 2, 1997, S. S70-S74.

243 Vgl. die vom Verband der arbeits- und berufsbedingt Erkrankten dargelegten Fälle: http://berufskrank.de/Berufskrankheiten/Risikobereiche_Risikostoffe_allgemein/Metall_Loesemittel/vogel-nervenkrieg_gg_loesemittelopfer.pdf

244 Die Beispiele stammen aus der Beratungsarbeit, die der Verfasser am Zentrum für Sozialpolitik der Universität Bremen zwischen 1996 und 1998 durchführte. Die in Rede stehenden medizinischen Gutachten befinden sich im Privatarchiv Dr. Wolfgang Hien, Forschungsbüro für Arbeit, Gesundheit und Biographie.

ten. Dazu seien extrem hohe Konzentrationen nötig, die dem Menschen fortlaufend in pränarkotische Zustände brächten. Unter solchen Umständen aber sei eine qualifizierte Arbeit unmöglich. Das wisse er als Arbeitsmediziner aus langjähriger Erfahrung. Das hätten ihm auch praktisch tätige Betriebsärzte bestätigt. Zudem sei die klagende Person über all die Jahre hinweg nicht arbeitsunfähig geworden. Daher könne die Lösemittelbelastung nicht besonders hoch gewesen sein, wahrscheinlich habe der Klagende sich gar nicht so häufig an der Wanne aufgehalten.[245]

Der Gutachter ergeht sich in einer Kette von Vermutungen. An entscheidenden Punkten flüchtet er sich in »das Argument aus der Autorität«[246] – eine oftmals hilflose Form der Rechtfertigung des eigenen Nichtwissens. Ein ebenso verblüffendes wie unverschämtes Argument ist jenes der nicht nachweisbaren Arbeitsunfähigkeit. Die Tatsache, dass jemand die Zähne zusammengebissen, über viele Jahre hinweg in diesem Betrieb weitergearbeitet, sich möglichst selten krank gemeldet und die Arbeit in irgendeiner Weise bewältigt hat, wird in dieser Argumentation umgedreht und gegen den Geschädigten gewendet.

Begutachtungsbeispiel 2: Ein ehemals im Gartenbau Beschäftigter hat jahrelang Geräte mit Benzin und verschiedenen Verdünnern gesäubert und regelmäßig seine verölten Hände und Arme mit Lösemitteln gereinigt. Er entwickelte Symptome einer Parkinsonkrankheit, die sich zugleich mit Symptomen einer Multiplen Sklerose und einer präsenilen Demenz vermischten. Besonders einschränkend war ein zeitweise auftretender fast vollständiger Verlust des Kurzzeitgedächtnisses. Die vielen Einschränkungen ließen den Patient daran denken, sein Leben durch Suizid zu beenden. Aufgrund starker Ängste lehnte er eine apparative hirnorganische Untersuchung ab. Er »landete« schließlich in einer psychiatrischen Klinik. Der leitende Arzt verfasste im Auftrag des Sozialgerichts ein mehr als hundert Seiten umfassendes Gutachten. Kernthemen: Der Patient leide an einer »endogene(n) Persönlichkeitsstörung, in die Zwangsvorstellungen, Wahnvorstellungen und eine Neigung zu schweren depressiven Episoden« eingingen. Seine »Rentenneurose« zwinge ihn unbewusst zur Somatisierung seiner inneren Konflikte. Die neurologischen Symptome seien daher als »psychogene Somatisierung« anzusehen, die wahrscheinlich kein organisch-pathophysiologisches Korrelat besäßen. Die Zwangsvorstellungen zeigten sich allein daran, »dass der Patient mit einem Koffer voller Akten angereist ist und während der psychiatrischen Exploration sich andauernd Notizen« mache. Die »Vermutung einer tiefen endogenen Verwurzelung« seiner Störungen lasse sich

245 Durch bezeugende frühere Arbeitskollegen gab es an der Aussage des Erkrankten, fast durchgehend an der Wanne gearbeitet zu haben, keinen Zweifel.

246 Vgl. Wesley Salmon: Logik. Reclam, Stuttgart 1983, S. 184

durch den Umstand objektivieren, dass bereits der Großvater und auch ein Onkel Selbstmord begangen hätten. Es folgen Ergebnisse aus psychologischen Tests. Auf Fragen zur Arbeitssituation wird nicht eingegangen, obwohl der Betroffene immer wieder darauf zu sprechen kam.[247]

Dieses Gutachten sagt viel über das Elend der Medizin aus. Hier werden psychoanalytische und erbbiologische Mythen wild durcheinander gemischt, angereichert mit alltagspsychologischen Vorurteilen und einer offensichtlichen Ignoranz gegenüber Themen, welche Arbeitssituation und Belastung durch nervenschädigende Stoffe betreffen. Das Gutachten sagt viel über die Angst des Gutachters aus, etwas zu Fragen der Neurotoxizität sagen zu müssen – zu einem Thema, über das er schlichtweg nichts weiß und auch nichts wissen will. Dass die Berufsgenossenschaft den Geschädigten psychiatrisiert, hängt auch damit zusammen, dass er sich einer großapparativen Diagnostik verwehrt. Das wird ihm als Verletzung seiner Mitwirkungspflicht ausgelegt. Unterstellt wird stillschweigend, dass diese Art der Diagnostik klaren Aufschluss über die Krankheitsursachen geben könnte. Das ist mitnichten der Fall. Der Arbeitsmediziner Xaver Baur gibt zu bedenken: »Wichtig hinsichtlich einer durch chronische Exposition gegenüber Lösungsmitteln ausgelösten Enzephalopathie ist, dass ein Beweis durch apparative Diagnostik oder charakteristische Laborparameter im Allgemeinen nicht möglich ist. Diese verfahren dienen vielmehr der Ausschlussdiagnostik. Wegweisend sind Krankengeschichte, vor allem der Krankheitsverlauf, Arbeitsplatzbeschreibung und psychischer Befund sowie Länge und Höhe der Exposition.«[248]

In den 1990er Jahren finden verstärkte Bemühungen statt, Produkte, die organische Lösemittel enthalten, durch wasserbasierte Produkte zu ersetzen. Für Entfettungs- und Reinigungsverfahren wurden geschlossene Techniken entwickelt oder nach und nach auf weniger schädliche Stoffe umgestellt. So lassen sich beispielsweise Druckwalzen mit Rapsöl genauso effektiv reinigen wie mit Toluol. Anstöße kamen aus dem skandinavischen Raum. 1997 wurde die toxische Enzephalopathie in die deutsche Liste der Berufskrankheiten aufgenommen.[249] Das dazugehörige amtliche Merkblatt enthielt allerdings grob fehlerhafte Angaben, etwa die Aussage, dass die Krankheit sich nach Expositionsende bessere. Das tut sie oftmals nicht, sie kann sich ganz im Gegenteil auch weiter verschlechtern. Das wurde in einem korrigierten Merkblatt 2006 klargestellt.[250] Dennoch gibt es kaum BK-Anzeigen und noch weniger BK-An-

247 Mitteilung des Erkrankten an den Verfasser.

248 Xaver Baur: Arbeitsmedizin, a. a. O.

249 Axel Muttray: Wie die »Enzephalopathie durch organische Lösungsmittel oder deren Gemische« in die Berufskrankheitenliste kam. In: Detlev Jung / Klaus-Dieter Thomann (Hg): Ist das Berufskrankheitenrecht noch zeitgemäß? Gentner, Stuttgart 2002, S. 215–224.

250 http://www.baua.de/de/Themen-von-A-Z/Berufskrankheiten/pdf/Merkblatt-1317.pdf?__blob=publicationFile

erkennungen.[251] Auch wenn die Zahl extrem Exponierter durch die technische Entwicklung abgenommen hat, muss von einer nach wie vor bestehenden Exposition in prekären Arbeitssituationen ausgegangen werden, so z. B. in Logistik-, Transport- und Reinigungsbereichen, in der Bau- und Reparaturbranche, in kleinbetrieblichen Spezialfertigungen und in vielen Handwerksbereichen. Betroffene kommen mit psychoneurologischen Erkrankungen zum Arzt und werden in der Regel psychiatrisiert – teilweise aus Unkenntnis, teilweise aus Ignoranz, teilweise auch wegen massiver Vorurteile gegenüber körperlich arbeitenden Menschen. Sie werden gleichsam intuitiv als »weniger wert« eingestuft, d. h. als Menschen, denen implizit ein gutes Stück Menschenwürde abgesprochen wird, in der Annahme, sie wären etwas wie »belebte Werkzeuge«[252], die zum Vorteil anderer vernutzt werden dürften. Die Weichenstellung der »Sozialdiagnose«[253] versperrt den Lösemittelerkrankten – diese stehen pars pro toto, d. h. als Teil für alle in körperlich hoch belastenden und auszehrenden Arbeitssituationen Erkrankten – die Errungenschaften des Sozialstaates. Aus Sicht der Betroffenen verflüchtigt sich jener zur Sozialstaatsillusion.

Jenseits aller Romantik: Industrielle Frauenarbeit[254]

Familienpolitik und tradierte familiäre Rollenbilder der christlich orientierten Volksparteien der Nachkriegsära konnten und können nicht darüber hinwegtäuschen, dass Frauen massenhaft zur Fabrikarbeit gezwungen waren.[255] Un- und angelernte Arbeit war allgegenwärtig, und wer als junge Frau den »Aufstieg ins Büro« schaffte, merkte bald, dass sie keinesfalls dem

251 http://www.dr-merz.com/resources/bk-1317Nachlese.pdf; aktuelle Zahlen finden sich unter: http://www.dguv.de/medien/inhalt/zahlen/documents/dguvstatistiken2015d.pdf

252 So wurden in der Antike die Sklaven bezeichnet.

253 Paul Lüth: Medizin in unserer Gesellschaft. VCH, Weinheim 1986, S. 147 ff.

254 Entscheidende Anregungen und Hinweise zu diesem Kapitel verdanke ich Gudrun Funk, mit der ich auch weitere Teil der vorliegenden Arbeit diskutieren konnte.

255 Gerhard Wurzbacher / Walter Jaide / Renate Wald / Hasso von Recum / Marlies Cremer: Die junge Arbeiterin. Juventa, München 1958; Regina Becker-Schmidt / Gudrun-Axeli Knapp / Beate Schmidt: Eines ist zuwenig – beides ist zuviel. Erfahrungen von Arbeiterfrauen zwischen Familie und Fabrik. Neue Gesellschaft, Bonn 1984; Anna-Elisabeth Freier (Hg.): Frauen in der Geschichte, Band V: Das Schicksal Deutschlands liegt in der Hand seiner Frauen. Schwann, Düsseldorf 1984; Birgit Bolognese-Leuchtenmüller: Frauen der ersten Stunde 1945–1955. Europa, Wien 1985; Klaus-Jörg Ruhl: Verordnete Unterordnung. Berufstätige Frauen zwischen Wirtschaftswachstum und konservativer Ideologie (1945–1963). Oldenbourg, München 1994; Renate Meyer-Braun: Alltag im Wirtschaftswunder. Bremer Werftarbeiterfamilien in den 50er Jahren. Temmen, Bremen 2001; Hartmut Kaelble et al.: Sozialgeschichte der DDR, a. a. O., dort insbesondere Kapitel IV: Geschlechter, Generationen und Krise; Sigrid Schneider: Frauen im Revier. Emons, Köln 2015.

Taylorismus entkommen war. Frauenarbeit im Wirtschaftswunderland war kein Zuckerschlecken. In allen Bereichen, Produktion, Handel und Verwaltung, waren die Determinanten die gleichen: Unterordnung, Disziplin, Monotonie, physische und psychische Zwangsverhältnisse. 1958 waren von insgesamt 24 Millionen Erwerbstätigen 9 Millionen Frauen,[256] wobei als Hauptbranchen, neben der klassischen Textilindustrie, insbesondere die elektrotechnische Industrie ihren rasch wachsenden Arbeitskräftebedarf mit dem Zugriff auf die weibliche industrielle Reservearmee decken konnte. Es entwickelte sich eine verwickelte, verlogene und verschämte Kultur der Doppelbödigkeit von Berufs- und Familienpflichten. Die Arbeiterin musste Geld verdienen, weil das Geld des Mannes nicht reichte, und die Arbeiterin hatte zugleich die Verantwortung für Kindererziehung, Familienklima und Pflege der Alten und Gebrechlichen – eine Verantwortung, der sie nur zum Teil, mit stellenweise grotesken Defiziten und immer mit einem grundsätzlich schlechten Gewissen nachkommen konnte. Wo die Großmutter oder Nachbarn für die Kinderbetreuung fehlten, blieb den Kindern »die Straße«. Kleinkinder wurden oft alleine gelassen und mit Mohn oder Alkohol »ruhig gestellt«. Millionen von jungen Frauen gerieten in einen Zustand der Dauererschöpfung und Verzweiflung. Die Schwemme an Bildbänden über die »schönen 50er Jahre« blenden systematisch das Elend aus, auf dessen Grundlage die Landschaften der Wirtschaftswunderwelt ihren Blütenschein entfalteten. Waren die Männer mit Kohle, Stahl, Maschinen und Automobilbau beschäftigt, so produzierten die Frauen Lebensmittel, Kleider, Radios und die ersten Fernsehgeräte. Überall entstanden sogenannte »Jugendbänder«, an denen 14- bis 18-jährige Mädchen »angelernt« wurden, die in Wirklichkeit meist volle Arbeitsleistung bringen mussten. Vor dem Hintergrund der mächtigen ideologischen Bilder war für die Mädchen und Frauen ein körperlicher und seelischer Anfangsschock unausweichlich, der systematische betriebspädagogische Anpassungstechniken auf den Plan rief. In einer zeitgenössischen Studie heißt es: »Ermüdung, gar restlose Erschöpfung, Kopf-, Rücken-, Fuß-Schmerzen, Sehnenscheidenentzündungen, Übelkeit und Schwindel waren bei vielen die Reaktionen auf Arbeitstempo und Tagesarbeitsdauer, auf das ständige Stehen, die Monotonie der Verrichtung, auf Lärm, Hitze, Staub, Gestank bei mangelnder Lüftung, auf die unübersehbaren Größenverhältnisse im Betrieb.«[257] Arbeitssoziologische Forscherinnen beschrieben noch bis in die 1960er Jahre all diese »Schwierigkeiten«, ohne dass in dieser Sozialforschung ein emanzipatorischer Impuls erkennbar gewesen wäre. Der Fokus lag ganz darauf, Hinweise auf verbesserte Sozialtechniken zu liefern, um Reibungsverluste, Krankheitsausfälle und aufgrund der Verhältnisse sich abzeichnende psychischen Devianzen abzumildern.

256 Klaus-Jörg Ruhl, a. a. O., S. 289.
257 Gerhard Wurzbacher et al: Die junge Arbeiterin, a. a. O., S. 67.

Der gegenwärtige wissenschaftliche und journalistische Boom an Biographieforschung, genauer: an der Sammlung autobiographischer Erinnerungen, zeigt leider eine hochgradig ins Positive verzerrte Sicht der Dinge. So zeigen Veröffentlichungen des Instituts für Wirtschafts- und Sozialgeschichte der Universität Wien und entsprechender Arbeitsgruppen der österreichischen Arbeiterkammer[258] ähnlich vergleichbaren deutschen Veröffentlichungen[259] vorwiegend die schönen Seiten des sogenannten Wirtschaftswundes auf und erzählen die nach anfänglichen Schwierigkeiten sich manifestierenden Erfolgsgeschichten starker Persönlichkeiten. Wo aber bleiben die an Zahl und Bedeutung relevanten Geschichten der angeblich Schwächeren, wo bleiben die Geschichten des Scheiterns, die Geschichten enttäuschter Lebensträume, die Geschichten körperlicher und seelischer Zerrüttung, die Geschichten des Widerstandes und der kämpferischen Auseinandersetzungen? Die Neuerkrankungsrate an psychischen Störungen, insbesondere an schizoiden Psychosen, lag in der Arbeiterklasse – insbesondere bei Arbeiterinnen – um ein Vielfaches über dem Durchschnitt der Allgemeinbevölkerung.[260] Hiervon biographische Zeugnisse zu bekommen, ist selbstredend viel schwieriger.

Wie alles anfing, ließe sich fragen, und selbst bei jenen Lebensgeschichten, die sich am Erfolg entlang hangeln, hören wir von der Härte des Beginns. Elfriede Hochherr fing Anfang der 1960er Jahre in einer Metallwarenfabrik im niederösterreichischen Mostviertel als Hilfsarbeiterin an. Ausführlich erläutert sie, wie bestimmte Bohrungen einmal mit und einmal ohne Bohröl durchgeführt werden mussten:

> »Ohne Öl wurde auch der Tisch geputzt und außerdem die heißen Späne von der Hand gewischt – dies wieder mit Milch, zum Kühlen. An den Schmerz der mitunter entstehenden Brandbläschen gewöhnte man sich. (…) Angebrochene Bohrer – was ging, wurde wieder geschliffen, das kostete Zeit. Weggeflogene Lehren – danach brauchte man einen neuen Bohrer; und im Bohrer verfangene und von der Lehre abgehobene Werkstücke – da diese sehr dünn und scharfkantig waren, hielt das kein Finger

258 Sabine Lichtenberger / Günter Müller: Arbeit ist das halbe Leben. Erzählungen vom Wandel der Arbeitswelten seit 1945. Böhlau, Wien 2012.

259 Lutz Niethammer / Alexander von Plato / Dorothee Wierling: Die volkseigene Erfahrung. Eine Archäologie des Lebens in der Industrieprovinz der DDR. 30 biographische Eröffnungen. Rowohlt, Berlin 1991; Franz Schultheiß / Berthold Vogel / Michael Gemperle: Ein halbes Leben. Biographische Zeugnisse aus einer Arbeitswelt im Umbruch. UVK, Konstanz 2010.

260 Hans-Harald Abholz: Die Rolle des industriellen Arbeitsplatzes für die Ätiologie psychischer Erkrankung. In: Das Argument. Zeitschrift für Philosophie und Sozialwissenschaften Nr. 60, Sonderband »Kritik der bürgerlichen Medizin«, Berlin 1970, S. 142–151; Peter Thoma: Psychische Erkrankung und Gesellschaft. Eine medizinsoziologische Analyse. Campus, Frankfurt am Main 1985.

aus. Es gab schnell Pflaster in der Abteilung, und auch Notverbände. (…) Die wegfliegenden Blechteile zischten also über die Fingerspitzen, und weil meist die ganze Hand schwarz war – man hatte ja mit Öl und Maschinen zu tun –, war es ein spannender Moment, ob sich da was röten würde.«[261]

Elfriede Hochherr ist es gelungen, über viele verschiedenen biographischen Stationen – zweiter Bildungsweg, Pflegeausbildung, langjährige Arbeit im Spitalsdienst, künstlerische Tätigkeit in der bildhauerischen Keramik und anderes mehr – ihren Weg zu gehen. Ihre retrospektive Schilderung lässt zwar die Situation des vollkommen subordinierten, körperlichen und seelischen Zurichtungen ausgesetzten Menschen erahnen, doch zugleich werden jene Zurichtungen bagatellisiert, verharmlost und als letztlich biographische Episode rubriziert. Was ist aus all den anderen Frauen geworden, die sich nicht haben »hocharbeiten« können? Die rheinländische Schriftstellerin Ulla Hahn schildert in ihrem autobiographischen Roman »Das verborgene Wort«[262] die Situation einer jungen Bandarbeiterin um 1960 ungeschminkt und tiefgehend – die körperliche Herausforderung, die Schmerzen, die Disziplinierung, die Angst, die Gedanken, die abschweifen und versuchen, einen Halt zu finden:

»Ich musste eben Leib und Seele auseinanderhalten, mein Körper, eine Festung für meine Seele, für mein Denken und Fühlen. (…) Plötzlich war die Flucht in den Kopf versperrt. Ich kam aus der Wirklichkeit nicht mehr heraus. Sah die Frauen, wie sie wirklich waren, ohne sie verwandelt in Geschichten schicken zu können, armselig und roh, in Stumpfheit verpuppt, und ich war eine von ihnen.«[263]

Und was waren das für Geschichten?

»Heirat als Gnadenakt. (…) Einen mitzukriegen, den man vorher rumkriegen musste, ohne ihn ranzulassen, war das Ziel. (…) Für die Frauen hier war die Fabrik der Parkplatz zwischen Elternhaus und Ehe, den es so schnell wie möglich zu verlassen galt.«[264]

Ulla Hahn thematisiert die platonisch-decartsche Trennung von Körper und Geist. Der Körper ist äußerlich, Drangsalierung und Schmerzen können geschehen, aber dem personalen Innersten, Geist und Selle, was immer das sein mag, nichts anhaben. Bis in die neuere Neurophilosophie gibt es diese Diskussion. So seien schwere Krankheiten und im schlimmsten Falle auch Folter durchzustehen, ohne innerlich zu zerbrechen. Dafür mag es genügend Beispiele geben, doch daraus ein Überlebenskonzept zu machen, wäre zynisch. Das sieht auch Ulla Hahn so, und insofern relativiert sie ihre Emp-

261 Sabine Lichtenberger / Günter Müller: Arbeit, a. a. O., S. 266 f.
262 Ulla Hahn: Das verborgene Wort. Deutscher Taschenbuch Verlag, München 2003.
263 Ebenda, S. 286 und 303.
264 Ebenda, S. 288 f.

findungswelt und lässt die Realität, so unbarmherzig sie sein mag, wieder in sie hinein. Das Alter Ego Hahns unternimmt überdies noch den Versuch, »in die Bürowelt aufzusteigen«. Dort erlebt der Lehrling feudalähnliche Verhältnisse: Willkür, Gehässigkeit, Schikane und Rechtlosigkeit. Umso stärker kommen Überlegungen ins Spiel, sich durch Heirat all dem zu entziehen. Darin schimmert die Adenauersche Familienideologie durch – und in der Tat nährten die gewerkschaftlichen und dann die zunehmend spontanen Auseinandersetzungen um die Erhöhung des männlichen Lohns stellenweise die scheinbare Idylle von männlichem Alleinverdiener und weiblicher Kinder-Küche-Kirche-Welt. Gleichwohl erwies sich die Idylle als brüchig, trügerisch und sozial kostenintensiv. Spätestens in den Strukturkrisen – dem Niedergang von Kohle, Stahl und Werften – zerbröselte diese Welt.[265]

Die Journalistin Marianne Herzog[266] schloss sich Ende der 1960er Jahre mit anderen Frauen zusammen, um die Lage der Arbeiterinnen zu erforschen. Sie taten dies gleichsam am eigenen Leibe, sie gingen als Ungelernte in die Fabrik und erlebten den dortigen Alltag zwischen 1970 und 1975 in verschiedenen Branchen und Städten. Teilweise aus Not geboren – Marianne Herzog und ihre Freundinnen brauchten Geld –, und teilweise aus politischem Interesse wandten sie die Methode der teilnehmenden Beobachtung an. Herzog veröffentlichte ihre Berichte und Analysen 1976 unter dem Titel »Von der Hand in den Mund«.[267] Beispielhaft seien ihre Erfahrungen in einem Münchener Verpackungsunternehmen, einem Zulieferbetrieb für den Maschinenhersteller MAN, zitiert. Im Betrieb arbeiten überwiegend jugoslawische und türkische Frauen.

> »Die Halle ist dreckig, alt, hoch, mit Schlaglöchern im Betonfußboden. Circa 100 Meter lang und 30 Meter breit. Am Anfang arbeiten die Schreiner. Hinten wir, die Packerinnen und Packer. Wer redet, brüllt gegen den Lärm der Kreissägen. Kalt ist es. Den ganzen Tag zieht es durch den Halleneingang, der nur nachts verschlossen wird. Wir sind nicht draußen, wir bekommen keine Sonne ab. Wir sind nicht drinnen, keine Tür schützt uns vor der Witterung. Im Winter, erzählen die Arbeiterinnen,

265 Vgl. beispielhaft: Wolfgang Hien et al.: Ein neuer Anfang, a. a. O.

266 Marianne Herzog, geb. 1939 in Breslau, wuchs in der DDR auf, zog in den 1960er Jahren nach Westberlin und gehörte zu den Begründerinnen der Studentenbewegung. Sie war Mitbegründerin des Aktionsrats zur Befreiung der Frauen und zeitweise aktiv im Kreis der Roten Armee Fraktion (RAF). Sie wurde für zwei Jahre inhaftiert, ohne dass ihr eine kriminelle Tat nachzuweisen war. Sie arbeitete danach als Hilfsarbeiterin, woraus ihr Buch »Von der Hand in den Mund« entstand, das weithin Beachtung fand. In den 80er Jahren setzte sie sich in mehreren Büchern mit ihren Hafterfahrungen und mit der repressiven Wirkung des Staates auseinander. Über ihr weiteres Leben ist nichts bekannt.

267 Marianne Herzog: Von der Hand in den Mund. Frauen im Akkord. Rotbuch, Berlin 1976.

kannst du deinen Atem sehen. In der Halle stinkt es nach den Abgasen der Gabelstapler. Die Luft ist voll Staub von der Kreissäge. Von der Holz- und Glaswolle zum Verpacken. Vom Zusammenkehren des ganzen Drecks mit einem breiten Besen, wie sie auch auf Bahnhöfen benutzt werden. Bei diesem Dreck und dieser Arbeit fangen die Männer um 8 Uhr mit dem Saufen an. Die Frauen ein bisschen später. (…) Kommst du aus den Halle in den Hof, ist das wie von Untertage ans Tageslicht. Wir sind verdreckt, verölt, voller Schweiß. Morgens, nach einer halben Stunde Arbeit, ist der Rotz aus der Nase schwarz. (…) Es gibt keine Arbeitskleidung. Nach dem ersten Monat habe ich ein Paar Jeans und ein Paar Schuhe zerschlissen. (…) Es gibt keine Staubabsauganlage. Keine Dreckzulage. Kein warmes Essen in der Kantine. In der Kantine gibt es kalte Wurst, Käse und Bier. Vom Dreck in der Halle, vom Auspuffgas der Gabelstapler haben wir täglich Halsschmerzen. Um 11 Uhr machen wir das erste Bier auf. Nach zwei Stunden sind die Halsschmerzen weg.«[268]

Herzog beobachtet schwere und leichte Unfälle; beinahe begraben herunterfallende Tonnen eine alte Arbeiterin unter sich; abgefahrene Zehen sind keine Seltenheit, Tischler verlieren immer wieder Finger. Nach 8 ½ Stunden fühlt sich der Arbeitstag wie elf Stunden an, die Schultern schmerzen höllisch, die Kraft reicht kaum, um nach Hause zu radeln. Eine Krankschreibung zieht immer das Risiko nach sich, entlassen zu werden. Herzogs Beobachtungen wurden durch soziologische Forschungen bestätigt. Der Psychologin und Soziologin Regina Becker-Schmidt und ihrer während der 1970er Jahre gebildeten Forscherinnengruppe am Psychologischen Institut der Universität Hannover verdanken wir instruktive und differenzierte Arbeiten zur Erfahrungswelt von Arbeiterfrauen.[269] Diskriminierung, dauernder Druck von oben, die stete Angst, die Stückzahl nicht zu schaffen, sich Einpassen und Anpassen, die Fragilität der betrieblichen Kooperationsbeziehungen immer wieder neu einschätzen und austarieren – das treibt manche der Frauen in die Verzweiflung. Manche haben früh morgens schon Angst, zur Arbeit zu kommen. Doch es gibt für viele keine Alternative. Eine Arbeiterin berichtet:

> »Ich muss ja arbeiten, ich muss ja die Kerne vom Band nehmen, ich muss! Also dies Nessel umlegen, also wenn ich ganz ehrlich sein soll,… da hab' ich schon manches Mal auf 'er Toilette gesessen und geweint, ne. Weil ich eben das lernen wollte, und die Finger waren einfach nicht so schnell, und denn… die Haut war ja weg, ne, das tat ja weh… das tat wirklich irre weh.«[270]

268 Ebenda, S. 37–40.
269 Regina Becker-Schmidt et al., a. a. O.
270 Ebenda, S. 26.

In derartigen Betrieben kümmert sich, ein Betriebsrat, falls er überhaupt existiert, meist nur um die Facharbeiter. Arbeiterinnen, so resümiert Marianne Herzog, blieben meist ohne Vertretung und in der Situation einer lebenslangen beruflichen Diskriminierung:

> »Ungelernt täglich im Akkord arbeiten. Das ist für mich so: einer Frau, die lesen und schreiben kann, nur 8 Buchstaben vom Alphabet zu geben. Eine Arbeiterin, die Dreherin, Werkzeugmacherin, Tischlerin sein kann, zwingen, jede Minute 5 bis 20 Einzelteile zu montieren, zu stanzen, zu falten, zu schweißen.«[271]

Doch wie sah es im anderen Teil Deutschlands aus, in der DDR, wo es zum politischen Programm gehörte, dass Frauen eine »Facharbeiterausbildung« absolvieren sollten? Die Berichte zeigen einen halbherzigen Aufbruch in eine neue Zeit, und sie zeigen zugleich eine unleugbare Gravitationskraft tradierter Arbeitskulturen und Rollenbilder.[272] Exemplarisch wird dies anhand eines Interviews mit Dörte Grothaus deutlich – ein Interview, das im Beisein ihres Mannes geführt wurde und demnach gleichsam als Familieninterview gelten kann.[273] Beide, Mann wie Frau, arbeiteten in den 50er und 60er Jahren in einem ostdeutschen Stahlwerk. Sie besteht und ist stolz darauf, die gleiche Arbeit wie die Männer gemacht zu haben. Ihr Mann widerspricht: Das sei nicht ganz richtig, immerhin hätten nur die Männer »die tatsächlich schwere Arbeit« geleistet. Frauen seien gar nicht in der Lage gewesen, »75 Pfund zu heben«. Sie wehrt sich: Auch sie habe schwer gehoben und getragen, doch beide kommen nicht auf die Idee, dass 75 Pfund zu hieven für beide Geschlechter nicht gerade das Gesündeste sei. Viele weitere Einzelaspekte folgen. Der Abstand zum Flüssigeisen sei für Frauen drei Meter, für Männer nur zwei Meter gewesen: »warum wohl?« Beide wissen darauf keine Antwort. Doch der Erzählkontext macht klar: »Der Hochofen ist eine exklusiv männliche Sphäre, in der die Frauen als Eindringlinge klein gehalten werden müssen – sei es mit beschützenden Gestus, sei es offen verächtlich.«[274] Beide stimmen darin überein: Es sei eine hoch gefährliche, schmutzige, staubige und laute Arbeit gewesen, eine Arbeit unter Zeitdruck und mit hoher nervlicher Belastung, weil Fehler eigentlich nicht hätten passieren dürfen und, wenn sie doch passierten, mit hohem Aufwand und möglichst schnell auszubügeln waren.

Ein weiteres Beispiel: Annegret Schüle hat in einer umfangreichen Forschungsarbeit Arbeiterinnen der ehemaligen Leipziger Baumwollspinnerei – wo bis zu 4000 Menschen beschäftigt waren – zu ihren Arbeitserfahrungen

271 Marianne Herzog, a. a. O., S. 93.
272 Lutz Niethammer et al., a. a. O.
273 Ebenda, S. 112 ff.
274 Ebenda, S. 118.

befragt.[275] Sehr viel ist von allgemeinen betriebspolitischen Dingen die Rede, von Weiterbildungskursen, vom Brigadeleben, von kleinen Fluchten und Karrierestreben und den innerbetrieblichen Institutionen, doch sehr wenig von der Arbeit selbst. Im Zuge der Schilderung des Brigadelebens, so beispielsweise wenn ein gemeinsamer Kinobesuch angesagt war:

> »So, da haben wir immer die Schnauze voll gehabt und gesagt, ja, jetzt nach der Frühschicht, uns tun so die Füße weh… Wir hatten das den Tag zuvor als Zwang empfunden, und den nächsten Tag, das war dann, sagte immer jeder, ei, war das gestern wieder schön…«[276]

Mit politisch gelenkter Gemeinschaftlichkeit sollten Schwere und Eintönigkeit der Arbeit kompensiert werden. Im Erleben der Arbeiterinnen reproduzierte sich der Widerspruch zwischen konkret belastender und entfremdeter Arbeit einerseits und atmosphärisch lockerem Gemeinschaftsleben andererseits als ein Schwanken zwischen Belastungs- und Zwangsempfinden und freiem Vergnügen. Die Erzählungen quellen über von Erinnerungen an Gruppenerlebnisse, an vielfältige Auseinandersetzungen und Konflikte, an ungewollte Schwangerschaften, an das Ausscheren einzelner qua »Krankfeiern« und an die gemeinsamen Anstrengungen einer Reintegration. Die konkrete Arbeit, die konkrete Belastung, läuft im Hintergrund als quasi naturgegeben mit, ohne eigens thematisiert zu werden. Die Jugendlichen wurden zur disziplinierten Arbeit konditioniert, es gab »Hochleistungsschichten«, Druck und Zwang – all das wurde mit dem »Brigadeleben« abzufedern versucht. Eine schwangere Auszubildende wurde – weil Schwangerschaft und volle Weiterarbeit und damit der Lehrabschluss einander ausschlossen – dadurch »geschützt«, dass die Schwangerschaft verheimlicht wurde, d. h. die junge Frau allen Belastungen, auch der Nachtschicht, voll ausgesetzt war[277] – auch hier wieder die hochgradige Ambivalenz der Verhältnisse und ihrer psychosozialen Verarbeitung. Für einige Frauen bestanden Aufstiegschancen zur Meisterin, was die tradierten Geschlechterverhältnisse durcheinanderbrachte. Gewisse Emanzipationsprozesse können nicht abgestritten werden. »Die patriarchal-paternalistische Verfasstheit der DDR-Gesellschaft wurde in der von Frauen getragenen familiarisierten Betriebskultur allerdings nicht aufgebrochen«.[278]

Zurück zur westlichen Hemisphäre, zur Fließbandarbeit: Eines der hehren Ziele der Humanisierung des Arbeitslebens war, derartige Arbeitsplätze

275 Annegret Schüle: »Die Spinne«. Die Erfahrungsgeschichte weiblicher Industriearbeit im VEB Leipziger Baumwollspinnerei.

276 Ebenda, S. 234.

277 Ebenda, S. 281.

278 Ebenda, S. 349.

durch Automation abzuschaffen.[279] Vor dem Hintergrund der globalen Entwicklung kann davon keine Rede sein.[280] Entgegen der im geschichtswissenschaftlichen Diskurs häufig vertretenen These, die Arbeitsgeschichte des 20. Jahrhunderts sei die eines kontinuierlichen »Verschwindens des Körpers«,[281] wurde körperliche Arbeit keineswegs abgeschafft. Zu solchen Fehlschlüssen kann nur gelangen, wer die Realgeschichte der Arbeit ausblendet. Es stimmt zwar: Sehr schwere, umständliche und lebensgefährliche Arbeitsschritte wurden nach und nach von Maschinen übernommen, doch blieb eine Vielzahl von Mechanisierungslücken, die der Mensch füllen musste. In vielen Bereichen nahm die monotone und repetitive Arbeit zu. Zu beobachten sind komplexe Veränderungsprozesse: Fließbandarbeit, Schmutz, Dreck und Gifte – all das gibt es mehr denn je, sowohl in den metropolitanen als auch in den peripheren Regionen. Gleichwohl verschieben Konzerne im multinationalen Kontext derartige Arbeitsplätze massenhaft in Schwellenländer. Aus deutscher und österreichischer Binnenperspektive gibt es klassische tayloristisch-fordistische Fließarbeit deutlich weniger als früher. Dennoch arbeiten Automobilindustrie und Teile der Elektro- und Elektronikindustrie auch hierzulande immer noch – oder wieder – tayloristisch. Wenn auch teilweise ergonomisch verbessert und körperlich weniger belastend als früher, bleibt dies eine Arbeit im Modus einer teilweise extremen leiblichen Entfremdung: Menschen müssen lernen, sich in eng getakteten Bewegungen dem Produktionsprozess anzupassen. Nach wie vor leiden Menschen unter einer Arbeitssituation, die ihnen keine freie Bewegung und keine freie Entfaltung der Persönlichkeit ermöglicht. Seit den 1970er Jahren sehen wir eine Gleichzeitigkeit von tayloristischen, auch re-taylorisiernden, und posttayloristischen Prozessen.

Im Rahmen des sogenannten Humansierungsprogramms wurden auch sozialpsychologische Forschungen angestellt, von denen besonders eindrucksvolle Ergebnisse referiert werden sollen. Es handelt sich um Forschungen, die von einem Team um die Bremer Arbeitspsychologin Birgit Volmerg durchgeführt wurden.[282] Bei dem hier vorgestellten Beispiel handelt es sich um ein Gruppengespräch mit mehreren Bandarbeiterinnen aus der Elektroindustrie.[283] Es geht um die Nachbesprechung einer Situation, in der »Gitta« mit

279 Michael Schumann: Das Jahrhundert der Industriearbeit: Soziologische Erkenntnisse und Ausblicke. Juventa, Weinheim 2013.

280 Karl Reitter: Prozesse der Befreiung. Marx, Spinoza und die Bedingungen eines freien Gemeinwesens. Westfälisches Dampfboot, Münster 2011, S. 189 ff und 229 ff.

281 So beispielsweise: Sabine Donauer, a. a. O.

282 Birgit Volmerg / Eva Senghaas-Knobloch / Thomas Leithäuser: Erlebnisperspektiven und Humanisierungsbarrieren im Betrieb. Ergebnisse einer sozialpsychologischen Untersuchung über die subjektive Bedeutung der Arbeit in sozialen Problemsituationen. Forschungsbericht, Universität Bremen 1983.

283 Ebenda, S. 327–344.

der Bandgeschwindigkeit nicht mehr mitkam und den Ärger ihrer Kolleginnen auf sich zog. Dann blieb Gitta einfach die Luft weg, sie »fiel um« und wurde mit einer Herzneurose zum Arzt gebracht. Aufgrund der Unmöglichkeit, das Problem »normalsprachlich« zu kommunizieren, wechselte der Körper Gittas den Sprachmodus in eine Körpersprache, welche die Grenze des Machbaren aufzeigte. Das kennen die Mitarbeiterinnen mehr oder weniger alle, und dennoch sind sie »sauer« auf Gitta, da sie sich »das erlaubt« habe. »Du bist noch nicht lange genug bei uns«, sagt eine, »wir reagieren uns schon mal anders ab«, sagt eine andere Kollegin. »Vielleicht kommt das noch«, sagt eine dritte. Gittas Herz streikte gegen die Missachtung ihrer Lebensbedürfnisse. Sie verkörpert einen Erlebnisanteil aller, den sich aber die anderen nicht zugestehen können und wollen. Um überhaupt unter den gegebenen Bedingungen arbeiten zu können, muss dieser Erlebnisteil abgespalten werden. Es

gibt im szenischen Zusammenspiel ein unbewusst bleibendes Ziel der Gruppe, nämlich »das ›Herz‹ nicht zu seinem Recht kommen zu lassen«. Gitta aber will zurück in die Gemeinschaft und bemüht sich nach Kräften, ihr eigenes existenzielles Erlebnis herunterzuspielen, zu verkleinern, zu verdrängen. Gitta ist der kollegiale Zusammenhalt wichtiger als das Symptom ihres körperlichen Widerstandes. Der Konflikt wird scheinbar zu Lasten der Gesundheit gelöst, doch in Wirklichkeit mit der Gefahr einer ernsthaften Chronifizierung verschoben. Die Forscherinnen folgern: »Insofern verbündet sich die Sprach- und Handlungsfähigkeit mit den betrieblichen Leistungs- und Arbeitsnormen gegen die eigene Natur.«[284]

Die 1950er und 1960er Jahre brachten auch neuartige Berufe, die sich im Vorlauf zur heutigen Form der elektronischen Datenverarbeitung mit Methoden der Datenerfassung und Datenauswertung befassten. So entstand der Beruf der Locherin. Großunternehmen bauten Rechenzentren auf der Basis riesiger mehrstöckiger Elektronenröhren. Doch Papier blieb noch lange das wichtigste Medium für die Kommunikation zwischen Daten und Computer – in Form von Lochkarten und Endlosausdrucken. Die Arbeit damit war meist angelernten, überwiegend weiblichen Locherinnen anvertraut. Bis in die 1970er Jahre blieb für die große Mehrheit der Anwendungen die Lochkartenwelt bestimmend. Die Locherin muss die Angaben, die sich auf den Belegen befinden, auf Lochkarten übertragen. Sie bedient sich hierzu einer der Schreibmaschine nachempfundene Lochmaschine. Die Arbeit geht in großer Geschwindigkeit vonstatten. Sie erfordert höchste Konzentration und ist hochgradig monoton. In einer maßgeblichen arbeitssoziologischen Studie von 1958, erstellt von Hans Paul Bardt, wird festgehalten: »Worauf es ankommt, ist die Fähigkeit, repetitive, aber dennoch von zahllosen kleinen Variationen durchsetzte Verrichtungen so in Fleisch und Blut übergehen zu lassen, dass sie sehr rasch, absolut sicher und ohne übermäßige Anstrengung

284 Ebenda, S. 344.

längere Zeit hindurch vollzogen werden können. (...) Das notwendige Sicheinschmiegen in einen vorgegebenen Ablauf von Verrichtungen, ohne sich von ihm völlig einlullen zu lassen, gelingt offensichtlich Frauen sehr viel besser als Männern. Aus diesem Grund ist es wahrscheinlicher, dass ein gescheites Mädchen eine gute Locherin abgibt als ein wenig intelligenter Mann einen guten Locher. Männer, die zu vergleichbaren Routinearbeiten herangezogen werden, haben viel eher die Tendenz, entweder abzustumpfen oder auszubrechen. Oder aber sie zwingen sich ständig zur Arbeit, was dann auf die Dauer zu Verkrampfung und zu nervlichen und psychischen Schäden fuhren kann. Deshalb ist Locharbeit wie kaum eine andere Arbeit für Frauen; eine Tatsache, die seltsamerweise erst spät erkannt worden ist.«[285] Diese unglaubliche und hochnotpeinliche Einlassung reproduziert uralte Vorurteilsstrukturen, gepaart mit einer massiven Diskriminierung von Frauen, die zudem einen pseudowissenschaftlichen Segen erhält. Wie die Locherinnen hier, wurden auch die Bandarbeiterinnen hinsichtlich ihrer im Vergleich zu Männern angeblich höheren Geschicklichkeit und Fingerfertigkeit zurechtdefiniert – in trauter Eintracht von Anthropologen, Physiologen, Arbeitsmedizinern, Ingenieuren, Betriebswirten, Psychologen und Soziologen. So behauptet Koelsch in seinem Lehrbuch der Arbeitsmedizin, dass Frauen automatisierte Handlungen als lustbetont erlebten und daher erst gar nicht dazu kämen, Monotonie als unangenehm zu empfinden.[286] Gertraude Krell hat in ihrer bahnbrechenden Studie »Das Bild der Frau in der Arbeitswissenschaft« diese Ideologeme auseinandergenommen.[287] Krell konstatiert, sofern gewisse empirische Ergebnisse glauben machen wollten, dass Bandarbeiterinnen mit ihrer Situation zufrieden wären, den typischen Fall des Zufriedenheitsparadoxes. Menschen versuchten die kognitive Dissonanz zwischen wünschbaren Zuständen und Realität zu vermindern, indem sie ihre Ansprüche an die beschränkten Möglichkeiten anpassten. Krell spricht von einer »resignative(n) Form von Arbeitszufriedenheit«.[288]

Die besondere Form der Unterdrückungssituation, wie sie hier zum Ausdruck kommt, war der Theologin und Frauenrechtlerin Dorothee Sölle immer schon ein Dorn im Auge. Sie schreibt: »Die Anpassung an die Profitrationalität verursacht schwere Störungen vor allem bei Frauen, deren Sozialisation unter völlig anderen Wertvorstellungen – wie Rücksichtnahme, Hilfsbereitschaft, auf den anderen hören – erfolgt ist. (..) Soziale Kontakte entstehen nur dann, wenn im Arbeitsprozess persönliche Gefühle verleugnet

285 Hans Paul Bardt: Industriebürokratie. Versuch einer Soziologie des industrialisierten Bürobetriebes und seiner Angestellten. Ferdinand Enke, Stuttgart 1958, S. 251 f.

286 Franz Koelsch, Lehrbuch, a. a. O., S. 37.

287 Gertraude Krell: Das Bild der Frau in der Arbeitswissenschaft. Campus, Frankfurt am Main 1984.

288 Ebenda, S. 110.

werden. Im Geld- und Warenverkehr haben persönliche Wünsche, Motive und Empfindungen nichts zu suchen.«[289] Aus der Perspektive der Betriebsrationalität seien Emotionen Störfaktoren. Diese Rationalität wirke nicht nur von außen, sondern auch von innen: Sie werde verinnerlicht. Gerade auch dann, wenn falsche Emotionen gefordert würden, die gar nicht unserem eigenen Empfinden entsprächen, verkaufe der Mensch sich als Ganzheit. So kommt Sölle zu dem Schluss: »Lohnarbeit ist eine Form der Prostitution.«[290]

Doch Sölle redet keinesfalls der Resignation das Wort. Sie plädiert für Widerstand, ebenso wie Marianne Herzog. Diese berichtet in ihrem Buch von kämpferischen Auseinandersetzungen, in denen sich Frauen gemeinsam wehren, sich nicht abfinden wollen mit den gesellschaftlichen Zuschreibungen und Zurichtungen und eine andere, menschenwürdige Arbeits- und Lebensweise einfordern.[291] 1975 streikten 2500 Arbeiterinnen eines Autozulie-

ferers im niederrheinischen Pierburg. Sie kämpften für die Abschaffung der niedrigen Lohngruppen, für bessere und sauberere Arbeitsplätze, gegen die Praxis der Krankheitskündigungen und für die Entlassung zweier besonders unterdrückerischer Führungskräfte. Sie kämpften gegen eine doppelte Diskriminierung, mehr als zwei Drittel der Belegschaft waren ausländischer Herkunft. Dieser Kampf war wegweisend für weitere Kämpfe von Arbeiterinnen in den 1970er Jahren. Es gibt einen Film, und Herzog schreibt: »Als ich die streikenden Arbeiterinnen im Film sehe – ihre Körper sind in Bewegung, als sie ihre Parolen schreien – denke ich, dass ihre Kraft noch über die aufgestellten Forderungen hinausgeht.«[292]

»Körper und Arbeit« beinhaltet eine für Frauen besondere Problematik, da auch das entstehende und neu entstandene Leben betroffen sein kann. Eine besonders traurige Fallgeschichte sei hier angeführt.[293] Frau Ebeling arbeitete in den 1980er Jahren als Chemotechnikerin in verschiedenen Produktionsstätten der »Chemie-Region« Leuna-Merseburg-Halle-Bitterfeld. Sie war immer »in besonders kniffligen Fällen« eingesetzt, um »Proben im laufenden Betrieb« zu nehmen, die dann auf Zusammensetzung und Reinheit analysiert wurden. Es handelte sich um Kessel- und Rohranlagen, in denen Benzol und direkte Benzolabkömmlinge wie Styrol, Cumol und weitere Zwischenprodukte vorkamen, die für die Herstellung der »Plaste und Elaste« gebraucht wurden. All diese Zwischenprodukte sind hochgiftig, erbgutschädigend und krebserzeugend. Daher sind diese Anlagen recht eigentlich

289 Dorothee Sölle: Lieben und Arbeiten. Eine Theologie der Schöpfung. Kreuz, Stuttgart 1985, S. 87.

290 Ebenda, S. 87 f.

291 Marianne Herzog, a. a. O., S. 99 f.

292 Ebenda, S. 100.

293 Dieser Fall erreichte mich während der Fertigstellung des Buches. Es handelt sich um einen BK-Beratungsfall in meinem Forschungsbüro für Arbeit, Gesundheit und Biographie; der Name der betroffenen Person ist verfremdet.

»geschlossene Anlagen« – nicht jedoch in dem Augenblick, in dem ein Ventil zur Probenahme geöffnet wird. Frau Ebeling hatte während der 1980er Jahre zwei Fehlgeburten. Eine weitere Geburt endete ebenfalls tragisch: Das mit Fehlbildungen Neugeborene starb wenige Wochen nach der Geburt. Niemand der Verantwortlichen, auch nicht die Betriebsärzte, die ja in der DDR zugleich die behandelnden Ärzte waren, wies Frau Ebeling darauf hin, dass Schwangere solche Arbeiten keinesfalls ausführen dürften, einmal davon abgesehen, dass derartige Arbeiten ohnehin nur mit höchsten Sicherheitsmaßnahmen gekoppelt sein müssten. Die Betriebsärzte sahen auch nach den Fehlgeburten und dem toten Kind keinen Anlass, Frau Ebeling über Zusammenhänge aufzuklären. Frau Ebeling versuchte, sich mit ihrem Schicksal zu arrangieren. Im Jahr 2012, mittlerweile Ende 50, wird bei ihr ein Non-Hodgkin-Lymphknotenkrebs diagnostiziert. Der behandelnde Arzt schickt der zuständigen Berufsgenossenschaft eine BK-Anzeige. Doch die BG lehnt eine Anerkennung ab, es gebe keine Unterlagen über die damalige Zeit. Die Betroffene steht aufgrund der Sozialgesetzgebung unter Beweispflicht. Außer ihrem Gedächtnis und ihren Chemiekenntnissen hat sie keine justiziablen Dokumente. Das Sozialgerichtsverfahren läuft, jedoch mit wenig Aussicht auf Erfolg. Die BG spielt auf Zeit, denn die Chemotherapie kann den Krebs nur eine gewisse Zeit aufhalten. Wie verroht muss eine Sozialbürokratie, auf die die Träger unseres politischen Systems so stolz sind, sein, einem derart be- und getroffenen Menschen mit dem Gestus der Rechtschaffenheit die kalte Schulter zu zeigen? Wie abgestumpft ist eine Gesellschaft, in der solche Praxen »durchgehen« und angesichts der Kostenersparnis noch mit Lob bedacht werden?

Die Mär von der humanisierten Arbeit

Schon der Human-Relations-Bewegung, die sich in den 1930ern als Reaktion auf die wachsende Verweigerungshaltung der Arbeiter/innen in US-amerikanischen Großbetrieben bildete, war es darum zu tun, die Arbeit »menschlicher« zu gestalten – freilich immer das Ziel der Produktivitätssteigerung im Auge.[294] Impulse der 68er-Bewegung und der Aufschwung der Klassenauseinandersetzung, beflügelt von Reformversprechen der Ära Brandt[295] und Kreisky,[296] schufen eine besondere Atmosphäre. Sie war angereichert mit wirtschaftsdemokratischen Hoffnungen und der Sehnsucht nach Anerkennung menschlicher Würde in der Arbeitswelt.[297] Explizit themati-

294 Vgl. Eberhard Ulich: Arbeitspsychologie. Vdf/Poeschel, Zürich/Stuttgart 1991, 1. Kapitel: Historische Positionen.

295 Willi Brandt, deutscher Bundeskanzler 1969–1974.

296 Bruno Kreisky, österreichischer Bundeskanzler 1970–1983.

297 Adolf Brock et al.: Die Würde des Menschen in der Arbeitswelt. Europäische Verlagsanstalt, Frankfurt am Main 1969.

siert wurden das Grundrecht auf körperliche Unversehrtheit und körperlich-seelische Gesundheit.[298] Anfang der 1970er schlossen sich führende Vertreter/innen aus Arbeitswissenschaft, Soziologie, Sozialdemokratie, katholischer Soziallehre und Gewerkschaften zusammen, um sich gemeinsam für eine »Humanisierung des Arbeitslebens« einzusetzen.[299] Auf lange Sicht sollten die Schrecken der bisherigen Industriearbeit ins Reich der Vergangenheit gedrängt werden. Man hatte sich vorgenommen, die Trennung von Hand- und Kopfarbeit zu überwinden. Lässt man industriesoziologische Veröffentlichungen der 1970er und 1980er Revue passieren, kann man sich des Eindrucks nicht erwehren, dass körperliche Arbeit bald abgeschafft wäre.[300] Arbeit sollte nicht nur schädigungslos und beeinträchtigungsfrei, sondern auch »persönlichkeitsfördernd« werden. Die Humanisierung hatte sich zur Aufgabe gemacht, körperliche und seelische Qual, ja: die Entfremdung in der Arbeit überhaupt zu überwinden. An eine Wirtschaftsordnung jenseits des Kapitalismus war aber nicht gedacht. Es gab einen »Basiskonsens«, dass Humanität und Gesundheit einerseits und »Produktivitätssteigerung durch Motivation und erhöhte Leistungsbereitschaft der Beschäftigten… als gleichwerte Ziele« anzusehen seien.[301] Die Humanisierung war mit dem Versprechen verknüpft, dass mit der Überwindung von Taylorismus und Fordismus auch die Produktivität steigen würde. Dies sollte erreicht werden durch Arbeitsanreicherung mit höher qualifizierten Tätigkeiten, die Einführung

298 Ebenda, S. 62 ff.

299 Fritz Vilmar (Hg.): Menschenwürde im Betrieb. Modelle der Humansierung und Demokratisierung der industriellen Arbeitswelt. Reinbek bei Hamburg, Rowohlt 1975; Rainer Dombois / Michael Schumann: Mindestnormen als Humanisierung. In: Kursbuch 43, Berlin 1976, S. 82–88; Heinz Etlinger / Peter Gruber / Martina Scheinecker: Entwickeln – Effizienz steigern – Mitbestimmen. Erfahrungen aus betrieblichen Beteiligungsprojekten. Katholische Sozialakademie Österreichs, Wien 1987; Eberhard Ulich: Arbeitspsychologie, a. a. O.; in den 1970er Jahren schon kritisch: Jürgen Mendner: Technologische Entwicklung und Arbeitsprozess. Fischer, Frankfurt am Main 1974; derselbe: »Humansierung« oder Automatisierung? Zur Zukunft der kapitalistischen Arbeit. In: Kursbuch 43, Berlin 1976, S. 135–145; im Rückblick: Michael Schumann: Metamorphosen von Industriearbeit und Arbeiterbewusstsein. Kritische Industriesoziologie zwischen Taylorismusanalyse und Mitgestaltung innovativer Arbeitspolitik. VSA, Hamburg 2003; derselbe: Industriearbeit zwischen Entfremdung und Entfaltung. In: SOFI-Mitteilungen Nr. 28, Göttingen 2000, S. 103–112; derselbe: Das Jahrhundert, a. a. O.; Eberhard Ulich: Arbeitsgestaltung als politisches Projekt. In: Gerd Peter (Hg.): Grenzkonflikte der Arbeit. VSA, Hamburg 2007, S. 27–47.

300 Exemplarisch: Hans Paul Bahrdt et al.: Zwischen Drehbank, a. a. O.; Horst Kern / Michael Schumann: Ende der Arbeitsteilung? Beck, München 1984; Fritz Böhle: Körper und Wissen. In: Soziale Welt, Jh. 49, 1989 Heft 4, S. 497–512.

301 Richard Detje, Klaus Pickshaus, Hilde Wagner: Paradigmenwechsel in der Arbeitspolitik. In: Zentralblatt für Arbeitswissenschaft, Jg. 60, 2006, Heft 2, S. 140–143.

von Gruppenarbeit und die Übernahme von Eigenverantwortung – eine Kategorie, für die sich seit der Jahrtausendwende der Begriff »Selbststeuerung« einbürgerte. Als großes Vorbild galten die schwedischen Volvo-Werke in Kalmar und Uddevalla, wo in den 1970ern die Fließbandproduktion durch Gruppenarbeit ersetzt wurde. Zwischen 1975 und 1977 gab es eine Versuchsphase mit Gruppenarbeit bei VW Salzgitter, später auch in anderen Industriebetrieben. Alle Experimente, in Schweden[302] wie auch in Deutschland und Österreich, hatten bald ein Ende.[303] Zu viel Autonomie bedrohte die betriebliche Herrschaftsstruktur, die auf gar keinen Fall in Frage gestellt werden sollte. Die Bereitschaft des Großkapitals, sich auf »Humanisierung« einzulassen, war begrenzt und letztlich auf den Punkt produktivitätssteigernder Technologien fixiert. Das hatte schon Jürgen Mendner vorausgesehen, als er Mitte der 1970er schrieb: »Eine allgemeine Tendenz zur Humanisierung wird man aus der zeitweiligen Anwendung der autonomen Gruppenarbeit freilich nicht ableiten können. Ist die neue Technologie praktisch erprobt, ist die Anlage erst einmal eingefahren, sind die Schwachstellen bekannt und beseitigt, so können Kontrolle, Wartung und Instandhaltung von einer reduzierten Mannschaft bewältigt werden; die verbleibenden Resttätigkeiten werden nun ihrerseits zum Objekt kapitalistischer Rationalisierung und damit wieder der Tendenz arbeitsorganisatorischer Taylorisierung unterworfen.«[304] So ist es gekommen; jedenfalls was die Masse der nach wie vor subalternen Tätigkeiten betrifft. Merkwürdig ambivalente gewerkschaftsnahe Interpretationen, die der Entwicklung doch noch eine wie auch immer geartete Befreiung von Unterdrückung und Entfremdung abgewinnen glauben zu können,[305] ändert daran nichts. »Mit der Realität in den heutigen Produktionshallen hat das herzlich wenig zu tun«, schreibt Tom Adler, ein alternativer Betriebsrat im Daimer-Werk Untertürkheim, um fortzufahren: »Dort muss heute unter enormem körperlichen und psychischen Druck gearbeitet werden. Die wenigen Elemente einer Gruppenarbeit, die jemals ihren Weg aus den Public-Relation-Heftchen in die gelebte betriebliche Praxis gefunden haben, sind längst zurückgenommen und von Dutzenden Lean-Production-Projekten kleingemahlen worden.«[306] Verschnaufpausen, seien es die tariflich erstreikten oder die im Zuge von Gruppenarbeit erkämpften, wurden und werden eingeebnet: Sie schrumpfen aufgrund der »permanente(n) Arbeitsinnovation« Richtung Null. Die fortschreitende reelle Subsumtion, d. h. die Technisierung, Com-

302 Lars Henrikssen: »Wettbewerb« statt »Humanisierung«. »Gruppenarbeit« in der schwedischen Automobilindustrie. In: Lunapark21, Heft 19, S. 27.

303 Tom Adler: Rollback ohne Widerstand. In: Lunapark21. Heft 19, 2012, S. 26.

304 Jürgen Mendner: »Humanisierung«, a. a. O., S. 144.

305 So beispielsweise Dieter Sauer: Die organisatorische Revolution. VSA, Hamburg 2013.

306 Tom Adler, a. a. O.

puterisierung und Roboterisierung von Produktions- und Dienstleistungsketten, erzeugt einen Kältestrom, der den Menschen ins Gesicht bläst. Vormals homogene Arbeitsgruppen werden auseinandergerissen, individualisiert, atomisiert. Dem kurzen Sommer der Arbeiter/innenmacht der 1970er Jahre folgte ein langer Hebst der technischen und organisatorischen Rationalisierung, Flexibilisierung und Intensivierung der Arbeit.

Die kapitalistische Disziplinargesellschaft, wie sie von Michel Foucault gezeichnet wurde, beruht auf einer Körperpolitik, welche die Menschen für die entfremdete körperliche Arbeit zurichtet.[307] Machtstrukturen schreiben sich ins Körperliche ein. Die Annahme Foucaults, dass damit zugleich immer Gegenmacht entstehe, ist – zumindest in dieser fast axiomatischen Absolutheit – eine trügerische. Zwar brach sich in den spontanen Streiks von 1973 eine Empörung gegen unmenschliche Arbeitsbedingungen Bahn. Doch wurde jene im Zuge neoliberaler Herrschaftstechniken wieder gebrochen.[308] Widerstand äußerte sich zunehmend auf somatischer Ebene: Körperliche und psychosomatische Erkrankungen sind gleichsam der erstickte Schrei gegen unerträgliche Verhältnisse.[309] In der politischen Debatte wird davon ausgegangen, dass im Zuge der fortschreitendenden reellen Subsumtion und der umfassenden Neoliberalisierung die Disziplinargesellschaft von einer Kontrollgesellschaft abgelöst worden sei.[310] Gesellschaft, Leben, Arbeit, Körper und Geist würden allein durch den Verwertungsprozess gesteuert. Erhebliche Zweifel sind angebracht. Disziplinierung, Sanktionierung und gewaltförmiger Zugriff stehen immer noch ganz oben auf der Agenda der Managements. Zugleich breitet sich darüber eine Decke der Psychopolitik aus, die uns einlullen oder auch irritieren kann. Es gilt festzuhalten: Auch wenn der Neoliberalismus zu einem umfassenden, über den Arbeitsprozess hinausgehenden Zugriff auf unser Sein fortschreitet, auch wenn er unsere Psyche beherrschen will, so heißt dies nicht, dass die Ära der Körperpolitik zu Ende sei. Harte körperliche Arbeit bietet zwar längst keinen Grund mehr für

307 Vgl. Byung-Chul Han: Psychopolitik – Neoliberalismus und die neuen Machtechniken. Fischer, Frankfurt am Main 2015.

308 Der im Folgenden benutzte Begriff des Neoliberalismus meint, unabhängig von durchaus differierenden ökonomischen Lehren, die umfassende Gesellschaftskonzeption, welcher der Marktradikalismus mit sich bringt. Das neoliberale Menschenbild ist das des egoistischen Menschen, der keine soziale Verantwortung spürt. Vgl. dazu: Norbert Nicoll: Neoliberalismus. Ungleichheit als Programm. Unrast, Münster 2013.

309 Das äußert sich in chronischen körperlichen und psychischen Beeinträchtigungen, auf die noch zurückzukommen sein wird. Vgl. Wolfgang Hien: Kranke Arbeitswelt, a. a. O.

310 Michael Hardt / Antonio Negri: Empire. Campus, Frankfurt am Main 2000; Martin Birkner / Robert Foltin: (Post-) Operaismus. Von der Arbeiterautonomie zur Multitude. Schmetterling, Stuttgart 2006.

Selbstbewusstsein, Stolz und Ehre. Doch wird heute nach wie vor körperlich gearbeitet, weltweit mehr denn je. Davon zu sprechen, wir stünden am Beginn eines Zeitalters ohne körperliche Arbeit und ohne körperliche Verausgabung, blendet etwas Entscheidendes aus: Auch Geist und Seele brauchen einen fitten, funktionierenden, anpassungsfähigen und flexiblen Körper. Der Leibkörper ist nach wie vor Medium von Wissen und Erfahrung.[311] Die Behauptung Byung-Chul Hans, heute sei »der Körper aus dem unmittelbaren Produktionsprozess entlassen«,[312] entbehrt jeder empirischen Grundlage. Der globale Kapitalismus fordert von den Menschen mehr körperliche, kraft- und gesundheitszehrende Arbeit denn je, und die geforderten geistigen Leistungen sind nur zu erbringen, wenn durch körperliche Fitness sowie pharmakologisches und biotechnisches Enhancement die Voraussetzungen gegeben sind oder geschaffen werden. Was sich sagen lässt: Reine Körperpolitik wird zu einer Politik erweitert, die das Seelische und Geistige umfasst. Gefordert wird nicht mehr die bloße Verausgabung der Arbeitskraft, sondern die des ganzen Menschen. Das Neue ist die Ausbeutung der Persönlichkeit, ein Prozess, der mit dem Begriff der »Subjektivierung« belegt wurde.[313] Die dem Kapitalismus immanenten Widersprüche – zwischen Profit und Allgemeinwohl, Quantität und Qualität, Wert und Nützlichkeit, Verausgabung und Selbstschutz, letztlich zwischen Kapital und Arbeit – werden in das Individuum verlagert. Ihm wird in seiner leibkörperlichen Existenz die Austarierung der Widersprüche überantwortet. Die Beschäftigten sollen je individuell unternehmerisch denken, doch einen Einfluss auf die Zielsetzung von Produktion, Dienstleistung und Verteilung haben sie nicht. Es mag dahingestellt bleiben, ob es im Taylorismus mehr tatsächliche Individualität gegeben habe.[314] Im Post-Taylorismus wird eine Illusion von Individualität und Freiheit geschaffen, in welcher der oder die Einzelne keinen Einfluss darauf hat, was, wie, wieviel und wofür produziert wird. Geschaffen wird ein Psychodrama der Arbeitswelt, an dem nicht zu zerbrechen fast einem Wunder gleichkommt. Die Konkurrenzdynamik des globalen Marktes wird auf jeden einzelnen heruntergebrochen. Restrukturierung, Flexibilisierung und Subjektivierung sind Kennzeichen der neoliberalen post-tayloristischen und post-fordistischen Arbeitsgesellschaft, die zugleich von Re-Taylorisierung und neuen Kontrolltechniken durchsetzt ist.[315] Die gesellschaftlichen Veränderungen drängen die Arbeitenden in eine Situation, in der sie der Instrumentalisierung ihres Körpers und ihres Geistes ausgesetzt sind. Dem verfüh-

311 Fritz Böhle, a. a. O.
312 Byung-Chul Han, a. a. O., S. 39.
313 Josef Reindl: Paradoxe Freiheit, gestörter Sinn. Edition Sigma, Berlin 2012.
314 Zu dieser Meinung tendiert die Wildcat-Gruppe, vgl. Wildcat: Betriebserfahrungen, a. a. O.
315 Richard Sennett: Der flexible Mensch. Berlin-Verlag, Berlin 1998.

renden und zuweilen auch psychisch gewaltförmigen Zugriff zu entkommen, ist ein schwieriges Unterfangen geworden: Körper, Geist und Seele – der Leibkörper – Objekte der ökonomischen Begierde.[316]

1996/97, nach der Schließung der letzten bremischen Großwerft, des Bremer Vulkan, mussten sich mehr als 2000 Arbeiter »umorientieren«.[317] Die ab 45-Jährigen waren meist gesundheitlich so angeschlagen, dass sie nur noch zweitweise in prekären Jobs Arbeit fanden und auf mittlere Sicht in die Frührente gedrängt wurden. Jedoch zeigen sich auch bei Beschäftigten, denen es gelingt, die berufliche Herausforderung zu meistern, massive Risse in Selbstbild und Selbstgefühl. Es ist ihnen kaum noch möglich, eine Kontinuität als Person im Bezug zur Welt herzustellen – sie erleben sich als Spielball der Verhältnisse. Auf ihnen lastet der Druck des Wettbewerbs, der sich in ihrem Bewusstsein und ihrem Körper in Angst umsetzt. Die Angst führt zu einer

Verengung von Wahrnehmung, Denken und Handeln. Viele Beschäftigte berichten in Beratungsgesprächen und Interviews von einem »Tunnelblick«: Sie versuchen, durch die betrieblichen Turbulenzen durchzukommen, sich auf sich selbst zu konzentrieren und die Situation der Kollegen auszublenden. Die Angst, mit den Anforderungen nicht mithalten zu können und »aussortiert« zu werden, erzeugt eine negative Psychodynamik, die mit einer stärkeren Identifikation mit der aufgezwungenen Arbeitsrolle, einer stärkeren Abgrenzung gegenüber anderen, einer Zuspitzung von konkurrenzorientiertem Verhalten und mit Machtkämpfen und Mobbing verbunden ist. Vermarktlichung, Restrukturierung, Rationalisierung und Intensivierung überlagern sich gegenseitig und haben eine Geschwindigkeit angenommen, die keinen Platz mehr lässt für »langsame« oder – wie uns ein Interviewpartner sagte – »anders geartete Menschen«. Diese Veränderungsprozesse erzeugen oder verstärken die Individualisierung. Moralisches Denken und Handeln, die Alltagssolidarität und die ganz normale Mitmenschlichkeit werden zu einem Störfaktor im Getriebe einer so gearteten postmodernen Produktions- und Dienstleistungsarbeit.[318] Es ist nicht von der Hand zu weisen, was der Psychoanalytiker Rainer Funk über den postmodernen Menschen mit seinen radikalen Ich-Bezügen, seiner Rücksichtslosigkeit, seiner Erfolgsorientierung

316 Eva Kreisky: Neoliberale Körpergefühle (Online: http://129.187.84.1/internet/schoenberger/Download/SKU/Kreisky%20K%C3%B6rpergef%C3%BChle%20.pdf)

317 Wolfgang Hien et al: Am Ende, a. a. O.; derselbe et al: Ein neuer Anfang, a. a. O.

318 Der Begriff der Postmoderne ist ambivalent (vgl. Terry Eagleton: Die Illusion der Postmoderne. Metzler, Stuttgart 1997). Im Folgenden wird der Begriff im Kontext des Postfordismus im Sinne einer Verabschiedung von den Ideen der Aufklärung wie Vernunft, gemeinsam geteilter Wahrheit und Emanzipation verstanden. Postmoderne Philosophie bietet ein Einfallstor für neoliberale Landnahme, totale Flexibilisierung und Wahrheitsrelativismus.

und seiner Unfähigkeit zu vertrauensvollen Beziehungen schreibt.[319] Diese Persönlichkeitsstruktur ist nicht Folge eines mitgebrachten Charakterfehlers, sondern des Anpassungsdrucks, der sich in ein inneres Zwangsverhältnis umsetzt. Ein Ausschnitt aus einem Interview mit einem ehemaligen Vulkan-Arbeiter verdeutlicht dies. Er berichtet über seinen Wechsel in die Automobilbranche:

> »Es wird viel ausgegliedert dort, viel Fremdvergabe wird dort gemacht. Jetzt neuerdings werden einfach die Leute zur Wahl gestellt: ›Entweder arbeitet ihr jetzt soundso oder wir vergeben das einfach fremd.‹ […] Ja, man muss flexibel sein, man muss flexibel sein und immer auf die neuen Anforderungen reagieren, und deshalb halte ich mich auch fit, jogge, mach Fortbildungen, das muss ich schon alles selbst in die Hand nehmen, jeder guckt halt, wo er bleibt, jeder ist sich selbst der Nächste.«[320]

Im Jahre 2000 wurde unter Federführung des damaligen VW-Arbeitsdirektors Peter Hartz das Projekt »VW 5000 mal 5000« gestartet. 5000 Arbeitslose sollten für ein Pauschalgehalt von 5000 Mark Autos bauen. Intensiv von einem Soziologenteam um Michael Schumann begleitet, wurde das Projekt sechs Jahre später als Erfolgsstory präsentiert.[321] Um den geglätteten, beschönigenden und legitimatorischen Darstellungen eine Innensicht der tatsächlichen Verhältnisse entgegenzuhalten, interviewte das Redaktionsteam der Zeitschrift Wildcat Arbeiter/innen, die an diesem Produktionsprojekt teilnahmen.[322] Aus dem Bericht einer Arbeiterin:

> »Es zog an. Das Band wurde immer schneller gedreht, als Leistungstest. Einmal hab ich gesagt: ›Ich kann nicht mehr! Ich falle gleich um!‹ Wenn du sagst, ›ich schaff es nicht‹, dann hörst du auf. Mein Team hatte 14 Arbeitsschritte zu machen. Zwischen diesen 14 Tätigkeiten kannst du innerhalb deines Teams rotieren. Das Team muss das untereinander absprechen. Das hat auch ganz gut funktioniert. Bis dann die ersten Kranken aufliefen. Der erste Kollege mit Rückenschmerzen. Kann viele Sachen nicht mehr machen. Er spricht also mit dem Betriebsingenieur. Der sagt: ›Hör mal, wenn du das nicht mehr kannst, dann bist du nicht mehr industrietauglich!‹ Da kriegt der natürlich Angst – das Team versucht zu helfen. Der macht jetzt, was für ihn noch geht. Das Team ist solange solidarisch, wie es das eben durchhält. Wo steckst du den zweiten Rückenkranken hin, wo den dritten und den mit der chronischen Sehnenscheidenentzündung? Dann hast du nur noch sechs Arbeiten, die du

319 Rainer Funk: Ich und Wir. Psychoanalyse des postmodernen Menschen. DTV, München 2005.

320 Unveröff. Interview im Rahmen des Vulkan-Projektes 2007, Nr. 20, S. 6 und 23.

321 Michael Schumann et al. (Hg.): Auto 5000. Ein neues Produktionskonzept. VSA, Hamburg 2006.

322 Wilcat 79, Herbst 2007, S. 33–38.

rotieren kannst, alle anderen sind fest vergeben. Die Probleme sind dann aufgetaucht, als das Band richtig lief. Da kamen auf einmal von Einzelnen so Sprüche, wie: ›Da geht einer zu oft zur Toilette!‹ Manche haben sich hingestellt und gezählt, wie viele Leute gerade auf dem Klo sind. Es fingen Diskussionen an in der Art: ›Musst du jetzt wirklich kacken?!‹ Klingt lächerlich, ist aber so. Du kannst das Band in der Montage nicht anhalten, und es gibt keine extra Springer, das Team muss das selber ausgleichen. Einmal ist im Sommer einer umgekippt, der Krankenwagen kam, zwei Kollegen haben ihn gestützt und raus begleitet – und das Band lief weiter, es wurde nicht angehalten!«[323]

Anlässlich des Auslaufens des Projekttarifes 2006 entwickelte sich unter den Projekt-Arbeiter/innen Widerstand.[324] Es gab Warnstreiks, an denen bis zu 4000 Arbeiter/innen teilnehmen. Neben Lohnerhöhungen ging es vor allem darum, den Druck innerhalb der Teams zu mindern. VW-Management und IG Metall-Betriebsrat gelang es zwar, die Wogen zu glätten, doch der Unmut hielt sich und entlud sich in der Folgezeit in Aktionen, nicht zuletzt in einem über 12 % steigenden Krankenstand. Unhintergehbare Tatsache ist: Arbeit in der Automobilindustrie ist Knochenarbeit. Sie holt körperlich, seelisch und geistig alles aus dem Menschen, was instrumentalisierbar und ausbeutbar ist. Es mag ergonomische Verbesserungen geben, doch diese bleiben begrenzt. Die Berichte aus der Stuttgarter Automobilindustrie, die Wildcat 2010 unter der Überschrift »Das Ende des Massenarbeiters« veröffentlichte, sprechen Bände.[325] Dem steigenden Arbeitsdruck sind viele, vor allem ältere, erfahrene und selbstbewusste Arbeiter/innen nicht mehr gewachsen. Viele werden krank, doch Krankheit wird nicht geduldet. Ein Trommelfeuer von Anschreiben und Anrufen, die Inquisition durch Medizinischen Dienst, Betriebsärzte und Krankenkassenvertreter, nicht zuletzt auch das Weichklopfen durch Personaler und Betriebsräte lassen die Betroffenen, um all dem endlich zu entkommen, zu Abfindungen greifen.

In der Automobil- und Automobilzuliefererindustrie besteht mittlerweile fast ein Drittel der Belegschaften aus befristet Beschäftigten, Leiharbeiter/innen – beschönigend als Zeitarbeitnehmer/innen bezeichnet – und Werkvertragsnehmer/innen. Einen noch höheren Anteil prekär Beschäftigter weisen Branchen wie Handel, Logistik und Lebensmittel auf. Ähnlich wie Migranten und Migrantinnen stoßen Leiharbeiter/innen auf eine Wand von Diskriminierung und Sozialrassismus. Hohe Belastungen und entsprechend viele somatische und psychosomatische Erkrankungen sind die Folge. Originalton aus einer österreichischen Studie:

323 Ebenda, S. 37.
324 Ebenda, S. 38.
325 Wildcat 86, Frühjahr 2010, S. 35–43.

»Man wird schlechter behandelt. Als Zeitarbeiter arbeiten ist immer Schwerarbeit. Man muss machen, was niemand machen will, das ist meist schlechte Arbeit. Wenn man es nicht macht, fliegt man raus.«[326]

Auch die Arbeit in anderen Branchen wie Stahlindustrie, Chemieindustrie oder Handels- und Logistikbranche ist in weiten Teilen immer noch Knochenarbeit. Gerne wird von kapitalnaher Seite argumentiert, nun würden Industrieroboter die schwere Arbeit übernehmen. Auch das stimmt nur sehr begrenzt. Für einen Arbeitsschritt, den der Roboter übernimmt, kommen fünf oder zehn neue Arbeitsschritte auf den Menschen zu, der in der unmittelbaren Produktion eingesetzt ist. Arbeit in verdrehter Körperhaltung, Zeitstress, Schichtarbeit – all das wirkt intensiv und oftmals engtaktig gekoppelt auf den Menschen ein, insofern der Arbeitsprozess EDV-gesteuert abläuft und durch das Eingreifen des Menschen meist gar nicht mehr zu beeinflussen ist. Ein besonders eindrückliches Beispiel sei aus der Donaustadt Linz referiert. Dort produziert die Aluminiumgießerei Nemak Teile für die Automobilindustrie. Im österreichischen Industriemagazin heißt es: »Nahezu vollautomatisiert produziert Nemak Linz millionenfach Zylinderköpfe für BMW, Porsche und Ford. (…) Manuelle Prozesse greifen nahtlos in hochautomatisierte. Mit Kernschießmaschinen stellt der Betrieb die Sandkerne her. Gießmaschinen produzieren mit Stahlwerkzeugen die Aluminiumgussteile. Hammerstationen und Schwinganlagen entsanden die Teile. (…) Und CNC-Fertigungszellen laufen rund um die Uhr. Wo Roboter, Fertigungsautomaten und Fördersysteme noch Platz lassen, bahnen sich Stapler ihren Weg. Eine Meisterleistung der Linzer.«[327] Was hier nicht gesagt wird, ist, wie sich die Arbeitsverhältnisse tatsächlich gestalten.[328] Einige Hundert slowenische, slowakische, tschechische, ungarische und rumänische Arbeiter sind für die »manuellen Prozesse« zuständig. Sie stehen nicht nur aufgrund des Akkordsystems bzw. aufgrund der am Umsatz und der Rendite orientierten Prämie unter enormem Druck, sie arbeiten gleichsam als Zwischenglied zwischen den Robotern und überwiegend im Kontext körperlich harter Bedingungen. Schwere Handhabungen sind immer noch Normalität, ebenso wie extreme Arbeitsumweltbedingungen wie Lärm, Hitze, Stäube und Rauche. Kaum eine Absaugung über den Gießarbeitsplätzen funktioniert optimal. Von der Decke her kommen Schwaden an giftigen Dämpfen auf, die bis in den Atembereich der Arbeiter reichen. Die Verwunderung des Beobachters angesichts der besonders harten Bedingungen der ausländischen Arbeiter wurde mit der Bemerkung kommentiert: »Sollen das etwa wir Österreicher

326 Doris Lexmüller: Zeitarbeit und psychosoziale Gesundheit. Eine qualitative Analyse. Arbeitspapier der Gebietskrankenkasse Oberösterreich, Linz 2012, S. 56.

327 http://industriemagazin.at/a/automatisierung-nemak-linz-aus-der-raum-1.

328 Die folgenden Anmerkungen beziehen sich auf Beobachtungen des Autors im Rahmen einer Betriebsbegehung der Linzer Akademie für Arbeitsmedizin im März 2015.

machen?« Die Belastungen der Massenarbeiter hinter der schönen neuen Automatisierungswelt verschwinden zu lassen, ist eine typische Legitimationsfigur des Neoliberalismus, der die sozialen Spaltungen und Rassismen als naturgegeben und daher nicht hinterfragbar ansieht.

Internet-Händler wie beispielsweise Zalando sind Ausgeburten der »schönen neue Arbeitswelt«. Sie beherrschen die Mischung von formeller und reeller Subsumtion, von Ausdehnung und Intensivierung des Arbeitstages, von Druck, Kontrolle und Verführung in nahezu perfekter Weise. Sie nutzen die ganze Palette, angefangen vom brutalen Zugriff oder der psychischen Zurichtung bis zum Aussieben der Kranken. Einem Erfahrungsbericht[329] ist zu entnehmen: Aus Angst gehen viele junge Leute mit geschwollenen Knien und Blasen an den Füßen arbeiten. Im Sommer ist die Luft stickig und stinkt nach Chemie, Arbeiter/innen brechen zusammen, fast täglich kommen Rettungswagen. Paradigmatisch für die Handels- und Logistikbranche steht Amazon. »Arbeit ist alles« war ein Artikel in der *Süddeutschen Zeitung* überschrieben, der Amazon in den Fokus nahm.[330] Mit Fug und Recht vermuten die Autoren, dass Amazon kein »Ausrutscher« der ansonsten heilen Arbeitswelt sei, sondern ein Vorbote dessen, was auf uns zukomme. An der Leistung wird der Mensch gemessen, man muss »high performer« sein. Ein »low performer« gilt nichts, er wird von Vorgesetzten wie von Kollegen gemobbt, ausgegrenzt, aussortiert und »entsorgt«. Ein so herabgewürdigter Mensch gilt auch in seinem privaten Kontext als Verlierer, als Schwächling, als nicht oder nicht mehr vollwertig. Ein so stigmatisierter Mensch versucht, sein Stigma zu verheimlichen. Unter den Mitarbeiterinnen, so der *SZ*-Artikel, ist es »ungeschriebenes Gesetz, potentiell Langwieriges wie einen Bandscheibenvorfall oder gar psychische Probleme zu verschweigen«. Die besondere Qualität der digitalisierten Arbeitsweisen bestehe nun darin, alle Tätigkeiten zugleich so zu erfassen, dass deren Daten einer Leistungsüberwachung zugeführt werden können. Ob Arbeit am Computer, am Terminal, in oder mit einem digital gesteuerten Gerät oder mit dem Handscanner: Wer auch nur eine Minute heimlich Pause macht, sägt am Ast, auf dem er sitzt. Aufgebaut werden also eine neue Art von Kontrolle und eine neue Art von Überwachung, die eine gegenseitige Taxierung, eine gegenseitige Denunziation und das Anheizen von Konkurrenz am Arbeitsplatz einschließen. Die neuen Technologien eröffnen neue Dimensionen des abwertenden und disziplinierenden Zugriffs auf den arbeitenden Körper. Arbeitsprozesse werden extrem zerstückelt, sodass vollkommen berechtigt von einem »digitalen Taylorismus« gesprochen wer-

329 Caro Lobig: Wie im Arbeitslager: »Skavando« ist watching you. In: Günter Wallraff (Hg.): Die Lastenträger. Arbeit im freien Fall – flexibel schuften ohne Perspektive. Kiepenheuer und Witsch, Köln 2014, S. 43–69.

330 Süddeutsche Zeitung vom 22./23.8.2015, S. 23.

den kann.[331] Was in der gegenwärtigen arbeitspolitischen Debatte die »vierte industrielle Revolution« und »Arbeit 4.0« bezeichnet wird, bekommt Konturen, die wenig mit den Schönfärbereien industrienaher Werbeagenturen zu tun haben.[332] Die Feinstruktur der Arbeit bei Amazon – wobei Amazon pars pro toto stehen kann – wird in einem SZ-Interview mit einer ehemaligenMitarbeiterin des mittleren Managements deutlich. Man müsse sich »mit den richtigen Leuten gutstellen«. Und weiter: »Man muss dafür sorgen, dass man nur die Arbeit macht, die einen glänzen lässt, und das Alltagszeug andere erledigen lässt«.[333] Die Interviewte sagt offen, dass es darauf ankomme, andere schlecht aussehen zu lassen, damit man selbst besser dastehe. »Man muss jemand sein, dem es egal ist, dass derjenige, mit dem man spricht, auch ein menschliches Wesen ist.«[334]

Besonders aufschlussreich ist das, was die Insiderin über Arbeitszeiten zu berichten hat. Es ist völlig normal, dass Arbeit mit nach Hause genommen und am eigenen PC weitergearbeitet werde. Nur dürfe man das im Team nicht offenlegen. Weil sonst der Eindruck vermittelt werde, dass man die Arbeit nicht schaffe, also kein »high performer« sei. Die Balance zwischen dem geforderten Überengagement und dem Rollenspiel, alles im Griff zu haben, ist ein Kunststück, das nur diejenigen schaffen, deren Körper, Psyche und Geist sich vollständig in die Logik des beherrschenden Unternehmens eingepasst haben.

Michael Schumann, der schon häufig zitierte soziologische Begleiter eines halben Jahrhunderts Industrie- und Dienstleistungsarbeit, konzediert, dass sich seine mit der Humanisierungsoffensive verbundenen Hoffnungen nicht wirklich erfüllt hätten.[335] Er sieht eine in den 1990er Jahren einsetzende Re-Taylorisierung, eine sukzessive Rücknahme ergonomischer Verbesserungen, einen Abbau der Erholzeiten und die zunehmende Prekarisierung der Beschäftigungsverhältnisse, um festzustellen: »Wir können bisher nicht schlüssig erklären, was diese Rücknahme der neuen Produktionskonzepte begründet.«[336] Es sei zum einen die Globalisierung, die den Arbeitern ihre Macht raube. Zum anderen, so Schuman in einer aktuellen Veröffentlichung,[337] sei es die auf Systemstabilisierung setzende Reformpolitik der Gewerkschaften, die diesen Rückgang erklären könne. Der Verzicht auf soziale Utopien erzeuge ein Vakuum, das sich mit neoliberalen Denkweisen fülle.

331 Moritz Altenried, zit. in: Böckler Impuls 12/2017, S. 4–5.

332 Darauf wird im Kapitel über »Körperpolitik unter dem Vorzeichen Arbeit 4.0« näher eigegangen.

333 Süddeutsche Zeitung vom 26.8.2015, S. 19.

334 Ebenda.

335 Michael Schumann: Industriearbeit zwischen Entfremdung, a. a. O.

336 Ebenda, S. 111.

337 Michael Schumann: Arbeiterbewusstsein und Gesellschaftsbild revisited. In: WSI-Mitteilungen, Jg. 69, 2016, Heft 7, S. 555–558.

An dieser Sichtweise ist ihre Schieflage zu kritisieren: So etwas wie Arbeitermacht gab es auch in den 1990er Jahren nicht mehr. Die Arbeitsbedingungen waren durchgehend rigide, und wie uns ein langjähriger Benz-Betriebsrat im Interview sagte, hatten in der Automobilbranche »nur die härtesten Kerle eine Chance«.[338] Es mag eine kleine Schicht aufgewerteter Arbeitstätiger geben, doch hat die kapitalistische Entwicklung die Arbeitsgesellschaft hinsichtlich vielfältiger Abstufungen, Hierarchien und Spaltungen stratifiziert. Die »schöne neue Arbeitswelt« entpuppt sich bei näherem Hinsehen als wenig schön und wenig neu. Das Institut für Arbeit und Qualifikation (IAQ) der Universität Duisburg-Essen berechnet auf Grundlage aller verfügbaren Daten regelmäßig, wie viele Erwerbstätige unter welchen Lohn- und Arbeitsbedingungen arbeiten. In der Gesamtschau[339] bietet sich folgendes Bild: Ein Drittel der abhängig Beschäftigten arbeitet unter prekären Verhältnissen, zumeist unter körperlich anstrengenden Bedingungen, sozial wenig oder überhaupt nicht abgesichert, und das Einkommen liegt an oder unter der Armutsgrenze von knapp 1000 Euro. Ein weiteres Drittel kann dem Handwerk und eher kleinbetrieblichen Sektoren zugerechnet werden: Auch hier sind die Arbeitsbedingungen eher hart, auch hier liegen die Bruttolöhne unterhalb von 2300 Euro, was netto etwa 1500 Euro ausmacht. Ein weiteres Drittel besteht hauptsächlich aus Stammbelegschaften großer Betriebe – wobei Produktions- und Angestelltenbereich jeweils etwa die Hälfte ausmachen –, in denen besser verdient wird und in deren oberem Management bekanntermaßen exorbitante Spitzeneinkommen erzielt werden. Als Resultat kann festgehalten werden: Mehr als die Hälfte aller Erwerbstätigen in Deutschland und Österreich arbeiten unter körperlich harten Bedingungen, erleben einen massiven Gesundheitsverschleiß und unterliegen einer Tendenz der psychischen Verelendung.

Wer sich die betriebliche Situation der bundesdeutschen und österreichischen wie der globalen Wirklichkeit ohne rosarote Brille anschaut, muss aufpassen, dass er von der Fülle der Paradoxien, Aporien und Antinomien, d. h. der absolut unvereinbaren Tendenzen und Gesetzmäßigkeiten, nicht erschlagen wird. Während gewisse Gelehrte angesichts der Digitalisierung vom »Ende der Arbeit« fabulieren,[340] überborden uns legale und illegale Menschenhändler mit Heeren arbeitswilliger Billiglöhner, die als Scheinselbständige unsere Straßen reparieren, öffentliche und private Gebäudekomplexe errichten und unsere Alten pflegen. Der Eindruck täuscht nicht: Wirtschaftselite und Politik unterstützen einander gegenseitig im Bemühen, den massen-

338 Erwin Bürckmann, Interview in Mannheim, März 2014, Transkript, S. 50.

339 Für Deutschland: http://www.iaq.uni-due.de/iaq-report; für Österreich: Max Haller Die österreichische Gesellschaft. Sozialstruktur und sozialer Wandel. Campus, Frankfurt am Main 2008.

340 So etwa Jeremy Rifkin, a. a. O.

haften Menschenhandel, die massenhafte Unterbezahlung, die massenhafte Unterschlagung der Sozialabgaben und die massenhafte Gesundheitszerstörung der Ausgebeuteten weiterzutreiben und auszuweiten.[341] Es gibt nicht einmal eine halbwegs ordentliche Statistik, wie viele Hunderttausende von Menschen hierzulande zerschunden werden und ohne jede soziale und finanzielle Entschädigung in einem osteuropäischen Land ihr dürftiges Leben fristen, während hier Länder und Gemeinden stolz sind, mit geringen Kosten die Infrastruktur für die wohlhabende Mittel- und Oberschicht pflegen und erneuern zu können. Nicht zufällig werden gleichzeitig arme und sogenannte »abgehängte« Stadtteile und Regionen ihrem Verfall überlassen. Ich kann mich des Eindrucks nicht erwehren, dass viele wissenschaftliche Kolleginnen und Kollegen diese Phänomene nicht sehen wollen oder sie unablässig herunterspielen. Ich sehe in vielen Aspekten – sowohl in physischer als auch in psychischer Hinsicht – die Marxsche Verelendungstheorie bestätigt. Selbstredend sind Deutschland und Österreich immer noch Inseln der Glückseligen, insofern hier der Nachkriegsboom und weitere Besonderheiten die Bildung einer breiten Mittelschicht bzw. Mittelklasse begünstigt haben, die aber seit Jahren im Schrumpfen begriffen ist.[342] Gleichzeitig nimmt der Anteil der Armen in der Bevölkerung zu, und gleichzeitig leben Hundertausende, wenn nicht Millionen auch bei uns außerhalb des zwar noch existierenden, doch immer löchriger werdenden sozialstaatlichen Netzes. Dieses Netz gibt es für viele – und dies ist eine wachsende Zahl – schlichtweg nicht. Und erst recht nicht für Millionen Menschen außerhalb Deutschlands, die durch die Verausgabung ihrer Arbeitskraft dafür sorgen, dass wir hierzulande Billigware kaufen können. Wir, genauer: der wohlhabendere Teil der Arbeiterklasse hierzulande profitiert von einem gigantischen globalen Mehrwerttransfer, den Ernest Mandel vor Jahrzehnten analysiert hat.[343] Der Kapitalismus treibt einen gewaltigen Spaltkeil in unsere Welt, und der Keil geht inzwischen mitten durch die Metropolen. Die soziale Spaltung zwischen Arm und Reich nimmt auch bei uns dramatisch zu. Das wird Widerstand erzeugen, der alle sozialen Schichten und alle sozialen und kulturellen Milieus zu einer Haltung dazu herausfordern wird. Gemessen an den Auseinandersetzungen, die mit Wahrscheinlichkeit kommen werden, leben wir zwar immer noch in einem klassenpolitisch weitgehend befriedeten Paradies. Doch der Schein trügt. Es gibt Entwicklungen, hierzulande wie global, die Veränderungen ankündigen – ob zum Guten, wird die Geschichte zeigen, an deren Gestaltung wir beteiligt sind.

341 Süddeutsche Zeitung vom 27.8.2015, S. 14.

342 Süddeutsche Zeitung vom 27.8.2015, S. 1; die Begriffe der Mittelschicht bzw. der Mittelklasse sind nach wie vor, auch in der marxistischen Diskussion, unklar und verschwommen. Ich werde auf diese Diskussion im letzten Kapitel zurückkommen.

343 Ernest Mandel: Der Spätkapitalismus. Suhrkamp, Frankfurt am Main 1972.

Die Hafenbetriebe im Lande Bremen – die Betriebe der »Bremer Lagerhausgesellschaft« (BLG) – stehen als besonderes Beispiel für moderne produktionsnahe Dienstleistung. Hier verschwimmen die Grenzen zwischen Produktion und Dienstleistung, denn in den Hafenbetrieben lassen sich weitere Produktionsschritte identifizieren. Als Bremer Hauptunternehmen tritt die BLG Logistics auf, als »Personaldienstleister« fungiert der »Gesamthafenbetriebsverein« (GHB), der im Jahr 2016 etwa 700 Arbeiter in Bremen und etwa 1400 Arbeiter in Bremerhaven beschäftigt.[344] Umgeschlagen werden vor allem Automobile und Automobilteile. Der GHB ist eine gemeinsame Einrichtung des Unternehmensverbandes Bremische Häfen und der Gewerkschaft ver. di., d. h. Gewerkschaftsvertreter sind hier zugleich Unternehmer. Die Arbeitsbedingungen der GHB-Arbeiter verschlechterten sich seit der Jahrtausendwende Jahr um Jahr. 2009 gab es 1100 Änderungskündigungen, verbunden mit einem massiven Lohnabbau, der sich knapp oberhalb des späteren Mindestlohns bewegt. Fast täglich werden unangekündigt zwei bis drei Stunden Mehrarbeit angeordnet; auch das Wochenende ist nicht tabu. Unter den Arbeitern gab und gibt es anhaltenden Unmut und Proteste, es gründeten sich mehrere alternative Gewerkschaftsansätze, bei den Betriebsratswahlen 2012 errang die alternative Liste »Kollegen für Kollegen« mit acht die Mehrheit von insgesamt fünfzehn Sitzen. Der folgende Erfahrungsbericht eines langjährigen GHB-Arbeiters gibt einen Einblick:

> »Unser Arbeitsplatz ist in den letzten Jahren immer mehr zur Qual geworden. Wir gehen inzwischen mit Angst vor Demütigungen durch Vorgesetzte und mit Magenschmerzen und mit der Hoffnung, dass man uns heute nichts Böses tut, zur Arbeit. Wir arbeiten hauptsächlich im Bereich der Distribution der BLG Logistic, das heißt wir arbeiten unter anderem im Logistik Center der BLG, wo Autoteile der Daimler AG konserviert, umgepackt, gelagert, auditiert und an Werken in aller Welt verschickt werden, sowie dem Aushängeschild der BLG, dem Hochregallager, in dem unter teils unwürdigen Bedingungen alles, was mit Tchibo Nonfood zu tun hat, umgeschlagen wird. (…) Es wird uns jeden Tag erzählt, dass wir am Vortag zu langsam waren, und dass, wenn sich unsere Leistung nicht steigert, man uns abbestellt oder zwangsversetzt. Zwangsversetzt heißt dann, es wird einem die Arbeit zugewiesen, die keiner machen will. Zum Beispiel den ganzen Tag an einem Tauchbecken voll mit Öl zu stehen und dort Rohbauteile zu konservieren. Da stehen die Kollegen bis zu den Schultern im Öl. Es gibt dort viele Abteilungen und viele Meister. Hat man bei einem verspielt, weil man sich nicht alle Ungerechtigkeiten hat gefallen lassen und womöglich auch noch andere ermutigt hat, sich dagegen zu wehren, oder einfach die geforderte Leis-

344 http://bremerfeierabend.blogsport.eu/2013/09/11/hinter-den-werkstoren-der-blg-logistic/

tung körperlich nicht mehr bringen kann, hat man es bei allen verspielt. Dann geht es los: Es wird wohl als Spiel gesehen, den Mitarbeiter wieder in die richtige Spur zu bringen, jeden Tag wird man unter Druck gesetzt, Kollegen werden durch die Vorgesetzten gegen einen aufgewiegelt. (…) Körperliche Gebrechen, ob jung oder alt, alles egal. Selbst bei Kollegen, die kurz vor der Rente stehen, wird keine Ausnahme gemacht, und bist du einer der schwierigen, wirst du tagtäglich von einem zum anderen Antreiber geschickt.«[345]

Im Mai 2016 eröffnete Geschäftsführer Bernd Kamin-Seggewies, ehemals GHB-Betriebsratsvorsitzender, dass in Bremen 450 Arbeitsplätze abgebaut und diese Arbeiten billigeren Dienstleistern überlassen würden.[346] Die BLG Logistics ließ verlauten, dass der GHB-Betriebsrat den flexiblen Einsatz von GHB-Arbeitern bei der BLG verhindere. Die BLG aber sei darauf angewiesen, dass Leihpersonal kurzfristig auch an Wochenenden zur Verfügung stehe. Man wolle daher auf andere Dienstleister ausweichen. Es handelt sich offensichtlich um den Beginn einer »Gesamt-Abwicklung«, an dessen Ende kein störender Betriebsrat mehr vorhanden sein soll. Ob dieses Konzept aufgeht, ist eine andere Frage.

Reputationsverlust der körperlichen Arbeit?

Das Ansehen körperlicher Arbeit hielt sich bei den gesellschaftlichen Eliten immer in Grenzen.[347] Körperlich Arbeitende galten in der Antike als »belebte Werkzeuge«, Bürgerstatus blieb ihnen verwehrt, Arbeit und Freiheit schlossen einander aus. Diese hellenistische Tradition überlebte die Jahrtausende und blieb Kernelement der hegemonialen Kultur bis heute. Als Ausnahme gilt die jüdische Tradition: »Malacha« war ein Begriff, der sowohl der Arbeit Gottes als auch der Arbeit des Menschen zugedacht war.[348] Gegenüber dieser Sichtweise blieb die christliche Tradition – trotz ihrer Aneignung des ersten Testaments – weitgehend immun. Daran änderten weder Paulus' noch Luthers Lehren etwas. Zwar wurde nun »die ehrliche Arbeit« als »Dienst an Gott« geadelt.[349] Doch die Idee einer Befreiung von abhängiger Arbeit

345 http://bremerfeierabend.blogsport.eu/2010/10/25/alltag-eines-arbeiters-im-logistik-center-der-blg-logistik-in-bremen/

346 http://bremerfeierabend.blogsport.eu/2016/05/22/ver-di-blg-und-co-sind-dabei-den-ghb-abzuwickeln/

347 Rudolf Walther: Arbeit – Ein begriffsgeschichtlicher Überblick von Aristoteles bis Ricardo. In: Helmut König / Bodo von Greiff / Helmut Schauer (Hg.): Sozialphilosophie der industriellen Arbeitswelt. Leviathan-Sonderheft 11. Westdeutscher Verlag, Opladen 1990, S. 3–25; Wulf D. Hund: Stichwort Arbeit. Distel, Heilbronn 1990.

348 Jürgen Moltmann: Der Sinn der Arbeit. In: Derselbe (Hg.): Recht auf Arbeit – Sinn der Arbeit. Christian Kaiser, München 1979, S. 59–83.

349 Ebenda, S. 69.

enthielt diese Theologie nicht. Während Paulus an ein schnelles Ende der irdischen Welt glaubte[350] und für »das Danach« eine allgemeine Befreiung imaginierte, sah Luther eine lange Periode der Koexistenz beider Welten. Er bestand auf einer strikten Trennung von diesseitiger Welt und dem »Reich Gottes«. Gottesfürchtig in Luthers Sinne waren Knecht und Magd dann, wenn und insofern sie sich dem Befehl ihres weltlichen Herren vollständig unterordneten. Als verkörperte Pflicht wurde Gehorsam zur ersten christlichen Tugend. Hegel versucht in seiner Herr-Knecht-Dialektik[351] diese Statik aufzulösen. Zweifel sind angebracht: Die Anerkennung, die der Herr seinem Knecht zollt, ist eine von der historischen Vernunft aufgezwungene, sie ist keine Wertschätzung und schon gar nicht eine auf Augenhöhe. Der Knecht ist es, der sich seiner Macht bewusst wird. Auf die spätere Zeit übertragen: Der Arbeiter und die Arbeiterin sind es, die sich ihrer Macht zumindest soweit bewusst werden, dass ohne sie Wirtschaft und Gesellschaft keine Existenzgrundlage hätten. Von einer Reputation der körperlichen Arbeit, die sie in den Augen der Herrschenden, der mit ihnen verbundenen Eliten und damit auch im sogenannten öffentlichen Bewusstsein besäße, kann daher stricto sensu nicht gesprochen werden. So gesehen, kann es auch keinen Reputationsverlust geben, zumindest keinen, der sich zwischen den beiden sozialen Großklassen ansiedeln ließe. Es ist eher angebracht, nach einem wertschätzenden Selbstbild der Arbeiter/innen zu fragen, einem tradierten Kernelement der Proletarität, innerhalb derer dem Körper als Potential, Instrument und Mittel der Daseinssicherung eine herausragende Bedeutung zukommt. So ist zu Recht von einer »somatische(n) Kultur der Arbeiterklasse« gesprochen worden.[352] Daher muss die Frage nach dem Reputationsverlust modifiziert werden: Gibt es einen Selbstwertverlust innerhalb des proletarischen Selbstverständnisses, oder lassen sich zwischen den sozialen Schichten der Arbeiter/innen-Klasse Veränderungen feststellen, die einem klassistischen[353] Reputationsverlust gleichkommen?

In ihrer großen Studie »Das Gesellschaftsbild des Arbeiters« fassten Heinrich Popitz und seine Co-Autoren den Gesichtspunkt zusammen, der im Selbstverständnis der Stahlarbeiter, gleich welcher politischen Orientierung, den Dreh- und Angelpunkt ausmachte: »Die Arbeiterschaft hat etwas zu bieten, das dem Kapital – dem ›toten Kapital‹ – zumindest ebenbürtig, wenn nicht überlegen ist: die Arbeit – die ›menschliche Arbeit‹. Sie wird verstanden

350 Giorgio Agamben: Die Zeit die bleibt. Suhrkamp, Frankfurt am Main 2006.

351 Alexander Kojève: Hegel. Neuausgabe. Suhrkamp, Frankfurt am Main 1975.

352 Luc Boltanski: Die soziale Verwendung des Körpers. In: Dietmar Kamper / Volker Rittner (Hg.): Zur Geschichte des Körpers. Hanser, München 1976, S. 138–171.

353 Der Begriff des Klassismus bezeichnet die Diskriminierung armer und/oder prekärer Schichten oder Milieus durch darüber positionierte Schichten (vgl. Andreas Kemper / Heike Weinbach: Klassismus – Eine Einführung. Unrast, Münster 2009).

als körperliche Arbeit, das heißt diejenigen menschliche Tätigkeit, die am ›sinnfälligsten‹ Arbeit ist; als produktive Arbeit, das heißt eine unmittelbare wertschaffende Leistung; als primäre Arbeit, das heißt eine Funktion, die für die anderen, für die Gesellschaft, eine fundamentale Voraussetzung ihrer Existenz schafft.«[354] Am häufigsten sei der Satz zu hören gewesen: »Auf unseren Knochen können sie erst ihr Geld verdienen«,[355] wobei mit »sie« nicht nur die Unternehmer, sondern im Grunde alle nicht-körperlich arbeitenden sozialen Schichten der Gesellschaft gemeint waren. Darin kam ein Mehrfaches an Abgrenzung zum Ausdruck: zum einen eine Anklage der vielen »Schmarotzer« oder zumindest derjenigen, die den Wert der so verstandenen produktiven Arbeit nicht zu schätzen wissen, zum anderen ein hoch entwickelter Produzentenstolz, ein Stolz auf die eigene Arbeit und die erarbeiteten Produkte, immer in dem Bewusstsein, dass diese für die Gesellschaft unentbehrlich, nützlich und wertsteigernd sind. Diese für die 1950er Jahre typischen Deutungsmuster hielten sich teilweise bis in die 1980er Jahre. In einer Ende der 1970er Jahre durchgeführten Werftarbeiter-Studie äußerte sich ein Befragter wie folgt:

> »Typisch für den Arbeiter ist, dass er seine Kraft einsetzt, irgendwas zu schaffen oder zu vollbringen oder herzustellen, d. h. die praktischen Ausführungen macht. Alles, was hier körperlich arbeitet und abends die Hände schmutzig hat und kaputt ist, was hier so richtig am Malochen ist und praktisch was leistet, das ist für mich ein Arbeiter.«[356]

In sich verändernden soziokulturellen Kontexten gab und gibt es im Selbst- und Fremdbild verschiedener sozialer Schichten merkwürdige und teilweise paradoxe Verschiebungen. Während in den Kernregionen der Montanindustrie die Strukturkrisen Zeche um Zeche und Hütte um Hütte in den Abgrund trieb und damit auch das Ausmaß körperlicher Arbeit in diesen Bereichen minimierte, legte sich ein melancholischer Nebel aus Mystifikationen des Vergehenden über die Landschaft. So konnte noch ein soziologischer Beobachter in den 1980er Jahren schreiben: »In einer bürokratisch gelenkten Gesellschaft, die den Einzelnen anonymisiert, in einer Gesellschaft, in der psychische Störungen an der Tagesordnung sind, (…) müssen offensichtlich der Stahlarbeiter am Hochofen oder der Bergmann, der unter Tage eine gefährliche Arbeit verrichtet, zu positiven Gegenbildern werden, zu Symbolen, die anarchische Wunschträume und Sehnsüchte förmlich auf sich ziehen. Alles, was der Mensch sich erträumt, um aus seiner frustrierten Welt auszu-

354 Heinrich Popitz et al.: Das Gesellschaftsbild, a. a. O., S. 238.

355 Ebenda, S. 240.

356 Michael Schumann / Edgar Einemann / Christa Siebel-Rebell / Klaus P. Wittemann: Rationalisierung, Krise, Arbeiter. Eine empirische Untersuchung der Industrialisierung auf der Werft. Europäische Verlagsanstalt, Frankfurt am Main 1982, S. 533.

brechen, kann er in diese Helden projizieren, die sich unerschrocken mit der Natur als Gegenspieler konfrontieren.«[357] Doch muss betont werden: Dieses Phänomen einer Reputation ist örtlich an montanindustrielle Regionen gebunden. Es verschmilzt in diesen Regionen zusehends mit einer neuen Ära der »Industriekultur«, die aus der Vergangenheit eine neue Geschäftsidee macht. Das muss nicht gänzlich verkehrt sein, doch sollte man die Begrenztheit eines solchen Phänomens nicht übersehen.

In der Werftindustrie hielten sich lange tradierte Arbeitsweisen, die an hohen körperlichen Einsatz gebunden waren. Die letzte Großwerft in Bremen schloss 1997 ihre Tore. In den danach durchgeführten Studien zum Schicksal der ehemaligen Werftarbeiter[358] stellten sich die Interviewten während des Interviews oft in einer bestimmten Pose vor, die ihre körperliche Arbeitshaltung bildlich darstellen sollte. Sie zeigten uns – beispielsweise im Falle eines Werftzimmerers – die aufgrund der schweren Arbeit verkrüppelten Hände. Viele schilderten uns, in wie viele Unfälle sie verwickelt gewesen seien. Und mit einem gewissen Stolz zeigten uns einige ihre Narben von all den Verletzungen, die sie davongetragen hatten. Es wurden uns Photographien »aus besseren Tagen« gezeigt, deren Intention an die »Helden der Arbeit« erinnerte. Ein schon mehrmals wegen bösartiger Tumore Operierter zeigte uns seine OP-Narben. Es braucht kaum betont zu werden, dass uns die Arbeitsbelastungen, die Stäube, der Dreck und das Gift in ausgesprochen schillernden Farben näher gebracht wurden – auch hier gab es beeindruckende Photographien. Das Interview glich häufig einer Inszenierung – das mindert nicht den Wahrheitsgehalt des Dargestellten. Spürbar war zugleich die Enttäuschung darüber, dass im ausgehenden 20. Jahrhundert immer noch mit teilweise »vorsintflutlichen« Methoden gearbeitet werden müsse. Es wurde deutlich, dass man sich durchaus eine andere Arbeitsweise gewünscht hätte – mit weniger Belastungen, weniger Staub, Dreck und Gift. In den Erzählungen der Werftarbeiter spiegelte sich das Brüchigwerden der kollektiven Arbeiteridentität, die zwar immer schon auf einem hochschätzenden Selbstbild körperlicher Arbeit aufgebaut war, doch zugleich die Sehnsucht enthielt, von körperlichen Mühe, Last und Not befreit zu werden. Der ehemals stolze Werftarbeiter erlebte eine massive Deklassierung, die, um sie nicht eingestehen zu müssen, sich den Weg der Krankheit suchte oder sich innerhalb dieses Weges einen Ausdruck suchte.

Ein wesentliches Moment der Arbeitsgeschichte wurde nicht verschwiegen: Viele Arbeiter – nicht alle – ließen sich ihre Gesundheit abkaufen. Wer besonders viel Geld verdienen wollte, konnte gewiss sein, auch einer besonders hohen Belastung ausgesetzt zu sein. Körpereinsatz und Gesundheitsver-

357 Gerhard Hergt: Die Marginalisierung der schweren körperlichen Arbeit im modernen Produktionsprozess. Sozialforschungsstelle Dortmund, Dortmund 1985, S. 29.

358 Wolfgang Hien et al.: Am Ende, a. a. O.; Derselbe et al.: Ein neuer Anfang, a. a. O.

schleiß wurden bezahlt. Es waren freilich nicht allein die Verlockungen des Geldes, sondern die Vorstellung, durch eine temporäre Anstrengung bald oder in absehbarer Zeit »aus dem Dreck rauszukommen«, also die Vision, durch eine zeitweise Überverausgabung zu Wohlstand zu kommen. Es gehört zu den Paradoxien der Facharbeitermentalität, sich seiner Macht bewusst, also in diesem Sinne klassenbewusst zu sein, und zugleich die Chance zu nutzen, eine Eintrittskarte in den Mittelstand zu bekommen, auch wenn damit Risiken für Leib und Leben eingegangen werden mussten – im Unterschied zur bürgerlichen Körperkultur ein entscheidendes Moment der proletarisch geprägten somatischen Kultur. Ein Beispiel aus dem Schiffbau:

> »Kurz vor der Probefahrt. Dann hieß es: ›Alles an Bord schleppen‹. So, dann hast du die Sachen an Bord geschleppt, und wenn du nicht gut gearbeitet hast, dann bis'de das nächste Mal nicht dabei gewesen (...) So ein Teil hat ungefähr 50, 60 Kilo bestimmt gehabt, das konntest du gerade so schleppen. Und wenn wir jetzt das verteilen mussten, dann mussten wir durch de Mannlöcher durch, (...) und denn musstest du durch die Luken durch und musstest das alles dahin bringen und aufhängen, und nun hab mal das große Ding und versuch mal, da durch die Luke durch (...), also das war ganz schön (...), da ha'm wir uns oft die Finger gequetscht und alles, so ist das gewesen. (...) Meckern? Was hat der Meister gesagt? ›Sieh zu, da draußen, da steh'n noch andere, die machen das‹. Folglich, du wolltest ja auch da bleiben und wolltest ja auch Geld verdienen.«[359]

Das ist in anderen Industriebranchen nicht anders. Erwin Bürckmann, der als Betriebsrat viele Jahrzehnte Arbeiter im Omnibusbau des Mannheimer Benz-Werkes begleitete, erläutert dies an einem Fallbeispiel:

> »Ich kann mich erinnern: Omnibus-Rohkarussell, die mussten damals, bevor sie in die Grundlackierung gingen, mit irgendeinem hochgiftigen Dreckszeug von der BASF abgewischt werden. Das war dermaßen bestialisch schlimm, dass manche Kollegen (...), während der Arbeit sind die zum Kotzen weggerannt. Es ist aber entsprechend gut bezahlt worden, deswegen gab es da keine Probleme, Leute zu finden. Das heißt, es gab also immer Beschäftigte des Geldes wegen, auch für mistige Arbeitsplätze, und als dann die technischen Voraussetzungen gegeben waren, diese Arbeit auch zu erledigen, zu mechanisieren oder durchs Tauchbad zu ziehen und was weiß ich, was noch alles, da gab es Krach, und da mussten wir wieder dafür sorgen, als Betriebsrat, dass sie einen Arbeitsplatz gekriegt haben, wo sie einigermaßen das gleiche Geld verdienten.«[360]

359 Wolfgang Hien et al.: Ein neuer Anfang, a. a. O., S. 19.
360 Erwin Bürckmann, Interview, a. a. O., S. 17 f.

Gesundheit gegen Geld – es ist das alte Lied, und doch gestaltet sich diese Situation je nach politischer, sozialer und betrieblicher Situation immer wieder neu. Deutlich wird zwischen den Zeilen das durch das Kapital gesetzte Zwangsverhältnis. Die heutige Situation ist keine grundsätzlich andere. Wenn einer hohen Verausgabung eine ebenso hohe Gratifikation gegenübersteht, ist die Zufriedenheit hoch, auch wenn der Körper darunter leidet. Das zeigen gegenwärtig die Studien zur IT-Arbeit recht deutlich.[361] Lässt man alle Studien zum Schicksal der ehemaligen Kernbelegschaften der Montan- und Metallindustrie Revue passieren, zeigt sich folgendes Bild: Manche haben den Sprung in die untere Mittelschicht geschafft, ohne Federn zu lassen, manche jedoch sind krank geworden und können das Erreichte nicht genießen, viele sind gescheitert und abgestürzt. Körper, Geist und Seele konnten nicht mithalten, und die Debatte, ob zunächst die Krankheit und dann der soziale Abstieg oder zunächst die Arbeitslosigkeit und dann die Krankheit eingetreten sei,[362] ist müßig. Arbeitsplatzverlust und Krankheit sind miteinander verschränkt; auch wenn der Körper schon lange angeschlagen war, brechen meist erst nach dem Ende des kollektiven Arbeitserlebens manifeste Krankheiten aus. Vielen Werftarbeitern war es nicht vergönnt, die Früchte ihrer Anstrengung zu ernten:

> »Es war wohl zu viel, die Jahre, die Jahrzehnte, darf man ja nicht vergessen, und die Kälte, die nimmt ja…, deswegen ist der Körper ja auch immer abends geschwächt gewesen, und wenn man nur 4, 5 Stunden 'n büschen ordentlich was gemacht hat…, aber der Körper war fertig schon durch die Kälte, ausgedorrt, dieses kein Warm, du wirst nicht warm, vorne wirst du warm und hinten eiskalt. Das ist ja beim Schweißer so, das ist ein Beruf, wo vorne die Wärme ist, und hinten ist immer die Kälte,… 5 Grad unter Null da den ganzen Tach und huh, die Hallen, die haben ja auch denn 2 unter Null oder 1 Grad dann, darf man nicht vergessen. Die Sektionen kommen rein mit so 'ner Eisschicht, und die Flamme rein, und dann wird abgeschlagen, dat muss fertig werden, und das Eisen, das zieht denn, das zieht überall durch, aber wie verrückt. (…) Ja, und so hab ich jetzt Schmerzen in den ganzen Knochen, das hört nicht mehr auf.«[363]

Die folgende Schilderung stammt von einem Arbeiter, der seit zehn Jahren einen festen Arbeitsplatz außerhalb der Werftindustrie hat. Er sagt von sich,

361 Wolfgang Hien: »Irgendwann geht es nicht mehr«. Älterwerden und Gesundheit im IT-Beruf. VSA, Hamburg 2008. Dies darf auch als kritischer Einwand gegen das arbeitswissenschaftliche Effort-Reward-Imbalance-Modell verstanden werden (Johannes Siegrist et al.: The measurement of effort-reward-imbalance at work: European comparisons. In: Social Science and Medicine, Jg. 58, 2004, S. 1483–1499).

362 Vgl. dazu: Wolfgang Hien et al.: Am Ende, a. a. O., S. 199–218.

363 Wolfgang Hien et al.: Ein neuer Anfang, a. a. O., S. 20.

dass er gerne auf der Werft gearbeitet habe, doch er macht keinen Hehl daraus, dass er die Arbeitsverhältnisse aus gesundheitlicher Sicht für katastrophal hielt:

> »Die Art, wie da gearbeitet wurde, das kann man sich gar nicht vorstellen. Der Lärm da, und die die Hitze im Sommer, das Eisen, was sich da aufgeheizt hat, und der Staub. Ich hab' manchmal gedacht: ›Wie halten die das aus? Wie schaffen die das?‹. Also wirklich, die Leute, die sind… durch die Böden, durch die engen Luken durch mit Pumpen und Schläuchen und Brennern hinterher, und dann ha'm die da drinne gearbeitet. Da hab' ich gedacht, ich weiß nicht, ›Die werden alle nicht mehr alt‹, du, die werden nicht mehr alt, das ist so 'ne Belastung. (…) Also, ich hab immer 'ne Staubmaske getragen beim Schweißen in den engen Räumen, und die konnt' ich nach 'ner Stunde wegschmeißen, so viel Staub hat sich da angesammelt. (…) Man kann genügend Lüfter überall reinstellen, aber die sind auch nicht überall. Ja, das geht auch nicht. Die Gegebenheiten sind einfach nicht so. Also Werftarbeit ist ein Knochenjob, das wird auch immer so bleiben im Prinzip.«[364]

Erwin Bürckmann wies in seinem Interview mehrmals auf die Aufstiegsorientierung insbesondere der Facharbeiter hin, die es seiner Beobachtung nach immer gegeben habe. Schon in den 1960er und 70er Jahren zeigte sich dies in dem Weiterbildungsboom:

> »Insbesondere aus dem Facharbeiterbereich, da sind sehr viele, die ihren Meister gemacht haben, Werksmeister, Industriemeister, oder sie haben eine Technikerausbildung gemacht, oder aus dem Nicht-Facharbeiterbereich sind sie auf die Akademie und haben technisches Rechnen usw. gemacht, sind also gewechselt in höher qualifizierte Jobs bis in die Angestelltenbereiche, sodass von hinten eine Möglichkeit war, nachzurücken.«[365]

Dieser Trend setzt sich in der Gegenwart mit anderen Mitteln fort:

> »An jedem Standort entsteht eine mehr oder weniger große Gruppe Beschäftigter als Kompetenzträger, die dann immer wieder mal raus müssen, entweder bei Neuanläufen, oder es gibt Änderungen, oder es gibt Facelifting, was weiß ich. So, und wenn man so eine Beschäftigtenhierarchie im Betrieb hat, wo auch Gewerbliche ohne Ingenieur- oder Technikerausbildung, die Chance kriegen, dort beschäftigt zu werden…, allerdings: Die müssen dann entsprechende EDV-Kenntnisse haben, aber das haben ja die Jungen meistens heute schon, und die, die durch die betrieblichen Lehrwerkstätten gehen, sowieso. Die kriegen auch recht frühzeitig mit, dass es gut ist, wenn man dann Englisch kann, und so gibt es also an den jeweiligen Standorten eine Hierarchieleiter. Dort

364 Ebenda.
365 Erwin Bürckmann, a. a. O., S. 13.

> kann man sich einbringen als Person, und nicht nur seine Geschicklichkeit oder sonst was. Das ist das Thema der Subjektivierung. (…) Das ist ein Trend, das ist ein Prozess, und da gibt es natürlich Loser, die hängen bleiben oder die keine Lust haben, sich anzustrengen.«[366]

Schon in den 1970er und 1980er Jahren traten Differenzierungen auf, insbesondere zwischen »gelernten« und »ungelernten« Arbeitern. Schmelzer am Hochofen, Konverterfahrer, Walzer und Umwalzer, Industriehandwerker, Werkzeugmacher und andere Metallfacharbeiter entwickelten eine Haltung, nach der ihre spezifische Kombination von Hand- und Kopfarbeit, d. h. ihre verkörperte Industriekompetenz die Wirtschaft »am Laufen« halte. Ihr Stolz wurde zudem von ihrer privilegierten betrieblichen Position eingefärbt und genährt. Damit verbunden entwickelte sich eine schleichende Abwertung der Massenarbeit, genauer: der Massenarbeiter/innen, denen sowohl im allgemeinen gesellschaftlichen Bewusstsein als auch seitens der Facharbeiter Kompetenz und Fähigkeiten für qualifizierte Arbeit abgesprochen wurden. Die Schleifer, Putzer und vielen anderen im Stahlwerk mit Hilfsarbeiten Betrauten, sowie die in der sich ausweitenden taylorisierten Produktion tätigen Massenarbeiter/innen waren auf eine eigene Art der Selbstdeutung verwiesen. Der klassische Produzentenstolz, der sich auf konkrete Produkte bezieht, griff nicht; was blieb, war der Bezug zur »produktiven Arbeit« allgemein.[367] Beiden, Fach- wie Massenarbeitern, war zunächst gemein, dass sie Arbeit vorwiegend als körperliche begriffen. Beiden war zunächst gemein, dass sie den körperlichen Verschleiß als quasi-naturgegeben akzeptierten oder gezwungen waren, den Verschleiß als im Grunde unabänderlich hinzunehmen. Das »Aufs-Spiel-Setzen« der Gesundheit war selbst eine Dimension der Arbeit – ein für männliche Arbeitskulturen charakteristisches Muster.[368] »Solidarität ist aufgebaut auf Verschleiß. Verhalten sie (die Arbeitenden) sich gesundheitsgefährdend, ist ihnen die Anerkennung der anderen sicher. (…) Die eigene Gesundheit zu schützen, führt in dieser Kultur dazu, als Schwächling dazustehen, als Außenseiter.«[369] Die Differenzierung setzte genau am Problempunkt der Körperlichkeit ein. Korrespondierend mit der technologisch unterfütterten Aufwertung industrieller Facharbeit gewannen Vorstellungen von einer »sauberen Arbeit« an Boden, genauso wie Vorstellungen, nach denen sich Facharbeiter als Angehörige einer neuen Mittelschicht zu fühlen begannen. Körperlich schwere und anstrengende Arbeit bekam den Anstrich eines

366 Ebenda, S. 38 f.

367 Birgit Geissler: Die Arbeitsorientierung von Lohnarbeitern. In: Rainer Zoll (Hg.): »Hauptsache, ich habe meine Arbeit«. Suhrkamp, Frankfurt am Main 1984, S. 45–72, Hier: S. 63.

368 Christiane Glatzel et al: Arbeit soll auch Selbstverwirklichung sein. Argument, Hamburg 1992, S. 57 ff.

369 Ebenda, S. 63.

Makels.[370] Nach und nach machte sich bei Facharbeitern eine Abgrenzung »nach unten« breit. Körperliche und schwere Arbeit wurde und wird von ihnen mit sozialen Schichten und Milieus assoziiert, denen es an Qualifikation, Intelligenz, Disziplin, Durchhaltevermögen und Bereitschaft mangelt, sich anzupassen, einzuordnen und unterzuordnen. Auch wenn die Arbeitsforschung den Körper und die leiblich-sinnlichen Aspekte des Erfahrungswissens als bedeutsame Kategorie qualifizierter Arbeit[371] zu retten versucht, sticht doch das Phänomen einer wachsenden Abgrenzung nach unten ins Auge.

Von dieser Abgrenzung und gesellschaftlichen Ausgrenzung bleiben die tradierten Kerne der Arbeiterklasse selbst, die Berg-, Stahl- und Werftarbeiter, nicht verschont. Den ökonomisch-strukturellen Umwälzungen und dem Absturz dieser Branchen oder großer Teile davon folgte der Absturz dieser Kernbereiche. Auf der Meso- und Mikroebene konnten wir diesen schmerzhaften Prozess in Bremen forschend, aber auch die Betroffenen beratend und unterstützend, begleiten. Nach der Bremer Werftpleite breitete sich unter den Betroffenen eine Stimmung aus, in der Wut, Hass und Verzweiflung ineinander flossen. Enttäuscht, ja: verbittert war man angesichts der Ignoranz und Selbstherrlichkeit der ökonomischen und politischen Eliten, von denen man Anerkennung und Dank erwartet hatte, die aber das Ende der Werftindustrie eher mit Schulterzucken quittierten. Nach der Werftschließung trat ein geradezu körperlich spürbarer Hass auf »die da oben«, die »Mafia aus Wirtschaft und Politik« auf, von denen man sich »verschaukelt« fühlte. Der körperliche Einsatz all die Jahre, der körperliche Verschleiß, die körperlichen Schmerzen – all das transformierte sich in eine Verbitterung, eine destruktive Energie, die sich körperlich entladen wollte, aber nicht konnte. »Ich könnte alles zusammenschlagen« war ein Satz, den wir oft hörten. Die Energie wendet sich autoaggressiv gegen die Betroffenen selbst. »Im Kampf um die Anerkennung als Opfer werden Krankheit und Körperlichkeit gleichsam zum letzten ruinösen Mittel, das eingesetzt werden muss, um die Entlastung zu finden, die anders nicht erkämpft werden kann.«[372] Wieder können Beispiele aus unserer Vulkan-Studie, zehn Jahre nach der Werftschließung, angeführt werden. Lassen wir einige Betroffene ausführlich zu Wort kommen:

> »Meine Psyche, die ist total hin, also da kommt manchmal das Gefühl, dann möchst du alles zusammenwichsen. Ich mach es nicht, aber so 'n Gefühl hast du, als…, als wenn du explodierst oder was. Hab ich früher

370 Fritz Böhle, a. a. O.

371 Fritz Böhle, a. a. O.; Sabine Pfeiffer / Anne Suphan: Industrie 4.0 und Erfahrung – das Gestaltungspotenzial der Beschäftigten anerkennen und nutzen. In: Hartmut Hirsch-Kreinsen (Hg.): Digitalisierung industrieller Arbeit: Die Vision Industrie 4.0 und ihre sozialen Herausforderungen. Nomos, Berlin 2015, S. 206–231.

372 Klaus Horn / Christel Beier / Michael Wolf: Krankheit, Konflikt und soziale Kontrolle. Westdeutscher Verlag, Opladen 1983, S. 143 f.

nie gehabt, nie. Das wird immer schlimmer, das wird immer schlimmer. Du sitzt ja auch zuhause, weißt du, du kannst nix machen, wenn du irgendwo hingehst zum Arbeitsamt, die lachen dich aus. (…) Simulant bin ich, und das macht einem alles zu schaffen, du kannst nicht mehr arbeiten, du weißt nicht, wie das weiter geht. Wenn du in Hartz IV reinkommst,… also ich kann auch nachts nicht richtig schlafen, ich bin nachts wach, bin am Grübeln, wie geht das weiter mit de Ehe und all so 'n Kram. Und die Frau sagt auch: ›Also, seit du arbeitslos bist, bist du nicht mehr zu genießen‹. Ist auch so. Alles, die kleinste Fliege stört dich anne Wand. Du kannst ja…, es ist ja, als wenn du zum letzten Dreck gehörst. Und wenn du zum Arbeitsamt kommst und sagst so und so, ich wollt' 'ne Umschulung wollt ich machen, bekommst du gar nicht. Du bist zu alt ›Was wollen Sie denn? Was wollen Sie denn? Nee, für solche wie Sie, und Sie brauchen sonst auch nicht mehr sich melden beim Arbeitsamt, wir haben nichts, Sie kriegen ja doch soundso keine Arbeit mehr‹, und solche Dinge. Mir steht das bis Oberkante alles, ich muss ganz ehrlich sagen, 'n Strick nehmen und aufhängen, das ist das…«[373]

Ein anderer Arbeiter, der zunächst das Glück hatte, zumindest bei einer Leiharbeitsfirma für Schiffbau untergekommen zu sein, erzählt, wie es nach der Jahrtausendwende zum Abbruch »seiner Karriere« kam, weil er Probleme mit seiner Bandscheibe bekam und nicht mehr alle Arbeitsgänge ausführen konnte:

»Dann kam's zu einem Gespräch mit dem Personalchef, mit dem…, was ich denn da hatte, und wir beide uns so 'n büschen da unterhalten haben drüber, und denn kam er auf einmal damit rüber, ob er's wollte oder nicht, ich weiß nicht, jedenfalls sagte er auf einmal zu mir: ›Und von deiner Sorte hab ich noch 20, 25, die muss ich unbedingt loswerden‹, und das war natürlich 'n großer Schock, ›Von deiner Sorte‹, nicht, wenn du so 'ne Worte hörst. Hast dein Leben lang gearbeitet und denn wirst du zur ›Sorte‹ abgestempelt, ich glaube, das zieht rein in dem Moment. Ja, und dann ging das Leiden los mit Arbeitsamt, der Kampf mit den Behörden, und das ist auch grausam. Das kann man sich ja nicht so vorstellen am Anfang…«[374]

Die industrielle Arbeit hat den Körper nicht unversehrt gelassen, was in der Folge gleichbedeutend war mit sozialem Abstieg und Ausgrenzung. Dies galt für ehemalige Stahlarbeiter wie für Werftarbeiter oder Arbeiterinnen in Bochum, die zunächst nach der Schließung des Fernsehwerkes Graetz bei Nokia unterkamen und nach der Nokia-Schließung ins Nichts fielen. Für die Betroffenen und zumeist auch gesundheitlich Eingeschränkten beginnt dann ein Spießrutenlauf durch die Institutionen des sogenannten Sozialstaates:

373 Wolfgang Hien et al.: Ein neuer Anfang, a. a. O., S. 49.
374 Ebenda, S. 51.

Arbeitsagentur und die anderen Sozialversicherungsträger, Versorgungsamt, Amtsärzte, Vertrauensärzte, Medizinischer Dienst der Krankenkasse, medizinische Gutachter der Rentenversicherung und der Berufsgenossenschaften – manche müssen während eines Jahres zu mehr als einem Dutzend Gutachter. Sie erleben eine Kette von Stigmatisierungen, sie werden als »Simulanten« und »Lügner« abgestempelt, sie sind einem Blick ausgesetzt, der sie als unnützen sozialen Ballast abschreibt. Die Jüngeren unter den von den Strukturkrisen Weggespülten schaffen es teilweise, sich in neuen Branchen halbwegs zu etablieren. Nur wenigen und nur den Gesündesten gelingt es, in anderen Bereichen der Industrie einen dauerhaften Arbeitsplatz zu erringen. Die meisten landen in ungesicherten und prekären Jobs. Es entsteht ein heterogenes soziales Gemisch. Arme, Kranke, Arbeitslose und prekär Beschäftigte bilden eine neue Klasse, einen neuen »Klassenkörper«,[375] der um sein Leben kämpft und längst nicht zu sich gekommen ist. Manche Angehörige dieses modernen bzw. postmodernen Prekariats versuchen, sich in ihrer Selbstdeutung einen ihren Verhältnissen angemessenen Produzentenstolz – dass nämlich ohne ihren Einsatz »nichts laufe« – zueigen zu machen. Der im Kontext der 1950er Jahre zu hörende Satz »Auf unseren Knochen können sie erst ihr Geld verdienen« erfährt in der Gegenwart eine mehrfache Wandlung: Er dient nicht mehr als kollektives Band der Arbeiterklasse gegen »die da oben«, sondern als eine eher tröstende Selbstzuschreibung einzelner Milieus der Massenarbeit. Ein machtpolitisches Selbstbewusstsein zeigt sich ansatzweise in einzelnen Auseinandersetzungen wie beispielsweise bei Gate Gourmet im Flughafen Düsseldorf.[376] Empirisch ist der Satz wahr. Zwar mögen Arbeitsvorgänge, in denen permanent 50-Kilo-Säcken gehoben und getragen werden müssen, heute seltener vorkommen als früher. Doch die heute allgegenwärtige Arbeitsgeschwindigkeit, innerhalb derer pro Schicht oftmals viele Tonnen bewegt werden müssen, fordert ihren Tribut. Lager- und Transportarbeiter/innen, Logistikarbeiter/innen, Entsorgungs- und Reinigungsarbeiter/innen, Erzieher/innen und Krankenpflegehelfer/innen zeigen die höchste Quote an Muskel-Skelett-Erkrankungen.[377] Die Hoffnung, die Mühsal körperlicher Arbeit möge verschwinden, hat sich nicht erfüllt. Saša Bosančić spricht in ihrer bemerkenswerten Studie zur ungelernten Arbeit von einer »Re-Proletarisie-

375 Dies ist ein von Foucault und Bourdieu abgeleiteter Begriff, vgl. Andreas Kemper / Heike Weinbach, a. a. O.

376 Flying Pickets (Hg.):… auf den Geschmack gekommen. Sechs Monate Streik bei Gate Gourmet. Assoziation A, Berlin/Hamburg 2007.

377 Falk Liebers / Claudia Brendler / Ute Latza: Berufsspezifisches Risiko für das Auftreten von Arbeitsunfähigkeit durch Muskel-Skelett-Erkrankungen und Krankheiten des Herz-Kreislauf-Systems – Bestimmung von Berufen mit hoher Relevanz für die Prävention. Dortmund 2016.

rung«.[378] Es entstehen zahllose neue »Berufe«, die im Wortsinn keine Berufe sind, sondern Dienstleistungen: in Call-Centern, im Internet-Handel, in der Logistikbranche, Tätigkeiten in Paketdiensten, Hol- und Bringdiensten, Tätigkeiten in der Reinigungsbranche, in ambulanten Pflegediensten, zu schweigen von den etwa vier Millionen polnischen und tschechischen Haushaltshelferinnen – drei Millionen davon sind illegal in Deutschland beschäftigt, d.h. ohne jeden arbeits- und sozialrechtliche Absicherung –, die unsere Alten und Kranken pflegen oder unsere Kleinkinder betreuen.[379] Die sich weiter ausbreitenden Bauwirtschaft zeigt in aller Offenheit, dass körperliche Arbeit keinesfalls der Vergangenheit angehört. Doch der Umstand, dass es sich bei den Arbeitern – nach offizieller Zählung beschäftigt das Baugewerbe in Deutschland und Österreich mehr als eine Million Menschen – überwiegend um Ausländer handelt, macht es leicht, diesen Teil der Realität von der Wahrnehmung abzuspalten.

Der alemannisch-südbadische Autor Gilles Mebes[380] beschreibt die Situation der körperlich arbeitenden Klasse genau, und er schildert, wie die »Aggression der Dinge« (Linhart) in seine leibliche Existenz eingreift und sie verändert:

> »Tag für Tag stelle ich mich an eine Maschine, lasse Abfälle zu Latten schneiden oder zu Profilbrettern hobeln. Sägespäne und Staub arbeiten sich unter die unterste Kleiderschicht durch. Ich habe den Geruch des Holzes angenommen, bin schon selbst ganz das Material geworden, das ich sägen und hobeln und fräsen lasse von den Maschinen; alles Denken geht zur Maschine hin und durch sie hindurch und legt sich ab als Bretter-, Dielen-, Balkenstapel. Wenn sich das anhäuft um mich herum, dann habe ich gedacht und getan, das ist der Beweis; aber jeder andere könnte es denken und tun, und warum ich es sein muss, der diesen beliebigen Platz einnimmt, an dem ich nicht mehr weiß, dass ich bin, es sei denn, ich erwehre mich des Maschinensogs. (…) Ich verlange gar nicht, ein Mensch zu sein. Das Sehen hat mir schon immer genügt. Es hätte mir genügt, wenn ich kein Mensch wäre. Wenn ich einen Großteil meiner Zeit nicht zwischen Maschinen und Material zubringen müsste, wäre ich vielleicht sehr gerne ein Mensch. Aber ich bin ja keiner, Gott

378 Saša Bosančić: Arbeiter ohne Eigenschaften. Über die Subjektivierungsweisen angelernter Arbeiter. Springer, Wiesbaden 2014, S. 71.

379 Süddeutsche Zeitung vom 2.8.2016.

380 Gilles Mebes, geb. 1958 in Zürich, lebt seit seiner Kindheit in Rheinfelden/Südbaden und schreibt Gedichte, Essays, Romane und Kinderbücher. Er veröffentlichte Hörspiele im Südwestfunk. Seinen Lebensunterhalt verdient er als Gelegenheits- und Lagerarbeiter. Im Folgenden wird zitiert aus seiner mehrfach preisgekrönten Erzählung »Material«. Edition Isele, Eggingen 1994.

sein Dank. Ich bin ein Körper, der ein Sehen herumträgt, das einen Körper braucht, um da zu sein als Antrieb und Archiv.«[381]

Mebes ist ein Körper, aber kein Mensch, so die Quintessenz, und dieser Körper ist andauernd Gefahren ausgesetzt:

»Einmal hätte mich ein Kübel, weil ein Kranführer nicht aufgepasst hatte, fast von einem Fünfmetergerüst gewischt, der Zuruf eines Kollegen warnte mich, sonst wäre ich hinab auf den Betonboden gestürzt – einmal warnte mich ein Zuruf vor einer Baggerschaufel, die auf mich zuschwang, mit einem Satz sprang ich in den Bach, dessen Ufer wir eben mit Felsbrocken befestigten, und der Baggerführer lachte, als er mich springen sah, er hatte mich dastehen sehen im Drehkreis seiner Schaufel, ich weiß nicht, ob er mich wirklich totschlagen wollte – immerzu geschieht irgendetwas, immerzu geht etwas um Haaresbreite an einem vorbei, ein Stapler, ein Pickel, ein Werkzeug, das jemand wirft, ein Stück einer Grabenwand, die in deinem Rücken zu brechen droht und der du eben entkommst, Aufgestapeltes, das, eben bist du daran vorbeigegangen, umstürzt – dich hat es nicht erwischt, es trifft einen anderen; ihm fährt die Säge in die Hand, ihn fährt der Stapler zusammen, ihm fällt ein Fünfzigkilosack ins Kreuz, ihm schlägt das Eisen den Schädel ein, das in dem Augenblick vom Gerüst rutscht, als er darunter steht und den Helm abnimmt, um sich am Kopf zu kratzen.«[382]

Ein aktueller Blick – während der Erstellung dieses Textes – auf österreichische Nachrichten zeigt, dass die »Aggression der Dinge« keinesfalls der Vergangenheit angehört. Es war – zufällig – der 29. April 2016:

»Heute Vormittag kam es zu einem Arbeitsunfall in Niederndorf. Eine Holzpalette fiel von einem im Bau befindlichen Dachstuhl aus einer Höhe von rund acht Metern zu Boden und traf einen 47-jährigen Einheimischen. Der Mann erlitt eine Unterschenkelfraktur und wurde mit dem Rettungshubschrauber in das Krankenhaus von Kufstein geflogen. (…) Der Arbeitsunfall ist bereits der dritte am Freitagvormittag. (…) In Neustift bei Vahrn geriet eine Person bei Bauarbeiten unter ein Bauteil und zog sich schwere Verletzungen zu. (…) Ein tödlicher Arbeitsunfall trug sich am heutigen Vormittag auf einer Baustelle im Stubaital zu. Ein junger Arbeiter war gerade dabei einen Dachstuhl abzutragen, als es zum tragischen Unfall kam. Als er gerade dabei war mit einer Motorsäge einen Balken durchzuschneiden, stürze er ganze acht Meter in die Tiefe. Beim Eintreffen der Rettungskräfte kam für den jungen Tiroler jedoch jede Hilfe zu spät. Er verstarb noch an der Unfallstelle.«[383]

381 Ebenda, S. 51 f.

382 Ebenda, S. 55f.

383 http://www.unsertirol24.com/2016/04/29/arbeitsunfall-in-niederndorf/

Auch wenn die Unfallzahlen längst nicht mehr die Höhe der 1960er Jahre aufweisen, schwebt über der Existenz des neuen Klassenkörpers immer noch das Damoklesschwert des Arbeitsunfalls. Doch nicht nur die Unfälle, allein schon die alltägliche Normalität geht unter die Haut. Die Schriftstellerin Heike Geißler verdingte sich aus Not im Weihnachtsgeschäft bei Amazon in Leipzig. Was sie erlebte, hat sie in ihrer großartigen Erzählung »Saisonarbeit« festgehalten.[384] Harte Arbeit, Zugluft, Hektik und Antreiberei bestimmen den Arbeitsalltag. Ihre Aufgabe bestand unter anderen darin, Dinge in Kartons oder »Totes« – spezielle Arbeitstragetaschen – und diese wiederum auf Paletten oder auf ein Band zu bringen. Sie wechselt in ihrer Erzählung von der ersten in die dritte Person, betrachtet sich gleichsam von außen, sie redet mit dieser imaginären Person, die sie selbst ist. Sie sieht genau hin und beschreibt ihre Hände, die sich während der vielen harten Wochen verändern.

> »In der Pause pulen Sie Pflaster von Ihren Händen ab, um neue anzubringen. Kurz betrachten Sie Ihre Hände. Die sind wund und schmutzig. Sie würden sie gern schonen. Sie denken an die Hände meines (sic!) Vaters, die waren immerzu schmutzig und rau. (…) Sie erneuern die Pflaster an Ihren Händen. Daumen, Zeige- und Mittelfinger haben Nietnägel bekommen vom vielen Greifen in Totes und Kartons und vom Schneiden und Zusammenfalten der Pappen. (…) Ihnen zerfallen nun die Hände und zerbröseln die Knochen und der Wind weht durch Sie hindurch. Der Wind schneidet einen Kältekanal in Sie. Als Sie ein Totes heben, zucken Sie zusammen, denn da fahren Blitze in Ihre Arme und von hinten in den Hals. Sie brauchen drei Anläufe, um das Tote aufs Band zu schieben. In Ihren Handgelenken sticht es weiter. Ihr Rücken lässt sich nicht mehr beugen, Ihre Knie wollen weder gebeugt noch gestreckt werden.«[385]

Eine Arbeiterin bei Novartis in Basel, Frau Kleiner, schildert Ähnliches.[386] Auch im Postfordismus begegnet uns, so der Kern ihrer Erzählung, keine völlig neue Welt. In 35 Arbeitsjahren, die sie in der Arzneimittelproduktion erlebt hat, ist trotz vielfältiger Restrukturierungen, lean production, Teilautomatisierung, Rationalisierung und Subjektivierung das Wesentliche gleich geblieben: die Ausnutzung von Körper und Geist für die Zwecke anderer. Andauernd werden den Arbeiterinnen neue Chefs vorgesetzt, sogenannte Koordinatoren, die nicht mehr Fach sind, es auch sein müssen, weil ihre einzige Funktion darin besteht, Arbeitsnischen ausfindig zu machen und diese »Poren des Arbeitstages« (Marx) zu schließen. Druck und Hektik erhöhen sich:

384 Heike Geißler: Saisonarbeit. Spector Books, Leipzig 2014.
385 Ebenda, S. 106, 121 und 239.
386 Interview mit Frau Kleiner, durchgeführt von Peter Streckeisen. In: Franz Schultheiß / Berthold Vogel / Michael Gemperle, a. a. O., S. 157–168.

»Jede ist natürlich unter Strom, (es gibt) schon sehr viele Aggressionen untereinander (…) Es geht natürlich vieles auf Kosten der Gesundheit. Weil: Die Leute sind am Anschlag.«[387]

In der Arbeitswelt gab es, körperliche Belastungen beiseite gelassen, immer schon bestimmte psychische Symptome, aber man kam damit im Alltag zuweilen ganz gut zurecht, weil es Nischen und Freiräume gab. Bei Unwohlsein gab es Rückzugsmöglichkeiten, weil es Personalausstattung und betriebliche Zeitpolitik zuließen. Die Verdichtung der Arbeit nimmt den Menschen die Luft zum Atmen. Sie werden letztlich hinausgedrängt. Neoliberal imprägnierte Managementtechniken haben es darauf abgesehen, Individualität, soweit sie Langsamkeit, Beschaulichkeit oder sonstige Aspekte von Andersartigkeit impliziert, zu stigmatisieren. Individualität, die sich in den Dienst des kapitalistischen Ganzen stellt, d. h. funktionale Individualität, wird begrüßt. Individualität jedoch, die diesen Namen verdiente, wird ausgegrenzt und in der Konsequenz psychiatrisiert. So ergeben sich neue Diffenzierungen und Spaltungen, selbst innerhalb der Massenarbeiter/innen-Klasse.

Feste Anstellungen an Arbeitsplätzen, die mit Massenproduktion verbunden sind, werden mehr und mehr durch befristete Verträge, Leiharbeit und Werkaufträge verdrängt. Bauarbeiter, Kassiererinnen, Lagerarbeiter/innen, Logistikarbeiter/innen, Call-Center-Agentinnen, Reinigungsarbeiter/innen, Busfahrer/innen und Arbeiter/innen in vielen anderen Branchen alterieren nicht selten und in den letzten Jahren zunehmend zwischen Arbeit – oftmals in mehreren Jobs – und Arbeitslosigkeit. Viele können die körperlichen und mentalen Anforderungen nicht oder nicht mehr erfüllen. Viele rutschen in die Dauerarbeitslosigkeit ab oder werden in sie hineingeboren. Die Diskussion, ob dieses wachsende unterprivilegierte soziale Milieu als Prekariat oder Proletariat zu bezeichnen sei, kann hier nicht geführt und schon gar nicht entschieden werden. Tatsache ist, dass zu dieser wachsenden Schicht obdachlose ehemaliger Werftarbeiter, Sozialhilfeempfänger/innen und polnische Haushaltshilfen ebenso gehören wie taxifahrende oder paketaustragende Akademiker/innen, die keine Aussicht auf einen Job haben. Die Kerne der neuen Mittelklassen – sei es die neue Facharbeiterelite, sei es die leistungsstarke und anpassungsfähige technische Intelligenz – schauen auf die Unterprivilegierten herab, indem sie diese als »Prolls« oder »Abschaum« bezeichnen. Owen Jones hat dies am Beispiel Englands nachgezeichnet.[388] Die Verachtung der »ehemaligen Arbeiterklasse« (Jones) ist in England besonders ausgeprägt. Die ehemals so kämpferische englische und schottische Arbeiterklasse ist nicht nur gespalten, sie ist aufgrund des neoliberalen »Klassenkampfes von oben« zerrieben und zerbröselt. Jetzt wird sie in den Dreck gestoßen und der Lächerlichkeit preisgegeben. So weit mag es hierzulande noch nicht

387 Ebenda, S. 164 und 168.
388 Owen Jones, a. a. O.

gekommen sein, doch Anzeichen hierfür sind kaum zu übersehen. Körperliche Arbeit besitzt keine Reputation mehr. Das nagt am Selbstwert der Betroffenen. Sie verausgaben ihren Leibkörper, und sie sind Objekt der herrschenden Biopolitik, ohne dass sie ihre eigene biopolitische Gegenmacht erkannt hätten. Sie sind Teil der globalen Arbeiter/innen-Klasse, doch sehen dies selbst noch nicht. Das muss so nicht bleiben. Die klassische somatische Kultur, die den Körper als ein für Geld zu verschleißendes Objekt begreift, ist am Verschwinden. Die Betroffenen spüren den Schmerz und sehen ihn nicht mehr als selbstverständlich und naturgegeben an. Sie nehmen Anstoß daran, ihre leibliche Existenz, aufs Spiel setzen zu müssen, um leben zu können. So treibt die globale kapitalistische Entwicklung auch die Subjektverhältnisse ins Nicht-Identische, in ein Bewusstwerden der Entfremdung. Für die Massenarbeiter/innen gilt, was Mario Tronti in den 1960ern formulierte, dass sie

»den Stolz des Produzenten ganz und gar dem Kapitalisten überlassen« könnten: »Die Arbeiterklasse hat heute nur sich selbst anzuschauen, um das Kapital zu verstehen. Sie hat nur sich selbst zu bekämpfen, um das Kapital zu zerstören. Sie muss sich (selbst) als politische Potenz anerkennen.«[389] Anschauen alleine genügt freilich nicht: Die neue, prekäre, multiethnische und globale Arbeiterklasse muss sich als verletzter Leibkörper spüren, um sich gegen Verletzungen zur Wehr setzen zu können.

Nicht zu übersehen sind neoliberale Weltutopien, generiert von Google und Co,[390] die suggerieren, dass die körperliche Arbeit, respektive der Körper an sich, bald historisch überlebt wären. Auch im gegenwärtigen arbeits- und wirtschaftspolitischen Diskurs lässt sich nicht nur ein Reputationsverlust der körperlichen Arbeit, sondern ein paradoxes Nebeneinander von Körperfetischisierung und Körpervergessenheit feststellen. Auf der einen Seite sehen wir Selftracking, Optimierung und Perfektionierung, auf der anderen Seite wird der Körper als begrenzend und prinzipiell obsolet empfunden, gleichsam mental abgeschrieben, getrieben von posthumanistischen Phantasien.[391] Der Begriff des Posthumanismus steht für eine Vorstellung, welche die leibliche und damit auch leidende Existenz des Menschen zu überwinden sucht, entweder durch fortlaufende technische und prothetische Verbesserungen oder durch eine Verlagerung des Lebens auf bewusste geistige, entkörperlichte Prozesse – bis zur Konsequenz einer Transformation unseres Gehirn auf die digitale Festplatte eines Roboters. Auch Kombinationen aus beiden Entwicklungsvarianten geistern durch die Denkfabriken der Zukunftsforscher/innen. Unterfüttert werden derartige Konzepte von neurophilosophischen Sichtwei-

389 Mario Tronti: Arbeiter und Kapital. Neue Kritik, Frankfurt am Main 1974, S. 235.

390 Markus Jansen: Digitale Herrschaft. Über das Zeitalter der globalen Kontrolle. Schmetterling, Stuttgart 2015.

391 Vgl. dazu: Rosi Braidotti: Posthumanismus. Leben jenseits des Menschen. Campus, Frankfurt am Main 2014; kritisch dazu: Markus Jansen, a. a. O.

sen, die den Leibkörper ohnehin als Illusion verstehen.[392] Der Posthumanismus imaginiert einen globalen Digitalisierungsschub, der einfache, »primitive« Tätigkeiten Robotern überantwortet und damit eine neue Welt des Geistes eröffnet. Der roboterisierte Mensch, die äußere Hülle, glänzt durch zweckfreie, glatte und perfekte Schönheit; der innere Kern besteht aus digitalisierten neuronalen Netzwerken.

Posthumanistisches Denken hat seine Ursprünge in den »Träumen der Genetik«,[393] die sich um eine »Verbesserung des Menschen« drehten. Posthumanistisches Denken kann verführen, doch es bleiben zentrale Kritikpunkte: die Unterbewertung der real existierenden Leiblichkeit, ihrer Ambiguität und existenziellen Offenheit; das Schaffen von Einfallsschneisen für Phantasien einer technologischen Überwindung von Krankheit und Behinderung; das Ausblenden von Sorgen um den anderen Menschen, da nun jeder Eigenverantwortung trage. Der Mensch wird in dieser Perspektive – da prothetisch verbesserbar – als Leistungsträger gesehen und vice versa der Leistungsunfähige als soziale Belastung, als gesellschaftlich exterritorial. Markus Jansen vermutet, dass mit der »Negierung der menschlichen Leiblichkeit« auch »die Seele« tabuisiert werde.[394] Stattdessen liefern technische Utopien eine Vorlage für religiöse Erlösungsphantasien. Technische Utopien und neoliberale Ideologie verschmelzen zu einem Wissenschaftsglauben sui generis, d. h. einem Glauben, dass der Wille und die Bereitschaft, sich den gegebenen oder angeblichen technischen Möglichkeiten zu »ergeben«, die Eintrittskarte in das Glück darstelle, während eine diesbezügliche Zurückhaltung oder gar Weigerung gleichbedeutend mit sozialem Ausschluss sei. Technische Möglichkeiten zu nutzen, ohne dieser Gefahr zu unterliegen, ist eine schwierige, gleichwohl unverzichtbare Aufgabe, wollen wir die Welt nicht nur »verbessern«, sondern auch menschlicher gestalten.

Dienstleistungsarbeit – am Rande des Wahnsinns

Die IT-Branche galt einige Zeit als postmoderne Branche par excellence, als jene Branche, die es geschafft habe, die tradierten »Gesetze der Normalarbeit« – d. h. die tradierte Übung, unter Wahrung einer gesunden Rollendistanz seine Arbeitskraft für acht Stunden zu verkaufen und jedes darüber hinausgehende Engagement zu unterlassen – über Bord zu werfen. Die neuen Stichworte hatten einen sonoren Klang: von Anfang an ein überdurchschnittliches Einkommen, Belohnung von Kreativität und Eigenverantwortung,

392 Thomas Metzinger: Der Ego-Tunnel. Eine neue Philosophie des Selbst: Von der Hirnforschung zur Bewusstseinsethik. Erweitere Neuausgabe. Piper, München 2014.

393 Ludger Wess: Die Träume der Genetik. 2. Auflage. Mabuse, Frankfurt am Main 1998.

394 Markus Jansen, a. a. O., S. 59.

große Handlungsspielräume, Autonomie in der Arbeit. Doch die Jahrtausendwende hat auch hier eine Wende gebracht.[395] Der Traum ist vorbei, das Erwachen schmerzhaft. Es gab und gibt schroffe Einschnitte, auch die IT-Arbeit wird flächendeckend re-taylorisiert, von klassischer Programmierarbeit kann keine Rede mehr sein, Module werden aus dem Internet gezogen und gleichsam im Akkord »zusammengeklebt«, Autonomie erweist sich als Illusion. Gerade in den neuen Dienstleistungsberufen wird der Marktdruck nach unten durchgereicht, verbunden mit subtilen Drohungen und einem unterschwelligen Anheizen des Konkurrenzdrucks. Teams, in denen sich Mitglieder gut verstehen, werden systematisch auseinandergerissen. Diesem Druck hält ein Mensch nur bedingt stand, zumal die Branche von ihrem Jugendkult Abschied nehmen und auch ältere und gesundheitlich beeinträchtigte Menschen beschäftigen muss. Psychische Zusammenbrüche, Herzinfarkte und Schlaganfälle halten Einzug. Ein im Rahmen einer größeren IT-Studie interviewter EDV-Spezialist berichtet von einem von Jahr zu Jahr steigenden Arbeitsdruck, der ihn in eine nicht mehr zu bewältigende Überverausgabung trieb. Er erlitt einen Herzinfarkt. Der Interviewte gab zu Protokoll:

> »Auf einmal kommt die Krankheit als Schranke (…) Das ist eben ein mühsamer und manchmal auch schmerzhafter Lernprozess, das zu akzeptieren, (…) jetzt reicht es nicht mehr, man wird krank, der Körper zeigt, das geht so nicht weiter, gleichzeitig aber vom Kopf her zu glauben, es muss doch eigentlich genau so weiter gehen, als wäre der Körper eine Maschine, der durch den Geist allein zu motivieren und zu steuern ist.«[396]

Gerhard Elsigan und Manuela Ritter von der »ppm forschung und beratung« in Linz (Donau) haben in einem Gesundheitszirkelprojekt in IT-Betrieben die erstaunliche Feststellung machen müssen, dass gegenüber klassischen Produktionsberufen IT-Fachleute wenige Chancen auf Verbesserungen der Arbeitsverhältnisse erkennen und sich eher in der Rolle sehen, sich selbst an die Verhältnisse anzupassen:

> »GesundheitszirkelteilnehmerInnen nennen als belastende Faktoren für ihre Gesundheit häufig Stress, Konflikte, Druck, Unklarheiten, Lebensstil und Ernährung. Als gesunderhaltende Faktoren stehen ein gesunder

395 Wolfgang Hien: Irgendwann, a. a. O.; derselbe: Kranke Arbeitswelt, a. a. O., S. 98 ff.; Sandra Schmidt: Psychische Belastungen in der deutschen IT-Branche – eine Herausforderung für »Decent Work«. In: Guido Becke et al. (Hg.): »Decent Work«: Arbeitspolitische Gestaltungsperspektive für eine globalisierte und flexibilisierte Arbeitswelt. VS Verlag für Sozialwissenschaften, Wiesbaden 2010, S. 139–164; Anja Gerlmaier / Erich Latniak (Hg.): Burnout in der IT-Branche. Ursachen und betriebliche Prävention. Asanger, Kröning 2011; Andreas Boes (Hg.): Dienstleistung in der digitalen Gesellschaft. Beiträge zur Dienstleistungstagung des BMBF im Wissenschaftsjahr 2014. Campus, Frankfurt am Main 2014.

396 Wolfgang Hien: »Irgendwann…«, a. a. O., S. 59 und S. 66 f.

> Lebensstil, Familie, Freunde, Freizeit, Zeit für sich haben im Vordergrund. Tendenziell fällt auf, dass bei der Nennung von Belastungen häufig Faktoren angeführt werden, die im beruflichen Umfeld wurzeln, während Ressourcen mehr im privaten Umfeld und persönlichen Verhalten gesehen werden. Dies wiederum spiegelt den gesamtgesellschaftlichen Diskurs, in dem individuelles Verhalten, Ernährung, Bewegung und Rauchen für die Gesunderhaltung starke Betonung erfahren, strukturelle Faktoren, die im Lebensumfeld ankern, hingegen oft unterbelichtet bleiben.«[397]

Der Siemens-Konzern, der nach dem Krieg seine Zentrale nach München verlegte, steht als Beispiel für eine exorbitant hohe Konzentration an IT- und hochqualifizierter Ingenieursarbeit. Mitte der 1980er arbeiteten hier mehr als 50.000 Menschen, die Hälfte von ihnen in hochqualifizierten Jobs. Seither erleben auch diese Beschäftigten, dass sie keineswegs immer und für alle Zeiten privilegiert sind. In den 1990ern wurde rationalisiert, zentralisiert, effektiviert und permanent restrukturiert; Teile wurden in die Region Erlangen umgelagert, Teile ins Ausland, andere Teile wurden verkauft oder geschlossen. Die Verbleibenden standen und stehen unter enormem Druck. Prozesse werden standardisiert, formalisiert, fragmentiert und re-taylorisiert.[398] Siemens ist vollständig globalisiert, im Ausland arbeiten deutlich mehr Mitarbeiter/innen als im Inland. Selbständiges Arbeiten ist immer weniger gefragt. Abstimmungsprozesse via Telefon- und Skype-Konferenzen bestimmen den Tagesablauf. Entgegen allen Beteuerungen, es würden Hierarchien abgebaut, werden, »wenn was nicht tickt«, »Manager draufgesetzt«, und »wenn der nicht so funktioniert, wie die Zentrale das will, dann wird noch ein Manager draufgesetzt« – und das kann »fast unendlich so weitergehen«.[399] Ein »Zur-Ruhe-Kommen« ist unter diesen Umstanden kaum möglich. Mitarbeiter/innen sprechen von einem permanenten »Bedrohungsszenario«. Ein IT-Dienstleister:

> »Ich habe wirklich in die Abende und jedes Wochenende gearbeitet, jeden Feiertag, und irgendwo habe ich gespürt oder geglaubt zu spüren, das hat keinen Effekt, und habe natürlich an mir selber gezweifelt. Dann irgendwann, ich war wirklich auf der Autobahn, hieß es in mir selbst, es geht nicht mehr.«[400]

IT und moderne bzw. postmoderne computergestützte Büroarbeit findet im Großraumbüro statt. Allen Bedenken kritischer Arbeitswissenschaftler/innen

397 http://www.ppm.at/downloads/bgf_in_der_praxis.pdf
398 Tobias Kämpf / Andreas Boes / Katrin Trinks: Gesundheit am seidenen Faden. Eine neue Belastungskonstellation in der IT-Branche. In: Anja Gerlmaier / Erich Latniak, a. a. O., S. 91–152.
399 Ebenda, S. 113 f.
400 Ebenda, S. 108.

zum Trotz,[401] griff seit den späten 1960ern dieses neue »Raumkonzept« um sich. Angeblich habe man neue »Raumerfahrungs-Bedürfnisse erkannt«, wobei diese vor allem unternehmerische Bedürfnisse nach Kontrolle und Disziplinierung gewesen sein dürften. Nicht blieb und bleibt unversucht, mittels ausgefeilter »Raumlandschaften« den Betroffenen den Großraum schmackhaft zu machen. Unausgereifte Klimatechnik, überbordender Telefon- und Gesprächslärm, ungenügende Beleuchtung, Verlust der Intimsphäre – all das blieben keine Geburtsfehler, sondern anhaltende Probleme. Die Hoffnung, die Ropohl 1987 äußerte, man werde diese arbeitspolitische Fehlentwicklung korrigieren und wieder zu kleineren Raumgrößen zurückkehren,[402] hat sich nicht erfüllt. Stattdessen werden in riesige Räume kleine Zellen, sogenannte Cubicles, gepfercht, eine Art Individualisierung in der Vermassung. Aus den alten Kontoren, so der US-amerikanische Autor Nikil Saval,[403] werden »Fabrikhallen für Schreibtischarbeiter« gemacht, »Ozeane aus Tischplatten in Reih und Glied, zwischen denen das Management patrouillieren kann wie Gefängnisaufseher.«[404] Es mag großzügigere Raumkonzepte geben, doch die Absicht ist klar: Schaffung möglichst hoher Transparenz für den Prozessablauf, sprich: für die Leitungskader, Auspressung von Poren freier Zeit, Ausforschung der Arbeitsgewohnheiten und – unter dem Vorwand einer erhöhten Informations-, Kommunikations- und Kooperationsdichte – keine Förderung gegenseitiger Hilfe, sondern Anstachelung wechselseitiger Kontrolle und Konkurrenz. Es mag solidarische Momente im Büro geben, doch unter dem zur Normalität gewordenen extremen Zeitdruck beherrschen Hektik, Missgunst, Neid und Argwohn das Feld. Was macht das mit den Körpern? Sie sind nicht nur eingezwängt, wenn auch gelegentlich auf ergonomisch hohem Niveau, sondern befinden sich in einem andauernden Modus der Spannung und Verspannung. Dass bei sitzenden Tätigkeiten Bandscheibenvorfälle zunehmen,[405] verwundert nicht. Daran werden auchGymnastikeinheiten im Büro nichts ändern.

Die neoliberale Ideologie ist wirkmächtig. Sie durchdringt und durchwebt die gesamte menschliche Existenz. »Erst in der jetzigen Phase des Kapitalismus, der reellen Subsumtion des ganzen Lebens, der Verwandlung von Kommunikation, Information, Wissen, Beziehungen und Gefühlen in Formen der Ausbeutung, ist die ganze lebendige Person direkt der Ausbeu-

401 Günter Ropohl: Neue Wege, die Technik zu verantworten. In: Hans Lenk / Günter Ropohl (Hg.): Technik und Ethik. Reclam, Stuttgart 1987, S. 149–176.

402 Ebenda, S. 153.

403 Nikil Saval: Cubed: A secret History oft the Workplace. Anchor, New York 2014.

404 Zit. nach einem Dossier der Süddeutschen Zeitung vom 3./4. Januar 2015, Artikel von Peter Richter: Kontrolle ist besser. Großraumbüros machen krank und sind mäßig effizient. Ihr Siegeszug ist auch eine Geschichte des Kapitalismus.

405 http://www.bkkexklusiv.de/index.php?id=458

tung ausgesetzt.«[406] Gedrängt und beschleunigt von marktförmig gesetzten Anforderungen arbeitet der infizierte Geist ständig gegen den Leibkörper an, betreibt Raubbau an körperlichen Ressourcen, übergeht oder narkotisiert Signale, die Erschöpfung anzeigen könnten.[407] Hand, Hirn und Herz werden instrumentalisiert, die menschliche Person, genauer: ihre leibliche Identität, ohnehin keine monolithische Entität, wird weiter zerrissen, zerbrochen, zerrieben.[408] Richard Sennet spricht von einer »Korrosion des Charakters«.[409] Die österreichische Schriftstellerin Kathrin Röggla[410] hat Frauen und Männer in Unternehmensberatungen, Online-Redaktionen, im »Key Account Managing« und ähnlichen Bereichen beobachtet. Sie stehen permanent unter Druck, dehnen den Arbeitstag unendlich aus, schlafen kaum, sind krank und haben Schmerzen, nehmen Tabletten, müssen durchhalten und – das ist das qualitativ Neue – nach außen den Anschein erzeugen, sie seien körperlich und geistig fit, engagiert und voller Arbeitsfreude. Dies ist nur um den Preis der Verleugnung der tatsächlichen körperlichen und psychischen Befindlichkeit möglich. Die neoliberale Arbeitswelt zwingt vielerorts zu einer Selbstinszenierung auf der Bühne des rücksichtslosen Wettbewerbs, die das Leben zur Lüge machen kann:

> »Du musst dich zusammenreißen, das geht doch nicht, dass du hier jetzt losheulst, dass du da durchdrehst…«[411]
>
> »Aber im Grunde besteht ein guter Teil seines Lebens aus Schmerzvermeidung…«[412]
>
> »Krank werden,… dazu habe sie keine Zeit,… das könne sie sich im Moment nicht leisten…«[413]

Eva Kreisky[414] und Simon Graf[415] haben den postfordistischen und neoliberalen Körper thematisiert. Das postmoderne Management setzt Gesundheitsförderung, insbesondere Sportprogramme, gezielt als Mittel der Corporate

406 Robert Foltin: Die Körper der Multitude. Schmetterling, Stuttgart 2010, S. 142 f.

407 Hartmut Rosa: Resonanz. Eine Soziologie der Weltbeziehung. Suhrkamp, Frankfurt am Main 2016, S. 164 ff. und 393 ff.

408 Vgl. Wolfgang Hien: Der kalkulierte, a. a. O.

409 Diese These Richards Sennetts (a. a. O.) kommt bereits im englische Originaltitel seiner Buches zum Ausdruck: »The Corrosion of Character«.

410 Kathrin Röggla: Wir schlafen nicht. Roman. Fischer, Frankfurt am Main 2004.

411 Ebenda, S. 147.

412 Ebenda, S. 149.

413 Ebenda, S. 150; ganz ähnlich die ebenso beeindruckende wie bedrückende Schilderung dieses neuartigen Arbeitsweltsegments: Thomas Melle: Sickster. Rowohlt, Berlin 2011.

414 Eva Kreisky, a. a. O.

415 Simon Graf: Leistungsfähig, attraktiv, erfolgreich, jung und gesund: Der fitte Körper in post-fordistischen Verhältnissen. In: Body Politics 1 (2013), Heft 1, S. 139–157 (Online: http://bodypolitics.de/de/wp-content/uploads/2013/04/Heft_1_07_graf_leistungsfaehig_end.pdf).

Identity ein, mit allen Folgen hinsichtlich Inklusion und Exklusion, deren faschistoider Charakter – die Pflicht zur Gesundheit[416] – nicht von der Hand zu weisen ist: Wer nicht mitmachen will, macht sich verdächtig, nicht leistungswillig zu sein, nicht an der »gemeinsame(n) Sache« teilhaben zu wollen. In vielen Betrieben regiert die Angst, und zwar nicht nur unter denen, die ums unmittelbare Überleben kämpfen müssen, sondern auch unter denen, die sich auf einer Karriereschiene wähnen und sich täglich Gedanken über ihre »Performance« machen müssen. Der Nexus »Körper und Arbeit« bekommt hier einen neuen Sinn: Ab einer bestimmten sozialen Schicht wird Arbeit am Körper zur Überlebensfrage, genauer: zur Frage, ob ein Leben auf einem bestimmten Niveau weiter möglich sei. Nina Pauer[417] hat dies am Beispiel des journalistischen Berufs in unübertrefflicher Weise auf den Punkt gebracht: Ihre Protagonistin Anna will »makellos und perfekt« sein, will makellos und perfekt aussehen, will makellos und perfekt arbeiten und immer so tun, als machte ihr das alles großen Spaß. Anna »rennt« in ihrer Freizeit, um in der Arbeit ebenfalls Hochgeschwindigkeit an den Tag zu legen:

> »Anna tut eigentlich ihr Leben lang nichts anderes, als an sich zu arbeiten. (...) Anna hat für sich den Genie-Kult verinnerlicht. (...) Anna ist Teil der Softskill-Elite dieses Landes. Und diese Elite gestattet sich gar nichts. Sie denkt immer darüber nach, wie sie wirkt. (...) Dieses ewige Gefallenwollen ist furchtbar anstrengend. Aber so ist das eben, denkt Anna, wenn man einmal in das Hamsterrad eingestiegen ist. Dann rennt man eben. Entschleunigung ausgeschlossen. Verlangsamung heißt stolpern. Und wer stolpert, der fällt.«[418]

Es stellt sich die Frage, ob diese Situation noch mit der Hegelschen Herr-Knecht-Dialektik zu begreifen ist.[419] Zweifel sind angebracht. Der Knecht bzw. die Magd entwickelt kein Bewusstsein der eigenen Lage, sondern will es dem Herren gleichtun. Die Anerkennung, um die es hier geht, ist eine ideologisch massiv verdrehte, d.h. eine Verkennung, in der die Zuschreibungen und Zurichtungen des Herren seinem Knecht bzw. seiner Magd gegenüber als eigene Zielsetzung im Sinne einer ursprünglich eigenen Identität angenommen werden.[420] Die Rede ist von Selbstverwirklichung, die in Wirklichkeit eine Selbstunterwerfung unter die allgegenwärtigen Verwertungsgesetze ist. Das führt fast unweigerlich – oft zeitverzögert und ver-

416 Vgl. hierzu im Teil I der vorliegenden Untersuchung das Kapitel: »Faschisierung und die deutsche Arbeitsideologie«.

417 Nina Pauer: Wir haben keine Angst. Gruppentherapie einer Generation. Fischer, Frankfurt am Main 2011.

418 Ebenda, S. 51 ff.

419 Vgl. Alexandre Kojève, a.a.O., S. 20–47.

420 Thomas Bedorf: Verkennende Anerkennung. Suhrkamp, Frankfurt am Main 2010.

deckt – zu persönlichen Krisen und Zusammenbrüchen.[421] Derartige Krisen können eine gleichwohl schmerzhafte Chance für eine Umkehr sein, die nicht in eine neue ego-zentrierte Pseudo-Spiritualität, sondern zur Erkenntnis führt, dass nur in der Gemeinsamkeit mit anderen Verhältnisse verändert werden können.

Die neoliberal durchtränkten psychosozialen Prozesse machen vor personenbezogenen Dienstleistungen nicht halt. Wir sehen eine breite Tendenz der Enttraditionalisierung und Ökonomisierung, die verbunden ist mit Entqualifizierung und teilweise einer regelrechten Entberuflichung. Ein älterer Interviewpartner aus dem österreichischen Hotel- und Gaststättengewerbe gab dazu folgende Erläuterung:

> »Für seriöse Traditionsbetriebe sehe ich keine Zukunft mehr, die alten Inhaber sterben weg, die Söhne verkaufen an Ketten, dann kommen junge Manager, in der Regel keine Ahnung vom Fach, aber Chef spielen wollen, und die wollen auch gar niemanden mehr vom Fach. Die sagen: Geht doch auch so.«[422]

Österreich lebt, ähnlich wie Bayern, in besonderer Weise vom Tourismus, was der Hotel- und Gaststättenbranche eine hohe Bedeutung verleiht. Ihre Arbeitspolitik ändert sich gegenwärtig radikal. Eingestellt werden nur noch Gelegenheitsarbeiter/innen. Reguläre Ausbildungen gibt es kaum noch. Nach kurzer Anlernzeit werden die Kräfte »voll ins Geschäft genommen«, selbstredend mit Mindestlohn, oft genug als Werkauftragnehmer/innen, die praktisch nur vom sogenannten Trinkgeld leben.

> »Die setzen nur noch auf Kurzfristökonomie, die wollen gar nichts Langfristiges mehr, die wollen auch nicht, dass da ein gutes Team wächst, das gut miteinander kann, nein, die wollen geradezu den dauernden schnellen Wechsel. Das ist Wahnsinn.«[423]

Auch im Gesundheitswesen erleben wir, kombiniert mit Maßnahmen der Re-Taylorierung, posttayloristische und postfordistische Prozesse, welche die Aufgaben von Medizin und Pflege selbst massiv in Frage stellen.[424] Im Rahmen einer vom Arbeitsmarktservice Österreich durchgeführten Befragung äußerte eine Krankenhausärztin:

421 Von ähnlichen Lebensgeschichten berichtet der schwedische Soziologe Elin Thunman in seinem Aufsatz »Burnout als sozialpathologisches Problem der Selbstverwirklichung«. In: Sighard Neckel / Greta Wagner: Leistung und Erschöpfung. Suhrkamp, Frankfurt am Main 2013, S. 58–85.

422 Interview mit Herrn Postl in Innsbruck, März 2013, Transkript, S. 5.

423 Ebenda.

424 Wolfgang Hien: Pflegen bis 67? Die gesundheitliche Situation älterer Pflegekräfte. Mabuse, Frankfurt am Main 2009 – hier finden sich viele Interviewpassagen zum angesprochenen Thema; zur Ökonomisierung und Dequalifizierung im Krankenhaus siehe auch: Wolfgang Hien: Kranke Arbeitswelt, a. a. O., S. 123–144.

»Es ist eine Belastung, dass wir zu wenige sind, wenn einer ausfällt. Aber man wird selber drankommen. Ist mir zwar noch kaum passiert, aber dann wird es ein Chaos, wenn man sich denkt: ›Wie machen es dann die anderen?‹ (…) Ja, also ich denke schon, dass man sicher auch häufig krank in die Arbeit geht.«[425]

Im Verlauf unserer Bremer Pflegestudie haben wir noch drastischere Aussagen zu hören bekommen.[426] Eine Stationsleitungsschwester sagte: »Es ist nichts möglich mehr, gar nichts!« Die Gründe lägen auf der Hand: Der/die Pflegende soll umfassend informiert, umfassend kommunikativ, körperlich leistungsfähig und »ansprechend« erscheinen, doch die nötigen zeitlichen und personellen Ressourcen dafür werden von Jahr zu Jahr gekürzt. Gute Pflege sei, so die Meinung vieler Interviewter, ein »Kampf gegen Windmühlen«. Ein Krankenhausbetriebsarzt stellte lapidar fest: »Die Belegschaft leidet an einer

kollektiven Depression!« Bei manchen drücke sich das Leiden somatisch aus, bei manchen psychisch, bei manchen sähen wir Reaktionen auf beiden Ebenen.

Krankenhausarbeit, Pflegearbeit, Gastronomie, IT-Kommunikation sind Beispiele für Dienstleistungsarbeiten, die neben körperlicher Fitness auch ein hohes – und weiter wachsendes – Maß an emotionaler und affektiver Arbeit erfordern.[427] Zur Verausgabung gehört der Einsatz der Persönlichkeit, die »Performance«, auch jene des eigenen Körpers. Der immer schon in der reellen Subsumtion angelegte Trend kommt in der neoliberalen Gegenwart deutlicher zum Ausdruck: Der Unternehmer kauft das Gesamtvermögen der Arbeitskraft einschließlich des leibkörperlichen Habitus'. Damit verbunden sind Postulate wie unverzögerte Reaktionsschnelligkeit, Sich-freundlich-Geben, sich an bestimmten Menschen interessiert zeigen, auch »sexuell arbeiten«, d. h. der gezielte Einsatz von Männlichkeits- und Weiblichkeitsmustern in der geschäftlichen Interaktion. Gefragt ist der funktionierende und gut aussehende Körper, nicht der Leib. Sein Leibselbst zu zeigen, ist in diesem Berufssphären zunehmend ein Ding der Unmöglichkeit, zumindest ein riskantes Unterfangen. Wer es dennoch tun, wer Schwächen oder Unsicherheit zeigt, gar eine eigene, vom Geschäftsziel abweichende Meinung vertritt oder dies im Gestus durchblicken lässt, riskiert seinen Job. Die Körperinszenierung hat in vorgegebenen Mustern zu erfolgen. Die Kombination von erzwungenem Körperhabitus, gesteuerter Kommunikation und entfremdeter Gefühlsarbeit treibt die inneren Belastungen und Beanspruchungen über die Grenzen des Ertragbaren hinaus. Burnout und Absturz in die

425 Edit Enzenhofer et al.: Erwerbsrealität von älteren ArbeitnehmerInnen. Chancen und Barrieren. Arbeitsmarktservice Österreich, Wien 2004, S. 131.

426 Wolfgang Hien: Pflegen, a. a. O. passim.

427 Robert Foltin, a. a. O. passim.

Depression, oftmals kombiniert mit massiven Somatisierungen, bleiben nicht aus.[428]

Daraus resultiert ein hoher Anteil chronisch Kranker unter den Arbeitenden. Eine repräsentative Umfrage der Techniker-Krankenkasse erbrachte folgenden Befund: »In Deutschland leidet ein Drittel der Bevölkerung nach eigener Angabe unter chronischen Erkrankungen wie Diabetes, Herz-Kreislauf-Beschwerden oder Asthma und sucht deshalb regelmäßig den Arzt auf.«[429] Die Zahlen für Österreich bewegen sich im gleichen Bereich.[430] In der Altersgruppe der 50–59-Jährigen beläuft sich der Anteil der Kranken auf 37 %. In dieser im Erwerbsverlauf kritischen Altersgruppe leiden 50 % unter Beschwerden des Bewegungsapparates und 20 % unter Herz-Kreislauf-Problemen. Zwischen 5 und 15 % dieser Altersgruppe hatten eine ärztlich oder therapeutisch festgestellte Depression. Jeder dritte bis jeder zweite Krankheitsfall ist arbeitsbedingt.[431] Chronisch Kranke im Betrieb – das schließt sich tendenziell gegenseitig aus. »Menschen mit schwächerer Konstitution, Einschränkungen und erst Recht dauerhaft Kranke haben in den Organisationsvorstellungen oftmals keinen Raum. Unternehmen können selten auf Schonarbeitsplätze zurückgreifen, da diese aus Kostengründen zumeist abgeschafft wurden. Chronisch kranke Arbeitnehmer sind stattdessen häufig von krankheitsbedingten Kündigungen und teilweise auch von unangemessen geführten ›Krankenrückkehrgesprächen‹ betroffen. Daher sieht die Situation in der Praxis häufig so aus, dass Betroffene aus Sorge wegen Repressalien ihren Gesundheitszustand vertuschen.«[432]

Krankheitsverleugnung, d. h. der Versuch der völligen De-Thematisierung von Krankheit in der Betriebsöffentlichkeit, ist ein historisch relativ neues Phänomen, das nur im Kontext der neoliberalen Restrukturierungen der Wirtschaftslandschaften verstanden werden kann. In diesen Landschaften regiert die Kälte ökonomischer Rationalität. Die Menschen haben Angst, sie verinnerlichen in ihrer Not das Gebot, gesund sein und »funktionieren« zu müssen, um im Getriebe der herrschenden Ökonomie nicht aufzufallen.

428 Sighard Neckel / Greta Wagner, a. a. O. passim.

429 Techniker-Krankenkasse: »Beweg Dich Deutschland«. TK-Bewegungsstudie (erstellt von Forsa). Hamburg 2013, S. 35; eine genauere Analyse findet sich bei Wolfgang Hien: Psychische Arbeitsbelastungen und chronische Erkrankungen – Darstellung und praxisorientierte Diskussion des wissenschaftlichen Erkenntnisstandes. In: Sicher ist Sicher, Jg. 67, 2016, Heft 5, S. 243–247.

430 Gudrun Biffl et al.: Psychische Belastungen der Arbeit und ihre Folgen. Studie erstellt im Auftrag der Arbeiterkammer Wien. Krems/Wien 2011, S. 62.

431 Wolfgang Bödeker et al.: Kosten arbeitsbedingter Erkrankungen. Wirtschaftsverlag NW, Bremerhaven 2002.

432 Katharina Hoß et al.: Arbeits- und Beschäftigungsfähigkeit vor dem Hintergrund des demographischen Wandels. IBES-Diskussionsbeitrag. Duisburg/Essen 2013, S. 18.

Wahrnehmung und Denkbewegung entfernen sich von unserer Leiblichkeit, d. h. weg von unserem leibseelischen Empfinden all der Zumutungen, des Leidens, der Schmerzen, der Zerrissenheit und der Verzweiflung zu einem in Watte gepackten Hoffen, dass es nicht noch schlimmer werden möge – »in Watte gepackt«, weil: statt offen Forderungen hinsichtlich einer signifikanten Veränderung der Arbeitsbedingungen zu stellen, die Betroffenen oft kleinlaut bleiben, die unerträglichen Belastungen auszuhalten versuchen und sich in ein »stilles« und dadurch wirkungsloses Hoffen ergeben. Wachsende Teile der Arbeiter/innen-Klasse, einschließlich der sich ausweitenden Dienstarbeiter/innen-Klasse, werden zu Grenzgänger/innen am Rande des Wahnsinns. Ihr existenzielles Erleben ist gleichsam ver-rückt: Die umfassenden Arbeitsanforderungen drängen die Menschen aus ihrer gewohnten leibkörperlichen Bahn. Sie sehen sich einem neuen Normalitätszwang ausgesetzt, es sich selbst verwehren zu müssen, leibhaftig zu fühlen und zu denken, sich auch in elementaren Fragen des Befindens fremdbestimmen zu lassen. Doch es gibt eine Wiederkehr des Verdrängten: Die »wild« kämpfenden südeuropäischen Arbeiterklassen, aufbegehrende Massenarbeiter/innen, fordernde Flüchtlinge, Menschen, die sich nicht der Anpassung beugen, machen den Angepassten Angst. Der Wahnsinn setzt sich im Unwesen nationalistischer Ressentiments fort, die in dem Maße zunehmen, in dem sozialstaatliche Illusionen zerrinnen.

Wie gestaltet sich nun die Situation der Dienstleistungsarbeiter/innen? Wie der zitierte IT-Experte im Interview sagte: »Der Geist«, so seine Illusion, sollte den Körper, die Körpermaschine, steuern. Der Körper ist das »Ding«, das funktionieren muss. Der arbeitende Mensch wird verdinglicht und – das ist das Novum – verdinglicht sich selbst, um sich zu bewähren und bestehen zu können. Gearbeitet wird im Modus der Leibvergessenheit. Der Körper wird mit inneren und äußeren Motivatoren und Aktivatoren – Fitnessprozeduren, chemische Neuroenhancer – »am Laufen« gehalten. Der Körper ist zu einem manipulierbaren Ding geworden, das so lange genutzt und ausgenutzt wird, bis es zu Bruch geht. Funktioniert dieses Ding nicht mehr, sieht sich »der Geist« einer Aggression ausgesetzt, der Aggression des eigenen Körpers. Und umgekehrt: Der Geist entwickelt Aggressionen gegen den eigenen Körper. Im Lichte dieser Verhältnisse bekommt die von Linhart so genannte »Aggression der Dinge« eine ganz neue Bedeutung. Die aus der Leiblichkeit herausgefallenen Gegensätze »Geist« und »Körper« befinden sich im Kampf. Tatsächlich mehren sich psychosomatisch bedingte Autoaggressionserkrankungen, die Zeichen eines solchen inneren Kampfes sind.[433]

433 Ying L. Liu et al: Differential Association of Psychosocial Comorbidities with Subclinical Atherosclerosis in Rheumatoid Arthritis. In: Arthritis Care Research. Jg. 67, 2015, S. 1335–1344.

Versucht der/die Betroffene, eine Somatisierung eines Konfliktes durch geistige Anstrengung zu vermeiden, sucht sich der Leibkörper einen anderen Ausweg – den der psychischen Erkrankung. Der arbeitende Mensch gerät in ein Dilemma: Versucht er, sich die oktroyierte Arbeitsrolle »vom Leib« zu halten, so entgleitet ihm/ das Handeln – es wird zur diffusen körperlichen Schablone, und das Leibselbst zieht sich in sich zurück.[434] Lässt sich der arbeitende Mensch umgekehrt zu sehr auf die Rolle ein oder geht gar in ihr auf – Nina Pauers Protagonistin ist ein gutes Beispiel hierfür –, wird der Mensch zur Marionette dieser Rolle und verliert sein Selbst. Die Entfremdung von der eigenen Leiblichkeit ist der Lohnarbeit inhärent, woraus sich immer schon die Tendenz zur Verdinglichung des Seins und Mit-Seins in der Welt ergibt. Doch wird der Keil zwischen Körper und Geist weitergetrieben, droht eine schwere Entfremdungsdepression, ein Verlust sinnlicher und emotionaler Bezüge zur Welt, ein Verlust der Leibhaftigkeit im Dasein, eine Depersonalisation.[435] Alles um den/die Betroffene/n herum wird fremd und unwirklich; die Umgebung erscheint kulissen- und schemenhaft; Dinge und Menschen »kommen nicht mehr zu mir«, sind wie abgetrennt, unerreichbar. Was sich ausdehnt, ist ein Gefühl der Leere. Im Ausgebranntsein begegnen uns mehr oder weniger alle genannten Symptome – ungerufen, unfreiwillig und für den/die Betroffenen oft unbegreifbar. Der Weg, sich der Negativspirale frühzeitig gewahr zu werden, wird uns von der neoliberal infizierten Ideologie verstellt. Zum Schluss stellt sich das Gefühl des Versagens und der Selbstzuschreibung ein, den Anforderungen der postmodernen Welt nicht gewachsen zu sein.[436] Die selbst gesetzten Ziele sind unerreichbar, man ist gescheitert. Gespaltenheit, Leibvergessenheit, Selbstverlust, Depression – all das sind Symptome eines spezifischen und von der neoliberalen Ideologie durchtränkten Wahnsinns. Wir scheitern am Erfolgszwang, und die Kategorie des Erfolgs macht uns verrückt.

Es gibt Zufriedenheitsumfragen, denen zufolge die Welt in Ordnung sei. Doch was da »gemessen« wird, reproduziert meist nur das Vorurteil der Fragesteller oder die Meinung der Auftraggeber. Hinter dem schönen Schein rumort es; auch hier, in den Tiefen der kollektiven sozio-psycho-somatischen Situation, überlagern sich widersprüchliche Tendenzen, nicht zuletzt die Hoffnung der Betroffenen, es möge alles wieder gut werden. Die Frage ist: Wehren sich die Menschen? Von außen betrachtet, scheint 2015 die kapitalis-

434 Diese rollentheoretischen Überlegungen und Metaphern gehen zurück auf Hans Peter Dreitzel: Die gesellschaftlichen Leiden und die Leiden an der Gesellschaft. Ferdinand Enke, Stuttgart 1968.

435 Thomas Fuchs: Leib-Raum-Person. Entwurf einer phänomenologischen Anthropologie. Klett-Cotta, Stuttgart 2000, insbes. S. 160 f und 264 f.

436 Alain Ehrenberg: Das Unbehagen in der Gesellschaft. Suhrkamp, Frankfurt am Main 2011.

tische Metropole Deutschland von einer Streikwelle – vor allem im Dienstleistungsbereich – durchzogen, doch von innen betrachtet, stellt sich die Sache ein wenig anders dar: Die Streiks waren meist unter strenger gewerkschaftliches Kontrolle, mit Ausnahme der Lokführer wurden die Ziele nicht erreicht, zurück blieben Frust und verbrannte Erde. Es gab und gibt Ausnahmen, etwa die sechs Monate Streik 2005/06 bei Gate Gourmet im Flughafen Düsseldorf[437] und die acht Monate Arbeitskampf 2012/13 beim Verpackungshersteller Neupack in Hamburg.[438] In beiden Fällen waren migrantische Massenarbeiter/innen die treibenden Kraft, in beiden Fällen gelang es, auch durch Bildung breiter Unterstützungsnetzwerke, die Gewerkschaften, wenn auch widerwillig, ins Boot zu holen. In beiden Fällen wurde ein halber Erfolg erzielt. Hoch bedeutsam, auch gewerkschaftspolitisch, sind freilich die Streiks in verschiedenen Amazon-Versandzentren, die zu Herbstbeginn 2017 anhielten.[439] Hier zeigt sich die zuständige Gewerkschaft, der verdi-Fachbereich 12 »Handel«, von einer forcierenden, weitertreibenden und konfliktfreudigen Seite. Schauen wir uns die großen Branchen und großen bundesweiten Tarifbewegungen an, muss aber festgestellt werden: Die deutschen und österreichischen Gewerkschaften verketten sich grosso modo immer wieder mit der jeweiligen nationalen Volkswirtschaft – mit dem Wirtschaftsstandort des jeweiligen nationalen Kapitals und seiner spezifischen Profitlogik. Statt selbst aus dem »Basiskonsens« zwischen (kapitalistischer) »Wirtschaftlichkeit« und angeblicher »Humanität« auszusteigen, beklagen gewerkschaftliche Vertreter/innen dessen vermeintliche Aufkündigung durch die »Arbeitgeber«. Sie können oder wollen nicht begreifen: Profitlogik und menschenfreundliche Arbeits- und Lebensbedingungen sind unvereinbar. Die nationalen Arbeiterklassen in der EU und weltweit werden gegeneinander ausgespielt.[440] Der Umgang der deutschen Regierung mit den südeuropäischen Nachbarn spricht Bände.

Zugleich erleben wir hierzulande einen beschleunigten Prozess der Subproletarisierung. Kernbelegschaften werden zerschlagen oder zunehmend durch Fremdformenarbeiter/innen ersetzt, die teilweise auf dem Niveau des Mindestlohns, teilweise erheblich darunter zu arbeiten gezwungen sind. Die deutsch-österreichische Arbeiterbewegung hat die Spaltungen, die wir mit den Begriffen Fach- und Massenarbeit zu fassen versucht haben, immer schon mitgetragen. Die enge Verbandelung mit der Mehrheitssozialdemokratie ket-

437 Flying Pickets, a. a. O.

438 Gruppe Blauer Montag: Acht Monate Arbeitkampf beim Verpackungshersteller Neupack – Versuch einer Auswertung. In: Sozial. Geschichte Online 12, 2013, S. 109–119.

439 http://www.labournet.de/branchen/dienstleistungen/handel/handel-amazon/amazon-wir-wollen-nicht-nur-spielen-erneute-streiks-fuer-einen-tarifvertrag/

440 Vgl. den Diskussionsbeitrag der Wildcat-Gruppe zur Weltarbeiterklasse (Online: http://www.wildcat-www.de/wildcat/98/w98_wak_ak.html).

tete die organisierten Arbeiter/innen an den jeweiligen kapitalistischen Nationalstaat. Nur wenn es gelänge, in dessen Rahmen die Politik mitzubestimmen, könnten Fortschritte für die Arbeiter/innen erreicht werden – so das immerwährende Credo der sozialdemokratischen Führungselite und der mit ihr verwobenen Gewerkschaftsbürokratie. Das Schlagwort vom Sozialstaat verfing: Über Sozialversicherung und Rechtsetzung sollten die Arbeits- und Lebensbedingungen verbessert werden. Aus aktiv kämpfenden Proletarier/innen wurden passive und die legislativ-exekutiv errungenen Ergebnisse empfangende, gleichsam politisch konsumierende Staatsbürger/innen. Das »Wir« der Arbeiterbewegung mutierte zu einem merkwürdig entfremdeten »Wir« der politischen Ebene: Wenn »wir« die Politik auf der Ebene des bürgerlichen Politikbetriebes mitgestalten, können »wir« etwas für »uns« erreichen. Diese Staatsvermitteltheit hat die Entfremdung des Menschen gleichsam verdoppelt.

Die neoliberale Gegenwart lässt keinen Stein auf dem anderen. Jetzt geht es nicht mehr um die Wahrung von Traditionen, sondern um die Akzeptanz permanenter Restrukturierungen. Dazu passt die Aufforderung der inzwischen ins Gigantische gewachsenen behördlichen und von Staat und Sozialversicherungsträgern finanzierten Betriebsberatungsszene, die Arbeitenden mögen doch bitte mehr »Resilienz« zeigen.[441] Resilienz bezeichnet die psychische Widerstandskraft eines Individuums gegen nicht kontrollierbare Widerfahrnisse und Unbillen des Lebens. In einem Ratgeber heißt es: »Resiliente Menschen leben in dem Bewusstsein, dass Krisen keine unüberwindbaren Hürden sind. Sie versuchen, die Gründe zu verstehen und fokussieren sich zielorientiert auf die gefundenen Lösungsmöglichkeiten.«[442] Mehr Resilienz ist an sich nichts Falsches, wenn sie mit Achtung und Achtsamkeit gegenüber der eigenen leiblichen und seelischen Existenz wie der anderer verbunden ist. Doch so, wie der Begriff im offiziellen Sprachgebrauch benutzt wird, ist es nichts anderes als Zynismus, verbunden mit der impliziten Aufforderung, seinen Ellbogen gegen Schwächere einzusetzen, sich »durchzusetzen« – oder die Zumutungen widerstandslos zu schlucken. Resilienz soll helfen, Wut, Zorn und Verzweiflung – wieder im O-Ton – mittels »gesunder Lebensweise«, »Stressmanagement« und »psychotherapeutischer Begleitung« zu kompensieren. Kollektiver Widerstand gehört selbstredend nicht zu den »Tools«, welche beispielsweise die Bundesanstalt für Arbeitsschutz und Arbeitsmedizin, die staatliche Arbeitsschutzaufsicht, die Unfallversicherungsträger und die Krankenkassen angesichts der Restrukturierungswelle anbieten. Doch auch in vielen Betriebs- und Personalratsgremien vernebeln Wolken aus Illusion und

441 Beispielhaft: Birgit Schauerte et al.: Restrukturierung: Gesunde und motivierte Mitarbeiter im betrieblichen Wandel. Initiative Gesundheit und Arbeit (IGA), IGA-Fakten 4, Essen 2012.

442 Ebenda, S. 14.

neoliberaler Ideologie die Hirne. Man hofft darauf, dass Restrukturierung »die Situation bereinigt«, »die leistungsstarken Kräfte bündelt« und »die Leistungsschwachen ausscheidet« – Floskeln, die in Betriebsräteseminaren häufig zu hören sind. Die von den Resilienzpredigern geforderte flexible Anpassungsbereitschaft, die »fluide Identität«, ist eine fatale Scheinlösung. Fluide Identität besitzt kein eigenes Flussbett, kein eigene Kontur, sie zerfließt, versickert, versandet. Eine kämpferische und auf Widerstand orientierte Resilienz wäre eine, die darauf orientiert ist, Selbstbewusstsein und Solidarität gleichermaßen zu bilden, Vertrauen in die eigenen Wahrnehmungen zu stärken, Räume für Mitgefühl und Verantwortung für den anderen zu öffnen, Potentiale der Widerständigkeit gegen unsinnige, intransparente und autoritäre Verhältnisse aufzubauen. Die Aura der behaupteten neuen Freiheiten verflüchtigt sich. Die scheinbaren Glücksareale werden von Ungerechtigkeiten, Spaltungen und Zerstörungen überschattet. Entfremdung schreibt sich ins lebendige Fleisch ein und wandelt sich in schmerzende, schwärende Wunden.

»Im Anfang ist der Schrei«, so beginnt John Holloway seine große Studie »Die Welt verändern, ohne die Macht zu übernehmen«,[443] doch wir können nur schreien, wenn wir auch den Schmerz zulassen. Sich von der global herrschenden Profitlogik abzukoppeln, kann auch im kleinen geschehen. Humansierung und selbsterhaltender sowie solidarischer Umgang mit dem Leibkörper zeigt sich auch in »verborgenen Situationen«[444] und kollektiven Alltagskonflikten. Eine kürzlich veröffentlichte Studie zeigt, dass diese Phänomene häufiger sind als angenommen.[445] Zum Beispiel: »Leistungspensen mit Gegenschichten absprechen, bei Probeläufen vermeidbare Fehler inszenieren, Zeitnischen verstecken, strategisch geplant Leistungsziele in Mitarbeitergesprächen herunterhandeln oder sich versteckt zusätzliche Pausenzeiten einräumen.«[446] Widerstand ist möglich, auch in Zeiten der Kälte. Ein Sich-Wehren und ein Sich-Bewusstwerden ist, da es mit einem Sich-Spüren beginnt, immer auch ein körperlich-leiblicher Akt der Wärme.

Körperpolitik unter dem Vorzeichen »Arbeit 4.0«

Wenige Blicke in die empirische Wirklichkeit genügen, um zu sehen, dass Proklamationen, denen zufolge die immaterielle Produktion die materielle ablöse, von Weltfremdheit geschlagen sind. Ebenso entbehren Visionen, Überlegungen, Hoffnungen oder Befürchtungen hinsichtlich einer »men-

443 John Holloway: Die Welt verändern, ohne die Macht zu übernehmen. Westfälisches Dampfboot, Münster 2002. Auf John Holloway komme ich im letzten Kapitel meiner Studie zurück.

444 Konrad Thomas, a. a. O.

445 Mathias Heiden: Verborgene Konflikte der Krise von Arbeit und Reproduktion. In: WSI Mitteilungen, Heft 6, 2015, S. 417–426.

446 Ebenda, S. 423.

schenleeren Fabrik« immer schon jeder Grundlage. Derartige Proklamationen und Visionen suggerieren das Bild einer gleichsam körperlosen Arbeit. Zwar werden viele Arbeitsvorgänge in Entwicklung, Konstruktion, Produktion und Distribution mittlerweile computergestützt und teilweise selbststeuernd erledigt. Doch sollte man sich nicht täuschen lassen: Alleine die deutsche Automobilindustrie mit etwa 800.000 Beschäftigten – davon die Hälfte in der Produktion – und weiteren 300.000 Arbeiter/innen in der Zulieferindustrie zeugt von einer in Wirklichkeit aktiv anwesender menschlicher Körperlichkeit. Auch wenn weitere Arbeitsvorgänge durch Roboter ersetzt werden – die These, die vierte industrielle Revolution bringe eine völlig neue und völlig veränderte Arbeitswelt hervor, wird von seriösen Arbeitsforschern und Arbeitsforscherinnen zurückhaltend bis ablehnend beurteilt.[447] Die Vermutung lässt sich nicht von der Hand weisen, dass das Industrie-4.0-Szenario normativen Grundausrichtungen der Wirtschaftseliten folgt und nicht die Erleichterung und Humanisierung der Arbeit im Sinn hat.[448]

Sabine Pfeiffer und ihre Arbeitsgruppe haben in Anlehnung an Fritz Böhle[449] Körper, Leiblichkeit und Erfahrungswissen in einen arbeitswissenschaftlich plausiblen Zusammenhang gebracht.[450] Sie nutzen dabei den Begriff des subjektivierenden Arbeitshandelns und wagen eine Gratwanderung zwischen emanzipatorischen Absichten und kapitalkonformer, instrumenteller »Einverleibung«. Hierzu ein längeres Zitat: ›Was ist mit Erfahrung im Konzept des subjektivierenden Arbeitshandelns gemeint? Das Konzept sieht den Menschen mit allen Sinnen bei der Arbeit. Nicht nur Verstand und Logik helfen, in (zeit-) kritischen Situationen die richtige Entscheidung zu treffen, sondern auch Intuition, Bauchgefühl und Emotion. Wir sind nicht nur Kopf, sondern auch Körper. Und der Körper weiß und spürt, bemerkt und ertastet, merkt sich Abläufe. Diese Fähigkeiten bilden sich erst im Lauf

447 Hartmut Hirsch-Kreinsen (Hg.): Digitalisierung industrieller Arbeit: Die Vision Industrie 4.0 und ihre sozialen Herausforderungen. Nomos, Berlin 2015, S. 206–231; Sabine Pfeiffer / Anne Suphan: Der AV-Index. Lebendiges Arbeitsvermögen und Erfahrung als Ressourcen auf dem Weg zur Industrie 4.0. Working Paper. Universität Hohenheim 2015 (https://www.sabine-pfeiffer.de/files/downloads/2015-Pfeiffer-Suphan-draft.pdf); Ursula Holtgrewe / Thomas Riesenecker-Caba / Jörg Flecker: Industrie 4.0 – eine arbeitssoziologische Einschätzung. Forschungs- und Beratungsstelle Arbeitswelt. Arbeiterkammer Wien 2015. Daniela Ahrens: Neue Anforderungen im Zuge der Automatisierung von Produktionsprozessen: Expertenwissen und operative Zuverlässigkeit. In: Arbeits- und industriesoziologische Studien, Jg. 9, Heft 1, 2016, S. 43–56.

448 Daniela Ahrens, a. a. O., S. 44 f.

449 Fritz Böhle, a. a. O.

450 Sabine Pfeiffer / Anne Suphan: Industrie 4.0 und Erfahrung – das Gestaltungspotenzial der Beschäftigten anerkennen und nutzen. In: Hartmut Hirsch-Kreinsen, a. a. O., S. 206–231.

der Zeit. Die wichtigsten Charakteristika dieses subjektivierenden Handelns und Wissens sind a) eine ganzheitliche Wahrnehmung, b) exploratives, dialogisches Vorgehen, c) Intuition und Gespür und schließlich d) eine empathische Beziehung. Theoretisches Fachwissen und Routine helfen bei standardisierten Prozessen und gleichbleibenden, wiederkehrenden Anforderungen. Erfahrung aber versetzt uns in die Lage, auch das (noch) Unbekannte zu bewältigen, und erlaubt einen souveränen Umgang mit Unwägbarkeiten.«[451] Es ließe sich kritisch einwenden, dass körper- und erfahrungsgebundene Formen des Wissens und Handelns mit zunehmender Digitalisierung der Arbeitsumgebungen in ihrer Bedeutung abnehmen. Dem widersprechen Pfeiffer et al. entschieden: »In allen mit der Forschungsperspektive des subjektivierenden Arbeitshandelns bislang untersuchten empirischen Feldern zeigt sich die besondere Bedeutung dieser Handlungs- und Wissensqualitäten vor allem in komplexen und unübersichtlichen Arbeitssituationen. Erfahrung ist eine core competence im Umgang mit Unwägbarkeiten. Gerade in den hoch qualifizierten Tätigkeiten, die so oft als paradigmatisch für die Wissensgesellschaft gesehen werden, ist vollständige Planung und Übersicht immanent unmöglich. Trotzdem muss ständig gehandelt und entschieden werden – auch ohne umfassend klare oder potenziell zu klärende Informationslage. Genau das erfordert aber in besonderem Maße die Fähigkeit zu erfahrungsbasierten Handlungs- und Wissensqualitäten wie Intuition, Gespür, Assoziation und eine ganzheitliche Sinneswahrnehmung. Zudem machen Informatisierungsprozesse in komplexen Arbeitsumwelten diese qualitative Seite lebendiger Arbeit immer bedeutsamer: Das Komplexe muss bewältigt und das Abstrakte immer wieder neu rückgebunden werden an den eigentlichen Kern der Arbeitsaufgabe – seien es stoffliche Arbeitsprozesse, das konkrete Bedürfnis von Kund/inn/en oder Patient/inn/en oder komplexe Umwelten. Gerade dort also, wo abstrakte und wissensbasierte Tätigkeiten eine große Rolle spielen, ist die sinnliche Erfahrung wichtiger denn je – auch und obwohl sie in der eigenen Tätigkeit keine vordergründige Rolle mehr spielen mag. Wir gehen daher davon aus, dass die fortschreitende Digitalisierung Beschäftigten vornehmlich alltägliches Bewältigen von Komplexität, souveränes Umgehen mit Unwägbarkeiten und richtiges Handeln in nicht planbaren Situationen zunehmend und nicht abnehmend abverlangt. Dies aber ist nicht einfach nur ein Phänomen hoch qualifizierter Arbeit, sondern subjektivierendes Arbeitshandeln ist ebenso relevant in hoch automatisierter und informatisierter Produktion oder im Bereich der Montage. Dort liegt die Bedeutung nicht routinierten Handelns nicht nur in der Reaktion auf Störungen und Veränderungen, sondern auch in der Verhinderung von Störungen durch

451 Ebenda, S. 211.

antizipatives Eingreifen.«[452] Auch wenn diese optimistische Sicht zunächst einleuchten oder gar begeistern mag, lässt sich nicht leugnen, dass gewaltige Gegentendenzen – Dequalifizierung und Abwertung von Erfahrungswissen – das Bild verändern.

In einer sogfältigen Expertise für die Wiener Arbeiterkammer heißt es: »Neben der überwiegend erwarteten Höherqualifizierung finden sich auf den zweiten Blick auch Einschätzungen einer Dequalifizierung von Arbeit. Je nach datentechnischer Unterstützung können manche Arbeitsprozesse auch hoch standardisiert und dann von Angelernten mit informationstechnischer Unterstützung oder Steuerung erledigt werden.«[453] Mit anderen Worten: Zu erwarten ist ein Heer von unter suboptimalen Bedingungen existierenden Hilfsarbeitern/-innen, die – ganz klassisch – repetitive Teilarbeit zu leisten haben, verbunden mit repetitiven digitalen Operationen. Diese Entwicklung vollzieht sich sowohl in der betrieblichen Arena als auch in »digitale(n) Crowds«.[454] Was sich abzeichnet, ist nicht das Verschwinden von Arbeit, sondern eine Aufspaltung und Absplitterung von Arbeit in eine ins Unendliche tendierende Zahl kleiner und kleinster Arbeitseinheiten. Im arbeitspolitischen Diskurs wird davon ausgegangen, dass dieser Trend nicht unumkehrbar, sondern gestaltbar sei. Zugleich wird diese Frage weder national noch europäisch, sondern nur global lösbar und ausfechtbar sein. Spätestens dann, wenn in bestimmten Dienstleistungsbereichen Arbeitsplätze durch die Welt vagabundieren, ist das Problem globalisiert.

Moritz Altenried ist diesen Entwicklungen empirisch nachgegangen.[455] Er stellt fest: »Digitale Ökonomien sind voller Beispiele für Lücken, in denen längst Algorithmen am Werk vermutet werden, de facto aber menschliche Arbeit benötigt wird.«[456] Festzustellen ist eine Rollenverkehrung zwischen Mensch und Computer: Millionen von Menschen – genaue Zahlen gibt es nicht, zweistellige Millionenzahlen dürfen vermutet werden – arbeiten gleichsam »händisch« an Schnittstellen, um bestimmte Aufgaben für Computer handhabbar zu machen: Einspeisen von Informationen, Herausfiltern von

452 Ebenda, S. 212 f.; diese These der Arbeitsgruppe um Sabine Pfeffer wird auch in einem gerade erschienenen umfangreichen Kompendium erneut vertreten und bekräftigt: Fritz Böhle (Hg.): Arbeit als subjektivierendes Handeln. Handlungsfähigkeit bei Unwägbarkeiten und Ungewissheit. Springer, Wiesbaden 2017.

453 Ursula Holtgrewe et al., a. a. O., S. 30.

454 Crowdworking wird die Aufspaltung von Aufträgen in Kleinaufträge genannt, welche im Internet weltweit angeboten und sodann von Kleinselbständigen zu Dumpingpreisen ausgeführt werden. Vgl. dazu: Prokla 187, Zeitschrift für kritische Sozialwissenschaft. Jg. 47, 2017, Heft 2 (Schwerpunktheft: »Arbeit und Wertschöpfung im digitalen Kapitalismus«).

455 Moritz Altenried: Die Plattform als Fabrik. Crowdwork, Digitaler Taylorismus und die Vervielfältigung der Arbeit. In: Prokla 187, a. a. O., S. 175–191.

456 Ebenda, S. 181.

Informationen, Bearbeiten von Interaktionen. Es sind hochgradig zerlegte, standardisierte und repetitive Arbeitsvorgänge, die weltweit, jenseits tradierter Fabrikräume, millionenfach in Heimarbeit, vereinzelt, isoliert, erbärmlich entlohnt und ohne jede soziale Absicherung verrichtet werden. Die Crowd-Arbeiter/innen führen in vielen Fällen nur noch Anweisungen der sogenannten künstlichen Intelligenz aus, permanent überwacht, zurechtgewiesen und unter Druck gesetzt. Altenried sieht darin eine neue Form kapitalistischer Landnahme und eine neue Form der reellen Subsumtion der Arbeit unter das Kapital, dem es mittels digitaler Technologie gelingt, den Bereich ihrer Kontrolle global auszudehnen. Erzeugt wird eine neue Art von Massenarbeiter/innen, die nicht mehr wie im klassischen Taylorismus homogen und räumlich zusammengefasst ist, sondern völlig inhomogen und weltweit verteilt. Auf einer Plattform arbeiten Studierende, Rentner/innen und alleinerziehende Mütter hierzulande genauso wie ein indischer Programmierer, der mit seiner Arbeit eine ganze Familie ernähren muss. Altenried diskutiert auch die Frage der gewerkschaftlichen Organisierung, die vor dem Hintergrund globaler Atomisierung der Arbeitskraft neue konzeptuelle Ansätze erfordert. Internetforen und soziale Netzwerke erweisen sich dabei als Orte der Kommunikation und ansatzweise auch als Orte des gemeinsamen Widerstandes.[457]

Aber auch der Ort des klassischen Fabrik ändert sein Gesicht, genauer: die Art und Weise des konkreten Arbeitsprozesses. Arbeitssoziologen der Universität Jena haben in klein-, mittel und großbetrieblichen Unternehmen – Werkzeugbau, Optikherstellung und Automobilbau – den Stand der Digitalisierung und die damit eihergehenden Veränderungen der Arbeit untersucht.[458] Entgegen vollmundiger Proklamationen der Industrieverbände wird auch hier der Mensch als Lückenbüßer der Technik eingesetzt. Prinzipiell könnten Montageinseln auch vom Menschen gesteuert werden, sodass eine dem/der jeweiligen Arbeitenden angepasste Arbeitsstruktur und Arbeitsgeschwindigkeit, d. h. auch die Beschäftigung älterer und gesundheitlich eingeschränkter Menschen möglich wäre. Doch die kapitalistische Wirklichkeit verkehrt dieses Verhältnis ins Gegenteil. Zentral gesteuerte Roboter geben Arbeitsschritte und Arbeitsgeschwindigkeit vor. Die vom Menschen zu absolvierenden Tätigkeiten bestehen aus Handreichungen. Erfahrungswissen wird, entgegen den Vermutungen oder Hoffnungen Sabine Pfeiffers, abgewertet. »Der Einsatz digitaler Assistenzsysteme (kann) die einzelnen Arbeitsschritte detailliert vorgeben und deren korrekte Umsetzung permanent überprüfen.«[459] Die Forscher/innengruppe musste feststellen, dass der Einsatz

457 Ebenda, S. 190.

458 Martin Ehrlich et al.: Digitale Prekarisierung. Neue Verwundbarkeiten und Abwertungsprozesse in der Industriearbeit. In: Prokla 187, a. a. O. S. 193–211.

459 Ebenda, S. 204.

von Montagerobotern, Assistenzsystemen, Datenbrillen, Handscannern und anderen digitalen Hilfsmitteln die Arbeit verdichtet, dequalifiziert und psychisch belastender macht. Die »Hilfsmittel« entpuppten sich als Taktgeber und als Kontroll- und Bewertungsmittel des Managements. So können Lauf- und Wegzeiten genau überprüft und »kurze Verschnaufpausen« sanktioniert werden. Von ähnlichen Befunden berichtet eine Münchener Forscher/innengruppe.[460] Sie befassten sich u. a. mit dem »smarten Handschuh«, der mit in den Fingerkuppen sitzenden Sensoren ausgestattet ist. Er wird vielfältig eingesetzt, so z. B. für das Scannen von Barcodes, für die Dokumentation von Arbeitsschritten und die Übermittlung von Feedbacks. Ein Entwickler kommentiert: »Wenn er (der Arbeiter, Anm.) also einen Fehler macht, wird er direkt an seinem Körper informiert.«[461] Wir sehen hier eine neue Art der Verkörperlichung von Arbeit, einen a priori entfremdeten Prozess. Nicht mehr das leibkörperliche Erfahrungswissen, sondern die digital entfremdete Erfahrung wird zurückgemeldet und als Druck- uns Sanktionsmittel wirksam. Die Arbeitenden sollen, ihre Unterwerfung vorausgesetzt, sich permanent an die jeweiligen Gegebenheiten und Erfordernisse der vermarktlichten Arbeitsverhältnisse anpassen. Die Entwickler solcher Systeme sprechen von einer »kontrollierten Selbstregulierung«: Die Systeme sind physisch dezentralisiert und digital zentralisiert. »Der ›smarte Arbeitsplatz‹ oder der ›smarte Handschuh‹ können physisch auf der ganzen Welt verteilt sein, während das Management in einem schwäbischen Dorf sitzt.«[462] Die Autorinnen un Autoren sehen in der zentralisierten algorithmischen Arbeitssteuerung eine »mögliche Kybernetisierung gesellschaftlicher Herrschaft«.[463]

Fritz Böhle, Sabine Pfeiffer und ihre Forschungsgruppen vertreten die These, dass Arbeit auch unter Lohnarbeitsbedingungen immer einen signifikanten Überschuss an subjektivierenden Potentialen enthalte.[464] Sie sind der Auffassung, dass die leiblich-sinnliche Wahrnehmung auch künftig eine entscheidende Rolle im Arbeitsprozess spielen werde, d. h. ohne diese sehen sie die Produktions- und Dienstleistungsstruktur als nicht funktionsfähig. »Das subjektivierende Handeln erweist sich damit zwar in der Praxis als notwendig, fügt sich aber grundsätzlich nicht in die Verwertungslogik ein. Daraus erklärt sich auch, dass sich das subjektivierende Arbeitshandeln und das damit verbundene besondere Erfahrungswissen als notwendig erweisen und auch in konkreten Arbeitskontexten wertgeschätzt werden, dies aber ›offiziell‹

460 Eva-Marian Raffetseder / Simon Schaupp / Philipp Staab: Kybernetik und Kontrolle. Algorithmische Arbeitssteuerung und betriebliche Herrschaft. In: Prokla 187, a. a. O., S. 229–247.

461 Ebenda, S. 240.

462 Ebenda, S. 243.

463 Ebenda.

464 Fritz Böhle (Hg.): Arbeit als subjektivierendes Handeln, a. a. O.

weitgehend verdeckt bleibt, und dass sich die maßgeblichen Prinzipien der Organisierung und Technisierung von Arbeit bis hin zur beruflichen Bildung auf die Objektivierung des Arbeitshandelns richten.«[465] Böhle, Pfeiffer et al. knüpfen an die von ihnen festgestellte Widersprüchlichkeit Hoffnungen, die dem Bild einer auf längere Sicht humanisierten Arbeitswelt entsprechen. Es fällt auf, dass Böhle et al. sich fast ausschließlich hoch qualifizierten Tätigkeiten zugewandt haben: Facharbeit mit CNC-Maschinen, Prozesssteuerung, Ingenieurs- und Projektarbeit, qualifizierte Arbeit im Gesundheitswesen, Flugverkehr und Handwerk. Das Kapitel zu Montagearbeiten ist ein Wiederabdruck einer 2007 veröffentlichten Studie.[466] Die neuere Entwicklung des digitalen Kapitalismus bleibt weitgehend unberücksichtigt. Mag sein, dass subjektivierendes Handeln nicht gänzlich unterdrückt werden und systemsprengende Potentiale freisetzten kann, doch wird dies nicht in »geordneten Bahnen« verlaufen.

Als Zwischenfazit unserer Untersuchung ist festzuhalten: Die Industrieproduktion beinhaltet hochgradig systematisierte, standardisierte und technisch wie organisatorisch voll durchrationalisierte Arbeitsschritte. Dennoch braucht sie den körperlich aktiven Menschen. Auch wenn es Entlastungen von bisherigen Formen körperlich anstrengender Arbeit geben wird, muss sich der Mensch weiter der vorgegebenen Technik anpassen. Ingo Matuschek spricht von einer »Inkorporierung der Subjekte in die digitale Ökonomie«.[467] Erneut zeigt sich, dass in der Konstruktion der Technik ein Herrschaftsmoment steckt, und erneut bestätigt sich der Satz Herbert Marcuses: »Nicht erst ihre Verwendung, sondern schon die Technik ist Herrschaft.«[468] In die Strukturen der digital vernetzten Arbeitsprozesse hat sich der Leibkörper des Menschen einzupassen. Der Dienstleistungssektor, in Deutschland, Österreich wie auch anderswo, benötigt körperlich anwesende und aktive Menschen, auch wenn sie aufgrund herrschaftlicher Arbeitsorganisation oftmals in Call-Centern oder zahllosen Home-Offices eingepfercht oder individualisiert, auf jeden Fall vom stofflichen und sozialen Geschehen abgetrennt, abgeschirmt und entfremdet werden, zu schweigen von einer gesellschaftlich solidarischen, menschengerechten Pflegeorganisation.[469] Basisdemokratisch orientierte und kontrollierte Produktionsprozesse und Dienstleistungen –

465 Ebenda, S. 848.

466 Ebenda, S. 261–337; das Kapitel des Kompendiums bezieht sich auf folgende Studie: Sabine Pfeiffer: Montage und Erfahrung. Warum Ganzheitliche Produktionssysteme menschliches Arbeitsvermögen brauchen. Hampp, München 2007.

467 Ingo Matuschek: Industrie 4.0, Arbeit 4.0, Gesellschaft 4.0. Eine Literaturstudie. Studie im Auftrag der Rosa-Luxemburg-Stiftung, Berlin 2016, S. 74.

468 Herbert Marcuse: Kultur und Gesellschaft 2. Suhrkamp, Frankfurt am Main 1965, S. 127.

469 Gabriele Winker: Care Revolution. Schritte in eine solidarische Gesellschaft. Transcript, Bielefeld 2015.

hiervon gibt es eine Vielzahl von Ansätzen[470] – erfordern den leiblichen Menschen. Auch eine alternative, solidarische Ökonomie wird digitale Technik benötigen, doch sähe sie schon in ihrer Konstruktion anders aus als die herrschende. Beispielsweise würde die Umstellung auf ökologisch sinnvolle Verkehrssysteme, die gerade nicht auf Massenabfertigung, sondern auf variable, den jeweiligen regionalen, sozialen und individuellen Gegebenheiten angepasste Erfordernisse ausgerichtet sind, eine ganz andere Art technischer und organisatorischer Herangehensweise erfordern. Körperlich schwere und schädliche Arbeit könnte minimiert, sinnlich tätige Arbeit zurückgewonnen werden. Wie immer die Dinge gedreht und gewendet werden: Technikvisionen, in denen menschliche Arbeit als solche »abgeschafft« ist, bergen – oftmals entgegen den Intentionen ihrer Vertreter/innen – ein Potential der Kälte, Entpersönlichung und totalitären Kontrolle.

Die Berliner Bundesregierung, namentlich das Bundesarbeitsministerium,[471] ebenso wie die österreichische Akademie der Wissenschaften,[472] sowie alle der Politikebene nachgeschalteten Institutionen propagieren unter dem Label »Arbeit 4.0« eine neue Ära von Arbeit, Ökonomie und Gesellschaft. Dass ihre Versprechungen einer »menschlichen Arbeitswelt« keinen Bestand haben und eher ideologischen Zwecken dienen, dürfte vor dem Hintergrund der sich abzeichnenden realen Unternehmensstrategien deutlich geworden sein. Welche Absicht steckt hinter den wohlklingenden Proklamationen? Worum es den wirtschaftlichen und politischen Eliten geht, ist die Anpassung des Menschen an die sich verändernde und von Kapitalinteressen gesetzte Situation. Zentral ist dabei die Idee der »Beschäftigungsfähigkeit« der arbeitenden bzw. für den Arbeitsmarkt zur Verfügung stehenden Menschen. Sie sollen durch Arbeitsmedizin und Gesundheitsförderung »fit« gemacht werden.[473] »Arbeitsleistungen können und sollen ortsungebunden und zu jeder Zeit erbracht werden. Die Grenzen zwischen Arbeit und Privatleben

470 Elmar Altvater (Hg.): Solidarische Ökonomie. VSA, Hamburg 2006; Gisela Notz: Theorien alternativen Wirtschaftens. 2. aktualisierte Auflage. Schmetterling, Stuttgart 2012; Brigitte Kratzwald / Andreas Exner: Solidarische Ökonomie und Commons. Mandelbaum, Wien 2012; Elisabeth Voß / Netz für Selbstverwaltung und Selbstorganisation e. V.: Solidarische Ökonomie. 2. überarbeitete Auflage. AG SPAK, Neu-Ulm 2015.

471 http://www.bmas.de/DE/Schwerpunkte/Arbeiten-vier-null/arbeiten-vier-null.html

472 http://www.oeaw.ac.at/veranstaltungen-kommunikation/veranstaltungen/veranstaltungsdetails/article/arbeit-40/

473 Deutsche Gesellschaft für Arbeitsmedizin und Umweltmedizin (DGAUM) (Hg.): Arbeitsmedizin 4.0. Thesen der Arbeitsmedizin zum Stand und zum Entwicklungsbedarf der betrieblichen Prävention und Gesundheitsförderung in Deutschland. DGAUM, Erlangen 2015; Deutsche Gesetzliche Unfallversicherung (DGUV) (Hg.): Neue Formen der Arbeit, neue Formen der Prävention. Arbeitswelt 4.0: Chancen und Herausforderungen. DGUV, Berlin 2016.

lösen sich dabei auf.«[474] Institutionen wie beispielsweise Unfallversicherungsträger, Arbeitsschutzbehörden und Arbeitsmedizin, die recht eigentlich dem Schutz unserer Gesundheit verpflichtet sind, hüten sich, hinsichtlich der von den Unternehmen gesetzten Innovationsrichtung grundsätzlichen Zweifel anzubringen. Die Präventionsprotagonisten scheuen diese Auseinandersetzung. Der internationale Wettbewerb, d. h. ein von Menschen gemachter Zustand, mutiert in ihren Augen zu einem Naturgott, der uns beim Nichtbefolgen seiner Anpassungsregeln mit Vernichtung drohe. Beispielhaft seien die Thesen zu »Arbeitsmedizin 4.0« der Deutschen Gesellschaft für Arbeitsmedizin und Umweltmedizin genannt.[475] Einleitend wird, was die Erhaltung und Förderung der Gesundheit betrifft, zwar auf die Verantwortung der Unternehmen und des Staates hingewiesen. Doch dann kommt wie ein Mantra immer wieder der Hinweis auf die »Wahrnehmung von Eigenverantwortung«. Betriebe werden aufgefordert, ein Gesundheitsmanagement zu implementieren: »Ziel des ›Betrieblichen Gesundheitsmanagements‹ (BGM) ist es, durch systematische, nachhaltig wirkende Maßnahmen der Organisations- und Prozessgestaltung die Gesundheit und die Leistungs- bzw. Beschäftigungsfähigkeit der Beschäftigten zu fördern, um damit die Produktivität des Unternehmens zu sichern bzw. zu verbessern und zu gesellschaftlichem Gewinn beizutragen.«[476]

Lässt man die neuere Literatur zur betrieblichen Gesundheitspolitik Revue passieren, schält sich als Zentralkategorie die »Leistungs- und Beschäftigungsfähigkeit« heraus.[477] Nicht die Arbeitswelt soll den menschlichen Fähigkeiten, Möglichkeiten und Bedürfnissen, wozu auch Ruhe und Kontemplation gehören, angepasst werden, sondern der Mensch soll an die herrschenden Erfordernisse und Aufgabenzuschnitte der Arbeitswelt angepasst werden.[478] Das leibkörperliche Potential wird so konditioniert, dass es im Sinne der Produktivitätserhöhung und Gewinnmaximierung »funktioniert«. Die immensen Arbeitsbelastungen, auch und gerade die psychischen Belastungen durch neue, neoliberal kontextualisierte Arbeitsanforderungen, können und sollen durch körperliche Fitness aufgefangen, abgefedert und kompensiert werden. Unfallversicherungsträger und Krankenkassen haben über ihre gemeinsame »Initiative Gesundheit und Arbeit« (IGA) diesen Punkt auf-

474 DGUV, a. a. O., S. 7.

475 DGAUM, a. a. O.

476 Ebenda, S. 8.

477 Wolfgang Hien: Paradoxien der betrieblichen Gesundheitspolitik. In: Derselbe: Kranke Arbeitswelt, a. a. O., S. 111–122.

478 Vgl. dazu für die wegweisende Studie von Richard Sennett: der flexible Mensch. Berlin, Berlin 1998; Jörg Schröder: Besinnung in flexiblen Zeiten. Leibliche Perspektiven auf postmoderne Arbeit. VS, Wiesbaden 2009.

gegriffen und an die betrieblichen Multiplikatoren weitergereicht.[479] Zwar werden auch hier verhältnispräventive Maßnahmen empfohlen, doch liegt angesichts des Wissens um deren fehlende oder mangelhafte Umsetzbarkeit der Schwerpunkt eindeutig auf der verhaltenspräventiven Seite. Der malträtierten Psyche, so die Argumentation der Gesundheitsförderer, könne durch körperliche Aktivität Gutes getan werden. Es werden Entspannungsverfahren wie progressive Muskelentspannung, Meditation oder Autogenes Training empfohlen. Die Studienlage zeige, dass dadurch Stresssymptome gemildert werden können. Weiter heißt es: »Bewegung in Form von Betriebssport, Fitness oder Laufgruppen kann laut Fachliteratur ebenfalls dazu beitragen, Stress am Arbeitsplatz zu reduzieren. Sie sollte daher ein Bestandteil der betrieblichen Präventionsstrategie bilden. Sportliche Betätigung ist verbunden mit einer Reihe positiver psychologischer Effekte, beispielsweise dem Abbau negativer Empfindungen oder einem gesteigerten Selbstwertgefühl durch die Erfahrung, auch schwierige Situationen meistern zu können.«[480]

Wie stark die Körperpolitik der Eigenverantwortung bereits in das Alltagsbewusstsein eingedrungen ist, mögen folgende Zitate illustrieren:

> »Und deshalb halte ich mich auch fit, jogge, mach Fortbildungen, das muss ich schon alles selbst in die Hand nehmen…«[481]
>
> »Anna hat es mit Yoga versucht. Weil die Arbeit an ihrem Körper schließlich Teil der Arbeit an ihrem Gesamtpaket ist.«[482]
>
> »Jeder einzelne muss dafür sorgen, dass er fit bleibt, sonst läuft er Gefahr, aus dem Ganzen herauszufallen.«[483]
>
> »Wir hatten einen, der wurde entlassen, nicht wegen des Übergewichts, aber wer weiß (…). Alle machen Sport oder Fitness.«[484]
>
> »Das fällt schon auf: Viele aufstrebende Leute strömen joggend in die Mittagspause, ausgerüstet mit Self-Tracking…«[485]

Neoliberale Arbeitsverhältnisse erfordern neoliberale Bio- und Körperpolitik. Entgegen allen Träumereien von neuer Autonomie und erweiterten Handlungsspielräumen bei der Arbeit[486] geht es im kapitalistischen Arbeitsprozess

479 Initiative Gesundheit und Arbeit (IGA) (Hg.): Psychische Gesundheit im Arbeitsleben. IGA-Fakten Nr. 1. IGA, Essen 2008.

480 Ebenda, S. 8.

481 Ein Mercedes-Arbeiter, unveröff. Interview im Rahmen des Vulkan-Projektes 2007, Nr. 20, S. 23.

482 Nina Pauer, a. a. O., S. 55.

483 Cornelius Neumann-Redlin, Geschäftsführer der Arbeitgeberverbände Unterweser, auf einer Podiumsdiskussion im Rahmen einer Veranstaltung zum Thema »Fit im Job« in der Borgerschaft des Landes Bremen am 6. September 2016.

484 Zitat eines Angestellten, in: Simon Graf, a. a. O., S. 144.

485 Fritz Hofmann, ehemaliger BASF-Betriebsrat, Ludwigshafen, in einem Gespräch am 1.3.2013.

486 So auch explizit in: DGUV 2016, a. a. O., S. 24.

immer wieder um die kapitalkonforme Zurichtung des Menschen. Denken, Fühlen und Handeln müssen mit funktionalen, instrumentellen Anforderungen in Einklang gebracht werden. Eigene Gedanken, auch darüber, was man anderes produzieren könnte oder was ökologisch, sozial nützlich oder schädlich sei, sind dysfunktional. Sie sind dennoch vorhanden, müssen aber unterdrückt werden. Das Neue am subjektivierenden Arbeitshandeln – das ist die andere Seite des schmalen Grates – ist, dass es heute weniger einer äußeren Unterdrückung bedarf, weil das Subjekt diese Unterdrückungsleistung selbst vornimmt. »Die Freiheit wird ausgebeutet«, sagt Byung-Chul Han.[487] Die vollständige Unterwerfung gelingt nicht immer und meistens nur unvollständig, doch die psychosomatischen Kosten sind erheblich. Aufgebaute Widerstandsenergien müssen eingezäunt, kanalisiert und abgebaut werden. Der dafür notwendige und zuweilen enorme Energieaufwand muss körperlich aufgebracht werden, und tatsächlich bieten Entspannung und Bewegung Kanalisierungsmöglichkeiten. Dass diese somato-neuro-psychischen Prozesse in einem Modus der Entfremdung ablaufen, ist ein de-thematisiertes Skandalon. Für den körperlich Funktionsfähigen ist eine Implantierung von Biorobotern gar nicht nötig – das innere geistige Programm ist normalerweise völlig ausreichend, das geforderte leistungsgerechte Verhalten sicherzustellen. Im Prinzip weiß das jede/r, zumindest jede/r, der/die ein wenig über seine/ihre Situation nachgedacht hat. Doch die ideologische Behauptung der Alternativlosigkeit wird in sogenannten qualifizierten Berufen oft mit sprachlosem achselzuckenden Bedauern hingenommen. Gleichwohl gibt es Anzeichen eines Bewusstseinswandels, der sich einstellt, wenn der Körper »Nein« sagt.[488] Am anderen Spektrum der arbeitenden Klassen melden sich die Massenarbeiter/innen zu Wort, die sich meist ungeplant, unorganisiert und spontan ihrem Ärger Luft machen und mit ihrem gelegentlich impulsiven Verhalten die Welt darauf hinweisen, dass die Arbeitsverhältnisse keinesfalls menschengerecht sind.

Für Foucault zeichnet den Neoliberalismus die Vermarktlichung der ursprünglich außerökonomischen Bereiche der Gesellschaft aus. Tauschhandlungen werden zum »Prinzip der Deutung sozialer Beziehungen und individueller Verhaltensweisen«.[489] Anpassungsschwierigkeiten und sich leibseelisch ausdrückende Anpassungskrisen werden zum Gegenstand neuer Psychotechniken. Die Wiener Psychotherapeutin Angelika Grubner ist diesen Entwicklungen nachgegangen.[490] Krankheiten werden von ihren gesell-

487 Byung-Chul Han, a. a. O. passim.

488 Wolfgang Hien: Irgendwann, a. a. O.

489 Michel Foucault: Geschichte der Gouvernementalität. Bd. 2: Die Geburt der Biopolitik. Suhrkamp, Frankfurt am Main 2004, S. 336.

490 Angelika Grubner: Die Macht der Psychotherapie im Neoliberalismus. Mandelbaum, Wien 2017.

schaftlichen Ursachen getrennt, soziale Probleme therapeutisiert und medikalisiert. Medizin und Psychotherapie werden, so die Beobachtung Grubners, in einem wachsenden Ausmaß auf gesunde Menschen ausgeweitet. »Sie (die therapeutischen Techniken, Anm.) sind von Argumentationslinien begleitet und gestützt, die ganz direkt oder unterschwellig die Pflicht zur Optimierung des Selbst transportieren.«[491] Es wäre aber verfehlt, den Totalzugriff des Marktes als endgültig, vollendet und unumkehrbar anzusehen. Die neoliberale Bemächtigung schafft Gegendiskurse, die vielfältige Brüche, Verschiebungen und Risse im Komplex aus Macht und Wissen erzeugen. Die Salzburger Arbeitssoziologin Sefanie Hürtgen kann aufgrund ihrer Forschungen feststellen, dass Menschen auf im Arbeitsprozess zugefügte Verletzungen mit systemkritischen und auch systemsprengenden Impulsen reagieren. »Trotz 30 Jahren Neoliberalismus entwickeln sie grundlegende Vorstellungen einer ›moralischen Ökonomie‹, also von einer gerechten Gesellschaft und einem guten Arbeits- und Zusammenleben.«[492] Grubner und Hürtgen sehen im Rahmen derartiger Ansätze der Selbstaufklärung Möglichkeiten eines kritisch-reflexiven »Beistandes«, sei es nun durch Wissenschaft, Politik oder Therapie. Dieser Beistand hätte vor allem die Funktion, unstrukturiertes Aufbegehren auf der einen und moralische Sinnüberschüsse auf der anderen Seite des Klassenspektrums zusammenzubringen, miteinander in Beziehung zu setzen und gemeinsame Kraft daraus zu entwickeln. Hier stehen wir gewiss am Anfang. Die Spaltungen, deren Überwindung ansteht, sind enorm.

Die Differenzierung, Stratifizierung und Fragmentierung der arbeitenden Klassen – die Aufspaltung in mehr oder weniger privilegierte Hochqualifizierte, Facharbeiter/innen, Massenarbeiter/innen mit und ohne Festanstellung und moderne Dienstleistungssklaven und -sklavinnen – führt zu einer sozialen Schichtung und sozialen Klassierung des »Klassenkörpers«.[493] Angelehnt an Pierre Bourdieu kann von einer je spezifischen Art und Weise der Klassenverkörperung im Habitus gesprochen werden. Die im Habitus zum Ausdruck kommende Gesamtheit von Haltung, Gestus und Umgangsformen ist gleichsam die Verkörperung des Sozialen, genauer: die Verleiblichung oder Einverleibung des Sozialen. Im körperlichen Habitus, im Auftreten und in der Bewusstheit der eigenen Erscheinung vor dem Blick der anderen, manifestieren sich die »feinen Unterschiede« (Bourdieu). Sie graben sich gleichsam ins Fleisch ein. Der präsentierten Überlegenheit der einen entsprechen die Scham, die Befangenheit und der oft unterdrückte Zorn der anderen. Idealtypisch zeigen sich zwei Extreme: Die einen joggen, gut ausgestattet, womöglich mit Self-Tracking-Geräten und engmaschiger ärztlicher Kontrolle, die

491 Ebenda, S. 257.
492 Stefanie Hürtgen: Denn sie wissen, was sie tun. In: Analyse und Kritik Nr. 628, 20. Juni 2017, S. 23 (Online: https://www.akweb.de/ak_s/ak628/26.htm).
493 Andreas Kemper: Klassenkörper (http://arranca.org/ausgabe/44/klassenkoerper).

anderen haben dazu weder Zeit noch Geld und versuchen, sich mit prekären Jobs über Wasser zu halten. Die einen haben einen makellosen Körper, gleichen oftmals noch im Alter jenseits der sechzig antiken griechischen Skulpturen, die anderen sind nicht selten schon mit 45 Jahren verbraucht, und viele schämen sich angesichts ihres zerschundenen Körpers. Auch wenn in der gesellschaftlichen Wirklichkeit die Grenzen zwischen den Typen verschwimmen, auch weil erneut betriebliche Sozialpolitik eingreift und bestimmte Teile der Arbeiterklasse an sich binden will: Es ist hilfreich, sich der »feinen Unterschiede« bewusst zu bleiben und sich keinen Illusionen hinzugeben.

Andererseits kann die soziale Konstruktion der Wirklichkeit die Biologie nicht aufheben. Der Reichtum und das Wunder des menschlichen Körpers haben ihre Grenzen. Der Alterungsprozess – die Arbeitswissenschaftler/innen sprechen vom »Altersgang« – zeigt diese Grenzen mit besonderer Evidenz. Es gibt einen natürlichen Verschleiß, einen natürlichen körperlichen Abbau, den keine noch so ausgefeilte Biotechnik auf längere Zeit signifikant aufhalten könnte. Das Problem stellt sich gleichsam andersrum: Es gibt eine lebensstil- und arbeitsbedingte Voralterung. Lebensstilfaktoren wie ungesundes Rauch-, Trink- und Essverhalten sind keine unabhängigen Variablen. Derartiges Verhalten besitzt einen klaren Sozialgradienten, der wiederum hoch korreliert mit körperlich beanspruchenden, repetitiven, monotonen oder taktgebundenen Arbeitsverhältnissen. Helmut Strasser, Ordinarius für Arbeitswissenschaft in Siegen, eröffnete die Herbstkonferenz der Gesellschaft für Arbeitswissenschaft 2007 mit einem erhellenden Vortrag über den Altersgang der Leistungsfähigkeit aus ergonomischer Sicht.[494] Die von ihm referierten Tatsachen gehen auf die Forschungen des Kaiser-Wilhelm-Instituts für Arbeitsphysiologie und die Monographie Edgar Atzlers »Körper und Arbeit«[495] zurück. Sauerstoffaufnahme und Muskelkraft nehmen ab dem 30. Lebensjahr kontinuierlich ab, ebenso Sinneswahrnehmung und Reaktionsschnelligkeit; das Gehör lässt deutlich nach; Akkomodation und Sehschärfe des Auges gehen zurück; der Lichtbedarf eines 60-Jährigen ist zehn Mal so hoch wie der eines 20-Jährigen; auch bestimmte zentral-nervöse Veränderungen stellen sich ein; so leidet beispielsweise die Merkfähigkeit hinsichtlich Namen und Begriffen. Gleichwohl nehmen Erfahrungs- und Überblickswissen zu, ebenso Gelassenheit und Ruhe in schwierigen Situationen. Nach wie vor verfügt das Gehirn auch im Alter über eine beachtliche neuronale Plastizität. Auf der gleichen Konferenz vertrat die Bremer Psychologin und Unternehmensberaterin Ursula Staudinger in einem nicht protokollier-

494 Helmut Strasser: Leitgedanken zur Kunst des Alterns und Streifzug durch den Altersgang der Leistungsfähigkeit aus ergonomischer Sicht. In: Gesellschaft für Arbeitswissenschaft (GfA) (Hg.): Die Kunst des Alterns. GfA, Kassel 2007, S. 5–17.

495 Edgar Atzler: Körper und Arbeit. Handbuch der Arbeitsphysiologie. Georg Thieme, Leipzig 1927.

ten Diskussionsbeitrag[496] die Auffassung, dass diese Positivpunkte durch alterstypische Starrheit bzw. Starrsinn und kognitive Unbeweglichkeit aufgezehrt würden und daher die Unternehmen sich besser von älteren Mitarbeitern und Mitarbeiterinnen trennen sollten. Ekkehart Frieling, der umfangreiche Studien in der Autoindustrie durchgeführt hat, bedauerte, dass ältere Arbeiter den Anforderungen der Montagetätigkeiten rein körperlich kaum noch gewachsen seien und forderte eine Verlängerung der Taktzeiten für ältere Arbeiter/innen sowie die Einrichtung schonender und leidensgerechter Arbeitsplätze[497] – ein offensichtlich nicht sehr realistisches Szenario, auch wenn es immer wieder Meldungen über einzelne Insellösungen gibt.[498] Was ist die praktische Konsequenz der betrieblichen Gesundheitsförderung? Es ist eine klar zu erkennende Körperpolitik zur selektiven Beeinflussung des verhaltensbedingten Anteils am vorzeitigen Alterungsprozess. Ältere Arbeiter/innen werden angehalten, während und nach der Arbeit an bestimmten körperlichen Übungen teilzunehmen. Sie werden angehalten, ihre Ernährung umzustellen und ein »selbstverantwortliches Körperbewusstsein« zu entwickeln. Und sie werden vorbereitet, sich spätestens ab dem 60. Lebensjahr auf Lohneinbußen einstellen zu müssen.

Entgegen allen Verheißungen einer »Entkörperlichung« der Arbeitswelt ist nicht nur der Körper nach wie vor gefordert, sondern auch noch in einer seiner Natur gegenüber höher entfremdeten Form. Als besonders deutliches Beispiel sei die Schichtarbeit genannt, insbesondere die Nachtschichtarbeit. Diese weitet sich im Zeitalter des 24-Stunden-Call-Centers und des tendenziellen 24-Stunden-Supermarkts immer weiter aus. Fast vier Millionen Erwerbstätige in Deutschland – knapp zehn Prozent aller Erwerbstätigen – arbeiten ständig oder regelmäßig Nachtschicht. Unser Körper und jede unserer Körperzellen besitzt eine innere Uhr. Nachts fahren Lebenssysteme ihre Aktivität auf Ruhezustand hinunter. Nachtarbeiter/innen müssen immer gegen ihre innere Uhr ankämpfen. Auch wenn es sogenannte Nachttypen geben mag, ändert das nichts an der Tatsache, dass zwischen 0 und 6 Uhr der Körper aller Menschen »herunterfährt«. Nachtarbeit schädigt nachhaltig den Melatonin-Stoffwechsel, was erhöhte Erkrankungsrisiken zur Folge hat.[499] Zu den bekannten Risiken wie Magen-Darm- und Herz-Kreislauf-Erkrankungen, Brustkrebs bei Frauen und möglicherweise Prostatakrebs bei Män-

496 Persönliches Protokoll des Verfassers, der bei dieser GfA-Herbst-Konferenz 2007 in Kassel zugegen war.

497 Ekkehart Frieling et al: Altersgerechte Montage in der Automobilindustrie. In: Gesellschaft für Arbeitswissenschaft (GfA) (Hg.): Die Kunst des Alterns. GfA, Kassel 2007, S. 101–113.

498 Christin Olschewsky: Demographischer Wandel – Wandel der Autowelt. Potentiale der ökonomischen Altersproduktivität für den Automobilstandort Deutschland. Dissertation an der Technischen Universität Dortmund, Dortmund 2015.

499 Dennis Nowak: Arbeitsmedizin. Elsevier, München 2006, S. 23 f.

nern, kommen psychische und psychoneurologische Spätfolgen. Eine neuere Studie zeigt: Jahrelange Schicht- und Nachtarbeit verringert Gedächtnisleistung und Reaktionsfähigkeit.[500] Betroffen sind insbesondere Menschen, die mehr als zehn Jahre unregelmäßigen Arbeitszeiten ausgesetzt waren. Bei ihnen nahmen die kognitiven Fähigkeiten deutlich schneller ab als bei anderen Berufstätigen. Diese Belastung entspricht einem Alterungsprozess von zusätzlich sechseinhalb Jahren. Dabei war die Art der Schichtarbeit – ob als Arbeiter oder Angestellter in gehobener Position – nicht relevant. Die BASF-Arbeitsmedizin hat Sonderprogramme für ältere Schichtarbeiter aufgelegt, in denen, eingebettet in ein Schichtsystem mit häufigem Wechsel und größeren Zwischenzeiten, Nachtschichtarbeiter genauer auf Pausen, Bewegung und Ernährung achten sollten.[501] Gesundheitszustand und Verhalten werden arbeitsmedizinisch engmaschig kontrolliert. Daher könne man, so die Werksmediziner/innen, nicht mehr von Gesundheitsschädlichkeit der Nachtarbeit sprechen.

Der Leibkörper ist Träger geistiger Tätigkeiten und Medium zur stofflichen und sozialen Welt. Das wird, wie gezeigt, besonders in der IT-Branche leicht vergessen und dem/der Betroffenen oft erst dann gewahr, wenn eine Krankheit eintritt. Doch schon vorher, in einer gesunden Verfassung, macht sich der Altersgang des Körpers bemerkbar. IT-Betriebe wie beispielsweise SAP setzen auch hier, wie am Beispiel der BASF-Schichtarbeiter angeführt, auf verhaltenspräventive Maßnahmen, zu denen die Beschäftigten genötigt werden.[502] Ein arbeitsmedizinisch flankiertes umfassendes Gesundheitsmanagement unterscheidet zwischen starken, anpassungs- und leistungsfähigen Beschäftigten einerseits und gesundheitlich beeinträchtigten, leitungsgeminderten Beschäftigten andererseits, denen nicht selten eine Kündigung nahegelegt wird. Die SAP-Kultur lässt es zu oder fördert gar eine Sichtweise, Krankheit in persönliche Schwäche, Versagen und Schuld umzudeuten. Permanente Restrukturierungen beschleunigen und erleichtern derartige Selektionsprozesse. Als im Hintergrund aktivierte Strahlungsquelle fungiert die »Pflicht zur Gesundheit«, die das Alltagsgeschehen fortwährend bombardiert und kontaminiert. War es früher Pflicht, seinen Beitrag zum gesunden Volkskörper zu leisten, ist es heute das gesunde Unternehmen, das zu erhalten uns

500 Jean-Claude Marquie et al.: Chronic effects of shift work on cognition: findings from the VISAT longitudinal study. Occupational und Environmental Medicine, 2014, Nov 3. (pii: oemed-2013–101993. doi: 10.1136/oemed-2013–101993).

501 Mei Yong et al: Primary selection into shift work and change of cardiovascular risk profile. In: Scandinavian Journal of Work, Environment an Health. Bd. 41 (2015), S. 259–267.

502 Natalie Lotzmann: Gesundheitsmanagement bei SAP. In: Jutta Rump / Silke Eilers (Hg.): Demographieorientiertes Personalmanagement. Luchterhand, Köln 2014, S. 83–93; kritisch dazu eine Rede des SAP-Betriebsrats Ralf Kronig (Online: http://www.labournet.de/wp-content/uploads/2015/02/kronig_sap.pdf).

zu größten Anstrengungen verpflichtet. Der Einzelne ist für seine Beschäftigungsfähigkeit verantwortlich. Das gilt – so die offizielle Lesart der politischen und politisch motivierten Programme – selbst dann, wenn sich das Unternehmen, dem zu dienen uns auferlegt ist, aus dem Staub macht. Spätestens dann zeigt sich, wie löchrig und haltlos die Rede von »demographie- und alternsgerechte(r) Beschäftigung« ist. Siemens hat durch Verkauf, Schließung und Verlagerung seine Münchener Standorte 50.000 Mitarbeiter/innen Mitte der 1980er Jahre auf weniger als 7.000 derzeit/innen reduziert. Tausende ältere Arbeiter/innen und älterer Ingenieure wurden in die Arbeitslosigkeit gestoßen. Ein Beispiel:[503] Der Mathematiker und IT-Experte Wolfgang Popp hat 27 Jahre bei Siemens gearbeitet.

> »Er hat Software entwickelt, Budgets kontrolliert, Projekte koordiniert, Prozesse gemanagt, internationale Kollegen geschult. Doch die akademische Fachkraft mit viel Berufserfahrung hat offenbar einen großen Makel: Der Vater von zwei Kindern ist 54 Jahre alt – und damit zu alt für die allermeisten Arbeitgeber.«[504]

Trotz Erfahrungswissens ist der Leibkörper zu alt, genauer: biographisch zu sehr fundiert, als dass er in der Lage wäre, die Anforderungen an Flexibilität, Geschmeidigkeit, Schnelligkeit und Bereitschaft zur fluiden Identität erfüllen zu können.

Die neoliberale Körperpolitik birgt nicht nur eine Pflicht zur Gesundheit, sondern auch eine Pflicht zur körperlichen Performance. Auf diesen Aspekt des »sexuell Arbeiten(s)« wurde bereits hingewiesen.[505] Die Subjektivität, die ganze Person, wird eingespannt, kontrolliert, bewertet, somit auch kanalisiert und instrumentalisiert; nicht zuletzt wird die Person zugleich durch Standardisierung und Zentralisierung entsubjektiviert. Der französische Soziologe François Dubet hat in seiner Ungerechtigkeitsstudie eine große Zahl von Berufen unterschiedlichen Branchen und unterschiedlicher Qualifikationen und Positionen untersucht.[506] Am Beispiel einer Verkäuferin und Kassiererin[507] zeigt er die geschilderte Entwicklung auf: Verkäuferinnen und Frauen an der Kasse haben sich in eine »hôtesse de caisse« – eine Hostess – zu verwandeln, die sich in einer ganz bestimmten Weise zu schminken und frisieren hat, die in einer ganz bestimmten Weise freundlich zu sein und Worte zu wählen hat, und die auch daraufhin kontrolliert und bewertet wird. Das tatsächlich Individuelle bleibt auf der Strecke, die Kassiererinnen

503 http://www.sueddeutsche.de/karriere/aeltere-arbeitnehmer-fachkraft-ueber-sucht-fachkraeftemangel-1.2075955

504 Ebenda.

505 Robert Foltin: Die Körper der Multitude. Schmetterling, Stuttgart2010.

506 François Dubet: Ungerechtigkeiten. Zum subjektiven Ungerechtigkeitsempfinden am Arbeitsplatz. Hamburger Edition, Hamburg 2008.

507 Ebenda, S. 322 ff.

fühlen sich verausgabter als früher. Der Wunsch der Arbeitenden, eine interessante und sinnvolle Tätigkeit auszuführen, wird mit fremdbestimmten, scheinbar moralisch Maßstäben aufgeladen. Eine Vielzahl von Managementkonzepten ist darauf ausgerichtet, diesen emotionalen Zustand herzustellen. Die Arbeitsperson soll »ganz in ihrer Arbeit aufgehen« und auf diese Weise zu »Flow-Erlebnissen« kommen.[508] Der Wunsch, eine sinnvolle Arbeit zu verrichten und authentisch zu sein, verkehrt sich in eine körperlich zurichtende Aufforderung, Sinn und Authentizität vorzutäuschen. Zugegeben: Das verführende Moment spielt mit, doch der emotionale Aufwand, dem vorgegebenen Rollenmuster zu entsprechen, ist hoch und geht, wie die steigenden Erkrankungszahlen zeigen, auch über die Grenzen des Erträglichen hinaus. Die phänomenologische Forschung sagt mit Recht, wir seien nicht nur Kopf, sondern auch wahrnehmender, spürender, merkender, agierender und sich erinnernder Leibkörper. Wir sind dies jedoch in vielfach gespaltenen, fragmentierten und fragilen Hinsichten. Sich ganz in die herrschaftlich definierte Rolle zu begeben, macht uns zur Körper-Marionette, jenseits derer unser Leibselbst kollabiert, abstürzt, zerfällt. Diese Gefahr zu sehen, fällt schwer, solange der Verblendungszusammenhang den Blick verstellt. Jenen zu erkennen und die ihn strukturierende Macht leiblich zu spüren, ist der erste Schritt im Prozess der Befreiung.

Die Soziologin Hildegard Matthies hat Biographien erfolgreicher Menschen untersucht.[509] Mette Winter, eine junge Marketing-Fachfrau, arbeitet wöchentlich 70 Stunden und mehr. Sie ist ehrgeizig und geht über alle Grenzen. Mette unterdrückt systematisch körperliche Symptome der Erschöpfung und plagende Schmerzen. Matthies nennt diese Haltung einen »Modus der Selbstbegrenzung«, eine Haltung, die auch als Modus des »Sich-in-Schmerzen-überschreitens« bezeichnet werden kann. »In einer asketisch anmutenden Selbstschulung übte Mette Winter Verzicht und Härte gegenüber den eigenen Bedürfnissen und Lebensäußerungen ein und entwickelt aus der erlernten Leidensfähigkeit Stolz und Befriedigung. Die eigene Schwäche, Verletzlichkeit und Erschöpfung durch pure Willenskraft (zumindest vorübergehend) überwinden zu können, gibt ihr ein Gefühl der Selbstwirksamkeit, das sie bisher nicht kannte.«[510] Mette:

> »Ich sag jetzt mal, ich hab extrem gut funktionieren gelernt und im Zweifelsfall: Essen und Schlafen kannst du ein anderes Mal. Du machst

508 So beispielsweise eine Broschüre, die von der Bundesanstalt für Arbeitsschutz und Arbeitsmedizin (BAuA) an Multiplikatoren verteilt wurde und immer noch auf der BAuA-Seite als PDF-Datei angeboten wird:: Franz Josef Heeg et al.: Lust auf Arbeit. BAuA, Dortmund 2004.

509 Hildegard Matthies: Bis zum Äußersten. Moderne Arbeitswelt zwischen Heilsversprechen und Burnout. In: Wissenschaftszentrum Berlin, WZB-Mitteilungen, Heft 149, September 2015, S. 10–13.

510 Ebenda, S. 11.

das jetzt erst mal und machst das perfekt. (…) Es ist schick, nur zu arbeiten, und es ist schick zu sagen: Nee, ich bin noch in der Agentur, und: Nee ich kann nicht! Dieses Burn-out ist auch mittlerweile fast schick, und: Ich seh' meine Familie nie ist auch schon cool, weil das eben heißt: Ich bin erfolgreich.«[511]

Hinter dem Terminus »cool« verbirgt sich eine Kulturtechnik, die eine strikte Kontrolle der eigenen Empfindungen, Gefühle und Gedanken anstrebt. »Man sucht Verletzlichkeit und Schwäche, aber auch Wut und Aggression zu verbergen und stattdessen Macht und Stärke sowie Ruhe und Gelassenheit zu demonstrieren.«[512] Es sind fortlaufende Inszenierungen von Selbstbeherrschung und emotionaler Kälte, die ein Klima der Unmenschlichkeit erzeugen. Matthies spricht von einer »martialischen Aufrüstung des Selbst«. Dieser Zustand kann andauern, und es gibt Menschen, die als stahlharte Marionette ein Leben lang funktionieren. Andere erleben innere Zerrissenheit und Zusammenbrüche, beginnen zu reflektieren und steigen aus diesem Modus aus. Der Körper setzt die Grenze, genauer: der Körper macht dem Subjekt die Grenze spürbar und sichtbar, als wäre er ein anderer, der sagt: Hör auf! »Der Köper (fungiert) als einziger und materialer Ausweis eines Es-geht-nicht-mehr und eines Ich-kann-nicht-mehr.«[513] Mette steht an einer Rolltreppe und imaginiert einen Unfall, der sie arbeitsunfähig machen würde. Sie erträumt sich eine körperliche Selbstverstümmelung, um endlich aussteigen zu können – ein letzter Fluchtpunkt für einen biographischen Selbstläufer, der das Subjekt in den Vorhof der Hölle geleitet hat, aus dem zu entrinnen eine letzte, autoaggressive Anstrengungen verlangt. Das postfordistische Zeitalter hat neue Erlebnisräume geschaffen, die es dem Individuum schwer machen, seine eigenen Interessen und Bedürfnisse zu erkennen. Unter dem Schlagwort der Subjektivierung wird eine Illusion von Freiheit hergestellt, in deren Konstruktion wir uns allzu leicht verfangen. Die neoliberale Körperpolitik schickt sich an, fremde Organisationsziele in unsere Leibkörper einzuschreiben. Im Wechselspiel zwischen Druck und Verführung schleichen sich Prozesse der Depersonalsierung in unser Leben ein. Die sozio-psycho-somatischen Kosten sind erheblich. Die Art und Weise des von Mette imaginierten Ausstiegs ist nicht die einzig denkbare. Körper und Leiblichkeit können auch einen anderen, menschlicheren Weg weisen, die Verhältnisse für sich und andere zu verändern.

Der Stigmatisierung der »low performer«, der Nichtangepassten, Langsamen, Andersartigen und »Loser« folgt die Ausgrenzung. In der politischen Debatte begegnen uns Begriffe wie »die Abgehängten«, »die Ausgeschlosse-

511 Ebenda, S. 11 f.

512 Annette Geiger et al., zit. in: Ebenda, S. 12.

513 Hildegard Matthies, a. a. O., S. 12.

nen« und »die Überflüssigen«,[514] im soziologischen Diskurs wird etwas vornehmer von Exklusion[515] gesprochen. Der Historiker Owen Jones greift das verrohte Sprachspiel der englischen Mittel- und Oberklassen auf und kann zeigen, dass tatsächlich die Menschen, die aus dem System der Leistungs-, genauer: der Erfolgsgesellschaft, herausfallen, von den oberen Klassen vollständig abgeschrieben werden.[516] Sie werden als »shavs«, als »Müll« und als »Aussatz« gesehen. Abgesprochen wird ihnen schlicht das Lebensrecht. Das diesen Haltungen zugrundeliegende Denken ist ein Amalgam von Sozialdarwinismus und Neoliberalismus. Wer keinen Erfolg hat, ist nicht lebenstüchtig. »Unwertes Leben« braucht freilich nicht mehr, wie bei den Eugeniker vergangener Tage, durch gezielte medizinische Aktionen vernichtet zu werden; es wird sich selbst überlassen und durch fehlende Wohnung, fehlende Krankenversorgung und – wie in den USA – durch Polizeigewalt dezimiert. Arbeitsstätten und Wohnsiedlungen werden von exkludierten Körpern »gesäubert« und in Ghettos oder Massengefängnisse verfrachtet. Die als »Müll« deklarierten Körper werden systematisch entwertet und ihre Leiblichkeit bis zum frühen Tod verletzt. Exkludierte Kinder in Indien erreichen in der Regel nicht einmal Erwachsenenalter, in den USA klafft die Lebenserwartung Reicher und Armer um zehn bis fünfzehn Jahre auseinander, und auch hierzulande erschafft die soziale Polarisierung eine Lebensdifferenz von zehn Jahren.[517] Die schon zu Beginn der Industrialisierung abzusehende Ökonomisierung der Welt hat Kant dazu gebracht, scharf zwischen Wert und Würde des Menschen zu unterscheiden.[518] Der Wert menschlichen Lebens wird als monetär messbares Arbeitspotential begriffen; die Würde ist unabhängig von seiner Leistungsfähigkeit. Die Würde wird als Begriff wie als reales Faktum vom Neoliberalismus komplett preisgegeben. Unsere Leibkörper treten – so die Vorstellung gewisser wirtschaftstheoretischer Vordenker – in der Arena des neoliberalen Wettbewerbs gegeneinander an; die Verlierer gehen ihrer Auffassung nach »gerecht« unter.[519] Diesen Vorstellungen liegt eine zutiefst primitive biologistische Auffassung von Leben zugrunde, die zu bekämpfen

514 Ilija Trojanow: Der überflüssige Mensch. Dtv, München 2015.

515 Martin Kronauer: Exklusion. Die Gefährdung des Sozialen. Campus, Frankfurt am Main 2010.

516 Owen Jones: Prolls. Die Dämonisierung der Arbeiterklasse. VAT Verlag André Thiele, Mainz 2012

517 http://www.zeit.de/2012/29/Armut-Reichtum-Gesundheit

518 Klaus Dörner: Zum Verhältnis von Psychiatrie und Nationalsozialismus. Vortrag in der Oberen Rathaushalle Bremen am 31. August 2016; vgl. dazu auch: Oskar Negt: Arbeit und menschliche Würde. Steidl, Göttingen 2001, S. 513 ff.

519 Naomi Klein: Die Schock-Strategie. Fischer, Frankfurt am Main 2009; vgl. Michael Hartmann: Soziale Ungleichheit. Kein Thema für die Eliten? Campus, Frankfurt am Main 2013, S. 118 ff.

auf dem Feld der Theorie wie auf jenem der globalen Klassenauseinandersetzungen angesagt ist.

Zu beobachten ist eine unheilige Allianz postmoderner Intellektueller und deklassierter bzw. von Deklassierung bedrohter Arbeiter/innen und Kleinbürger/innen.[520] Rechtspopulistische Strömungen, genährt von Angst und Verbitterung wie von Nationalismus und Rassismus, bauen auf eine spezifische Form von Körperpolitik jenseits von Logos und Eros: den Thymos. Wut, Zorn, Hass und aggressive Erregung werden der bewussten Reflexion entzogen. Nietzsche wird als theoretischer Ahnherr herangezogen und missbraucht. »Das Leben selbst« entscheide über Sieg und Niederlage, über Leben und Tod.[521] Sozialdarwinistische Konzepte feiern fröhliche Urständ. Definiert wird ein klares Freund-Feind-Schema und eine klare Abgrenzung gegen alles Fremde, gelobt wird Stärke, die Schwäche besiegt. All das wird tatsächlich körperlich gedacht und auch körperlich ausagiert. Ein theoretischer Todfeind des Rechtpopulismus ist der Feminismus. Die Selbstbehauptung wird als Ausweis besonderer Manneskraft verkauft. »Die Welt ist ein Chaos, das man umarmen muss. Wir trauen uns, der Grundwidersprüchlichkeit des Lebens männlich ins Auge zu schauen!«[522] Bei genauerem Hinsehen schälen sich Gemeinsamkeiten mit postmodernen, neoliberalen und utilitaristischen Konzepten und Strategien heraus. Macht konstituiert Wahrheit und Legitimität, der instrumentellen Leibkörperlichkeit des Neoliberalismus wird die thymotische Leibkörperlichkeit des eigenen Stamms entgegengesetzt. Stammespolitik ist Körperpolitik, die sich der globalisierten neoliberalen Körperpolitik entgegenstellt, doch letztlich ihre Grundprinzipien teilt.

Die Geschichte des Kapitalismus ist zugleich eine Geschichte bio- und körperpolitischer Zurichtungen. Die vorliegenden Untersuchungen zur Hochindustrialisierung, Taylorisierung und Faschisierung sollten gezeigt haben: Es ging stets darum, Menschen zu formieren und zu klassieren, also im ökonomisch jeweils erforderlichen Ausmaß wert- und mehrwertschöpfende Leistungsbereitschaft herzustellen und die »Nicht-Leistungsfähigen« auszugrenzen. Die sogenannte Wohlstandsära der 1960er und 1970er Jahre mag aufgrund besondere historischer Umstände in manchen Hinsichten eine Ausnahme darstellen. Doch die in den 1980er und 1990er Jahren einsetzende und – aufgrund der seit der Jahrtausendwende möglichen intensiven wie extensiven Digitalisierung – gegenwärtig radikal durchgreifende Rationalisierung der Produktion, Zirkulation und Konsumtion, ja: des gesamten Lebens,

520 Justus Bender / Reinhard Bingerer: Marc Jongen, der Parteiphilosoph der AfD. FAZ v. 15.01.2016 (Online: http://www.faz.net/aktuell/politik/inland/marc-jongen-ist-afd-politiker-und-philosoph-14005731.html).

521 Alex Rühle: Männer contra Schneeflöckchen. Süddeutsche Zeitung v. 13.10.2017, S. 12.

522 Ebenda.

hebt die Bio- und Körperpolitik auf ein neues Niveau. Wieder geht es um die »Bewertung« des Menschen, um Auf- und Abwertung, um Förderung und Ausgrenzung. Vor hundert Jahren vermutete der Sozialhygieniker Alfred Grotjahn, dass mehr als ein Drittel der Gesellschaft den Leistungsanforderungen der kapitalistischen Gesellschaft nicht gerecht werde.[523] Grotjahns eugenische Konsequenzen sind nicht zwingend – es ließe sich daraus auch ein anderes, weniger auf Leistung und Ausgrenzung basierendes Gesellschaftsmodell ableiten. In der gegenwärtigen Situation muss befürchtet werden, dass weit mehr als ein Drittel zu den potentiell Ausgegrenzten zählt. Die Klassierung der Gesellschaft wird, wie in grober Annäherung vermutet werden darf, zu einer Dreiteilung führen: »Hochleister«, Prekäre und Exkludierte. Die gegenwärtige Biopolitik erzeugt, wie wir gesehen haben, die jeweiligen Klassenkörper. Da gibt es die immer schon Ausgegrenzten, aber auch Abstürze. Der Absturz muss nicht tief sein, aber die sozialpolitische und körperpolitische Dynamik kann grausam sein. Die Blicke der anderen brennen sich wie ein heißer Strahl in den Leib der »Unfähigen«, der »Verlierer«, auch der »Aussteiger«. Die so Angeschauten werden gleichsam zum Brennpunkt der abschätzigen Blicke.[524] Diese Blicke werden einverleibt, sie entblößen und entwürdigen. Sie schließen die Gebrandmarkten aus der »Gemeinschaft des guten Lebens« aus. Die »Erfolgreichen« bauen Mauern um sich und beschäftigen Prekäre, um sich vor den Exkludierten abzuschirmen. Noch nie in der Geschichte der Menschheit war ein solches Gesellschaftsmodell von Dauer. Es ist eine Frage der Zeit, bis die sozialen Mauern durchbrochen und niedergerissen werden. Doch das allein genügt nicht. Es stellt sich die Frage nach einem würdevollen Leben für alle. Diese Frage kann nur in globaler Perspektive formuliert werden.

Körper und Arbeit – die globale Perspektive

In der Zeitschrift »AK – Analyse und Kritik«, vormals »Arbeiterkampf«, findet seit einigen Jahren eine Debatte zum Thema Antiimperialismus statt.[525] Nicht selten wird die These vertreten, dass die Spaltung der Welt zwischen den Metropolen einerseits und den Schwellen- und Drittweltländer andererseits verlaufe, d. h. zwischen Nord und Süd. Dass eine solche These nicht haltbar ist, sollten die vorausgegangenen Kapitel gezeigt haben. Die Spaltung verläuft mitten durch die Metropolen, und sie verläuft – wenn auch nicht mitten – durch die Schwellen- und Drittweltländer. Die von den Eliten ausgerufene vierte industrielle Revolution – die weltweite digitale Vernetzung, die Ortsungebundenheit vieler Arbeitsplätze, Just-in-time-Lieferketten,

523 Alfred Grotjahn: Soziale Pathologie. 3. neubearbeitete Auflage. Springer, Berlin 1923.

524 Dies Gedanken sind beeinflusst von Giorgio Agamben: Homo sacer. Die souveräne Macht und das nackte Leben. Suhrkamp, Frankfurt am Main 2002.

525 https://www.akweb.de/cgi-bin/suche?KEYWORDS=antiimperialismus

Crowdworking usw. – geht mit permanenten Restrukturierungsprozessen einher, für die Ländergrenzen keine Hindernisse darstellen. Unter unseren Augen manifestiert sich eine globale Biopolitik, die Körper, Psyche und Geist der Kapitalbewegung unterzuordnen sucht. Dies haben Michael Hardt und Antonio Negri in ihrer fundamentalen Studie »Empire« herausgearbeitet.[526] Ihre Einschätzung, derzufolge der Kapitalismus sich von der materiellen Produktion abzuheben beginnt und sich ein weltweites »immateriell« produzierende Proletariat konstituiere, geht jedoch fehl. Es sind immer noch materielle Waren, die mit Blut, Schweiß und Tränen unter meist erbärmlichen Bedingungen produziert werden.[527] Die kapitalistische Entwicklung war, beginnend mit dem Kolonialismus, immer schon global begründet und global orientiert. Das Neue ist die Schnelligkeit, die Unmittelbarkeit, die Rigorosität. Die weltweite Proletarisierung schreitet, katalysiert durch die neuen Informations- und Kommunikationstechnologien, in Riesenschritten voran. Sie walzt Regenwälder, Kleinbauerntum und Subsistenzwirtschaft nieder, um Natur und Mensch der Verwertung dienstbar zu machen. Doch der »Subjekt-Rest«, wie Karl Heinz Roth die leibkörperliche Subjektivität nennt,[528] begehrt auf. Es zeigen sich Konturen einer »Multitude« (Hardt/Negri) oder eines »Multiversums« (Roth): Der global ausgebeutete Leibkörper wandelt sich stellenweise in einen global widerständigen, der neue Subjektivitäten hervorbringt. In den Auseinandersetzungen um Erhalt der Lebensbedingungen, um ein menschenwürdiges Leben, um körperliche und geistige Gesundheit, um bessere Bedingungen, menschliche Potentiale zu entfalten, fügen sich verschiedene Aspekte einer kollektiven Leibkörperlichkeit zu einer Kraft zusammen, die die Grenzen des Systems zu sprengen ermöglicht.

Von wirtschaftsliberaler Seite wird Brasilien gern als Fallbeispiel für einen gelungenen Anschluss an die Weltwirtschaft und das Wohlstandsniveau der alten Industrienationen herangezogen. Doch der Schein trügt.[529] Seit der Kolonialzeit hat sich eine nationale Bourgeoisie aus Großgrundbesitzern, Bankern, Ölmagnaten und Chemieindustriellen herausgebildet, eine etwa 10 % der Bevölkerung umfassende »Oberschicht und obere Mittelschicht«,

526 Michael Hardt / Antonio Negri, a. a. O.; vgl. auch: Paolo Virno: Grammatik der Multitude. Turia und Kant, Wien 2005; Martin Birkner / Robert Foltin, a. a. O; Robert Foltin, a. a. O.

527 Kritisch mit Hardt/Negri setzen sich auseinander: Karl Heinz Roth: Empirie und Theorie: Die Marxsche Arbeitswertlehre im Licht der Arbeitsgeschichte (Aufsatz in zwei Teilen). In: Sozial. Geschichte, Jg. 22, 2007, Heft 2, S. 45–67, und Heft 3, S. 147–168; Slavoj Žižek: Auf verlorenem Posten. Suhrkamp, Frankfurt am Main 2009, S. 143–157.

528 Karl Heinz Roth: Empirie und Theorie, a. a. O., S. 53 f.

529 Christian Russau: Abstauben in Brasilien. Deutsche Konzerne im Zwielicht. VSA, Hamburg 2016; wertvolle Hinweise zur Lage in Brasilien erhielt ich von Fritz Hofmann.

die etwa drei Viertel des Landes und mehr als drei Viertel des Vermögens besitzt.[530] Lange war der Rest der Bevölkerung arm und besitzlos. In den 1950er und 1960er Jahren setzte eine Industrialisierung ein, begleitet von Lohnforderungen der Arbeiter. Die Aussicht, dass sich eine Arbeiterbewegung entwickeln würde und diese sich mit den lateinamerikanischen Befreiungsbewegungen verbinden könnte, versetzte das Kapital in Alarmstimmung. Im März 1964 putschten die Militärs in Brasilien gegen die parlamentarisch-demokratische Regierung. Zwanzig Jahre lang herrschten die Generäle, die eine blutige Spur hinterließen, die bis heute nicht aufgearbeitet oder gar gesühnt ist. Es ging und geht allen derartigen totalitären Regimes darum, die extrem ungleichen Besitzverhältnisse zu wahren und gewaltsam zu schützen. »Aufgrund der relativen politischen Stabilität und gezielter Förderung der Industrie war die Zeit der Militärmachthaber zugleich eine Zeit des Wirtschaftsbooms; viele Investoren – auch aus Deutschland – haben in den 1970er Jahren in Brasilien investiert. So avancierte São Paulo zur ›größten deutschen Industriestadt außerhalb Deutschlands‹ dieser Zeit.«[531] Die westdeutsche Chemieindustrie, allen voran die BASF, baute ihre Präsenz in Brasilien deutlich aus, ebenso Bayer, vor allem aber VW und andere Autohersteller. Gegen die Diktatur wurde Widerstand geleistet, es gab kämpfende Untergrundorganisationen, denen katholische Priester, Studenten und Arbeiter angehörten, unter anderen auch die späteren Spitzenvertreter der PT, der Partido dos Trabalhadores, Lula Da Silva und Dilma Rousseff. Die Befreiungsbewegung erlitt viele Verluste, mehr als 10.000 Menschen wurden gefoltert, während westdeutsche Unternehmen, flankiert von der westdeutschen Außenpolitik, hohe Gewinne machten. Das VW-Management war aktiv in die repressiven Maßnahmen eingebunden.[532] Galoppierende Inflation und wachsender politischer Widerstand beendeten die Militärdiktatur. Nach Phasen der Konsolidierung konnte sich 2003 eine Regierung unter Führung der PT bilden, die eine klassische sozialdemokratische Politik verfolgte: Sozialreformen und Aufbau des Bildungs- und Gesundheitswesens, zugleich zunehmend neoliberale Maßnahmen der Wirtschaftsförderung wie beispielsweise weitgehende Steuerbefreiungen für Unternehmen.[533] Was ist das Resultat? In den Worten eines Sprechers der PSOL, der Partei für Sozialismus und Freiheit: »Die PT-Führung hat vor der Oligarchie kapituliert. Als Linke und Klas-

530 Jean Ziegler: Das Imperium der Schande. Der Kampf gegen Armut und Unterdrückung. Bertelsmann, München 2005, S. 169–210; Florian Stoll: Leben im Moment? Soziale Milieus in Brasilien und ihr Umgang mit der Zeit. Campus, Frankfurt am Main 2012, S. 149–182.

531 https://de.wikipedia.org/wiki/Brasilien#Zeit_der_Milit.C3.A4rdiktatur.

532 Christian Russau, a. a. O., S. 73 ff.

533 Jörg Nowak: Massenstreiks und Straßenproteste in Indien und Brasilien. In: Peripherie Nr. 137, 2015, S. 74–102, zu Brasilien: S. 87 ff.

senkämpfer haben wir den Kampf um die PT längst verloren.«[534] Große Teile der Bevölkerung haben keinen Zugang zu Bildung und sozialer Wohlfahrt. An und unter der Armutsgrenze leben 40 % der Bevölkerung – das sind 80 Millionen Menschen: ungelernte Arbeiter/innen, Hausangestellte und andere Prekäre im informellen Sektor, Landlose, Marginalisierte.[535] Damit gehört Brasilien zu den Ländern mit der extremsten sozialen Polarisierung.

Ein Recht auf körperliche Unversehrtheit mag zwar in der Verfassung lateinamerikanischer Ländern stehen, doch in der Realität gilt Leben und Gesundheit wenig. Chemiegewerkschafter berichten, dass in den Bayer-Betriebsstätten immer wieder tödliche Unfälle passieren[536] – durch Erstickungsgase, Säuren und Blutgifte. Verunfallte wurden vor dem Werksgelände »abgelegt«, um entsprechenden Konsequenzen wie Untersuchungen und Schadensersatz zu entgehen. Doch die Gewerkschafter konnten dies aufdecken. Damit geht es denen, die einen Arbeitsplatz bei multinationalen Konzernen haben, immer noch besser als dem unteren Viertel der brasilianischen Gesellschaft. Die unteren Schichten leben mit täglicher Unsicherheit, Gewalt und geschundenen Körpern. Die Holzindustrie und die Großgrundbesitzer, die für jene und für die Fleischproduzenten riesige Weiden für Rinder bereitstellen, die Fleischindustrie und die Futtermittelindustrie, die riesige Anbauflächen für gentechnisch verändertes Soja für die Massentierhaltung braucht – all dies führt zur tendenziellen Vernichtung der brasilianischen Wälder und damit der Menschen, die in diesen Regionen leben. Die indigene Bevölkerung in den Urwäldern wird, wenn sie sich der Rodung der Wälder widersetzt, von gedungenen Todesschwadronen bedroht und umgebracht. Im Jahr 2003 waren mehr als 1600 derartige Morde dokumentiert, ungezählte weitere wurden verübt.[537] Es leben schätzungsweise zehn Millionen Kinder auf der Straße, von denen jährlich Tausende zu Tode kommen. Die sogenannte informelle Arbeitswelt ist voller Grausamkeiten. Es gibt keine verlässliche Statistik – doch die jährlichen tödlichen Arbeitsunfälle und tödlich verlaufenden Berufskrankheiten gehen in die Zehntausende. Die Landarbeiter sind in hohem Maße gegenüber Pestiziden exponiert.[538] Die BASF vermarktet in Lateinamerika 26 hochgefährliche Pestizide, von denen elf in Deutschland verboten sind oder nicht mehr angeboten werden.[539] In ähnlicher Größen-

534 Interview mit Jose Carlos Miranda in: Neues Deutschland vom 4.7.2016, S. 8.

535 Florian Stoll, a. a. O., S. 109 und passim.

536 Diese Information verdanke ich Beatrix Sassermann, Wuppertal. Sie ist im Besitz der entsprechenden Unterlagen.

537 Isabelle Collombat: Chico Mendes – »Nein zur Vernichtung des Regenwaldes«. Anaconda, Köln 2012, S. 71.

538 Jean Ziegler, a. a. O.

539 Pestizid-Aktions-Netzwerk (PAN) e. V.: Hochgefährliche Pestizide von BASF, Bayer und Syngenta. Ergebnisse einer internationalen Recherche, Hamburg 2012 (Online: http://www.pan-germany.org/download/Big3_DE.pdf).

ordnung bewegen sich die Zahlen für Bayer-Produkte. Die in Brasilien wie in anderen Schwellenländern erhöhten Raten an Nervenkrankheiten, Krebsleiden, Totgeburten und Missbildungen firmieren als Kollateralschäden der globalisierten Perspektive unserer Konzerne, um die die Politik geradezu einen Starkult treibt. Für die unteren Schichten des Proletariats in Brasilien und anderen Schwellenländern gibt es keinen Arbeitsschutz, keine Vorsorge, keine Absicherung.[540] Landarbeiter/innen haben aufgrund der hohen Pestizidexposition ein 2- bis 5-faches Krebsrisiko im Vergleich zu Nicht-Exponierten; insbesondere Glyphosat, für das nunmehr die Bayer AG verantwortlich ist, birgt ein hohes Risiko.[541] Diesem Elend stehen Prunk und Gloria gegenüber. Brasilien ist im wörtlichen Sinne vielschichtig. Die gut verdienenden Mittelschichten sind entweder, wie viele Staatsangestellte, über Protektion in ihre Position gekommen oder haben sich, wie insbesondere industrielle Facharbeiter, durch stetige Anstrengung und Überverausgabung ihre Position »erarbeitet«, mit der Folge einer teilweise rigorosen und sozialrassistischen Abgrenzung »nach unten«. Seit 2011 schließen sich in wechselnden Zusammensetzungen Bauarbeiter und andere Teile des prekär arbeitenden Proletariats in Brasilien – Busfahrer/innen, aber auch Lehrer/innen, Studenten und Studentinnen – zu Streikaktionen zusammen, oft gegen die etablierten und von der PT kontrollierten Gewerkschaften. Das Bild der Protestbewegungen in Brasilien ist unübersichtlich. Es gibt einen wachsenden Einfluss evangelikaler Gruppen, die wirtschaftliche Rücksichtslosigkeit und Verachtung der Marginalisierten im Einklang mit ihrer christlichen Ideologie sehen.[542] Es gibt ebenso einen wachsenden Einfluss anarchistisch-libertärer Gruppen, die vehement »gegen alles Sozialistische« kämpfen, das sie mit der PT-Politik identifizieren.[543] Insgesamt lässt sich eine enorme Fragmentierung der Arbeiterklasse und der Protestbewegungen feststellen. Zwischen Facharbeiter und Massenarbeiter tut sich eine fast unüberwindbare Kluft auf, akademisch Qualifizierte spalten sich in links- und rechtsradikale Fraktionen, evangelikale Pfingstströmungen brechen in tradierte Bereiche des Linkskatholizismus ein und machen ihm seinen Platz als tonangebende christliche Verkündigung streitig. Die putschartige Amtsenthebung der Präsidentin Dilma Rousseff kann als Versuch der rechten Kaste interpretiert werden, sich offen zu zeigen.

540 Jörg Nowak, a. a. O.

541 Christina Fortes et al: Occupational Exposure to Pesticides With Occupational Sun Exposure Increases the Risk for Cutaneous Melanoma. In: Journal of Occupational and Enviromental Medicine. Band 58, 2016, S. 370–375.

542 Boris Hermann: Karneval Gottes. In: Süddeutsche Zeitung vom 16./17. April 2016, S. 13.

543 Jörg Nowak, a. a. O.

Als zweites Beispiel sei Südafrika genannt.[544] Auch hier konnte sich die westdeutsche Industrie unter dem faschistoiden Apartheidregime stark verankern, auch hier haben sich unter der Mandela-Regierung die Wirtschaftsverflechtungen auf hohem Niveau stabilisiert. Südafrika ist reich an Rohstoffen, insbesondere an Metallen. Nördlich von Johannesburg lagern riesige Platinvorkommen.[545] Dieses Edelmetall wird von der Chemieindustrie zur Herstellung von Katalysatoren gebraucht. In Marikana betreibt den britischen Konzern Lonmin eine Platinmine, in der unter Tage 32.000 Menschen unter hoch belastenden und hoch gefährlichen Bedingungen arbeiten. »Die Hauer in den Platinminen arbeiten unter Tage bei Temperaturen von 40–45 Grad Celsius unter beengten, feuchten und stickigen Bedingungen, ständig bedroht durch herabfallendes Gestein.«[546] Die Arbeiter/innen und ihre Familien sind in Wellblechhütten untergebracht. Der Lohn reicht nicht zum Leben, während der Konzern täglich 1,7 Millionen Euro verdient. Hauptabnehmer des Lonmin-Platins ist die BASF Ludwigshafen. Angesichts der menschenunwürdigen Arbeits- und Lebensbedingungen der Minenarbeiter/innen traten im August 2012 mehr als 3000 Bergarbeiter in den Streik. Sie forderten eine Verdreifachung ihres Lohns und deutlich bessere Arbeitsbedingungen. Der Konzern rief die südafrikanische Polizei zu Hilfe, die in militärischer Manier anrückte und vor den Augen der Weltöffentlichkeit am 16. August 34 Arbeiter erschoss und 78 weitere schwer verletzte. Lonmin bot den Witwen einen Arbeitsplatz an und sah damit seine Schuldigkeit getan. Obwohl die BASF sich im Rahmen ihrer Social-Responsibility-Kampagne brüstet, Verantwortung für die Lieferkette zu übernehmen, sieht auch sie sich nicht in der Pflicht. Sie weigert sich, die Arbeitsbedingungen vor Ort zu evaluieren. Transnationale Initiativgruppen der lutherischen Kirche unterstützen die Witwen in ihrem Kampf um Entschädigung. Der südafrikanische Bischof Jo Seoka und zwei Witwen hielten auf der BASF-Hauptversammlung 2016 anklagende Reden. Aus dem Beitrag der beiden Frauen stammt das folgende Zitat:

> »Ich bin Ntombizolile Mosebetsane. Mein Mann wurde beim Massaker von Marikana getötet. Ich arbeite jetzt bei Lonmin, ich putze dort den Hof, ich arbeite draußen unter der heißen Sonne, es ist staubig und windig. Ich arbeite für dieselbe Firma, die dafür gesorgt hat, dass mein Mann tot ist. Ich lerne bei dieser Arbeit nichts dazu, nichts, was mir irgend-

544 Ich bedanke mich bei Fritz Hofmann, Ludwigshafen, für die hilfreichen Informationen. Zum Folgenden auch: Peter Alexander et al.: Das Massaker von Marikana. Widerstand und Unterdrückung von Arbeiter_innen in Südafrika. Mandelbaum, Wien 2013.

545 Die folgenden Informationen sind entnommen aus: http://basflonmin.com/home/de.

546 Martin Legassick: Marikana – ein Wenedpunkt? In: Inprekorr 6/2012, S. 49–52, hier: S. 49; Hintergrundinformationen finden sich bei Peter Alexander et al: Das Massaker von Marikana. Widerstand und Unterdrückung von Arbeiter_innen in Südafrika. Mandelbaum, Wien 2013.

wann helfen würde. Einige andere Witwen arbeiten unter Tage, in der Mine. Sie arbeiten unter denselben gefährlichen Arbeitsbedingungen, denen ihre toten Ehemänner ausgesetzt waren: Es ist laut, es ist dunkel und es ist gesundheitsgefährdend. Entweder man stirbt in der Mine, oder man geht zurück nach Hause, weil man krank wird, Turberkulose oder Silikose – dann wird man entlassen und stirbt zu Hause.«[547]

Dies ist nicht der Ort, die erschütternden Arbeitsbedingungen in den Schwellenländern im Kontext ihrer transnationalen Hintergründe systematisch und umfassend darzustellen. Angedeutet seien nur wenige weitere Beispiele: Am 14. April 2013 stürzte auf dem Rana Plaze in der Nähe Dhakas, Bangladesch, eine neunstöckige Textilfabrik ein und begrub mehr als 1400 Arbeiterinnen unter sich – 1130 wurden tot geborgen, weitere 330 gelten als vermisst.[548] Diese Katastrophe ist nur eine in einer Reihe von schrecklichen Unglücken in Textilfirmen Pakistans und Bangladeschs, in denen Kleidungsstücke für den europäischen und deutschen Markt produziert werden. Die hiesigen Firmen stehlen sich immer wieder aus der Verantwortung, obwohl – wie im Beispiel des deutschen Textilhändlers KiK – viele Fabriken fast ausschließlich für einen hiesigen Abnehmerkonzern arbeiten.[549] Besonders empörend ist der Umstand, dass deutsche TÜV-Ingenieure kurz vor dem Einsturz ein Audit durchführten, ohne den maroden Zustand der Gebäude zu monieren.[550]

Eine typische Textilarbeiterin ist entweder frisch vom Land gekommen oder im Slum aufgewachsen. Ihr offizielles Alter soll 14 nicht unterschreiten, selbst das wird in vielen Fällen nicht eingehalten. In 12- bis 14-stündigen Schichten auf engem Raum und bei schlechter Beleuchtung verlieren viele Arbeiterinnen schon nach wenigen Jahren an Sehkraft; sie werden dann durch jüngere Arbeiterinnen ersetzt. Die Journalistin und Menschenrechtsaktivistin Patrizia Heidegger war 2008 vor Ort. Ein Ausschnitt aus ihrem Erfahrungsbericht:

»Drinnen ist es heiß und stickig. Durch die winzigen Fenster kommt kaum frische Luft. Die Frauen sitzen den ganzen Tag an den Nähmaschinen und konzentrieren sich auf ihre Arbeit. Wer einen Fehler macht, bekommt Ärger: weniger Lohn, im schlimmsten Fall die Kündigung. Nach ein paar Jahren leiden die meisten an Rückenschmerzen und büßen ihre Sehkraft ein. Die Dauer der Toilettengänge wird genau überprüft. Die Fabrikbesitzer wollen so sicherstellen, dass die vorgegebenen Arbeitspensen eingehalten werden. Aus Angst vor Repressalien trinken

547 http://basflonmin.com/home/wp-content/uploads/2015/04/Witwen_von_Marikana_BASF_29042016.pdf.

548 Bericht in der Süddeutsche Zeitung vom 23. Januar 2014, S. 6.

549 Wolfgang Kaleck / Miriam Saage-Maaß: Unternehmen vor Gericht. Globale Kämpfe für Menschenrechte. Wagenbach, Berlin 2016, S. 99 ff.

550 Ebenda, S. 102.

> viele Arbeiterinnen nicht ausreichend Wasser. Gegessen wird hastig, zwischendurch an der Maschine. Eine Kantine gibt es nicht. Viele Textilarbeiterinnen sind mangelernährt. Sie haben nicht genügend Zeit und Geld, um ordentlich zu essen. Im Jahr 2006 legten Fabrikbesitzer nach Verhandlungen mit einigen Gewerkschaften einen neuen Mindestlohn fest: 16 Euro im Monat. Dieser entsprach nicht den Erwartungen der Beschäftigten im Textilsektor. Die daher folgenden Demonstrationen für mehr Lohn wurden von der Polizei gewaltsam niedergeschlagen. Der neue, immer noch viel zu niedrige Mindestlohn wird nicht einmal überall bezahlt. Für Hungerlöhne ruinieren sich die Textilarbeiterinnen ihre Gesundheit. Die meisten halten in den Fabriken nur ein paar Jahre durch, vier oder fünf im Schnitt.«[551]

Die Katastrophe von Rana Plaza hat eine schon 2006 begonnene Welle von Arbeitskämpfen um menschenwürdige Arbeitsbedingungen wieder aufleben lassen, es folgte eine Welle von Streiks und Riots, die auch in der Gegenwart anhalten.[552] Die Verhältnisse in anderen textilherstellenden Ländern wie Indien, Pakistan, Philippinen und Kambodscha sind prinzipiell die gleichen wie in Bangladesch. Die Berichte aus diesen Ländern lesen sich wie Berichte aus dem Europa des 19. Jahrhunderts. Pestizidversprühungen in Kambodscha haben 2015 mehrere Hundert Textilarbeiter/innen gesundheitlich schwer geschädigt.[553] Wut und Zorn über die für Körper und Geist zerstörenden Bedingungen entfachen Widerstand, der sogleich polizeistaatlich beantwortet wird. Spezialkräfte des Militärs werden gegen die Streikenden eingesetzt, was immer wieder zu Toten und Verletzten führt. Dennoch gehen die Kämpfe weiter.[554]

Deutsche und österreichische Kohlekraftwerke werden, da in Deutschland keine Kohle mehr gefördert wird, mit ausländischer Kohle bestückt. Sie kommt aus Russland und Kolumbien, aus der Türkei und China. Auch hier offenbaren sich Zusammenhänge. Beim Grubenunglück im türkischen Soma am 13. Mai 2014 kamen 301 Bergleute ums Leben.[555] Arbeitsschutzmaßnahmen wurden seit Jahren heruntergefahren. Wochen vor der Katastrophe waren die Kohlenmonoxidwerte über das zulässige Limit gestiegen, doch die Verantwortlichen unternahmen nichts, im Gegenteil: Sie drohten Arbeitern, die Gefahren zur Sprache brachten, mit Repressionen. Ähnlich sind die Bedingungen in China. »Nirgendwo zählt ein Leben so wenig wie im chine-

551 http://bangladesch.org/bangladesch/wirtschaft-und-armut/textilindustrie/textilarbeiterinnen-in-bangladesch.html

552 http://www.wildcat-www.de/wildcat/97/w97_bangladesch.html

553 http://www.spiegel.de/wirtschaft/soziales/kambodscha-hunderte-textilarbeiter-in-ohnmacht-gefallen-a-1063801.html

554 http://www.heise.de/tp/artikel/40/40698/1.html

555 http://www.neues-deutschland.de/artikel/933150.arbeitsschutz-unter-erdogan-per-gesetz-abgeschafft.html

sischen Bergbau. Nirgendwo in der Welt leben Bergarbeiter so gefährlich. Tausende sterben jedes Jahr, zehntausende erkranken an Staublunge. China produziert 35 Prozent der Kohle weltweit, meldet aber 80 Prozent der Toten im Kohlebergbau.«[556] Wir leben hierzulande von ausländischer Kohle. Die Interdependenzen bleiben bisher auf der Verwertungsebene, d. h. auf jener des Mehrwerts und des Profits. Zu erringen gälte es die Ebene der internationalen Kooperation hinsichtlich einer tatsächlich menschenwürdigen Ökonomie. Sie beginnt mit einer globalen leibhaftigen Betroffenheit.

Nach wie vor kämpfen Arbeiterinnen der chinesischen Batteriefabrik Gold Peak um eine Entschädigung ihrer langjährigen Vergiftung durch Kadmiumdämpfe und deren gesundheitlichen Folgen.[557] 2004 wurde bekannt, dass Hunderte von Arbeiter/innen schwere Kadmiumvergiftungen bei der Arbeit erlitten hatten. Immer wieder kam es zu Protestaktionen in Huizhou, einem Hauptstandort von Gold Peak, so auch am 24. August 2010. Es beteiligten sich mehr als hundert Arbeiterinnen, die von einem bezahlten Mob niedergeknüppelt und zum Teil schwer verletzt wurden. Dass selbst ökologisch motivierte Produktveränderungen sich auf globaler Ebene als kontraproduktiv für die Gesundheit der Arbeiter/innen erweisen können, zeigt ein weiteres Beispiel aus China:[558] Der Leuchtmittelhersteller Osram lässt die entscheidenden Teile der Energiesparlampen und -birnen in der südchinesischen Provinz Guangdong bei Foshan Electrical and Lighting Corporation produzieren. Dort arbeiten 1000 Arbeiter/innen, die von der Arbeit krank wurden. Energiesparlampen enthalten Quecksilber. Quecksilber, vor allem der einatembare Quecksilberdampf, ist – darüber existiert seit über 100 Jahren ein umfassend gesichertes Wissen[559] – hochgradig gesundheitsschädlich. Die Arbeiter/innen litten schon seit Jahren unter Symptomen wie Kopfschmerzen, Haarausfall, Gelenkschmerzen und Schüttelfrost. Eingaben bei der Geschäftsleitung nutzten nichts. Insgesamt 590 Arbeiter/innen entschlossen sich daher, auf eigene Kosten ihren Urin auf Quecksilber analysieren zu lassen. Bei 23 Proben fanden sich extrem erhöhte Werte. Es gab Protestaktionen und Eingaben bei regionalen Behörden, woraufhin 2010 eine offizielle Untersuchung aller Beschäftigten stattfand. Bei 152 Arbeitern und Arbeiterinnen wurde eine Quecksilbervergiftung festgestellt. Sie wurden von der Arbeit freigestellt und zu weiteren medizinischen Untersuchungen am Guangdong-Prävention- und Behandlungszentrum für Berufskrankheiten geschickt.

556 http://www.stern.de/politik/ausland/bergbau-in-china-wo-ein-menschenleben-nichts-zaehlt-3554302.html

557 Globalization Monitor Limited: »No Choise but to Fight«. A documentation of batterie workers' struggle for health and dignity. Hong Kong 2009.

558 http://news.xinhuanet.com/english/2010-01/07/content_12771162.htm

559 Vgl. das Kapitel zu Quecksilber und anderen Schmermetallen im ersten Teil der vorliegenden Studie.

Die Geschäftsleitung redete sich damit heraus, die Arbeiter/innen hätten »sich nicht die Mühe gemacht, eine Maske bei der Arbeit zu tragen«. Die lokale Regierung hat ein spezielles Team zusammengestellt, um den Fall zu untersuchen, eine rechtzeitige Behandlung aller Arbeiter/innen zu ermöglichen, den betrieblichen Arbeitsschutz zu verbessern und »Panik zu verhindern«. Drei der Produktionslinien wurden technisch erneuert, um – bei niedrigen Temperaturen – festes Quecksilber anstelle von flüssigem zu verwenden. Auch die übrigen Produktionslinien werden verändert. Zugleich ergeben sich damit neue Arbeitsschutzprobleme, beispielsweise Arbeiten in oder mit Kälte, denn Quecksilber wird erst bei minus 38 Grad fest. Wie es scheint, interessiert sich die Osram-Zentrale in München wenig dafür, auf welche Art und Weise ihre Leuchtmittel sicher und menschengerecht – beispielsweise mit Robotern – hergestellt werden könnten. Täte sie es, hätte sie die Produktion nicht auslagern müssen.[560]

Eine in vielen Hinsichten besonders auffällige und irritierende Beziehung besteht zwischen deutschem und österreichischem Kapitals und der Volksrepublik Vietnam. Deutsche Firmen, noch bis in die 1970er Jahre – beispielsweise mit dem Verkauf chlororganischer und dioxinhaltiger Chemieabfälle an das Pentagon – mit Profit an der gnadenlosen Zerstörung Vietnams beteiligt,[561] begannen ab Ende der 1980er in diesem Land zu investieren.[562] Seit dem Beitritts Vietnams zur Welthandelsorganisation WTO 2007 gibt es kein Halten mehr: In schneller Abfolge entstanden Produktionsstätten nicht nur von Textilherstellern wie Triumph und Seidensticker, sondern auch von Maschinenbauern wie Heidelberger Druck und Elektro- und Medizingeräteherstellern wie Siemens und Braun. Mittlerweile sind etwa 300 deutsche und etwa 25 österreichische Firmen in Vietnam aktiv. Bosch zog gleich mehrere Standorte in Vietnam hoch: Maschinenbau und Elektrogeräte, aber auch Hardware- und Softwareentwicklung. In Vietnam beschäftigt Bosch mehr als 3000 Mitarbeiter/innen. Oberösterreichische Firmen beteiligen sich am Eisenbahnausbau in Vietnam.[563] »Vietnam wird aufgrund der niedrigen Lohnkosten als Standort für exportorientierte Produktion geschätzt. Die durchschnittlichen Löhne liegen bei einem Drittel derjenigen in den Küsten-

560 Hingewiesen sei auf das wichtige Buch über Arbeitsbedingungen in China von Pun Ngai et al.: iSlaves. Ausbeutung und Widerstand in Chinas Foxcom-Fabriken. Mandelbaum, Wien2013.

561 http://www.spiegel.de/spiegel/print/d-13487619.html; http://www.spiegel.de/spiegel/print/d-13681543.html; verschiedene Beiträge in: Anita Fabig / Kathrin Otte, a. a. O.; zur Zerstörung vieler Lebensgrundlagen und der Gesundheit der Menschen in Vietnam: Vo Quy: Ökozid in Vietnam. In: Anita Fabig / Kathrin Otte, a. a. O., S. 218–231.

562 http://www.spiegel.de/wirtschaft/unternehmen/wirtschaftsboom-in-vietnam-produzieren-wo-der-pfeffer-waechst-a-711030.html

563 http://www.nachrichten.at/nachrichten/wirtschaft/wirtschaftsraumooe/Oberoesterreichs-Firmen-profitieren-in-Vietnam;art467,2005199

regionen Chinas.«[564] Vietnam verfügt über riesige Rohstoffvorkommen, auf die transnationale Konzerne nun zugreifen: Erdöl, Erdgas, Kohle, Phosphat, Magnesium, Chromerze und Bauxit, der Rohstoff für Aluminium. In Planung und teilweise bereits im Bau befinden sich vierzehn Atomkraftwerke, an denen deutsche und österreichische Firmen beteiligt sind, um erneut an der Todestechnologie zu verdienen. Die Kombination eines autoritären Regimes mit radikaler Marktwirtschaft verschafft westlichen Investoren traumhafte Bedingungen – in einem Land voller prekärer Lebenslagen, einem kollektiv körperlich schwer geschädigten Land, in dem Erbschäden, Missbildungen und Krankheiten fünf bis zehn Mal so häufig vorkommen wie bei Menschen ohne Dioxinbelastung.[565]

Diese Beispiele mögen genügen, um die These einer objektiv globalen leibkörperlichen Betroffenheit durch den globalen Kapitalismus und seine Lohnarbeitsbedingungen zu untermauern. Eingedenk Hölderlins Satz »Wo aber Gefahr ist, wächst das Rettende auch«, wäre die Ausbildung widerständiger Macht zu erwarten. Doch so einfach ist die Sache nicht. Widerstand entsteht nicht immer, und wenn doch, nicht selten zeitverzögert oder in gänzlich unerwarteter Weise. Die historische Erfahrung der ungleichzeitigen Entwicklung gilt auch heute.[566] Widerstand geht oft verschlungene Wege. Er wird behindert und möglicherweise in unvorhergesehener Weise modifiziert durch die zunehmende Fragmentierung des globalen Proletariats. Es verhält sich – das war im Gang der vorliegenden Studie zu zeigen – keineswegs so, dass, wie Immanuel Ness[567] behauptet, der globale Konflikt zwischen dem »satten« Norden und dem ausgebeuteten Süden verlaufe. Es entwickeln sich vielmehr Spaltungen und Abschichtungen quer durch die kapitalistische Welt. Die brasilianische oder chinesische Mittelschicht[568] hat in der gegenwärtigen Situation mehr mit der deutschen und österreichischen Mittelschicht gemein als mit ihrer eigenen prekären Arbeiterklasse. Diese wiederum kämpft um bessere Arbeitsbedingungen, während in den Metropolen das

564 https://www.gtai.de/GTAI/Navigation/DE/Trade/Maerkte/suche,t=deutsche-firmen-in-vietnam-zufrieden,did=1482634.html

565 Werner Gallo: Die unmittelbaren Wirkungen des Giftkrieges in Vietnam. In: Anita Fabig / Kathrin Otte, a. a. O., S. 232–241.

566 Ernst Bloch: Erbschaft dieser Zeit (Erstveröffentlichung 1935 in Zürich). Suhrkamp, Frankfurt am Main 1962, S. 104–126.

567 Immanuel Ness: Southern Insurgency: The Coming of the Global Working Class. Pluto Press, London 2015.

568 Ich bleibe bei dem Terminus Mittelschicht, weil sich die objektive Situation beispielsweise eines bisher gut verdienenden Automobilarbeiters in Wolfsburg in einigen Jahren durch die globale Krise grundlegend verändert haben kann und sich seine Lage der des prekären Arbeiters angleicht. Der qualifizierte VW-Arbeiter bildet keine Klasse oberhalb der Arbeiterklasse, auch wenn er seinen Habitus und seinen Lebensstandard dem gehobenen Kleinbürgertum angepasst hat.

Ausmaß prekärer Arbeit zunimmt. Diese Entwicklungen schaffen eine tendenzielle Angleichung der Arbeits- und Lebensverhältnisse der Massenarbeiter/innen-Klasse weltweit. Immer noch gibt es einen gigantischen Mehrwerttransfer von der südlichen in die nördliche Hemisphäre, doch diese Transferbewegung differenziert sich gegenwärtig in neue Richtungen entlang eines ökonomischen Machtgefälles, das seiner Tendenz nach transnational und global ist. Zu konstatieren ist ein Nebeneinander von »neoliberalen Körpergefühlen« (Eva Kreisky) und dem elementaren Kampf ums körperliche Überleben – und dies weltweit, quer durch fast alle Kontinente und Länder. Die »Gleichzeitigkeit der Ungleichzeitigkeit« lässt freilich eine längerfristige Stabilisierung dieses Zustandes nicht zu. Die globale Krise treibt einen Keil in die Mittelschichten, die sich am unteren Ende massiv aufzulösen beginnt. Was die bürgerliche Soziologie als »Schrumpfen der Mittelschicht« bezeichnet, ist nichts anderes als ein Aspekt der globalen Proletarisierung. Massenstreiks weltweit – in Brasilien[569], Indien[570], China[571], Russland[572], der Türkei[573] und vielen weiteren Ländern – lassen einen neuen Horizont erkennen: Eine wachsende Zahl von Menschen ist nicht mehr bereit, unwürdige Arbeits- und Lebensverhältnisse hinzunehmen.[574]

Bereits erwähnt wurden die Beobachtungen Fritz Böhles,[575] denen zufolge der Körper Träger von Wissen und Erfahrung sei. Gleichwohl wandelt sich dieser Befund in einer historischen Situation, in der Körper und Leib instrumentalisiert, enteignet, beschädigt oder zerstört werden, zu einem schwer erfüllbaren und manchmal frommen Wunsch. Wir können uns unseres Körpers nicht mehr grundsätzlich gewiss sein, ebenso wenig wie unserer Wissens- und Erfahrungsbestände. Es ist schwierig geworden, trügerischen Schein von leibhaften Momenten der Erkenntnis zu unterscheiden. Ihr sollten Störungen, Schmerzen und Leid, auch Störungen, Schmerzen und Leid anderer, anmelden, dass dies nicht sein darf, dass die Welt anders, menschlicher werden sollte. Dem steht die postmoderne Tendenz zur Schmerzvermei-

569 Jörg Nowak, a. a. O.

570 Ebenda; in Indien finden gegenwärtig (2016) ausgedehnte Streiks statt, die sich gegen Leiharbeit, Niedriglöhne und Repression richten. Viel verlassen die staatstreuen Gewerkschaften und schließen sich alternativen Bewegungen an (AK Nr. 619 v. 20.9.2016, S. 24).

571 Ralf Ruckus: Chinese Capitalism in Crisis. Part 1: Zhang Lu on exploitation and workers' struggle in China's auto industry. In: Sozial. Geschichte Online, Bd. 18 (2016), S. 119–144 (Online: http://duepublico.uni-duisburg-essen.de/servlets/DerivateServlet/Derivate-41181/07_Ruckus_ZhangLu.pdf).

572 https://www.wsws.org/de/articles/2012/06/russ-j05.html

573 http://www.labournet.de/category/internationales/tuerkei/arbeitskaempfe-tuerkei/

574 Verity Burgmann: Globalization and Labour in the twenty-first Century. Routledge, London 2016.

575 Fritz Böhle, a. a. O.; zum Folgenden auch: Gerhard Hergt, a. a. O.

dung, zur Wahrnehmungshemmung, zur Anästhesie entgegen. Kein Zweifel: Sich nicht gegenüber der Wirklichkeit abzudichten und unser Ausgesetzsein wahrzunehmen, ist schwer. Dem Zeitgeist folgend, empfehlen Psychologen einen persönlichen »Glauben an Gerechtigkeit« zu entwickeln, denn er trage »messbar« zum körperlichen und seelischen Wohlbefinden bei.[576] Doch funktioniert die Wechselwirkung von Körper und Geist nicht. Vorsicht ist angebracht: Was hier gemessen wird, ist im besten Falle eine Gewissensberuhigung, vielerorts auch eine Duplikation von Illusionen, im schlechteren Falle die Verschleierung von Grausamkeit. Zugleich ist mit dem Gerechtigkeitsthema ein unverzichtbares Kapitel im Buch des globalen Lebens aufgeschlagen. Der Weltkapitalismus schafft permanent neue strukturelle Ungleichheiten – auf der Makroebene der Welt wie auf der Mikroebene personaler Identitäten. Wird Gerechtigkeit als politisches Motiv begriffen, Ungleichheiten, Spaltungen und Atomisierungen zu bekämpfen, führt sie im Sinne einer systemsprengenden Kraft weiter. Bleibt der Gerechtigkeitsdiskurs im Rahmen tradierter Ungleichheiten, verdorrt er zur Legitimationsformel. So meinen liberale Wohlfahrtstheoretiker wie John Rawls, die Welt könne besser werden, wenn alle, auch die Reichen, sich mit einem Schleier des Nichtwissens umhüllten und unter grundsätzlicher Wahrung der Besitzverhältnisse Maßnahmen einer gerechteren Verteilung von Gütern und Ressourcen anstrebten.[577] Diese Art der Gerechtigkeitsethik mag für manche Protagonisten einen ethisch motivierten Moratoriumsimpuls erzeugen – doch an der globalen ökonomischen und sozialen Ungleichheit, an körperlicher und geistiger Ausbeutung, an entfremdeter und verlogener Existenz ändert dies wenig. So gesehen, spielen wir im Rahmen einer barbarischen Ökonomie das Theater einer zivilisierten Gesellschaft.[578] Statt einer Mythologie des Nichtwissens zu folgen, steht es dringlich an, den Schleier des Nichtwissens zu zerreißen und den Blick frei zu machen für eine realistische Sicht auf die Verhältnisse. Dazu gehört zu allererst die Sicht auf die leibkörperlichen Zurichtungen, welche die Vermarktlichung der Welt an uns und in uns anrichtet. Klassenanalyse muss ergänzt werden durch leibphilosophische Reflexion.

Maurice Merleau-Ponty sieht die leibliche Wahrnehmung als Grundbedingung politischen Handelns.[579] Emmanuel Levinas betont die leibliche Beziehung gegenüber dem anderen Menschen.[580] Nicht zu leugnen sind die

576 https://www.psychologie-heute.de/news/gesundheit-psyche/detailansicht/news/der_glaube_an_gerechtigkeit_schuetzt/

577 Bernd Ladwig: Gerechtigkeitstheorien zur Einführung. Hamburg, Junius 2011, S. 130 ff.; vgl. die überzeugende Kritik an Rawls bei Karl Reitter, a. a. O., S. 241 ff.

578 Diese Metapher verdanke ich meinem Freund Achim Brand, dem sie während einer gemeinsamen Wanderung mit dem Autor im Schweizer Jura einfiel.

579 Maurice Merleau-Ponty, Phänomenologie der Wahrnehmung. De Gruyter, Berlin 1966.

580 Emmanuel Levinas: Totalität und Unendlichkeit. Alber, Freiburg / München 1987.

Begrenzungen, die Körper und Umwelt setzen. Levinas sagt: Ich bin dem Anderen, den Menschen wie den Dingen, ausgesetzt. Das belastet mich, doch diese Belastung transformiert sich in ein positives Potential, sofern es mir gelingt, den Ruf des Anderen zu hören und Solidarität aufzubauen. Das Antlitz des Anderen berührt mich und lässt mich meine unendliche Verantwortung spüren, doch zugleich bleibt mir der Andere fremd. Diese Fremdheit, diese Andersheit des Anderen, die Vielheit des globalen Menschseins, die existenzielle Pluralität, zu akzeptieren und den Anderen nicht missionieren oder kolonisieren zu wollen – dies ist das gegenüber der Tradition der klassischen Arbeiterbewegung neue Moment. Die lateinamerikanische Befreiungstheologie knüpft zwar am Arbeiterpriestertum an, doch erweitert sie, anknüpfend an die Levinassche Philosophie, den Blick und damit auch den Solidaritätsbegriff in signifikanter Weise.[581] Sie stellt erneut die Frage nach dem Subjekt. Die Antwort scheint einfach: »Subjekt-Sein können wir also nur gemeinsam, in Solidarität«[582] – gleichwohl beachtend und respektierend, dass die Gemeinsamkeit eine in Vielheit und Pluralität ist. Das Klagen, das Rufen, das Schreien – das ist bereits ein leiblicher Vorgang, eine expressive Sprechhandlung, ein performativer Akt, und damit eine Grundbedingung von Veränderung. Der brasilianische Pädagoge Paulo Freire[583] hat es auf den Punkt gebracht: Revolutionäre Pädagogik muss im Leben der Menschen ansetzen, mit all seinen Zwiespälten und »Grenzsituationen« und Wege zur »Selbstbefreiung in Gemeinschaft« aufzeigen. Immer irritieren die Verlockungen, sich selbst zum Unterdrücker aufzuschwingen. Merleau-Ponty und Levinas folgend, weist Judith Butler eindringlich darauf hin, dass wahrgenommene Leiblichkeit – Verletztheit, Schmerz – Ausgangspunkt sein könne, um Wege zu anderen, ebenfalls betroffenen Menschen zu finden, mit denen ein gemeinsamer Widerstand aufgebaut werden könne. »Wir sind als Körper angreifbar (…). Das ist Politik, in der die performative Aktion körperlich und pluralistisch wird und sich kritisch den Bedingungen körperlichen Überlebens und Gedeihens unter den Vorgaben radikaler Demokratie zuwendet. (…) Wer immer ich bin, verwandelt sich im Bezug zu den anderen, da ich, um zu leben und gut zu leben, notwendig von anderen abhängig und auf andere angewiesen bin. Unsere gemeinsame Gefährdung (verpflichtet uns)… zur gemeinsamen Schaffung der Bedingungen für ein lebbares Leben.«[584] Es geht darum, den unterdrückten und instrumentalisierten Arbeitskörper in

581 Ulrich Duchrow / Reinhold Bianchi / Rene Krüger / Vincenzo Petracca: Solidarisch Mensch werden. VSA, Hamburg 2006.

582 Ebenda, S. 251.

583 Paulo Freire: Pädagogik der Unterdrückten. Rowohlt, Reinbek bei Hamburg 1973.

584 Judith Butler: Adorno-Preis-Rede 2012 (Online: http://www.fr-online.de/kultur/judith-butlers-dankesrede-kann-man-ein-gutes-leben-im-schlechten-fuehren-,1472786,17255122.html).

einen widerständigen, ein gutes Leben einfordernden Leibkörper zu transformieren.[585] Diesen in seiner schillernden, uneindeutigen und fragilen Lage zwischen global-kollektiver und existenziell-individueller Leiblichkeit anzunehmen, ist die Aufgabe.

Auch und gerade aus globaler Perspektive ist es wichtig, sich der mehrheitlich eher reaktionären religiösen Überformungen der ökonomischen und sozialen Konflikte gewahr zu werden. Umso mehr ist es wichtig, sich damit auseinanderzusetzen. Weltweit nimmt die Bedeutung der Religionen nicht ab, sondern erheblich zu. Die Körpergeschichte der Religionen – Sexualunterdrückung, Züchtigung, familiäre Gewalt – hat Entscheidendes zur Begründung dieser paradox erscheinenden Tendenz beigetragen.[586] Die protestantische Arbeitsethik, die ja in Wirklichkeit nichts mit Ethik zu tun hat, wurde mehrfach angesprochen. Dies ist beileibe kein historisches Problem, sondern hochaktuell. Ein radikal unternehmerischer Arbeits- und Lebensstil wird nicht nur seitens der neoliberalen wissenschaftlichen und wirtschaftlichen Eliten, sondern auch seitens einflussreicher protestantischer Theologen verherrlicht. Gerhard Wegner beispielsweise, Leiter des sozialwissenschaftlichen Instituts der Evangelischen Kirche Deutschlands, sieht in Luthers Berufsethik eine klare Aufforderung, die kapitalistische Wirtschaft in der ihr inhärenten Logik »rational und vernünftig« zu gestalten, »frei von verzerrenden religiösen und sonstigen Durchformungen«.[587] Das religiöse Moment gehöre allein in die Privatsphäre des Glaubens. Diese Zwei-Welten-Theorie[588] erlaubt es Wegner, im unternehmerischen Denken und Handeln, auch im neoliberal geprägten, das Ideal des protestantischen Arbeitsethos zu sehen.[589] Mit dieser theologischen Rückwärtsrolle liefert Wegner eine Steilvorlage für marktradikale evangelikale Tendenzen, die sich weltweit – das sehen wir am Beispiel Brasiliens – breit machen. Wie sehr steht das im Gegensatz zu Papst Franzis-

585 Zu erinnern ist an die sprachliche Problematik, dass im Englischen eine Unterscheidung zwischen Körper und Leib nicht oder nur umschreibend (Leib = »lived body«) möglich ist.

586 Vieles zu diesem Thema findet sich in folgendem Sammelband: Richard van Dülmen (Hg.): Erfindung des Menschen. Schöpfungsträume und Körperbilder 1500–2000. Böhlau, Wien / Köln / Weimar 1998.

587 Gerhard Wegner: Voraussetzungen und Gefährdungen der Freiheit am Beispiel des Unternehmens. In: Arbeitskreis Evangelischer Unternehmer in Deutschland (Hg.): Freiheit und Verantwortung im Kontext unternehmerischen Handelns. Karlsruhe 2006, S. 20–41, hier: S. 28.

588 Die Zwei-Welten-Theorie geht auf Martin Luther zurück, der sich wiederum auf die Jesus-Worte »Gebet dem Kaiser, was des Kaisers ist« (Mk 12, 13–17) berufen konnte. In der heutigen theologischen Diskussion ist das Zwei-Welten-Verständnis durchaus umstritten (vgl. Ingo Baldermann: Einführung in die Bibel. Vandenhoeck und Ruprecht, Göttingen 1988, S. 175 f.).

589 Gerhard Wegner, a. a. O., S. 34.

kus' Aussage: »Diese Wirtschaft tötet!«[590] So erzkonservativ der klerikale Katholizismus auch sein mag, er entlässt das Handeln nicht aus der ethischen Pflicht. Er bezieht die globale Sicht – die weltweite ökonomischen und soziale Ungleichheit, Ausbeutung, Unterdrückung und Zerstörung von Leben und Gesundheit – in seine Bewertungen ein.

Die Trennungen zwischen sozial fortschrittlich und sozialrevolutionär, klassisch konservativ und reaktionär, individualistisch und prokapitalistisch-neoliberal, verlaufen nicht entlang der Konfessionsgrenzen, sondern mitten durch sie hindurch. Martin Luther King setzte innerhalb der evangelischen Weltkirche ein weithin sichtbares Zeichen, doch schon vor ihm, während und nach dem Ersten Weltkrieg gab es eine Strömung religiöser Sozialisten.[591] Sowohl in den lutherischen als auch in den calvinistischen Richtungen mehren sich Vertreter einer Befreiungstheologie.[592] Der südafrikanische Bischof Jo Seoka steht beispielhaft hierfür. Weit darüber hinaus sprießen ähnlichen Strömungen, im Islam und in allen Weltreligionen.[593] Der irisch-mexikanische Soziologe John Holloway[594] integriert marxistische, anarchistische, phänomenologische und befreiungstheologische Konzepte und Theoriefragmente zu einer revolutionären Theorie, die nicht mehr an die Staat gebunden ist, sondern vom lebendigen leiblichen Menschen ausgeht. Holloway geht von einem eminent leiblichen Moment aus: dem Schrei. »Angesichts der Verstümmelung des menschlichen Lebens durch den Kapitalismus, ein Schrei der Trauer, ein Schrei des Entsetzens, ein Schrei des Zorns, ein Schrei der Verweigerung: NEIN.«[595] Holloway stellt die Frage nach dem Subjekt. Und er geht, ähnlich wie Judith Butler,[596] davon aus, dass wir beschädigte, »unterbrochene« Subjekte sind. Nicht die uns von den Herrschenden oder der herrschenden Ideologie zugeschriebene Identität ist unser »Eigen«, sondern die Potentialitäten, die ungehobenen Schätze, die »Nicht-Identität«. Die Spaltung geht nicht nur durch die Welt und die Gesell-

590 Franz Segbers / Simon Wiesgickl (Hg.): Diese Wirtschaft tötet. Kirchen gemeinsam gegen Kapitalismus. VSA, Hamburg 2015.

591 Klaus Kreppel: Christlicher Sozialismus. In: Wolfgang Fritz Haug (Hg.): Historisch-Kritisches Wörterbuch des Marxismus, 2. Band, 2. Auflage. Argument, Berlin 1999, S. 495–501.

592 Ulrich Duchrow et al, a. a. O. passim.

593 Klaus von Stosch / Muna Tatari (Hg.): Gott und Befreiung. Befreiungstheologische Konzepte in Islam und Christentum. Schöningh, Paderborn 2012.

594 John Holloway, geb. 1947 in Dublin, gehört zu den profiliertesten neomarxistischen Denkern der Gegenwart. Er arbeitet aktiv in der zapatistischen Bewegung mit, insbesondere in der Organisierung freier Kommunen. Er lehrt an der autonomen Universität Mexiko.

595 John Holloway, a. a. O., S. 10.

596 Judith Butler: Kritik der ethischen Gewalt. Erweitere Ausgabe. Suhrkamp, Frankfurt am Main 2007.

schaft, sie geht auch mitten durch uns hindurch. Auch unbewusst tragen wir immer etwas zur Reproduktuion kapitalistischer Herrschaft bei.

Was Holloway andeutet, beschäftigt die kritische Psychoanalyse[597] und die phänomenologische Sozialpsychologie[598] seit Langem: die intraindividuellen Spaltungen. Wenn Virno[599] der proletarisierten, zu grenzenloser Flexibilität gezwungenen globalen Multitude Eigenschaften wie beispielsweise Opportunismus und Zynismus zuschreibt, Eigenschaften, die zugleich Folgen entfremdeter Körper- und Psychopolitik wie auch des Widerstandes dagegen sind, wenn also mentale und emotionale Befindlichkeit und gesellschaftlich organisierter Wahnsinn in eine gewisse Nachbarschaft rücken, liegt es nicht fern, Begriffe der Psychopathologie aufzugreifen, um die Massenpsychologie der Multitude bzw. des Multiversums zu verstehen. Milliarden Menschen werden aus ihrer tradierten kleinbäuerlichen Lebensweise verdrängt, vertrieben und geraten in eine soziale und existenzielle und somit auch »ontologische Unsicherheit« (Laing). Aus dieser Unsicherheit speisen sich Verzweiflung, Angst, Abstumpfung, blinder Hass, aber auch Wut und der Wille, etwas zu tun. Die globale Ökonomie beraubt die Menschen ihrer sicheren Orte, sie entwurzelt, vertreibt, verwüstet. Hunderte Millionen von Menschen, und das sind zunehmend auch besser gebildete und ausgebildete, befinden sich auf der Flucht, auf Wanderschaft, auf der Suche nach einer Zukunft. Massenpsychologisch gesehen, gerät der Mensch aufgrund wachsender Schwierigkeiten, Externalisierungen, Verfolgungen, Konfrontationen und Umwälzungen in eine generalisierte ontologische Unsicherheit – eine ontologische Obdachlosigkeit. Die Folgen bekommen alle zu spüren. Vor dem Hintergrund der globalen sozioökonomischen Polarisierung nehmen weltweit Abschottungen, Segmentierungen und Externalisierungen zu. Die kulturelle Hegemonie des neoliberalen Kapitalismus, immer noch gespeist von dessen Glücksversprechen, führt zu Massenbewegungen, die zugleich und solange heterogene Verwerfungen darstellen, wie Vorstellungen eines anderen, gemeinsamen Lebens unterentwickelt sind. Soziale Verwerfungen und Spaltungen reproduzieren sich im Individuum. Depersonalisation bedeutet auch Körperverlust, genauer: Leibvergessenheit. Das bietet den Ansatzpunkt für eine revolutionäre Gesellschaftstherapie: Sich und den bzw. die Anderen wieder spüren zu lernen, angesichts des Antlitzes des und der Anderen sich auf seine soziale Verantwortung der Welt gegenüber besinnen. Dies bedeutet auch, den von Virno[600] als unabänderlich angenommenen Phänomenen wie »ein bereitwilliges Anpas-

597 Paul Parin: Der Widerspruch im Subjekt. Ethnopsychoanalytische Studien. Syndikat, Frankfurt am Main 1978.

598 Ronald Laing: Das geteilte Selbst. Eine existentielle Studie über geistige Gesundheit und Wahnsinn. Kiepenheuer und Witsch, Köln 1972.

599 Paolo Virno, a. a. O., S. 90–106.

600 Ebenda, S. 91.

sen an Vorgaben, Geschmeidigkeit, wenn es darum geht, neue Regeln zu akzeptieren,… die Gewöhnung daran, sich an nichts zu gewöhnen« widerstehen zu lernen.

Marx war schon 1844 davon überzeugt, dass die entfremdete Arbeit »dem Menschen seinen eigenen Leib (entfremdet), wie die Natur außer ihm«.[601] Der menschliche Leib ist Teil der Natur; mit ihr stehen wir als bewusste Wesen im Stoffwechselprozess und verändern dabei auch uns selbst; diese Veränderung, ein sozio-psycho-somatischer Prozess, verläuft widersprüchlich – zum einen drängt sie zur allseitigen Entwicklung und Entfaltung menschlicher Potentiale, zum anderen wird diese Entwicklung massiv behindert und umgeformt in eine Richtung, deren Wegmarken Anpassung, Unterwerfung und Selbstaufgabe sind. Denken, Fühlen, Sich-Bewegen und Handeln wird in die Warenform gezwängt. Der Ort, an dem sich diese Tendenzen kreuzen, ist der Leibkörper. Es braucht keine essenzialistischen Annahmen, keinen »Wesenskern« des Menschen, von dem der Mensch entfremdet würde – es ist der Prozess, der uns von den Möglichkeiten eines selbstbestimmten, freien, genussvollen Lebens immer wieder fortreißt. Entfremdung im Sinne eines globalen gesellschaftlichen Phänomens: die Verschattung und Vernebelung unseres bewussten sinnlichen Wahrnehmens von Welt, das Vergessen-Machen unseres Besinnens auf Freiräume menschlichen Seins jenseits des Leistungsprizips.[602] Es ist eben gerade nicht Arbeitshandeln, das Sein im Modus des homo faber, sondern es sind die Freiräume der Kontemplation, der Ruhe, die All-Liebe – Agape – und der Modus des homo ludens, welche das Messianische unseres Lebens ausmachen. Damit ist nicht die Arbeit an sich abgeschrieben. Es geht um die äußere und innere Auseinandersetzung, auf welche Arbeit mit welchen Inhalten und Zielen wir uns längerfristig einlassen wollen. Martin Birkner konstatiert, sofern »die Produzenten (wieder) über das Wissen und die elementaren Vorgänge und Voraussetzungen ihrer Produktion verfügen«[603] – und das tun sie in vielen Bereichen –, könnten sie auch den Schritt wagen, die Dinge selbst in die Hand zu nehmen und auf Geldgeber/innen, Chefs und Chefinnen verzichten. Doch ganz so einfach ist die Sache nicht. Dazu gehört, dass die unmittelbaren Produzenten und Produzentinnen sich als bewusst und autonom wahrnehmende und handelnde Wesen verstehen. Befreiungsprozesse sind nur denkbar in einer Atmosphäre bewusster und bewusstwerdender Leiblichkeit und Zwischenleiblichkeit, einer Atmosphäre der Achtsamkeit, die uns erlaubt, unsere eigene soziale

601 Das Zitat entstammt den »ökonomisch-philosophischen Manuskripte(n)«, zit. nach: Christoph Henning: Entfremdung in der Arbeit. In: Arbeit, Band 24, 2016, Heft 1–2, S. 13–30, hier: S. 20.

602 Diese Gedanken entlehne ich Herbert Marcuse: Eros und Zivilisation. Klett, Stuttgart 1957, S. 240 ff.

603 Martin Birkner: Lob des Kommunismus 2.0. Mandelbaum, Wien 2014, S. 54.

Natur wieder zu erspüren und sie als Kraftquelle gegen die Verwertung zu entdecken. Niemand außer uns selbst kann diese Atmosphäre erschaffen – nicht über ein politisches Dekret, sondern über ein sozial übergreifendes und gegenseitig unterstützendes widerständiges Alltagshandeln, in den konkreten Arbeits- und Lebensräumen, in denen wir uns bewegen. Konjunktur haben Überlegungen, die Klassengegensätze zum Verschwinden bringen, indem wir uns alle zu Unternehmern erklärten.[604] Angeblich gehe das über den Markt alleine. Doch, so fragt Karl Reitter mit Recht: »Bewährt sich das Sein des Unternehmers nicht gerade jenseits des Marktes?«[605] Nämlich darin, andere Menschen auszubeuten? Keinen anderen Menschen als Mittel zu missbrauchen, ist der Kantsche Imperativ, was für unsere Zeit heißt: niemanden zu übervorteilen, niemanden auszunutzen, niemanden auszubeuten – keine einfache Botschaft.

Wir ordnen uns unter, wir subordinieren uns. Doch da gibt es noch die andere Seite: »der Schrei der Insubordination ist der Schrein der Nicht-Identität.«[606] Die Welt sei so, sagt das Kapital, und wir sagen: Nein, die Welt ist nicht so, sie kann auch anders sein. Das muss nicht unbedingt mit Worten gesagt werden. Unsere leibliche Existenz als solche sagt es schon. »Wir fließen über die Grenzen aller Begriffe hinaus. (…) Das ist die treibende Kraft der Hoffnung in ihrer grundlegendsten Form, die Kraft, die das, was ist, korrodiert und verändert.«[607] Holloway ging anlässlich des Elevate Festivals im Oktober 2014 in Graz auf diesen Punkt ein.[608] Er erläutert, dass Kapitalismus eine Logik des Schließens beinhalte. Darauf müsse mit einer Logik des Öffnens geantwortet werden. Noch einmal kommt er auf die Hoffnung zu sprechen: »Es kommt darauf an, das Hoffen zu lernen, wie Ernst Bloch nach der Erfahrung mit den Nazis und dem Krieg schrieb. Nicht eine törichte, leere Hoffnung, dass am Ende alles gut ausgehen wird, denn so ist es nicht. Es muss eine begründete Hoffnung, eine docta spes sein, wie Bloch sie bezeichnet hat. (…) Wir müssen die Hoffnung wiedererlernen, wiedererdenken, wir müssen lernen, unsere Augen und Gedanken zu öffnen und jenseits der sich schließenden Wände des Kapitalismus zu sehen. Die Hoffnung liegt nicht darin, die Partei aufzubauen, nicht darin, die Kontrolle über den Staat zu gewinnen, denn der Staat ist eine vollständig in den Kapitalismus integrierte Institution, die nicht zu dessen Überwindung genutzt werden kann. Die Hoffnung liegt jetzt in den Millionen und Abermillionen von uns, die sagen: ›Nein, nein, wir werden es nicht hinnehmen, wir werden Eure Zerstörung und Eure Minen und Eure Dämme und Eure Waffen und Eure Kriege nicht

604 Uwe Bröckling: Das unternehmerische Selbst. Suhrkamp, Frankfurt am Main 2007.
605 Karl Reitter, a. a. O., S. 241.
606 John Holloway, a. a. O., S. 174.
607 Ebenda.
608 http://www.grundrisse.net/grundrisse52/john_holloway.htm

hinnehmen. Wir werden die Herrschaft der Reichen, also die Herrschaft des Geldes nicht mehr hinnehmen, wir werden die Sachen auf andere Weise machen, uns auf andere Weise miteinander verbinden. Wir wollen Eure Totalität des Todes nicht, und wir wollen gar keine Totalität, wir haben im letzten Jahrhundert gesehen, was passiert, wenn eine Totalität durch eine andere, eine Schließung durch eine andere, ersetzt wird, so wie die Tragödie des Kommunismus es gezeigt hat. Und jetzt sagen wir: Nein!« Holloway erinnert an Blochs Kategorie des »Noch-Nicht«, worauf sich die Hoffnung orientiert. Er fordert uns auf, den Liedern jener Welt, die noch nicht existiert, zuzuhören und sie selber zu singen, so laut wie möglich. Und er zitiert die indische Schriftstellerin, Denkerin und Aktivistin Arundhati Roy: »Eine andere Welt ist nicht nur möglich, sie ist bereits auf dem Wege, und wenn man an einem stillen Tag sehr genau hinhört, kann man sie atmen hören«. Doch ist zu bedenken: Angesprochen und gefordert ist nicht nur der Logos, nicht nur die Ebene des Verstandes, sondern alle Ebenen der leiblichen Existenz. Um eine Grundorientierung zu finden, so der indische Denker Pankaj Mishra, »benötigen wir vor allem mehr Präzision in Frage der Seele«.[609] Die Seele aber ist leiblich gebunden. Zorn, Wut und Aufbegehren sind ebenso leibliche Prozesse wie Liebe, Sehnsucht, Hoffnung und die Gefühle der Aufgehobenheit und Gemeinsamkeit.

Die spanische Philosophin Marina Garcés, die sich aktiv an den neuen Protestbewegungen Südeuropas beteiligt, arbeitet an der Entwicklung einer neuen Philosophie, die wegführt vom neoliberal geschürten Egozentrismus. Sie arbeitet an einer »Philosophie des Wir«. Gemeint ist nicht das unternehmerische Wir, nicht das nationale Wir, sondern ein vielstimmiges, leiblich berührtes und berührendes Menschheits-Wir. Für Garcés ist der Körper der Ort, an und in dem sich gesellschaftliche Vektoren kreuzen. Der Leib ist Arbeitskörper, doch auch viel mehr als das, er ist das Gesamt von Beziehungen, die uns ausmachen – ein Ort der stofflichen Materialität, die zerstörerisch und zugleich widerständig und kreativ ist. »Dieser prekarisierende Kapitalismus, dieser toxische Kapitalismus, dieser zerstörerische Kapitalismus, da, wo er schließlich hindurchgeht, das ist nichts Abstraktes, es sind unsere Körper, Körper, die leiden.«[610] Genauer: Es sind unsere Leibkörper, ausgesetzt, empfindend, begehrend und aufbegehrend. Der Kapitalismus verdinglicht unsere Leiblichkeit zu monadisierenden, atomisierten Körpern, die sich im

609 Pankaj Mishra: Politik im Zeitalter des Zorns. Das dunkle Erbe des Zorns. In: Heinrich Geiselberger (Hg.): Die große Regression. Eine internationale Debatte über die geistige Situation der Zeit. Suhrkamp, Frankfurt am Main 2017, S. 175–195, Zitat: S. 193.

610 Interview im Deutschlandfunk am 22. Mai 2016 (Online: http://www.deutschlandfunk.de/spanisches-denken-die-philosophin-marina-garces.1184.de.html?dram:article_id=351604).

Marktkampf bewähren sollen. Die Zurichtung ist eine leib-seelische Verletzung. Aus dem Schmerz, sofern wir ihn zulassen, entsteht der Schrei, der uns zusammenführt, der Schrei, der uns auf eine neue Ebene der Subjektivität hebt. Es ist die immer wieder neue, immer wieder nötige Erschaffung des zuvor exponierten, beschädigten und gespaltenen Menschen. Die allgegenwärtigen Zurichtungen und Verführungen schneiden in unsere Hirne und Herzen, brutale ebenso wie smarte Gewalten lassen uns zerbrechen, und wir merken, dass ein Sich-wieder-Zusammenfügen ohne ein Wir unmöglich ist. Wir können nur über ein konstitutives Außen zu uns kommen. Das heißt auch: Abschied nehmen von tradierten Illusionen einer starken, revolutionären Ich-Identität. Die Zumutung besteht in der Anerkennung unserer Selbstentfremdung, unserer Gespaltenheit, unserer Unterbrochenheit, unserer Zerrissenheit, unseres Mangels.[611] Vielleicht hat sich, so Garcés, die alte Idee der Parteien und programmatischen Ausrichtungen, der »klaren Linie« überlebt. Vielleicht war diese klare Linie immer eine Illusion. Solidarität heilt, und neu wahrzunehmen ist unter unbedingter Achtung der kostbaren und unhintergehbaren Singularitäten die kollektive körperliche Potenz, der kollektive Leibkörper, der sich gerade nicht als Arbeitskörper, sondern als sich daraus befreiender Körper kundtut. Die Vision von »Gerechtigkeit« ist dann keine, die im Bestehenden nur ein wenig anders verteilen will, sondern eine, in der jeder Mensch seine Individualität, seine Eigenarten, sein Ruhebedürfnis ebenso wie seine besonderen Kräfte und Fähigkeiten entdecken, einbringen und leben kann. Es steht an, die neoliberale Lüge, all dies bereits im Hier und Jetzt erreicht zu haben, nicht als Grenze unserer Möglichkeiten zu akzeptieren und die Kraft zu gewinnen, diese Grenze zu durchbrechen.

611 Judith Butler: Zur Kritik, a. a. O. passim; Oliver Marchart: Die politische Differenz. Suhrkamp, Frankfurt am Mai 2010, S. 329–365.

KARL HEINZ ROTH

Nachwort

»Die Arbeit des Körpers«: Der Titel, mit dem Wolfgang Hien die vorliegende Abhandlung überschrieb, hat auf den ersten Blick etwas Irritierendes, das auch durch den erläuternden Untertitel (»Eine kritische Arbeitsgeschichte…«) nicht aufgelöst wird. Da ist der Körper, und da ist die Arbeit. Wer arbeitet, betätigt seinen Körper – seine Muskeln, seine Gelenke, seine Sinne und sein Zentralnervensystem – in unterschiedlicher Gewichtung. Hand- und Kopfarbeit definieren einander ergänzende Komponenten des Körpers bei seiner Tätigkeit. Zudem ist der Körper, ob ganz oder nur teilweise in Bewegung gesetzt, immer auch Teil der Natur, er ist Leib-Körper. Arbeitend eignet er sich die ihn umgebende Natur an und schiebt zur Verstärkung seiner beschränkten Muskel-, Sinnes- und Steuerungskräfte immer mehr Arbeitsmittel zwischen sich und diese, um nützliche Dinge zur Befriedigung seiner Lebensbedürfnisse hervorzubringen. Diese Lebensbedürfnisse sind zugleich gesellschaftlich determiniert, denn immer verbindet der arbeitende Leib-Körper seine materielle Natürlichkeit mit seiner gesellschaftlichen Umgebung. Er vergegenständlicht sich in seinen Produkten, und er entfaltet dabei besondere Fähigkeiten. Soziale Individualität ist das Ergebnis des sich selbstbestimmt betätigenden Menschen, der zunehmend über die Befriedigung seiner elementaren Lebensbedürfnisse hinausstrebt.

Das alles – und noch viel mehr – hatte der Autor im Sinn, als er diesen Titel wählte: die materialistisch begründete Perspektive einer sich frei betätigenden und reproduzierenden Gesellschaft der Gleichen. Als Mann vom Fach, als kritischer Historiker der Arbeit, thematisiert er aber auch die Kehrseite. »Körper und Arbeit« lautete der Titel eines Standardwerks der frühen 1920er Jahre, in dem ein Arbeitsphysiologe das damals erreichte Ausmaß der Unterwerfung der Leib-Körper unter den kapitalistischen Produktionsprozess zum Ausdruck brachte. Der konkreten Utopie stand somit, als dieser Titel erstmalig gewählt wurde, die ausdrücklich bejahte brutale Wirklichkeit eines Modus der Ausbeutung menschlicher Arbeitsfähigkeiten gegenüber, die nicht mehr nur die technisch-organisatorische Abpressung des dem Leib-Körper zu entziehenden Arbeitsvermögens zu Zwecken der Maximierung unbezahlter Mehrarbeit abzielte, sondern auch auf ihren natürlichen Träger übergriff. »Die Arbeit des Körpers« ist somit auch eine Wiederaneignung: Der Titel ist eine Widerrede gegen alle, die sich an der biopolitischen Zurichtung der Leib-Körper zugunsten der kapitalistischen Dynamik beteiligen.

Der Titel des Buchs markiert somit einen schneidenden Widersprich zwischen emanzipatorischer Perspektive und kapitalistischer Wirklichkeit. An ihm hat der Verfasser seine kritische Arbeitsgeschichte ausgerichtet. Das aber ist ein schwieriges Unterfangen. Hien musste Neuland betreten. Auf die Marxsche Kritik der politischen Ökonomie konnte er dabei nur sehr bedingt zurückgreifen. Das ist kein Zufall: Zwar gab es bei Marx immer auch Anläufe zu einer Kritik der politischen Ökonomie der *Arbeit*, aber er marginalisierte sie zunehmend zugunsten der Analyse der Bewegungsgesetze des Kapitals und eliminierte seine Reflexionen über die Intensitätsgrade des Ausbeutungsprozesses von lebendiger Arbeit aus der Druckfassung des ersten Bands seines Hauptwerks. Das alles ist Hien bestens vertraut, und er nutzt die von Marx unveröffentlicht hinterlassenen Überlegungen über die *reelle Subsumtion* ausgiebig. Dies genügte jedoch nicht als konzeptionelle Matrix für eine kritische Arbeitsgeschichte der letzten 150 Jahre. Der Autor musste nach einem Konzept Ausschau halten, welches das sich entfremdete und dem gesundheitlichen Verschleiß preisgegebene Subjekt in den Fokus rückt. Er fand einen solchen Ansatz bei den Protagonisten einer existenzialistischen Phänomenologie, bei Sartre, Merleau-Ponty und anderen, die in den 1960er Jahren auch schon die heterodoxen (»operaistischen«) Minderheitsströmungen der Arbeiterlinken inspiriert hatten.

Ausgehend von diesen Überlegungen rekonstruiert Hien die Leib-Köper-Geschichte der arbeitenden Klassen seit der Hochindustrialisierung. Dabei nimmt er eine konsequente Perspektive »von unten« ein. Das hatte weitreichende Folgen für die Auswahl der Quellen. Als wegweisend erwiesen sich quer durch alle Etappen des Subsumtionsprozesses die Selbstzeugnisse der Unterworfenen. Nirgends wurde die materielle Seite der Ausbeutung so eindringlich dargestellt wie in den proletarischen Autobiographien und in der Arbeiterliteratur. Hinzu kam die gegen den Strich gelesene Fachpresse und Publizistik der Gewerbehygiene, der Arbeitsmedizin und der behördlichen Gewerbeaufsicht in Deutschland und Österreich. Zusätzlich konnte der Autor immer wieder auf die mündlichen und schriftlichen Mitteilungen von Arbeiterinnen und Arbeitern zurückgreifen, die kritische Sozialwissenschaftler zusammengetragen hatten; einen wesentlichen Teil davon hatte Hien in den vergangenen drei Jahrzehnten selbst gesammelt. Und schließlich hat er auch die überraschend reiche und breit gestreute »graue Literatur« der kritischen Basisinitiativen und Betriebsgruppen gesichtet, die vor allem aus den 1970er und 1980er Jahren überliefert sind. Demgegenüber fallen die Publikationen der institutionalisierten Arbeiterbewegung kaum ins Gewicht. Sieht man von den Gründerjahren des Fabrikarbeiterverbands ab, so reflektiert auch diese Leerstelle ein bemerkenswertes Phänomen aus der Geschichte der Arbeiterbewegung: Die Arbeiterbürokratien gaben ihrer sozialpartnerschaftlichen Integration uneingeschränkten Vorrang, und sie waren bereit, als Gegenleistung dafür die Betriebsbelegschaften in der besonders brisanten

Konfliktzone des Arbeiterschutzes sich selbst zu überlassen oder gar gegen sie vorzugehen.

Ausgehend von diesem überraschend ergiebigen Fundus rekonstruiert Hien die Geschichte der Subsumtion der arbeitenden Menschen unter die technologisch-organisatorische Gewalt der Kapitalakkumulation. Die Befunde, die er dabei erhebt, sind ungeheuerlich. In den zentralen Sektoren der Hochindustrialisierung – Bergbau, Eisen- und Stahlindustrie, Chemieindustrie und Textilindustrie – wurden die Arbeiterinnen und Arbeiter buchstäblich verschlissen, und in den ländlichen Industrieregionen, etwa der Glas- und Keramikindustrie, war es nicht anders. Nach dem ersten Weltkrieg setzte eine zweite Etappe der reellen Subsumtion ein, in der neuartige Verfahrenstechniken, das Fließbandsystem und die branchenübergreifenden Innovationen der Elektrotechnik den Zugriff auf die arbeitenden Klassen vertieften und ausdifferenzierten. Es folgte die Zuspitzung des tayloristischen Arbeitsregimes durch die NS-Diktatur, die den schleichenden Verschleiß bis zur »Vernichtung durch Arbeit« steigerte und alle damit bedrohte, die sich der parasitären Kriegsproduktion verweigerten. Darauf folgten die Nachkriegsjahrzehnte des »Wirtschaftswunders«, wobei die Absage an die arbeitspolitischen Exzesse der Kriegsjahre mit einer ungebrochenen Missachtung der Grundregeln des Arbeiterschutzes kombiniert wurde. Im zweiten Teil seiner Studie rekonstruiert der Verfasser dann eindringlich, wie weit der durch immer neue Klassenspaltungen gedeckte und billigend in Kauf genommene Körperverschleiß bis in die 1980er Jahre hineinragte. In der Chemieindustrie waren die besonders gefährlichen Produktionsabschnitte noch längst nicht alle in geschlossene Verfahren umgewandelt. Das Siechtum und Sterben an den Folgen der Asbestfaser-Inhalation erreichte erst jetzt seinen Höhepunkt. Die Durchdringung von Industrie und Handwerk mit immer neuen chemischen Produkten erzeugte neuartige neurotoxische Krankheitsbilder – etwa durch Lösemittel – und andere – wie etwa die Dioxine als Abfallprodukte der PVC-Herstellung – ruinierten Belegschaften und Umwelt. Mehr denn je wurde deutlich, dass der Arbeiterschutz und die Erhaltung der Umwelt zwei Seiten einer einzigen Medaille darstellen: Bevor die Schadstoffe in den Boden, die Gewässer und die Atmosphäre gelangen, haben sie die Leib-Köper der Arbeitenden durchdrungen. Immer wieder betont Hien die absurde Ausklammerung des Arbeiterschutzes aus den Agenden der Umweltbewegung und ihre katastrophalen Auswirkungen.

Alle diese Phänomene der akuten oder sich über Jahrzehnte hinweg entwickelnden Ruinierung der Arbeitenden blieben selbstverständlich nicht unbemerkt. Immer wieder revoltierten die Betroffenen dagegen – individuell durch die Flucht aus der Arbeit, und immer wieder auch kollektiv, und dies nicht selten gegen den Widerstand ihrer gewerkschaftlichen Vertretungen. Hien verschweigt aber auch nicht, wie stark bei Teilen der betroffenen Arbeiterbelegschaften die Bereitschaft war, hohe Risiken in Kauf zu nehmen, und was sie zu diesem Verhalten motivierte. Weitaus gravierender war jedoch, dass sich sehr früh – und zwar ausgehend von der Chemieindustrie – eine spezifische Schicht der medizinischen Intelligenz herausbildete, die ihre Hauptaufgabe darin sah, die Arbeitenden gezielt an ihre gesundheitszerstörenden Verrichtungen anzupassen. Die Analyse der dabei entwickelten Herrschaftstechniken der Fabrikmedizin zieht sich wie ein roter Faden durch das Buch. Die erlittenen Schäden wurden individuell ausgeprägten »Dispositionen« zugeschrieben und mit ausgefeilten betrieblichen Selektionen beantwortet. Es war von Anfang an üblich, die krankmachenden Effekte von Zwischenprodukten und Arbeitsverrichtungen zu verschweigen, zu bagatellisieren oder mit »wissenschaftlich« begründeter Rabulistik zu leugnen. Auch die Beweispflicht wurde – und wird immer noch – den Betroffenen aufgebürdet, und es wurden absurd hohe Toleranzgrenzen für Schadstoffkonzentrationen

festgelegt. So bildete sich in Gestalt der Fabrikärzte eine akademisch qualifizierte Zwischenschicht der betrieblichen Herrschaft heraus, die als Komplizin der reellen Subsumtion agierte und die Folgekosten der Gesundheitsschäden minimierte oder auf die sozialen Sicherungssysteme verlagerte. Die institutionalisierte Arbeiterbewegung hat diese Entwicklung weitgehend unwidersprochen hingenommen und in vielen Fällen sogar aktiv mitgetragen.

Dieser Trend blieb jedoch nicht unangefochten. Von Anfang an gab es auch Außenseiter, die sich verweigerten und mit ihren Untersuchungsergebnissen und Erkenntnissen nicht hinter dem Berg hielten. Der Verfasser verdankt ihnen viel, und er präsentiert sie uns als kompetente Zeugen in allen historischen Etappen seiner arbeitsgeschichtlichen Analyse: Ludwig Teleky, Paul Lipmann und Theodor Weyl für die ersten beiden Phasen der Hochindustrialisierung, sowie Luigi Maccacaro, Alfred Manz, Karl-Rainer Fabig, Gine Elsner und Rainer Müller seit den 1970er Jahren, um nur die wichtigsten zu nennen. Ihr Motivationsspektrum war weit gefächert. Es reichte von der unbestechlichen Integrität des Mediziners und Wissenschaftlers, der sich dem Leid der durch ihre Ausbeutung Beschädigten nicht verschloss, bis hin zum Operaisten Maccacaro, der nicht nur die uneingeschränkte Kompetenz der Arbeiterinnen und Arbeiter bei jeder Risiko- und Schadensanalyse anerkannte, sondern ihren Kampf gegen jede Art von krankmachender Arbeit auch aus politischer Überzeugung unterstützte.

In den 1970er und 1980er Jahren gab es darüber hinaus wichtige Initiativen, die von Basisgruppen der Arbeiterinnen und Arbeiter selbst ausgingen; manchmal war es überhaupt ihrer Existenz zu verdanken, dass kritische Medizinerinnen und Mediziner – wie etwa bei der von Luigi Maccacaro gegründeten italienischen Zeitschrift »Sapere« – der Komplizenschaft mit den Kapitalinteressen den Kampf ansagten. Ihr Wirken hat Hien in der vorliegenden Untersuchung für den deutschsprachigen Raum rekonstruiert: die »Mitmischer«-Gruppe bei Degussa in Frankfurt am Main, die Initiative gleichen Namens bei der BASF in Ludwigshafen, regionale Initiativen im Rhein-Main-

Gebiet und andere. In diesem Spektrum war der Verfasser selbst aktiv. 1965 begann er eine Lehre bei der BASF. Danach war er jahrelang als Chemielaborant bei der BASF, bei anderen Unternehmen und im Krebsforschungszentrum Heidelberg tätig. Die letztere Tätigkeit verband er mit einem weitgefächerten Studium aller für den Arbeiterschutz wichtigen Disziplinen an der Universität Heidelberg. In den 1980er Jahren wechselte er nach Bremen, wo er als wissenschaftlicher Assistent wirkte, promovierte und die Anliegen des Arbeiterschutzes in die sich damals formierende westdeutsche Gesundheitsbewegung (Gesundheitsläden, Gesundheitstage usw.) einbrachte. Nach einer frustrierenden Tätigkeit als gesundheitspolitischer Fachreferent im DGB-Bundesvorstand etablierte er sich schließlich als freier Wissenschaftler und betrieb mehrere Feldforschungen. Diese Untersuchungen führten ihn weit über die klassische industrielle Sphäre, insbesondere die Werftindustrie, hinaus und befähigten ihn, auch die immer mehr an Bedeutung gewinnenden Arbeitsverhältnisse im Dienstleistungssektor in den Blick zu nehmen – also dorthin zu schauen, wo die beschädigten bzw. gealterten Leib-Körper repariert oder gepflegt werden. Weitere Schwerpunkte bildeten die überwiegend weiblich dominierte Büroarbeit und die ruinösen Arbeitsbedingungen der aufgekommenen IT-Branche.

Für Hien markieren die 1970er und frühen 1980er Jahre eine gewisse Zäsur in der Geschichte der Zurichtung und Schädigung der arbeitenden Menschen, weil zu dieser Zeit erhebliche Teile der Betriebsbelegschaften aktiv und auch durchaus erfolgreich gegen die gesundheitszerstörenden Zumutungen vorgingen. Diese Zeiten sind jedoch längst wieder vorbei. Zwar wurden die extrem gefährlichen und gesundheitsschädlichen Sektoren und Verfahren zunehmend in die Peripherie und Semiperipherie des Weltsystems ausgelagert, so etwa der Kohlebergbau, die riskantesten Verfahren der chemischen Produktion, der Massenexport von Asbest als Antwort des Kapitals auf das inzwischen durchgesetzte metropolitane Anwendungsverbot oder das extrem unfallgefährdete Abwracken der Seeschiffe. Jedoch wäre es falsch, aus diesem Befund einen generellen Trend ableiten zu wollen, wonach sich die entwickelten Zentren auch für die ausgebeuteten Klassen in eine mehr oder weniger erträgliche Region des »guten Arbeitens« umwandeln Eine solche Einschätzung wäre weit gefehlt. Wer die letzten Kapitel dieser Untersuchung liest, wird eines anderen belehrt. Zwar sind einige besonders gesundheitsschädliche Sektoren in die sogenannten Schwellen- und Entwicklungsländer abgewandert, und dort – Hien verweist vor allem auf Brasilien, Südafrika, die Türkei, Bangladesch, China und Vietnam – wiederholen sich die Ungeheuerlichkeiten der »industriellen Pathologie« auf erweiterter Stufenleiter, sodass sich aus globaler Perspektive die damit verbundenen Unfall- und Schadensrisiken für die Arbeiterkollektive weiter verschärfen. Parallel dazu hat jedoch in den Zentren unter den Zeichen der digital gesteuerten Deregulierung, Dezentralisierung und Flexibilisierung der Arbeitsverhältnisse eine neue Etappe der

Zurichtung eingesetzt, die sich nun anschickt, die leib-körperlichen Träger des Arbeitsvermögens vollends dem Verwertungsdiktat zu unterwerfen. Die Despotie der fordistischen Taktzeiten hat sich in das Innere der Arbeitsgruppen verlagert. Die Arbeitszeiten werden entgrenzt, die Übergänge zur Reproduktionszeit verschwimmen, und immer größere Teile der Beschäftigten arbeiten nachts oder können rund um die Uhr abgerufen werden. Die bislang von außen eingesetzten betrieblichen und arbeitsmedizinischen Sozialtechniken werden zunehmend verinnerlicht und kehren als »Selbststeuerung« wieder. Die Subjekte sollen jetzt vollends in ihrer Arbeitskraftfunktion aufgehen und ihren gesamten Lebensstil darauf ausrichten. Hien beschreibt diese Phänomene nicht nur von außen, sondern mehr noch »von innen«, anhand bestürzender Selbstzeugnisse; nur den oberen Segmenten der selbständigen IT-Arbeit scheint seit neuestem die Absicherung ihrer familiären Reproduktion zu gelingen. Dass dem so ist, kann niemand bezweifeln, der oder die sich aufmerksam in seiner / ihrer unmittelbaren Umgebung umsieht. Der Verfasser hat – leider – recht, wenn er diese Entwicklung als einen neuen Quantensprung der biopolitischen Zurichtung für die Zwecke der Kapitalverwertung wahrnimmt. Ich möchte dieses Phänomen deshalb als *totale Subsumtion* bezeichnen. Es ist auch deshalb so beunruhigend, weil es sich inzwischen auch in der Peripherie durchsetzt, und weil gleichzeitig erhebliche Teile der in die Semiperipherie und Peripherie verlagerten tayloristischen Ausbeutungsprozesse in die Zentren zurückkehren. Vor uns tut sich die Perspektive einer einzigen Welt der entfesselten Subsumtion auf. Die historischen Stadien der Zurichtung der Leib-Körper zu Zwecken ihrer maximalen Entäußerung beginnen sich zu durchmischen, und dies global, jedoch je nach Standort mit unterschiedlicher Gewichtung.

Die Befunde, die Hien mit seinem neuartigen methodischen Ansatz erhoben hat, sind stringent, und seine multidisziplinär durchgeführte Analyse ist überzeugend. Seine Untersuchung markiert einen neuen Eckpfeiler der kritischen Arbeitsgeschichtsschreibung: die Historie der leibhaftigen Seite der Inwertsetzung und Verwertung von Subjektivität für die Zwecke der Kapitalakkumulation. Das vorliegende Buch ist die beeindruckende Summe einer lebenslangen Auseinandersetzung, die unsere Wissenshorizonte um bedeutende und zugleich bedrückende Erkenntnisse erweitert.

Personenregister

C

D

E

F

J

K

S